秦汉历史文化的前沿视野

第二届中国秦汉史高层论坛文集

王　健 ◎主编

知识产权出版社
全国百佳图书出版单位

图书在版编目（CIP）数据

秦汉历史文化的前沿视野：第二届中国秦汉史高层论坛文集/王健主编.
—北京：知识产权出版社，2015.1
ISBN 978-7-5130-2408-2

Ⅰ.①秦…　Ⅱ.①王…　Ⅲ.①文化史—中国—秦汉时代—文集　Ⅳ.①K232.03-53

中国版本图书馆 CIP 数据核字（2013）第 267735 号

内容提要

本书是第二届中国秦汉史高层论坛精选论文的合集，研究范围涉及秦汉政治、经济、文化和民族关系等领域，反映了国内秦汉史学的前沿动态和重要收获。

责任编辑：蔡　虹
执行编辑：刘琳琳　　　　**责任出版**：孙婷婷

秦汉历史文化的前沿视野
第二届中国秦汉史高层论坛文集
王　健　主编

出版发行：知识产权出版社有限责任公司　　**网　址**：http：//www.ipph.cn
社　址：北京市海淀区马甸南村1号　　**邮　编**：100088
责编电话：010-82000860 转 8390　　**责编邮箱**：susan-lin886@163.com
发行电话：010-82000860 转 8104/8102　　**发行传真**：010-82000893/82005070/82000270
印　刷：北京中献拓方科技发展有限公司　　**经　销**：各大网上书店、新华书店及相关专业书店
开　本：720mm×1000mm　1/16　　**印　张**：23.5
版　次：2015年1月第1版　　**印　次**：2015年1月第1次印刷
字　数：470千字　　**定　价**：68.00元

ISBN 978-7-5130-2408-2

目　录

凡例 ………………………………………………………………………… (1)
居延汉简“校士”身份及“拘校”制度推考 ……………… 王子今 (1)
21世纪以来简帛研究的基本状况（2000—2012） ………… 卜宪群 (13)
三次刺杀行为对秦始皇地域政策失误的影响 ……………… 孙家洲 (31)
富有开拓进取精神的解忧公主、冯夫人 ………………… 王云度 (35)
从户的相关立法谈秦汉政府对人口的控制 ……………… 王彦辉 (41)
战国西汉“提封田”补正 ………………………………… 臧知非 (54)
2011年秦汉史研究简述 ………………………………… 晋　文 (67)
秦汉时期的河流意识 …………………………………… 薛瑞泽 (72)
中国古代书写方式探源（修订稿） ……………………… 马　怡 (81)
汉代的“裸捐”善举 ……………………………………… 王文涛 (116)
陵邑与西汉长安文化述论 ………………………………… 雷依群 (126)
早期秦文化的考古发现与研究 …………………………… 徐卫民 (132)
汉和帝铲除窦宪集团考论——兼论和帝在东汉历史上的基本定位 …… 王　健 (147)
里耶秦简释文补遗三则 …………………………………… 邬文玲 (166)
秦汉律简“同居”考论 …………………………………… 贾丽英 (177)
天长纪庄汉墓木牍所见谢孟“通亡逃事”刍议 …………… 宋艳萍 (194)
秦国为何能后来居上 ……………………………… 高永丽　唐小春 (200)
战国秦汉时期的王权和非农 ……………………… ［日］柿沼阳平 (217)
汉代赏罚分明的行政激励机制 …………………………… 刘太祥 (231)
徐州土山汉墓考古亲历记 ………………………………… 王　恺 (256)
西楚王朝钩校 ……………………………………………… 郭海林 (263)
汉代的道教、佛教与民间信仰 …………………………… 武利华 (270)
论史学三书对《史记》的评论 …………………………… 杨绪敏 (282)
南匈奴内迁与东汉北边边防新论 ………………………… 薛海波 (293)

郑玄“转纬为说”考…………………………………………………………… 刘德州（303）
论汉代地方政府对礼制的推行 …………………………………………… 张　爽（308）
反秦战争时期南郡地区的政治动态与文化特征
——再论所谓“亡秦必楚”形势的具体层面………………………… 琴载元（315）
建都洛阳与东汉防范重心之偏内 ………………………………………… 梁万斌（327）
《太平经》与《圣经》财富伦理思想比较研究 ………………………… 张　喆（345）
从《太平经》看汉代社会——兼论《太平经》的史学价值 ………… 曹亚平（354）
试论两汉扬州刺史部的风俗文化变迁 …………………………………… 王　静（359）
后记 ……………………………………………………………………………………（367）

凡　例

一、释文以现行简化字书写，个别处保留繁体。

二、未能确认的字用□表示；未能确认的偏旁用⊐表示。

三、上下断缺及行文中因字迹漫漶未能确定字数者用⧄表示。

四、简端涂黑用■表示。简端网格纹用▩表示。

五、原简文字以外的其他符号如●、∠、／等按原式抄录。

六、原简一行字，释文因版面未能容纳而需另起一行者，空一字表示。原简两行以上的并列简文需另起一行者，空一字表示，需再起一行者，空两字表示，依此类推。

七、文中简号的第一位数字代表出土层，后面的数字代表编号，如简8：1554。

居延汉简“校士”身份及“拘校”制度推考

王子今

（中国人民大学　国学院）

【摘要】 居延汉简可见“蜀校士”“昌邑校士”简文，也有学者以为“居延简食校士者”，还有“犍为”郡名。以往“校士”曾释“牧士”，或解释为边地专职饲养屯田所用“官牛”的人。释文订正为“校士”是正确的。其身份的分析，应关注强调“蜀”和“昌邑”等“郡国名”的意义。“校士”出现往往为二至四人的组合，也应当与其职能相关。“校士”身份和职任的推定，对于我们认识“校”的制度史有积极的作用。

【关键词】 居延汉简；蜀校士；昌邑校士；拘校；钩校；制度史

陈直《居延汉简释文校订》写道，“居延简食校士者，有蜀、犍为、昌邑等郡国名”。① 其中“蜀校士”“昌邑校士”多有学者重视。“校士”，以往曾释“材士”“牧士”；或从“牧”之字义予以解说，理解为“在汉代边境屯田的工作中”“专门养牛的人材”；或说边地专职饲养屯田所用“官牛”的人。现在看来，“校士”释文是正确的。“校士”身份的分析，应关注强调“蜀”和“昌邑”等“郡国名”的意义。“校士”出现又往往为二至四人的组合，也应当与其职能相关。思考和推定“校士”的身份和职任，应当有益于我们认识有关“校”的制度史。当时“拘校”“钩校”形式的考论，对于说明汉代行政史和军事管理史，显然有积极的意义。

一、“校士”“材士”“牧士”释文异见

居延汉简中出现的一种职名或身份的标志性称谓，学者的释读存在不同意见。《居延汉简甲乙编》和《居延汉简释文合校》均释作“校士”。据《居延汉简释文合校》：

（1）合出糜大石三石六斗　　始元二年六月庚午朔以食蜀校士二人尽己亥卅日积六十人人六升（275.12）

（2）合出糜七石二斗　　六月丁巳朔以食昌邑校士四人尽丙戌卅日积百廿人人六升（275.16）

---

① 陈直：《居延汉简释文校订》，《居延汉简研究》，天津古籍出版社1986年版，第641页。

(3) 合出麋大石三石四斗八升　　始元二年九月己亥以食蜀校士二人尽丁卯廿九日积五十八人人六升 (275.18)

(4) ☐食昌邑　　校士三人七月辛巳尽庚戌卅日积九十人人六升 (308.3)

(5) 合始元二年八月己巳朔以食蜀　　校士二人尽戊戌卅日积☐ (534.4)

对于这组简文，张春树著文《居延汉简中所见的“牧士”——居延汉简集论之一》进行了专门的讨论。

张春树写道：“根据甲编书后所附的简号与出土地点对照表，这五条简均属殄北区。详对各简照片，又知它们尺寸和书法也是相同，而且在年代上的差异也不出三年。由此数点来看，这些简恐是互相关系的，即是出于一人之手也甚可能。”他指出，所谓“校士”简文的“释法颇有些纷歧”。劳干或释“校士”，或释“材士”。“士”字前一字，“日本学者森鹿三氏在其所著《居延汉简の集成》(1959) 中则全读为‘材’”。张春树说，“细为比较相关之诸简，此字既非‘校’亦非‘材’”。以为“可释为‘牧’”，于是，“以前释为‘校士’‘材士’的今应释作‘牧士’”。“大概牧士是一种专门养牛的人材”。“在汉代边境屯田的工作中，组织与分工均甚细微，吏卒中专司其事者有护田校尉、农令、别田令史、田官、田卒、河渠卒等等，今复考明有专司牧牛的‘牧士’，足见汉朝对开边屯田事业的苦心经营与设施的一般规模了。”①

这一意见产生了一定的影响。② 例如，刘光华既认同张春树的判断，又据居延简文“积廿九人养牛”(512.1) 分析，以为“乃一个‘牧士’在一小月养牛之日数”。并且肯定，“由‘牧士’专人饲养之牛，当即屯田上所使用的官牛”③。

陈直就简 (5) 释读发表了这样的意见：“校士谓部校之士。劳氏或释作校士，或又释作材士，实则皆为校士，木简亦不能例外。”④《居延汉简甲乙编》和《居延汉简

---

① 张春树：《居延汉简中所见的“牧士”——居延汉简集论之一》，《大陆杂志》30 卷 9 期 (1965 年 5 月 15 日)，收入《汉代边疆史论集》，食货出版社有限公司 1977 年版，第 171-179 页。

② 在《居延汉简中所见的“牧士”——居延汉简集论之一》收入《汉代边疆史论集》时的文后“补记”中，张春树介绍了这一意见所获得的支持，并有补充性说明：“本文发表后，友人周策纵先生自陌地生之威斯康辛大学来信认为‘牧士’之说可信，并引《周礼》和《左传》上的一些材料作证明。另外，唐长孺先生《魏晋南北朝史论丛》(1962 年重印) 中《拓跋国家的建立及其封建化》一文中曾详细讨论过南北朝时代之‘牧士’(第 207-218 页为主) 及其工作，但其社会地位身份则与本文所论之‘牧士’甚异。凡此诸论皆与本文所考析之居延边地上之‘牧士’‘前’‘后’互相印证。而单就‘牧士’之地位身份而言，则先秦者较汉代者为高 (因是官职)，在南北朝者较汉代者又低 (因是奴隶)。‘牧士’虽为中国古代社会与制度上之微小问题，但由其演变之线索析研，亦可见古代社会与制度上变动之一斑。一九七二年秋补记。”《汉代边疆史论集》，第 178-179 页。

③ 刘光华：《汉代西北屯田研究》，兰州大学出版社 1988 年 9 月版，第 154 页。沈刚《居延汉简语词汇释》无“校士”条。“牧士”条写道：“牧士 (275.18)《合校》作‘校士’，是屯田上专门养牛的人才。(刘光华：1988)”科学出版社 2008 年版，第 140 页。

④ 陈直：《居延汉简释文校订》，《居延汉简研究》，天津古籍出版社 1986 年版，第 641 页。

释文集校》均释为"校士"，应自有据，即当有全面比较分析笔迹字形的工作基础。

二、关于"校士谓部校之士"说

陈直以为"校士谓部校之士"的意见，也有必要讨论。

汉代文献出现"校士"字样者，有《汉书》卷六八《霍光传》："光薨，……发材官轻车北军五校士军陈至茂陵，以送其葬。"《后汉书》卷一六《邓骘传》："凉部畔羌摇荡西州，朝廷忧之。于是诏骘将左右羽林、北军五校士及诸部兵击之。"《后汉书》卷一九《耿恭传》："金城、陇西羌反。恭上疏言方略，诏召入问状。乃遣恭将五校士三千人，副车骑将军马防讨西羌。"《后汉书》卷二四《马严传》："常与宗室近亲临邑侯刘复等论议政事，甚见宠幸。后拜将军长史，将北军五校士、羽林禁兵三千人，屯西河美稷，卫护南单于。"《后汉书》卷六四《卢植传》："中平元年，黄巾贼起，四府举植，拜北中郎将，持节，以护乌桓中郎将宗员副，将北军五校士，发天下诸郡兵征之。"《后汉书》卷六九《窦武传》："驰入步兵营，与绍共射杀使者。召会北军五校士数千人屯都亭下，令军士曰：'黄门常侍反，尽力者封侯重赏。'"《后汉书》卷八七《西羌传》："且冻、傅难种羌等遂反叛，攻金城，与西塞及湟中杂种羌胡大寇三辅，杀害长吏。……于是发京师近郡及诸州兵讨之，拜马贤为征西将军，以骑都尉耿叔副，将左右羽林、五校士及诸州郡兵十万人屯汉阳。""诸种八九千骑寇武威，凉部震恐。于是复徙安定居扶风，北地居冯翊，遣行车骑将军执金吾张乔将左右羽林、五校士及河内、南阳、汝南兵万五千屯三辅。"《后汉书》卷八九《南匈奴列传》："……新降胡遂相惊动，十五部二十余万人皆反畔，胁立前单于屯屠何子薁鞬逐王逢侯为单于，遂杀略吏人，燔烧邮亭庐帐，将车重向朔方，欲度漠北，于是遣行车骑将军邓鸿、越骑校尉冯柱、行度辽将军朱徽将左右羽林、北军五校士及郡国积射、缘边兵，乌桓校尉任尚将乌桓、鲜卑，合四万人讨之。"同一史事，《续汉书·天文志中》记载："行车骑将军事邓鸿、越骑校尉冯柱发左右羽林、北军五校士及八郡迹射、乌桓、鲜卑，合四万骑，与度辽将军朱征、护乌桓校尉任尚、中郎将杜崇征叛胡。"

所说"五校士"，应即"五校之士""五校之兵"。《汉书》卷七《昭帝纪》："（元凤四年）五月丁丑，孝文庙正殿火。上及群臣皆素服，发中二千石将五校作治，六日成。"颜师古注："率领五校之士以作治也。"《汉书》卷九《元帝纪》："（永光二年）秋七月，西羌反。遣右将军冯奉世击之。八月，以太常任千秋为奋威将军，别将五校并进。"颜师古注："别领五校之兵，而与右将军并进。"《汉书》卷五四《李陵传》出现"五校兵"字样："汉遣贰师将军伐大宛，使陵将五校兵随后。"

"五校士"常称"北军五校士"。黄今言说，"北军五校"，即"屯骑、越骑、步兵、长水、射声"。"五校尉的职责是宿卫京师，担任京师守备及扈从车驾。""五校尉不仅负有卫戍京师、警备宫城之外的职任，而且还常有奉命从征的任务。”“文献中有关北军从事征战的材料甚多，在东汉的很长时间内，北军五校实际上已成为中央军事作战部队的主力。”①

“五校士”即“五校之士”“五校之兵”“五校兵”，可能接近于陈直所谓的“部校之士”。然而，居延汉简“校士”显然与此不同。

据说景差从楚襄王命为“大言”之文，有“校士猛毅皋陶嘻”句。② 作为游戏文字，可知“校士猛毅”大概是反常现象，“校士”在通常情况下似乎并不是一线作战武士。

三、“校士”的组合特征与工作方式

简（1）（3）（5）“蜀校士二人”，（4）“昌邑校士三人”，（2）“昌邑校士四人”，未见单独活动情形，形成二至四人的组合。“校士”未见单兵之例，均是成组活动，是值得注意的。

“校士”前文分别作“蜀”“昌邑”，明确标示郡国名，也是比较特殊的称谓方式。陈直说，“居延简食校士者，有蜀、楗为、昌邑等郡国名”。所谓“楗为”之例，可能是：

（6）出糜大石三石六斗　　始元二年八月己巳朔以食楗为☑（557.2）

简文书写格式与（1）（2）（3）（5）类同，推想“以食楗为☑”可能是“以食楗为校士……”。比照简（1），推测完整简文应是：“出糜大石三石六斗　　始元二年八月己巳朔以食楗为校士二人尽戊戌卅日积六十人人六升”。对照简（1）“庚午朔……尽己亥卅日”，（2）“丁巳朔……尽丙戌卅日”，（4）“辛巳朔……尽庚戌卅日”，（5）“己巳朔……尽戊戌卅日”，可知下文应为“尽戊戌卅日”。（6）与（5）日期完全相同。

思考言“校士”简文突出标示“蜀、楗为、昌邑等郡国名”的缘由，还有必要注意如下简文：

（7）☑□　　始元二年九月己亥朔以食楗为前部士二人尽丁卯廿九日积五十八人人□□（275.5）

---

① 黄今言：《秦汉军制史论》，江西人民出版社1993年版，第144页。

② 〔唐〕余知古：《渚宫旧事》卷三《周代下》：“襄王与唐勒、景差、宋玉游于云阳之台。王曰：‘能为大言者上坐。’王因曰：‘操是太阿剥一世，流血冲天军不可以属。’至唐勒曰：‘壮士愤兮绝天维，北斗戾兮太山夷。’至景差曰：‘校士猛毅皋陶嬉，大笑至兮摧罘罳。锯牙裾云晞甚大，吐舌万里唾一世。’至宋玉曰：‘方地为车，圆天为盖。长剑耿介，倚乎天外。’王曰：‘未可也。’玉曰：‘并吞四夷，饮枯河海。跨越九州，无所容止。身大四塞，愁不可长。据地盼天，迫不得仰。若此之大也何如？’王曰：‘善。’”又见〔元〕陈仁子辑：《文选补遗》卷三一《赋》“大言赋·宋玉”；〔清〕马骕：《绎史》卷一三二《屈原流放宋王附》。

"楗为前部士"身份，我们也是不明确的。但是可以知道，简（7）与简（1）至（6）文例几乎完全相同。①

从多条简文看，"校士"在一个地点工作的时间通常会超过一个月。

服役于居延地方的戍卒来自"昌邑国"者可见多例。然而出身"蜀、楗为"者尚未看到。② 也就是说，"蜀校士"和"楗为校士"的工作，完全可以看作实现了全回避的要求。

"蜀校士"和有可能存在的"楗为校士"工作的这一方式，很可能涉及军事管理制度的特殊需求。

四、拘校·钩校

陈槃《汉晋遗简偶述》有"拘校"条，可以为我们讨论"校士"身份和相关制度有所启示。

"拘校"题下，陈槃引录居延汉简3例。这里转引，采用《居延汉简释文合校》释文：

（8）十一月邮书留迟不中程各如牒晏等知邮书数留迟为府职不身拘校而委（55.11，137.6，224.3）

（9）☐书到拘校处实牒别言遣尉史弘☐（317.6）

陈槃引第3例："拘校回都试驰射会月□"（40.18），其中"拘校"，《居延汉简释文合校》释文作"抵校"。

我们看到，居延汉简中其他出现"拘校"字样的简文还有：

（10）卅井言谨拘校二年十月以来

●

计最未能会会日谒言解（430.1，430.4）

（11）谭踵知罪区处党未拘校兵物官见吏（E.P.T20：8）

（12）拘校令与计簿相应放式移遣服治☐（E.P.T52：576）

（13）☐☐□长丞拘校必得事实牒别言与计偕如律令敢告卒人（E.P.T53：33A）

（14）踵故承余府遣掾校兵物少不应簿拘校天凤（E.P.F25：3）

又有敦煌汉简：

---

① 参考简（7）简文，则简（6）的缺文也可能是"前部士二人尽戊戌卅日积六十人人六升"。

② 参看何双全《〈汉简·乡里志〉及其研究》，《秦汉简牍论文集》，甘肃人民出版社1989年版。无"蜀、楗为"相关信息，"昌邑国"则有"县7，里21"。今按："昌邑国：县7，里21"，7县下里数相和仅有20。或里名有遗漏，或"里21"有误。当然，这是多年前据汉简局部资料进行的工作，我们可以以为参考。

(15) 常安今月十二日到拘校敦德泉谷日闻如公之蜀中军试士 (226)

(16) ☒…………今史仮候长诩敢言之谨拘校造史左哀二年九月尽三年□□□及禄□□□诩及哀出□以　余当收入□ (397)

其中 (15) “拘校” 应即 “拘校”。简文又说到 “之蜀中军试士”，自然会使人联想到 “蜀校士”。

关于 “拘校” 文义，陈槃写道：“按 ‘拘校’ 一辞，《太平经》习见。” 引卷四一《件古文名书诀》“所言拘校上古、中古、下古道书者” 云云，所说指文献校读。于是分析道：“是 ‘拘校’ 有钩稽比校之义。” 陈槃又说：“字亦或作 ‘钩’。《汉书·陈万年传》：‘咸皆钩校，发其奸臧’；《后汉书·陈宠传》：‘又钩校律令条法溢于《甫刑》者，除之’。[①] 旧籍二字亦多通作。《周礼·春官·巾车》：‘金路钩’。郑注：‘故书钩为拘。杜子春读为钩’；[②] 哀二十五年《左传》：‘以钩越’。注：‘宋南近越，转相钩牵’。《释文》：‘钩，古侯反。本或作拘，同’；《国策·西周策》：‘弓拨矢钩’。注：‘钩，或作拘。古通’；《荀子·宥坐》：‘（水）其流下也埤下，裾拘必循其理，似义’。注：‘拘，读为钩，曲也’。” 陈槃又论证：“又通作 ‘枸’。” 对于 “校” 字，陈槃写道：“‘校’ 亦或音转作 ‘考’。《周礼·天官·司会》：‘掌邦之六典、八法、八则之贰，以逆邦国都鄙官府之治’。郑注：‘逆受而钩考之’。孙氏《正义》：‘又《乡师注》云：逆，犹钩考也。《鬼谷子·权篇》陶弘景注云：求其深微曰钩。《国语·晋语》韦注云：考，校也。钩考，亦谓钩求考校之，察其是非也’。”[③]

居延汉简确实可见 “钩校” 简文，如：

(17) ☒在时表火课常在内未曾见收不知钩校候言☒ (269.8)

看来，居延边塞当时确实曾经推行 “拘校” 或曰 “钩校” 制度。

五、“校” 的制度

居延汉简多见涉及 “校” 的简文。有些因文句断缺，难以完整理解语义，如 “☒□校地入出率己未□□□叩头” (52.41A)，“☒校见☒” (90.87)，“☒月朔校☒” (202.19)，“☒校更定之持之□□不□何允也叩见不☒” (214.119)，“驷望　卒王宣　校　八月六日食十☒” (220.1)，“☒十月十四日校之□☒” (335.7)，“校” (433.52)，“☒校” (512.8) 等。又如敦煌汉简 “谷气以故多病物故今茭又尽校☒” (169)，“校食枯草” (206)，“便宜书到内人来校传出如律令” (209)，“令

---

① 原注：“《汉书·律历志上》：‘钩校诸历用状’。《补注》：‘宋祁曰，钧校，当作钩校’。按宋说是。”

② 原注：“孙诒让《正义》：‘段玉裁云，拘钩古音，同在喉部。徐养原云：《说文》，拘钩俱在句部，句亦声，故知拘钩音同，古字通用。’”

③ 陈槃：《汉晋遗简偶述》，《汉晋遗简识小七种》，中央研究院历史语言研究所专刊之六十三，第5页。

☐□八十四人在夕候校□☐”（966），“诣官校受☐”（2123B）等，也是同样情形。其中显示日期者，似可体现“校”有定时进行的常规。

有简例言“校阅亭隧卒被兵”事，可以反映检查核正亭燧守备士兵武器配置情形的工作程序：

（18）地节二年六月辛卯朔丁巳肩水候房谓候长光官以姑臧所移卒被兵本籍为行边兵丞相史王卿治卒被兵以校阅亭隧卒被兵皆多冒乱不相应或易处不如本籍今写所治亭别被兵籍并编移书到光以籍阅具卒兵兵即不应籍更实定此籍随即下所在亭各实弩力石射步数

令可知赍事诣官会月廿八日夕须以集为丞相史王卿治事课后不如会日者必报毋忽如律令（7.7A）

这可能是比较典型的“校”的程式。“校阅”者“以籍阅具卒兵”，“校”的结果，发现“兵即不应籍”“皆多冒乱不相应或不应籍”。于是重新书写符合实际的“卒被兵本籍”，即“更实定此籍”。又“随即下所在亭各实弩力石射步数”，并要求在指定日期前上报。

有关“校阅”兵器装备，或称“校阅兵物”“拘校兵物”“校兵物”的情形，见于前引简（11）（14），还有以下简例可以反映：

（19）校候三月尽六月折伤兵簿出六石弩弓廿四付库库受啬夫久廿三而空出一弓解何（179.6）

（20）☐□为府校剑属昨日天阴恐剑刃生□□☐（244.3A）

（21）雕郭矢廿一　　校见（303.32）

（22）谷兵物府尉曹李史校兵物既（E. P. T20：9）

（23）吞远候长王恭持兵簿诣官校　☐（E. P. T43：70）

（24）⊏☐第七队长丰校兵□☐（E. P. T59：776）

（25）建武三年七月乙酉朔丁酉万岁候长宪敢言之徙署癸巳视事校阅兵物多不具案何辞与循俱休田循服六石弩一稾矢铜鍭百铠鍉瞀各一持归游击亭循何□（E. P. F22：61）

（26）三月簿余盾六十桼　　　校见六十桼应簿（E. P. F22：314）

（27）●万岁部建武三年七月校兵物少不备簿故候长樊隆主（E. P. F22：373）

（28）候长鄣校相付●谨案部兵物休皆自☐（E. P. F22：388）

又可见“什器校券名籍”：

（29）　□□□□□□□鄣

⊠

什器校券名籍（E. P. T51：180）

据居延汉简85.4和85.28，“什器”包括“车布”“车伏”“车放安”“斤”

“斧”等，也可以看作装备。关于马具的“校”，有敦煌汉简：

(30) 校趣具鞍马会正月十日不具议罚复白　　十二月壬辰白 (615)

对于骑兵来说，“鞍”等马具当然至关重要。到限定时日依然“不具”，则当“议罚”。

敦煌汉简还有“校”牲畜数量的内容：

(31) ………………

万共校其一群千一百头遝沙万共校牛凡百八十二头其七头即游部取获 (618A)

这些牲畜可以作为交通动力使用。

居延有简文言及物资的“案校”，对象是“钱谷盐铁”：

(32) ▱月甲寅大司农守属闳别案校钱谷盐铁▱ (455. 11)

如下简例有可能涉及“钱”的“案校”：

(33) ▱二千□千

▱絿一两　　校得钱八百其三百小钱 (74. 8)

(34) ▱校库啬夫毋□▱ (90. 41)

又如敦煌悬泉置汉简有传马“病死卖骨肉”得钱未入“钱簿”经“校”察知的记录，或许也可以理解为“案校钱”的情形。据胡平生、张德芳释文：

(35) 效谷移建昭二年十月传马薄（簿），出县（悬）泉马五匹，病死，卖骨肉，直钱二千七百卌，校钱薄（簿）不入，解…… (0116 (2)：69)①

“案校”“谷”的情形，见于引简 (15)“拘校”“谷”，又如居延汉简：

(36) 校庚候官始元年▱

四石 (90. 50)

(37) ●最凡粟二千五百九十石七斗二升少

凡出千八百五十七石三斗一升

今余粟七百卅三石四斗一升少

校见粟得七百五十四石二斗 (142. 32B)

(38) 谨移出入校一编敢言之▱ (145. 11)

(39) 令史弘校第廿三仓谷　　十月簿余谷穬程大石六十一石八斗三升大 (206. 7)

(40) ▱坐校谷▱ (E. P. T5：165)

有学者注意到“‘居延汉简’中有专门记载粟的盘点和校核的实例，可以说明当时

① 胡平生、张德芳编撰：《敦煌悬泉汉简释粹》，上海古籍出版社 2001 年版，第 85 页。

盘点之后‘帐面’数额的登记和调整情况”。[①] 以上简文就是这样的“实例”。简（36）是否“案校”“谷”文书似乎未可十分确定。简（37）则是典型的“校”“谷”简例。

“校”有时又有有关兵员信息核实的情形。如：

（41）建始二年十一月癸巳居延千人令史□则校系甲渠第卄三名籍一一编敢言之（下有任意书者不录）（28.21A）

简文称之为“校系”“名籍”。与此类同的“校”“名籍”的情形，又有：

（42）校甲渠候移正月尽三月四时吏名籍第十二隧长张宣史案府籍宣不史不相应解何（129.22，190.30）

如下简文或许也可以归为一类：

（43）校甲渠移四月尽□☒（E. P. T65：341）

又有“校”功劳记录者。如：

（44）长李利□元二年功劳三岁九月一日校□功□□□☒（53.16）

（45）☒二岁十月廿七日半日校奉亲二年（214.109）

（46）☒神爵三年劳中劳二岁十一月七日校☒（E. P. T53：60）

（47）诸有功校皆有信验乃行购赏（E. P. F22：230）

（48）●诸有功校皆有信验乃行购赏（E. P. F22：692）

（44）（46）都明显是对“劳”的核正。（45）似乎也是同样。（47）（48）是说，对于“诸有功”情形，要“校”，需“皆有信验”，才可以兑现“购赏”。

前说“校系”“名籍”或“校”“名籍”，其实是“校”“名籍”所统计记录的对象。另一种对文书的“校”，则是“校”文书本身。例如前引简（8）（9）“邮书”之“拘校”。又如：

（49）●校临木十一月邮书一☒（78.8）

（50）校临木邮书一封

☒　　　　十一月己未夜半当曲卒同受收降卒严下餔临木卒禄

张掖居延都尉

付诚埶北隧卒则（203.2）

（51）　十一月

●校临木邮书三封（224.5）

（52）●校临木十一月☒（63.12）

（53）　　　其一封大守章诣府

北书四封　不校　一封居延司马诣府

二封章破……　（E. P. T52：168）[②]

---

① 郭道扬：《中国会计史稿》，中国财政经济出版社1982年版，第168-169页。

② 原注：“‘不校’二字乃后书。”

此“校”“邮书”事，也是一种检查，但是与上文讨论的对于兵械物资的“校”，即“校阅兵物”与“案校钱谷盐铁”等，情形似有不同。

六、关于“抵校”

前引简（28）所见“邸校”，又见于如下简例：

（54）候长不相与邸校而令不相应解何檄到驰持

事诣官须言府会月二十八日日中毋以它为解必坐有（E. P. F22：454）

“邸校”又写作“邸校”。如：

（55）任小吏忘为中程甚毋状方议罚檄到各相与邸校定吏当坐者言须行法（55. 13，224. 14，224. 15）

在许多情况下又写作“抵校”。如：

（56）抵校因都试驰射会月☐（40. 18）

（57）会壬申旦府对状毋得以它为解各　　　署记到起时令可课

（58）告肩水候官候官所移卒责不与都吏☐卿　所举籍不相应解何记到遣吏抵校及将军未知不将白之（183. 15B）

所谓“抵校”，有可能是指检查者与责任方当面核正。或许因此有“相与邸校”“相与邸校”之说。“邸”“邸”与“抵”“柢”通假。[①]“邸校”“邸校”“抵校”的另一层意思，也可能是原始涵义，应是彻底核查。据《尔雅注疏卷四考证》，郑樵曰：“‘邸’，人之所止也。‘柢’乃木之根本，是亦其所止也。故‘邸’可谓之‘柢’。”[②] 则“邸校”“邸校”“抵校”均言“柢校”，可以理解为彻查即“校”之到底的意思。

七、关于“校计”

居延汉简又多见“校计”字样。如：简 59. 37，287. 15B，E. P. T52：731，E. P. T56：9，E. P. S4. T2：52 等，又敦煌悬泉置汉简 II 0214（1）：127 同，往往言个人事务。然而也有如下简例所反映的“相与校计”情形：

（59）新始建国地皇上戊三年五月丙辰朔乙巳裨将军辅平居成尉伋丞谓城仓闲田延水甲沟三十井殄北卒未得

---

① 《说文·邑部》：“邸，属国舍也。”段玉裁注：“《文帝纪》曰：‘入代邸。’颜注曰。‘郡国朝宿之舍在京师者率名邸。邸，至也。言所归至也。’按今俗谓旅舍为‘邸’。《经典》假借‘邸’为‘柢’。如《典瑞》‘四圭有邸’是也。《释器》：‘邸谓之柢。’当作‘柢’谓之‘邸’。《释言》曰：‘柢，本也。’郑司农引作‘邸本’也可证。《尔雅》皆释经之辞。”今按：《尔雅·释器》“‘邸’谓之‘柢’”，郭璞注：“根柢皆物之‘邸’，‘邸’即‘底’，通语也。”

② 《尔雅注疏卷四考证》，文渊阁四库全书本。

ㄱ▨……付受相与校计同月出入毋令缪如律令（E. P. T65：23A）

（60）▨月禄调给有书今调如牒书到付受相与校计（E. P. T65：50A）

（61）谷四斗属复得严谷四斗校计案▨□严不能多持谷簿谷（E. P. F22：429）

（62）建武四年□□壬子朔壬申守张掖▨旷丞崇谓城仓居延甲渠卅井殄北言吏当食者先得三月食调给

有书为调如牒书到付受与校计同月出入毋令缪如律令（E. P. F22：462A）

（63）建……　　　　居延……　　　　卅井……

□□□官奴婢捕虏乃调给有书今调如牒书到付受相与校计同月出入毋令缪如律令（E. P. F22：580）

从简文内容看，都是程序严肃的公务行为，应当在讨论"校"的制度时予以关注。敦煌悬泉置汉简也有说到"相与校计"的简例，据胡平生、张德芳释文：

（64）神爵二年三月丙午朔甲戌，敦煌太守快、长史布施、丞德，谓县、郡库：太守行县道，传车被具多敝，坐为论，易□□□□到，遣吏迎受输敝被具，郡库相与校计，如律令。（A）

掾望来、守属敞、给事令史广意、佐实昌。（B）（I 0309（3）：236）[①]

简文明确说"遣吏迎受输敝被具，郡库相与校计"，言行政机关的"吏"与"郡库"共相核正"传车""敝被具"。发布文件的是"敦煌太守快、长史布施、丞德"，签署者有"掾望来、守属敞、给事令史广意、佐实昌"。而"如律令"文字，强调了文书性质的威严。

现在看来，"相与校计"与简（55）"相与郮校"应当是性质和程式相近的行政方式。

八、"校士"职任推想

通过敦煌汉简"校对何急以时遣季卿来出谷从食马杔功所与票功记"（166）可以体会"校"的严厉。前引简（13）"拘校必得事实"，是承担"校"的职任者应当坚持的原则。

面对"校"的责任人，必须就类似简（14）"校兵物不应簿"，（18）"校阅亭隧卒被兵皆多冒乱不相应或易处不如本籍"，"以籍阅具卒兵兵即不应籍"，（25）"校阅兵物多不具"，（27）"校兵物少不备簿"，（42）"案府籍……不相应"，（54）"候长不相与郮校而令不相应"等情形，如（57）所说到上级机关"对状"，进行解释和说明。简文常见"解何"，如简（10）（19）（35）（42）（54）（57）（58）等，就

① 胡平生、张德芳编撰：《敦煌悬泉汉简释粹》，上海古籍出版社2001年版，第81页。

明确了这种要求。[①] 简（25）“何辞”也反映了同样情形。简（54）“毋以它为解”，（57）“毋得以它为解”，严禁以其他借口巧为辩说。（54）“毋以它为解必坐”，又强调如此则要受到法律惩处。

简（55）“任小吏忘为中程甚毋状方议罚檄到各相与邸校定吏当坐者言须行法”，明确显示了对相关失职渎职及其他“甚毋状”罪行“行法”的必然。简（40）“☐坐校谷☐”，简（64）“坐为论”，即很可能反映了付诸实际的法律追究程序。

敦煌汉简有两例说到“没校”者：“没校妻子皆为敦德还出妻计八九十口宜遣吏将护续食”（116），“卷餧死将茔及前没校来先至☐”（175）。“没校”语义未详，尚不知是否与我们讨论的“校”有关，也许可以在得到新的简牍资料后推进我们的认识。

居延汉简可见“●移校簿十牒言府会☐”（E. P. T52：174）[②]，可见“校”的工作量。主持和承担“校”事的职能人员，可见简（11）“吏”，（13）“长史”，（14）“掾”，（22）“府尉曹”，（32）“大司农守丞”，（39）“令史”，（41）“居延千人令史”，都是上级部门派员充任。（58）（64）均言“遣吏”，也是自上而下的“校”。简（23）“吞远候长王恭”，（24）“第七队长丰”，（25）“万岁候长宪”，都是本“候”“队”长官自“校”。（25）“万岁候长宪敢言之徙署癸巳视事校阅兵物多不具”，应是“徙署”刚刚“视事”，“校阅”“万岁候”“兵物”发现“多不具”。（23）（24）情形可能也是如此。（27）“万岁部建武三年七月校兵物少不备簿故候长樊隆主”，应当也是新任长官“视事”后“校兵物少不备簿”，提出追究前任“故候长樊隆”的责任。这应当就是有的学者考察秦汉会计制度时所说“新旧官员交接时的实地盘点”。[③] 论者讨论的是“财物盘点”，目的是“以明确经济责任”。而居延汉简“兵物”“盘点”追究的责任更为重大。

“校”的实施，多由上级派员负责。由于工作的程式化，有可能已经出现了专职负责“校”的工作者。“校士”或许就是这样的主持“校”的专人。二人、三人、四人的组合，比较适应职任要求。对于等级较高的部门，也许需要考虑地区迴避因素。这或许就是“蜀校士”“昌邑校士”[④] 在居延汉简中出现的原因。如果这样的推想成立，则后世易地派遣通常二人一组的监察审计人员的方式，可以在汉代行政制度中发现先声。

---

① 居延汉简“时遣云廪吏卒校未已解何书到趣遣具言状会月十日☐”（E. P. T52：13），亦言“解何”，也可能与此有关。“具言状”，可能近似简（57）“对状”。其情形的理解，可以参考《史记》卷一〇九《李将军列传》载李广“从大将军青击匈奴”，“失道”，“大将军使长史急责广之幕府对簿”事。“至莫府，广谓其麾下曰：‘……广年六十余矣，终不能复对刀笔之吏。’遂引刀自刭。”

② 沈刚：《居延汉简语词汇释》：“校簿（EPT52：174），账目核对后形成之盘点账。秦汉《效律》，就是有关账目核查的法律规定。（《集成》十，P187）”科学出版社2008年版，第202页。

③ 郭道扬：《中国会计史稿》，中国财政经济出版社1982年版，第168-169页。

④ 据陈直先生说，还有“楗为校士”。

21 世纪以来简帛研究的基本状况（2000—2012）

卜宪群

（中国社会科学院　历史研究所）

【摘要】 21世纪以来简帛发现与整理的特点有三：一是经科学发掘或抢救性发掘整理的简帛资料公布速度加快；二是20世纪发现的简牍材料经过专家的精心整理也逐渐刊布于世；三是散落海外简帛资料的整理或经收购回归整理的简帛资料数量增多。21世纪以来，中国大陆从中国香港市场收购多批重要简牍，因其没有明确发掘地点，这些简牍被冠以收购单位的名称，之后这些简牍被陆续整理出版。也有一些海外馆藏简牍在21世纪刊布，共同成为21世纪史学研究者关注的热点。新出简帛数量毕竟有限，能够首次直接参与整理的人数也有限，但是首次整理并不代表着整理工作的最终完成，任何简帛研究者都可能在研究过程中对已整理过的简帛提出异议，甚至纠正错误。以往简帛的整理也还不能说都是非常完善的。

【关键词】 简帛发现与公布；简帛整理；海外简帛

随着研究者对简帛考古学的重视和简帛自身特点认识的加深，尤其是红外线照相技术的广泛使用，使已公布简帛的再整理更加科学化，也被学者所关注。

21世纪简帛研究的新趋势呈现出以下特点：第一，简帛文书学、文献学与学术史等基础性问题研究加强。第二，相关历史问题在以往研究的基础上进一步深化。简帛材料为战国秦汉魏晋历史补充了丰富的材料，开辟了新的研究领域，深化了相关历史问题的研究。第三，多学科研究的趋势加强。从总体上看，史学研究是简帛学研究的主体，但多学科的介入也是21世纪简帛研究的趋势，对于简帛学的深化与拓展十分有益。

简帛是20世纪最重要的考古发现之一，其材料促成了中国古代史研究中的一个重要分支——简帛学的形成。21世纪以来的十多年间，简帛的发现、整理与研究成就突出，仍然是目前中国战国、秦汉、魏晋史研究最为关注的前沿性问题之一，不仅吸引了众多的研究者，也极大地推进了中国史学界对该时段历史的认识。今天我就自己所了解的范围，对这十多年来中国简帛学研究的基本状况作简要介绍。

一、21世纪以来简帛发现与公布的若干特点

21世纪以来简帛发现与整理的特点有三：一是经科学发掘或抢救性发掘整理的

简帛资料公布速度加快；二是20世纪发现的简牍材料经过专家的精心整理也逐渐刊布于世；三是散落海外简帛资料的整理或经收购回归整理的简帛资料数量增多。①

（一）经科学发掘或抢救性发掘整理的简帛资料公布速度加快

2000年，湖北随州孔家坡M8号墓抢救性发掘出土约属于西汉前期的简牍780余枚，主要内容为日书、历日和告地书。2006年，文物出版社出版了湖北省文物考古研究所、随州市考古队编纂的《随州孔家坡汉墓简牍》一书，公布了全部图版、释文和注释。

2002年，山东日照汉代海曲故城抢救性发掘出土了属于武帝时期的木牍4枚、竹简39枚，木牍内容为遣策，竹简主要为"视日"。2003年文物出版社出版的《2002年中国重要考古发现》对文物简牍做了介绍；《文物》2010年第1期公布了M106号墓的发掘简报；刘绍刚、郑同修《日照海曲简〈汉武帝后元二年视日〉研究》② 一文，公布了视日简的全部释文及部分照片。

2002年，湖南省龙山县里耶战国古城1号井出土简牍3.8万余枚，其中绝大部分为秦代简牍，内容分为：书传类（往来书，司法文书，传、致，私书）；律令类（律、令、式）；录课类（录、志、课）；簿籍类（簿、记、籍、阀阅居劳、计表）；符券类（符、券）；检楬类（检、楬、函封、标题简）；历谱；九九术、药方；里程书；习字简。③ 系秦代洞庭郡迁陵县地方行政文书档案。《文物》和《中国历史文物》2003年第1期，选释了其中的几件行政文书。2007年，湖南省文物考古研究所编著的《里耶发掘报告》④ 一书中，又新公布了秦代户籍文书若干新资料。2012年，《里耶秦简（壹）》，由文物出版社出版，公布了第五、六、八层出土的简牍。

21世纪以来，荆州地区也有一系列抢救性的简牍新发现公布，如谢家桥1号汉墓出土竹简208枚，竹牍3枚，主要内容为遣策和告地书；印台墓地出土竹木简2300余枚，木牍60余方，主要内容为文书、卒簿、历谱、编年记、日书、律令及遣策、器籍、告地书等；纪南镇松柏1号墓出土木牍63块，主要内容为遣策和各类簿籍、律令；其中最有特色的是南郡及江陵西乡等地的户口簿、正里簿、免老簿、新傅簿、罢癃簿、归义簿、复事算簿、见（现）卒簿、置吏卒簿以及叶（牒）书、律令（文帝时）、周偃功劳升迁记录等，内容十分重要。这些墓葬均属西汉前期，最迟为武帝早期。⑤

---

① 本部分的撰写参考了李均明等著《当代中国简帛学研究（1949-2009）》（中国社会科学出版社2011年版）中的部分内容，特此说明。

② 《出土文献研究》第九辑，中华书局2010年版。

③ 参见《里耶秦简（壹）·前言》，文物出版社2012年版。

④ 湖南省文物考古研究所：《里耶发掘报告》岳麓书社2007年版。

⑤ 荆州博物馆：《荆州重要考古发现》，文物出版社2009年。

2002年，在甘肃玉门市花海乡十六国前后凉时期墓葬中发现了晋律注残本。有标题的是《诸侯律注第廿》，约存5000字。①

2003年11月至2004年2月，湖南郴州苏仙桥古井群出土吴简140枚（含残片）和晋简近千枚。吴简内容为簿籍、文书、书信、纪年等；晋简为西晋惠帝时桂阳郡郡府档案，涉及桂阳郡及属县的基本情况。2005年以来，这批简的内容逐步公布。②

2003年，长沙走马楼发掘清理万余枚西汉武帝时的竹简，经专家初步考证，“这些简牍是汉武帝时期的行政文书，其性质大部分属于司法文书，涉及到汉代的诉讼制度、法制改革、统计制度、交通邮驿制度及汉长沙国的历史、法律、职官、郡县、疆域等诸多方面”③。

2004年，长沙市东牌楼建筑工地第七号古井发掘出土的东汉简牍共206枚。2006年，文物出版社出版《长沙东牌楼东汉简牍》，公布发掘报告及相关研究报告，东牌楼东汉简牍图版、释文和论释，简牍发现于2004年，共206枚，内容分公文、书信、杂文等，年代在汉灵帝时（公元168－189年），简文有建宁、熹平、光和、中平的纪年。附《整理号与出土号对照表》。此批简牍数量不大，但提供了较为丰富的历史信息。同时，此批简牍所反映的文字面貌对研究中国汉字书体演变极有参考价值。④

2004年，安徽天长安乐镇纪庄汉墓出土34枚木牍，属于西汉前期至武帝年间，内容包括公文书、书信、药方、礼单等，其中书信类木牍占了绝大多数。其中首次发现了汉代县级上计文书，书信中所含内容对于推进汉代地方行政制度史、汉代官僚社会交往史和汉代社会生活史以及江淮地区地方史研究，均具有重要价值。⑤

2004年至2005年，广州南越王宫署遗址J264号井中，发掘西汉南越国木简百余枚，主要内容为籍簿和法律文书。簿籍主要包括入籍、门籍、物籍等，以及《谪令》等法律文书和大批职官、机构、郡的名称，填补了广东地区简牍发现的空白，是南越国考古的重要突破。它的发现扩大了南越国史的研究范围，从很多方面弥补了南越国史料记载的不足，具有非常重要的学术价值。⑥

---

① 张俊民：《玉门花海出土的〈晋律注〉》，《简帛研究2002－2003》，广西师范大学出版社2005年版。

② 湖南省文物考古研究所、郴州市文物处：《湖南郴州苏仙桥J4三国吴简》，《出土文献研究》第七辑，上海古籍出版社2005年版。湖南省文物考古研究所、郴州市文物处：《湖南郴州苏仙桥遗址发掘简报》，湖南省文物考古研究所：《湖南考古辑刊》第八集，岳麓书社2009年版。

③ 郑文宽：《出土文献研究》第七辑，上海古籍出版社2005年版。http：//www.china.com.cn/chinese/2004/Jan/478792.htm。

④ 长沙市文物考古研究所、中国文物研究所：《长沙东牌楼东汉简牍》，文物出版社2006年版。

⑤ 天长市文物管理所、天长市博物馆：《安徽天长西汉墓发掘简报》，《文物》2006年第11期；杨以平、乔国荣：《天长西汉木牍述略》，《简帛研究2006》，广西师范大学出版社2008年版。卜宪群、蔡万进：《天长纪庄木牍及其价值》，《光明日报》2007年6月29日。

⑥ 韩维龙、刘瑞、莫慧旋：《广州市南越国宫署遗址西汉木简发掘简报》，《考古》2006年第3期。

2006年，湖北云梦睡虎地77号汉墓发掘出西汉文景时期简牍2137枚，主要内容为质日、日书、典籍、算术、法律类文献。①

2008年，甘肃省永昌县水泉子村M5抢救性出土1400余枚简牍，内容主要包括《苍颉篇》和日书。2009至2010年，部分照片、释文和考释公布。②

（二）20世纪发现的简牍材料经过专家的精心整理逐渐刊布于世

1972至1974年在肩水金关遗址发掘出土的肩水金关汉简，历时38年，《肩水金关汉简》第一卷（上、中、下三册），于2011年由中西书局出版。

1972年在山东临沂发掘的银雀山汉墓竹简的部分内容，历时38年，2010年由文物出版社出版《银雀山汉墓竹简·贰》，刊登了图版、释文和注释。内容包括论政、论兵、阴阳、时令、占候、文学、杂技类等。

1973年河北定县八角廊四十号汉墓发掘出土的典籍简在21世纪继续公布。2001年第5期《文物》发表《定州西汉中山怀王墓竹简〈六韬〉释文及校注》，公布了《六韬》释文。

1973至1974年发掘的长沙马王堆2号和3号汉墓简牍，历时31年。《长沙马王堆二、三号汉墓》（一）于2004年由文物出版社出版，收录了遣策、医简及典籍简释文。

1983至1984年在湖北江陵张家山发掘的张家山汉墓竹简，其主要内容经张家山汉简247号汉墓竹简整理小组历时近20年的工作，于21世纪之初公布于世。③

1986年甘肃天水放马滩发掘出土的简牍，包括日书、地图和志怪故事。历时23年后，由中华书局于2009年出版《天水放马滩秦简》一书，公布了全部秦简的图版和释文。

1987年于湖南发现的古人堤东汉简牍90余枚，内容包括汉律、医方、官文书、书信、礼物谒、历日、九九表等。2003年全部释文及部分照片公布。④

1987年在湖南慈利发现的战国楚简一千余枚，主要内容为记事性典籍，以记载吴越两国史事为主，并附有议论，与传世文献《国语·吴语》《逸周书·大武》等可比勘，也有《管子》《宁越子》等书佚文。但竹简残损严重，2004年，张春龙《慈利楚简概述》介绍了部分内容。⑤

---

① 熊北生等：《湖北云梦睡虎地M77发掘简报》，《江汉考古》，2008年第4期；国家文物局编：《2008中国重要考古发现》，文物出版社2009年版。

② 张存良、吴荭：《水泉子汉简初识》，《文物》，2009年第10期；张存良：《水泉子汉简七言本〈苍颉篇〉蠡测》，《出土文献研究》第九辑，中华书局2009年版。

③ 张家山二四七号汉墓竹简整理小组：《张家山汉墓竹简（二四七号墓）》，文物出版社2001年版。

④ 张春龙、李均明、胡平生：《湖南张家界古人堤简牍释文与简注》，《中国历史文物》2003年第2期。

⑤ 艾兰、邢文编：《新出简帛研究》，文物出版社2004年版。

1990至1992年发掘的3.5万余枚（有字简2.3万余枚）敦煌悬泉汉简，其时代自武帝至东汉安帝，是西北汉简的一次极为重要的发现。悬泉简内容丰富，与以往西北简内容大体集中、相减特点似显著不同。如大量的诏书、官府通行文书、司法律令文书、簿籍、私信、典籍等，具有很高的研究价值。自2000年以来，悬泉简的部分内容被逐步披露。主要有：《敦煌悬泉汉简释文选》（《文物》2000年第1期）、《敦煌悬泉汉简释粹》（上海古籍出版社2001年版）、《敦煌悬泉月令诏条》（中华书局2001年版）、《悬泉汉简羌族资料辑考》（《简帛研究2001》，广西师范大学出版社2001年版）、《悬泉汉简中若干"时称"问题的考察》（《出土文献研究》第六辑，上海古籍出版社2004年版）、《悬泉汉简中若干纪年问题考证》（《简牍学研究》第四辑，甘肃人民出版社2004年版）、《悬泉汉简中的"传信简"考述》（《出土文献研究》第七辑，上海古籍出版社2005年版）、《悬泉汉简中的"悬泉置"》（《简帛研究2006》，广西师范大学出版社2008年版）、《悬泉汉简研究》（甘肃文化出版社2009年版）、《西汉与乌孙交涉史新证——悬泉汉简所见西域关系史之一》（《国际简牍学会会刊》2002年第4号，台北台兰出版社）、《汉与楼兰（鄯善、车师（姑师）交涉史新证——悬泉汉简所见西域关系史之二》（同前）、《敦煌悬泉汉简所见人名综述——以少数民族人名为中心的考察》（《西域研究》2006年第4期）、《敦煌悬泉汉简所见人名综述——以敦煌太守人名为中心的考察》（《简帛研究2005》，广西师范大学出版社2008年版）等。披露内容的作者，只限于发掘整理者。

1992年在湖北沙市萧家草场26号汉墓抢救性发掘出土的35枚竹简，内容为遣策，2001年中华书局出版《关沮秦汉墓简牍》一书，收录了周家台30号秦墓出土的历谱、萧家草场26号汉墓出土的遣策，公布了图版、释文和注解。

1992年，朝鲜平壤市乐浪区域贞柏洞364号墓出土了120枚左右的《论语》竹简，同时出土的还有西汉元帝初元四年（公元前45年）写成的户口簿木牍，近年来也得以刊布①。

1993年在湖北江陵王家台15号墓出土秦简394支，4000余字，其内容为《归藏》，确证了以往《归藏》为伪书的看法不能成立。21世纪之初，王明钦《王家台秦墓竹简概述》② 一文作了相关介绍。

1994年于河南新蔡葛陵抢救性发掘出土的1500余枚楚简，内容系楚平夜君生前的占卜记录和随葬遣策。2003年，大象出版社出版的《新蔡葛陵楚墓》一书，公布了全部照片和释文。

---

① 李成市、尹龙九、金庆浩撰，桥本繁译：《平壤贞柏洞三六三号坟出土竹简"论语"について》，《中国出土资料研究》第14号2010年3月；杨振红、尹在硕：《韩半岛出土简牍与韩国庆州、扶余木简释文补正》，《简帛研究2007》，广西师范大学出版社，2010年版。

② 王明钦：《王家台秦墓竹简概述》，《北京大学新出简帛国际学术研讨会论文》，2000年版。

1996 年湖南长沙走马楼抢救性发掘清理出东汉至三国吴简 10 万余枚，内容包括户籍、赋税簿籍、官文书、司法文书、私信、名刺等，是研究三国孙吴历史的重要材料。21 世纪以来，整理组已整理《长沙走马楼三国吴简·竹简》（一）、（二）、（三），文物出版社分别于 2003、2007、2008 年出版。

1999 年在湖南怀化抢救发掘的沅陵虎溪山一号汉墓出土竹简千余枚，内容为黄簿、日书和美食方。其中黄簿的发现为首次，也最有特色，记载汉初沅陵侯国的行政设置、吏员人数、户口人民、田亩赋税、大型牲畜、经济林木数量、兵甲船只及以上各项增减和增减原因，还有道路交通、亭聚、往来长安的路线和水路里程等许多内容，具有极高的史料价值。自 2003 年开始，虎溪山一号汉墓竹简的内容逐步公布。①

1999 年至 2002 年间在内蒙古额济纳旗汉代烽燧遗址中采获汉简 500 余枚，以西汉中期至东汉初期为主，内容以行政文书为主，涉及相关时期政治、经济、军事等诸多领域。其中以王莽时期文书的发现尤为珍贵。2005 年，广西师范大学出版社出版《额济纳汉简》一书，公布了图版、释文等。

2008 年，甘肃省永昌县水泉子村 5 号墓抢救性出土 1400 余枚简牍，内容主要包括《苍颉篇》和日书。2009 至 2010 年，部分照片、释文和考释公布。②

（三）散落海外简帛资料的整理或经收购回归整理的简帛数量增多

21 世纪以来，中国大陆从中国香港市场收购多批重要简牍，因其没有明确发掘地点，这些简牍被冠以收购单位的名称，这些简牍被陆续整理出版。也有一些海外馆藏简牍在 21 世纪刊布，共同成为 21 世纪史学研究者关注的热点。

《香港中文大学文物馆藏简牍》③ 是香港中文大学文物馆历年收购的简牍 259 枚，包括战国简 10 枚，西汉简 189 枚，东汉简 40 枚，东晋木牍 1 枚，另有残简 8 枚和空白简 11 枚。据整理者介绍，这批简牍对于日书、简牍制度、汉代经济制度史研究都有很高的研究价值。

《英国国家图书馆藏斯坦因所获未刊汉文简牍》④ 一书，公布了斯坦因第二次中亚考察时所获敦煌汉简未曾刊布的 2300 余枚。

---

① 湖南省文物考古研究所、怀化市文物处、沅陵县博物馆：《沅陵虎溪山一号汉墓发掘报告》，《文物》2003 年第 1 期；郭伟民：《虎溪山一号汉墓葬制及出土竹简的初步研究》，载《新出简帛研究》，文物出版社 2004 年；张春龙：《沅陵虎溪山汉简选》，《出土文献研究》第九辑，中华书局 2010 年版。

② 张存良、吴荭：《水泉子汉简初识》，《文物》，2009 年第 10 期；张存良：《水泉子汉简七言本〈苍颉篇〉蠡测》，《出土文献研究》第九辑，中华书局 2009 年版。

③ 陈松长：《香港中文大学文物馆藏简牍》，香港中文大学文物馆 2001 年版。

④ 汪涛、胡平生、吴芳思编著：《英国国家图书馆藏斯坦因所获未刊汉文简牍》，上海辞书出版社 2008 年版。

20 世纪末由上海博物馆从香港市场购回的战国楚简，主要内容为古文献，自 2001 年以来，上海古籍出版社已出版《上海博物馆藏战国楚竹书》七册。

2007 年，湖南大学岳麓书院从香港收购二千多枚秦简，经整理现已出版《岳麓书院藏秦简》（壹）（贰）①，共收录了 300 多枚秦简，主要内容为《质日》《为吏治官及黔首》《占梦书》三种。

2008 年，清华大学从香港文物市场购回 2400 余枚战国竹简，其内容为《尚书》等诸多典籍，具有重大学术价值。2010 年和 2012 年，中西书局分别出版了《清华大学藏战国竹简》第一、二册。李学勤先生介绍：第一册收录的 9 个篇目为：《尹至》《尹诰》《程寤》《保训》《耆夜》《金縢》《皇门》《祭公》和《楚居》。许多内容系首次为今人所知，不仅呈现了“焚书坑儒”之前的古籍原貌，更能对传世的《尚书》《逸周书》等一批文献有所补充和修订。第二册收入了一部已经失传 2300 多年的历史著作，整理小组将它命名为《系年》。《系年》一共有 138 支竹简，字迹清晰，保存较好，只有个别残损之处。全篇共分为 23 章，概要记述了从西周初年一直到战国前期的历史，其中有许多事件不见于传世文献，或对传世的《左传》《国语》《史记》等典籍有重大的订正作用。

2009 年，北京大学从海外抢救回 3000 多枚秦简和西汉竹书，《文物》2011 年第 6 期发表的北京大学藏西汉竹书简报《北京大学藏西汉竹书概说》和系列论文首次比较全面地介绍了整体情况和主要内容。该批简属于书简，时代在汉武帝后期。有《老子上经》和《老子下经》（尚未见过《老子》此种命名方式）、《苍颉篇》（存字 1230 个）、有 180 多个古医方的医书和两篇文学作品。

2009 年，浙江大学接受校友捐赠的一批流传境外的战国楚简，经整理，释文于 2011 年由浙江大学出版社出版。《浙江大学藏战国楚简》内容可分为古书、日书、卜筮祭祷、遣册。古书有《左传》，字数达三千一百多，楚简《左传》是孔壁《左传》后的一次重大发现，具有重要学术意义。《日书》有《玉勺》和《四日至》两篇，共三支简。内容与天文天象有关，特别是楚天象。卜筮祭祷简是墓主人生前的卜祭记录，对研究古代卜祭及楚史有重要参考价值。《遣策》记录了随葬的物品。②

二、已公布简帛的再整理受到关注

新出土的简帛数量毕竟有限，能够直接参与整理的人数也有限，但是首次整理并不代表着整理工作的最终完成，任何简帛研究者都可能在研究过程中对已整理过的简帛提出异议，甚至纠正错误。以往简帛的整理也还不能说都是非常完善的。随着研究者对简帛考古学的重视和简帛自身特点认识的加深，尤其是红外线照相技术

---

① 朱汉民、陈松长：《岳麓书院藏秦简》（臺）（贰），上海辞书出版社 2011 年版。

② 参见该书《前言》。

的广泛使用，使已公布简帛的再整理更加科学化，也更被学者所关注。

已公布简帛的再整理并不始于21世纪，大家熟悉的《居延汉简释文合校》本就是上个世纪后期简帛再整理的一个成功范例。此后学者们所做的工作非常多，我这里只就相关再整理完成的著作向各位介绍。

（一）居延汉简

贺昌群先生的《汉简释文初稿》① 一书虽然不属于居延汉简的再整理而应属于首次整理，却是以后居延汉简再整理的一个重要基础。因为此书于2005年方出版，故我在此略作介绍。20世纪30年代初，西北考察团所获居延简运抵北京后，贺昌群是整理者之一。30年代后半期，贺先生写成了16册的手稿。20世纪50年代后期，中国科学院考古研究所决定将中国大陆现有的居延汉简出版，为了协助编辑出版《居延汉简甲编》，贺昌群将他亲自释读和撰写的释文手稿毫无保留地提供给中国科学院考古研究所使用。在这部手稿中可以看到，他先是对照原简把简文逐条誊抄下来，同时标明出土号，以便读者查阅。在抄下来的原文之后写出释文，然后根据文献中的记载对简中的字、词及反映的名物制度进行详细考释。其整理方法主要有誊抄、残字考证、异体字辨析、出土背景记录等。他继承了罗振玉、王国维的整理方法，并进一步深化拓展了简帛整理的理论与方法。

贺昌群先生是中国较早总结汉简研究理论的学者之一。20世纪60年代初他在中国科学院历史研究所工作期间，曾经对汉简研究提出过一些指导性意见。他认为："对于汉简本文，首先必须下些考证的功夫，因为相隔二千多年，汉简中许多文字的书写、日常用语、有关名物制度的现实意义，都必须有所考证，才能确切明白它的历史意义和历史内容。""但考证只是一种手段，起的是桥梁作用，研究汉简的最后目的，必须归结到基本的历史联系。常常注意到基本的历史联系，才不致纠缠在许多细节或无关宏旨的争执意见上而不能自拔，必须把汉简所反映的情况和当时历史的全部发展过程加以考察。"

贺昌群先生不惟简至上，不迷信和盲从简牍，主张把文献与简牍相互结合，相互印证，既要以简证史，也要以史证简，从文献与简牍两个方面来研究历史，坚持实事求是的科学态度。通过汉简研究所得出的结论，必须放到历史的发展过程中接受检验，不符合历史发展线索和规律的结论是不能成立的。他具有通史意识，他非常重视材料与观点的统一，重视探讨历史因果联系，反对就事论事、孤立地看问题。他还主张将研究所得的结论放到通史中去考察正确与否，这些见解对他的居延汉简

---

① 贺昌群：《汉简释文初稿》，北京图书馆出版社2005年版。此书出版后，我嘱我的研究生刘杨撰写了《贺昌群与居延汉简研究》一文，发表于《南都学坛》2008年第1期，对贺先生的汉简研究成就做了初步研究，可供参考。以下例证引自此文。

研究都具有非常重要的意义。贺昌群先生还认为，简帛研究不能仅仅纠缠于细节，必须在“当时历史地全部发展过程加以考察”，“必须归结到基本的历史联系”，贺先生的这些观点不但在当时可谓远见卓识，在今天看来仍有意义。

（二）张家山汉简

《张家山汉墓竹简（二四七号墓）》公布后不久，2006 年，在国家古籍整理出版规划领导小组的资助下，文物出版社出版了原竹简整理小组编着的《张家山汉墓竹简（二四七号墓）》（释文修订本），不仅方便了读者对释文的阅读，也吸收了对释文新的订正。

2007 年，上海古籍出版社出版了由彭浩、陈伟、工藤元男主编的《二年律令与奏谳书》一书。该书利用红外线成像系统对《二年律令》和《奏谳书》竹简重新进行拍摄、释读和整理，“并吸纳海内外众家之说，形成新的图版、释文和注释”“使一些原来难于辨认的字迹变得清晰，增补了若干新识之字，对相关简文的理解有很大帮助”。[①] 该书特点有三：

一是增补了若干新释读的字。如归入《田律》的简二四八，整理小组释文为“□□□□□□及□土”，《二年律令与奏谳书》的编著者据红外线影像及原图版改释为“盗侵飤道、千（阡）佰（陌）及堑土〈之〉”。又如归入《置后律》的简三七四，整理小组释文“毋爵□□□□□□”，改释后为“毋爵死事者及□爵”。显然将对律文的理解推进了一大步。

二是经过研究者认真的工作，新发现了若干完整和残断的竹简，不仅补充了《二年律令》的相关律文，还增加了新的律条。《二年律令与奏谳书》中《新见竹简与残片》部分，为学界提供了新的史料。

三是全面地介绍了学界有关《二年律令》和《奏谳书》的研究收获。编著者尽量收集海内外学者的相关论著，选择具有代表性的论点，扼要综合，附于相关内容中。书后“参考文献”录有论著多至 344 种。在“校释”内容中，又以“今按”的形式，陈说编著者的观点。其中颇多有价值的创见。例如对“行书”律名出现的说明（第 198 页）以及关于“免老”律文与虎溪山汉简《黄簿》相关文字之联系（第 231 页）的提示等，都给予研究者重要的启发。[②]

对张家山汉简进行再整理的还有朱红林《张家山汉简〈二年律令〉集释》一书[③]，本书在保存原整理小组注的基础上，引用传统文献、出土简帛、历代学者以及

---

① 参见该书《前言》和《后记》。

② 王子今：《新史料、新方法、新收获——评〈二年律令与奏谳书〉》，《光明日报》2008 年 9 月 14 日。

③ 朱江林：《张家山汉简〈二年律令〉集释》，社会科学文献出版社 2005 年版。

张家山汉简的最新研究成果，对《二年律令》中的各篇律令进行集释，并以“案”的形式对简帛、文献及各家之说作出评判。

（三）尹湾汉墓简牍

1997年中华书局出版的《尹湾汉墓简牍》，提供了简牍图版和释文，释文仅部分有隶定文字，除《神乌傅（赋）》有标点及通假字注外，其它均无标点和注释。在中国国家古籍整理出版专项经费资助下，天津古籍出版社于2011年出版了张显成、周群丽著的《尹湾汉墓简牍校理》一书。该书在以往尹湾简牍释文的基础上，对释文进行了新的校理并增添了《字表》。该书分上下两编。上编为《尹湾汉墓简牍校释》，下编是《尹湾汉墓简牍字表》，末附参考文献。上编将简牍分为22种文献，逐一进行标点、注释、考证、篇题和篇章解读。下编分“凡例”“检字表”“正文”三部分。“正文”含“单字”和“存疑字”两部分，“单字”是字表的主体，共有字头829个，“存疑字”含释读不确定和暂未能释读之字，共有字头5个。以往的简帛整理作品，往往只有注释部分，而很少有对文字进行全面整理并编成字表的，《校理》的《字表》非常有价值，对文字学、简帛学、书法学等学科的研究均具有重要意义。所以，《校理》是第一部全面整理研究尹湾汉简的专著，自然也是作者多年来研究《尹湾汉简》和吸纳世贤有关成果的集大成之作。①

（四）额济纳汉简

2005年《额济纳汉简》出版后，中国人民大学国学院主办了“额济纳汉简研读班”，经过两年的研读，2007年由文物出版社出版了《额济纳汉简释文校本》，是为研读成果，实际上也是额济纳简的一次再整理。本书分为两部分，一是额济纳汉简释文校正，对其中五百余枚简中的近三百枚简的释文和说明文字作了校正；二是额济纳汉简研究，收录了读书班成员28篇论文，涉及内容广泛。②

该书的校正部分以《额济纳汉简》的释文为底本，用所发表的简影图版进行校正。凡读书班认为正确的照录；凡认为所释有误、漏者，则予补正，并在按语中说明。并以原简编号排序。所做工作主要有以下几个方面：

一是将释文中的部分字尽可能改为通行体，如“队”改为“隧”，“并”改为“并”等。

二是将异体字、假借字、错字，不加改动，在按语中说明。如指出“泛”应作“汜”，“索”当作“率”，（第6、7页）“常”当作“当”，“弟”当作“第”，“丞”当读“承”（第16、83页）等等。

---

① 张文国：《〈尹湾汉墓简牍校理〉评介》，《古籍整理出版情况简报》2012年第1期（总491期）。

② 参见孙家洲作该书《前言》。

三是补漏释，删衍文，纠误释。如指出“□卿□出卅枚”漏释，“□□□之令史”衍文，今删。“册五”误作“卅□”，“昼”误作“画”等（第 62、95 页）。这些再整理工作对正确理解额济纳汉简以及推进额简的研究都有重要价值。

（五）综合性再整理

21 世纪以来，对已出简帛的综合性再整理受到重视。所谓综合性再整理是指按照地域或时代对简帛进行全面整理。

1. 20 世纪简牍的集成性再整理

2003 年，由中国简牍集成编辑委员会和甘肃五凉古籍整理研究中心等学术机构共同组织国内数十位专家学者编纂的《中国简牍集成》，由敦煌文艺出版社出版，全书共 17 册，一千多万字。对 20 世纪的出土简牍进行了全面的文字整理、标点、注释。

2. 楚简帛综合性再整理

2003 年中国教育部批准，由武汉大学简帛研究中心承担的“楚简综合整理与研究”重大项目，是按地域进行简帛再整理的一项计划。2009 年，经济科学出版社出版了《楚地出土战国简册（十四种）》，对楚地出土的包山、郭店、望山（2 批）、九店（2 批）、曹家岗、曾侯乙、长台关、葛陵、五里牌、仰天湖、杨家湾、夕阳坡等 14 种 3500 多枚简册进行再整理。整理者广泛阅读海内外的最新成果，订正错误，采用合理观点的同时，备列各家之说；广集简册照片，利用红外线影像技术，比对新出土资料，改释或新释多处简文；对以前的缀合、编联有一些重要改进；在借鉴成说的基础上，对简册中的词语有新的注释。① 2011 年，文物出版社出版了《楚地出土战国简册合集（一）郭店楚墓竹书》（合集共六卷）一书，也属于该项目中的一部分，分释文注释、参考文献和图版三部分。

有学者称该项目的重大意义一是相关简牍照片资料的“集大成”：课题组尽可能获取最清晰的简牍图像数据，凡能够重新拍照的、特别是较早发现的楚简，都利用日本早稻田大学提供的新型红外成像系统（IRRS-100）重新进行了拍摄，他们先后取得望山简、九店简、曹家岗简、曾侯乙简、长台关简、包山简等，有的还套拍了一些数码照片。对于已经无法重拍的简牍，则千方百计搜求早期的照片资料，如在中国社科院考古所《考古》编辑部档案中找到 20 世纪 50 年代编写《长沙发掘报告》时的五里牌简工作用照片，在文物出版社库房中找到 20 世纪 80 年代出版《信阳楚墓》使用的长台关简照片，在河南省考古所资料室找到部分底片、文物出版社出版字帖用的部分彩色照片、仰天湖简、杨家湾简的底片等。14 种简册都取得了前所未有的最好的图像数据，为研究奠定了坚实的基础。二是学术界相关的研究成果“集

---

① 参见孙家洲该书《前言》。

大成”：课题组竭尽可能地搜罗海内外学者的全部著作，通过梳理、分析，采用相对比较合理的观点，并收录那些可备一说的意见。为了反映最新成果，他们引述文献不设时间下限，引证的最新成果晚至2008年冬该书定稿时，书后开列的主要参考文献达1100余种之多，绝大多数是直接研究简牍的论作。对于各家在编连、释字、句读、解释的异见，尽量给出交待，便于读者参考、查阅。三是课题组专家学术见解之“集大成”：课题组成员都是楚简研究精英，对于所选简册各有专攻，他们汇集、吸纳海内外学者几十年来的研究成果，并融入课题组成员各自探究和相互切磋的诸多心得，从而在简牍整理与研究中“取得大量、重要的进展”，标志着我国的楚简研究跨上了一个新台阶。① 也有学者称该项目在材料的获取和整理、研究的归纳和提升两个方面均有独特的优长。提供了目前为止最为完备和准确的第一手资料，对以往的研究进行了很好的总结、梳理，对有参考价值的各家说法作了简要概述，有把握的则提出倾向性或肯定性的意见，注释中还提出了很多有价值的新说。②

刘信芳《楚系简帛释例》③ 一书，也是对楚简的一次综合性再整理。本书以已公布的楚系简帛为材料，选择其中的职官、地名、器物、卜筮祭祀、纪年与月名、先王及家族祀谱、公族姓氏、连绵字、古文字歧读、简帛书写等十二项为例，援例以证典籍，广采众家之说，为楚简研究做了一项很好的基础性工作。

3. 秦简综合再整理

2008年立项的中国教育部重大课题“秦简牍的综合整理与研究”，是由武汉大学简帛研究中心承担的、按时代划分对秦简牍进行再整理的一项计划。目前，该计划跟踪最新发掘公布的里耶秦简，已出版《里耶秦简牍校释》（第一卷）④。至2010年，秦简牍已有十一批，计约3万枚、30多万字，涉及战国晚期到秦代历史的许多方面，为秦史研究补充了极为丰富的材料。

《里耶秦简牍校释》一书在已公布图版、释文的基础上，进一步缀合断片、复原简册、校订释文并加以断读。校释勾稽简文与其他里耶简牍、其他秦汉简牍以及传世秦汉文献的关联，探求其内涵。

三、21世纪简帛研究的新趋势

简帛依然是21世纪战国秦汉魏晋史研究新的学科生长点，从多方面、多角度推进了中国古代史的研究。呈现出以下特点：

---

① 参见胡平生：《楚简研究的新成果——读〈楚地出土战国简册（十四种）〉》，《中国文物报》2009年12月11日。

② 冯胜君：《〈楚地出土战国简册（十四种）〉评介》，《中国史研究动态》2009年第12期。

③ 刘信芳：《楚系简帛释例》，北京师范大学出版社、安徽大学出版社2011年版。

④ 武汉大学简帛研究中心：《里耶秦简校释》（第一卷），武汉大学出版社2012年版。

（一）简帛文书学、文献学与学术史等基础性问题研究加强

21 世纪以来简帛文书学和文献学研究取得一些综合性成果，如李天虹《居延汉简簿籍分类研究》（科学出版社 2003 年版）、李均明《秦汉简牍文书分类辑解》（文物出版社 2009 年版）、张显成《简帛文献学通论》（中华书局 2004 年版）和《简帛文献论集》（巴蜀书社 2008 年版）、沈颂金《二十世纪简帛学研究》（学苑出版社 2003 年版）、骈宇骞、段书安《二十世纪出土简帛综述》（文物出版社 2006 年版）、李均明等《当代中国简帛学研究》（中国社会科学出版社 2011 年版）。这些论著在以往国内外研究的基础上，推进了简帛文书的分类问题和简帛材料的文本及文献特点、价值等问题的研究，对简帛学发展史进行了多角度梳理，这对简帛学科建设将会产生积极影响。

（二）相关历史问题在以往研究的基础上进一步深化

简帛材料为战国秦汉魏晋历史补充了丰富的材料，开辟了新的研究领域，深化了相关历史问题的研究。21 世纪这方面的成果众多，这里我们只能选择若干特色领域予以简要介绍：

1. 战国楚史研究

陈伟主编《楚地出土战国简册研究》[①] 10 卷本，从地理、习俗、宗教、文字、语言、思想和文献等多角度探讨了楚地出土的战国简册文本复原及内涵，推进了楚史与楚文化及战国历史的研究。这也是对地域性简牍开展综合性研究的一次尝试。

2. 秦汉魏晋史研究

简帛文献中大量官私文书的发现，为 21 世纪秦汉魏晋史研究增添了活力，大大促进了该段历史的研究。

（1）地方行政研究。对秦汉郡县乡里地方行政、文书制度与吏员设置及管理制度等政治制度有了更深入的认识与分析。[②] 特别是里耶秦简、三国吴简的发现，关于秦代乡里和三国吴乡里的吏员设置系统与行政运作方式、文书制度，较以往清楚了许多。悬泉简的发现对于汉魏邮驿制度及西北地方史的研究具有重要价值。

---

① 陈伟主编：《楚地》武汉大学出版社 2010 年版。

② 如张金光：《秦制研究》，上海古籍出版社 2004 年版；卜宪群：《秦汉官僚制度》，社会科学文献出版社 2002 年版；邹水杰：《两汉县行政研究》，湖南人民出版社 2008 年版；蔡万进：《尹湾汉墓简牍论考》，台湾古籍出版有限公司 2002 年版；廖伯源：《简牍与制度—尹湾汉墓简牍官文书考证》（增订版），广西师范大学出版社 2005 年版；臧知非：《简牍所见汉代乡部的建制与职能》，《史学月刊》，2006 年第 5 期；卜宪群：《从简牍看秦代乡里的吏员设置与行政功能》，《里耶古城 · 秦简与秦文化研究》，科学出版社 2009 年版；卜宪群：《从简帛看秦汉乡里的文书问题》，《文史哲》2007 年第 6 期。韩树峰、侯旭东关于三国孙吴州郡县乡吏的研究，《吴简研究》第一、二辑，崇文书局 2006 年版等。

（2）爵制研究。关于秦汉政治制度中富有特色的赐爵制因简帛的发现而研究进一步深入，爵名与爵等、官、爵关系，爵与其他各项制度关系等问题的认识更加具体翔实。①

（3）律令制度研究。新出材料中大量属于法律文书，关于法律文本、法律制度、律令体系、法律思想文化、法律与社会关系研究在21世纪继续成为学界关注热点，有众多论著涉及到，如曹旅宁《秦律新探》（中国社会科学出版社2002年版）、《张家山汉律研究》（中华书局2005年版）、蔡万进《张家山汉简〈奏谳书〉研究》（广西师范大学出版社2006年版）、李力《“隶臣妾”身份再研究》（中国法制出版社2007年版）、朱红林《张家山汉简〈二年律令〉研究》（黑龙江人民出版社2008年版）、孙家洲主编《秦汉法律文化研究》（中国人民大学出版社2007年版）、曾加《张家山汉简法律思想研究》（商务印书馆2008年版）、崔永东《简帛文献与古代法文化》（湖北教育出版社2003年版）、杨建《西汉初期津关制度研究》（上海古籍出版社2010年版）、杨振红《出土简牍与秦汉社会》（广西师范大学出版社2009年版）、李均明《简牍法制论稿》（广西师范大学出版社2011年版）、王彦辉《张家山汉简〈二年律令〉与汉代社会研究》（中华书局2010年版）、李明晓、赵久湘《散见战国秦汉简帛法律文献整理与研究》（西南师范大学出版社2011年版）等等，相关论文不再一一详述。

（4）土地、赋役、户籍制度与相关经济史研究。延续上个世纪以来的热点，睡虎地秦简、张家山汉简、三国吴简等揭示出来的土地制度、赋役制度、户籍制度等社会经济问题仍是21世纪学者们关注的重点。战国秦汉三国土地制度形态、名称及其所有权的性质、实施时间以及相关赋役制度等问题研究进一步深化，学者们虽有较大的认识差异，但也在不少方面取得了共识。特别是吴简“吏民田家莂”中提出的众多田制、租税概念，使孙吴的土地制度和赋役研究有了突破性进展。由此也开展了关于吴史多层面的研究。如于振波《走马楼吴简初探》（文津出版社2004年版）和《走马楼吴简续探》（文津出版社2007年版），高敏的《长沙走马楼简牍研究》（广西师范大学出版社2008年版）收录了其研究走马楼吴简的多篇文章，《吴简研究》第一辑（崇文书局2004年版）和第二辑（崇文书局2006年版）集中收录了吴简研究的相关论文。户籍、户口简的发现使户籍、户口研究在21世纪为学者们关注。里耶、天长、吴简长沙东牌楼、乐浪、松柏等简中的户籍户口资料，是学者们研究

① 如李均明：《张家山汉简所反映的二十等爵制》，《中国史研究》2002年第2期；朱绍侯关于西汉军功爵制的系列研究，见《河南大学学报》2002年第5期，2003年第1、2期；《史学月刊》2002年第12期、2003年第12期、2009年第11期等；刘敏：《张家山汉简“小爵”臆释》，《中国史研究》第2004年第3期；于振波：《张家山汉简中的“卿”》，《文物》2004年第8期等。

最为集中的问题。相关时期的傅籍、课役、家庭结构与类型、户籍与人口管理、不同社会阶层的户籍状况等问题的研究有了更深入的发展。①

（5）思想文化与社会史研究。简帛文献中有许多典籍和基层社会的资料，相关研究也在继续推进。如清华简与古文《尚书》的研究，② 郭店简、上博简、马王堆帛书等与中国古代思想文化研究。③数术文献和基层行政文书及私文书促进了相关时期社会信仰、社会阶层、性别史、医疗史、社会生活史的研究。简帛提供了当时官僚出行的种种物质待遇，各种名刺和书信的发现揭示了官僚的社交形式和人际交往形式。简帛记载了大量基层人物的各种类型的活动，是我们研究基层社会阶层的鲜活资料。如新近发现的天长汉简就有丰富的内容。特别是乡里社会阶层情况，简帛提供了丰富的资料，使我们对乡里社会结构有了充分的了解，如三国吴简与“吏民”的研究，里耶简与迁陵县基层社会研究。关于国家社会建设的资料简帛多有记载。出土简帛中有不少材料纪录了国家对残疾人、老人和孤寡妇女及穷困、贫弱者的法律优待及保护措施，简帛材料中还有保护动植物和环境的相关资料，促进了社会史、环境史的研究。简帛中有各种保健方法和药方，有各种食谱、食物、调味品名称和食品卫生法规，有各种饮食风俗和禁忌，有民间贸易买卖与集市，有民间娱乐形式等等，都为新时期学者关注。值得一提的是《日书》。《日书》是古代日者选择时日，占断吉凶的实用手册。近年来发现的战国秦汉简帛中，大都含有《日书》及相关的文献材料，《日书》所反映的是社会基层日常生活的实态，是我们研究战国秦汉日常生活史的基本素材。④帛书与中国古代历史文化研究在 21 世纪也取得不少成就，关于帛书《周易》《老子》《黄帝书》《五行篇》《医书》《天文书》、数术等都有相关专著和论文。

---

① 李均明等著：《当代中国简帛学研究》第三章，中国社会科学出版社 2011 年版。

② 刘国忠：《走近清华简》，高等教育出版社 2011 年版。

③ 如郭沂：《郭店竹简与先秦学术思想》，上海教育出版社 2001 年版；彭浩：《郭店楚简〈老子〉校读》，湖北人民出版社 2001 年版；魏启鹏：《马王堆汉墓帛书〈黄帝书〉笺证》，中华书局 2004 年版；[日] 池田知久：《马王堆汉墓帛书五行研究》，中国社会科学出版社 2005 年版；裘锡圭：《中国出土古文献十讲》，复旦大学出版社 2004 年版；朱渊清、廖名春：《上博馆藏战国楚竹书研究（续编）》，上海书店出版社 2004 年版；彭裕商、吴毅强：《郭店楚简老子集释》，巴蜀书社 2011 年版；李零：《简帛古书与学术源流》，三联书店 2008 年版；梁涛：《郭店竹简与思孟学派》，中国人民大学出版社 2008 年版；陈来：《竹帛〈五行〉与简帛研究》，三联书店 2009 年版；丁四新：《郭店楚竹书〈老子〉校注》，武汉大学出版社 2010 年版；曹峰：《楚地出土文献与先秦思想研究》，台湾书房出版有限公司 2010 年版；王中江：《简帛文明与古代思想世界》，北京大学出版社 2011 年版。

④ 晏昌贵：《〈日书〉与中国古代社会生活》，《光明日报》2006 年 7 月 10 日；刘乐贤：《简帛数术文献探论》，湖北教育出版社 2003 年版；王子今：《睡虎地秦简〈日书〉甲种疏证》，湖北教育出版社 2003 年版。

（三）多学科研究的趋势加强

简帛材料在21世纪显示出更加广阔的研究空间，从多角度、多学科开展简帛研究成为热点。

1. 语言文字与语词研究

日益丰富的简帛材料使简帛语言文字研究成为可能也受到关注。语言文字研究又分为语言文字工具书和文字学研究。西南大学文献研究所在这些方面做出了突出成绩，张显成主编并受中国国家古籍整理出版专项经费资助的《简帛逐字索引大系》分为《秦简》《楚简帛》《两汉简帛》《六朝简帛》四部分。2010年，四川大学出版社出版了其中的《秦简逐字索引（附原文及校释）》，为秦简研究提供了方便。由他主编的《简帛语言文字研究》自2002年至2010年已由巴蜀书社出版五辑。

沈刚《居延汉简语词汇释》① 一书收录1930年和1976年两次发现并公布的居延汉简中的语词，按笔画排序，引用文献和今人研究成果，照录原文，并注明出处。同一辞条有不同解释意见的，作者或加按语判断供参考。本书对于简帛整理及初学简帛者具有工具性价值。

刘信芳编著的《楚简帛通假汇释》② 一书，包括了所能见到的绝大多数已公布的楚简帛，在重订、校订释文的基础上，汇集其中的通假字，也包括异文、古文、异体字、古今字、俗字、歧读字、讹误字等各种用字之例，并作简明解说，带有工具书的性质。解说以一般以经典惯用字为本，亦考虑楚简某字即为本字的可能性，汇集各家之说，为读者提供研究方便。附有楚简释文。③

黄文杰《秦至汉初简帛文字研究》④ 一书，对该时期简帛文字字形的主体来源、文字形体的突出特点、演变规律、形近字辨析、疑难字词考释等作了深入分析。曾宪通归纳本书的创新意义有四：第一，全面收集和系统整理秦至汉初的篆隶资料，运用历时与共时分析、定量与定性分析相结合的方法，揭示汉字发展的内部规律。指出篆隶是一种古文字起了变化而今文字尚未定型的过渡形态。第二，说明篆隶的特点是笔画平直化，结构过渡性和偏旁部件具时代特征等。第三，具体而微地描述和分析秦至汉初简帛文字形体变异的现象与规律。第四，充分吸收学术界已有成果，考释出一系列过去不识或疑难的字词。

---

① 沈刚：《居延汉简语词汇释》，科学出版社2008年版。

② 刘信芳：《楚简帛通假汇释》，高等教育出版社2011年版。中国国家古籍整理出版专项经费资助，教育部哲学社会科学研究后期资助项目。

③ 参见该书《序言》。

④ 黄文杰：《秦至汉初简帛文字研究》，商务印书馆2008年版。中国国家社会科学基金项目。

2. 书法学研究

从书法的角度整理研究简帛在 21 世纪渐多。21 世纪以来出版的有：重庆出版社编纂的多卷本《中国简牍书法系列》，吉林文史出版社编纂的《秦汉简牍墨迹选》，文物出版社出版的《中国法书全集：先秦秦汉》，湖北美术出版社出版的《简牍帛书书法字典》等。2009 年，中国艺术研究院中国书法院主办了“渊源与流变——简帛书法创作研究展”，并且同时组织举办了“简帛书法研究论坛”，还出版了《简帛书法研究》文集。[①] 据有关报道，北京简帛书法艺术院也于 2011 年成立，《中国简帛书法大字典》工程同时启动。[②] 2011 年，文物出版社、长沙简牍博物馆还共同主办了“国际简帛书法邀请展”。湖南省书法家协会还成立了简帛书法研究委员会。

3. 档案学研究

出土简帛行政文书，许多具有档案性质，引起了档案学界的关注。21 世纪以来，也有一些文章从档案学的角度对简帛展开研究。张志强《尹湾汉墓简牍档案探究》[③]一文，从档案学的角度对尹湾汉简进行了分析，指出尹湾简牍填补了我国汉代档案，特别是地方档案之不足，对汉代档案文书的保管、归档和利用等无疑增添了新的研究内容。值得档案界认真关注并加以探讨。刘敏《从居延三简档案史料论“民爵”》[④] 一文，依据居延旧简、新简和额济纳简等所谓“三简”的档案资料，探讨了汉代的“民爵”问题。

4. 经济学、管理学、会计学、审计学研究

尽管以往已经有不少学者从经济史的角度运用简帛开展研究，但主要集中在土地、赋役制度和商品经济史领域，研究者的知识结构主要还是史学。21 世纪已有经济学家介入简帛学领域，如李孝林等著《基于简牍的经济、管理史料比较研究》[⑤] 一书，是多位从事经济学研究的专家涉足简帛研究，从经济学、管理学、会计学、审计学多学科解读简帛材料，提出了许多单纯史学或简帛学学者难以提出的新问题，如从商业经济学的角度，本书以简帛材料为依据，提出汉朝合伙经营形式已比较完备，承包经营制东汉已经产生的看法。从商业管理学角度看，提出秦汉已经建立了比较完备的商业内部控制体系的观点。从兵物管理角度，提出秦汉已经有了盘点等诸多现代管理思想，而其分类管理思想则是现代实物管理的雏形。从统计学角度，认为简牍反映了我国统计台账、统计表、统计报表的渊源所在。从审计学角度，认

---

① 《中国文化报》2009 年 5 月 14 日。《简帛书法研究》，荣宝斋出版社 2009 年版。

② http：//news. cntv. cn/20110328/110382. shtml。

③ 张志强：《尹湾汉墓简牍档案探究》，《档案学通讯》，2000 年第 4 期。

④ 刘敏：《从居延三简档案史料论“民爵”》，《历史档案》2007 年第 1 期。

⑤ 李孝林等：《基于简牍的经济、管理史料比较研究》，社会科学文献出版社 2012 年版。中国国家社会科学基金后期资助项目。

为简牍反映不晚于战国晚期，我国已经建立了听计、查账，就地审计和送达审计相结合的多种审计方式，以及查询法、比较分析法等审计方法。通过审计发现问题，对会计账务进行调整，重新确定余额。从会计学角度，认为简牍反映了我国复式簿记早在西汉已经产生，从而纠正了日本学者“中国固有的簿记只能称为单式簿记”的说法。上述看法无论正确与否，仅就其概念的运用和研究的视角来说，我们都有耳目一新之感，是单纯的史学理论与方法难以达到的。①

5. 医学研究

简帛发现后，其中的疾病和医药学内容始终为人们关注。21 世纪以来，不少学者以及医学界专家运用简帛资料开展古代医学研究，进一步扩大了简帛研究的视野。罗宝珍《简帛病名研究》（《福建中医学院学报》，2010 年第 3 期）及其博士论文《简帛病症文字研究》，对战国楚简、秦汉简帛中的病名进行了统计，认为总共有病名 400 余个，并对简帛病名的用字现象和考释方法进行了分析，这是继张显成《简帛药名研究》（西南师范大学出版社 1998 年版）之后，为简帛医学研究做的又一项很好的基础性工作。相关的整理专著论文还有马继兴《出土亡佚古医籍研究》（中医古籍出版社 2005 年版），张延昌《武威汉代医简注解》（中医古籍出版社 2006 年版），严建民《五十二病方注补译》（中医古籍出版社 2005 年版），裘锡圭《居延汉简所见疾病症称和医药情况》（《中医药文化》，2008 年第 3 期），张光裕、陈伟武《简帛医药文献考释举隅》（《湖南省博物馆馆刊》，2004 年第 1 期），杨峰、赵京生《从简帛医书看〈内经〉足六脉病候》（《中国针灸》，2007 年第 27 卷第 11 期），丁媛、张如青、汤晓龙《论出土简帛文献中白勺病因思想》②，林磊、图娅《简帛医书经脉命名剖析》（《针灸临床杂志》，2005 年 21 卷 09 期），等等。

从总体上看，史学研究是简帛学研究的主体，但多学科的介入也是 21 世纪简帛研究的趋势。这对于简帛学的深化与拓展十分有益。

---

① 卜宪群：《重庆理工大学学报（社会科学）》，2012 年第 3 期。

② 丁媛、张如青、汤晓龙：《论出土简帛文献中白勺病因思想》，http://www.beyeah8.com/html/medical/chinesemedicine/542477.html。

三次刺杀行为对秦始皇地域政策失误的影响

孙家洲

（中国人民大学　历史学院）

【摘要】秦始皇成年之后某些突发事件，对秦始皇性格乃至于制定政策具有重要影响。我认为，秦始皇在统一六国前后所遭遇的三次刺杀事件，即荆轲“图穷匕见”的秦宫搏杀、高渐离筑击、张良主导的博浪沙椎击，都曾经对秦始皇的生命形成直接的威胁，从而影响到他对“关东人”的基本判断，并且进一步对他制定关东地域政策产生了直接的影响。

秦始皇的地域文化政策，最大的失误就是，在完成了统一天下的使命之后，却未曾摆正自己是天下之主的地位，在他的内心深处，山东六国故地的吏民，似乎不是他真正的臣民，而是他潜在的敌人。因此，他还只是秦国旧地的真正统治者。对于广大的东方地区而言，他还只能是“征服者”。所以，他对于东方民众的高压政策，就来自于这种无法破解的心理状态。

而这种心理状态的形成，后世论史者固然可以从他的方方面面加以解析，我却感觉：在统一天下过程中发生的三次刺杀行动，对他的心理影响更为巨大。换言之，不是秦始皇不愿意实现“角色转化”，是客观现实让他感觉到无法消失的敌意，迫使他无法实现“角色转化”。

【关键词】荆轲刺秦；高渐离行刺；博浪沙椎击

秦王朝的短祚而亡及其原因，自汉初以来，就成为政治家、思想家、史学家讨论的重要话题。其中，从秦始皇的心理特征入手来讨论相关问题，是一个值得关注的角度。郭沫若先生较早利用了《史记·秦始皇本纪》关于秦始皇“病态”的体型特征的描述，分析其病态的心理特征，“秦始皇在幼时一定是一位可怜的孩子，相当受了人的歧视”，“精神发育自难正常”，“很容易发展向残忍的一路”。① 此后，凡是分析秦始皇的猜忌、残暴、报复心强烈等负面心理特征的论著，大都注重秦始皇儿时被离弃于赵国、归国后又要承受太后淫乱的尴尬等方面的心路历程，如：张文立先生在《秦始皇帝的性格》一文中推论：“从儿童时起，他便生活在这个富贵而又荒唐的环境中，权势的角逐，淫奢的生活，疯狂的迫害，残酷的杀戮，对他幼小的心

---

① 郭沫若：《十批判书·秦王政与吕不韦批判》，科学出版社1957年版，第460页。

灵是有影响的。……病态的生理特征，畸形的心理状态，权贵的生活环境，法术势的思想启蒙，加上种族的传统习性，培养了秦始皇帝的独特的性格特征。”① 王绍东的近作《秦朝兴亡的文化探讨》，专设“秦始皇的性格特点及其影响”一节来讨论问题，他把秦始皇的性格归纳为：“崇尚权力，迷信权力；刚愎自用，敏感猜忌；自傲自负，惧怕议论；好大喜功，欲壑难填；自卑孤僻，残忍狠毒。”并且依据心理学“一个人的童年生活与经历对性格的形成至关重要，在每个人的性格中，都能从童年往事中找到它的底蕴和心理潜影”的理论，具体分析“这种病态性格的产生，与他所生活的文化环境、家庭背景、个人经历都息息相关。……他的性格主要形成于25岁之前，也就是从出生到他亲政后的两三年间”②。这些推论和探索，导入了心理学的相关理论与视角，确实加深了讨论秦史的深度。在关注秦始皇童年经历对其性格的重大影响的同时，我们还应该注重考察另外一个方面：秦始皇成年之后某些突发事件，对秦始皇性格乃至于制定政策的影响。我认为，秦始皇在统一六国前后所遭遇的三次刺杀事件，即荆轲“图穷匕见”的秦宫搏杀、高渐离筑击、张良主导的博浪沙椎击，都曾经对秦始皇的生命形成直接的威胁，从而影响到他对“关东人”的基本判断，并且进一步对他制定关东地域政策产生了直接的影响。

荆轲刺秦，在历史上的影响最大。司马迁在《史记·刺客列传》中给予重彩浓墨的描述，对荆轲充满着敬重痛惜之情。一首易水送行的悲歌，“风萧萧兮易水寒，壮士一去兮不复还”已经流传千古。荆轲在行刺时和失手之后都被塑造为视死如归的英雄，“荆轲逐秦王，秦王环柱而走。群臣皆愕，卒起不意，尽失其度。而秦法，群臣侍殿上者，不得持尺寸之兵；诸郎中执兵，皆陈殿下，非有诏召，不得上。方急时，不及召下兵，以故荆轲乃逐秦王。而卒惶急，无以击轲，而以手共搏之。是时，侍医夏无且以其所奉药囊提荆轲也。秦王方环柱走，卒惶急，不知所为，左右乃曰：‘王负剑！’负剑，遂拔，以击荆轲，断其左股。荆轲废，乃引其匕首以擿秦王；不中，中桐柱。秦王复击轲，轲被八创。轲自知事不就，倚柱而笑，箕倨以骂曰：‘事所以不成者，以欲生劫之，必得约契以报太子也。’”在左右卫士杀死荆轲之后，“秦王不怡者良久。”③司马迁在这里强调的是，荆轲行刺对秦王嬴政的巨大心理影响。后人对荆轲的“失手”，颇多遗憾，从而表达了憎恨秦始皇的情绪，如《汉书·艺文志》的“杂家”之中，列有《荆轲论》五篇。其文有“轲为燕刺秦王，不成而死，司马相如等论之”。司马相如等人的所论文字，其立意可知。“人之举事，或意至而功不成，事不立而势贯山，……当荆轲之逐秦王，秦王环柱而走，……既而

① 张文立：《秦始皇帝评传》，陕西人民教育出版社1996年版，第52页。

② 王绍东：《秦朝兴亡的文化探讨》，内蒙古大学出版社2004年版，第105、112页。

③ 《史记》卷八六《刺客列传》。

天下名轲为烈士……天下之士不以荆轲功不成不称其义”①。唐诗中，更是不乏此种情感：“一旦秦皇马角生，燕丹归北送荆卿。行人欲识无穷恨，听取东流易水声。”②“荆卿重虚死，节烈书前史。我叹方寸心，谁论一时事？至今易水桥，寒风兮萧萧。易水流得尽，荆卿名不消。”③ 但是，很少见到有人关注此次失败了的“刺秦”行为对秦始皇的个人情感以及政策走向的负面影响。

高渐离的行刺，与荆轲刺秦有着内在的关联性，甚至称之为“余波”也无不可。高渐离是荆轲的密友，参加了“易水壮别”，是荆轲入秦行刺的积极支持者。“荆轲既至燕，爱燕之狗屠及善击筑者高渐离。荆轲嗜酒，日与狗屠及高渐离饮于燕市。酒酣以往，高渐离击筑，荆轲和而歌于市中，相乐也。已而相泣，旁若无人者。……太子及宾客知其事者，皆白衣冠以送之。至易水之上，既祖，取道，高渐离击筑，荆轲和而歌，为变徵之声。士皆垂泪涕泣。”④ 汉代人对此津津乐道：“荆轲西刺秦王，高渐离、宋意为击筑，而歌于易水之上，闻者莫不瞋目裂眦”⑤。在“秦并天下”之后，秦始皇下令逐捕太子丹、荆轲之客，迫使高渐离“变名姓，为人庸保，匿作于宋子”，其后因为显露击筑技艺而被人所知。“闻于秦始皇，秦始皇召见，人有识者，乃曰：‘高渐离也。’秦皇帝惜其善击筑，重赦之，乃矐其目，使击筑，未尝不称善。稍益近之。高渐离乃以铅置筑中，复进得近，举筑朴秦皇帝，于是遂诛高渐离，终身不复近诸侯之人”⑥。在这里，我们要特别重视，司马迁所说的“终身不复近诸侯之人”的论断。

高渐离的冒死行刺，对秦始皇心理上的影响之大，似乎还在荆轲行刺之上。秦始皇承受的心理震撼之大，有可以探索的路径：荆轲行刺之时，天下依然是战国分裂之局，荆轲受命于燕太子丹，可以说是“各为其主”；而高渐离行刺，则是发生在六国已经被灭、秦始皇已经是天下独尊的唯一君主，在秦始皇的心目中，他正在努力地把自己想象为“天下之主”，在经历着由“征服者”向“统治者”的心路变化。恰在此时，高渐离的拼死一击，让秦始皇真切地感受到——六国之人是绝不会接受他的统治的！所以，他“终身不复近诸侯之人”了！

第三次刺杀，就是张良所组织的“博浪沙椎击”。史称：“良尝学礼淮阳。东见仓海君。得力士，为铁椎，重百二十斤。秦皇帝东游，良与客狙击秦皇帝博浪沙中，误中副车。秦皇帝大怒，大索天下，求贼甚急，为张良故也。良乃更名姓，亡匿下

---

① 《论衡校释》卷二七《定贤篇》。
② 胡曾：《易水》，《全唐诗》卷六四七。
③ 贾岛：《易水怀古》，《全唐诗》卷五七一。
④ 《史记》卷八六《刺客列传》。
⑤ 《淮南子》卷二〇《泰族训》。
⑥ 《史记》卷八六《刺客列传》。

邳。"[①]此次刺杀行为，引发了秦始皇的剧烈报复，“大索天下，求贼甚急”，这种大规模缉捕，充分说明秦始皇的震怒。他的内心世界最不能承受的是：统一天下已经多年了，还会有六国的贵族子弟继续在为了“故国之仇”而与当今天子生死相搏。

秦始皇的地域文化政策最大的失误就是，在完成了统一天下的使命之后，却未曾摆正自己是天下之主的地位，在他的内心深处，山东六国故地的吏民，似乎不是他真正的臣民，而是他潜在的敌人。因此，他还只是秦国旧地的真正统治者。对于广大的东方地区而言，他还只能是“征服者”。所以，他对于东方民众的高压政策，就来自于这种无法破解的心理状态。

而这种心理状态的形成，后世论史者固然可以从他的方方面面加以解析，我却感觉：在统一天下过程中发生的三次刺杀行动，对他的心理影响更为巨大。换言之，不是秦始皇不愿意实现“角色转化”，是客观现实让他感觉到无法消失的敌意，迫使他无法实现“角色转化”。

① 《史记》卷五五《留侯世家》。

富有开拓进取精神的解忧公主、冯夫人

王云度

（江苏师范大学）

【摘要】 开拓进取是人类具有的最基本、最重要的精神。战国秦汉是我国社会发生巨大变化的历史转折时期。人们摆脱了原有的等级限制，使时代的变更为他们提供了发展自我的空间和机会。这时期上自统治者，下至普通平民百姓，往往具有强烈的积极向上的开拓进取精神，即使女子亦多有此种精神，王昭君就是其杰出代表。其实，在此之前就已有解忧公主和冯夫人。解忧公主为都于彭城（今徐州）的第三代楚王刘戊的孙女。她被汉武帝选拔为公主，嫁往西域与乌孙和亲，对稳定西汉在西域的地位做出了积极贡献。冯夫人名嫽，是随解忧公主赴乌孙和亲的侍者。她协助解忧公主在西域广泛开展联络各国的工作，是位汉代唯一见于记载的持节的女使者、杰出的女外交家。

【关键词】 解忧公主；冯夫人；和亲

开拓进取是人类具有的最基本、最重要的精神，社会因之而发展，历史因之而前进。战国秦汉是我国社会发生巨大变化的历史转折时期。旧的宗族势力退出了历史舞台，代之而起的统治者是新兴的地主阶级。人们摆脱了原有的等级限制，时代的变更为他们提供了发展自我的空间和机会。这时期上自统治者，下至普通平民百姓，往往具有强烈的积极向上的开拓进取精神。赵政的“秦王扫六合”①，陈胜的“帝王将相宁有种乎”②，刘邦的“大丈夫当如此也”③，项羽的“彼可取而代也”④，刘彻的“雄材大略”。⑤，司马迁的“究天人之际，通古今之变，成一家之言”⑥，都是体现这时期富有开拓进取精神的典范。特别是作为秦皇、汉武的赵政、刘彻，开创和完成的多民族的大一统事业，促进了统一的中华民族精神的初步形成，使古老的中华文明长期得到传承发扬。

---

① 《史记·秦始皇本纪》。

② 《史记·陈涉世家》。

③ 《史记·高祖本纪》。

④ 《史记·项羽本纪》。

⑤ 《汉书·武帝纪》。

⑥ 《汉书·司马迁传》。

在汉代，不仅男子具有强烈的开拓进取精神，他们为国建功立业，由平民而成为将相、列侯者不在少数。就是女子亦多有此种精神，王昭君就是她们的杰出代表。昭君和亲的故事，千百年来传颂不衰，家喻户晓。其实，在此之前就已有女子为国分忧，远赴西域，建功立业的事例，这就是从古代徐州走出去的解忧公主和冯夫人。解忧为都于彭城（今徐州）的第三代楚王刘戊的孙女儿。她被汉武帝选拔为公主，嫁往西域与乌孙和亲，对稳定西汉在西域的地位做出了积极贡献。冯夫人名嫽，是随解忧公主赴乌孙和亲的侍者。她协助解忧公主在西域广泛开展联络各国的工作，是位汉代唯一见于记载的持节的女使者、杰出的女外交家。

他们生活在中国封建社会第一个发展高峰的汉武帝时代。“雄才大略”的汉武帝“因文景之畜，忿胡越之害”①，在变更制度的同时，对外征伐，不仅基本上改变了“四夷侵陵中国”② 的局面，而且大大拓展了中国的版图。其中解忧公主、冯夫人起着武将们不可替代的作用。

汉武帝为解决长期以来威胁北边的匈奴势力，在连续对匈奴大规模用兵的同时，欲“断匈奴右臂”③，派张骞通西域。张骞第一次通西域，打算动员大月氏来夹击匈奴，但并没有达到预定目的。汉武帝元狩四年（公元前119年），张骞对武帝说：“臣居匈奴中，闻乌孙王号昆莫（名猎骄靡，后称昆莫名号为昆弥）。昆莫父难兜靡本与大月氏俱在祁连、敦煌间，小国也。大月氏攻杀难兜靡，夺其地，人民亡走匈奴。子昆莫新生，……归匈奴，单于爱养之。及壮，以其父民众与昆莫，使将兵，数有功。时月氏已为匈奴所破，西击塞王。【师古曰：‘西域国名，即佛经所谓释种者。’】塞王南走远徙，月氏居其地（今伊犁河流域）。昆莫既健，自请单于报父怨，遂西攻破大月氏。大月氏复西走，徙大夏地（今阿姆河流域）。昆莫略其众，因留居，兵稍强，会单于死，不肯复事匈奴。匈奴遣兵击之，不胜。”张骞建议“诚以此时厚赂乌孙，招以东居故地，汉遣公主为夫人，结昆弟，其势宜听，则是断匈奴右臂是也。既连乌孙，自其西大夏之属皆可招来而为外臣”④。武帝就令张骞再次出使西域，抵达乌孙都城赤谷城（今地不明，一说在今新疆阿克苏城北盐山附近，一说在纳林河上游之 Narynkol，一说在伊塞克湖南岸之 Dzhety Oghuz 附近）。然而乌孙大臣们不愿东迁，昆莫又年老不能自主，仅派遣数十人随张骞入汉，献马数十匹，以示答谢，意在窥探虚实。但张骞此行开始打通了西汉与西域大宛（位于今乌兹别克斯坦费尔干纳盆地）等各国的联系。

匈奴得知乌孙派遣使者入汉答谢，便兴师问罪。乌孙为取得西汉援助，再次派

---

① 《汉书·食货志》下。

② 《资治通鉴》卷二二。

③ 《汉书·张骞传》。

④ 《汉书·张骞传》。

遣使者献马，“愿得尚汉公主，为昆弟”。于是，武帝于元封年间（公元前110-105年），“遣江都王建女细君为公主，以妻焉”①。

细君的祖父江都易王非与武帝同为景帝之子，自己则为武帝之亲侄孙女，地位显贵。其父因受淮南王刘安谋反的牵连而自杀，经历了急剧家庭变故却要远赴乌孙和亲，作为一个原本娇生惯养的扬州女子是很难完成这个角色的转变的。而且乌孙昆莫在以细君为右夫人之同时，又迎娶匈奴女为左夫人，使细君在乌孙受到冷遇，加以语言不通，生活习惯不适应，“公主悲愁，自为作歌曰：‘吾家嫁我兮天一方，远托异国兮乌孙王。穹庐为室兮旃为墙，以肉为食兮酪为浆。居常土思兮心内伤，愿为黄鹄兮归故乡。’”汉武帝虽心中怜悯细君公主，每隔一年就派遣使者送去帷帐锦绣，以示慰问。但乃告诫细君：“从其国俗，欲与乌孙共灭胡。”还是硬让细君公主改嫁于昆莫的孙子（官号岑陬，名军须靡）为妻。细君只得强忍悲愁，为岑陬“生一女少夫”②，就魂归故乡了。细君公主一死，汉失去了与乌孙维持联盟的纽带，影响到汉武帝“与乌孙共灭胡”的大局。所以“汉复以楚王戊之孙解忧为公主，妻岑陬”③。汉武帝选择解忧时，应是经过缜密考虑的。这时，楚王戊早已在景帝三年（公元前154年）因参加七国之乱，兵败自杀，其家庭与汉廷关系已疏远。而今汉武帝起用解忧为公主，可能出于两点考虑：第一，西汉前期与匈奴和亲的公主，大多出自楚国（这是对西汉前期诸侯王进行筛选所得出的结论，参看王云度《汉代文化交流二则》，《秦汉研究》第五辑，陕西人民出版社2011年9月版），解忧的前辈们积累有施行和亲政策的经验和能力。第二，解忧既是叛逆诸侯王的后代，其家庭早已失去昔日的光辉，其本人再也没有诸侯王女儿那么娇贵，这就比较容易适应异域生活；以解忧为公主，赴乌孙和亲，就是给解忧以重振家业的机会。她一定会珍惜这个机会，安心在乌孙努力为朝廷建功立业，以光耀门庭。

解忧公主果然不失汉武帝所望，她能安心在乌孙和亲。“岑陬胡妇子泥靡尚小，岑陬且死，以国与季父大禄子翁归靡，曰：‘泥靡大，以国归之。’翁归靡既立，号肥王，复尚楚主解忧，生三男两女：长男曰元贵靡；次曰万年，为莎车（国都莎车城，今新疆莎车附近）王；次曰大乐，为左大将；长女弟史为龟兹（国都延城，今新疆库车附近）王绛宾妻；小女素光为若呼翎侯（翎侯，乌孙大臣官号，犹如汉之将军）妻”④。解忧公主巩固了西汉与乌孙的和亲关系，并通过其生养的子女，进一步扩大了西汉与西域诸国的关系。

汉昭帝时，匈奴与车师联合侵犯乌孙。解忧公主上书请求西汉救援，公卿商议

---

① 《汉书·西域传》下。
② 《汉书·西域传》下。
③ 《汉书·西域传》下。
④ 《汉书·西域传》下。

未决，恰值昭帝去世。本始元年（公元前73年），解忧公主与翁归靡又都遣使上书给初即位的宣帝，诉说匈奴连续发兵攻击乌孙，虏掠人民，威胁交出汉公主，恳请天子出兵以救公主、昆弥。第二年，“汉兵大发五十万骑，五将军并出。语在《匈奴传》。遣校尉常惠使持节护乌孙兵，昆弥自将翎侯以下五万骑从西方入，至（匈奴）右谷蠡王庭，获单于父行及嫂、居次、名王、犁都尉、千长、骑将以下四万级，马牛羊驴骆驼七十余万头，乌孙皆自取所虏获。还，封惠为长罗侯”①。“于是匈奴遂衰耗，怨乌孙。”②

本始四年至地节元年（公元前69年），乌孙与丁零、乌桓等又围攻匈奴，“人民死者什三，畜产什五，匈奴大虚弱，诸国羁属者皆瓦解，攻盗不能理”。随后西汉亦出兵攻击匈奴，捕获数千人而还。“匈奴终不敢当，兹欲向和亲，而边境少事矣。”③

地节二年，西汉派遣侍郎郑吉等率军攻下车师，留卒屯田，保障天山北麓往乌孙的道路畅通，汉与乌孙的联系由此加强。郑吉因功迁卫司马，“使护鄯善以西南道诸国”。④

元康二年（公元前64年），汉宣帝应翁归靡“愿以汉外孙元贵靡为嗣，得令复尚汉公主”之请，以解忧公主的侄女相夫为公主，置官属侍御百余人，居住上林苑学习乌孙语。临行，宣帝亲自“设乐而遣之”。可见汉宣帝非常珍惜解忧公主在乌孙取得的成就。遗憾地是相夫行至敦煌，未出塞，得知翁归靡死，乌孙贵人遵从岑陬的约定，立泥靡为昆弥，号“狂王”。宣帝只能召回相夫，使翁归靡想亲上加亲的愿望未能实现。“狂王复尚楚主解忧，生一男鸱靡，不与主和，又暴恶失众。”⑤

神爵二年（公元前60年），匈奴日逐王投降西汉，宣帝使郑吉发兵迎接，“北道”亦通，就以郑吉为骑都尉，兼护车师以西“北道”诸国。因总领南北两道，所以号为“都护”⑥。都护治乌垒城（今新疆轮台东北），开幕府，置属官，职守是统领大宛以东诸国兼察乌孙、康居（今锡尔河中游地带）等国，颁行朝廷号令；诸国有乱，得发兵征讨，乌孙与西汉和亲，所以尤其亲近依靠都护。西域都护的设置，使西域地区在政治上正式隶属于汉朝。

以后，翁归靡胡妇所生之子乌就屠袭杀狂王，自立为昆弥。西汉发兵准备讨伐。在关键时刻，冯嫽出面平息了这场战争。“初，楚主侍者冯嫽能史书，习事，常持汉节为公主使，行赏赐于城郭诸国，敬信之，号曰冯夫人。”⑦ 说明解忧公主在乌孙不

① 《汉书·西域传》下。
② 《汉书·匈奴传》上。
③ 《汉书·匈奴传》上。
④ 《汉书·郑吉传》。
⑤ 《汉书·西域传》下。
⑥ 《汉书·郑吉传》。
⑦ 《汉书·西域传》下。

仅为昆弥生儿育女，而且派贴身侍者出使笼络西域诸国，冯嫽亦因此受到各国的敬信。冯嫽“为乌孙右大将妻，右大将与乌就屠相爱，都护郑吉使冯夫人说乌就屠，以汉兵方出，必见灭，不如降。乌就屠恐，曰：‘愿得小号。’”宣帝亲自召见冯夫人，并派副使护送冯夫人。“冯夫人锦车持节，诏乌就屠诣长罗侯赤谷城，立元贵靡为大昆弥，乌就屠为小昆弥，皆赐印绶”①。《敦煌悬泉汉简释粹》编号一九九简云：“甘露二年（公元前50年）四月庚申朔丁丑，乐官（涫）（乐涫，酒泉郡属县，在今甘肃酒泉东南）令充敢言之：‘诏书以骑马助传马，送破羌将军、穿渠都尉、使者冯夫人。军吏远者至敦煌郡，军吏晨夜行，吏御逐马前后不相及，马罢极，或弃道，逐索未得，谨遣骑士张世等以物色逐各如牍，唯府告部、县、旁郡，有得此马者以与世等。敢言之。’”可见冯夫人出使行程之紧急，而其年似为甘露二年。

之后，“元贵靡、鸱靡皆病死，公主上书言年老土思，愿得归骸骨，葬汉地。天子闵而迎之，公主与男女三人俱来至京师。是岁甘露三年也。赐以公主田宅奴婢，奉养甚厚，朝见仪比公主”②。解忧公主归来，受到朝廷隆重的礼遇。《敦煌悬泉汉简释粹》编号一九五简云：“甘露三年十月辛亥，丞相属王彭，护乌孙公主及将军、贵人、从者，道上传车马为驾二封轺传，□请部。御史大夫（陈）万年下谓（渭）成（城），以次为驾，当舍传舍，如律令。”可见迎护解忧公主回京之盛况。两年后，解忧公主故去，三个孙男女为她留守坟墓。

元贵靡死后，其子星靡代为大昆弥，年少幼弱，为帮助星靡控制局面，“冯夫人上书，愿使镇抚乌孙星靡。汉遣之，卒百人送焉。都护韩宣奏，乌孙大吏、大禄、大监皆可以赐金印紫绶，以尊辅大昆弥，汉许之。后都护韩宣复奏，星靡怯弱，可免，更以季父左大将乐代为昆弥，汉不许。后段会宗为都护，招还亡畔，安定之”③。冯夫人再次稳定乌孙局面之功不可没。

解忧公主在西域的影响一直延续到东汉明帝、章帝时。明帝永平十七年（公元74年），始置西域都护，以耿恭为戊己校尉，屯车师后王部金蒲城（今新疆吉木萨尔）。“恭至部，移檄乌孙，示汉威德，大昆弥已下皆欢喜，遣使献名马，及奉宣帝时所赐博具，愿遣子入侍。恭乃发使赍金帛，迎其侍子。”④ 章帝建初五年（公元80年），班超上书建议“乌孙大国，控弦十万，故武帝妻以公主，至孝宣皇帝，卒得其用。今可遣使招慰，与共合力”。为所章帝采纳。八年，“别遣卫候李邑护送乌孙使者，赐大小昆弥以下锦帛”⑤。

① 《汉书·西域传》下。
② 《汉书·西域传》下。
③ 《汉书·西域传》下。
④ 《后汉书·耿恭传》。
⑤ 《后汉书·班超传》。

解忧能以一名叛逆诸侯王之孙，在关键时刻，被汉武帝选作公主，远赴乌孙和亲，说明解忧是一位超越于众多诸侯王翁主之上，才干出众的女子。她在乌孙数十年如一日，为西汉通西域，断匈奴右臂的大业献出了一生。她先后成为三位乌孙国王的妻子，为他们生育了四男两女。她与三位乌孙王的结合，完全出于政治的需要，不仅毫无爱情可言，而且这三位乌孙王是两代人，这种结合是汉族女子在传统观念上难以接受的。大臣萧望之说她“在乌孙四十年，恩爱不亲密”①。

这种没有真正爱情的夫妻生活更是一般女子所难以忍受的，这需要有强大的精神支持才能做到。解忧公主身上就具有一股时代风尚所赋予的积极向上的开拓进取精神。就是这精神，使她坚忍不拔、积极有为，出色地完成了与乌孙和亲的任务。

冯夫人虽是解忧公主的侍者，但是一位很有胆识才干的女子。她积极协助解忧公主开展安抚西域各国的工作，勇于稳定乌孙动荡不安的政局，在乌孙各族中享有盛誉。在她身上同样显示有一股强大的积极向上的开拓进取的精神。

解忧公主、冯夫人一起为促进中华民族的融合，做出了具有历史性的贡献。历史没有忘记她们。在汉代众多的和亲公主中，仅有解忧公主等三位能青史留名；冯夫人更是在众多的和亲公主侍者中，唯一能青史留名者。她们是中华民族历史上的巾帼英雄，亦是徐州可为之骄傲的历史人物。

---

① 《汉书·西域传》下。

从户的相关立法谈秦汉政府对人口的控制

王彦辉

（东北师范大学　历史文化学院）

【摘要】 在传统农业社会，“民数者庶事之所自出也”，所以扩大在籍户数和严防人户的脱籍流亡就成为帝制国家的不二选择。秦汉时期对人口的控制主要是通过两种途径实现的：“户”是合法占有田宅的前提，“邑”是对合法居住空间的限定。在此基础上将户籍编制于乡里体系之中，限制人户的自由迁徙和流动。通过立法规范户的传承和财产转移，不论是遗嘱继承还是日常析产都要履行法定程序才属合法。由此构建起来的以“户”为统治终端的乡里秩序，作为帝制国家实现人口控制的成功经验一直为后世所奉行。但是以剥夺人的自由选择为代价的乡里秩序，不过是专制体制下的强权产物，这种秩序的特性是刚性化的，所以总是因缘特大水旱之灾，急征暴赋而在群体暴乱中一夜土崩。

【关键词】 秦汉；户；邑；籍；人口控制

在传统农业社会，人口因素在很大程度上是衡量国家强弱的决定性标识，所以历代统治者无不把掌控人口视为国家兴亡的军国大政。但帝制农本社会与宗法封建社会在人口控制方式上有所不同，宗法时代是通过“宗族”血缘纽带实现对人口的凝聚，帝制时代则是通过户籍编制将人口固着于乡里体系之中。尽管不同时期基层政权组织形式略有变化，作为私权力的“宗族”也不断与公权力的“国”反复争夺对人口的控制，但国家掌控人口的本质并无不同。因此，历代政府都极其重视户籍编制工作，恰如徐干在《中论》中指出的那样：“故民数者庶事之所自出也，莫不取正焉。以分田里，以令贡赋，以造器用，以制禄食，以起田役，以作军旅。国以之建典，家以之立度。五礼用修，九刑用措者，其惟审民数乎。”① 以往，人们在解析“民数”与人口控制问题时主要是从编户的义务即国家剥削与奴役方面展开讨论的，所谓“以令贡赋”“以作军旅”云尔，却无视百姓被编入版籍后所享有的权利，所谓“以分田里”是也，而这两者原本就是相辅相成的。

法律以其属性可以判断它所体现的国家体制和阶级利益，但法律在文明社会毕

① 徐干：《中论》，《汉魏丛书》，吉林大学出版社 1992 年版，第 580 页。

竟代表着一种社会秩序，社会只有在礼法的约束下才能秩序化地进步和繁荣。不同属性的社会呈现出别样的秩序特性，秦汉时期是通过对“户”的相关立法建立起来的乡里秩序，实现对境内人口的有效控制。

一、“户”：合法占有田宅的前提

在秦汉时期的法律术语中，“户”是一个相对宽泛的概念，并非单纯的姻亲血缘单元，还包括非血亲的奴婢在内，故睡虎地秦律《法律答问》解释说，“可（何）谓‘同居’？户为‘同居’”，即同户籍者为同居①。而在表示亲缘关系时“同居”又可称之为“室”，所谓“‘同居’，独户母之谓殹（也）。‘室人’者，一室”②。就是说“室”侧重于家庭的社会学属性，“户”侧重于家庭的法学属性。由于在帝制时代，作为主权意义上的国家疆域治权同土地所有权往往是混同的，私人的土地权利从来没有达到超越政治法权而“神圣不可侵犯”的程度，从来也不是完全独立、自明的③，所以对土地资源的获得必须经由国家的认可才属合法。秦汉国家正是利用了两者之间的模糊性，排除了法律政策许可范围以外的“先占取得”的原则，规定立户才是占有土地的法律前提，这在秦及汉初律中体现得尤其鲜明。

秦自商鞅变法实行国家授田制，按《二年律令·户律》的内容可证汉初亦然。在国家授田制体制下，“户”是授田的前提，所谓“未受田宅者，乡部以其为户先后次次编之，久为右。久等，以爵先后。有籍县官田宅，上其廷，令辄以次行之。”④简文中的“为户先后”是说授田的先决条件是立户，无户籍者不得“受田宅”；“有籍”之“有”当释为“又”⑤，是说又登记官府控制的田宅，县令要立即按制依次授田。应当指出的是，汉初的国家授田并非在吏民占有田宅的基础上打乱重分，而是在沿袭战国、秦朝国家授田以及田地占有的既有事实的基础上，对返乡之复员的军吏卒及新立户者实行的授田。但无论是国家所授之田抑或通过继承、买卖等渠道占有田宅，“户”才是法律预设的终极前提，故《户律》324简规定：

诸不为户，有田宅，附令人名，及为人名田宅者，皆令以卒戍边二岁，没入田宅县官。

① 关于奴婢登人户籍的问题，笔者在《从张家山汉简看西汉时期私奴婢的社会地位》（载《东北师大学报》2003年第2期）一文已有申论，今据里耶秦简可证当时的推论是成立的，如《里耶发掘报告》公布之户籍简K27第五栏录为“臣曰聚”；K30/45第二栏录为“妾曰□”；K2/23第五栏录为“臣曰■”等。

② 睡虎地秦墓竹简整理小组：《睡虎地秦墓竹简·法律答问》，文物出版社1978年版，第160、238页。

③ 关于国家治权与土地所有权的关系，东北师范大学亚洲文明研究院的赵轶峰在主编的校内教材《中华文明史》第六讲中有透彻的阐述，教材暂未公开出版。

④ 张家山二四七号汉墓竹简整理小组：《张家山汉墓竹简（二四七号墓）》（释文修订本），文物出版社2006年版，第52页。

⑤ 王彦辉：《张家山汉简〈二年律令〉与汉代社会研究》，中华书局2010年版，第57页。

也就是说，只有到官府登记户口成为国家的编户，并承担相应的义务才能占有和利用法律赋予的生产资源，否则就属违法。只有在民间通过遗嘱的形式处分家庭财产时，未立户者才可以临时占有田宅，但需要在国家恒定的户籍登记日履行立户手续才属合法，所以《户律》在规定遗嘱订立程序时指出："所分田宅，不为户，得有之，至八月书户。"① 所谓"八月书户"即在每年八月的"案比"之日，"不为户"者要立户并把所分田宅登记在户籍之上。

西汉中期以后，大规模的国家授田行为废止，转而实行"名田"，即"以名占田"。"名"者有名于户籍也，"名田"就是根据户籍占有田，户籍作为占有土地的合法前提的精神实质并没有改变。换言之，随着土地私有权的确立，民间处分田产的自由度不断扩大，但田产的归属最终还是要落实到"户"，政府的"计赀"也是以"户"为最小单位的，就是说，国家始终也没有放松对治下人户拥有田宅、奴婢等家庭财产的掌控。

李振宏在详实考察汉代地价的基础上，曾经指出："在汉代生产力水平低下的情况下，劳动力的价值远远高于土地的价值，只有劳动力才是最重要的东西。"② 国家之所以把"户"作为占有田宅的前提，正是要通过"户"来掌控支配"劳动力的手段"，即国家把治权范围内的一切资源都视为国有，并通过立法获得法理上的公权，利用手中的公权力支配生产资料的分配和占有，最终达到对域内人户的有效控制。

二、"邑"：合法居住空间的限定

以往论及中国古代对人口的控制更多关注于户籍编制与管理制度，很少注意到国家对百姓居住环境的限制。实际上户籍只是人口控制的一种手段，而把人户限定在乡里体系下的"邑"也是人口控制的有效方式。

"邑"是指先民定居以后经过人为规划而建筑起来的大小不等的且有墙垣或城郭围护的居住空间，与自然形成的"聚"相对应，故先秦文献经常可以看到"营邑""作邑""制邑"等提法，其义无非营建新的聚居点而已。秦汉时期，"邑"又与各种行政建制名称结合起来使用，诸如郡邑、县邑、乡邑、里邑（或邑里）等。在宗法封建社会，"邑居"在很大程度上是出于对同宗族成员的保护，而在帝制社会，"邑居"更主要的目的是对国民的限制，尽管不排除防盗、防敌对势力侵扰的作用。正因为如此，国家往往把"野处"视为违法的表现，《魏户律》就声称："民或弃邑居壄（野），入人孤寡，徼人妇女，非邦之故也。"③ 随着人口的增加，人们必然需

① 张家山二四七号汉墓竹简整理小组：《张家山汉墓竹简（二四七号墓）》（释文修订本），文物出版社2006年版，第53、54页。

② 李振宏：《居延汉简与汉代社会》，中华书局2003年版，第275页。

③ 睡虎地秦墓竹简整理小组：《睡虎地秦墓竹简·为吏之道》，文物出版社1978年版，第292页。

要在原有城邑之外兴建新的居住区，或自然聚居，或人为规划，其形成途径大致可以分为两大类型：

一是民间自发聚居而成新的聚落。这种“聚落”或是城居的农民利用在田间已有的“庐舍”或“田舍”发展而来，或是百姓脱离原住地而在交通便利或自然条件优越的地方自然聚居，或是豪族在城外广建田庄，吸纳流民而形成的新的聚邑。

二是国家为安置流民或移民实边而营建的邑里城郭。此即晁错所言：“营邑立城，制里割宅，通田作之道，正阡陌之界，先为筑室，家有一堂二内，门户之闭，置器物焉，民至有所居，作有所用，此民所以轻去故乡而劝之新邑也。”① 无论是哪一种类型的聚邑，都不可能逸出国家编制的乡里体系，“聚”虽然是生生不息的，但经过国家的整合，在自然聚落置乡建里，从吏民的居住空间上实现对人口的实际管辖。

作为政府行为的城邑也好，依地理条件形成的聚邑也罢，居住区内部的构造未必都规划有致，但乡里建制却是整齐划一的。无论是国都、郡府、县廷所在地，还是离乡、聚邑等都按制划分出独立的“里”，若干“里”统属于一个“乡”。每里辖几十户到百户不等的“户”。里有墙垣与外界隔绝，依其方位的不同设有二到四个里门，有专人负责开闭。对此，我们以往只能在一些礼书及《汉书·地理志》中略知大概，且无法判断其是否是现实存在的制度，今则有法律文献为证，《二年律令·户律》明确规定：

> 自五大夫以下，比地为伍，以辨券为信，居处相察，出入相司。有为盗贼及亡者，辄谒吏、典。里典更挟里门籥（钥），以时开；伏闭门，止行及作田者。

律文中“比地为伍”一句，是说在里中以五家为单位将比邻编制为什伍组织，所谓“可（何）谓‘四邻’？‘四邻’即伍人谓殹（也）”②。其主要功能是“居处相察，出入相司”，此即商鞅变法所规定之“令民为什伍，而相牧司连坐”③。儒家所论“出入相友，守望相助，疾病相扶持”④ 之类的人道主义精神，经过法家的改造在法律文献中已经荡然无存。

“比地为伍”不仅体现在城邑乡聚之中，而且也反映在邑外的田庐之处。当时，人们除了在邑中有自己的居室即“宅”，在阡陌田间还有供临时休息的“庐舍”或曰“田舍”。在国家推行授田之初，授田的次序是“州、乡以地次受（授）田于野。”⑤

① 《汉书·晁错传》，中华书局1962年版，第2288页。

② 睡虎地秦墓竹简整理小组：《睡虎地秦墓竹简·法律答问》，文物出版社1978年版，第194页。

③ 《史记·商君列传》，中华书局1959年版，第2230页。

④ 《孟子·滕文公上》，中华书局1960年高亨译注本，第119页。

⑤ 银雀山汉墓竹简整理小组：《银雀山竹简〈守法〉〈守令〉等十三篇》，《文物》1985年第4期。

这个“以地次”就是孟子所谓“乡田同井”①，正如张金光所论“在乡居民行政编组与在野之受田耕垦秩序是一致的”②。授田如此，庐舍的排列同样遵循这个原则，此即“田有封恤，庐井有伍”③之谓也。如此，百姓无论是在邑中居处还是在田间生产劳作，都处于无数双眼睛的时刻监视之下，一旦发生为盗、逃亡等现象，就会有人立刻“谒吏、典”。随着土地买卖的经常化和地权转移，“庐井有伍”的编制自然随之淆乱，邑庐的分别也会随着居住空间由中心城邑向郊野的辐射而发生变动，但乡里体制是不断复制的，这就使每个社会成员在正常情况下都无法规避国家的监管。

三、“籍”：身份证明和财产的法律认定

国家通过对生产资源和居住空间的有效掌控，使每一社会成员轻易脱离国家的管制都很难生存，而这两种主要的生产生活条件的取得又是以“户”为根据的，这或许可以看作是帝制社会早期的特征。不唯如此，国家对人口的控制和财产的监管即使在日常生活中也堪称严密，这主要体现在户籍登记、变动和财产登记、转移的法律认定等方面。

秦国的户籍制度草创于秦献公十年（公元前375年）的“为户籍相伍”，至商鞅变法始建立起严密的户籍制度。就一般编户的户籍而论，又可称之为“名数”，而各类人名册则称为“名籍”，我们这里要讨论的主要是一般意义上的“户籍”。

关于户籍登记的内容，学界已讨论多年，无非《商君书·境内》篇的“四境之内，丈夫女子皆有名于上，生者著，死者削。”④秦王政十六年（公元前231年）“初令男子书年”以后，男子以及家口的年龄始书于户籍以外的“年籍”，即张家山汉简《户律》的“年细籍”。户籍在登记“民众口数”⑤之外，秦及汉初还需要登记家庭财产，《户律》所说的“宅园户籍”，登录的内容就当包括户主及家庭人口、奴婢以及房屋、家畜等，属于家口与财产的合籍。但不包括田地，因为在一个时期内土地在法律规范上还不属于个人的私有财产。汉中期以后，宅园户籍与年细籍合并，田地也有录入户籍的迹象，但是否存在户籍以外的“户赀簿”，时下还没有直接的证据。

户籍是社会成员的身份证明，擅自脱离原住地属于违法行为，称为“亡命”即“无名”。民户迁移要履行法定手续，户籍所在地的乡部要把户籍及年籍一并送至迁徙地，里耶一号古井出土的县廷文书中就保存了一份有关文书，简JI（16）9A面载：

① 《孟子·滕文公上》，中华书局1960年高亨译注本，第119页。
② 张金光：《秦制研究》，上海古籍出版社2004年版，第301页。
③ 《春秋左传·襄公三十年》，中华书局1990年杨伯峻注本，第1181页。
④ 《商君书·境内》，中华书局1974年高亨注译本，第146页。
⑤ 《商君书·去强》，中华书局1974年高亨注译本，第48页。

（一）廿六年五月辛丑朔庚子，启陵乡■敢言之：都乡守嘉言：渚里□

（二）劾等十七户徙都乡，皆不移年籍。令曰："移言。"今问之劾等徙□

（三）书，告都乡曰："启陵乡未有■（牒），毋以智（知）劾等初产至今年数。□"

（四）□□□，谒令都乡具问劾等年数，敢言之①。

简文的大意是说，启陵乡所辖渚里十七户徙居都乡，未按规定移送年籍，都乡呈请县廷过问；县廷询问情况后回复说，启陵乡没有年籍，也不知这些居民的年龄，请都乡自行查问劾等的年龄。从"皆不移年籍"的问询口气来看，户籍已经随人移送，否则都乡不会单独索要年籍。

按秦汉制度，百姓从甲地迁往乙地，必须把户籍等档案材料同时移送到迁居地，秦律《法律答问》设问云："甲徙居，徙数谒吏，吏环，弗为更籍，今甲有耐、赀罪，问吏可（何）论？耐以上，当赀二甲。"② 即百姓徙居，必需移送百姓的"数"，"数"即"名数"，亦即户籍。睡虎地秦律的形成时间跨度很大，我们很难判断这段简文的时代，但《二年律令·户律》中已明确规定："有移徙者，辄移户及年籍爵细徙所。"③ 即要求把户籍及"年籍爵细"一并移送到迁居地。

百姓迁徙要有户籍证明，平时游学、出仕、经营、更戍、以及追捕盗贼等官差同样要有官府开具的"符"或"传"。如终军以"辩博能属文"选为博士弟子，从济南西人函谷关时，"关吏予军繻。军问：'以此何为？'吏曰：'为复传，还当以合符。'"④ 肩水金关汉简 73EJT9：104 记载了一件由居延县发放的逐捕亡命者的"传"，内容如下：

五凤四年八月己亥朔己亥，守令史安世敢言之：遣行左尉事亭长安世，逐命张掖、酒泉、敦（煌）、武威、金城郡中，与从者阳里郑长富具乘占用马、轺车一乘，谒移过所县道毋苛留。敢言之。八月己亥，居延令弘、丞江移过所县道如律令/掾忠、守令史安世。"⑤

文中的"逐命"即逐捕亡命的略写，"占用马"即汉武帝行算缗令之后的"各以其物自占"之义。肩水金关汉简 73EJT9：55 记载了一份居延令发放给返乡戍卒的"传"，简文曰：

和平四年二月甲申朔丙午，仓啬夫望敢言之：故魏郡原城阳宜里王禁自言："二年戍属居延，犯法论，会正月甲子赦令，免为庶人，愿归故县。"谨案律曰："徒事

① 马怡：《里耶秦简选校》，《中国社会科学院历史研究所学刊》第四集，商务印书馆 2007 年版，第 137 页。

② 睡虎地秦墓竹简整理小组：《睡虎地秦墓竹简》，中华书局 1978 年版，第 213-214 页。

③ 张家山二四七号汉墓竹简整理小组：《张家山汉墓竹简（二四七号墓）》（释文修订本），文物出版社 2006 年版，第 54 页。

④ 《汉书·终军传》，中华书局 1962 年版，第 2819-2820 页。

⑤ 甘肃简牍保护研究中心等：《肩水金关汉简（壹）》（下册），中西书局 2011 年版，第 108 页。

已，毋粮，谨故官为封偃检，县次续食给。”法所当得，谒移过所津关毋苛留止，原城收事。敢言之。

二月丙午，居令博移过所如律令　　掾宣、啬夫望、佐忠①。

简中的“居令”，应是居延令，漏脱一个“延”字。但“误，其事可行者，勿论”②，所以该“传”的底本才得以保留下来。

此外，居延汉简、金关汉简中还保留了许多申请从事商贾活动而由乡部出具的证明及县廷发放的“传”，如肩水金关汉简 73EJT10：120A 就是一件完整的“传”：

甘露四年正月庚辰朔乙酉，南乡啬夫胡敢告尉史：“临利里大夫陈同，自言为家私市张掖、居延界中。谨案：同毋官狱征事，当得传，可期言廷。敢言之。”正月乙酉，尉史赣敢言之：“谨案同年爵如书，毋官狱征事，当传，移过所县侯国勿苛留。敢言之。”正月乙酉，西鄂守丞乐成、侯国尉如昌移过所如律令/掾干将、令史章。

简的 B 面署有“西鄂守丞印”③。其中的“谨案”，在其它残损的过所文书中一般称“谨案户籍臧乡官者”④、“谨案户籍在官者”⑤ 等，是“谨案”乃前引文的略写。“谨案”的事项包括“年爵”及是否有“官狱征事”，其中，“年爵”指年龄和爵位；“官狱”云云，是看申请人有否犯罪记录；“征事”即本年度是否已服事更徭之类。由此可知，户籍中不仅要详细登录户人的姓名、籍贯、年龄、爵位等，还要记录已事、未事等项内容，这与走马楼吴简中的“凡口若干”、“事若干”的登录格式已经非常接近了。

编户平民不仅没有流动的自由，而且财产的转移也需要经过法定程序才属合法。张家山汉简公布后，经过学者的不懈探讨，有关财产继承问题已经大体清晰。即秦汉的继承制度包括身份继承和财产继承两大类，身份继承由法律予以规范，分为爵位继承和户主继承；财产继承附属于身份继承，又可分为法定继承和遗嘱继承两种形式。我们要讨论的是，从财产转移的角度来说，不论是身份继承抑或财产继承都是对被继承人死后财产归属的法律规范，并不能解释现实中的日常“析产”行为。就经常性的民间处分家庭财产而论，我们可以将之细化为不同的类型，笔者在《论汉代的分户析产》一文中曾概括为家富子壮出分型、先令券书型、户后推财型、兄

① 甘肃简牍保护研究中心等：《肩水金关汉简（壹）》下册，中华书局 2011 年版，第 33 页。
② 张家山二四七号汉墓竹简整理小组：《张家山汉墓竹简（二四七号墓）》（释文修订本），文物出版社 2006 年版，第 10 页。
③ 甘肃简牍保护研究中心等：《肩水金关汉简（壹）》（下册），中西书局 2011 年版，第 136 页。
④ 甘肃简牍保护研究中心等：《肩水金关汉简（壹）》（下册），简 73EJT9：35，中西书局 2011 年版，第 104 页。
⑤ 谢桂华：《居延汉简释文合校》，文物出版社 1987 年版，第 349 页。

弟分财异居型、妇女为户析产型等①，但这是把两汉作为一个时间单元给出的结论，并没有考虑不同历史阶段的差异变化。随着里耶秦简的陆续刊布，使我们对这一问题有了更为深刻的体会。

其实，张金光在论证普遍授田制的终结问题时就注意到《二年律令·户律》有关“先令”析产的法律规定与江苏胥浦汉墓所见遗嘱之间的截然分别，指出《户律》中的先令析分需经官府许可才属合法，胥浦先令则属民间的自主行为；《户律》先令是官办，要以“券书从事”，胥浦先令属民间契约，只需以民间先令“从事”，表示民间具有田地的处分权；《户律》先令“乃是国家授田制下为土地转移配置所制作的官文书”，胥浦先令则是“私田分析之民契”②。应当说，张金光的卓见是有启发意义的。据此分析，我们似乎可以说在推行国家授田制的前提下，民间日常的析产不得涉及田地，只有通过遗嘱形式才有处分田地的权益。比如《户律》规定“先令”可以包括田宅、奴婢、财物等，而平时的析产则不包括田产，337简就规定：

民大父母、父母、子、孙、同产、同产子，欲相分予奴婢、马牛羊、它财物者，皆许之，辄为定籍③。

如果这个假定条件可以成立，那么民间自主处分家庭财产时是否包括田产就可以作为判断一些简牍簿书性质的依据之一。

已公布的《里耶秦简（壹）》中保留了两份完整的有关析产的“爰书”，其中，简8：1443载《都乡守武爰书》：

卅二年六月乙巳朔壬申，都乡守武爰书：高里士五武自言以奴幸、甘多，大婢言、言子益等，牝马一匹予子小男子产。典私占。初手。

六月壬申，都乡守武敢言：上。敢言之。/初手。

六月壬申日，佐初以来。/欣发。初手。

简8：1554载《都乡守沈爰书》：

卅五年七月戊子朔己酉，都乡守沈爰书：高里士五广自言：谒以大奴良、完，小奴嚋、饶，大婢阑、愿、多、□，禾稼、衣器、钱六万，尽以予子大女子阳里胡，凡十一物，同券齿。

典弘占。

七月戊子朔己酉，都乡守沈敢言之：上。敢言之。/□手。

---

① 王彦辉：《论汉代的分户析产》，《中国史研究》2006年第4期。

② 张金光：《普遍授田制的终极与私有地权的形成》，《历史研究》2007年第5期。

③ 张家山二四七号汉墓竹简整理小组：《张家山汉墓竹简（二四七号墓）》（释文修订本），文物出版社2006年版，第55页。

七月己酉日入，沈以来。□□。沈手①。

对于这两份簿书的性质，陈伟在主持校注时是持以非常谨慎的态度的，仅注引《二年律令·户律》的内容参见之，唯张朝阳在简帛网发文“将其称为民间遗嘱”。根据之一是引居延简202.8-202.15所见“☐知之当以父先令户律从☐。☐父病临之县南见啬☐……”云云，认为里耶爰书也“提及一位父亲谒见了乡官，留下财产转移的安排”。二是《都乡守沈爰书》中财产赠与对象是已出嫁的女儿，财产比较庞大，“为何一位父亲如此大规模地把财产转移给与已出嫁的女儿？最合理的解释应该是：这是在安排遗产”②。

我们认为，仅凭这两点还不能简单地将之定性为遗嘱，理由是：

（1）按法律规定，先令要由乡部“参辨券书之，辄上如户籍”，即把副本上报县廷。如果这两份文书属于遗嘱副本，其中必然涉及“爰书”的题名，立遗嘱的理由以及遗嘱生效的日期等。江苏胥浦先令明言朱凌“甚接其死”，而且写明将“稻田二处、桑田二处”分予公文的时间是“于至十二月十一日”；居延简所见先令也是由于“父病”，才于神爵元年“二月卅日”到县南乡见啬夫，且有“到二年三月癸丑”的字样。而里耶“爰书”既不见“先令”一类的题名，也没有立遗嘱的缘由，更不见遗嘱生效的日期，足见此二物并非正规的遗嘱书写格式。

（2）如上所分析，在秦朝继续推行国家授田制的前提下，百姓是无权自主处分田产的，只有通过遗嘱形式才能转移田地。里耶“爰书”若是遗嘱，自当包括田产在内。“高里士五武”分予“子小男子产”的财产包括两个成年男奴、一个大婢和一个小奴，以及牝马一匹；“高里士五广”分予“子大女子阳里胡”的财产“凡十一物”，其中还有“钱六万”。如此富足的家庭不可能没有田宅，何以在遗嘱中只字不提呢？唯一的解释是这种析产行为非先令券书型，而是一般性的分户析产。

（3）至于“为何一位父亲如此大规模地把财产转移给与已出嫁的女儿”，甚至可以进一步怀疑一个父亲何以把财产分给身为“小男子”的儿子，仅从简文揭示的内容不得而知，但不排除我们可以做出多种合理的解释。众所周知，中国古代析分财产遵循的是“中分”原则，而“爰书”只分予给一个女儿或一个小男，这本身就有悖于传统乡俗。或以为析产的对象都是孤子，但在这种情况下法律是禁止分异的，《户律》规定：“寡夫、寡妇毋子及同居，若有子，子年未盈十四，及寡子年未盈十八……毋异其子。”③ 按，“小男”一般指7～14岁，据彭卫统计，秦汉时期男子的初

① 陈伟：《里耶秦简校释》，武汉大学出版社2012年版，第326、356-357页。按：文中简号的第一位数字代表出土层位，后面的数字代表编号。

② 武汉大学简帛中心：http：//www.bsm.org.cn/index.php 2012-06-01。

③ 张家山二四七号汉墓竹简整理小组：《张家山汉墓竹简（二四七号墓）》（释文修订本），文物出版社2006年版，第55页。

婚年龄一般在14～20岁之间[①]，是“小男子产”可能已成婚别居，但若是“寡子”则不能分异，这都反证了《都乡守武爰书》提到的户主不可能只有一个小男。如果假定“爰书”是遗嘱，而“子小男”又不能在户主生前别居，其按法定继承制度代户继承即可，根本不需要立遗嘱。至于户主“高里士五广”因何把大量的财产给与出嫁的女儿，那是他的合法权力，或者将之看作陪嫁的奁产亦无不可。司马相如与卓文君私奔，卓王孙起初不肯分一钱，及司马相如以中郎将出使西南夷，卓王孙以为荣，乃“厚分与其女财，与男等同”[②]。高里士五广未必如卓王孙一般富足，但分予其女丰厚的资财亦在情理之中。

按秦汉户籍管理制度，户籍的正本藏乡部，副本上报县廷。民间发生先令析产或“生分”行为，乡部则要“参辨券书”或“辄为定籍”，先令的副本要及时上报，“生分”造成的财产转移也要将“定籍”后的簿书上报。里耶秦简中的“爰书”未必非要作“司法文书”解，亦可以按“具有法律公证意义的笔录文书”[③]的义项来理解，即把民间自言之析产内容笔录之后上报县廷，正如颜师古在《汉书·张汤传》注“爰书”所云：“爰，换也，以文书代换其口辞也。”[④]因此，我们认为把里耶秦简的两份析产“爰书”定性为“生分”或许更为准确。这种“生分”即《户律》337简规定的“相分予”一类的内容，而“爰书”未涉及田宅也与法律相符。

如果我们的推测可以大体成立，从中就不难发现秦代的户籍管理制度，不仅详细登记户内的人口情况，而且家庭财产如奴婢、马牛之类，甚至“禾稼、衣器”等也要一一记录清楚。即使是私人的财产，在让渡给他人时也要谒报官府，经过乡官里吏的“任占”才属合法，由此可见国家对“户”的监管是极为严密的。

四、谨防“户”的残破和人口流亡

家庭是实现社会生产和人类自身生产与再生产的基本社会细胞，因此，扩大在籍户数和严防人户的脱籍流亡就成为帝制国家的不二选择。秦汉政府一方面强制将大家庭拆分为个体核心家庭，并通过立法鼓励分户析产，另一方面以法律手段谨防“户”的残破以期稳定在籍户数，其核心价值正在于“民数者庶事之所自出也，莫不取正焉”。

秦代的“异子之科”直到曹魏才正式废除，尽管睡虎地4号秦墓出土的6号木牍和11号木牍所载两份家书向我们揭示了商鞅变法后兄弟同居的现象，但商鞅的“分异令”在秦国造就的个体核心家庭的汪洋大海却是公认的事实。实际上，随着生

① 彭卫：《汉代婚姻形态》，三秦出版社1988年版，第89页；彭卫、杨振红：《中国风俗通史（秦汉卷）》，上海文艺出版社2002年版，第307页。

② 《史记·司马相如列传》，中华书局1959年版，第3047页。

③ 沈刚：《居延汉简语词汇释》，科学出版社2008年版，第183页。

④ 《汉书·张汤传》，中华书局1962年版，第2637页。

产力水平的提高和宗法家族的瓦解，其他各国的家庭结构也在不断趋向微小化，银雀山汉简《田法》概述齐国的家庭人口构成就说："食口七人，上家之数也。食口六人，中家之数也。食口五人，下（家之数也）"①，这种5～7口人的家庭应是当时典型的自耕农之家。目前所见汉初律虽然没有执行"分异令"的痕迹，但鼓励民间分户析产的倾向却是明显的，如《户律》340简规定：

诸（?）后欲分父母、子、同产、主母、叚（假）母，及主母、叚（假）母欲分孽子、叚（假）子田以为户者，皆许之②。

具体言之，不仅子男可以别户析产，尚未立户的子男也可以通过遗嘱形式占有田宅，甚者按继承制度不具有代户资格的寡妻只要有另立户籍的意愿，就可以分割家庭财产。此即《置后律》386简所谓："其（指寡妻）不当为户后，而欲为户以受杀田宅，许以庶人予田宅。"此外，女为"户后"一旦出嫁，还允许其夫"以妻田宅盈其田宅"③。总之，汉政府为鼓励立户可谓不遗余力，当然，诸种另立户者都需要在每年八月履行法定程序，所谓"民欲别为户者，皆以八月户时，非户时勿许"④。

与此同时，秦汉国家还制定了详尽的法令法规谨防"户"的残破。以往，我们只是根据汉人的说辞把秦代非常态的举措作为批判秦政暴戾的口实，其实嬴秦能从列国中脱颖而出必然有其制度上的优势。据云梦秦简可知，秦律中有许多防止因劳动力缺乏而影响农副业生产进而造成民失作业的法令。比如在征发兵役时，一户之中尽管有两个以上的成丁，但严禁同时征调，故《戍律》云："同居毋并行，县啬夫、尉及士吏行戍不以律，赀二甲。"⑤ 就是有罪赀赎或欠官府债而"居赀赎债"，也要轮流服役，所谓"一室二人以上居赀赎责（债）而莫见其室者，出其一人，令相为兼居之"⑥。这些法令显然都是为了保证家庭生产和"户"的延续而制定的。汉初律虽然对秦律有所调整，但这一立法精神却被继承下来，《户律》就针对一些特殊家庭立法禁止"分异"：

寡夫、寡妇毋子及同居，若有子，子年未盈十四，及寡子年未盈十八，及夫妻皆■（癃）病，及年老七十以上，毋异其子；今毋它子，欲令归户入养，许之。

---

① 银雀山汉墓竹简整理小组：《银雀山竹简〈守法〉〈守令〉等十三篇》，《文物》1985年第4期。

② 张家山二四七号汉墓竹简整理小组：《张家山汉墓竹简（二四七号墓）》（释文修订本），文物出版社2006年版，第55页。

③ 张家山二四七号汉墓竹简整理小组：《张家山汉墓竹简（二四七号墓）》（释文修订本），文物出版社2006年版，第61页。

④ 张家山二四七号汉墓竹简整理小组：《张家山汉墓竹简（二四七号墓）》（释文修订本），文物出版社2006年版，第56页。

⑤ 睡虎地秦墓竹简整理小组：《睡虎地秦墓竹简·秦律杂抄》，文物出版社1978年版，第147页。

⑥ 睡虎地秦墓竹简整理小组：《睡虎地秦墓竹简·秦律十八种》，文物出版社1978年版，第85页。

被禁止“分异”的家庭背景涉及四种状况：一是单亲家庭（分为寡夫、寡妇）在没有成年子女与之同居的情况下，“子年未盈十四”；二是在相同背景下，“寡子年未盈十八”；三是“夫妻皆■（癃）病”；四是“年老七十以上”，都不允许“分异”。反之，一旦出现以上家庭景象，家长可以要求已经分户的子男“归户入养”，出居之子也可以谒官“归户”①。汉律之所以禁止各类残破家庭分户析产，除了伦理因素之外，无非是为了保护个体小农家庭不至于“户绝”，以期最大限度地稳定在籍户数。但“户绝”的现象因战乱、饥荒、瘟疫等又是无法杜绝的，因此，政府也出台了一些权宜性的补救措施，其中之一就是许可奴婢代户继承主人的财产，《置后律》382—383简规定：

> 死毋后而有奴婢者，免奴婢以为庶人，以庶人律□之其主田宅及余财。奴婢多，代户者毋过一人，先用劳久、有□□子若主所言吏者。

对这段律文有以下几点需要注意，一、户绝者的奴婢一律免为庶人，但继承户主身份的只能是其中之一，优先条件是“先用劳久”或“主所言吏者”。二、无论男奴或女婢都有代户的资格，这和“女为户后”在立法原则上是相通的。三、代户者直接继承其主人的田宅及余财，文中“以庶人律□之其主田宅及余财”的缺字□依前后文义应是“予”字，句意为按《庶人律》给予其主人的田宅和余财。这种做法当然不是现代意义上的物权的体现，其维系“户”的延续才是立法的宗旨。

由此可见，秦汉国家稳定“户”的生生不息的意愿是迫切的，但天灾人祸又总是把无辜的百姓推向流亡的险途，张家山汉简《奏谳书》中就有3件涉及平民与奴婢逃亡的案例。在秦汉四百余年的历史长河中，“民流亡”、民“来去城郭流亡”、“百姓饥馑，父子分散，流离道路，以十万数”等更是不绝于书。为此，政府尽管鼓励流民“自占”，把“获流”多少作为考核地方官政绩的重要指标。同时制定严格的法令强迫流民“自占”，所谓“令曰：诸无名数者，皆令自占书名数，令到县道官，盈卅日，不自占书名数，皆耐为隶臣妾，锢，勿令以爵、赏免，舍匿者与同罪”②。《二年律令·亡律》也针对“吏民亡”、刑徒亡、“奴婢亡”以及“匿罪人”“取（娶）亡人为妻”“取亡罪人为庸”等规定了不同的处罚条例，后世还有“流民法”“舍匿法”“通行饮食法”“沉命法”等，但民不畏死，奈何以死惧之，不论构筑起看似如何严密的禁令法网，也无法阻止无以为生的百姓铤而走险。

作为国家的自觉行为，秦汉政府以“户”为统治终端把百姓编制到乡里体系之中，“户”是合法获取生产资源的前提，也是获取居住空间的依据，“户”的传承由

---

① 张家山二四七号汉墓竹简整理小组：《张家山汉墓竹简（二四七号墓）》（释文修订本），文物出版社2006年版，第55、56页。

② 张家山二四七号汉墓竹简整理小组：《张家山汉墓竹简（二四七号墓）》（释文修订本），文物出版社2006年版，第97页。

法律来规范，“户”与“户”之间的财产转移也需要经过法定程序才属合法。这种通过对“户”的立法建立起来的乡里秩序，是秦汉时期实现人口控制的依托。乡里体系在后代虽然几经变异，但户籍制度作为帝制国家治理社会的成功经验却一直沿袭下来。汤因比在《历史研究》一书中曾感叹中华文明在几千年来，比世界任何民族都成功地把几亿民众从政治文化上团结起来，其中的因由会有许多，但秦汉建立的乡里体制及其变异形态所具有的优势无疑是其中的制度保障，而乡里秩序构建的精髓正是通过对“户”的一系列立法实现的。

然则，这种基于传统农业社会的政治理念和屡试不爽的以剥夺人的自由选择为代价的乡里秩序，不过是专制体制下的强权产物，即使在歌舞升平的年代也不能保证百姓安其田里。其最大的风险在于体制的本质重在压制而不是管理，“可（何）为‘■（率）敖’？‘■（率）敖’当里典谓殹（也）”，这种缺少道德感召力的刚性化的秩序及其传统惯性造成的官民对立的不断积累，终将由于特大水旱之灾，急征暴赋等而引发百姓的群起抗争，表面上固若金汤的网络体系就将被群体暴乱所冲毁，帝制国家赖以生存的社会基础也会随之一夜土崩。

战国西汉“提封田”补正

臧知非

（苏州大学　社会学院）

【摘要】传世文献和出土简牍都说明“提封”非“都凡”的“一声之转”，“提封田”是战国西汉实行的“田亩制度”——设定封疆、计算亩积的方法，系井田制之下“方里而井”的发展。汉儒了解井田与提封田的关系，并从经学角度予以揭示；从提封田入手是理解井田制的新视角。张金光先生的批评缺乏历史依据和学理支持。

【关键词】提封；田亩制度；井田；社会结构

“提封”之名在文献中习见，古今学者训释有异，或者以为是“提举四封”，或者以为是“都凡”的音转。田昌五先生认为“提封”是战国西汉时期计算田亩制度的方法，称之为“提封田”法。① 王煦华先生认为“战国西汉未曾实行提封田的田亩制度”②。张金光先生在《秦制研究》一书中对田先生的看法提出进一步的批评，认为田先生对“提封田”的看法是“谬说”③。这个问题，直接关系到对战国、秦、西汉土地制度性质及其基层社会结构的认识，不可不辨。对此，笔者曾经为文，认为王念孙的“都凡”之说不足为训，田昌五先生的解释信而有征④。新出土的简牍文献有助于我们进一步了解“提封田”的真相，鉴于张金光先生对田先生的批评，故为此文，补证旧说，以就教于张金光先生及学界同仁。

一

“提封田”之名，见于《汉书·地理志》。《汉书·地理志》在记述汉平帝时郡县数量和国土面积云：

凡郡国一百三，县邑千三百一十四，道三十二，侯国二百四十一。地东西九千

① 田昌五：《解井田之谜》，《历史研究》1985 年 3 期；《中国古代社会的土地问题》，《平准学刊》第三辑，光明日报出版社 1989 年版，收入氏著《中国古代社会发展史论》，齐鲁书社 1992 年版。

② 王煦华：《战国西汉未曾实行“提封田”的田亩制度》，《历史研究》1986 年 4 期。

③ 张金光：《秦制研究》，上海古籍出版社 2004 年版。

④ 臧知非：《“提封田”考》，《中国社会经济史研究》1994 年 3 期；《尹湾汉墓简牍“提封”释义——兼谈汉代土地统计方法问题》，《史学月刊》2001 年 1 期。

三百二里，南北万三千三百六十八里。提封田一万万四千五百一十三万六千四百五顷，其一万万二百五十二万八千八百八十九顷，邑居道路，山川林泽，群不可垦，其三千二百二十九万九百四十七顷，可垦不可垦，定垦田八百二十七万五百三十六顷。民户千二百二十三万三千六十二，口五千九百五十九万四千九百七十八。汉极盛矣。①

这儿的“地东西九千三百二里，南北万三千三百六十八里”是指东西、南北的最大距离，“提封田一万万四千五百一十三万六千四百五顷”是“凡郡国一百三，县邑千三百一十四，道三十二，侯国二百四十一”的土地总面积，其中邑居道路、山川林泽占一万万二百五十二万八千八百八十九顷，为不可垦之地，三千二百二十九万九百四十七顷为可垦和不可垦之地，八百二十七万五百三十六顷为“定”出来的已垦田（另有二百零四万六千零三十三顷不知所属，可能是漏载也可能是数字有误）。关于“提封”的含义，颜师古谓：“提封者，大举其封疆也。”所谓“提封田”就是封疆内国土大数，至于这个大数怎么得出来的、为什么叫做“提封田”（或者“提封”田），没有作出进一步的说明。

《汉书·刑法志》在记述周代制取军赋之法时曾记载“提封”，显示“提封”为计算方法，云：

因井田而制军赋。地方一里为井，井十为通，通十为成，成方十里。成十为终，终十为同，同方百里。同十为封，封十为畿，畿方千里。有税有赋。税以足食，赋以足兵。故四井为邑，四邑为丘。丘，十六井也，有戎马一匹，牛三头。四丘为甸。甸，六十四井也，有戎马四匹，兵车一乘，牛十二头，甲士三人，卒七十二人，干戈备具，是谓乘马之法。一同百里，提封万井，除山川沉斥，城池邑居，园囿术路，三千六百井。定出赋六千四百井，戎马四百匹，兵车百乘，此卿大夫采地之大者也，是谓百乘之家。一封三百一十六里，提封十万井，定出赋六万四千井，戎马四千匹，兵车千乘，此诸侯之大者也，是谓千乘之国。天子畿方千里，提封百万井，定出赋六十四万井，戎马四万匹，兵车万乘，故称万乘之主。②

对这里的“提封”一词，注家作出了比较详细的解释。苏林谓：“提音秖，陈留人谓举田为秖。”李奇谓：“提，举也，举四封之内也。”师古比较之后认为：“李说是也。提读如本字，苏音非也。说者或以为积土而封谓之隄封，既改文字，又失义也。”颜师古认同李奇的训释，认为提封的含义是“举四封之内”，“提封田”即四封之内的土地。

清人王念孙认为以往解释均误，认为“提封”是“都凡”的音转。《读书杂

① 《汉书》卷二八下《地理志》下，中华书局1962年版，第1639–1640页。

② 《汉书》卷二三《地理志》中华书局1962年版，第1081–1082页。

志·汉书第十五·连语》条云：

念孙案，诸说皆非也。《广雅》曰：堤封，都凡也。都凡者犹今人言大凡诸凡也。堤与提古字通，都凡与提封一声之转，皆是大数之名。提封万井，犹言通共万井耳。《食货志》曰地方百里，提封九万顷，《地理志》曰提封田一万万四千五百一十三万六千四百五顷，《匡衡传》曰乐安乡本田提封三千一百顷，《王莽传》曰遂营长安城南，提封百顷，义并与此同。若训提为举，训封为四封，而云举封若干井、举封若干顷，则甚为不词。又《东方朔》传曰乃使太中大夫吾丘寿王与待诏能用算者二人，举籍阿城以南、盩厔以东、宜春以西，提封顷亩，及其贾直。亦谓举籍其顷亩之大数，及其贾值耳。①

王念孙根据《广雅》"堤封，都凡也"，以文字通假和音转之说谓"都凡与提封一声之转，皆是大数之名"，文献所云之提封"义并与此同"，都做"都凡"解。王念孙是小学大家，其说一出，遂为定谳，王先谦《汉书集解》采用王说，今本《辞源》《汉语大字典》《联绵词典》（朱启凤）等工具书均将王说收为专条。

基于对《汉书·刑法志》周代制取军赋之法的历史分析，田昌五先生认为"提封田是继井田制之后出现的一种田亩制度"。田先生这里说的"田亩制度"是指土地计算方式，所谓提封田法是由井田法发展而来的土地计算方法。井田法是六尺为步，步百为亩，三百步为里，方里而井，井九百亩，以一方里为计算单位。提封田则是井田法的扩大，以一百方里为计算单位，得出一百方里的田亩总数，扣除非耕地，剩余的就是耕地数。其耕地与非耕地的折合标准则根据自然环境的具体情况确定②。文献记载的有魏国和秦国两种折算比例。《汉书·食货志》云：

李悝为魏文侯作尽地力之教，以为地方百里，提封九万顷，除山泽邑居参分去一，为田六百万晦，治田勤谨则晦益三升，不勤则损亦如之。地方百里之增减，辄为粟百八十万石矣。③

方百里之地，提封九万顷，非耕地占三分之一，共有耕地六万顷。这是魏国的折算比例。秦国折算比例见于《商君书·徕民》，云：

地方百里者，山陵处十一，薮泽处十一，溪谷流水处十一，都邑蹊道处十一，恶田处十二，良田处十四。以此食作夫五万，其山陵薮泽溪谷足以给其材，都邑蹊道足以给其民，先王制土分民之律也。④

---

① 王念孙：《读书杂志》中册，中国书店1985年，第32页。

② 田昌五先生在《解井田之谜》一文首提此说，后在《中国古代社会的土地问题》一文中详细展开。

③ 《汉书》卷二四上《食货志》上，第1125页。

④ 《商君书·徕民》，严万里校本，中华书局1986年版，影印诸子集成本第五册。

《徕民》篇是商鞅后学作品，不是秦国实际制度，但是这反映了当时提封田法之下耕地、非耕地、良田、恶田的折算因地而异的事实。而这种提封田法的历史基础就是井田制。田先生是为了探索井田制的性质和功能而提出提封田之说的，在田先生看来提封田是井田制的“遗留形式，……可以说是井田制的漫画”。通过对提封田与井田的逻辑分析，说明“井田制有两层含义：一是用来计算大面积的封地，包括山泽邑居在内；二是用来进行赋敛，限于可耕地”。①

因为是从土地计算层面解读提封田，田先生注重的是提封田和井田在计算方式上的一致性，并没有从训诂学层面考释“提封”的由来，故没有对上述王念孙之说作出相应的辨析。王煦华先生依据王念孙的解释，认为“提封”是连绵词，是“都凡”的“一声之转”，“战国西汉未曾实行提封田的田亩制度”。② 张金光先生在继续王煦华先生的观点和依据之后，指斥田先生的“提封田”说“是谬说”，认为所谓的“提封田”是田先生为了解释其井田制度故意“置传统训诂于不顾，而竟自为定义”的结果，提封田“根本就不是一种什么制度。更确切些说，‘提封’二字本就不能与‘田’字相连成词。虽然有时可以相连构成句中的一部分，然而却是各自独立的，然而其意义也绝非如田氏所说。其之所谓‘提封田’，乃是牵强附会的强为解说之词，是一个非历史、非逻辑的东西”。认为提封田“乃是一根本不存在的东西，是学者的掩耳盗铃、牵强附会之强为造说”。“其非解开井田之谜，而实为否定了井田制的历史存在，并且造成了更多的谜团”③。张金光先生的依据有三：一是王煦华先生所使用的王先谦转引的王念孙之说；二是汉儒从未言及“提封”，认为如果汉代真有什么提封田法，汉儒不可能一字不提；三是孟子井田说真实存在，不容否定。

笔者以为，张先生的批评是不能成立的。

二

毋庸置疑，确如张金光先生批评的那样，田先生确实没有对“提封”的传统训诂一一作出解释，确实有“置传统训诂于不顾”的嫌疑。但是，不守古训，提出新解，并不等于“学者的掩耳盗铃、牵强附会之强为造说”。因为是否遵守古训，要看古训是否正确；是否考释古训，要看讨论主题的需要；传世文献虽然称“提封”者多、“提封”与“田”连称者少，但并不等于“提封”作为土地计算方法的不存在。

田先生的提封田说是就土地亩积计算而言的，是指从方里而井发展而来的计算土地亩积的方法，就其证据来说，已经说明“提封田”法在战国、西汉时期是确实的存在。苏林、李奇、颜师古等注家都是在认同这一制度存在的基础上讨论“提封”

① 田昌五：《中国古代社会的土地问题》，《中国古代社会发展史论》，齐鲁书社 1992 年版，352-359 页。

② 王煦华：《战国西汉未曾实行“提封田”的田亩制度》，《历史研究》1986 年 4 期。

③ 张金光：《秦制研究》，上海古籍出版社 2004 年版，第 344、345、346 页。

二字音义的，如诸家对“提”字的音、义理解有别，但对“封”的音、义认识一致，都认为是田界、封疆，都认为汉代存在着以“提封”的方式计算土地面积的制度。田先生揭示“提封田”法的目的是为了说明井田制具有计算土地面积的功能，并非专门讨论提封田的发展演变，故而没有对提封的古训一一回应。当然，田先生仅此是不够的，因为王念孙认为“提封”是“都凡”的音转，因此，也就不存在田先生所说的“提封田”法。这是张金光先生指斥田先生之说为“谬说”的出发点。

早在1986年，王煦华先生就以王念孙之说为依据否定田先生对提封田的解释。笔者也曾经撰文，认为王念孙之说不足为训。但是，鉴于张先生的批评仍然以王念孙之说为出发点，本文还要对王念孙之说稍加讨论，以便对问题有完整的把握。

孤立地看王念孙释“提封”为“都凡”的“一声之转”，系“大数之名也”，似无不可。但是只要从历史学的角度对王念孙、王先谦的依据稍加分析，就不难发现“提封”为“都凡”音转之说不能成立。王念孙的解释除了《广雅》之外，没有其他依据，如果纯粹从数学意义上看，其说似无不妥，“提封”若干顷可以理解为通共若干顷，但是若将“提封”置于其所举历史文献的上下文稍作分析，其不成立显而易见。就以《汉书·地理志》来说，提封田顷数、山川林泽顷数、可垦不可垦顷数、垦田顷数，都精确到个位，都是“定”出来的，谓之“大数之名”显然不辞。至于《刑法志》已将“提封”的由来说得很清楚了，“百里之地，提封万井”系由方里而井扩大而来，更不存在什么“大数之名”的问题。《汉书·匡衡传》云：

> 初，衡封僮之乐安乡，乡本田堤封三千一百顷，南以闽佰为界。初元元年，郡图误以闽佰为平陵佰。积十余岁，衡封临淮郡，遂封真平陵佰以为界，多四百顷。至建始元年，郡乃定国界，上计簿，更定图，言丞相府。衡谓所亲吏赵殷曰：“主簿陆赐故居奏曹，习事，晓知国界，署集曹掾。”明年治计时，衡问殷国界事：“曹欲奈何?”殷曰：“赐以为举计，令郡实之。恐郡不肯从实，可令家丞上书。”衡曰：“顾当得不耳，何至上书?”亦不告曹使举也，听曹为之。后赐与属明举计曰：“案故图，乐安乡南以平陵佰为界，解何?”郡即复以四百顷付乐安国①。

乐安乡本来四至边界明确，郡图标注清楚，“乡本田提封三千一百顷”；后误把平陵陌当作闽陌，使南部边界外移，增加四百顷。匡衡受封乐安乡，遂将错就错，“封真平陵佰以为界，多四百顷”，把多出来的四百顷田税收入私囊。建始元年，临淮郡发现错误，改正之后，上计中央。匡衡利用丞相职权，指使亲信，说临淮郡所上郡图有误，临淮郡只好继续使用原来的错图，四百顷土地继续作为匡衡的封邑。此事后来被揭发，匡衡被以“专地盗土”的罪名免官归家。显然，这儿的“乡本田提封三千一百顷”和误增的四百顷一样，是根据乐安乡的边界宽长计算出来的，这

① 《汉书》卷八二《匡衡传》，第3346页。

儿的“提封”之“封”是指边界而不是因为什么“封、凡声相近”而“书凡为封”。颜师古说“提封，举其封界内之总数”无疑是正确的。《汉书·东方朔传》云汉武帝要兴建上林苑：

乃使太中大夫吾丘寿王与待诏能用算者二人，举籍阿城以南、盩厔以东、宜春以西，提封顷亩，及其贾直，欲除以为上林苑，属之南山。又诏中尉、左右内史表属县草田，欲以偿鄠、杜之民。①

汉武帝要把阿城以南、盩厔以东、宜春以西至终南山的广大地区划为皇家禁苑，要把居住其中的人口外迁，要求有司任用“能用算者二人”“提封顷亩，及其贾值”。这一地区物产丰富，土地肥沃，号为“陆海”，“其山出玉石，金、银、铜、铁，豫章、檀、柘，异类之物，不可胜原，此百工所取给，万民所卬足也。又有秔稻梨栗桑麻竹箭之饶，土宜姜芋，水多蛙鱼，贫者得以人给家足，无饥寒之忧。故酆镐之间号为土膏，其贾亩一金”②。因此之故，才需要“能用算者二人”来“提封顷亩”，准确计算禁苑内的土地面积和耕地数量以及价格多少，由官府补偿给外迁人口。当然，仅仅付给金钱是不够的，因为只有妥善安置这些移民才能避免矛盾。移民数目不少，他们被迁离原籍本来就不情愿，如果得不到有效安置，官府给予的补偿金再高，他们也无处安身，便会在社会上流荡，势必带来社会不安定。所以，汉武帝又命令“中尉、左右内史表属县草田”，也就是用属县可垦而未垦的土地授予鄠、杜之民，既是补偿，也是安置手段。显然，这儿的“提封”不是什么“大数之名”，而是划定疆界、计算面积的意思，颜师古解释“举籍”为“举计其数而为簿籍”，“提封”为“亦谓提举四封之内，总计其数也”是正确的。《汉书·王莽传》谓王莽要修建王氏宗庙：

乃下书曰：“予受命遭阳九之厄，百六之会，府帑空虚，百姓匮乏，宗庙未修，且祫祭于明堂太庙，夙夜永念，非敢宁息。深惟吉昌莫良于今年，予乃卜波水之北，郎池之南，惟玉食。予又卜金水之南，明堂之西，亦惟玉食。予将亲筑焉。”于是遂营长安城南，提封百顷。九月甲申，莽立载行视，亲举筑三下。司徒王寻、大司空王邑持节，及侍中常侍执法杜林等数十人将作。③

为建宗庙，王莽左卜右占，亲自选定地点，亲自参与开工仪式，指定亲信大臣主持。这百顷之地根据建筑需要划定的，长短宽窄，均有定制。这儿的“提封”也是指划定疆界，而不是什么“大数之名”。区区百顷，是不存在“大数”问题的。

因为提封的本意是划定田界、疆界，在后世文献中，引申为疆域、管辖的意思。如：

---

① 《汉书》卷六五《东方朔传》，第2847页。

② 《汉书》卷六五《东方朔传》，第2850页。

③ 《汉书》卷九九《王莽传》下，第4161页。

今以并州之太原上党西河乐平新兴雁门、司州之河东平阳弘农、雍州之冯翊凡十郡，南至于华，北至于陉，东至于壶口，西逾于河，提封之数，方七百里，皆晋之故壤，唐叔受之，世作盟主，实纪纲诸夏，用率旧职。①

后年，赫连屈孑薨，太武征之，取新秦之地，由是征伐四克，提封万里。②

日月之所临，风雨之所至，圆首方足，禀气食芼，莫不尽入提封，皆为臣妾。③

高宗时，平高丽、百济，辽海已东，皆为州，俄而复叛，不入提封。④

郡守提封千里，生聚万众，所系休戚，而不察能否，一以资格用之，凡再为半刺、有荐者三人，则得之矣。⑤

今中国提封万里，精兵百万，法令修明，上下一心，北朝欲用兵，能保其必胜乎？就使其胜，所亡士马，群臣当之欤，抑人主当之欤？若通好不绝，岁币尽归人主，群臣何利焉。⑥

今克复之地，悉为荒墟，河南提封三千余里，郡县星罗棋布，岁输钱谷数百万计，而今所存者，封丘、延津、登封、偃师三四县而已。⑦

废坠罔不修，万里咸提封。⑧

《宋史·选举六》的“郡守提封千里，生聚万众，所系休戚”的“提封”作管辖解，其余用法相同，均作疆域解。此类用法甚多，除了史部文献之外，集部多有，本文不再一一列举，只要明白“提封”本意是设立田界、疆界，引申为疆域，有时又用作“管辖”解，而不是什么“都凡”的“一声之转”就行了。

其实，在文字上，“封”的含义本来清楚，是疆界的意思。在甲骨文和金文中，“封”字均做植草木状，以草木为疆界的意思。《周礼·大司徒》有“封人”一官，专门负责设立封界，或者以树，或者以土，或者以石，根据实际情况而定。出土秦律如青川秦牍《更修为田律》、云梦睡虎地秦律《法律答问》对“盗徙封”的解释，都明确地说明了“封”的性质和作用，不过此时之“封”是积土而成，不再植树为之。积土为封，高低宽窄皆有定制，遂进而名词化，有“提封”一词的问世，成为封界的专称，上举疆域之意即由此衍生而来⑨。

---

① 《晋书》卷二《世宗景帝纪》中华书局 1974 年版，第 41 页。

② 《魏书》卷一〇五《天象志》三，中华书局 1974 年版，第 2400 页。

③ 《隋书》卷五九《炀三子传序》，中华书局 1973 年版，第 1439 页。

④ 《旧唐书》卷三八《地理》一，中华书局 1975 年版，第 1385 页。

⑤ 《宋史》卷一六〇《选举》六《保任》，中华书局 1977 年版，第 03747 页。

⑥ 《宋史》卷三一三《富弼传》，中华书局 1977 年版，第 10251 页。

⑦ 《元史》卷一八六《张桢传》，中华书局 1976 年版，第 04266 页。

⑧ 《清史稿》卷一〇〇《乐志七·乐章五》，中华书局 1976 年版，第 2955 页。

⑨ 臧知非：《“提封田”考》，《中国社会经济史研究》，1994 年 3 期；《尹湾汉墓简牍“提封”释义——兼谈汉代土地统计方法问题》，《史学月刊》2001 年 1 期。

三

出土文献为理解“提封”的含义提供了新的证据。张家山汉简《算数书·里田》云：

里田术曰：里乘里，里也，广、纵各一里，即直（置）一因而三之，有（又）三五之，即为田三顷七十五亩。其广、纵不等者，先以里相乘，已乃因而三之，有（又）三五之，乃成。今有广二百廿里，纵三百五十里，为田廿八万八千七百五十顷。直（置）提封以此为之。一曰：里而乘里，里也，一三而三五之，即顷亩数也。有（又）曰：里乘里，里也，以里之下即予廿五因而三之，亦其顷亩数也。曰：广一里、纵一里，为田三顷七十五亩。①

“里田”术是计算田亩数的方法，以一平方里为基本单位，一平方里为三百七十五亩。依然是六尺为步，三百步为里，方里九万平方步，一亩二百四十步，计三百七十五亩。“提封以此为之”就是按照这个标准设置“提封”。这儿的“提封”显然是专门术语，指划定疆界、计算亩积、以方里三百七十五亩为基本单位。《算数书》是计算工具书，在吕后二年以前已经流行，其成书要早得多，所云“直（置）提封以此为之”显系此前通制。岳麓书院藏秦简《数》有云：

田五十五亩，租四石三斗而三室共假（假）之，一室十七亩，一室十五亩，一室廿三亩，今欲分其租。述（术）曰：以田提封数。②

因简文残缺，“以田提封数”的具体内容不明，但是，“提封”为专门术语是没有问题的，“田提封数”就是提封而来的田亩数。

“提封田”在里耶秦简中有着明确的记述。里耶秦简第四八八号简简文是“户曹计录”，包括乡户计、徭计、器计、租质计、田提封计、漆计、鞫计，“凡七计”。③“计”是“计书”之省，是各级官府、各个部门的统计报告，分门别类，供考核之用。里耶秦简反映，秦朝的计书极为详细，每个部门都分为许多类别，上举七类是县户曹的计书，“田提封计”是其一种。尽管因为简文不全，无法知晓户曹所属“田提封计”的具体内容，但是，可以肯定，这儿的“提封”是专有名词，“田提封计”是“提封田”的统计文书，这是秦朝正在实行的制度，说明“提封”田制度的真实性。

---

① 江陵张家山汉简整理小组：《江陵张家山汉简〈算数书〉释文》，《文物》2000年10期；张家山二四七号汉墓竹简整理小组：《张家山汉墓竹简（二四七号墓）》（释文修订本），文物出版社2006年版，第157页。

② 朱汉民、陈松长主编：《岳麓书院藏秦简》（贰），上海辞书出版社2011年版，第8页。

③ 湖南省文物考古研究所编著：《里耶秦简》（壹）《释文》，文物出版社2012年版，第35页。

仔细推敲张家山汉简《算数书·里田》的“置提封以此为之”、岳麓简“田提封数”、里耶简“田提封计”，可以推定战国至西汉前期“提封”与“田”的关系以及“提封”的功能。所谓“田提封”是纳入“提封”范围之“田”的专有称谓，没有设置“提封”的土地并不属于“提封田”。也就是说，在当时的一个政区内，并不是所有的土地都纳入“提封田”的。其时“田提封”的范围应是已经开垦、纳入征税（田租）范围的土地。垦荒增加，税源增加，是一个地方的政绩标杆，考核的目的就是要比较出各个地方政绩优劣，看谁的垦田、税收增加得多，多的就奖励，反之则处罚，奖勤罚懒，鼓励垦荒。这“置提封”除了在面积计算上以方里三百七十五亩（二百四十步之亩）为基本单位之外，还有着其他条件，这就是土地已经开垦，应该向政府交税，一旦“置提封”，这“提封”之地就纳入了征税范围。这“田提封计”就是已经开垦和纳税的土地统计，因此之故，才“以田提封数”作为各户分摊田租的前提。这儿的“提封”是以里为基本单位，和以百里为单位的提封田法有所不同，尚无后来的“疆域”含义。否则，各郡、县、乡面积一经划定，其总面积也就确定了，无需再“置提封”，“田提封计”之类的文书也就失去其意义。也就是说，战国至西汉，提封田法是以方里为单位和以方百里为单位两种并行的，前者是基层政府用来计算耕地数量以确定田税（租）的，后者则是用来确定一个政区可能有和应该有的耕地数量，从而确定可能的或者应该的田税（租）数量。一个县或者一个郡，先以百里为单位计算出已垦地和未垦地，得出该郡、县可能有的垦田数，而后再通过对实际垦田数的统计比较，其政绩优劣也就显现出来了。《汉书·百官公卿表》谓“县大率方百里，其民稠则减，稀则旷，乡、亭亦如之，皆秦制也”①，这“大率方百里”可能就是因“同方百里”而来，也就是一个提封单位。

笔者这样理解提封田，当然不仅仅是推断，而是有着出土文献的佐证。尹湾汉墓一号木牍《集薄》记载西汉后期东海郡的土地为“提封五十一万二千九十二顷八十五亩二□……人如前，□国邑居园田廿一万一千六百五十二□□十九万百三十二。……三十五万九千六……种宿麦十万七千三百□十□顷，多前千九百廿顷八十二亩。②”这儿的“提封”数字，就可知内容来说，包括了国、邑、居、园和种麦的田亩数，是下属各县邑统计而来。无论是“国邑居园田”还是各种农作物的种植量都处在变动之中，都要年年统计，“种宿麦十万七千三百□十□顷，多前千九百廿顷八十二亩”就是统计的结果。全国的土地数则是根据各郡国的提封田数统计而来，班固对此是清楚的，他所见到的全国土地统计数字并不是一组，而是很多组，经过反复比较以后，采用了汉平帝时的数据，认为是“汉极盛矣”的表现。不过，从国土

---

① 《汉书》卷十九上《百官公卿表》上，第742页。

② 连云港博物馆、中国社会科学院简帛研究中心、东海县博物馆、中国文物研究所：《尹湾汉墓竹简》，中华书局1997年版，第77–78页。

开拓、国势发展、实际垦田面积来说，平帝时代，怕难以算得“极盛”，班固之所以用汉平帝时的数据，就是因为这一组数据最大，至于其真实程度，就不予关心了。也正因为班固的数据是依据统计而来，所以才会精确到个位。

四

“提封田”的客观存在已如上述，现在讨论汉儒是否知晓“提封田”法的问题。田先生曾举《周礼·地官·载师》郑玄注：

皆言任地者之形实，不方平如图。受田邑者，远近不得尽如制，其所生育赋贡取正如是耳。以廛里任国中，而遂人职授民田：夫一廛，田百亩，是廛里不谓民之邑居如在都城者与？凡王畿内方千里，积百同，九百万夫之地也。有山陵、林麓、川泽、沟渎、城郭、宫室、途巷，三分去一，余六百万夫。又以田不易、一易、再易，上中下相通，定授田者三百万家也。远郊之内，地居四同，三十六万夫之地也，三分去一，其余二十四万夫。六乡之民，七万五千家，通不易、一易、再易，一家受二夫，则十五万夫之地。其余九万夫，廛里也、场圃也、宅田也、士田也、贾田也、官田也、牛田也、赏田也、牧田也，九者亦通受一夫焉，则半农人也，定受田十二万家也①。

田先生据此认为汉代学者已经注意到“从提封田法解井田制”，“只是他们对此缺乏理性认识而已”。田先生这里说的“从提封田法解井田制”，是指郑玄所述授田制之下土地面积计算方法而言。按郑玄注，授田制之下，人均百亩，但是土地质量有好坏，制土分民时需要将劣田折合成良田，而后按照每夫百亩标准计算出授田人数，这个计算方式就是提封田法，即以百里为提封单位，扣除非耕地，“又以田不易、一易、再易，上中下相通”，得出授田民数量。只是郑玄是以方百里的扩大——“畿内方千里”为计算单位而已，但其折合比例与李悝之法相同，去除非耕地三分之一，其余三分之二就是可耕地，因其质量不同，再予细化。其“远郊之内”“六乡之民”的土地折算因为授予对象不同、采用了不同的折合比例和计算标准，其基本精神和提封田法一致。只要把田先生的上下文联系起来看，这一点不难明白。

但是，张金光先生以“凡王畿内方千里，积百同，九百万夫之地也。有山陵、林麓、川泽、沟渎、城郭、宫室、途巷，三分去一，余六百万夫”为依据，从汉代根本不存在提封田的既定前提出发，认为郑玄注和提封田无关，“因为自战国以降，包括郑玄在内，压根儿就不知道有田氏之所谓‘提封田’这个词”。显然，张先生是没有理解田先生“提封田”的含义而妄加于人的。田先生已经说明汉代学者对提封田法与井田的关系缺少“理性认识”，这个“理性认识”就是汉代学者虽然按照方里

---

① 阮元校刻：《十三经注疏》，中华书局1980年影印本，第725页。

而井、方百里九万顷（或者一里九夫、百里九万夫，授田标准是每夫一顷，故计算面积和授田人数时，顷、夫相通）的方式计算土地面积、制土分民，但还没有从方法论上把握二者的关系。既然如此，汉代学者们怎么能知道田先生的“提封田”说呢？

其实，抛开上述传世文献和出土简牍不谈，提封田与井田的关系，儒学典籍有明确记载。《礼记·王制》云：

方一里者，为田九百亩；方十里者为方一里者百，为田九万亩；方百里者为方十里者百，为田九十亿亩。方千里者为方百里者百，为田九万亿亩。自恒山至于南河，千里而近；自南河至于江，千里而近；自江至于衡山，千里而遥；自东河至于东海，千里而遥。自东河至于西河，千里而近；自西河至于流沙，千里而遥。西不尽流沙，南不尽衡山，东不尽东海，北不尽恒山。凡四海之内，断长补短，方三千里，为田八十万亿一万亿亩。方百里者，为田九十亿亩，山陵林麓、川泽沟渎、城郭宫室途巷，三分去一，其余六十亿亩。①

毫无疑问，这里的“自恒山至于南河，千里而近；自南河至于江，千里而近；自江至于衡山，千里而遥；自东河至于东海，千里而遥。自东河至于西河，千里而近；自西河至于流沙，千里而遥。西不尽流沙，南不尽衡山，东不尽东海，北不尽恒山。凡四海之内，断长补短，方三千里，为田八十万亿一万亿亩”云云，只是作者的想象，并非历史的真实。但是有两点是客观存在的制度：一是土地计算方法，“方一里者，为田九百亩；方十里者为方一里者百，为田九万亩；方百里者为方十里者百，为田九十亿亩。方千里者为方百里者百，为田九万亿亩”。按当时单位，十万为亿，“方百里者为方十里者百，为田九十亿亩”即九百万亩，其基本计算单位是一方里九百亩。二是耕地与非耕地的折算比例，即百里之地“山陵林麓、川泽沟渎、城郭宫室途巷，三分去一”，其余三分之二为耕地，包括已垦地和可垦而未垦地。可以断定，《礼记》这里虽然没用提封之名，其方法无疑就是田先生所说的提封田法，与《汉书·食货志》记载的李悝尽地力之“提封”田法符合若契，可以看做李悝提“封田法”的详细表述。《周礼·载师》郑注之土地计算方法正于此相通。当然，李悝的提封田以百里为限，《王制》的提封面积则扩大到千里。谓“方千里者为方百里者百为田九万亿亩”虽然是作者的规划之词，但这正体现了土地计算方法随着领土的扩大而变化的历史事实，说明了提封田法和井田法的历史时序。

《礼记》是战国儒者所为，内容杂乱，经过汉儒的整理才成为现在的文本，其错讹不通、重复矛盾者所在多有，这里不去讨论。这里要说的是，《礼记》的作者可能没用过“提封田”这个词，汉儒在整理《礼记》时可能没有从《礼记》文本中读到

① 阮元校刻：《十三经注疏》，中华书局1980年版影印本，第1347页。

过“提封”或者“提封田”这个词，但是，汉儒对《礼记》记述的这个计算方法无疑是知晓的，起码是有人知晓熟悉的，比如郑玄就应该知道。郑玄是三礼大家，郑玄应该读过《礼记·王制》的这段内容；即使郑玄读书未逮，其他经学家们也总有读过的。所以，我们有理由说汉代学者包括郑玄在内虽然没有明确使用“提封”一词，并不等于他们不知道提封制的存在。

若从制度层面考察，上述简牍文字已经说明，“提封”一词在当时来说是一个制度概念，“田提封计”是法定计书的一种，是上计必备的文书，从基层小吏到军国重臣，都难免要接触“提封”问题。而对于象郑玄这样的经学大家来说，之所以没有明确表述“提封田”法，一来是因为著述内容需要与否，二来则是经学家们关注的是经籍的理解，如何弥缝经典中的各种矛盾，根本不屑讨论什么“提封”制度，现实中的“提封”问题也没有什么疑难需要讨论的。“提封”是行政运作过程中的操作问题，是官僚特别是“文吏”们的事情，经学家们是不屑予其事的。所以，张金光先生说汉儒从来不知道什么“提封田”，未免太武断了。

退一万步说，即使汉儒没有明确使用“提封田”这个词，后人就不能把这种从井田法发展而来的计算土地面积的方法概括为“提封田法”吗？如果概念的使用必须以古人为限，历史认识只能追随古人，还有学术研究吗？任何人的认识都有局限性，现代学者如此，古代学者也是如此，但后人认识总会突破前人，这是规律。因为后人是站在前人的肩膀上审视历史的，有着前人不曾有的方法、理论、观念、知识，知道前人所不曾知道的东西。这就是历史的局限和历史的进步。汉代学者也好，清代学者也罢，取得的学术成就再大，并不等于他们所说的一切都是真理。他们没有看到我们今天的出土文献，也没有我们所掌握的理论方法，因为历史的局限，他们的看法存在不足甚或错误，是正常现象。后人的任务就是用新材料、新方法、新认识补充他们的不足，纠正他们的错误，证而后是之用之。否则，只能陷入食古不化的泥淖。

现在谈通过“提封田”理解井田制的问题。田先生用“提封田”法分析井田制，认为计算土地面积是井田制度的功能之一，这就是“方里而井、井九百亩”，按照每夫一顷标准分给农夫耕种，一井之地授予九夫之众，所以国家收取军赋以一井九夫为基本单位，说明井田制既是土地计算单位，也是制取军赋单位，同时是户籍编制单位。这样就否定了孟子的“八家共井”式的井田制度。这是张先生之所以义愤填膺地斥责田先生的“提封田”为“谬说”的重要原因。张先生认为，田先生的“提封田”，名义上是为了“解开井田之谜”，“而实为否定了井田制的历史存在”。在张先生看来，井田制是个确确实实的客观存在，孟子的“八家共井制”就是井田制的标准形态，孟子井田“是一种实行制度，且得到了贯彻”，“八家共井这样具体的制度，也并非孟子独出心裁的创造，而是历史上曾经实行过的制度”。①

① 张金光：《秦制研究》，上海古籍出版社2004年版，第336、337页。

关于井田制的真相，学界看法不同，从20世纪二三十年代的社会史性质大论战，到新中国成立以后社会形态大讨论，对孟子井田说的认识分歧不啻霄壤，是之者以为字字千金的历史宝典，否之者以为纸上谈兵的乌托邦，是、否相兼者则以为是在历史和现实基础上的规划设计。是耶非耶，各执一端。当然，是之非之，是学者的自由。学术面前，没有绝对权威；学术讨论，人人平等。每一个人都有都有批评他人的权利，也同时要接受他人的批评。学术就是在这批评与反批评的过程中进步的，其是非对错，最终都由历史事实来判断；何去何从，是学者自已的事情。张先生自然有权利相信孟子井田说是历史的真实，批评不同观点。但是，在学术讨论过程中，有一个基本的原则，这就是完整地把握批评对象的思想体系，系统分析其事实依据，对那些相互矛盾的历史现象更应该予以科学的解析，切忌断章取义，更不能曲解他人而妄加攻击。只要对田先生的思想体系稍加了解，就不难发现，田先生确实否定了孟子的八家村式的井田制，但是，田先生并没有“否定了井田制的历史存在”。事实上，田先生一贯主张井田制是个客观存在，只是历史上的井田不是经学家们所主张的八家村式的井田而已，而是土地计算、军赋制取、户籍编制三位一体的制度体系，不能解经式地理解为孟子所说的“八家共井”制。其详细内容，篇什俱在，有兴趣的读者，自可参阅，是否同意，大可讨论，无需笔者饶舌①。本文只是说明一个问题：战国西汉时代确实存在着田昌五先生提出的“提封田”。

---

① 田昌五先生对井田制的论述，参见下列著作的相关部分：《古代社会形态研究》，天津人民出版社1980年版；《古代社会断代新论》，人民出版社1982年版；《古代社会发展史论》，齐鲁书社1992年版等。

2011 年秦汉史研究简述

晋文

（南京师范大学　历史系）

【摘要】 2011 年秦汉史研究成果丰硕，呈现出百花齐放、百家争鸣的态势，涌现出一大批高质量、有创新的专著和论文，但也有几点不足与缺陷：第一，经济史研究似乎陷入低潮；第二，简牍研究高水平论著不多；第三，东汉史研究依然较少；第四，学术批评和学术争鸣低迷。

【关键词】 秦汉史；研究成果

2011 年秦汉史研究成果丰硕，呈现出百花齐放、百家争鸣的态势，涌现出一大批高质量、有创新的专著和论文，现将这些研究成果简介如下。

一、政治史研究

陈苏镇《春秋与汉道》（中华书局）深入细致地描述和分析了在儒家士大夫的推动下，以春秋学为主的经学如何诉诸"大一统"帝国的创制立法，如何影响汉帝国的实际历史进程，从而成就"汉道"，为中国古代政治文化确立了基本模式。本书有两条线索，一是西汉至东汉前期汉代政治的演变历程，这是在文献典籍中显然可见的明的线索，二是春秋三传作为现实政治指导思想的互动和交替，实际是潜伏在西汉建立到东汉前期的一连串政治事件的暗的线索。陈生玺《秦始皇缘何焚书坑儒》（《南开学报》第 3 期）认为，孔安国、刘安与伍被谋反，都谈及秦始皇焚书坑儒，均在司马迁撰《史记》之前，以及秦始皇长子扶苏因谏坑儒一事被贬上郡，均证明秦始皇确有坑儒之事。楼劲《西汉时期"革命论"之退化与政治思想之转折变迁》（《中国社会科学院历史研究所学刊》第 7 集，商务印书馆 2011 年版）讨论了西汉一代革命论展开、退化的基本背景、阶段和内容，及其与当时政局和政治思想转折变化的密切关系。张淑一《两汉封君封号考论》（《中华文史论丛》第 1 期）认为，封号的来源主要以封地、功绩、民族关系、绍封继绝和情绪意义命号，同一封君在不同时期可以改换封号，同一封号在不同时期可以在不同之人间流转。卜宪群《从曹操入仕看汉末孝廉察举之变化》（《安徽大学学报》第 3 期）提出，从曹操举孝廉的年龄及相关问题可以看出，汉末日益完善的孝廉察举制度与孝廉察举实际施行状况发生了严重背离，这种背离正反映了汉魏之际国家权力与社会秩序间的某种变动关系。刘晓满根据出土简牍资料，结合传统文献，全面探讨了秦汉令史的设置、数量和地位、任用和升迁、爵位和俸禄、职能等（《秦汉令史考》，《南都学刊》第4期）。刘庆《礼与汉代致仕》（《史学月刊》第3期）认为，在致仕过程中，士人通过引用经典与对经典的诠释来体现其自尊意识，君主也需遵循礼的原则，做出礼敬臣下的姿态。杨龙《论两汉之际的河西窦融集团》（《咸阳师范学院学报》第5期）认为，河西地区的豪强以窦融等人为主，结合成一个地域军事集团，具有准政权性、自保性和河西豪强与东方士人的联合等特点，他们割据自立意识不强，统一倾向明显，其实际行动在东汉政权统一进程中起了重要作用。

二、法制史研究

宋杰《秦汉国家统治机构中的“司空”》（《历史研究》第4期）提出，秦与西汉自中央到郡国县乡均设置过“司空”，西汉末至东汉前期陆续撤销京师郡县的各种司空部门，仅在三公中保留，残存的罪犯劳动组织改称“作部”。其原因主要是国家统治政策以及刑法、徭役制度发生了变化，罪犯劳动在经济领域中的地位和影响严重下降。张忠炜从律令转化、律主令辅、律令分途三个方面对秦汉律令关系进行了深入探析，认为律令的分途以汉代为开端、晋代为终结（《秦汉律令关系试探》，《文史哲》第6期）。赵凯《〈汉书·文帝纪〉“养老令”新考》（《南都学刊》第6期）提出，“养老令”“赐米人月一石”中的“月”可能为衍字。“养老令”在文帝之后未被完全弃置，也未被严格遵行。

三、经济史研究

杨国誉、晋文《“上行”与“下效”——对两汉“崇俭抑奢”风尚的再探讨》（《湖南师范大学社会科学学报》第4期）提出，两汉时期“崇俭抑奢”社会风尚的形成，并非简单的“上行”与“下效”的因果关系，而是经历了从自发到自觉、从“注意上”到“注意下”、从号召到风尚的漫长历史发展过程，是包括皇室、士人、官员以及普通民众在内的社会各阶层共同参与和努力的结果。侯旭东《从朝宿之舍到商铺——汉代郡国邸与六朝邸店考证》（《清华大学学报》第5期）认为，汉代郡国邸是在都城设立的住宿设施——“邸”。郡国邸不只是官吏进京的住所，亦是官场私下交往的重要舞台。六朝时期邸发展成为商铺，这与邸的特殊地位、使用者可利用官方渠道与机构免费运送货物是分不开的。南北朝末期，南北竞相向邸店课税，唐代之后，邸店逐渐沦为一般商铺的通称。崔建华《汉代反季节栽培与“不时不食”观念》（《人文杂志》第6期）认为，汉代已经掌握了反季节栽培技术，汉人习惯援引“不时不食”的观念予以批判。这种观念既与汉代月令制度的精神具有内在一致性，又有灾异论做支撑，而一些现实性的利益考虑，如节省财力、社会公平、延年益寿等因素也是对这一观念形成的另一个重要因素。

四、历史地理研究

马孟龙《汉成帝元延三年侯国地理分布研究》(《历史研究》第5期)复原了汉成帝元延三年侯国地理分布情况，认为西汉末年侯国分布存在显著的地域特征，例如三辅、边郡、王国地区均无侯国分布，侯国只分布在“内郡”，且分布极不平衡。汉末侯国地理分布格局的形成，与“推恩令”“广关”“京畿拓展”有关，同时也反映了汉代“内外相制”的政治地域观念。王子今、吕宗力《秦汉时期中原的“群都”》(《史学月刊》第9期)对蔡邕《述行赋》“群都”之说进行了考察，认为秦汉时期中原“群都”的历史存在，体现了这一地区作为文化重心的地位。

五、思想文化史研究

臧知非《由“霸”而“王”:〈吕氏春秋〉的学术史分析与历史实践》(《国学学刊》第1期)提出，商鞅变法以后的文化政策并非“法家独尊”，而是富国强兵前提下的兼收并蓄。杨华将新出简帛材料与《史记·封禅书》《汉书·郊祀志》进行了对比考察，从儒家礼仪、郊祀、封禅、巡狩、巫术、民间信仰等诸方面综合考察了秦汉帝国的神权统一，认为秦汉帝国将秦、楚、晋、齐等几大祭祀圈的山川神只整合为“五岳四渎”系统，国家还加强对巫觋和巫术的管理，极力消解其地域性。秦皇、汉武的封禅和巡游并非为追求“一己之福”，而是为寻求东方神只的认同(《秦汉帝国的神权统一——出土简帛与〈封禅书〉〈郊祀志〉的对比考察》,《历史研究》第5期)。姜生《汉画孔子见老子与汉代道教仪式》(《文史哲》第2期)认为，从宗教视野来说，汉墓中的孔子见老子画像，实际是表明孔子乃“得道受书”，其命“上属九天君”，已不经鬼官之考谪，成为仙界地位较高的真人。这是汉代道教关于死者在冥界转变成仙的仪式逻辑。徐卫民、刘江伟《西汉巫蛊之祸发生的原因及其影响》(《长安大学学报》第2期)认为，巫蛊之祸是西汉社会矛盾日趋激化尖锐的产物，不仅给汉武帝时期的政治、经济、军事造成巨大影响，致使汉武帝探索治国理念付出了重大代价，同时危害了西汉时期学术思想和意识形态的建立。章启群《论中国古代天文学向占星学的转折——秦汉思想聚变的缘起》(《云南大学学报》第6期)提出，中国古代天文学在春秋末战国初发生了向占星学的根本转折，原始宗教崇拜和星占巫术是这一转折形成的一个源头。这一转折支配并影响了当时的中国思想、学术和政治。许宁以董仲舒和韩愈为汉、唐儒学文化观的个案加以比较，认为董仲舒整合百家之学，韩愈则面对三教九流；董仲舒主张尊孔，韩愈则主张尊孟；董仲舒侧重于立道，韩愈则侧重于道统的弘传；董仲舒重视天人关系，韩愈则关注心性之学(《独尊儒术与重继道统——汉、唐儒学文化观的个案比较研究》,《陕西师范大学学报》第3期)。陈侃理《京房的〈易〉阴阳灾异化》(《历史研究》第6期)认为，京房将数术与占验之学与《易》结合起来，使他的灾异论具有较为明确的规则和方法，比董仲舒的理论更为学理化。京房的灾异论以“儒学为体，数术为用”，属于灾异论的儒学传统，具有与董仲舒以及刘向、刘歆相一致的儒家立场和追求。徐承泰《秦汉正朔之变与史家释年之误》（《华中师范大学学报》第4期）提出，秦及汉初以夏历十月为岁首，但月次之名仍沿用夏历，直到汉武帝太初元年改行太初历，以正月为岁首，才改以夏历一月为每年开始。禹平《儒生与汉代的文化交流和传播》（《吉林大学学报》第5期）认为，在汉代的文化交流与传播中，儒生群体起到了重要的作用，他们促进了中原文化向边郡地区的传播，这一文化传播过程多是在儒生作为国家官员的身份背景下得以实现的。王健通过对南越王陵的考察，认为南越国的精神文化主要表现在以下几方面：第一，“事死如事生”的社会宗教意识与信仰；第二，以伦理为核心的儒家礼教精神；第三，王权至上和向心与离心兼存的政治意识；第四，以灵动秀逸为主的审美意识和建筑文化；第五，较强的商业意识与开放精神；第六，在保持上古旧传统的同时也体现汉越文化逐渐融合的趋势（《秦汉时期南越国的精神文化》，《国学学刊》第3期）。

六、社会史研究

孙家洲《从内黄三杨庄聚落遗址看汉代农村民居形式的多样性》（《中国人民大学学报》第1期）提出，三杨庄遗址发现的汉代房屋可以证明，这里不是汉代的寻常农村，而是在黄河滩地新垦殖区出现的新起庐舍。传世文献所描述的“闾里”民居，对应的应是贾让所谈及的“城郭”旧居。如此认识三杨庄遗址的性质，并没有降低其历史文化价值，而是更加拓展了它的研究空间。汉代史籍记载的流言、讹言、妖言、谣言、谶言等多发生、流传于西汉成、哀、平，东汉桓、灵之世，以及两汉之际、汉魏之际，吕宗力《汉代的谣言》（浙江大学出版社2011年版）对此进行了认真的考察和研究，为读者展示了官方文本、主流思维之外的另类真相或史观，解读了特定历史时空中的群体心态和社会心理氛围，描绘出更多维、多层、多彩的历史图像。王子今、吕宗力《论长安“小女陈持弓”大水讹言事件》（《史学集刊》第4期）认为，长安大水讹言事件是民间流言传播产生社会震动效应的典型史例。“小女陈持弓”的“妖人”形象或与“童男女”的神性有关。灾变和流言是对社会定力和智力的考验。杨振红《天长纪庄汉墓谢孟的名、字、身份及与墓主人关系蠡测——纪庄汉墓木牍所反映的西汉地方社会研究之二》（《浙江学刊》第6期）认为，谢孟的“孟”为表字，“卿”“卿主”均为尊称，结合26号和27号木牍的内容，谢孟名高子，曾为东阳尉，其弟名谢vi。吴朝阳、晋文《读〈张迁碑〉辨疑——与程章灿先生商榷》（《文史哲》第1期）认为，《张迁碑》碑阴题名存在着“双名”现象，与东汉民间社会的习俗相一致；碑文写入非张迁直系先祖的张氏名人，符合汉碑常例；对张迁官职的记载也符合汉代官制；至于用典中的错漏之处；恰恰证明其为东汉乡里俗儒所做之“乡里刻碑”；明代赵均、都穆等金石名家对此碑也多有著录。《张迁碑》绝无可疑。牟发松《侠儒论：党锢名士的渊源与流变》（《文史哲》第4期）对战国直至两汉的士风和侠的变迁进行了分析，认为两汉之际游侠儒教化大体完成，但侠风犹存，肇因于与宦官的权力斗争，深层次根源于察举制度，形成了号为“侠儒”的党锢名士群体。马利清《匈奴社会形态再析》（《中州学刊》第6期）认为，匈奴游牧社会有着自身独特的发展道路，其社会性质并不适合于五种社会形态理论。考古资料和文献证明，前匈奴时期已经出现私有财产和个体家庭私有牲畜的独立小经济，而匈奴帝国时期的“部落奴隶”在主权和日常生产生活中仍是独立的，其与匈奴统治者的关系属于政治上的隶属关系，而非奴隶主与奴隶的关系。

此外，《史学月刊》第5期刊发“三十年秦汉史研究的理论反思”笔谈。王子今《秦汉史研究理论认识散谈》、彭卫《走向未来的秦汉史研究》、龚留柱《避免史学“碎片化”“会通”之义大矣哉》、王彦辉《对简牍与秦汉史研究的几点思考》、赵国华《东汉史研究需要补偏救弊》、熊铁基《我的三十年秦汉史研究报告》等，均从不同角度谈了作者的体会。

2011年对秦汉史的研究成果颇丰，但仍有几点不足与缺陷：第一，经济史研究似乎陷入低潮；第二，简牍研究高水平论著不多；第三，东汉史研究依然较少；第四，学术批评和学术争鸣低迷。

秦汉时期的河流意识

薛瑞泽

（河南科技大学　人文学院）

【摘要】秦汉时期的河流意识沿袭了先秦时期的传统，对以黄河为代表的四条著名大河的认识逐步全面，对河流在交通、灌溉中所发挥的作用以及流域所种植的作物品种的认识体现出河流意识的宽泛化。河流与社会经济的密切关系，使秦汉统治阶级对河流的祭拜非常重视，不仅对著名河流以官府的名义加以祭拜，即使是地方的一些小的河流也被民众所祭拜，祭拜河流与秦汉时期的重农思想联系在一起，是重农意识的体现。河流的重要性还被赋予了新的文化意义，“黄河清”成为天下太平的象征。

【关键词】秦汉；河流意识；象征意义

秦汉时期是中国社会迅速发展的历史时期，社会思潮与意识呈现出多元化发展的态势，对自然界的认识也在不断深入，传统的意识被赋予了新的内容。建立在先秦传统的对河流认识基础之上，秦汉时期对河流的认识越来越深刻，呈现出河流意识宽泛化的趋势。

一、对著名河流的认识

河流与人类社会有着密切的关系，原始社会时期，人类多依河而居，获得基本的生存可能。进入农耕社会之后，由于河流能够带来灌溉和交通的便利，人们对河流有了更加深刻的认识。秦汉时期重农思想深入人心，与河流有关的农田灌溉事业发展迅猛，人们对河流的认识日益全面。

秦汉时期对河流的认识，首先体现在对著名河流的认识逐步深入，其中“四渎”“六水”的提法开始为人们普遍接受，并对这些著名河流给予了颇多关注。如“四渎”，《尔雅·释水》云：“江、河、淮、济为四渎。四渎者，发源注海者也。”这表明从春秋战国以来，人们对四条著名河流奔流入海有了认识。秦汉时期对“四渎”的记述越来越完备。刘向《说苑》卷一八《辨物》云：“四渎者，何谓也？江、河、淮、济也。四渎何以视诸侯？能荡涤垢浊焉，能通百川于海焉，能出云雨千里焉，为施甚大，故视诸侯也。”班固《白虎通》卷六《巡狩》云：“渎者，浊也。中国垢浊，发源东注海，其功著大，故称渎也。”① 汉安帝时，王逸《楚辞章句》卷二《河

① 〔清〕陈立撰、吴则虞点校：《白虎通疏证》，中华书局1994年版，第301页。

伯》释“与女游兮九河”云：“河为四渎长，其位视大夫。”应劭《风俗通义》卷十《山泽·四渎》对黄河、长江、淮水、济水等四渎的发源地作了详细的记述：“河出燉煌，塞外昆仑山，发源注海”。“江出蜀郡湔氐徼外嶓山，入海。”“淮出南阳平氏桐柏大复山东南，入海。”“济出常山房子赞皇山，东入沮。”在谈到四渎的功用时，应劭引《尚书大传》和《礼记·三正记》云：“江、河、淮、济为四渎。渎者，通也，所以通中国垢浊，民陵居，殖五谷也。”他又分别描述了四条大河的功能：“江者，贡也，珍物可贡献也。河者，播也，播为九流，出龙图也。淮者，均，均其务也。济者，齐，齐其度量也。”① 东汉末年，刘熙《释名》卷一《释水》云：“天下大水四，谓之四渎，江、淮、河、济是也。渎，独也，各独出其所而入海也。”李尤《河铭》云：“洋洋河水，赴宗于海。经自中州，龙图所在。黄函白神，赤符以信。昔有周武，集会孟津。鱼入王舟，乃往克殷。大汉承绪，怀附遐邻。邦事来济，各贲厥珍。”从多个层面表达了对黄河的赞美。两汉时期关于四渎的描述表明，人们已经认识到四条河流均独自入海，有灌溉、交通的便利，因为对人类生存贡献特大，故以渎称之。

经过大禹治水之后，境内的九条大河流都各安其流，《尚书·夏书·禹贡》云：

导弱水，至于合黎，余波入于流沙。导黑水，至于三危，入于南海。导河、积石，至于龙门；南至于华阴，东至于底柱，又东至于孟津，东过洛汭，至于大伾；北过降水，至于大陆；又北，播为九河，同为逆河，入于海。嶓冢导漾，东流为汉，又东，为沧浪之水，过三澨，至于大别，南入于江。东，汇泽为彭蠡，东，为北江，入于海。岷山导江，东别为沱，又东至于澧；过九江，至于东陵，东迆北，会于汇；东为中江，入于海。导沇水，东流为济，入于河，溢为荥；东出于陶丘北，又东至于菏，又东北，会于汶，又北，东入于海。导淮自桐柏，东会于泗、沂，东入于海。导渭自鸟鼠同穴，东会于沣，又东会于泾，又东过漆沮，入于河。导洛自熊耳，东北，会于涧、瀍；又东，会于伊，又东北，入于河。

从《尚书》所描述的九条大河被疏通情况来分析，在大禹治水后，呈现出河流畅通的景象，奠定了此后河流的基本面貌。西汉时期，对四渎的描述主要还是从大禹疏通四渎的功绩谈起。陆贾《新语·道基》描述大禹之时，“当斯之时，四渎未通，洪水为害；禹乃决江疏河，通之四渎，致之于海，大小相引，高下相受，百川顺流，各归其所，然后人民得去高险，处平土”。这里提到了大禹疏通四渎之后百姓受益的情况。汉代对大禹治水之的历史功绩多所提及，除了《史记》卷二《夏本纪》对大禹治水之后九条河流大加赞美外，《史记》卷三《殷本纪》记述商汤返回亳后，作《汤诰》，说到大禹治水之后，“东为江，北为济，西为河，南为淮，四渎已修，

① 〔汉〕应劭撰、王利器校注：《风俗通义校注》，中华书局1981年版，第457-461页。

万民乃有居”。西汉人借助大禹时期的情况，表达了时人的地理概念。

关于对“六水”的认识，《淮南子》卷四《墬形训》云：“何谓六水？曰河水、赤水、辽水、黑水、江水、淮水。”并且对各地河流的习性也有所记载，所谓“白水宜玉，黑水宜砥，青水宜碧，赤水宜丹，黄水宜金，清水宜龟，汾水蒙浊而宜麻，泲水通和而宜麦，河水中浊而宜菽，雒水轻利而宜禾，渭水多力而宜黍，汉水重安而宜竹，江水肥仁而宜稻。平土之人，慧而宜五谷。”刘安对13条河流的矿产资源和适应种植作物特点的描述，反映了当时人对众多河流经济特征的认识。此外，其他一些地方河流性也被人们所认知。如洛水，张衡《东京赋》记述洛阳“溯洛背河，左伊右瀍”。班昭《东征赋》云：“望河洛之交流兮，看成皋之旋门。”这些描述洛水的赋体现了洛水在世人心目中的地位。

秦汉时期，河流在人们心目中的地位越来越重要，河流所具有的交通、灌溉便利，满足了社会经济对水利资源的需求，而且河流所提供的矿产以及不同河流沿岸适宜的农作物种植，体现了河流沿岸经济的多样性正在被人们所认知。

二、对众多河流的祭拜

作为农业经济的重要支撑，河流为农业灌溉提供了便利，特别是在北方气候相对干旱的情况下，河流的水资源就显得尤为重要。加之以黄河为代表的河流不时泛滥，使得汉代社会欲通过对众多河流的祭拜，实现对河流的充分利用。

秦人对河流的崇拜在秦文公时已经开始。司马贞《索隐》云：“按秦文公获黑龙，命河为德水是也。”① 他在《索隐述赞》亦云“龙祚水德”②。这表明在后人的心目中水德是秦民族的精神寄托。《史记》卷二八《封禅书》记载秦始皇统一天下后，有人云：“昔秦文公出猎，获黑龙，此其水德之瑞。”之所以将秦的水德之瑞追溯到秦文公时期，与秦始皇称帝后，相信“终始五德之传”有关，认为“周得火德，秦代周德，从所不胜”，秦朝“更名河曰德水，以为水德之始”，显示出对以黄河为代表的河流的敬畏。正因为秦始皇确定了水德之瑞，所以后人将秦始皇统一天下说成是“盖得圣人之威，河神授图”，表明河神的庇佑在秦立国中的重要作用。

秦始皇在巡游过程中遍祭各地的名山大川，每到一地即拜祭当地的山川之神。即位三年后东巡，“于是始皇遂东游海上，行礼祠名山大川及八神，求仙人羡门之属”“及秦并天下，令祠官所常奉天地名山大川鬼神可得而序也”。东巡过彭城时，“斋戒祷祠，欲出周鼎泗水。使千人没水求之，弗得。乃西南渡淮水，之衡山、南郡。浮江，至湘山祠”。秦始皇对各方神灵大加祭拜，其中名山大川的神灵是其祭拜的重要对象。在崤山以东“大川祠二”，“水曰济，曰淮。春以脯酒为岁祠，因泮冻，

① 《史记》卷八《高祖本纪》。
② 《史记》卷五《秦本纪》。

秋涸冻，冬塞祷祠。其牲用牛犊各一，牢具珪币各异”。在华山以西所祠有“名川四”，“水曰河，祠临晋；沔，祠汉中；湫渊，祠朝那；江水，祠蜀。亦春秋泮涸祷塞，如东方名山川；而牲牛犊牢具珪币各异”。对关西地区众河流除了四季祭拜外，祭拜礼品也各有差异。此外，关中地区也有一些河流被祭拜，“霸、产、长水、沣、涝、泾、渭皆非大川，以近咸阳，尽得比山川祠，而无诸加。汧、洛二渊，鸣泽、蒲山、岳〈山胥〉山之属，为小山川，亦皆岁祷塞泮涸祠，礼不必同”①。这些河流因位于关中，与秦都咸阳临近也被祭拜，同时秦对这些河流也予以充分利用。对其他一些地方的著名河流则在皇帝经过时加以祭拜，而在皇帝离去之后作罢，“至如他名山川诸鬼及八神之属，上过则祠，去则已。郡县远方神祠者，民各自奉祠，不领于天子之祝官。祝官有秘祝，即有菑祥，辄祝祠移过于下”②。可见对河流的祭拜已经开始逐步放归民间进行，而不必非天子才能祭拜。这与秦统一天下后占领区迅速扩大有关，将各地民众对河流的崇拜充分利用起来，实现思想上的统一同时，也减轻了朝廷祭拜的负担。秦人之所以对河流如此重视，与其所处的地理环境有很大的关系，正如司马迁所云：“秦地被山带河以为固，四塞之国也。”③

西汉初年，对河流的崇拜一仍秦人之旧，除了祭拜黄河之外，对辖境内的其他河流也祭拜如故。《礼记·王制》云：“天子祭天下名山大川，五岳视三公，四渎视诸侯。诸侯祭名山大川之在其地者。”《史记》卷二八《封禅书》云：“天子祭天下名山大川，五岳视三公，四渎视诸侯，诸侯祭其疆内名山大川。四渎者，江、河、淮、济也。”将以黄河为代表的著名河流纳入朝廷祭拜，而将其他河流放归地方祭拜，表明西汉初年已经认识到河流在社会经济发展中的重要作用。汉二年六月，刘邦在平定三秦诸王后，就迫不及待地“令祠官祀天地四方上帝山川，以时祠之”④，并且下诏说：“吾甚重祠而敬祭。今上帝之祭及山川诸神当祠者，各以其时礼祠之如故。”⑤ 四年后，刘邦又下诏“其河巫祠河于临晋”⑥。刘邦对众河流的祭拜就是要向天下表明一种态度，即重视农业生产。汉文帝即位十三年，“始名山大川在诸侯，诸侯祝各自奉祠，天子官不领。及齐、淮南国废，令太祝尽以岁时致礼如故”。同年又下诏：“其河、湫、汉水加玉各二。”前元十五年四月，“上幸雍，始郊见五帝，赦天下，修名山大川尝祀而绝者，有司以岁时致礼”⑦。“文帝亲拜霸渭之会，以郊见渭阳五帝。五帝庙临渭，其北穿蒲池沟水。权火举而祠，若光辉然属天焉。”汉文帝即位

---

① 《史记》卷二八《封禅书》。
② 《史记》卷二八《封禅书》。
③ 《史记》卷六《秦始皇本纪》。
④ 《汉书》卷一《高帝纪上》。
⑤ 《史记》卷二八《封禅书》。
⑥ 《史记》卷二八《封禅书》。
⑦ 《汉书》卷四《文帝纪》。

之后，没有立即对名山大川进行祭拜，而是在社会逐步稳定之后对众多的河流之神加以祭拜。汉武帝即位之后，建元元年五月，下诏："河海润千里，其令祠官修山川之祠，为岁事，曲加礼。"① 何谓"岁事"，孟康曰："为农祈也。于此造之，岁以为常，故曰为岁事也。"师古曰："岁以为常是也。总致敬耳，非止祈农。"如淳曰："祭礼有所加益。"这就是要求从此开始各地对山川加以祭拜，固然颜师古所说不仅仅是为了农业祈福，但应当所指更广。元封五年冬，汉武帝南巡，经由南郡、庐江，"自寻阳浮江"而下，北至琅邪，沿海而行，"所过礼祠其名山大川"。同年四月，汉武帝在诏书中云："朕巡荆扬，辑江淮物，会大海气，以合泰山。"② 如淳曰："辑，合也。物犹神也，《郊祀志》所祭祀事也。"汉武帝在东巡过程中，曾"还至瓠子，自临塞决河，留二日，沈祠而去"③。《汉书》卷二九《沟洫志》云："自河决瓠子后二十余岁，岁因以数不登，而梁楚之地尤甚。上既封禅，巡祭山川，其明年，干封少雨。上乃使汲仁、郭昌发卒数万人塞瓠子决河。于是上以用事万里沙，则还自临决河，湛白马玉璧，令群臣从官自将军以下皆负薪寘决河。"关于"湛白马玉璧"，师古曰："湛读曰沉。沉马及璧以礼水神也。"这即是通过身体力行来表明自己对河流之神的敬畏。

从流传下来的著作也可以看出汉代对于祭拜名山大川的重视。《淮南子》卷五《时则训》记述了祭拜的时间安排情况，在仲夏之月小暑日，皇帝"命有司，为民祈祀山川百源，大雩帝，用盛乐"。在仲冬之月，"天子乃命有司，祀四海大川名泽"。在季冬之月，朝廷允许"卿、士、大夫至于庶民，供山林名川之祀"。此外，天子祭拜有特殊的规定："天子五年一巡狩，岁二月，东巡狩，至于东岳，柴，而望祀山川，见诸侯，问百年者，命太师陈诗以观民风，命市纳贾以观民之所好恶。志淫好僻者，命典礼。考时月，定日，同律礼乐制度衣服，正之。山川神只有不举者为不敬，不敬者君黜以爵。"④ 刘向所述可能是天子祭拜的共性问题。

汉宣帝以后，朝廷对河流的祭拜呈现出由前期的全面祭拜到分层次祭拜的转变，这与汉代社会渐趋稳定密切相关。元康四年，汉宣帝诏："盖闻天子尊事天地，修祀山川，古今通礼也。间者上帝之祠，阙而不亲，十有余年，朕甚惧焉。朕亲饬躬斋戒，亲奉祀，为百姓蒙嘉气，获丰年焉。"因为朝廷内部的权力之争，汉宣帝即位之初，无暇顾及对河流的祭拜。神爵元年（公元前60年）三月，把祭祀河流列入国家祀典，《汉书》卷二五《郊祀志下》云："制诏太常：'夫江海，百川之大者也，今阙焉无祠。其令祠官以礼为岁事，以四时祠江海雒水，祈为天下丰年焉。'自是五

---

① 《汉书》卷六《武帝纪》。
② 《汉书》卷六《武帝纪》。
③ 《史记》卷二八《封禅书》。
④ 刘向撰、向宗鲁校正：《说苑》卷一九《修文》，中华书局1987年版，第488页。

岳、四渎皆有常礼。……河于临晋，江于江都，淮于平氏，济于临邑界中，皆使者持节侍祠。唯泰山与河岁五祠，江水四，余皆一祷而三祠云。”汉代制定的这套典祀制度，为后世历代王朝所继承，以五岳四渎为天下山川神的象征。汉元帝时，黄河在金堤附近泛滥，民众担心黄河决口，东郡太守王尊“躬率吏民，投沉白马，祀水神河伯。尊亲执圭璧，使巫策祝”①，试图通过祭拜河神，平息黄河泛滥，但没有结果，河神在这里成为控制黄河水患之神。

西汉时期的河流祭拜还留下许多遗迹。在左冯翊临晋“有河水祠”，右扶风郁夷“有汧水祠”，武功“有垂山、斜水、褒水祠三所”。东莱郡“临朐，有海水祠”。琅邪郡“泰山，汶水所出，东至安丘入维。有三山、五帝祠”。师古曰：“五帝祠在汶水之上。”临淮郡“海陵，有江海会祠”。益州郡“滇池，大泽在西，滇池泽在西北。有黑水祠”②。金城郡临羌“有弱水、昆仑山祠”。安定郡“朝那，有端旬祠十五所，胡巫祝，又有湫渊祠”。上郡“肤施，有五龙山、帝、原水、黄帝祠四所”。广陵国“江都，有江水祠”③。从分布在各地河流沿岸供祭拜的水祠来看，这些应当是当地居民祭拜河流所建。班固云：“中国川原以百数，莫著于四渎，而河为宗。”④ 再次表明了黄河的崇高地位。

东汉时期延续了对河流祭拜的传统。建武二年，光武帝在洛阳城南建郊兆祭坛，其外围营建了诸多神像，包括“二十八宿外官星，雷公、先农、风伯、雨师、四海、四渎、名山、大川之属也”，四海、四渎、大川为河流的代表，诸多神灵当与农业紧密相关。建武三十二年二月，光武帝在泰山封禅时，曾“望秩于山川，班于群神”。刘昭注补引孔安国《书》注曰：“九州名山、大川、五岳、四渎之属，皆一时望祭之。”⑤ 永平十二年四月，汉明帝“遣将作谒者王吴修汴渠，自荥阳至于千乘海口”，次年四月，工程完成后，汉明帝巡行河渠，下诏书云“故荐嘉玉洁牲，以礼河神”，表明了自己的心迹。永平十八年春，因天气干旱少雨，小麦生长受到严重威胁，四月，汉明帝下诏：“二千石分祷五岳四渎。郡界有名山大川能兴云致雨者，长吏各洁斋祷请，冀蒙嘉澍。”⑥ 祭拜山川求雨以缓解旱情。建初五年二月，因为天旱成灾，汉章帝下诏：“其令二千石理冤狱，录轻系；祷五岳四渎，及名山能兴云致雨者，冀蒙不崇朝遍雨天下之报。务加肃敬焉。”元和二年二月，汉章帝在东巡时，也曾“巡狩岱宗，柴望山川”⑦，对河流进行祭拜。阳嘉元年二月，因为京师发生旱灾，汉顺

---

① 《汉书》卷七六《王尊传》。
② 《汉书》卷二八上《地理志》。
③ 《汉书》卷二八下《地理志》。
④ 《汉书》卷二九《沟洫志》。
⑤ 《续汉书·祭祀志上》。
⑥ 《后汉书》卷二《显宗孝明帝纪》。
⑦ 《后汉书》卷三《肃宗孝章帝纪》。

帝“敕郡国二千石各祷名山岳渎，遣大夫、谒者诣嵩高、首阳山，并祠河、洛，请雨”。与此同时，“冀部比年水潦，民食不赡”，汉顺帝在所下诏书中称“阴阳隔并，冬鲜宿雪，春无澍雨”，并表明了“分祷祈请，靡神不禜”的态度，于是，“今遣侍中王辅等，持节分诣岱山、东海、荥阳、河、洛，尽心祈焉”①。李贤注云：“济水，四渎之一，至河南溢为荥泽，故于荥阳祠焉。”阳嘉二年，郎顗曾上书建议在旱灾发生时应“朝廷劳心，广为祷祈，荐祭山川，暴龙移市”②。阳嘉三年，“河南、三辅大旱，五谷灾伤，天子亲自露坐德阳殿东厢请雨，又下司隶、河南祷祀河神、名山、大泽”③。永憙元年五月，因为旱灾持续，“自春涉夏，大旱炎赫，忧心京京，故得祷祈明祀，冀蒙润泽。前虽得雨，而宿麦颇伤”，梁冀挟持汉质帝下诏：“郡国有名山大泽能兴云雨者，二千石长吏各洁斋请祷，谒诚尽礼。”④ 由此可见东汉时期朝廷对著名河流祭拜的重视。《风俗通义》也记述了四渎祭拜的庙宇，其中黄河“庙在河南荥阳县。河堤谒者掌四渎，礼祠与五岳同”。长江“庙在广陵江都县”。淮河“庙在平氏县”。济水“庙在东郡临邑县”⑤。再次显示了传统的一脉相承。

从秦汉时期对河流的祭拜可以看出，作为建都于黄河流域的秦汉政权，在发展农业的同时对水利资源极其重视，因为作为北方半干旱地区，水对农业的重要程度直接决定了农业的发展，也是其重农思想的体现。

三、河流的象征意义

河流不仅为交通和灌溉提供了便利，而且有的河水还可以治病，被称为神水。《淮南子》卷四《墬形训》记载，发源于昆仑山的河水、赤水、弱水、洋水，“凡四水者，帝之神泉，以和百药，以润万物”。诸河流能够被称为神水正反映了其在世人心目中的独特地位。

河水特别是黄河水变得清澈也成为天下太平的象征。西汉末年，农民起义被镇压后，汉成帝绥和初年，平定匈奴，铸一鼎，其文曰：“寇盗平，黄河清。”⑥ 以昭示天下太平。到东汉时期出现了更多的黄河水变清的现象。汉桓帝延熹八年四月，“济阴、东郡、济北河水清”。次年四月，这一现象再次出现。⑦ 汉灵帝建宁四年二月，因为地震，发生了“海水溢，河水清”的现象。由于黄河变清难遇，又有“河清不

---

① 《后汉书》卷六《孝顺帝纪》。
② 《后汉书》卷三十下《郎顗传》。
③ 《后汉书》卷六一《周举传》。
④ 《后汉书》卷六《孝质帝纪》。
⑤ ［汉］应劭撰、王利器校注：《风俗通义校注》，中华书局 1981 年版，第 457 页。
⑥ 虞荔：《鼎录》，中华书局 1985 年版，第 5 页。
⑦ 《后汉书》卷七《孝桓帝纪》。

可俟"①"俟河清乎未期"②之说，及至曹魏时期，又有"黄河清而圣人生"的说法。

一些地方河水的清浊变化还成为家族盛衰的标志。灌夫在颍川，"诸所与交通，无非豪桀大猾。家累数千万，食客日数十百人。陂池田园，宗族宾客为权利，横于颍川"。因而当地流传儿歌曰："颍水清，灌氏宁；颍水浊，灌氏族。"③颍水的清浊变化成为灌夫家族命运的标志。

此外，河水之浊清还成为官府为政治民的象征。在盐铁官营与私营的争论过程中，文学曾经说："民之仰法，犹鱼之仰水，水清则静，浊则扰；扰则不安其居，静则乐其业。"④从水清鱼静联想到了治民，要求统治者治民要稳定民众，使其各安其业，否则就会出现"水浊则鱼噞，政苛则民乱""水浊者鱼噞，令苛者民乱""水浊而鱼噞，形劳而神乱"⑤的现象。又有"水清无大鱼"的传言，莫不是对现实社会思考的结果。

黄河的崇高地位，使其成为汉代人誓言的见证者。汉高祖在汉初封侯43人，誓词云："使黄河如带，泰山若厉，国以永存，爰及苗裔。"应劭曰："封爵之誓，国家欲使功臣传祚无穷也。带，衣带也。厉，砥厉石也。河当何时如衣带；山当何时如厉石，盲如带厉国犹永存，以及后世之子孙也。"⑥黄河被汉高祖作为发誓的见证。所赐的丹书铁券也有"使黄河如带，泰山如砺，汉有宗庙，尔无绝世"的誓词。

河神作为河流的灵魂象征，其所具有的象征意义非常明显。在越人活动的地方，文身现象极为普遍，越国"处海垂之际，屏外蕃以为居，而蛟龙又与我争焉，是以剪发文身，烂然成章，以像龙子者，将避水神也"⑦。越人文身是为了避水神之扰。秦始皇三十七年，在东巡时，曾经梦到与海神战，询问占梦之人，博士曰："水神不可见，以大鱼蛟龙为候。今上祷祠备谨，而有此恶神，当除去，而善神可致。"⑧王逸《怨上》有"周徘徊兮汉渚，求水神兮灵女"之句，对周昭王南巡遇难深表同情。永平十三年四月，疏通黄河，实现河、汴分流后，汉明帝下诏"荐嘉玉絜牲，以礼河神"⑨。汉桓帝建和三年河内修武县张导在担任钜鹿太守时，曾修建漳河神坛碑。河水的灵魂——河神，被反复提及，被赋予了人格的魅力。

---

① 《后汉书》卷八〇下《文苑列传》。
② 张衡《归田赋》，张衡著、张震泽校注：《张衡诗文集校注》，上海古籍出版社1986年版，第242页。
③ 《史记》卷一百七《魏其武安侯列传》。
④ 《盐铁论》卷十《诏圣》。
⑤ 《淮南子》卷九《主术训》；卷十《缪称训》；卷一六《说山训》。《说苑》卷七《政理》也有"水浊则鱼困，令苛则民乱"的记载。
⑥ 《汉书》卷一六《高惠高后文功臣表》。
⑦ 《说苑》卷一二《奉使》，中华书局1987年版，第302页。
⑧ 《史记》卷六《秦始皇本纪》。
⑨ 《后汉书》卷二《显宗孝明帝纪》。

秦汉时期的河流意识从一个侧面展示了秦汉社会的信仰，秦汉王朝是凭借农业立国的，农业关乎到政权的稳定和延续，而与农业有关的水资源的利用和防旱问题，对于农业经济的发展有着不同寻常的意义。秦汉时期从对重要河流的发源地、流向以及沿岸经济状况的认识，到对以著名河流为代表的祭拜，都显示出河流在秦汉社会意识中所具有的重要地位，昭示了重农思想对秦汉社会各阶层的影响。

中国古代书写方式探源（修订稿）

马怡

（中国社会科学院　历史研究所）

【摘要】本文探讨了中国古人“竖写左行”之书写方式的成因。在考辨前人旧说的基础上，从书写姿势、书写材料和书写格式等方面进行研究，认为古人的书写姿势为悬腕，没有依托；最早、最重要的书写材料是竹简和简册；书写格式则依从竹简和简册的特点：竹简的狭长形制和无依托的书写导致了竖行，简册的预先编制和无依托的书写导致了从右到左的排列。

【关键词】书写姿势；书写材料；书写格式；席地坐；竹简；简册

导言：相关的研究与观点回顾

中国古人的文字书写，历来是“竖写左行”，即从上到下的字序，从右到左的行序。这一传统不仅深刻地影响了中国古代书籍的格式、编排、形制等，也是一个颇具特色的文化现象。对于这种书写方式的成因，既往已有不少学者表示过兴趣，并有相关的研究。然而各家说法不同，至今尚无完全令人信服的结论。兹就笔者所见，择其要者，略述如下。

钱存训较早注意到此问题，认为：“中国文字的书写和排列，不论记载在某一种材料上，也不论是何种形式的记录，其顺序都是从上到下，从右到左，直顺着书写和阅读，古今皆然，直到最近才开始改变……原因虽不可确考，但可推测这一特点应和中国文字的构造、书写材料、应用工具以及生理和心理等因素有关。中国古代的象形文字，如人体、动物、器皿，大多纵向直立而非横卧；毛笔书写的笔顺，大多是从上到下；竹木材料的纹理以及狭窄的简策，只能容单行书写等等，都是促成这种书写顺序的主因。至于从右到左的排列，大概是因为用左手执简，右手书写的习惯，便于将写好的简策顺序置于右侧，由远而近，因此形成从右到左的习惯。”①

① 钱存训：《书于竹帛》，上海书店出版社 2002 年版，第 158－159 页。本书英文版 Written on Bamboo and Silk：The Beginnings of Chinese Books and Inscriptions，1962 年由美国芝加哥大学出版社出版；中文版原名《中国古代书史》，1975 年由香港中文大学出版社出版；中文版第三次增订本改名《书于竹帛》，1996 年由台北汉美图书公司出版。关于汉字书写“竖写左行”的原因，许进雄、程焕文的意见与此略同。见许进雄《古事杂谈》，台湾商务印书馆 1991 年版，第 2－3 页；程焕文《中国图书文化道论》，中山大学出版社 1995 年版，第 178 页。

钱存训在此问题上的最大贡献，是首先指出了“竖写”主要与使用狭窄的简策相关、“左行”与左手执简右手书写相关，这都是正确的。但他认为左手执简右手书写时“便于将写好的简策顺序置于右侧，由远而近，因此形成从右到左的习惯”则未安。因为当左手执简时，若将写好的简置于左侧，由近而远，未必就比他所说的“置于右侧，由远而近”不便，这里并没有显示出从右到左排列的必要或长处。

劳干同意钱说，认为：“存训先生曾经提到中国文字的排列自上而下，自右而左的原因，和右手有关，是十分确切的。如其再找一下书写和竹简的关系，就更为明白……更由左手拿着的简是直立的，而一般人手执细长之物是与手指垂直的；于是中国字的行款，成为自上而下，自右而左了。”劳干强调书写与竹简的关系，指出左手所持简是直立的，因而形成了竖行，这一见解是正确的。但他认为“为着左手拿简方便起见，空白的简是放在左边的。等到把一根简写完，写过的简为着和空白的简不相混，也就左手一根一根地向右边推去，并且排好。在这种情形下排出的行款，总是写好的第一根简在最右，以次从右排到左”，[①] 此说则未安。因为依照情理，空白简在书写时可集中堆放（亦可盛于容器或囊袋），一般无须摆列，其与写过字的简又明显有别，故二者不易相混；且如上所述，写过字的简的摆列，也没有将第一根放在最右的必要或长处。耿相新也同意钱说，并认为“一般日常书写文字多是先写后编，故此自上而下书写也就更加顺理成章了”；“这种书写习惯应与直接受到甲骨卜辞、青铜铭文绝大多数为直行书写、自右向左阅读的启发有关”，此是“另一个重要诱因”。[②] 其说未安。他可能未注意到书写时臂、手与书写材品是否以家具承托的问题（即当时的人们是否在几、案或桌子上书写）。在有承托的情况下，无论先写后编还是先编后写，对下行的字序似无直接影响；而在无承托的情况下，先编后写反倒会导致从右到左的排列（说详后）。此外，因甲骨卜辞和青铜铭文并不早于竹简、简册之书写，故不能成为后者的“诱因”。

王凤阳认为，原始文字的字形、行款的发展和改进，主要受两个力量的限制和支配：一是书写的生理习惯，它对各种起源不同的文字的作用是一致的；二是书写时的物质条件，后者决定了行款的差异性。因中国古人“日常的、普通的、大量的用于书写的材料”是用竹、木制作的简，而单简和汉字的字形皆宜于竖写，故形成下行的字序。又因古时以单简记事，累积到了一定数量才编简成册，而人多以右手为主，“可以想像，编简时也是左手取简，右手编简，自右而左（或自上而下），依次编结的”，即使自上而下编简，横过来时也是自右而左，故形成自右而左的行序。[③] 王凤阳说行款的差异性受书写时物质条件的限制和支配，的是确论。他认为汉字的

① 劳干：《中国古代书史》后序，见《古代中国的历史与文化》，中华书局2006年版，第666页。

② 耿相新：《中国简帛书籍史》，生活·读书·新知三联书店2011年版，第88页。

③ 王凤阳：《汉字学》第21章第1节《汉字行款形式的形成》，吉林文史出版社1989年版，第734–739页。

字形和狭长的单简都宜于竖写，因而形成下行的字序，这也是不错的。但汉字的字形与下行的字序二者间孰为因果、是否相互影响，似尚可讨论。而他认为古人记事用单简，先写后编，右手编简，故形成左行的行序，此说则未安。理由是：第一，单简的容字少，古人虽记事简要，但亦有短、有长，未必只用单简；第二，重要的文献当复制抄本，而抄本多先编后写（说详后）；第三，以右手编简未必会导致行序左行，似反便于右行。

游顺钊认为“就算竹简是古代书写的主要材料，纵行这个谜还是没有解开，因为在竹简上也可以横写……我认为汉字下行是因为当时不用托板（如桌子等）所致。没有稳定的托板支持，是没法单靠个人双手，同时兼顾执笔和拿简的”；“因为竹简是写好才连缀的……因此我推论当时写简的人是一手掂着竹简的顶端，另一端则顶着腹部或腹胸之间，一手提笔从简的顶端向己方写下去”；至于不用托板的原因，“当然不是技术上的困难而是商代掌文书的为了垄断使用文字的特权……故意使书写技巧神秘化，夸大它的难度”；到战国时，文字的使用扩散到了较低级的官吏，这些人将竹简“放到几案那类家具上书写”，才使书写较为便捷省力了。[①] 游顺钊认为汉字“竖写”是因书于竹简且不用托板所致，这是正确的；其所论不用托板的原因亦可备一说。但他认为竹简为先写后连缀、自战国起在几案类家具上写，此说则未安。因为竹简既有先写后编的，也有先编后写的；当时的几案或窄或矮，很难将竹简或简册平放在上面书写。倘若几案够宽够高而可供书写，那就不一定非“竖写”而不“横写”了。此外，他没有解释“左行”的原因。

杨秋生认为，早期汉字单字“纵向叠加”的构成、使用竹简、书写时没有可供依托的家具、卜辞的契刻方式等，都是导致汉字“竖写”的原因。“左行”则与青铜器铭文的制作有关：陶范“内范为镜像字，由于泥土较软，又要刻成阳字，为了防止在刻制的过程中损伤铭范，必须采用右行法，即左边一行刻好，再向右边挪动另起一行，这样右手就不易压坏左边已刻好的铭文。那么，铸成的铭文便是左行的……由于青铜器的神祇性，铭文排列形式也逐渐被人们遵循，成为日常书写惯例”。简册的大量使用则是“左行”另一个原因：从书写与阅读看，“整卷（册）竹简左行利于书写，也利于翻阅。一般情况下，左手负责展简，右手主书写；从阅读的角度，左行利于左手展简，右手拉简，且可执笔圈点或誊写。右行则诸多不便”。[②] 杨秋生所说汉字“竖写”的原因大致不差，但他对“左行”的解释则未安。因青铜器铭文多系简册之文的移录，故其行款当仿自简册的行款。此外，笼统地说简册的大量使用是导致“左行”的原因也嫌不足。因为正如他自己在文中指出的“大多数人

---

① ［法］游顺钊：《古汉字书写纵向成因——六书以外的一个探讨》，《中国语文》1992 年第 5 期，第 373–374 页。

② 杨秋生：《古代汉字书写行款考辨》，《泉州师范学院学报》2007 年第 1 期，第 74–77 页。

用右手执笔，自右行而左行书写，容易将右边已写好的字迹抹拭”，且“右边书写的内容被右手遮挡，不利书写者边写边参照”。① 而在阅读简册的时候，以左手展简、右手拉简还是以右手展简、左手拉简，两者似无明显的差别。

孟彦弘认为“在书写时，未必是左手举着简、右手书写……恐是将简置于类似于今日的桌子上，左手扶简、右手书写”；“典籍主要通过抄写这一形式来流传，决定了要先编联后抄写”；“当翻阅捆成一卷的简册时，左右方向的舒卷比上下方向的舒卷更容易、更方便”；“至于从左向右写，还是从右向左写，则与书写者是用左手还是右手密切相关……如果是用右手书写，则应将卷着的简册放在左边，右手握笔写字，左手配合摊开简册。因为我们大多数人的书写习惯是右手，所以，从右向左书写就会成为大家共同的习惯”。② 孟彦弘指出典籍的流传需通过抄写，抄写决定了先编后写，从而影响了人们的书写习惯，这些见解都是正确的。但他认为书写时是将卷着的简册放在类似于今日的桌子上，右手执笔，用左手摊开简册，此说则未安。因为简牍时代的古人席地起居，并没有类似于今日的桌子。此外，倘若如他所说，将简册放在桌上摊开，以右手执笔，则从左向右写也并无不便。其实我们今天就是这样写的，只是将竖行变作了横行。

孙晓云认为“转笔决定竖写左行”。她指出，中国的古人是在右臂、右手无依托的状态下书写，其笔法不是提按，而是“利用转笔左右来回发力一次还原的惯性，将一个字写成”；“古人执笔先左转，再右转，结束一字时，显然是右转收笔，下一字又将左转。可设想一下：当右转收笔接左转起笔时，是往右上顺手，还是往左下顺手？当然是后者……要换第二行时，是在第一行的右上方顺手，还是左上方顺手？答案依然是后者。所以，这种书写习惯、书写程序，都是出于转笔的顺手”。③ 孙晓云说古人的书写方式与家具低矮、书写时右臂右手无依托有关，这一见解是正确的。不过，“转笔”之法虽便于“竖写”，但两者孰为因果尚可商讨；而“左行”则似乎与此法无干。

李零认为，“竖写左行”是由于“古人以左行为顺势，右行为逆势”，④ 但未作申论。其说未能解释“竖写”的原因。而且，汉字之单字的书写，绝大多数都是从左上到右下，是“右行”的。这种写法顺合右手执笔，不会遮挡视线，也不易沾拭

---

① 参杨秋生，前引文，第 74 页。

② 孟彦弘：《中国古代书写格式考》，《学林漫录》第 17 集，中华书局 2009 年版，第 149、151 页。

③ 孙晓云：《书法有法》，江苏美术出版社 2010 年版，第 47-48 页、第 90 页、第 145-146 页。

④ 李零：《简帛古书与学术源流》，生活·读书·新知三联书店 2004 年版，第 120 页。

墨迹。笔者以为，书写是具有普遍性的行为，采取何种方式应与实际操作是否方便直接相关，[①] 而未必是取决于某种观念。故此处不宜简单地以“左行顺势、右行逆势”之观念来说明“竖写左行”的原因。

如上所述，各家观点大多有合理之处，但也都存在着一些缺陷。对于“竖写”的原因，学者们虽意见有别，但探讨深入，议论多，也有一些共识；而对于“左行”的原因，学者们的探讨力度却似显不足，说法亦较杂乱，尚未见合理的答案。是后者为此项研究的难点与盲点。本文梳理众说而加以辨析，是为了总结得失，有所取舍，拟在此基础上继续探讨。

研究中国古代的书写方式，至少应包括三个方面：书写姿势，书写所用材料、材品和书写工具，书写格式。其中，前两者既为书写方式，又为书写条件，而书写格式则是在书写条件的影响与制约下形成的。本文将从这三个方面对中国古代的书写方式进行考察，并追溯其源。

一、书写姿势

中国古人席地而坐的习俗起源甚早，穴居、巢居时就是如此。[②] 考古研究发现，在新石器时代，因受技术能力的限制，房屋建筑较为低矮，室内没有充裕的空间，大抵只容坐卧。[③] 由于生活条件粗简，加之气候温暖，故人们皆席地起居。进入先秦时期以后，建筑技术有所发展，但室内举高依然有限。据《周礼·考工记》记载：“周人明堂，度九尺之筵，东西九筵，南北七筵，堂崇一筵。”“堂上度以筵。”[④] 可知周人明堂的高度为“一筵”，而“一筵”为“九尺”。[⑤] 周代小尺长 19.7 厘米，大

---

① 唐兰说：“从中国文字的性质说，每一个字都是从上写到下的，当然以下行为适宜，可是它们又是从左写到右的，为什么行款倒是从右写到左呢？这恐怕只是习惯的关系，觉得这样才便利。”唐兰：《中国文字学》，上海古籍出版社 2005 年版，第 98 页。其说是。但他没有解释这种“习惯”之形成与“便利”的原因。

② 《周易·系辞下》：“上古穴居而野处。”（《周易正义》卷八，《十三经注疏》，中华书局 1980 年影印本，第 87 页上栏）《韩非子·五蠹》：“上古之世……有圣人作，构木为巢。”（梁启雄：《韩子浅解》，中华书局 1960 年版，第 465 页）《孟子·滕文公下》：“下者为巢，上者为营窟。”（杨伯峻：《孟子译注》，中华书局 1960 年版，第 154 页）

③ 杨泓：《华烛帐前明：从文物看古人的生活与战争》，香港城市大学出版社 2009 年版，第 1-2 页。例如，在西安半坡遗址曾发现 46 座新石器时代的房屋基址，为“半穴居和从地面上木架建筑的两类”，见中国科学院考古研究所、陕西省西安半坡博物馆：《西安半坡》，文物出版社 1963 年版，第 9、25 页。又如，在郑州大河村遗址曾发现 22 座新石器时代的房屋基址，为地穴式、半地穴式和地面筑造等三式，见郑州市博物馆：《郑州大河村遗址发掘报告》，《考古学报》1979 年第 3 期，第 301-374 页。再如，在浙江余姚河姆渡遗址曾发现新石器时代的干栏式木构房屋基址，这种建筑是原始巢居的直接继承和发展，其内有芦席残片，可能是地板上的铺席遗迹，见浙江省文物考古研究所：《河姆渡——新石器时代遗址考古发掘报告》（上册），文物出版社 2003 年版，第 26-27 页。

④ 《周礼注疏》卷四一《冬官考工记·匠人》，《十三经注疏》，中华书局 1980 年影印本，第 928 页中栏。

⑤ 参杨泓，前引书，第 4 页。杨泓认为“一筵”约 1.8 米。

尺长 24. 63 厘米，[①] 则“九尺”约合 177 厘米或 222 厘米。明堂尚且不高，遑论普通居室。房屋建筑的低矮所导致的席地坐的习俗，不仅影响了当时人们的生活方式，也影响了生活器具、礼仪和各种活动。其中，与书写关系较大的，是坐姿和家具。

古人的正规坐姿是跪坐（又称“跽坐”），即双膝并拢曲折，双脚在后，臀部坐在脚跟上。此坐姿近于跪，但不像跪那样直腰而臀部不挨脚跟。有学者指出：商代甲骨文字显示，囚犯、接受命令者、为母者跪坐，祭祀、宴飨宾客也跪坐，故跪坐的姿态“不但象征屈服、敬神，也表示一种日常生活的状态”（见图 1）。[②]

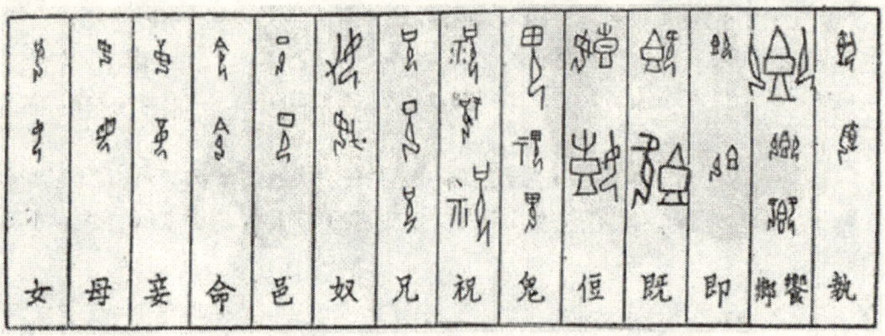

图 1　甲骨文所见像“跪”或“跪坐”姿态各字

这种坐姿在中国历史上延续甚久，以席为坐具时如此，以床榻为坐具时亦然。[③]《史记》卷七《项羽本纪》：“哙遂入，披帷西向立，嗔目视项王……项王按剑而跽曰：‘客何为者？’”“跽”，跪而直身。项王原在席中跪坐，见樊哙闯帐，受惊而按剑耸身，膝尚在席上。《汉书》卷三四《韩彭英卢吴传》：“（韩信）使人言汉王……汉王大怒，骂曰：‘吾困于此，旦暮望而来佐我，乃欲自立为王！’张良、陈平伏后蹑汉王足。”当时汉王刘邦应是席地跪坐，足在身后；张良、陈平从刘邦跪坐，故可伏后蹑其足。又《史记》卷一百七《魏其武安侯列传》：“饮酒酣，武安起为寿，坐皆避席伏。已魏其侯为寿，独故人避席耳，余半膝席。【《集解》苏林曰：“下席而膝半在席上。”如淳曰：“以膝跪席上也。”】灌夫不悦。起行酒，至武安，武安膝席曰：‘不能满觞。’”其时众人皆跪坐在席上饮酒，“避席伏”即离席而伏身，以示恭敬；“半膝席”即半离席而膝头跪席上，其示敬程度不及“避席伏”；“膝席”即膝不离席，其示敬程度又次于“半膝席”。大约从西汉中晚期开始，以床榻为坐具的情况逐渐增多，[④] 但跪坐仍旧是正坐。如《后汉书》卷八一《向栩传》：“常于灶北坐板床

---

① 吴慧：《新编简明中国度量衡通史》，中国计量出版社 2006 年版，第 37 页。

② 李济：《跪坐蹲踞与箕踞——殷墟石刻研究之一》，收入张光直、李光谟编《李济考古学论文选集》，文物出版社 1990 年版，第 957–959 页，第 950 页图三。该图所收字引自孙海波编《甲骨文编》（石印本，1934 年）。又，《“考古中华”——中国社会科学院考古研究所成立 60 周年成果展》（2010 年，首都博物馆）曾展出山东滕州市前掌大商周遗址出土的古人蹠骨，其上有“因长期习惯于跪坐姿势而形成的蹠骨上的凹形变异”，亦可为例证。

③ 林澐：《古人的坐姿和坐具》，《中国典籍与文化》1993 年第 1 期，第 76 页。

④ 林澐认为，“大约在晚周到汉初，逐渐转变为以床榻为坐具”，见林澐，前引文，第 75 页。其说似可商。

上，如是积久，板乃有膝踝足指之处。”《三国志》卷一一《魏书·管宁传》注引《高士传》：“（管宁）常坐一木榻，积五十余年，未尝箕股，其榻上当膝处皆穿。”《梁书》卷二三《长沙王业传·弟藻》：“藻性恬静，独处一室，床有膝痕。”

古人为何要取这样的坐法？有人认为此坐姿“是尚鬼的商朝统治阶级的起居法，并演习成了一种供奉祖先，祭祀神天，以及招待宾客的礼貌。周朝人商化后，加以光大，发扬成了‘礼’的系统”。① 有人认为，跪坐“在文字产生以前一定先已存在”。②还有人认为此坐姿与服装有关：“古者下衣不全，故时时防露体……箕踞或露下体，故不论男女，以为大不敬。屈膝坐则永无露体之嫌。不惟此也，凡俯身之动作，屈身之动作，无不跪为之。”③ 此说似是。各家见解虽不同，但都一致认为跪坐有久远的历史，是合于古人礼仪的坐法。

其时，与席地起居相应，稍大的器皿常陈于地面，家具则很低矮。家具主要包括席、矮足的床和几、案。从先秦至两汉，这样的家具组合基本不改。④ 几可分为承物几和凭几两类，以后者居多。《说文解字·几部》：“几，踞几也。”徐锴《系传》：“几，人所凭坐几也。”⑤ 凭几在坐时用来凭靠或支撑身体。⑥ 应当注意的是，因当时人们的坐姿是跪坐，故凭几多置于身前，用来前倚并凭承上肢，以减轻身体对脚跟的压力（见图2）。后来，当人们的坐姿有了变化，不再跪坐时，凭几的位置才移到了身体的侧面或后面，用来侧倚或背靠。⑦ 凭几的面较窄，一般为20厘米左右，⑧ 并不用来书写。案是用来承物的，有食案，亦有书案。但案的高度仅10～20厘米，⑨ 也不用来书写。当时的书案，主要用来放置文具、书卷等，并可承呈奏记和谒、刺（见图3）。⑩ 还应指出，即使几、案有足够的大小和高度，也未必能适合跪坐状态下的书写。因跪坐时人体的重心在脚跟，双腿是折叠而相对放松的；倘若跪坐时俯身

① 参李济，前引文，第959页。

② 参林澐，前引文，第74页。

③ 尚秉和：《历代社会风俗事物考》卷二三《坐席》，江苏古籍出版社2002年版，第228页。

④ 参杨泓，前引书，第1-4页，第9页。

⑤ 〔南唐〕徐锴：《说文解字系传》，中华书局1987年影印本，第271页上栏。

⑥ 凭几又称隐几。《说文解字·妥部》：“㥯，所依据也。从妥、工，读与隐同。”

⑦ 扬之水指出，隐几的位置“在唐宋之际悄然演变”；“与坐姿的改变密切相关，汉代以前的跪坐早已不行，隐几的置放，也没有必要总是遵从古制，它可以前凭，也不妨侧倚”。扬之水《隐几与养和》，《收藏家》2002年第12期，第29页。

⑧ 孙机：《汉代物质文化资料图说》（增订本），上海古籍出版社2008年版，第254页。

⑨ 参孙机，前引书，第256页。另，扬之水说，“（案）高者十几厘米或二三十厘米，矮者五厘米左右，或更矮”。扬之水《古诗文名物新证》（二）《两汉书事》，紫禁城出版社2004年版，第377页。

⑩ 参扬之水，前引书，第377-380页。邢义田也说：“书案有可能只供放置文书，未必供伏案抄写。”邢义田：《汉代简牍的体积、重量和使用》，收入所著《地不爱宝》，中华书局2011年版，第23页，第30-31页。

书写，重心就要前移，腿肌会紧张，膝盖会受压，且腰背蜷曲，让人感到吃力和不适。

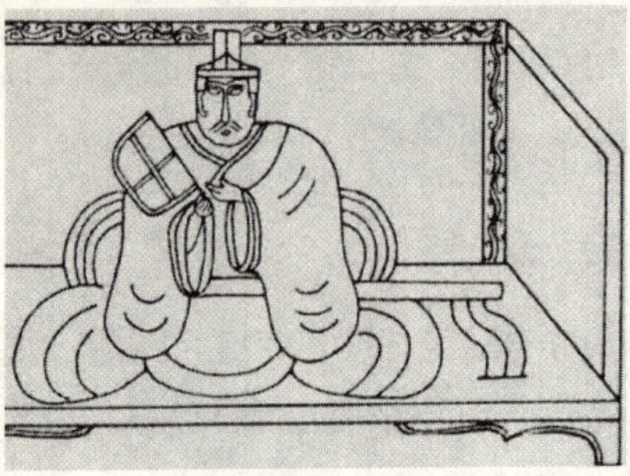

山东安丘王封村东汉墓画像石（线图）

图2　凭几①

四川广汉东汉墓画像砖（线图）

图3　书案②

近年在湖南长沙望城坡西汉渔阳墓发现了一件漆坐具，椭圆形面，微凹，下有一束腰圆柱底座。该漆器长34.6厘米，宽14.8厘米，通高12厘米（见图4），出土时与漆砚同放在一个竹笥内。③ 此前，在山东临沂银雀山1号汉墓也曾发现过一件类似的木器，出土时“侧覆在简上”，发掘报告称“此件是第一次发现。可能与竹简有关”，因当时未识其用，故“暂定不知名器”。④ 此二器皆是跪坐的坐具。使用时，人当为跪姿，将圆柱底座置于双脚跟之间，臀部坐在椭圆形面上。因脚跟在椭圆形面的底下，免于受压，故可减除跪坐的不适。⑤ 这种坐具与漆砚、竹简的伴出，或与书写、与跪坐之书写姿势有所关联。⑥

---

① 参孙机，前引书，第252页。

② 参李宗山：《中国家具史图说》，湖北美术出版社2001年版，第169页，Ⅲ·图五一，汉代画像中的家具形态（一）3。

③ 长沙市文物考古研究所、长沙简牍博物馆：《湖南长沙望城坡西汉渔阳墓发掘简报》，《文物》2010年第4期，第16页，图三九，第31页。此承长沙简牍博物馆宋少华先生告知。

④ 此木器长38厘米、宽13厘米、高11厘米，见山东省博物馆、临沂文物组：《山东临沂西汉墓发现〈孙子兵法〉和〈孙膑兵法〉等竹简的简报》，《文物》1974年第2期，第16页、第23页图二一。

⑤ 此承中国社会科学院考古研究所黄展岳先生赐教。

⑥ 承日本学者籾山明先生教示，日本现代还有类似的坐具，其长20、宽10、通高11厘米，供跪坐演奏宫廷古乐、说唱净琉璃的人使用，叫作“合曳（合引）”或“尻当”，但未见出土之例。按，宋周必大《谢杨守任满访及》曰：“初闻解组，便合曳裾正，惭膂力之愆，反辱高轩之过。”此“合曳裾正”，即合拢双膝、端正衣襟，是恭敬跪坐的样貌。日本坐具“合曳”之名，或与此坐姿有关。

湖南长沙望城坡西汉渔阳墓出土

图4　漆坐具

在文献中，有官吏“簪笔”“珥笔”的记载。《史记》卷一二六《滑稽列传》：“西门豹簪笔磬折。”《汉书》卷六九《赵充国传》：“（张）安世本持橐簪笔事孝武帝数十年。”《晋书》卷七二《郭璞传》：“臣蒙珥笔朝末。”“簪笔”“珥笔”，就是将笔杆插于发中或夹于耳后。相关的考古资料，如徐州北洞山西汉楚王墓所出的一些陶俑，其右额发际有簪笔的小洞。① 又如，山东沂南北寨东汉墓画像砖中有小吏右鬓斜出一笔的图像，所刻画的应是“簪笔”或“珥笔”。② 今所见到的汉代毛笔，其杆较细，尾端多作锥形，乃是为了簪带之便。③ 此现象或与当时没有专用于书写兼安放文具的家具，书写与文具安放处分离，因而搁笔不便且位置不定有关。在此情况下，“簪笔”“珥笔”便成为书写时的一种习惯，后又演化为官吏和侍候文墨者的礼容。④

大约从东晋十六国到南北朝时期起，人们的起居方式开始出现较大改变。随着建筑技术的进步，木架构建筑逐渐替代了土木混合结构，斗栱亦进一步发展。居室内，举高增加，空间增大。胡床的传入，佛教的影响，不同地区、不同民族间的文化交流和碰撞促进了高足家具的使用和普及。最终，以桌、椅、凳为组合的新型家具取代了席、床、几、案，垂足坐取代了跪坐。但是，这一过程漫长而持久，历经

---

① 徐州博物馆、南京大学历史学系考古专业：《徐州北洞山西汉楚王墓》，文物出版社2003年版，第62-63页。

② 山东省沂南汉墓博物馆：《山东沂南汉墓画像石》，齐鲁书社2001年版，第17页。

③ 如内蒙古额济纳旗破城子遗址出土的“居延笔”，甘肃武威磨嘴子汉墓出土的“白马作”笔，江陵凤凰山168号汉墓、江苏连云港尹湾6号汉墓、甘肃敦煌马圈湾汉代烽燧遗址、敦煌西湖汉代高望烽隧遗址出土的毛笔等。并参孙机，前引书，第318页。

④ 邢义田认为，官吏所以要簪笔或珥笔，应与他们常常需要站着侍从长官，或在行动中站着书写有关，久而久之，便成为习惯和礼仪。参邢义田，前引书，第38页。此可备一说。

隋唐、五代，至宋辽时才彻底完成。①

以跪坐的姿势，不依赖家具承托而书写时，臂腕自当悬空。晋人成公绥《隶书体》说："尔乃动纤指，举弱腕，握素纨，染玄翰。"② 明人朱履贞《书学捷要》说："悬臂作书，实是古人不易之常法，上古席地凭几，又何案之可据……后人自幼据案作书，习于晏安，去难就易，以古法为畏途，不以为常，反以为异矣。"③ 近人启功说："古人席地而坐，直接用右手往左手所持的卷上书写，右手本无桌面可倚，当然要悬腕，想不悬腕也不行。"④

有书法家指出，古人的执笔方式亦因此与后世不同。今人使用毛笔，是以拇指在一边、食指和中指在另一边，分别从里外握住笔管，再用无名指和小指在下方托住，笔管是垂直于平置的桌面的。此手势即所谓"双苞"（双钩）。沙孟海说："由于汉晋时代人民生活用具和我们今天有很大的差别，当时还是'席地而坐'，唐代才逐步使用高案，但坐的姿势还和我们今天大不相同，写字执笔的姿势，自然也不可能一样。""写字执笔方式……主要随坐具不同而移变，席地时代不可能有如今天竖脊端坐笔管垂直的姿势。"⑤ 启功进一步指出："古人，特别是宋以前，在没有高桌，席地而坐（跪）写字时，他们采用的是'三指握管法'……左手执卷，右手执笔，卷是朝斜上方倾斜的，笔也向斜上方倾斜，这样卷与笔恰好成垂直状态。此时握笔最省事、最自然，也是最实用的方法就是用拇指和食指从里外分别握住笔管，再用中指托住笔管，无名指和小指则仅向掌心弯曲而已……与今日我们握钢笔、铅笔的方法一样。"⑥ 此手势即所谓"单苞"（单钩），可见于古人的画作（如后文所引图13《女史箴图卷》、图14《北齐校书图》），至唐以后仍不乏其例（见图5）。⑦ 又如，

---

① 参杨泓，前引书，第25-48页。李济认为，"跪坐习惯在中国日常生活中的放弃，大概起源于胡床之输入，以及东来佛教僧徒跏趺的影响；但是全部的遗忘，却是交椅流行以后的事"。李济，前引文，第943页。朱大渭认为，李济所说跪坐发展为垂脚高坐的时间接近史实，但其所论跪坐被放弃的原因"显然不够全面"。他提出，"没有汉末以后国内外物质和精神文化交流所引起的碰撞，从而唤起的人们精神上的某种觉醒，便不可能由商周两汉汉人的跪坐，发展为唐以后汉人普遍的垂脚高坐"。朱大渭：《中古汉人由跪坐到垂脚高坐》，《中国史研究》1994年第4期，第111页。

② 〔晋〕成公绥：《隶书体》，载〔宋〕陈思《书苑菁华》卷三，《四库全书》，子部，艺术类，书画之属，上海古籍出版社1987年影印文渊阁本，第814册，第32页。

③ 〔明〕朱履贞：《书学捷要》卷下，王云五主编《丛书集成初编》，商务印书馆，1936-1938年，第1625册，第33页。

④ 启功：《学书首需破迷信》，《文艺研究》2000年第3期，第120页。

⑤ 见沙孟海《书法史上的若干问题》《古代书法执笔初探》，收入《沙孟海论书丛稿》，上海书画出版社1987年版，第181、204页。

⑥ 参启功，前引文，第119页。

⑦ 张朋川指出，这种与今不同的执笔方式"曾经主道汉唐书坛"，至桌椅出现后才发生变化。他并以一些唐至宋代的画作为证，说明这种执笔的方式"延续很久"。张朋川《中国古代书写姿势演变略考》，收入所著《黄土上下：美术考古文萃》，山东画报出版社2006年版，第223-227页；亦载《文物》2002年第3期。

前述孙晓云亦提出“转笔”之说。

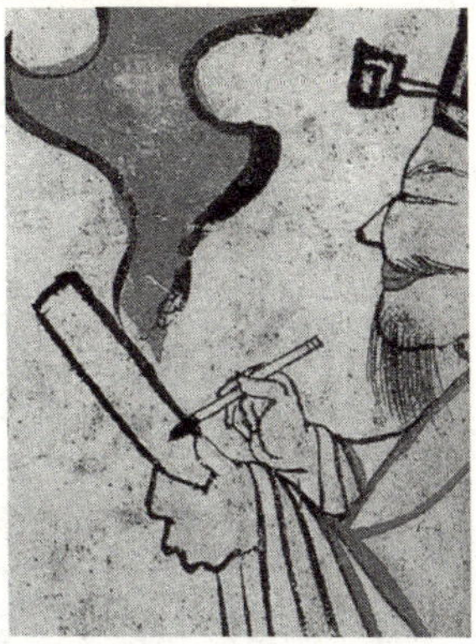

〔唐〕禹受洛书传说图（局部）[1]

〔五代〕北方神星像护符（局部）[2]

图5　“三指握管法”

今存汉晋时期的图像资料、实物资料的数量不少，但尚未见将简册放在几上或案上阅读的例子，也未见任何伏几或伏案书写的例子。[3] 相反，有些资料却展示了另外的情况。例如山东长清孝里镇孝堂山汉石祠东壁画像石之“跪坐书写图”，图中人物着冠、大袖袍，跪坐，一手执笔，另一手执牍（或简支），正在书写（见图6）。[4] 又如河北望都1号汉墓壁画之“主簿图”，[5] 图中人物着冠、大袖袍，跪坐于枰，左手持牍，右手持笔；其前无案，圆研和水器皆置于地面（见图7）。又如长沙金盆岭9号西晋墓出土的青瓷“书写俑”，此俑着冠、袍，跪坐，左手持牍，右手执笔，作正待书写状（见图8左）。[6] 又如同墓出土的“对书俑”，此二俑着冠、袍，相对跪坐，中间为低矮的书案；其中一人左手持牍，右手执笔，作书写状（见图8右）。[7] 这些例子所展示的简牍时代的书写样貌是：跪坐，一手持简牍，另一手执笔，[8] 无依托地悬空书写。[9]

---

① 马炜、蒙中：《西域绘画》9（纸本）《敦煌藏经洞流失海外的绘画珍品》，重庆出版社2010年版，第22页。

② 参马炜、蒙中，前引书，第8页。

③ 邢义田指出，“在汉代画像里……从不见有将简册置于几案之上而阅读的”“在汉代的图像资料里，迄今还找不到任何伏案或伏几书写的例子”。邢义田，前引书，第23、31页。

④ 王家云、王传昌：《山东长清孝堂山汉石祠画像》，齐鲁书社2001年版，东壁画像拓片。

⑤ 胡文彦、于淑岩：《中国家具文化》，河北美术出版社2003年版，《家具与绘画》图31。

⑥ 湖南省博物馆：《长沙两晋隋墓发掘报告》，《考古学报》1959年第3期，第84页，图版九：5。

⑦ 湖南省博物馆编：《湖南省博物馆》，文物出版社1983年版，图158，第201页。

⑧ 其执笔手势之细节因受刻、绘、塑俑造型不甚精细的限制而显示不清。

⑨ 《盐铁论》的一段文字值得注意。其《取下篇》中，贤良曰：“东向伏几，振笔如调文者，不知木索之急、棰楚之痛也。”（桓宽撰、王利器校注：《盐铁论校注》，天津古籍出版社1983年版，第473页）疑此“几”当为用作前身之凭倚的凭几，而未必为书写之承托。

山东长清孝堂山石祠后壁画像石

图6　跪坐书写图

河北望都1号汉墓壁画（摹本）

图7　主簿图

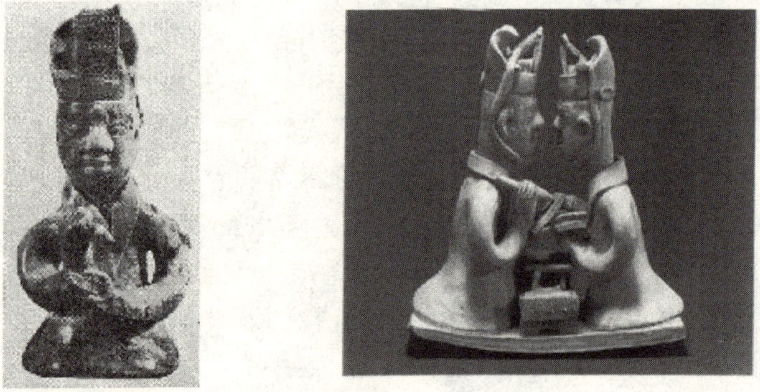

湖南长沙金盆岭西晋墓出土

图8　书写俑、对书俑

二、书写材料、材品与书写工具[①]

据气象学家、地理学家对中国古代气候和地理变迁的研究，从仰韶文化时代到河南安阳殷墟时代，大部分时间的年平均温度比现在高约2℃，其中一月份的温度比

---

① 本文所谓书写“材品”，是指以竹、木、丝织物等为材，经加工而制成的具有一定形制的简、牍、编册、帛卷等书写之载体，与竹、木、丝织物等书写“材料”不同。有学者将尚未书写的载体称为“素材”，说“素材乃指未书字之载体……（简牍素材）常见者有札、牒、简、两行、方、版、椠、檄、检材、柧等”，见李均明、刘军：《简牍文书学》，广西教育出版社1999年版，第6页。

现在高3～5℃；[①] 在新石器时代晚期，黄河流域直到东部沿海都是竹类的分布区。[②] 中国是世界上竹类品种最多的国家，有43属，700余种。[③] 中国古人很早就会制作竹器。在距今4700多年的浙江吴兴钱山漾新石器时代遗址中，曾出土了200余件竹编物，包括渔具、农具和各种日常生活用具，它们多是用刮光的竹篾条编制的。[④] 竹在中国古人的日常生活中起过十分重要的作用。《说文解字》里有许多字以“竹”为部首，用来表示“衣帽、器皿、书籍、家具、运动资料、建筑部分以及乐器等”，可知这些东西最初都是用竹制作的。[⑤] 此亦可证竹的广泛生长与普遍利用。

在中国古代通用的书写材料中，竹有悠久的历史。王国维说：“书契之用，自刻画始。金石也，甲骨也，竹木也，三者不知孰为后先，而以竹木之用为最广。”[⑥] 其实，在这三者中，金石文、甲骨文的功用特殊，材料也特殊，并非普通文字。金文系范铸或刻于贵重而坚固的铜器，有永世珍宝的含意。石刻文系刻于大而厚硬的石材，有宣示和经久的作用。甲骨文系刻于龟甲和牛肩胛骨，也有墨书、朱书而未刻的，皆占卜之辞。因此，它们应当都不是常态的书写，也不会是最早的书写。王国维说“以竹木之用为最广”，这是不错的。但作为文字的载体，尤其是作为简册的用材，竹当早于木。竹的株体不甚大，生长迅速，产量多，其材易得。竹身中空，且密度不高，不用金属工具也能截割。其纹理通直，没有木射线等横向组织，故劈裂性能极佳，可加工成薄而整齐的条片。其质韧，不易折断。其内面（竹黄）有较好的吸水性，宜于受墨。这些都是竹的长处。反之，木的取材和细致加工要比竹困难，[⑦] 在金属工具出现以前，尤当如此。

---

① 竺可桢：《中国近五千年来气候变迁的初步研究》，《考古学报》1972年第1期，第170页。因该时期与仰韶文化存在一定的关系，故被称作“仰韶温暖期”。竺可桢的见解与国际学界认同的全新世中期出现过世界性的气候回暖期——“全新世气候最佳适宜期”的看法正相吻合。参王星光《中国全新世大暖期与黄河中下游地区的农业文明》，《史学月刊》2005年第4期，第5-6页；葛全胜等《中国历朝气候变化》，科学出版社2011年版，第26页。

② 参竺可桢，前引文，第170页。文焕然也指出，二千多年前的气候较今温暖，湖泊众多，有利于竹类在北方生长；历史上经济栽培竹林的分布，汉代以前最北似在北纬40°左右，而现今则在北纬36.5°以南，其北界有所南移。见文焕然《《二千多年来华北西部经济栽培竹林之北界》，收入所著《中国历史时期植物与动物变迁研究》，重庆出版社1995年版，第89页，第97页。

③ 易同培等：《中国竹亚科属种检索表》，科学出版社2009年版，前言。

④ 浙江省文物管理委员会：《吴兴钱山漾遗址第一、二次发掘报告》，《考古学报》1960年第2期，第85-86页。

⑤ 参竺可桢，前引文，第171页。据统计，《说文解字》收“竹”部字145个（不计徐铉增补之字）。

⑥ 王国维著、胡平生、马月华校注：《简牍检署考校注》，上海古籍出版社2004年版，第1-2页。

⑦ 据邢义田的研究和实验，即便使用近代工具，“由于纹理性质不同，切削竹简要（比木简）容易得多”。参邢义田，前引文，第11页。冨谷至也认为，在制作成批的标准型简支和书册时，竹比木更为合适。但他似未关注工具，而是强调竹、木材料的用处不同，认为木简便于进行刻齿、开孔等细小刻工，因而作为单独简来使用。见［日］冨谷至著、刘恒武译、黄留珠校《木简竹简述说的古代中国》，人民出版社2007年版，第60-61页。

以竹为材料，可以制作书写用的狭长而薄的竹简。有的研究者认为制作竹简较木简为烦，[①]因其要杀青，还要削平竹节。这种看法未必正确。杀青，即烘烤竹简而令其脱水，[②]可以防蠹朽，利书写，也使竹简更加轻巧，方便阅读和收存。[③]《汉书》卷一〇《成帝纪》记载："（河平三年）光禄大夫刘向校中秘书。"《北齐书》卷四五《文苑传·樊逊》："汉中垒校尉刘向受诏校书，每一书竟，表上，辄言：臣向书、长水校尉臣参书，太史公、太常博士书、中外书合若干本以相比校，然后杀青。"可知刘向受诏领校"中秘书"时，每一书校毕，乃杀青作定本。又《后汉书》卷六四《吴祐传》："父恢，为南海太守……欲杀青简以写经书。"李贤注："杀青者，以火炙简令汗，取其青易书，复不蠹，谓之杀青，亦谓汗简。"可知吴恢"杀青简"是为了缮写"经书"。又刘向《别传》曰："《孙子》书以杀青简，编以缥丝绳。"[④]此处似特说明该书用材的讲究。[⑤]"中秘书"的定本、南海太守的"经书"和《孙子》都不是寻常简册，故杀青或许是一项制取高品质竹简的特别的措施。此外，从出土实

---

① 如马衡《中国书籍制度变迁之研究》，收入所著《凡将斋金石丛稿》，中华书局1977年版，第267页；陈梦家《由实物所见汉代简册制度》，收入所著《汉简缀述》，中华书局1980年版，第295页，亦载甘肃省博物馆、中国科学院考古研究所《武威汉简》，文物出版社1964年版，第57页；钱存训，前引书，第81页。

② 叶德辉认为，"杀青者，去其青皮"。叶德辉《书林清话》卷一《书之称册》，复旦大学出版社2008年版，第12–13页。李均明、刘军引明人姚福《青溪暇笔》云"古者著书以竹，初稿写于汗青。汗青者，竹皮浮滑如汗，以其易于改抹，既正则杀青于竹素。杀，削也，言去青皮，而书竹白，不可改易也"，亦认为杀青"尚包括削去青皮"。李均明、刘军，前引书，第11–12页。此可备一说。但有的竹简并不去除青皮。例如，石雪万指出，尹湾汉墓所出竹简的竹青面是不刮治的，因其所用竹子皮薄无霜，表面又极少书写。石雪万《尹湾竹木简缀述》，收入连云港市博物馆、中国文物研究所编《尹湾汉墓简牍综论》，科学出版社1999年版，第171页。

③ 有研究者指出，将竹、木的结构作比较，"竹材应比木材质地好，耐久性强并较易于长久保存"。见赵桂芳《战国饱水竹简的抢救性保护》，《出土文献》第一辑，中西书局2010年版；清华大学出土文献研究与保护中心等编《古代简牍保护与整理研究》中西书局2012年版，第343页。

④ ［宋］李昉等：《太平御览》卷六百六《文部二十二》引刘向《别传》，中华书局1960年版，第2725页下栏。

⑤ 从该书用丝绳编，已可知其讲究。史籍所载用丝绳编的例子皆非普通文本，例如《南齐书》卷二一《文惠太子传》载"襄阳有盗发古塚者，相传云是楚王塚，大获宝物玉屐、玉屏风，竹简书、青丝编。简广数分，长二尺……（王）僧虔云是科斗书《考工记》"；《文选》卷三八《为范始兴作求立太宰碑表》李善注"刘歆《七略》曰……《尚书》有青丝编目录"等。又，近年发现的北大西汉竹书显示，其抄写甚工，书法精美，整理者综合各种情况认为它们的原主人当"属于王侯一级"，而这批竹书所用编绳的材质为苎麻。北京大学出土文献研究所《北京大学藏西汉竹书概说》；胡东波等《北大西汉竹简的科技分析》，分见《文物》2011年第6期，第49、55、93页。

物看，大多数竹简都是没有竹节的。竹简多以刚竹、楠竹（又称毛竹）等为材，① 其长度通常为1汉尺（约23厘米）。而刚竹、楠竹等竹株的中间部分的节距在30厘米以上，可以满足制作竹简的需要。只有那些形制特殊、长度为50厘米左右的竹简，才难以避开竹节。② 而即使要削平竹节，其繁难程度也未必会超过木简、木牍的加工。

中国最早的书是写在以竹简制作的简册上。《后汉书》卷七八《宦者列传》曰："自古书契多编以竹简。"用绳子将一支支的竹简编连起来，即成简册。简册可通过添加简支来延展其长，故容字量大，且可收卷保存，遂成为重要的文字载体。《尚书·周书·多士》记载："惟殷先人，有册有典。"③ 商王武丁（卒于公元前1192年）时的甲骨文已见"册"字，作""、""等，象以绳子编连起来的竹简。周代金文中也有"册"字和从"册"的字，如""""""，皆"典"。其中""（齐叔夷钟）有"竹"头，说明与竹有关。④ 又《说文解字·竹部》释"册"："，古文册，从竹。"此""正是""的上半部分。⑤

简册作为书写所用之材品，又称作"篇"。"篇"，编连的竹简。⑥ 如《汉书》卷六《武帝纪》："受策察问，咸以书对，著之于篇。"颜师古注："篇谓竹简也。"《说文解字·竹部》释"篇"："书也。"朱骏声《通训定声》："（篇）谓书于简册可编

---

① 对于竹简的用材，目前尚少见专门的研究。张显成说："通过对一些出土简牍的检测鉴定，发现竹质书写材料多为慈竹、毛竹、紫竹，少量为短穗竹与苦竹。"见张显成《简帛文献学通论》，中华书局，2004年，第110页。据鉴定，武威汉简《仪礼》丙本之竹简的用材"不似习见之毛竹与慈竹，而与短穗竹或苦竹极相近似……为小干或中等大小之竹类，可作钓竿、伞柄之用"，见甘肃省博物馆、中国科学院考古研究所《武威汉简》，第55页。尹湾汉墓之竹简的用材为苦穗竹（笔竹），参石雪万，前引文，第170页。清华大学藏战国竹简的用材为刚竹，参李均明《清华简首集简册文本解析》，清华大学出土文献研究与保护中心等，前引书，第39页。北京大学藏西汉竹简的用材亦为刚竹，参胡东波等，前引文，第90页；北京大学出土文献研究所《北京大学藏秦简牍室内发掘清理简报》，《文物》2012年第6期，第41–42页。走马楼三国吴简的用材是苦竹和刚竹，参方北松《饱水简牍糟朽成因研究及脱水事例》，清华大学出土文献研究与保护中心等，前引书，第332页。另，笔者承宋少华先生告知：书籍类竹简较长，用材多为刚竹；走马楼吴简中的文书类竹简较短，为一尺之简，用材为楠竹。

② 参张显成，前引书，第113–114页。

③《尚书正义》卷一六《周书·多士》，《十三经注疏》，中华书局1980年影印本，第220页中栏。

④ 参张政烺《中国古代的书籍》（中国社会科学院历史所1978级研究生版本目录学授课讲义），收入《张政烺文史论集》，中华书局2004年版，第522页。该文指出，中国"最早的书是竹简"。

⑤ 除此之外，从"竹"并与书写有关的字还有不少。例如，"简，牒也"（《说文解字·竹部》），"简，间也，编之篇篇有间也"（《释名·释书契》）。又如，"篇，书也"，"籍，簿书也"，"等，齐简也"，"笺，表识书也"，"篆，引书也"（《说文解字·竹部》）；"簿，言可以簿疏物也"（《释名·释书契》）等。

⑥"篇"亦可作"编"。《史记》卷五五《留侯世家》："出一编书……旦日视其书，乃《太公兵法》也。"《集解》徐广曰："编，一作'篇'。"《汉书》卷四〇《张良传》"出一编书"颜师古注："编谓联次之也。联简牍以为书，故云一编。"

者也。"[①] "篇"又指文章、书籍。如王充《论衡·书解篇》："出口为言，著文为篇。"[②] 因而"篇"又用作文章、书籍的单位。如《史记》卷一二一《儒林列传》："汉定，伏生求其书，亡数十篇，独得二十九篇。"卷一三〇《太史公自序》："凡百三十篇，五十二万六千五百字，为《太史公书》。"

有些物体，通常是被视为"横式"的，但在甲骨文中却以"竖式"来表现，此亦可能与竹简有关。竹简用作书写之材品的时间较早，而其形狭长，且须竖持（说详后），这些字或因受此影响而成为"竖式"。[③]例如：

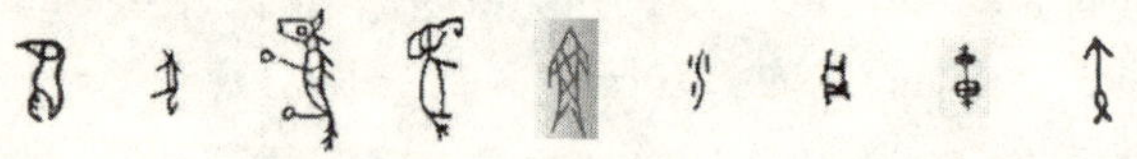

鸟　犬　马　象　鱼　水　舟　车　矢

古人往往用"竹"来统括书写材料。《吕氏春秋·明理篇》："此皆乱国之所生也，不能胜数，尽荆越之竹，犹不能书。"[④]《汉书》卷六六《公孙贺传》："南山之竹，不足受我辞。"《后汉书》卷一三《隗嚣传》："楚、越之竹，不足以书其恶。"银雀山汉简《奇正》："形胜，以楚越之竹书之而不足。"[⑤] 故后来有"罄竹难书"的成语。在文献中，竹往往与帛并举，作为史册和典籍的代称。《墨子·明鬼篇》："故书之竹帛，传遗后世子孙……故先王之书，圣人一尺之帛，一篇之书，语数鬼神之有也，重有重之。"[⑥]《韩非子·安危篇》："先王寄理于竹帛。"[⑦]《史记》卷一〇《孝文本纪》："然后祖宗之功德著于竹帛，施于万世，永永无穷。"《论衡·别通篇》："古贤之遗文，竹帛之所载粲然。"[⑧] 今所见战国至东汉的出土书籍实物约有300种，[⑨] 其中只有少部分是帛书、木简书，绝大部分都是竹书。

帛也是重要的书写材料。中国古人饲养桑蚕和制作丝织品的历史亦由来已久。据文献记载，"太昊伏羲氏……化蚕桑为穗帛"；黄帝"命西陵氏（正妃嫘祖）劝蚕

---

① 〔清〕朱骏声：《说文通训定声·坤部第十六》，中华书局1984年影印本，第849页上栏。

② 黄晖：《论衡校释》卷二八《书解篇》，中华书局1990年版，第1156页。

③ 裘锡圭认为，商朝后期的有些汉字"由于文字直行排列的需要，改变了字形原来的方向"。裘锡圭《文字学概要》，商务印书馆，1988年，第27页。其说是，但未解释文字何以会直行排列。游顺钊指出，古汉字中的动物，本有横形，也有纵形；由于竹简的大量使用，原来的横形便转了90度，变为狭长的纵形。游顺钊，前引文，第372–373页。其说是，但他在文中提到的书写"不用托板"而道致的简支之竖持也应是原因之一。

④ 《吕氏春秋》卷六《季夏纪·明理篇》，《诸子集成》六，中华书局1986年版，第63页。

⑤ 银雀山汉墓竹简整理小组：《孙膑兵法》，文物出版社1975年版，第121页。

⑥ 〔清〕孙诒让：《墨子闲诂》卷八《明鬼下第三十一》，中华书局2001年版，第237–238页。

⑦ 参梁启雄，前引书，第212页。

⑧ 黄晖：《论衡校释》卷一三《别通第三十八》，中华书局1990年版，第596页。

⑨ 耿相新说有"250种左右"。参耿相新，前引书，第13页。

……乃献茧丝，遂称织维之功，因之广织”。[①] 此虽系传说，但在一定程度上反映了先民很早就已利用蚕丝的事实。在距今5500年的河南荥阳城东青台村仰韶文化遗址中，曾发现瓮棺内有包裹儿童尸体的绢片，检验为蚕丝类纤维，[②] 此是黄河流域迄今发现的最早的丝织物。在距今4700年的浙江钱山漾良渚文化遗址中，曾出土了丝线、丝带和绢片。据鉴定，其原料皆为家蚕之丝。[③] 帛的幅面大而长，质地细软、平滑而轻薄，是很好的书写材料。但因其较贵，[④] 且不能够像竹木那样用刀来削改，故只用以抄写重要的典籍和绘图。应劭《风俗通》曰：“刘向典校书籍，皆先书竹，为易刊定。可缮写者，以上素也。今东观书竹、素。”[⑤]“素”即帛。可知帛书系抄自竹书。

长沙马王堆3号汉墓曾出土帛书40余种。[⑥] 依据形制，可将其分两类：一类高约48厘米，另一类高约24厘米，各是整幅和半幅之帛的宽度。据整理者说，“出土时，整幅的折叠成长方形，半幅的卷在二三厘米宽的竹、木条上，同放在一个漆盒内。书写之前，有的先在帛上用朱砂或墨画好宽七八毫米的界格，整幅的每行六七十字，半幅的每行三十余字。这和简册的制度实际是一致的”。[⑦] 值得注意的是，那些半幅的帛书正与前引《墨子·明鬼篇》所谓“一尺之帛”相合。[⑧] 有学者在研究时发现，帛书《别本战国策》27篇中有几段文字被颠倒了，经过仔细察考，才找到其正当的位置，“由此可见，帛书是从竹书原本转抄来的，竹书已有错简和脱简，帛书的抄写者就沿袭下来了”。[⑨] 此亦可证帛书系自竹书而来。故帛书的书写是照搬简册。

木也是重要的书写材料。木比竹致密坚实，加工难度较大，不易制取齐整、细长而轻薄的简支，在未掌握相应的工具的境况下，不是简册的佳材。但木的含水量小，质密而厚，不易变形，可加工成一些特殊用途的简牍，如需要剖分和刻齿的券、符，需要切挖或穿孔的封检、木楬等。而其最大的优点，是能够制成较宽的两面书

---

① 〔宋〕罗泌：《路史》卷一〇《后纪一·禅通纪·太昊纪》引《皇图要览》，卷一四《后纪五·疏仡纪·黄帝纪》，《四库全书》，史部，别史类，上海古籍出版社1987年影印文渊阁本，第383册，第74页下栏，第123页下栏。

② 梁加龙、蒋猷龙：《论蚕业起源》，《浙江丝绸工学院学报》1992年第9卷第3期，第37页。

③ 参浙江省文物管理委员会，前引文，第86页，第89页附录二。

④ 《后汉书》卷七八《宦者列传》：“自古书契多编以竹简，其用缣帛者谓之为纸。缣贵而简重，并不便于人。”

⑤ 〔宋〕王应麟：《玉海》卷四三《艺文》引《风俗通》，广陵书社2003年版，第807页上栏。

⑥ 骈宇骞、段书安：《二十世纪出土简帛综述》，文物出版社2006年版，第69页。该书称这批帛书的数量为“六大类四十五件”。

⑦ 中国科学院考古研究所、湖南省博物馆写作小组：《马王堆二、三号汉墓发掘的主要收获》，《考古》1975年第1期，第48页。

⑧ 参耿相新，前引书，第25页。

⑨ 马雍：《帛书〈别本战国策〉各篇的年代和历史背景》，《文物》1975年第4期，第27页。

写的牍板（版）和多面书写的觚（方）。[①] 单枚木牍的容字量远超过单枚简（此处所论木牍，是指可书写的多行文字的“奏牍”类牍板，而非指书写单行文字的木札及书写双行文字的“两行”简），适合普通文书，可一事一牍；又因其通常无需编连，不会像简册那样由于编绳的问题而发生错乱和脱漏，故多用来写不太长的公文和书信等。《睡虎地秦墓竹简·秦律十八种·司空》：“令县及都官取柳及木楘可用书者，方之以书；毋方者乃用版。”[②] 则秦律中有官府取木为“方”和“版”的规定，这些“方”和“版”应是用来书写公文。又《论衡·量知篇》曰：“截竹为筒，破以为牒，加笔墨之迹，乃成文字，大者为经，小者为传记。断木为椠，枏之为板，力加刮削，乃成奏牍。”[③] 按此，在秦汉时期，竹、木虽同为书写材料，其用途却可能有所区别：前者主要写“经”和“传记”，是书籍的用材，而后者则多作“奏牍”，是官私文书的用材。

研究者通常认为，书写材料的用竹与用木主要与地域有关。在今存的简牍实物中，竹简绝大多数出自南方地区，如湖南、湖北；偏北一些的地区，如江苏、山东、河南等，亦有发现。而在北方地区，如甘肃、内蒙古，竹简的数量就相当少，木简却极为多见，当地的书籍则既用木简，也用竹简。例如，武威所出《仪礼》简有三种，其中甲本、乙本为木简，丙本为竹简。[④] 但是，木牍之用却与《论衡·量知篇》的说法接近，似不大受地域的影响。例如，湖南龙山里耶古井出土了三万余枚秦代简牍，其绝大多数是木质，含有大量木牍，内容为官文书。又如，湖北江陵凤凰山10号汉墓所出的西汉简牍中的木牍，其部份内容为有关赋税征收的官文书。又如，湖南长沙东牌楼古井所出的四百余枚东汉简牍中亦有大量木牍，内容皆官、私文书。[⑤] 而湖南、湖北皆在长江流域，并不缺乏竹材。

木虽可制宽板，但木牍的宽度却一般在10厘米以内，大多为数厘米。例如，里耶所出秦代木牍的宽度不超过5厘米，[⑥] 江苏连云港尹湾6号墓所出汉代木牍的宽度为7～9厘米。[⑦] 盖因木牍是以单手握持的。书写者要将木牍纵直放在拇指和食指之

---

① 《史记》卷一二二《酷吏列传》集解引《汉书音义》：“觚，方。”从今存实物看，牍和觚亦有以竹为材者，但数量较少，且多出自长江流域，如荆门包山2号楚墓、江陵王家台15号秦墓、江陵凤凰山168号汉墓、连云港花果山汉墓等所发现的竹牍和竹觚。

② 睡虎地秦墓竹简整理小组：《睡虎地秦墓竹简》，文物出版社1978年版，第83页。

③ 黄晖，前引书，第551页。

④ 参陈梦家，前引书，第294页。

⑤ 分见湖南省文物考古研究所《里耶发掘报告》，岳麓书社2006年版；裘锡圭《湖北江陵凤凰山十号汉墓出土简牍考释》，《文物》1974年第7期；长沙市文物考古研究所、中国文物研究所编《长沙东牌楼东汉简牍》，文物出版社2006年版。

⑥ 参湖南省文物考古研究所，前引书，第179页。据该书所述，里耶所出木质简牍的长度多为23厘米，“宽多在1.4～5厘米之间，窄简单行书写，木牍则2-7行”。

⑦ 连云港市博物馆等：《尹湾汉墓简牍》，中华书局1997年版，第174页《简牍尺寸索引》。

间，从其正背两面夹住固定；或将木牍纵直放在掌心，用拇指和另外四指从其两侧握住固定，以便另一只手在牍上运笔。而手指的长度、掌心的大小有限，故木牍的宽度亦有限。由木牍的形制，亦可证古人的书写方式为手持简牍、悬空书写。

如前所述，作为书写之材品，竹简的历史较为古老；从文字内容看，竹简制作的简册多为书籍和重要文件，木牍多为普通文书，而前者的地位高于后者，时效也长于后者。因此，木牍的书写亦当依从简册。举例来说，木牍比竹简要宽得多，原本是可以横行而书的，却仍和竹简、简册一样用竖行，这应是照搬了后者的格式。

竹、木皆硬质。帛虽软，但可卷于硬质的竹木板。因此，这几种书写材料都能够适合无依托的书写。此外，还应当指出，这几种书写材料都具有一定的吸水性，适宜与使用水墨的软笔——毛笔相配。

毛笔是中国古人长期惯用的书写用具，其产生的年代很早。西安半坡遗址出土的陶器上的彩绘，可能有一部分是用“类似毛笔的工具”绘制的。①参浙江吴兴钱山漾遗址出土了2件棕刷，其中较好的1件长11.5厘米，直径1.5厘米，上端以麻线紧紧捆扎。假如这种棕刷的后部固定于握杆，那就是毛笔的基本形状了。②据研究者对甘肃地区出土的大量新石器时代彩陶的考察，发现其纹样繁多，绘痕既有顿挫起伏的变化，也有流畅的长线，线条的收尾部分大都显有尖锋，应是用毛笔绘制的。这表明，在五六千年以前的新石器时代，毛笔可能就已出现；在新石器时代晚期，其性能更有进步，可绘出细腻多姿的线描。③在距今约4000余年的山西襄汾陶寺遗址中出土了一件陶扁壶，其上的朱书文字“有笔锋，似为毛笔类工具所书”，字形则与后世的甲骨文相同。④此是有关中国文字起源和毛笔使用历史的又一重要物证。时至商代，毛笔乃为主要的书写工具。尽管现今已无法看到用毛笔书写的商代典册，但可在一些商代后期遗留下来的甲骨和玉、石、陶等类物品上看到毛笔字。⑤

有学者认为，中国古人曾经使用过以竹、木制作的硬笔。宋人马永卿《嬾真子》曰：“古笔多以竹，如今木匠所用木斗竹笔，故其字从竹。又或以毛，但能染墨成字，即谓之笔。”⑥近代学者沙畹也说，“秦以前，笔以竹为之，用以书竹简、木板，

---

① 参中国科学院考古研究所、陕西省西安半坡博物馆，前引书，第156页。

② 参浙江省文物管理委员会，前引文，第86页，第90页；并参张朋川《器理与书画之道——工具材料的演变和中国书画艺术发展的关系》，见张朋川，前引书，第232页。

③ 参张朋川，前引书，第232-233页。

④ 李健民：《论陶寺遗址出土的朱书“文”字扁壶及相关问题》，《中国书法》2000年第10期；并参李学勤：《中国文字与书法的孪生》，收入《李学勤讲中国文明》，东方出版社2008年版，第241-242页。

⑤ 参裘锡圭，前引书，第42页，图9。

⑥ 〔宋〕马永卿：《嬾真子》卷一，《四库全书》，子部十，杂家类三，杂说之属，上海古籍出版社1987年影印文渊阁本，第863册，第405页上栏。

初点漆为书，后易以墨也”，汲冢竹简上的“漆书科斗字”应是以“一种竹制尖笔”写就；司坦氏（M. A. Stein，斯坦因）在尼雅城附近发现的木简中“杂有一柽木所制之木笔……昔之中国人即用此物作书……其不同者，中国本部多用竹”。① 沙畹说秦以前多为竹笔，不确；但他认为中国古人用过竹笔的观点则可注意。苏莹辉说，中国原始的书写工具当包括毛笔和以竹、木制作的笔，并指出：“笔制以竹而不用毛，自是较初期之作品，盖披沙画壁，自优为之，即未有墨之前，亦可应用。”② 此说法亦不无道理。不过，中国古人虽然可能用过硬笔，但硬笔并没有成为长久流行的书写工具。就简牍时代的书写条件来说，使用硬笔似有所不便。从书写姿势看，在不依赖家具承托而书写时，若使用硬笔，就须以右手将笔尖抵在左手所持的简牍上，悬腕而着力，这样的书写颇不轻松。从书写材料看，竹、木的质地较为粗糙，用硬笔书写时既艰涩不畅，又易磨损笔尖；且简牍等材品都具有吸水性，而硬笔的储水量小，书写时须频繁蘸墨，较为麻烦。此外，从文字特征看，汉字与那些以字母组成的文字有别。汉字的单字大小皆同，不论其笔划多少，全都局限在一个基本为方形的字块内；以字母组成的文字的单词却有短有长，其长度可以延伸。而古时的硬笔笔痕偏粗，少变化，故不太适宜写较小的、笔划多的汉字。毛笔的情况则不同：其笔触轻，利于无依托的书写；其笔毫流利柔软、有弹性，储水量大，适应简牍等书写材品；其笔痕丰富细腻，既可宽粗，亦可繁细，故颇能与当时的书写条件相合。《说文·聿部》曰：“聿，所以书也。楚谓之聿，吴谓之不律，燕谓之弗。”“聿”是“笔”的本字，甲骨文作“”，金文作“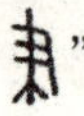”，象以右手持笔形。而此笔应是其

① ［法］沙畹（Emmanuel-Edouard Chavannes）著、冯承钧译《纸未发明前之中国书》，载余嘉锡《小勤有堂杂钞》，国家图书馆出版社 2009 年版，第 4 册，第 23-24 页。斯坦因发现的木笔，当系古精绝国遗物。此笔见《西域考古图记》第 6 章《尼雅遗址》第 6 节《尼雅遗址出土器物表》所载南废墟群 N. XXXⅦ-XLI 出土器物：“N. XLI. 008. 木棒。截面方形，有短而窄的圆形尖，可能是笔。长 10 $\frac{1}{4}$ 英寸（尖 1 $\frac{1}{4}$ 英寸）；方形处 $\frac{5}{16}$ 英寸 × $\frac{5}{16}$ 英寸（尖直径 $\frac{1}{8}$ 英寸）。”［英］奥雷尔·斯坦因（Marc Aurel Stein）著、巫新华等译：《西域考古图记》第 1 卷，广西师范大学出版社 1999 年版，第 171 页。按：1 英寸约为 2.54 厘米，则 $\frac{1}{8}$ 英寸（笔尖直径）约为 0.32 厘米。另，1991 年，在敦煌市西北哈喇淖尔湖东南岸汉代高望燧遗址曾出土 1 枚细竹条，长 11、宽 0.8、厚 0.3 厘米。据考古工作者称，该物“人工制成扁平状，一端刀削平齐，一端削为尖状……尖状一端，有似漆非墨之迹，一面无迹。状似竹签，用途不明”。李正宇认为此是“汉代竹椎笔”。见李正宇著、李新助编《敦煌古代硬笔书法》，甘肃人民出版社，2007 年，第 11-12 页。因书中所附照片不很清晰，且该物为“扁平状”，故未敢确定其是否竹笔，暂附记于此。不过，即便此物是竹笔，应当也不是普遍使用之物。

② 苏莹辉：《中国文字书写工具探原》（中），《大陆杂志》1957 年第 15 卷第 7 期，第 227 页、第 269 页。

端有毫的“毛颖”之笔。[①]

墨的使用，一般认为亦始自新石器时代。中国古人很早就以燃烧过的木炭、烟料及黑色矿物等，加水调合，作为书画的颜料。[②] 在新石器时代的彩陶上，有不少黑彩的图画，其主要的着色剂是铁和锰。[③] 在距今约5000年的甘肃秦安大地湾仰韶晚期的一处房基遗迹的居住面上，曾发现以炭黑为颜料描绘的人物和动物的地画。[④] 参在浙江吴兴钱山漾遗址中，曾出土饰有墨绘回文的石斧。[⑤] 在安阳殷墟出土的一些甲骨上，则可见墨书的文字。[⑥] 有学者认为，在墨之前，古人曾用漆来书写。如宋人赵彦卫《云麓漫钞》曰：“上古结绳而治，二帝以来始有简册，以竹为之，而书以漆。”[⑦] 元人陶宗仪《南村辍耕录》曰：“上古无墨，竹挺点漆而书。中古方以石磨汁，或云是延安石浪（液）。至魏晋时，始有墨丸，乃漆烟松煤夹和为之。”[⑧] 又如前所述，沙畹亦指出汲冢竹简的“科斗字”是漆书。但是，这种说法目前尚无明确的考古学之证据。在文献中，“漆”“黑”二字可通用。如《周礼·春官·巾车》：“漆车，藩蔽，豻䙓，雀饰。”郑玄注：“漆车，黑车也。”[⑨] 与墨相比，漆的制取、调色和储存较为费事，又不易干，且因粘度高而不便运笔，尤其不便与柔软的毛笔相配，大约只宜与“竹挺（梃）”（竹笔之类）这样的硬笔相配。而我们今天所见到的简牍文字和帛书文字，几乎全部是用毛笔蘸墨写就的。[⑩] 因此，即便古人曾用漆来书写，恐怕也不是十分普遍的行为。

---

① 屈万里、昌彼得说，𦘒“或象笔锋之分披”，见屈万里、昌彼得《图书版本学要略》卷一，中华文化出版事业社1953年版，第1页。当是。但有的研究者持不同意见，如苏莹辉认为𦘒非“毛颖”之笔，而可能是“象笔之文饰”，或是削竹、木而成之笔，见苏莹辉，前引文，第225页，第226页；李正宇认为，𦘒“本为刻刀之形”，见李正宇《硬笔：中国书写工具的始祖》（上），《寻根》1999年第5期，第7页。疑未安。

② 王志高、邵磊：《试论我国古代墨的形制及其相关问题》，《东南文化》1993年第2期（总第96期），第78页。

③ 周仁、张福康、郑永圃《我国黄河流域新石器时代和殷周时代制陶工艺的科学总结》，《考古学报》1964年第1期，第8页。

④ 甘肃省文物工作队：《大地湾遗址仰韶晚期地画的发现》，《文物》1986年第2期，第13-14页。

⑤ 参浙江省文物管理委员会，前引文，第83页；图版陆，7。

⑥ 据美国学者A. A. Benedetti-Pichler于1937年对甲骨上的墨痕的颜料微量化学分析，知其为碳素单质，与现代墨的原料相同。见尹润生《中国墨创始年代的商榷》，《文物》1983年第4期，第95页；A. A. Benedetti-Pichler, “Microchemical Analysis of Pigments Used in the Fossae of the Incisions of Chinese Oracle Bones”, Industrial & Engineering Chemistry Analytical Edition, 1937, 9 (3), pp. 149 - 152. 并参刘绍刚《石墨、丹雘和墨》，《文史》第36辑，中华书局，1992年，第276页。

⑦ 〔宋〕赵彦卫：《云麓漫钞》卷七，中华书局1996年版，第115页。

⑧ 〔元〕陶宗仪：《南村辍耕录》卷二九，辽宁教育出版社1998年版，第346页。

⑨ 《周礼注疏》卷二七，《十三经注疏》，中华书局1980年影印本，第824页。尹润生、刘绍刚则进一步指出，古人“漆”字与“墨”字通用，漆书即是墨书。见尹润生，前引文，第93页；刘绍刚，前引文，第279页。其说可参。

⑩ 参钱存训，前引书，第143页；李学勤《简帛佚籍与学术史》，江西教育出版社2001年版，第4页。

还要指出，一方面，毛笔蘸墨的书写适合具有吸水性的简牍等材品；但另一方面，因其墨迹含水较多而简牍的吸水速度相对较慢（与后世的细软的纸张不同），故又存在著墨迹易被拭汙和需要晾干的问题。在讨论中国古代的书写方式时，后者也是一个需要特别注意之处。

三、书写格式的形成

如前所述，学者们大都认为书写格式之“竖写”与使用竹简有关；游顺钊、劳干、杨秋生、孙晓云等并在不同程度上谈到，竹简之竖持、书写时“没有托板”也是重要的原因。这些见解都是正确的，兹就此作进一步的申论。

从古到今，大多数人是右利，是以右手持笔的。我们今天的书写方法，通常是坐在高足的椅凳上，直身、屈膝、双脚垂地，两肘平放于身前的桌面，纸张、本册等亦摊开于桌面；书写时，将单字按从左到右的顺序排成横行，将横行按从上到下的顺序排成行列。试想：假如我们坐在椅凳上，将竹简平置于桌面，用右手来写，那么竹简应是竖放还是横放？既可以竖放，也可以横放。因为两者都不妨碍右手执笔，也都适合汉字的排列（前文已提到，单个汉字的书写顺序大多是从左上到右下），故古人是从上到下竖着写，我们今天是从左到右横着写，皆无不便。可知使用竹简并非道致“竖写”的唯一原因。

再试想：假如我们像古人那样跪坐，没有桌子，用左手持竹简，用右手来写，那么竹简应是横持还是竖持？只能是竖持。因为单枚竹简是一根狭窄的长条，横持不稳。横持时须用左手的拇指和食指捏住竹简的左端，并随着书写的进行不断向右移动，而这样做容易沾拭墨迹，还很费力。反之，竖持则稳。竖持时可用左手的拇指和其余四指把住并托起竹简的中段，这样做可减少沾拭墨迹的机会，且移动灵活，故相对省力。因此，古人在竹简上皆纵向而书，写成竖行。也就是说，是单枚竹简的狭长形制和无依托的书写，导致了“竖写”的格式。

在简牍时代，单枚简支的书写一直存在。由于书写条件颇难具备，故古人的文字通常简短。一般性的记录，可以写在单枚或若干枚简支上，然后再会集并编连到一起，也可以写在牍板上。内容重要而长的记录，才写在简册上。从书写的发展进程看，单枚简支的书写当发生较早，① 故字序之“竖写”当直接源自单枚简支的书写，并有可能先于行序之“左行”。

除了书写方面的情况，阅读方面的情况或许也需要考虑。由于单枚简支的容字少，在通常情况下，一件完整的文本当包含若干数量的简支，并以简册的形式收卷起来。而古代的几案或窄或矮，人们在阅读时大抵要以手持简册之卷。如果简支是竖写的，就应竖执册卷，用两手顺势将其向左右打开，这样的执读和展开、收卷皆

---

① 王凤阳说，“推之于更古的时代……单简书写发生在前，编简成册发生在后”。王凤阳，前引书，第738页。

较方便（见图9）。而如果简支是横写的，则要横执册卷，须一手上提、另一手下牵而将其向上下展开，这样的执读和展开、收卷都不如前者方便。①

山东临沂白庄东汉墓画像石②

图9　阅读简册

与字序之“竖写”相比，行序之“左行”的原因显得颇为费解。将简支纵直并排，用绳子编连起来，就制成简册。当编连简册和阅读简册的时候，无论是从左到右还是从右到左，实际上都没有太显著的差别，从左到右似乎还可能会稍稍方便一些。而对于书写来说，情况就不同了。由于大多数人习用右手，故从左到右书写要方便得多。如前所述，这样书写顺合右手执笔，不会遮挡视线，也不易沾拭墨迹。多数汉字单字的写法、我们今天的横行，都是从左到右；打开的横排本的书籍，也都是左页为前、右页为后。

但是，中国古代的书写格式却并非如此。金文的字序是纵向的，其行序则多从右到左。③ 甲骨文的字序也是纵向的，其行序则因刻辞之便与刻辞位置之不同而从右到左、从左到右皆有。④ 甲骨文里有不少“册”字，其多数作“”形（象绳子从右到左编连简支），少数作“”形（象编成之形），只有极少的例子作“”形。这表明，殷商时已大量使用简册，其编连方式则大抵为从右到左。⑤ 我们今日所

① 参孟彦弘，前引文，第151页。

② 中国画像石全集编辑委员会：《中国画像石全集》3《山东画像石》，山东美术出版社、河南美术出版社2000年版，图12。

③ 容庚：《商周彝器通考》，上海人民出版社2008年版，第71页。该书指出，金文通常是从上到下竖写，“多左行，亦有右行者”。

④ 董作宾：《骨文例》之三《文例·刻辞之下行及左右行》，《中研院历史语言研究所集刊》第7本第1分（1936年），第9–10页。该文指出，“此种左右之分，实因刻辞之便利、及所刻辞之地位而不同”。

⑤ 据王凤阳统计，在《殷墟卜辞综类》（［日］岛邦男撰，汲古书院，1967年）一书所收的“册”字中，67见，38见，仅2见。他指出，这“足以证明古代编简的走向了”。王凤阳，前引书，第739页。

见的编绳尚存的汉代简册实物，则全部是编绳自简册之右端起首，将简支从右到左编排连缀，最终在简册之左端打结。如肩水金关汉简“劳边使者过界中费”册，悬泉汉简“阳朔二年车輂薄”册、“失亡传信”册、“建昭三年穬麦出入簿”册，居延汉简“永元器物簿”册、“宁书”册，额济纳汉简“专部士吏典趣辄”册等。① 简册的文字排列是如此，而帛书、木牍的文字排列也是如此（见图10）。其原因何在？

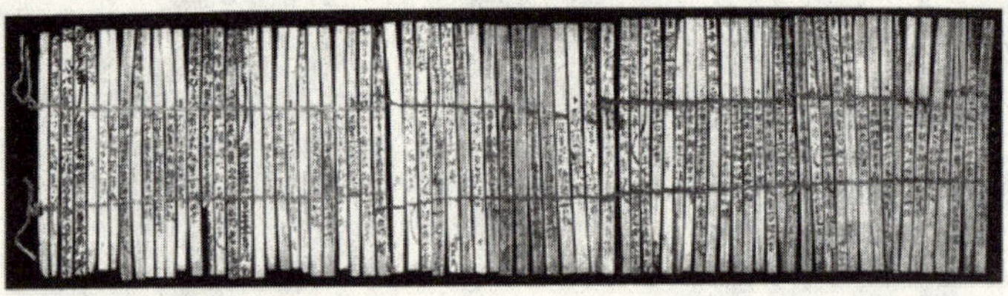

居延边塞所出简册（“永元器物簿”册，编绳在该简册之左端打结）

东牌楼古井所出木牍（右为正面，左为背面）②

马王堆汉墓所出帛书（行间有界格）③

图10　汉代简册、帛书、木牍之“竖写”与“左行”

---

① “劳边使者过界中费”册（74. EJT21：2-10）、“阳朔二年车輂薄”册（Ⅰ0208②：1-10），见马建华主编《河西简牍》，重庆出版社2003年版，第34页、第35页；“失亡传信册”（Ⅱ90DXT0216②：866-870），见《出土文献研究》第七辑，上海古籍出版社2005年版，图版第11页；“建昭三年穬麦出入簿”册，见马怡《简牍时代的仓廪图：粮仓、量器与简牍——从汉晋画像所见粮食出纳场景说起》，《中国社会科学院历史研究所学刊》（第七集），商务印书馆2011年版，第186页；“永元器物簿”册（128.1）、“宁书”册（2553），见中国社会科学院考古研究所编《居延汉简甲乙编》（上册），中华书局1980年版，甲图版壹、甲图版壹捌贰；“专部士吏典趣辄”册（99ES16ST1：1-8），见魏坚主编《额济纳汉简》，广西师范大学出版社2005年版，第73页。用编绳连缀简册的方法，可参看马怡《扁书试探》一文（载武汉大学简帛研究中心编《简帛》第一辑，上海古籍出版社2006年版）。但是，上述这些简册皆非书籍而属于一般文档，目前尚未见编绳完整的书籍类简册。

② 参长沙市文物考古研究所、中国文物研究所，前引书，彩版五“侈与督邮书”木牍。

③ 刘正成：《中国书法全集》6《秦汉编·秦汉简牍帛书》卷二，荣宝斋出版社1997年版，第385页图版99“《阴阳五行》乙篇”帛书。

这里涉及了一组问题。首先，是简册的编与写。书写格式之“左行”，是指文字行序的从右到左。因此，它应当不是与单枚的简支及其写法相关，而是与连缀了多枚简支的简册的编法或写法相关。此包括三项：空白简支的编册方法，非空白简支（即已写字的简支）的编册方法，空白简册的写法。其中，空白简支的编册方法当可忽略。因为空白简支按怎样的简序编册均可，无论是“左行”还是“右行”，都不会影响到书写时的行序。于是，就剩下非空白简支的编册方法和空白简册的写法两项。而它们其实就是学者在谈论简册的形制时往往会涉及的简册之“先写后编”与“先编后写”的问题：非空白简支的编册方法，即“先写后编”的简支怎样编（因无须考虑其写法）；空白简册的写法，即“先编后写”的简册怎样写（因无须考虑其编法）。那么，这两项中的哪一项会影响书写的格式？

对于简册是“先写后编”还是“先编后写”，学者们有不同的意见。有人认为是先写后编。① 有人认为是先编后写。② 有人认为既有先编后写，也有先写后编。③ 有人认为，虽二者皆有，但先写后编较为便利，应为常态。④ 较多的人认为，虽二者皆有，但先编后写居多，以书籍为主。⑤ 该问题与书写格式的关系甚为密切，不可不辨。

文献中有先编后写的记载。例如《汉书》卷五一《路温舒传》：“温舒取泽中蒲，截以为牒，编用写书。”颜师古注：“小简曰牒，编联次之。”又如《后汉书》卷三九《周磐传》：“编二尺四寸简，写《尧典》一篇。”皆是先编后写，且是写书。从出土实物看，先编后写的简与先写后编的简有不同的特征：前者在编绳经过处有空格，紧靠编绳之空格上下的字，或因间距太小、太大而有字体特小、特大的现象；后者在编绳经过处没有空格，编绳往往压盖在字上。按此察之，可知出土的书籍大

---

① 参游顺钊，前引文，第 374 页。王凤阳说，“单简书写是记录的方式，编简成册在相当长的时期里只是保存简的方式”，见王凤阳，前引书，第 738 页。

② 参陈梦家，前引书，第 296 页；萧静华《从实物所见三国吴简的制作方法》，收入长沙市文物考古研究所编《长沙三国吴简暨百年来简帛发现与研究国际学术研讨会论文集》，中华书局 2005 年版，第 27 页。

③ 参钱存训，前引书，第 88 页；冯胜君《从出土文献谈先秦两汉古书的体例（文本书写篇）》，《文史》2004 年第 4 期（总第 69 辑），第 27–28 页。

④ 如马先醒说，“简牍典籍系先写后编，纵非绝对，亦当以此为常制”，见马先醒《简牍之编写次第与编卷典藏》，《简牍学报》第 7 期（1980 年），第 134 页；邢义田说，“如果写字，我以为先写后编应较为便利，才是常态”，见邢义田，前引书，第 23–28 页。

⑤ 参程焕文，前引书，第 176 页；李均明、刘军，前引书，第 15 页；刘洪《从东海尹湾汉墓新出土简牍看我国古代书籍制度》，收入连云港市博物馆等编《尹湾汉墓简牍综论》，科学出版社 1999 年版，第 166 页；商承祚《韦编三绝中的韦字音义必须明确》，收入《商承祚文集》，中山大学出版社 2004 年版，第 462 页；张显成，前引书，第 123 页；胡平生、李天虹，前引书，第 19 页；李零，前引书，第 120 页；骈宇骞、段书安，前引书，第 68 页；杨秋生，前引文，第 77 页；孟彦弘，前引文，第 150 页；耿相新，前引书，第 37 页。

多数是先编后写，只有寥寥数种是先写后编；[①] 书籍中的图表或图画，为了制作的便利和整齐美观，有可能是先绘后编；[②] 而一般的文档，如文书、簿籍、计账等，则往往是先写后编。

前文已谈到，对于“先写后编”，其实是要关注“先写后编”的简支怎样编。从具体方法看，由于多数人习用右手，编册时当以右手的动作为主（操纵编绳，编入简支），而以左手进行辅助（收拢编入的简支，整齐简册），在此情况下，简序“左行”不见得会比“右行”顺手。假如使用一个简单的装置，将编绳按需要的条数和间距悬垂，以简序“上行”或“下行”的方法编册，待完成后再横过来，[③] 也不见得必定会形成“左行”的行序。因为此时的行序是由非空白简支的编入次序和编绳的走向来决定的，而这两者在操作上本无所谓难易，怎样皆可。故“先写后编”不似道致“左行”的原因。

前文已谈到，对于“先编后写”，其实是要关注“先编后写”的简册怎样写。由于“先编后写”的多是书籍，而书籍的书写又特别重要，故此研究须自书籍入手。

书籍所以要先编后写，有几个原因。第一，书籍是用来阅读的，先编后写可使字迹不被编绳遮盖，令册面完整美观，便于观览。而一般的文档（如文书、簿籍、计账等）不是专用来阅读的，而多是用来通讯、记录和备查的，加之其或篇幅较短，或系单事、单项之记录的累积与集合，故可先写后编。第二，简册是用绳子将简支一枚枚地编连起来的，容量虽大，但并不牢固；且书籍的篇幅长，所用的简支多，故容易发生错乱、遗脱的现象，即所谓“错简”和“脱简”。[④]“错简”“脱简”会造成文字的整段移位或丢失，导致书籍结构和文义的破坏，故为大忌。[⑤] 然而因书籍的内容多较复杂，“错简”“脱简”发生后往往不易及时觉察，更不易查找和更正。先编后写则可预防书籍制作过程中的简支编连之误，从而大大降低“错简”“脱简”

---

① 参骈宇骞、段书安，前引书，第 68 页。

② 推测其具体作法是：先将空白简支排紧，平铺成一个齐整的、大小合适的平面，继而在平面上制表绘图，最后将简支编连起来。可参看周家台 30 号秦墓简牍之《日书》中的线图，湖北省荆州市周梁玉桥遗址博物馆《关沮秦汉墓简牍》，中华书局 2001 年版，第 44–47 页；北京大学藏西汉竹书之《日书》中的占产子图、日廷图，《文物》2011 年第 6 期，封三之图 3、图 4。有的研究者认为简册中的图画是先编后绘，如李学勤《简帛佚籍与学术史》，江西教育出版社 2001 年版，第 4 页；冯胜君，前引文，第 27 页；邢义田，前引书，第 23–28 页。疑未安。

③ 这种“帘式”的编册方法，可参看萧静华，前引文，第 27 页。

④ 脱简的例子，如《汉书》卷三〇《艺文志》：“刘向以中古文校欧阳、大小夏侯三家经文，《酒诰》脱简一，《召诰》脱简二。率简二十五字者，脱亦二十五字；简二十二字者，脱亦二十二字。文字异者七百有余，脱字数十。”

⑤《汉书》卷三〇《艺文志》：“迄孝武世，书缺简脱，礼坏乐崩，圣上喟然而称曰：‘朕甚闵焉！’”颜师古注：“编绝散落故简脱。”又《汉书》卷三六《楚元王传・刘歆》：“孝成皇帝闵学残文缺，稍离其真，乃陈发秘臧，校理旧文……经或脱简，传或间编。”颜师古注：“脱简，遗失之。间编，谓旧编烂绝，就更次之，前后错乱也。”

发生的几率。即便如此，在一些先编后写的简册上，我们仍可见到古人为简支排写的序号或为标识简序而作的划痕，① 此亦可证古人对“错简”“脱简”的关切与戒备。第三，书籍是重要文献，有收存和流传的需求，故有大量复本；而复本系抄制，写前已预知所需简支的数量和编绳的长度，故可预编简册。同理，有影响的、重要的文件为了存档或传播，也要作复本，而抄制复本就应先编后写。此外，书籍所用的简支往往既窄又薄，手执而书未必方便。而若将它们编成简册，用手握著册卷来写，就会较为轻松（说详后）。此或可作为书籍多系先编后写的一个佐证。

有的研究者认为，像《史记》这样的长篇著作，其各篇恐系先写后编，理由是：第一，《史记》各篇的长度很不一律，不易预编简册；第二，如果预编达百简，万一写错需削改或需整简抽换，就会造成麻烦，故以先写再编为便。② 此说似可商榷。我们应将书籍的稿本和定本分开来谈。一部书籍的稿本，严格地说并不是书籍，其当然可以先写后编；也可以先写若干简，然后再编，随写随编；或者先编若干简，然后再写，随编随写，皆由作者视其方便而定。但一部书籍的定本就不同了。即便是最早的定本，也应是抄自稿本。也就是说，从定本开始，该书籍所有的本子就都是抄本。③ 既然是抄本，通常的作法就应是先编后写。再者，为了握持、抄写和修改的

---

① 前者如武威汉简之《仪礼》诸篇，其简支的下端大多记序号，一般在正面，有几篇在背面，见甘肃省博物馆、中国科学院考古研究所《武威汉简》，第64–65页；又甘谷汉简，武威磨嘴子《王杖诏书令》册，清华简《尹至》《尹诰》《耆夜》《金縢》《皇门》《祭公》《楚居》等篇，亦皆在每简的背面记序号，分见李均明、何双全《散见简牍合辑》，文物出版社1990年版，第5–8页，第15–18页；李学勤主编《清华大学藏战国竹简》（壹），中西书局2010年版，第277–280页《竹简信息表》。后者如北京大学藏西汉竹书，其诸篇的背面皆有自左上向右下斜直而划的划痕，“左上始于划痕单元首简顶端接近左上角之处，右下止于该划痕单元末简的右侧”，“一个划痕单元约18–19枚简”，见朱凤瀚《北大汉简〈仓颉篇〉概述》，《文物》2011年第6期，第57页，第62页注［1］；北京大学出土文献研究所，前引文，第49页，第55页注［3］。按：此二文皆未提到北京大学藏西汉竹书诸篇是否先编后写。然而从其所附图版看，似有先编后写的情况；从简册的制作与书写程序看，“先画痕、后编册、最后书写”的方式最为方便，故推测其可能是先编后写。

② 参邢义田，前引书，第28–29页。

③ 抄写定本的例子，如刘向所撰书录中往往有“皆定，以杀青书，可缮写”等语（《战国策序》及《管子》《晏子》《荀子》《列子》《邓析子》《关尹子》《子华子》等书录），见严可均《全上古三代秦汉三国六朝文》，《全汉文》卷三七，中华书局1958年版，第331–334页。“缮写”，即抄写。可知刘向所校定的“中秘书”当制抄本。又《后汉书》卷六四《卢植传》：“臣前以《周礼》诸经，发起粃谬，敢率愚浅，为之解诂，而家乏，无力供缮写上。”李贤注：“缮，善也。言家贫不能善写而上也。”则“缮写”或即“善写”，意为精抄。或指抄为帛书，如前引应劭《风俗通》所谓“上素”。

方便，书籍的单篇一般并不很长。稍长的篇，可将其分为上、下篇或上、中、下篇；① 也可在抄写时将其分为若干个部分，先各自编册，然后再用编绳将它们缀合起来。② 这样做的好处是便于调整：当局部出错或编绳有损，可在局部松解编绳进行修改或更换编绳，不会影响到全篇的编连。

一般说来，越是重要的，有流传、收存需求的文献，其被传抄的几率越大，其抄本的数量越多。③ 在印刷术发明以前，书籍的世界乃是抄本的世界。书籍依赖抄写而存身，以抄本的面目呈现和流播。而简牍时代的抄本主要是以简册的形式存在的，这些简册又大都是先编后写的。因此，在预编的空白简册上书写的方法，就是决定抄本之格式（也就是书籍之格式）的关键。

接下来，是如何在简册上书写的问题。具体地说，当左手握持简册，右手执毛笔蘸墨，无依托地书写时，应当是什么样子，对书写格式有何影响，文献中没有相关的记载。但是，在汉代考古资料中，可见以左手握持简册，右手执笔，无依托地书写的图像。先来看立姿书写的例子（见图 11）：

图 11　东汉画像砖（四川什邡搜集）④

这是一件东汉画像砖拓本的局部。画面中，二人相对站立，皆戴冠；其中一人

① 《史记》卷四七《孔子世家》："孔子晚而喜《易》，序《彖》《系》《象》《说卦》《文言》。"《正义》《易正义》云："分为上、下篇者，以简编重大，是以分之。"先秦诸子著作中的一些较长的篇，亦往往分为上、下篇或上、中、下篇。

② 例如，武威汉简《仪礼》之甲本《少牢》，共 2954 字，47 简，其背面的编号为两组（简 1-41、简 42-47），分别排序；甲本《有司》共 4800 字，79 简，其背面的编号为三组（简 1-51、简 52-64、简 65-73），亦分别排序（简 74-79 的编号在正面与简 65-73 接续）。陈梦家认为，这是"由于易书手而另起页数"，见甘肃省博物馆、中国科学院考古研究所《武威汉简》，第 101-106 页，第 107-115 页；陈梦家，前引书，第 302 页。无论是否易书手，这些简支曾先分编、后缀合，当无疑问。又如武威汉代医简，共 78 简（片），分宽、窄两种，据整理者说，它们的编纶各成一条直线、间距不等，"因此，从编连情况看，这两类简应是两卷简册，但从简文内容，以及宽简有首简、窄简有尾题的情况看，似为一篇"。见甘肃省博物馆等《武威旱滩坡汉墓发掘简报——出土大批医药简牍》，《文物》1973 年第 12 期，第 19 页。则武威医简也应是先分为两个部份，各自编册，后又缀合为一篇。

③ 孟彦弘指出，"典籍的书写，实际上是抄写；典籍的流传，也主要是靠抄写"。参孟彦弘，前引文，第 150 页。

④ 《中国画像砖全集》编辑委员会：《中国画像砖全集·四川画像砖》，四川美术出版社 2006 年版，第 115 页，图 156。

以左手握持部分展开的简册，右手执笔，① 当在书写过程中。该简册的展开部分约有10余枚简支，简支不太长，可能是一尺之简（1汉尺），似有两道编绳，是先编后写。书写者所面对的简册面，应为简册的正面，其右端下垂。据此，可推知是从右到左而书。可惜看不清书写者的手和简册细部的情况。

再来看坐姿书写的例子（见图12）：

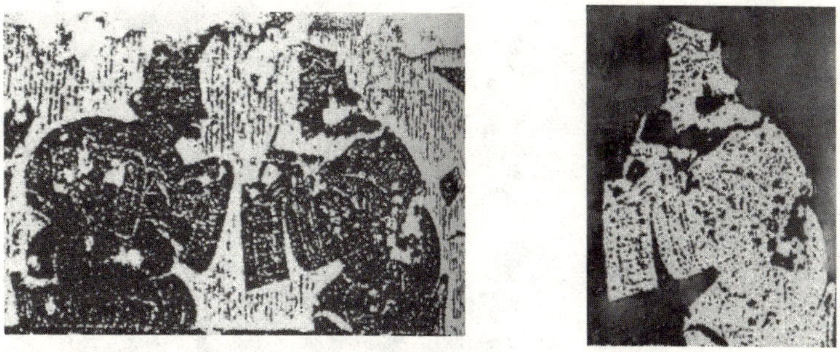

图12　东汉画像石（山东嘉祥武氏祠）②

这是一件东汉画像石拓本的局部。画面中，二人相对跪坐，皆戴冠；其中一人以左手持简册，右手执笔，正在简册上悬腕书写，没有依托。该简册的展开部分有约10枚简支，简支似较短，依稀可见两道编绳，是先编后写。此人的左手露在简册之外，则简册垂下的一端当为其右端，我们所见到的简册的展开部份当为其背面。据此，可推知是从右到左而书。可惜看不清书写者的左手把握简册的方式。

在年代稍晚的美术作品中，则可见以左手持纸卷，右手执毛笔，无依托地书写的图像。先来看立姿书写的例子（见图13）：

图13　女史箴图（唐摹本）③

① 参《中国画像砖全集》编辑委员会，前引书，《图版说明》第67页。此笔应是毛笔。

② 中国画像石全集编辑委员会：《中国画像石全集》1《山东画像石》，山东美术出版社2000年版，第60页，图84。

③ 中国美术全集编辑委员会编：《中国美术全集》绘画编《原始社会至南北朝绘画》，人民美术出版社1986年版，第121页，图93《女史箴图卷》。

这是《女史箴图卷》的一部份。作者顾恺之（约公元345～406年），东晋人。图中一女子站立俯首，正在悬腕书写，没有依托。她的左手握一纸卷（也可能是帛素之卷），其纵长与普通简支之长近似。[①] 纸卷从左向右反卷，其右端下垂。该女子右手执毛笔，正要向反卷的卷上落笔，可推知是从右到左，竖行而书。

再来看坐姿书写的例子（见图14）：

图14　北齐校书图（宋摹本）[②]

这是《北齐校书图卷》的一部分。作者佚名。[③] 此图描绘北齐天保七年（公元556年）文宣帝高洋命樊逊等人校订五经诸史之事。图中有一男子坐榻上，颔首，正在悬腕书写，没有依托。其左手持一纸，纸的纵长亦与普通简支之长近似或略短。纸的左端向后反卷，右端下垂。此人右手执毛笔，正在纸的反卷处运笔，可推知是从右到左，竖行而书。

《女史箴图》和《北齐校书图》的年代约在公元四世纪到六世纪之间，处于简、纸交替的时代或纸时代的早期，与简牍时代接近。因此，我们或可依据它们所透露的信息来探究简牍时代的情况。在此二图中，书写者左手所持的纸卷都是从左向右反卷的，书写面在外；书写者右手执毛笔，在纸卷即将展开的地方纵向书写。其下面的纸卷，恰好成为书写处纸面的承载物（见图13）。或可设想下一步的情况：当一竖行写毕，左手应稍许松开纸卷，将写过的纸面向右推移，令其离开纸卷的承载而向右垂下，右手则在纸卷即将展开的地方写新的一行。

简册的握持和书写方法当与上述纸卷的握持和书写方法相似。图11、图12就是很好的证据。这两幅图像虽不甚清晰，但细看画面，将书写者左手所持的半卷的简册、简册的展开部份和其右端下垂的情形，与《女史箴图》（图13）、《北齐校书图》

---

① 从传世的著名东晋墨书法帖（包括摹本）看，纸的纵长大多为25～26厘米。参张朋川，前引书，第226-227页。

② 参中国美术全集编辑委员会，前引书，第170页，图104《北齐校书图卷》。

③ 据宋代文献记载，此图或为北齐杨子华所绘。参中国美术全集编辑委员会，前引书，《图版说明》第60页。

（图 14）中人物的左手所持的纸卷、纸面的展开方式和其右端下垂的情形作比较，可见它们颇为接近。据此，可以推知：简册在书写前也应是从左向右反卷，其书写面在外，卷为册卷；开始书写时，以左手把住册卷，露出其右端正待书写的简支，使册卷成为该简支的承载物；当一枚简支写毕，左手便将其向右推移，使之离开册卷的承载而向右垂下，右手则在露出的下一枚简支上写新的一行。用这种方法握持简册书写，其行序必然是从右到左。也就是说，是简册和无依托的书写，道致了“左行”的格式。

用上述方法书写，除适合右手执笔和纵向“竖写”之外，有几点好处。第一，左手所把的反卷的册卷使书写中的简支有了承载物，与手捏又窄又薄的单枚简支相比，此方法不仅利于握持，且因左手不必上下移动，故又利于书写。第二，左手在握持的同时，可用手指将反卷的册卷向右推展，使写毕的简支右移而脱离承载，使待写的简支接续就位。此动作无须右手参与，不影响其执笔，轻松而平稳。第三，因简支是竖写的，写完后整枚右移而下垂，故不受右手遮挡，利于查看。第四，因左手所握持的反卷的册卷是空白的，而写过字的简支顺势垂悬到下方，与右手无接触，可自然晾干，故两手皆不沾墨，字迹也不会被拭汙。总之，第一、二点可减轻无依托之书写的困难，第三、四点则可免除“左行”之书写可能带来的麻烦。

相反，用其它的方法都会有问题：如果将简册展开，则简支缺少承载物，不便于写，也不便于握持。如果边写边将写毕的简支卷成册卷来握持，则无论反卷、正卷都会沾汙墨迹。如果将空白简册正卷，则无论从左向右还是从右向左写，简支在写时皆无承载物，同样不便，从左向右写时册卷还会妨碍右手。如果将空白简册反卷，从左向右写，则写毕的简支在左移下垂时会受到左腕的阻碍。因此，当人们以左手握持简册，右手执毛笔蘸墨，无依托地书写时，将空白简册反卷、从右向左写是最佳方法。

以上说的是书写时的情况。当简册全部书写完毕并晾干后，就要将其书写面朝里卷起，即改为正卷而收存，以保护墨迹。简册正卷时，如果是从左向右卷，末简就成为册卷之轴；如果是从右向左卷，首简就成为册卷之轴。① 做轴的简支，其墨迹

---

① 陈梦家认为简册是“以最后一简为中轴”收卷，见陈梦家，前引书，第 305 页；冨谷至认为书籍类简册和账簿类简册的收卷方式不同，前者从左向右朝里收卷，后者从右向左朝里收卷，见冨谷至，前引书，第 45-48 页。二说皆不确。因书籍类简册的篇题既有写在篇首背面的，也有写在篇尾背面的，可知从卷首、卷尾收卷皆可。参李零，前引书，第 119 页。篇题写在篇首背面的，如甘肃武威磨嘴子 6 号汉墓所出的《仪礼》（甘肃省博物馆、中国科学院考古研究所《武威汉简》，第 67 页），武威旱滩坡东汉墓所出的医方简册（甘肃省博物馆、甘肃省武威县文化馆《武威旱滩坡汉墓发掘简报——出土大批医药简牍》，第 19 页）等。篇题写在篇尾背面的，如湖北云梦睡虎地 11 号秦墓所出的《语书》《封诊式》（参看睡虎地秦墓竹简整理小组《睡虎地秦墓竹简》，文物出版社 1978 年版，《出版说明》第 2 页注文），清华大学藏战国竹简中的典籍（李均明《清华简首集简册文本概说》，第 7 页）等。山东临沂银雀山汉墓所出书籍类简册的篇题，则既有写在篇首背面的，也有写在篇尾的，还有同时写在篇首背面和篇尾的（银雀山汉墓竹简整理小组《山东银雀山汉墓竹简［壹］》，文物出版社 1985 年版，《银雀山汉墓竹简情况简介》第 6 页）。

易被沾汙。不过，若在首简前、末简后添加空白的简支（即所谓“赘简”），以之做轴，便可解决此问题。位于简册两端的赘简还可表示全文的起迄，使册面清晰醒目，并有保护简册的作用。此外，当书写进行到册卷完全展开（即写到末简）时，握持末简当不似先前握持册卷那样方便，而在末简后添加赘简便可减免这一困难。

手把册卷的写法与觚的写法也有些相似之处。觚，亦作“柧”。《说文》木部：“柧，棱也。”觚是有棱角的棒状书写材品，多为木质，有数个书写面。《史记》卷一二二《酷吏列传》：“汉兴，破觚而为圜。”《索隐》应劭云：“觚，八棱有隅者。”陆机《文赋》：“或操觚以率尔，或含毫而邈然。”李善注：“觚，木之方者，古人用之以书，犹今之简也。史游《急就章》曰：急就奇觚。觚，木简也。”① 今存的汉代木觚，有三面至八面不等，行序皆从右到左。推测其写法是：以左手把住觚体，以右手持笔，纵向而书；当一面写毕，左手便将觚体右旋，使此面错开手指而向右外方暴露，右手则在其左写下一面。此法的好处，是使刚写毕的那面字迹有机会晾干而不被拭汙，手也不会沾墨。作为木质材品，觚的制作比牍板要简单容易，其形体粗笨，规制亦不很齐整，故推测觚有可能起源较早。觚的写法与简册的写法有否关联、二者的发生谁先谁后都是可注意的问题，有待今后进一步研究。

附带谈一下帛书的写法。前文提到，长沙马王堆3号汉墓出土帛书中有高为半幅的“一尺之帛”，被卷在“二三厘米宽的竹、木条上”。该样态可能不仅是这些帛书收存时的样态，恐也是其书写时的样态。书写时，将帛素的书写面朝外，卷在竹木的板条上，既可方便单手握持，帛素也不容易滑动。帛书的单位量词“卷”或即由此而来。朱骏声《说文通训定声》：“（篇）谓书于简册可编者也。其书帛可卷者，谓之卷。”叶德辉《书林清话》：“《汉书·艺文志》有称若干篇者，竹也。有称若干卷者，帛也。”② 不仅如此，对于未画界格的帛素，板条的边缘或许还能在书写时权充界格，以保书迹的纵直；对于已画界格的帛素，板条则可助其卷正、把稳。此物或与文献所载用于卷轴装潢的“竹界”有某种联系。③ 在帛素上书写的具体方法，则当与上述书于简册和书于纸卷类同。前引成公绥说“动纤指，举弱腕，握素纨，染玄翰”，所描述的就是以帛类织物“素纨”为书写之材品，无依托地悬腕书写的情形。又《颜氏家训·勉学篇》：“握素披黄。”卢文弨曰：“黄者，黄卷也。”④“黄”，

① 〔梁〕萧统编、〔唐〕李善注《文选》：卷十七《赋壬·论文》，上海古籍出版社1986年版，第764–765页。

② 〔清〕朱骏声，前引书，第849页上栏；叶德辉，前引书，第16页。钱存训认为，“篇”和“卷”的分列，“当系材料和单位不同”，见钱存训，前引书，第86页。陈梦家认为“或称卷，或称篇，不在于用帛用简而在于其内容性质之以篇计或以卷计如何适当”，见陈梦家，前引书，第68页。二说皆可参。

③ 〔明〕杨慎《丹铅余录》卷三：“古装裱卷轴，引首后以绫帖褚……标外加竹界，曰打攋。”《四库全书》，子部十，杂家类二，杂考之属，上海古籍出版社1987年影印文渊阁本，第855册，第17页。

④ 〔北齐〕颜之推撰、王利器集解：《颜氏家训集解》卷三，上海古籍出版社1980年版，第154–155页。

或即当时人所谓“黄纸”。[①]《说文解字·手部》：“从□（旁）持曰披。”《广雅·释诂一》：“披，张也。”此亦可见书写时握持、打开帛素之卷和纸卷的方式。

最后，是简册的重量和大小的问题。此问题与书写者能否单手握持简册相关，故亦需讨论。首先要指出，古人著述不易，书籍的抄写、收存、流传亦不易，因而以“单篇别行”为通例。[②] 例如《史记》有一百三十篇，而东汉光武帝以《五宗世家》《外戚世家》《魏其武安侯列传》等赐窦融，明帝以《河渠书》赐王景，和帝令人私从千乘王求《外戚传》，皆是零篇。[③] 还要指出，书籍的单篇一般也并不太长。邢义田先生曾以江苏连云港尹湾6号汉墓所出的《神乌傅》简（竹质，长22～23厘米，单行书写，平均每行38字）、山东临沂银雀山1号汉墓所出的《孙膑兵法》简（竹质，长约28厘米，单行书写，平均每行35～38字）为参照，对《史记》的一百三十篇、五十余万字进行估算，认为《史记》平均每篇4000字、约含105简；他又以居延地区出土的简支、编绳皆完的简册“永元器物簿”的复制品作实验，认为“两手伸开能握的简册长度顶多不过百简左右”。[④]

那么，以100枚简组成的书籍单篇之简册的重量和大小应当是多少？据邢义田先生对“永元器物簿”原件的考察和测量，这件东汉时期边塞系统核查、登记守御器物的普通簿籍系先写后编，由77枚木简组成，简长23.3～23.5厘米、宽约1厘米、厚约0.2～0.3厘米。这里暂以此长、宽、厚度代表当时普通文书用简支尺寸的情况。该简册以麻绳编连，收卷后，直径为8.25厘米；展开时，横长为90厘米。其体积为1250立方厘米，重量为243.63克。[⑤] 按此推算，该简册平均每支木简的重量为3.16克（含编绳）、[⑥] 横长为1.17厘米（含编绳）。倘若该简册以100枚同样尺寸的木简组成（含相应的编绳），则当重316.4克、横长117厘米。

不过，书籍用简支的宽度和厚度一般较文书用简支略小。简支的长度因与简册的性质、等级相关，历来受到研究者的重视。对于简支的宽度、厚度，研究者却不大留意，相关资料也比较少。而其实后者直接关系到简册的重量与横长。根据粗略

---

① 如《晋书》卷三六《刘卞传》：“访问令写黄纸一鹿车。”《魏书》卷五九《萧宝夤传》：“考功曹别书于黄纸、油帛。”

② 参余嘉锡《古书通例》卷一《案著录第一》之“释别本单行之例”，卷三《论编次第三》之“古书单篇别行之例”，收入所著《目录学发微（外一种《古书通例》）》，岳麓书社2010年版，第197-198页，第233-236页。并参邢义田，前引书，第21-22页。

③ 事见《后汉书》卷二三《窦融传》、卷七六《循吏传·王景》、卷五五《章帝八王传·清河孝王庆》。参王国维《观堂集林》卷一一《太史公行年考》，河北教育出版社2001年版，第324页；余嘉锡，前引书，第236页。

④ 参邢义田，前引书，第12、22、23页。

⑤ 参邢义田，前引书，第8-9页。

⑥ 木简的重量因其材质、厚薄、长短、宽窄而颇有差异。邢义田自居延汉简中取8枚木简为抽样样本（其长22.6～23.7、宽0.9～1.4、厚0.24～0.5厘米），测得其平均重量为4.035克，与“永元器物簿”不同。见邢义田，前引书，第9页。

统计，书籍用简支的长度不等，大致为16～56厘米；其中经典所用较长，非经典之普通书籍所用则多为23厘米（约1汉尺），与文书用简支相仿。但宽度与厚度的情况就不同了。书籍用竹简的宽度为0.3～1厘米，0.7厘米左右的居多；厚度为0.06～0.3厘米，0.1厘米左右的居多。书籍用木简的宽度为0.5～2厘米，1厘米左右的居多，厚度为0.1～0.3厘米。上述宽度、厚度大多小于“永元器物簿”所用简支的宽度、厚度。因此，以100枚普通书籍用简支组成的简册的重量和横长，当低于上文所推算的数字。

此外，书籍多为竹书（竹轻于木，竹书所用竹简又窄而薄），这也是应当考虑的因素。通过对长度同为1汉尺的竹简与木简的检测，知后者的重量约为前者的1.54倍。① 若据此作进一步的推算，则以100枚普通书籍用竹简组成的简册的重量当约为205克。② 而如果简册是以较长的竹简（经典所用的简支）组成，其重量则相应增加。必须说明，上述数据都是通过对出土的古代遗物进行测量和推算的结果，它们并不能够完全代表那些古代遗物在当初的实际情况，而只能作为一种参考。希望将来能有研究者通过细致的复原和实验工作，得出更准确的数据。至于这件简册的横长，因1枚书籍所用竹简宽约0.7厘米，则100枚简支加上编绳及简间的缝隙，其总长当在80厘米以上，③ 或当为90厘米左右。扬雄《答刘歆书》曰：“天下上计孝廉及内郡卫卒会者，雄常把三寸弱翰，赍油素四尺，以问其异语。”④ “油素”，书写用的帛素。“四尺”，约合今92.4厘米。百简组成的书籍类简册的横长或略近于此。

从书籍单篇别行之通例和书籍类简册的重量、大小看，书写者应是能够以单手握持简册的。更何况如前所述，书写者还可以先将一件简册分编为若干个部分来写，然后再将它们缀合起来。此外，有些相关的图像资料亦可供参看。例如，陕西靖边杨桥畔东汉墓壁画里有一幅“孔子见老子图”，图中孔子的弟子拱手而立，捧持简册，简册上有两处系着编绳；该简册的简支较长，当为经书，被卷成细长的一束（见图15）。又如，《武威汉简》一书中有一幅《仪礼·士相见之礼》册的仿制复原模型的照片，显示了该简册展开和收卷后的样貌（见图16）。简册由16枚木简组成，

---

① 参邢义田，前引书，第10页，第4-5页，表2《史语所藏居延竹简重量体积抽样资料表》、表3《单行简重量体积资料表》。

② 上文推算，以100枚与“永元器物簿”所用相同的木简、编绳制作的简册，其重量当为316.4克，而木简的重量是竹简的1.54倍，则316.4克÷1.54≈205克。若以邢义田据抽样样本测得的1枚木简平均重4.035克计算，则4.035克×100÷1.54≈262克（不含编绳）。

③ “永元器物簿”所用木简宽约1厘米，上文推算该简册之1枚木简的平均横长当为1.17厘米（含编绳）；而书籍用竹简宽约0.7厘米，则其简册之1枚竹简的横长当约为0.7+（1.17-1）=0.87厘米（含编绳），100枚则为87厘米（含编绳）。

④ 〔汉〕扬雄著、〔清〕钱绎撰集：《輶轩使者绝代语释别国方言笺疏》，《汉小学四种》，巴蜀书社2001年版，第1436页上栏。

凡1020字。简长55.5～56、宽0.75、厚0.28厘米，有4道编绳，[①] 收卷后的册卷差可盈握。惜不知其重量、横长等进一步的情况。

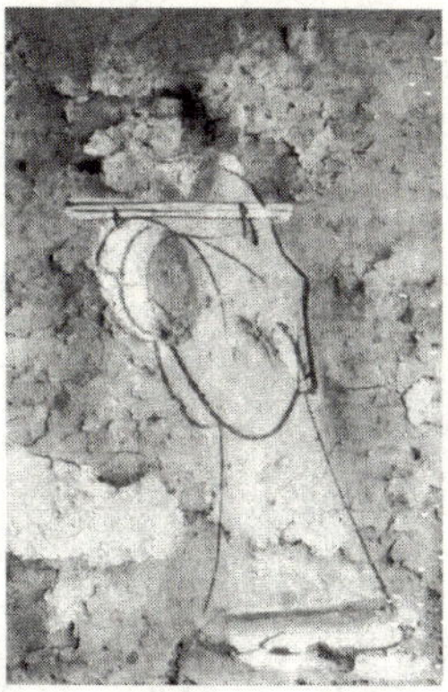

图15　陕西靖边杨桥畔东汉墓壁画(局部)[②]

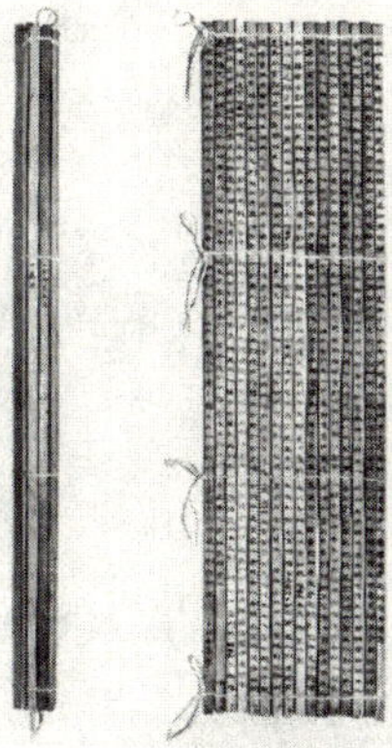

图16　《仪礼·士相见之礼》册(复原模型)[③]

结　语

书写的产生，当与人们保存信息的需求相关。记忆和口传固然有此功能，但容易失真失准，容易遗漏。书写则牢靠得多。书写将信息固化，可较为准确、完整地保存信息，便于信息的使用、积累和传递。因而人们发明文字，用书写将信息记录下来。这些记录被收集整理，誊写复制，即成书籍。

书籍通常是重要信息的载体和集合体，是高等级的书写。又因篇幅长，内容多，文本须齐整规范，遂形成一定的格式。高等级的书写具有主导性。那些普通的书写（如一般的文书、簿籍、计账等文档）和非常态的书写（如甲骨文、金石文等），其格式多依从书籍。

中国最早的书籍是写在简册上的。简册是以狭长的简支为材，将其纵直排列，用绳子编连而成。简牍时代的书籍皆为抄本，多先编后写。中国古人席地跪坐的习俗，家具的低矮，决定了悬腕而无依托的书写姿势。这种姿势和右手执毛笔、左手握持简册之册卷的书写，导致了字序从上到下、行序从右到左的书写方式。

附记：本文的初稿曾以《中国古人书写方式探源》为题，提交“甘肃省第二届简牍学国际学术研讨会”（甘肃省文物局、甘肃简牍保护研究中心、甘肃省文物考古研究所主办，2011年8月，兰州）。在修订的过程中，先后承蒙邢义田、刘乐贤、侯旭东、宋少华、黄展岳、杨宝玉、籾山明等先生赐教，谨此致谢。(2012年6月)

---

① 甘肃省博物馆、中国科学院考古研究所：《武威汉简》，第56页、第59页。

② 陕西省考古研究院：《壁上丹青——陕西出土壁画集》(上)，科学出版社2009年版，第86页《弟子图》。

③ 参甘肃省博物馆、中国科学院考古研究所，前引书，图版贰肆。

汉代的“裸捐”善举

王文涛

（河北师范大学　历史文化学院）

【摘要】 汉初，作为中国古代优良传统的民间互助精神依然存在。汉代财产所有权多以个体小家庭为单位，但宗族共财的现象也不少见。除了在饥荒之年赈济贫穷的宗族、邻里外，西汉宗族大姓在平时还散财同宗，与同宗共财。与西汉布衣将相之局不同，东汉是地主集团建立的政权。光武帝刘秀崇尚儒学，开国将领多受其熏陶，东汉豪强大族势力迅速发展，散财救恤宗亲邻里的观念十分流行，相关事例的记载也大大超过西汉。汉代文献在记载慈善者的行为时很少谈到他们的相关言论和思想，慈善行为和慈善思想缺乏紧密的联系。

【关键词】 汉代；慈善捐助；行善去恶思想

近日，有着“中国首善”之称的陈光标再次成为媒体关注的热点。《经济观察报》报道，2012年10月10日，陈光标在南京举行以旧车换新车仪式，43位在抗议钓鱼岛事件中被砸车的日系车主获得了陈光标赠送的国产吉利帝豪汽车。对于陈光标这次花费五百万的“慈善活动”，人们纷纷发表评论，有人称赞，也有人置疑其作秀。

2010年9月，陈光标宣布死后捐出全部财产，即“裸捐”。“裸捐”也因此成为近年来热议的话题。所谓“裸捐”，是指慈善家把自己的主要财富捐给慈善事业，并非分文不留，将自己变成穷光蛋。

中国民间的慈善捐助精神由来已久，《孟子》提倡：“乡里同井，出入相友，守望相助，疾病相扶持。”《韩诗外传》卷四也有类似的记载：“古者八家而井田。……八家相保，出入更守，疾病相忧，患难相救，有无相贷，饮食相召，嫁娶相谋，渔猎分得，仁恩施行，是以其民和亲而相好。”《周礼·地官·大司徒》记有周朝国都和近郊的基层社会组织设置情况，“令五家为比，使之相保。五比为闾，使之相受。四闾为族，使之相葬。五族为党，使之相救。五党为州，使之相赒”。郑注云：“此所以劝民者也。”就是说各种救助事项虽然是由官府颁布命令，实际上都是劝民众互相帮助，即所谓“相保”“相受”“相葬”“相救”“相赒”。春秋以前，国君时常号召家长收族、恤族，而《周礼》却强调要教育民众自相忧恤，对不能相恤者，甚至要处以刑罚。如果没有家族解体、个体家庭普遍化的事实，这种变化也是不会发生的。降至战国，随着国家救济和收族制度的衰落，以里社为单位的民间互助自救已占主导地位了。秦汉时期，慈善救助有了新的发展。

一、西汉民间慈善捐助

汉初，作为中国古代优良传统的民间互助精神依然存在。例如，韩信为布衣时，“常从人寄食饮”，有一位为人洗衣服的漂母见韩信饥饿，给他饭吃，一连数十日。韩信非常高兴，对漂母说：“吾必有以重报母。”漂母大怒道：“大丈夫不能自食，吾哀王孙而进食，岂望报乎！”① “高祖以吏繇咸阳，吏皆送奉钱三，（萧）何独以五。”② 鲁人朱家，与高祖同时。“所臧活豪士以百数，其余庸人不可胜言”，但始终“不伐其能”，有德于人，而不自美。“诸所尝施，唯恐见之。振人不赡，先从贫贱始。家亡余财，衣不兼采，食不重味，乘不过軥牛。专趋人之急，甚于己私”。③ 不过，汉武帝以前，有关民间慈善捐助的行为少有记载。之所以如此，大概有这样几点原因：第一，经历秦朝统一、反秦起义、楚汉战争以及秦汉两朝迁徙豪富于关中的打击与限制，战国以来的大家族已所存无几。汉初承秦之弊，社会贫困，“自天子不能具钧驷，而将相或乘牛车。齐民无藏盖”④，富人很少，自顾尚且不暇，当然没有余财救助他人。第二，经过几十年的休养生息，社会经济恢复发展起来，“国家无事，非遇水旱之灾，民则人给家足，都鄙廪庾皆满，而府库余货财。京师之钱累巨万，贯朽而不可校。太仓之粟陈陈相因，充溢露积于外，至腐败不可食”。⑤ 国家富裕了，但是，治民、安民、养民的政治理念将救助贫困视为统治集团应尽的责任，在舆论上不宣传、不鼓励民间慈善救助。如文帝前元元年三月振贷诏说：“吾百姓鳏寡孤独穷困之人，或阽于死亡，而莫之省忧，为民父母将何如？其议所以振贷之。”⑥ 每当遇上灾异，帝王首先检讨自己，主动承担责任，采取减免租税、开仓济民、收恤孤独，节俭备灾、督劝农桑等措施。

汉武帝用兵四夷，耗尽了文景时期集聚的财富，财政困难。在这样的背景下，汉代著名的牧羊慈善家卜式出现了。《史记·平准书》记载，卜式是河南郡人，以种田畜牧为业。他把田宅财物都让给弟弟，自己只要了一百多头羊。十几年后，他的羊群发展到一千多头，还买了田宅。而他弟弟却破产了，他又几次将自己的产业分给弟弟。

“是时汉方数使将击匈奴，卜式上书，愿输家之半县官助边”。武帝派使者去询问卜式为什么捐献家财给国家，于是有了下面这一段耐人寻味的对话：

---

① 《史记》卷九二《淮阴侯列传》，第2609页。
② 《史记》卷五三《萧相国世家》，第2013页。
③ 《汉书》卷九二《游侠列传·朱家传》，第3699页。
④ 《史记》卷三〇《平准书》，第1417页。
⑤ 《史记》卷三〇《平准书》，第1420页。
⑥ 《汉书》卷四《文帝纪》，第113页。

“欲官乎?”式曰:“臣少牧，不习仕宦，不愿也。”使问曰:“家岂有冤，欲言事乎?”式曰:“臣生与人无分争。式邑人贫者贷之，不善者教顺之，所居人皆从式，式何故见冤于人。无所欲言也。”使者曰:“苟如此，子何欲而然?”式曰:“天子诛匈奴，愚以为贤者宜死节于边，有财者宜输委，如此而匈奴可灭也。”

使者把卜式的答复奏报武帝。汉武帝听了，也很疑惑，不相信天下有思想境界如此之高的普通百姓。不想做官，不求出名，不要朝廷帮助申诉冤情，只是认为抗击匈奴“匹夫有责”，应该有钱的出钱，有力的出力，竟然请求拿出一半家产支持边防，打败匈奴保卫国家。汉武帝带着这些疑问征求丞相公孙弘的意见。这位“性意忌，外宽内深”的丞相也无法理解卜式的义举①，他说：“卜式之言不符合人情。超越常规的行为不能作为教化百姓的表率而且会扰乱法度，希望陛下不要批准卜式的请求。”在公孙弘看来，卜式有刻意获取民心的作秀嫌疑，彰显自己的道德高尚来获取民心一定别有用心。武帝本来对此也有怀疑，于是置之不理，没有批复卜式的请求，几年后才让卜式离开京城。卜式回家后，继续经营农牧业。

元狩二年（公元前121年），匈奴浑邪王率部归降汉朝，为了安置他们，朝廷开支巨大，存放钱粮的仓库都空了，又加上贫民大量流徙，费用都依赖国家财政，无法满足需求。卜式又捐出二十万铜钱给河南郡太守，用来赈济流徙的贫民。河南郡太守上报富人救助贫民的名单，武帝还记得卜式的姓名，说：“这不是以前要捐献一半家财以资助边防费用的人吗?”于是，武帝赐给卜式“外繇四百人”，即在免除自家徭役之外还可以免除四百人徭役的奖赏。“外繇”，指戍边的徭役。一人出三百钱，谓之过更。就是赐给卜式十二万钱。卜式把这些赏钱又都献给了朝廷。

卜式所捐献钱物与其家产的比例在汉代并不是最高的，数量也不是最多的，在卜式之后有很多近乎“裸捐”的事例。司马迁对卜式的慈善行为做了十分罕见的详细记载，《汉书·卜式传》几乎全文照录。之所以如此，是因为此时国家财政匮乏，而“富豪皆争匿财，唯式尤欲输之助费”。汉武帝通过几次考察，认为卜式德高望重，所以尊显他，用他的事迹教化百姓。元狩三年（公元前120年）秋，汉武帝诏令“举吏民能假贷贫民者以名闻”②。这是汉代鼓励、褒扬吏民救助贫民的第一道诏令，对于这种精神奖励响应者寥寥。

卜式的行为实在太特立独行了，当时富豪之家为了逃避算缗都争相藏匿家财，唯有卜式“数求入财以助县官（朝廷)”③。卜式多次慷慨解囊的慈善行为终于让汉武帝感受到了他的诚意，而且汉武帝毕竟是识见高于常人的君主，他不再担心卜式的行为“不可以为化而乱法”，认为卜式的确是位忠厚长者，于是召拜卜式为中郎，

---

① 《资治通鉴》卷一九，汉纪十一。

② 《汉书》卷六《武帝纪》，第177页。

③ 《汉书》卷二四下《食货志下》，第1167页。

赐爵左庶长，田十顷，布告天下。给予他显官尊荣，为百姓树立榜样，教化鼓励天下人捐献钱财帮助国家解决财政困难。

一介布衣卜式，致富不忘义，主动为国分忧、舒解民困，其精神和行为十分可贵，而其高尚的道德却不为常人理解，遭到诸般刁难、质疑。更令人敬佩的是他不为猜疑和误解所动，坚持自己的慈善人生。社会风气的转变不可能一蹴而就，“天子既下缗钱令而尊卜式，百姓终莫分财佐县官，于是告缗钱纵矣”①。元狩四年冬，“关东贫民徙陇西、北地、西河、上郡、会稽凡七十二万五千口，县官衣食振业，用度不足”②。为了解决财政困难，汉政府“初算缗钱”，向商人、手工业者、高利贷者和车船所有者征税。

汉代财产所有权多以个体小家庭为单位，但宗族共财的现象也不少见。除了在饥荒之年赈济贫穷的宗族、邻里外，西汉宗族大姓在平时还散财同宗，与同宗共财。例如，著名史学家司马迁的外孙杨恽，继承父亲留下的财产五百万，“及身封侯，皆以分宗族”。杨恽的后母无子，财产也有数百万，她死后财产尽归杨恽，杨恽又全部分给了后母的兄弟，“再受赀千余万，皆以分施。其轻财好义如此”③。汉宣帝时，庐江郡舒县人朱邑，“存问耆老孤寡”，“身为列卿，居处俭节，禄赐以共九族乡党，家亡余财”④。出使匈奴二十年不降的苏武，“所得赏赐，尽以施予昆弟故人，家不余财”⑤。汉元帝的妹夫张临“且死，分施宗族故旧，簿葬不起坟”⑥。西汉后期，太原人郇越“散其先人赀千余万，以分施九族州里，志节尤高”⑦。《汉书·楼护传》记载，楼护为谏大夫时，出使郡国，“上书求上先人冢，因会宗族故人，各以亲疏与束帛，一日散百金之费”。

汉成帝时，关东地区“岁比不登”，梁国、平原郡因连年遭受水灾，永始二年（公元前15年）竟然发生了人吃人的惨剧，刺史守相被问责免官。二月，成帝下诏奖励帮助政府进行社会救助的吏民。对于主动收养受灾的贫民，捐献谷物协助地方政府救济饥荒者，由官府赏赐与其花费相等的钱物。捐款百万钱以上者，授予爵位、低级官吏和免除租赋的奖励。成帝的奖赏比武帝仅“以名闻”来得实惠，当然也收到了一定的成效。

---

① 《史记》卷三〇《平准书》，第1434页。

② 《汉书》卷六《武帝纪》，第178页。

③ 《汉书》卷六六《杨敞传附子恽传》，第2890页。

④ 《汉书》卷八九《循吏列传·朱邑传》，第3636页。

⑤ 《汉书》卷五四《苏建传附子武传》，第2468页。

⑥ 《汉书》卷五九《张汤传附孙延寿传》，第2654页。

⑦ 《汉书》卷七二《鲍宣传附唐林传》，第3095页。

二、东汉民间捐助救恤的发展

与西汉布衣将相之局不同，东汉是地主集团建立的政权。光武帝刘秀崇尚儒学，开国将领多受其熏陶，东汉豪强大族势力迅速发展，散财救恤宗亲邻里的观念十分流行，相关事例的记载也大大超过西汉，下面分三点论述。

1. 有些人乐善好施，为济困扶贫而倾其所有

东汉名将马援认为："凡殖货财产，贵其能施赈也，否则守钱虏耳。"① 西汉末年，他已有牛马羊数千头，谷数万斛，全部散给昆弟故旧。东汉初，他又将光武帝赏赐的数千头牛羊全部分给"诸宾客"。他的四个儿子产业庞大，都能在每年青黄不接之时赈济宗族乡里，"故人莫不周洽"。开国功臣吴汉出征在外，妻子在家置买田业。吴汉回家发现后，责备妻子说："军师在外，吏士不足，何多买田宅乎？"② 于是把田产全部分给兄弟和外家。建武年间，大司空宋弘将"所得租奉分赡九族，家无资产，以清行致称"③。冯翊云阳人宣秉，是光武帝时的名臣，官至九卿，一生节俭，"所得禄奉，辄以收养亲族，其孤弱者，分与田地"，以致他谢世时，"自无担石之储"④。东汉初，鲁郡太守鲍永迁扬州牧，"会遭母忧，去官，悉以财产与孤弟子"⑤。光武帝赐予太中大夫郭伋住宅一处，以及"帷帐钱谷，以充其家"，郭伋"散于宗亲九族，无所遗余"⑥。扶风平陵人韦彪，官至大鸿胪，"清俭好施，禄赐分与宗族，家无余财"⑦。明帝时人张奋，"节俭行义，常分损租奉，赡恤宗族，虽至倾匮，而施与不怠"⑧。《后汉书·朱晖传》说，章帝建初年间，南阳大饥，"米石千余，（朱）晖尽散其家资，以分宗里故旧之贫羸者，乡族皆归焉"。这些近乎"裸捐"的慈善之举，在一定程度上起到了维系宗族、减少族中贫困家庭破产的作用。

2. 散财同宗，救恤族人

汉代人大多是聚族而居，平时的慈善救助对象是由族人而及于乡里，即由血缘关系扩大到地缘关系。东汉初，京兆下邽人王丹"好施周急"，宗族乡邻"没者则赙给，亲自将护"。王丹多年来一直坚持这样做，族人和乡邻"有遭丧忧者，辄待丹为办，乡邻以为常。行之十余年，其化大洽，风俗以笃"⑨。南阳宛人任隗，"所得奉

---

① 《后汉书》卷二四《马援传》，第 828 页。
② 《后汉书》卷一八《吴汉传》，第 683 页。
③ 《后汉书》卷二六《宋弘传》，第 904 页。
④ 《后汉书》卷二七《宣秉传》，第 928 页。
⑤ 《后汉书》卷二九《鲍永传》，第 1019 页。
⑥ 《后汉书》卷三一《郭伋传》，第 1093 页。
⑦ 《后汉书》卷二六《韦彪传》，第 920 页。
⑧ 《后汉书》卷三五《张纯传附子奋传》，第 1198 页。
⑨ 《后汉书》卷二七《王丹传》，第 930 页。

秩，常以赈恤宗族，收养孤寡"[①]，为明帝所敬重。樊宏的族曾孙樊准，"少励志行，修儒术。以先父产业数百万让孤兄子"[②]。章帝时，太守廉范"广田地，积财粟，悉以赈宗族朋友""好周人穷急"[③]。章帝宗正刘般，"收恤九族，行义尤著，时人称之"[④]。颍川舞阳人韩棱，"世为乡里著姓"，四岁时父亲亡故，他奉养母亲，友爱弟弟，称誉乡里。长大后，将"先父余财数百万与从昆弟"[⑤]。南阳郡宛县人张堪，"为郡族姓"，早孤，"让先父余财数百万与兄子"[⑥]。官渡之战前，袁绍的谋士沮授知袁氏必败，临行时，"会其宗族，散资财以与之"[⑦]。

东汉崔寔的《四民月令》一书中有族长救恤宗族成员的不少记载，救助贫困的族人已成为宗族的定期活动。在一年十二个月的生产和生活安排中，有四次提到救恤宗族，这类赈济行为经常是由宗族大姓（族长）亲自召集族人来实施的。三月是青黄不接之际，"冬谷或尽，椹、麦未熟"，宗族内的贫困家庭生活无以为继，于是族长调动宗族的力量救恤，"振赡穷乏，务施九族，自亲者始"。九月天气转凉，为了保障族内成员的生存和"尊尊"，宗族大姓又查访同宗之人的生活状况，特别是对那些"孤、寡、老、病，不能自存者"，都加以慰问抚恤，给予他们棉衣与口粮，"以救其寒"。十月，秋收农忙结束以后，宗族大姓率领族人共同资助那些最为贫穷的成员。族人中有丧葬大事，就更加重视对丧家的赈施，"同宗有贫窭久丧不堪葬者，则纠合宗人，共兴举之"。十二月，族长又把宗族、姻亲召集在一起，"讲好和礼，以笃思纪"。这些都是宗族大姓为巩固自己的地位和名声而对贫穷族人实施救助的体现。

不可否认，封建社会的宗族制度有其阴暗面，但不应因此而忽视儒家文化熏陶下的宗族制度的积极因素，它在维护社会稳定、延续传统文明、抵御自然灾害及解决族人在生活中遇到的生老病死等问题上发挥了重要作用。

散财同宗、救恤邻里在客观上起到了帮助贫穷宗族成员发展生产的效果，有助于宗族邻里的团结和睦，在一定程度上保障了下层社会的民众能够维持基本的生活需要和地方秩序的稳定。

东汉时期的社会舆论倡导宗族内部在经济上互通有无，将属于自己的财产赠送给宗亲被认为是美德，甚至能以此博得声名入仕。著名文学家蔡邕与叔父堂弟同居，

---

① 《后汉书》卷二一《任光附子隗传》，第753页。
② 《后汉书》卷三二《樊宏传附樊准传》，第1125页。
③ 《后汉书》卷三一《廉范传》，第1103页。
④ 《后汉书》卷三九《刘般传》，第1306页。
⑤ 《后汉书》卷四五《韩棱传》，第1534页。
⑥ 《后汉书》卷三一《张堪传》，第1100页。
⑦ 《后汉书》卷七四上《袁绍传》，第2399页。

“三世不分财，乡党高其义”①。最典型的是会稽阳羡人许武让财之事，他为了帮助两个弟弟成名，在分割财产时“自取肥田广宅奴婢强者”，而二弟所分财产“悉劣少”，乡人赞其弟“克让”，鄙视许武贪婪，其二弟“以此并得选举”。这时，许武会集宗亲，解释自己多占家产的原因，“二弟年长，未豫荣禄，所以求得分财，自取大讥”。现在家产增值，三倍于前，全部让给两位弟弟，“一无所留”。于是“郡中翕然，远近称之”②。

3．平时救助乡里穷困的记载较少，战乱、灾荒之际宗族乡里的经济救助比较常见

战乱、灾荒引发人口大量流徙，此时的救助对象发生变化，范围扩大，人数增加，多有突破血缘关系的慈善救助。例如，两汉之际爆发了长达数年的绿林、赤眉大起义，社会动乱，食物短缺，有些人将自己的粮食全部捐赠给乡邻，帮助他们渡过难关。更始帝时，伏湛任平原太守，面对民众的饥饿状况，他对妻子说：“夫一谷不登，国君彻膳。今民皆饥，奈何独饱?”于是“共食粗粝，悉分奉禄以赈乡里，来客者百余家”③。南阳湖阳人樊宏，不仅“赈赡宗族”，还“恩加乡闾”，救助乡里贫民。他借给人的钱累计达到数百万，“遗令焚削文契。责家闻者皆惭，争往偿之，诸子从勅，竟不肯受”④。安帝时巴郡宕渠人冯绲，“家富好施，赈赴穷急，为州里所归爱”⑤。顺帝外戚梁商，“每有饥馑，辄载租谷于城门，赈与贫餧，不宣己惠”⑥。《后汉书·方术列传》记载，汝南平舆人廖扶，“逆知岁荒，乃聚谷数千斛，悉用给宗族姻亲，又敛遭疫死亡不能自收者”。琅邪郡姑幕县人童恢，在兵荒马乱的动乱饥荒年代，倾尽全部家产，赈恤九族与乡里，“赖全者以百数”⑦。颍川颍阴人刘翊，“家世丰产，常能周施而不有其惠”。东汉黄巾大起义时，郡县饥荒，刘翊“救给乏绝，资其食者数百人。乡族贫者，死亡则为具殡葬，嫠独则助营妻娶”⑧。东汉末，遭岁大饥，赵温“散家粮以振穷饿，所活万余人”⑨。河内获嘉人杨俊，为躲避东汉末年的战乱，率领家族扶老携幼进入京、密二县的大山里，同行的有一百余家。杨俊“振济贫乏，通共有无”。宗族朋友中被人抢去作奴仆的共有六家，杨俊“皆倾财赎之”⑩。

① 《后汉书》卷六〇下《蔡邕传》，第1980页。
② 《后汉书》卷七六《循吏列传·许荆传》，第2471页。
③ 《后汉书》卷二六《伏湛传》，第893页。
④ 《后汉书》卷三二《樊宏传》，第1119页。
⑤ 《后汉书》卷三八《冯绲传》，第1281页。
⑥ 《后汉书》卷三四《梁商传》，第1175页。
⑦ 《后汉书》卷七六《循吏列传·童恢传》：童恢字汉宗，李贤注引《谢承书》“童”作“僮”，“恢”作“种”也。第2481页。
⑧ 《后汉书》卷八一《独行列传·刘翊传》，第2696页。
⑨ 《后汉书》卷二七《赵典传》，第949页。
⑩ 《三国志》卷二三《魏书·杨俊传》，第663页。

三、汉代的行善去恶思想

汉代文献在记载慈善者的行为时很少谈到他们的相关言论和思想，慈善行为和慈善思想缺乏紧密的联系，有必要对这些慈善行为背后的慈善思想进行一番考察，对慈善“道德资本”的理论探讨与慈善实践是同样重要的，慈善思想是慈善行为的内生性动力。

汉代人行善去恶的议论是先秦时期这一思想的继承和发展。“善”和“恶”是相对立而存在的，行善和去恶是一个事物的两个方面。汉代很多思想家都主张行善去恶要从一点一滴做起。《新书·审微》云：“善不可谓小而无益，不善不可谓小而无伤。”董仲舒说：“积善在身，犹长日加益，而人不知也；积恶在身，犹火销膏，而人不见也。”[①]“善无小而不举，恶无小而不去，以纯其美。”[②]《淮南子·缪称训》也持有同样的观点：“君子不谓小善不足为也而舍之，小善积而为大善；不谓小不善为无伤也而为之，小不善积而为大不善。是故积羽沉舟，群轻折轴，故君子禁于微。”所以，做善事要坚持不懈，不要考虑回报。不能“行一日之善”，就希望有终身的荣誉。更不能荣誉没有得到，就说做好事没有什么益处，而怀疑“圣人之言，背先王之教，存其旧术，顺其常好”[③]。应该持有的信念是“为善若恐不及，备祸若恐不免”[④]。人活着就要做善事，“人之所以生者，行善是也”。人如果没有行善的志向，“虽勇必伤”[⑤]。《新论·琴道》主张在逆境和顺境中都要坚持“善”，“夫遭遇异时，穷则独善其身而不失其操。……达则兼善天下”。君子如何行善呢？《淮南子·诠言训》给出了这样的建议：“君子修行而使善无名，布施而使仁无章，故士行善而不知善之所由来。”

韩婴假借孔子与弟子的对话，阐述了三种如何对待“人善我”和“人不善我”的情况。“人善我，我亦善之；人不善我，我不善之”，这是对待蛮貊之言；“人善我，我亦善之；人不善我，我则引之进退”，这是对待朋友之言，“人善我，我亦善之；人不善我，我亦善之”，[⑥]这是对待亲属之言。

《太平经·乐生得天心法第五十四》也划分了三个层次的“善”。最善是“乐生”，“夫人最善莫如乐生，急急若渴，乃后可也”。其次是乐于助人为善，“乐成他人善如己之善”。第三是做善事，推己及人。“莫若善于仁施，与见人贫乏，为其愁心，比若自忧饥寒，乃可也”。

---

① 《汉书》卷五六《董仲舒传》，第2517页。
② 《春秋繁露》卷五《盟会要第十》。
③ 徐干：《中论》卷上《修本第三》。
④ 《淮南子》卷十《缪称训》。
⑤ 《淮南子》卷九《主术训》。
⑥ 《韩诗外传》卷九。

怎样引导人们向善呢？很多思想家和政治家都主张“赏善罚恶”，统治者应实行奖赏引导人民向善，要运用处罚警戒人民作恶。《汉书·贾谊传》说：“庆赏以劝善，刑罚以惩恶。”同书《张敞传》云：“非赏罚无以劝善惩恶。”《潜夫论·爱日》指出：“赏不隆则善不劝，罚不重则恶不惩。”《论衡·非韩》认为：“人为善，法度赏之；恶，法度罚之。虽不闻善恶于外，善恶有所制矣。”赏善罚恶是十分重要的治国方略。《黄石公三略·下略》说：“废一善，则众善衰。赏一恶，则众恶归。”如果能使“善者得其佑，恶者受其诛”，就会国家安定，“而众善至”。仁君用奖赏劝人民行善要掌握好度，不能随意奖赏，“赏妄行则善不劝矣”。不随意奖赏，不是吝惜财物，而是因为随意奖赏起不到鼓励向善的作用；奖赏起不到鼓励的作用，“谓之止善”。“在上者能不止下为善，不纵下为恶，则国治矣”①。

也有人认为，要导民于善，只运用赏罚手段是不够的，还要教民行义，富民劝善。《汉书·董仲舒传》云：“古者修教训之官，务以德善化民。今世废而不修，民以故弃行谊而死财利。”《潜夫论·务本》曰：“民富乃可教，学正乃得义，民贫则背善。”没有富裕的民众，也不可能有民间慈善，本文所举慈善者无一不是富有之人。富有者不一定慈善，但不富有肯定无法以财助人。《申鉴·政体》说：“民不乐生。不可劝以善。”如果人民对生存都失去了信心，就很难用善行来劝勉他们。

行善不应该讲求回报，但并非没有回报，人不报天报。《老子》“天道无亲，常与善人”的思想对汉代人影响很大。《说苑·敬慎》直接将下面的话归为老子之言：“人为善者，天报以福，人为不善者，天报以祸。”类似的说法还见于其他文献，如《韩诗外传》卷七云：“为善者，天报之以福；为不善者，天报之以贼。”《汉书·吴王濞传》曰：“为善者天报以福，为非者天报以殃。”《太平经》卷一至十七说：“天道无亲，唯善是与”，行善者修行是为了实现天下太平。

不求回报的单向救恤、施舍思想，和先秦以来“不患寡而患不均”的观念有着密切的联系。汉武帝时的宗室刘德，“家产过百万，则以振昆弟宾客食饮，曰：‘富，民之怨也’”②。太傅疏广退休还乡时，汉宣帝赐予大量养老金，他“乐与乡党宗族共享其赐”，天天设置酒食，与族人故旧宾客宴饮欢乐。有人劝他替子孙着想，给他们买些田产。疏广认为，如果子孙勤力耕作家中旧有田产，足以满足衣食之需，过上和普通人一样的生活。现在为他们增置田产，无疑是教子孙懒惰。子孙“贤而多财，则损其志；愚而多财，则益其过。且夫富者，众人之怨也；吾既亡以教化子孙，不欲益其过而生怨”③。人们听了无不佩服。上面的两个事例说明刘德和疏广都深受儒家思想的熏陶，把均贫富变为自觉的行动，他们均贫富行为的思想根源在于担心

① 《后汉书》卷六二《荀淑传附孙悦传》，第2061页。

② 《汉书》卷三六《楚元王传》，第1928页。

③ 《汉书》卷七一《疏广传》，第3040页。

因贫富过于悬殊而成为众人怨恨的对象，最终落得身死人手、财落他人的悲惨下场，所以都希望通过散财同宗、救恤邻里达到缓和贫富冲突、保障既得利益和保护家人的目的。

有人力行善事，“反常得恶”，或者有人做了很多坏事，“反而得善”。这种社会现象也不鲜见。《太平经·解承负诀》认为，这并不是行善的过错，“力行善反得恶者，是承负先人之过，流灾前后积来害此人也”。这种解释虽然没有科学道理，但劝人行善的积极作用还是应该肯定的，绝不能简单地将其视为宗教迷信而予以否定。《太平经》的“承负说”源于“积善余庆、积恶余殃”的善恶报应论和天人感应思想，任何人的善恶行为不仅自身遭报应，对后世子孙也有影响，人的今生祸福都是先人行为的结果。祖宗有过失，子孙就要承负其善恶的报应。如果自身能行大善，积大德，则能避免祖先的余殃，并为后代子孙造福；如果怙恶不悛，神灵将根据人的行为赏善罚恶。这种思想在以血缘关系为纽带的古代社会对倡导扬善惩恶具有特殊意义。

陵邑与西汉长安文化述论

雷依群

（咸阳师范学院）

【摘要】陵邑是秦汉时代祖先崇拜、维护宗法制度的物化形式。西汉时代陵邑还被纳入了国家的行政区划，可见其地位之重要。汉代帝陵陵邑的设置其本意在于“充奉山陵，强干弱枝”，但除了这个效果外，陵邑建设对改变关中地区的人口结构、社会结构，特别是长安文化的形成发展则具有更为特殊的作用。本文重点讨论陵邑对西汉长安文化的积极作用。

【关键词】陵邑；空间布局；西汉长安文化

一、西汉帝陵陵邑设置及空间布局

关于陵邑的起源，比较一致的看法是为供奉帝王和皇后，为祭祀、保护他们的陵墓而设置。具体到秦汉时代的历史现实，还有护卫首都，强干弱枝，维护一姓政权等作用，说到陵邑的起始，人们常引用《后汉书·东平宪王苍传》中“园邑之兴，始自强秦”这句话，以秦始皇十六年“秦置丽邑”作为陵邑的起源。但我认为，如果从祖先崇拜、供奉祭祀的角度看，陵邑的起源似乎可以追溯到孔子时代，《史记·孔子世家》记载说“孔子葬鲁城北泗上，弟子皆服三年。三年心丧毕，相诀而去，则哭，各复尽哀，或复留。唯子赣庐于冢上，凡六年然后去。弟子及鲁人往从冢而家者百有余家，因命曰孔里”。孔里的形成虽是一种民众自发行为，但若从守护陵墓、供奉祭祀的角度看，他与秦汉陵邑的设置却有很大的相似性。

汉代陵邑设置始于刘邦为父亲太上皇所设的万年邑。据《三辅黄图》记载，太上皇死后，“刘邦葬太上皇于栎阳北原，因置万年县于栎阳大城内，以为奉陵邑”。

长陵邑设置于汉高祖十二年（公元前195年）。长陵邑的设置和刘敬对汉高祖的进言有很大的关系。刘敬说：“匈奴河南白羊、楼烦王，去长安近者七百里，轻骑一日一夜可以至秦中，秦中新破，少民，地肥饶，可益实。夫诸侯初起时，非齐诸田，楚昭、屈、景莫能兴。今陛下虽都关中，实少人，北近胡寇，东有六国之族，宗强，一日有变，陛下亦未得高枕而卧也。臣愿陛下徙齐诸田，楚昭、屈、景，燕、赵、韩、魏后，及豪杰名家居关中。无事可以备胡，诸侯有变，亦足率以东伐，此强本弱末之术也。"① 刘邦接受了刘敬的意见，在设置陵邑同时，开始大规模地将上述各色人类迁入首都长安所在地。这些徙民"当是长陵居民的主要来源"②。

从刘敬的建议可以看出，这次徙民到长陵的原因，一是因为关中新破，人户减少，徙民可以充实关中人口，加强对匈奴的防务；二是加强中央力量，强本弱末，防止东方诸侯卷土重来，是一次强迫性的移民。

惠帝安陵邑，《汉志》记载为惠帝置，但《史记》（见《吕后本纪》）、《汉书》见《惠帝本纪》都没有见关于徙民于陵邑的记载，只是在传为晋代潘岳所著的《关中记》记有"徙关东倡优乐人五千户以为陵邑，善为啁戏，故俗称女啁陵也"的说法。倡优乐人可能只是徙民中的一部分人，但这次徙民强干弱枝的成分似乎在减弱，但徙民仍带有强迫性。

文帝霸陵，文帝前元九年"以芷阳乡为霸陵"③。"霸陵，故芷阳，文帝更名"④。文帝霸陵徙民文献没有明确记载。

汉景帝阳陵，弋阳旧地，因汉景帝五年筑寿陵而改名。《史记》于本年五月条记载"募徙阳陵与钱二十万"。《汉书》本纪"五年春正月，募作阳陵邑，赐钱二十万"，两书在月份上稍有差异，但却都有一个"募"字，说明向阳陵邑的徙民已没有了强制性。

汉武帝茂陵邑，属汉槐里县茂乡。建元二年因筑陵而置邑。第二年就开始向茂陵邑徙民，这次徙民，条件也很优厚，"赐徙茂陵者户钱二十万，田两顷"。此后元朔二年"徙郡国豪杰及訾三百万以上于茂陵"，太始元年又"徙郡国吏民豪杰于茂陵"。⑤ 这后两次的徙民显然与汉武帝打击地方豪强势力有关。

昭帝平陵邑的设置是在宣帝即位后的本始元年，这一年"募郡国吏民訾百万以上徙平陵"，二年春又"以水衡钱为平陵徙民起第宅"⑥。

宣帝杜陵邑的设置是在元康元年，《汉书·宣帝纪》"元康元年，以杜东原上为初陵，更名杜县为杜陵。徙丞相、将军、列侯、吏二千石、訾百万者杜陵"。

通常人们根据《汉书·元帝纪》的说法认为汉代陵邑设置废止于汉元帝，这种说法其实是不确切的。史书明确记载汉成帝营建昌陵时还"徙郡国豪杰訾五百万以上五千户于昌陵"。

综观以上情况，我们可以清楚看出汉代帝陵陵邑的设置及徙民原因，其背景并非完全一致，这从徙民过程的实际情况可以看得很清楚，一是从强制到募徙，再到

---

① 《汉书》卷四三《娄敬传》。

② 葛剑雄：《西汉人口地理》，人民出版社 1986 年版。

③ 《史记》卷二二《汉兴以来将相名臣年表》。

④ 《汉书》卷二八下《地理志》。

⑤ 《汉书》卷六《武帝纪》。

⑥ 《汉书》卷八《宣帝纪》。

为被徙者赐钱、修建高第；二是各个时期被徙者的身份也不尽相同，从六国贵族到高訾富人，再到郡国豪杰，再后又有丞相、将军、列侯、吏二千石直至一般吏民。这些都与当时政治经济形势发展变化有绝大的关系；三是早期徙民的对象多在关东地区，此后徙民的来源则是各郡国的高訾富人及朝廷大员；四是徙民的目的，如果说早期主要在强干弱枝，加强对六国旧贵族的控制，后来则转向于削弱诸侯王国的经济和政治力量，达到“以强京师，衰弱诸侯”的目的；五是汉王朝大量徙民于各个陵邑，而且限定了徙民的身份，正如上述那样，这些人不仅是当代物质财富的所有者，而且是当代精神财富的拥有者，正是由于这些“好礼义”的世家大族的迁入，才使长安文化繁荣昌盛起来。

西汉帝王的陵邑主要分布在长安周围方圆不过百里的关中腹心地区，在空间上这些陵邑和当时咸阳、首都长安形成为核心城市与辐射性卫星城市的关系，交通发达，信息畅通，使文化交流更为广泛，深入。班固在其《西都赋》中曾经生动的描述了当时这一地区的繁华景象“南望杜灞，北眺五陵，名都对郭，邑居相承，英俊之城，绂冕所兴，冠盖如云”。

就陵邑内的空间布局来看，各陵邑的设置都是经过精心设计和“事先规划的”①。如阳陵邑“东西长4500米，南北宽1000米，总面积4.5平方公里。陵邑内钻探发现南北向街道31条，东西向街道11条，组成了200多个里坊，主街道宽62米”。汉武帝茂陵邑“周长11190米，总面积5536500平方米”。西汉帝陵陵邑，规模巨大，气势雄伟，是西汉长安文化最厚重的物质载体。

二、陵邑与长安文化

西汉帝陵陵邑所在的关中地区，自古以来便被誉为“天府”“奥区”，司马迁曾说：“故关中之地，于天下三分之一，而人众不过什三，然量其富，什居其六。”② 但是从文化方面来看，在西汉之前，关中地区文化的发展显然要滞后于东方齐鲁及南方的楚地文化，但伴随着西汉政权的建立，特别是西汉帝陵陵邑的设置，大批关东世家大族及其传世学术的西渐，使关中地区的文化面貌发生了根本性的变化。这个变化不仅使长安成为当时全国的政治文化中心，而且对此后中国政治文化的走向也起到了决定性的作用。

西汉时代长安诸陵邑聚集着全国的文化精英。据王子今先生的统计在汉代文化精英人物中，汉书记载有42人，其中出身于各陵邑的共有30人，占总人数的71.43%，《汉书》立传的文化人有34人，出身于各陵邑的有22人，占68.75%③。

---

① 咸阳市考古研究所：《西汉帝陵钻探调查报告》，文物出版社2010年版。

② 《史记》卷一二九《货殖列传》。

③ 王子今：《秦汉区域文化研究》，四川人民出版社1998年版。

如果以《六艺》而论当时的代表性人物，大多数度来自于各陵邑，如《诗》学三家的申公、王臧、司马迁、韦贤、韩商等。《书》学中的平当、张山拊、郑宽中、贾徽。《易》学代表人物田和、冯商、士孙张、司马谈等《春秋》学的董仲舒等。以史学而论则有司马谈、司马迁、班固等。脱胎于《诗》《骚》的汉赋，其代表人物则有生活在茂陵的司马相如和安陵的班固等。

以陵邑为载体，汉代思想文化经历了两个发展阶段。即汉初的黄老之学和汉武帝以后以 后以“霸王道杂之”为特征的“儒学独尊”。

黄老之学，作为一种统治思想出现于汉代初年，针对秦政的暴虐与苛酷，汉初统治者高标无为的旗帜，实施了一系列约法省禁的政策，稳定了社会秩序，经济的繁荣与发展，顺应了历史发展的潮流。但黄老之术追求无为，从另一个方面也给汉代社会带来许多弊病，诸侯王势力的坐大，土地兼并的迅速蔓延，广大农民失去土地变成流民，社会治安状况日益恶化，社会矛盾和阶级矛盾越来越尖锐。在这种形势下，要求转变统治思想的呼声越来越高，汉武帝时期“霸王道杂之”，因此“儒学独尊”的思想走上政治舞台，就是适应了这种社会现实的需要。

促成汉武帝时代统治思想转变的关键人物，就是原籍广川（今河北枣强广川镇），后“徙家茂陵”的董仲舒。汉景帝时董仲舒由于精通《春秋》而被选为博士。汉武帝元光元年（公元前134年），董仲舒在“贤良对策”中提出“罢黜百家，独尊儒术”而为汉武帝所接受。汉武帝之所以确立儒家经学的官学地位，其根本原因就是要以儒家的《六经》来统一整合全社会的思想，用思想的统一来维护政治的统一。

董仲舒认为，统治者如果没有统一的学说作为政治指导思想，那么政府的政策、法令、制度就很难保持一贯性，老百姓也无法适应，从而会导致社会的混乱。

董仲舒从徙居茂陵一直到他去世，正是汉武帝统治最为辉煌的时期，董仲舒一生最主要的著作都是这个时期在茂陵完成的。董仲舒在自己的著作中为中央集权制度的巩固和发展所提供的理论基础，思想武器，已成为中国传统文化的核心。

作为汉代思想学术主流的经学曾深受统治者的重视，特别是汉武帝及其后世诸帝。汉武帝用倾向于儒学的田蚡为丞相“黜黄老，刑名百家之言，延文学儒者以百数，而公孙弘以治《春秋》为丞相封侯，天下学士靡然向风矣”① 汉代许多经学家他们的学术活动也是在诸陵陵邑。例如汉代立于官学的《易》学就是 由田和在杜陵传播开的，而田和本人则是齐国田氏的后人，《汉书·儒林传》说：“汉兴，田和以齐田徙杜陵，号杜田生，”颜师古注：“高祖用娄敬之言，徙关东大族，故和以旧齐田氏见徙也。”

董仲舒之后，汉代学术史上又一次大的转折，即经学的今古文之争也是最早由

---

① 《汉书》卷八八《儒林列传》。

诸陵陵邑这个文化圈开始的。徙居茂陵的孔安国，曾向朝廷献出了所得于孔壁的古文经《尚书》《礼记》《论语》《孝经》各数十篇。但由于巫蛊之祸，这批古文经被束之高阁。到刘向、刘歆父子整理皇家藏书时才被发现，从而引发了汉代历史上规模最大持续时间最长的一次争论。经学的今古文之争，不仅打破了今文经学一家独尊的局面，拓展了经学研究的视野，而且对西汉后期的社会改革及社会秩序的重建起到了巨大的推进作用。经学在西汉陵邑的兴盛及流风所及，影响深远。西汉以后关中诸儒创办私学传授经学，出现了一大批经学世家，与此有绝大的关系。

秦汉时代是中国历史上又一次大转折时期，由贵族政治转向中央集权制，“海内一统”的现实，也使中国传统史学的格局发生了巨大的变化，如果说此前中国史学多偏重于鉴戒而缺乏对历史规律探讨的话，那么秦汉时代的史学已进入到“究天人之际，通古今之变”的历史自觉时代。而开创这一格局的正是生活生长在茂陵邑和安陵邑的司马迁和班固。

司马迁祖籍冯翊（今陕西韩城），但在他父亲司马谈时就已举家迁到茂陵，司马迁就应当是茂陵人，事实证明也是如此，司马迁的户籍登记是“茂陵显武里大夫司马迁”①，这种登记方式与近年出土的秦汉户籍登记方式完全一致。司马迁的《史记》是一部纪传体通史，对中国历史提供了全面的认识，是中国史学的奠基之作。

班固，汉右扶风安陵人。是继司马迁之后，在汉帝陵陵邑中出现的又一位伟大史学家。他是中国古代传记体断代史的奠基者。班固的《汉书》以西汉王朝的兴亡为断限为史，在参阅《史记》的基础上，又有很大的创新，在体例上更加整齐划一，诚如唐代史学评论家刘知几所说：“如《汉书》者，究西都之始末，穷刘氏之废兴，包举一代，撰成一书，言皆精炼，事甚该密，故学者寻讨，易为其功，自尔迄今，无改斯道。”

大赋和汉诗是西汉各陵邑中，最有成就的文学艺术成就之一。陵邑成为诗赋家最重要的创作基地。

司马相如长期居住茂陵，在此创作的《子虚赋》《大人赋》《上林赋》，不仅以气势恢宏、敷陈夸张、博大精深而著名，更为重要的是他的作品体现了一种深刻的思想，即对汉武帝好大喜功，穷兵黩武，骄奢淫逸生活的讽谏，表现出强烈的居安思危意识。

班固的大赋以《西都赋》最为有名。他浓笔重墨的描绘了汉长安壮丽无比的宫殿建筑，帝王田猎的磅薄气势，但更多的是出于对汉朝皇帝荒于游田，不恤国政的哀叹。

这些出生或活动于各陵邑的文学艺术家，他们在此创作了大量的各种题材的文

① 《史记》卷一三〇《太史公自叙》。

学作品，他们对太平盛世和汉代帝王奢侈生活的描述及讽谏，体现了汉代文化人的文化自觉和人文关怀，同时也开启了后世讽谏诗的先河。

社会风俗文化的多元与复杂化也是汉代帝陵陵邑文化的一个显著特征。由于大量的东方人口迁入，大大改变了先秦以来陵邑所在地区人民“好稼穑，植五谷，地重，重为邪”① 的风习，汉代陵邑地方“五方杂厝，风俗不纯，其世家则好礼文，富人则商贾为利，豪杰则游侠通奸。濒南山，近夏阳，多阻险轻薄，易为盗贼，常为天下剧。又郡国辐凑，浮食者多，民去本就末，列侯贵人车服僭上，众庶仿效，羞不相及，嫁娶尤崇侈靡，送死过度”②。这种侈靡之风文献多有记载，《西京杂记》讲茂陵富人袁广汉“藏镪巨万，家童八九百人，于北邙山下筑园，东西四里，南北五里，激流水注其内，构石为山，高十余丈，连延数里，养白鹦鹉，紫鸳鸯，牦牛青兕，奇兽怪禽，委积其间，积沙为洲屿，激水为波潮，其中致江鸥海鹤，孕雏产鷇，延漫林池，奇树异草，靡不具植，屋皆徘徊连属，重阁修廊，行之移晷不能遍也”③。生活在长陵邑的武安侯田蚡，是汉景帝王皇后的同母弟，《汉书》本传说他“治宅甲诸第，田园极膏腴，市买郡县器物相属于道，前堂罗钟鼓，立曲旃，后房妇女以百数④。

陵邑内也多盛行其他的娱乐活动，那些富家子弟更是把斗鸡走狗、弋猎博戏当做是日常的主要活动。

三、陵邑—长安文化的核心区

以上我们粗略地论述了西汉帝陵陵邑文化的概貌，从中我们可以看出，由于陵邑的设置及汉王朝实行的徙民于各陵邑的政策带来的汉代长安文化的繁荣。当然，这只是长安文化昌盛的一个因素，也是区域文化中一个较为特殊的现象，虽然文化的昌盛是借助于各种条件来实现的。但在长安文化的研究中，这个现象当不容忽视。

西汉陵邑文化的形成与汉代政治经济发展密不可分，与汉代文化人的文化自觉密不可分，如果说当时的长安是汉代的政治中心的话，那么以各个陵邑组成的卫星城市则汇聚成为长安文化的核心区。

---

① 《史记》卷一二九《货殖列传》。

② 《汉书》卷二八下《地理志》。

③ 〔汉〕刘歆：《西京杂记》，上海古籍出版社 1991 年版。

④ 《汉书》卷五二《田蚡传》。

早期秦文化的考古发现与研究

徐卫民

（西北大学文化遗产学院）

【摘要】要谈早期秦文化的考古发现与研究，必须首先搞清楚秦文化的分期。对此问题，学术界见仁见智。笔者认为，秦在建都雍城以前的时期均为秦的早期；雍城到咸阳阶段为秦文化的中期阶段；咸阳以后则为秦文化的晚期。

早期秦文化的研究一直是学术界关注的热点问题之一，目前在秦史学界可谓显学。从司马迁撰写《史记·秦本纪》开始，就有学者不断地进行研究，寻找秦文化的早期渊源。但是过去苦于资料太少，有许多问题并没有得到解决。近几十年来，随着大量有关早期秦文化考古资料的发现，早期秦文化的考古发现与研究出现了一个新的局面，研究成果越来越多。主要集中在以下几个方面：

一、考古新成果层出不穷；二、科研论著不断涌现；三、对几个主要问题的讨论深入：（一）关于秦人的来源（二）关于秦早期都邑的研究（三）关于大堡子山墓葬墓主的归属（四）关于早期秦文化的物质水平。

【关键词】早期秦文化；考古新成果；问题讨论

要谈早期秦文化的考古发现与研究，必须首先搞清楚秦文化的分期。对此问题，学术界见仁见智。笔者认为，秦在建都雍城以前的时期均为秦的早期；雍城到咸阳阶段为秦文化的中期阶段；咸阳以后则为秦文化的晚期。

早期秦文化的研究一直是学术界关注的热点问题之一，目前在秦史学界可谓显学。从司马迁撰写《史记·秦本纪》开始，就有学者不断进行研究，寻找秦文化的早期渊源。但是过去苦于资料太少，有许多问题并没有得到解决。近几十年来，随著大量有关早期秦文化考古资料的发现，早期秦文化的考古发现与研究出现了一个新的局面，研究成果越来越多。主要集中在以下几个方面：

一、考古新成果层出不穷

（一）礼县大堡子山遗址

秦文化的考古学发现最早虽然可以追溯到20世纪30年代北平研究院发掘的宝鸡斗鸡台11座屈肢葬墓。20世纪40年代后期文物工作者在甘肃甘谷毛家坪遗址发现了早期秦文化遗址，50年代甘肃省文物工作部门对全省进行的文物古迹普查工作中，又对该遗址进行了复查。但对于秦文化的起源进行系统的考古调查研究，则是80年代以后的事。从1982年到1983年，北京大学考古系和甘肃省文物工作队在甘肃省甘谷县盘安镇毛家坪发掘出了属于西周到春秋时期的秦文化遗存，发现墓葬31座（其中12座属于西周时期）、房基2处，鬲棺葬4组、灰坑37个。[①] 这是最早在甘肃发现的秦文化遗迹。毛家坪遗址发现的重要意义在于首次确认了西周时期的秦文化，为探索秦文化起源提供了一个更早、更可靠的基点，并使大多数研究者把追溯秦文化起源的目光指向了东方。对于研究秦的早期文化具有指标性意义。赵化成先生在此基础上撰写了《寻找秦文化渊源的新线索》一文，[②] 在史学界产生了重要影响。从此后，甘肃天水附近成为学界关注的焦点，又陆续发现了一些早期秦文化的遗迹。比如，礼县大堡子山秦公墓地的发现，为我们寻找秦的都邑西犬丘提供了十分重要的资料。在此发现秦立国以后的第一个高级墓葬群，有三座大墓，其中有代表诸侯级墓葬的“中”字形墓两座，墓葬中有丰富的文化遗存，只可惜被盗墓者盗掘和破坏。尽管如此，经过考古工作者的科学发掘，仍然为我们留下了大量的考古资料，使我们对这一墓葬群有一个大体的了解，也为寻找秦都邑西犬丘提供了难得的第一手资料。随之甘肃省礼县成为学界关注的热点地区，不少学者来此考察并撰写研究文章。李学勤先生在美国纽约也发现一对秦公壶，这对壶保存良好，高52厘米，通体覆蓝绿色薄锈。经过对秦公壶的研究，李学勤先生认为其器在周厉王晚期到宣王初年这段期间，就是秦庄公时期，壶作于他即位以后，比之前在天水附近发现不其簋要晚一些，这对秦公壶，很可能出于礼县的墓葬。韩伟先生曾在法国一个私人博物馆看到一批金箔饰片，据收藏者讲，该批文物出土于甘肃礼县，这批金箔饰片形制奇特，数量众多，制作精美，前所未闻，实属罕见文物。拥有如此众多且贵重的金饰品，非一般人所有，结合大堡子山秦公墓地的发掘，应该是秦先公的陪葬品，被盗后买往国外。随后，上海博物馆从香港购回秦公鼎四件、秦公簋两件，鼎体上大多有“秦公”字样，经研究是礼县大堡子山秦公墓葬出土的文物。[③] 在日本的博物馆里也有礼县大堡子山出土的文物。

特别是从2003年开始，经国家文物局批准，由北京大学考古文博学院、中国国家博物馆、甘肃省考古所、陕西省考古所、西北大学文博学院五家联合成立考古队，展开了对早期秦文化的考古钻探与发掘。几年来，取得了不小的成绩，令学术界刮目相看。他们以礼县大堡子山为线索，在其周围进行了大量的学术考察，取得了一批成果。发现大大小小周秦文化遗址达到38处之多，如西山遗址、六八图遗址、赵坪遗址、雷神庙遗址等。后来考古工作者又对部分遗址进行了发掘。2006年在大堡

---

① 甘肃省文物工作队、北京大学历史系：《甘肃毛家坪遗址发掘报告》，《考古学报》1987年3期。

② 赵化成：《寻找秦文化渊源的新线索》，《文博》1987年1期。

③ 李朝远：《上海博物馆新获秦公器研究》，《上海博物馆馆馆刊》第7辑，上海书画出版社1996年版。

子山上又有了极为重要的发现，在礼县大堡子山秦公陵附近，又发现了大型的秦公钟、镈和大型建筑遗址，更加证明这里应是西犬丘的政治中心都邑所在。挖掘的遗址中包括：建筑基址、祭祀坑、车马坑等，出土了钮钟、镈、石磬、铜虎等大量国宝级的文物。发掘的祭祀坑，专家推测可能是用于祭祀地神的。此次发掘中出土的文物中最引人注目的是一套秦早期的青铜编钟和镈，由3个大镈和8个钟组成，外观完整，整体呈现深绿色，形状和宝鸡太公庙出土的钟、镈的形状非常相似，11个钟镈一字派开，整齐地放在坑道里。其中最大的一个镈高度达到66公分。考古工作者认为，这套钟、镈保存得非常完好，出土后完全可以再一次演奏出美妙的音乐。这次出土的青铜钟镈与1977年在宝鸡太公庙出土的时间青铜镈、钟（其中镈三件、钟七件）形制接近，作用相同①；大堡子山乐器坑距离被盗秦公大墓很近，乐器坑与被盗大墓、车马坑方向相同，当与大墓有关，至于实施该祭祀活动的行为人，以及所祭祀的物件还有待进一步研究；海内外“秦子”器已经发现多件，部分传出自大堡子山被盗秦公大墓。大堡子山乐器坑秦子器的科学发掘，对于探讨大堡子山秦公大墓的墓主和秦早期历史具有重要价值；此乐器坑是在秦公大墓被盗掘后幸存下来的，因此，该发现更属难能可贵。乐器坑出土的大型成套铜钟和石磬，保存完好，纹饰精美，对于研究秦国早期青铜文明具有重要意义。

同时，在祭祀坑里还有两具人牺牲的骨架，专家认为这两具骨架是人牺牲中童男童女的祭祀骨架。人牺牲就是用人来当作祭祀的祭品，这非常符合秦的历史特征。距离祭祀坑1000多米的地方还有一座大型的建筑基址，被判断为是秦早期的建筑遗址，具体作用不详。在这个遗址上出土了土夯的城墙和17根大型的柱础，每一个的直径都接近一米，非常壮观。此次大型建筑基址的发现，从体量大和其他特征上判断已经被证实为秦早期所有，并且人牺牲和大型古乐器的同时出现也证明了当时已经拥有了完善的礼乐祭祀制度，已经是贵族和王族所有，这是标志性的发现。

大堡子山城址总面积约25万平方米。主体为周代城址、城外墓地和居址。城内遗迹主要为秦公墓及大型房屋基址和灰坑及中小型墓。大堡子山遗址钻探面积129万余平方米，到目前为止共发现各类遗迹699处。城内目前已钻探出夯土建筑基址26处，探明的规模最大的一座建筑基址南北长102米，东西宽17米，平面形状呈回字形；另一座东西长70米，南北宽13.5米，形制与前者基本相同。此外，秦公大墓和车马坑及祭祀坑也位于城内。北城墙长约250米，东、西城墙长约1000米，南城墙尚未发现，在东、西城墙的正中有小路横贯城址，形成的缺口可能和城门有关。城墙为夯筑，宽3米余，保存高度2~3米。②

---

① 宝鸡市博物馆、宝鸡市文化馆：《陕西宝鸡县太公庙村发现秦公钟、秦公》，《文物》1978年第11期

② 早期秦文化考古联合课题组：《甘肃礼县大堡子山早期秦文化遗址》，《考古》2007年7期。

（二）礼县西山遗址

西山遗址位于礼县县城西，在西山，发现了长约十多里的先秦城墙遗址和村落遗址。城址面积约10万平方米，到目前为止共发现墓葬800座、房屋基址7座、灰坑94处、窑址3处、古道路2条，这里应是秦先民们活动的重要基地，有可能是西周和东周时期秦人的一处中心聚落遗址。这也是考古界首次发现的大规模的早期秦人的聚落遗址。

在西山遗址上发现了一个秦的中型墓葬，未被盗掘，出土了一批珍贵文物，这对于我们研究秦当时的墓葬制度具有重要意义。同时还发现了秦的殉马祭祀坑等。有专家认为这里是秦人的西畤遗址。

（三）清水县李崖遗址——非子所封秦邑

秦人的历史悠久，秦文化源远流长。秦人崛起于陇右，据司马迁《史记·秦本纪》记载，秦的先世出自颛顼，到商代晚期的中潏，已经“在西戎，保西垂”。西周中叶，非子居于犬丘，因为为周孝王时养马有功，得为附庸，封邑于秦。《史记正义》引《括地志》云:“秦州清水县本名秦，嬴姓邑。十三州志云秦亭，秦谷是也。”《水经注》则更明确指出，秦水汇流的秦川是秦仲封地育故亭，以别于清水上游东亭川先有的秦亭。而清水县秦谷正在县城东北40多里处，今秦亭镇秦乐山下秦亭河谷地的秦亭铺村，即秦祖非子的封地秦邑所在地。一直以来，外界都认为清水县秦亭镇是秦非子封地，是秦人牧马的地方。为了在秦文化研究方面有所突破，搞清秦人早期的发展过程，从2005年开始，秦文化联合考古队，将调查的重点转移到清水县境内。

李崖遗址位于甘肃天水以北的清水县，而清水县位于甘肃东南、天水西北，历史上是通关中过陇山的必经要道。从清水县城出发向西北步行1公里左右就到了李崖遗址。李崖遗址位于县城西北牛头河与樊河的交汇处，西临滴水崖沟，北依邽山，台地发育良好，符合城邑的自然条件，面积100万平方米，文化层深厚，遗存十分丰富。即将被公布为国家级重点文物保护单位。山顶古城原残存城墙长50余米，高1~2米，地表采集到大量西周、汉魏时代的陶片，器形有鬲、甗、盆等。东南侧所在区域相当一部分为居民区，从断崖处看，遗存更为丰富，地势更开阔，惜已占用，无法考察。只能从遗址北侧着手勘探发掘。北侧全是农业耕作区，地表有大量陶片，包括史前、商周、汉魏等时期的，断崖处有大量盗洞及灰坑。

从2009年开始，秦文化联合考古队在清水李崖古城遗址从事为期3年6个月的考古工作，截至目前，已发掘遗址面积数千平方米，解剖城址20余米，清理墓葬近30座，出土陶鬲、陶罐等150余件，灰坑120个，各类标本10000多件，考古专家从墓葬出土器物判断，墓葬属于西周中期，与秦非子牧马封邑时代相符；从葬形制看，

2010 年发掘的 4 座墓葬均为土坑竖穴，有棺有椁或有棺无椁。墓葬为东西方向（西偏北），头向西，M5、M7、M8 仰身直肢葬，M6 仰身下肢微屈。四墓均带腰坑、坑内殉狗。M8 无随葬品，其余三墓陶器组合为鬲、簋、盆、罐，年代均为西周时期，部分陶器具有明显的商式风格。具有典型秦人葬俗特点。据考古队领队、北京大学考古文博学院原副院长赵化成教授讲，确定李崖遗址就是秦非子封邑所在地。

2011 年度发掘的 15 座竖穴土坑墓，按照规模大小可分为三类：较大的长 3.8 米左右，宽 1.3 米以上；中等的长 3 米左右、宽 1 米以上；较小的长约 2.5 米以下、宽一米以下。前两种有棺有椁，后一种多有棺无椁。墓葬均未被盗，随葬品主要为陶器，仅在 M22 发现一件铜戈。随葬陶器最多的有 26 件，一般为 5～10 件，最少的仅 1 件，一座墓无随葬品。其中，有 10 座墓与 2010 年发掘的 4 座墓相同，即东西方向（西偏北）、头向西、有腰坑殉狗，随葬陶器多为鬲、簋、盆、罐组合，部分陶鬲、陶簋具有显著的商式风格。这其中的 M9 出土陶器 26 件，有 3 件为寺洼文化常见的马鞍口罐、素面簋、单耳罐，其余为周式或具有商式风格的鬲、簋、盆、罐等。该墓人骨凌乱，缺失较多，为二次扰乱葬，这种二次扰乱葬为寺洼文化典型葬式。另外有 4 座墓同样为东西向（西偏北）、头向西、有腰坑殉狗，但出土寺洼文化陶罐各 1 件，但腰坑殉狗的葬俗又不见于寺洼文化。这几座出寺洼文化陶器的墓葬与其他竖穴土坑墓邻近，值得关注。

李崖发掘的 10 多座竖穴土坑墓均为东西方向（西偏北）、头向西、直肢葬、带腰坑殉狗，这与 2005 年发掘的礼县西山西周晚期铜礼器墓以及春秋战国时期出铜礼器的秦国高等级贵族墓的葬俗完全一致，因而，这批墓很可能是早期秦人嬴姓宗族的遗存。有关这批墓葬的确切年代目前还有不同看法，初步判断大多集中于西周中期，个别可能为西周早期偏晚或西周晚期偏早，这有待于碳十四测年及进一步的研究。20 世纪 80 年代发掘的甘谷毛家坪遗址秦文化墓葬年代最早不超过西周中期偏晚，礼县西山则为西周晚期，因而，李崖这批墓是迄今所见年代最早的一批秦族墓葬。值得特别关注的是，随葬品中有相当一部分陶器具有显著的商式风格，如方唇分档鬲、带三角纹的陶簋等，再加上腰坑殉狗的葬俗，表明早期秦文化与商文化有著某种渊源关系，再结合文献记载秦远祖与商王朝的密切关系，从而可以肯定秦族、秦文化是东来的，这在秦史、秦文化研究领域的重要性不言而喻。

李崖遗址面积大、西周时期遗存丰富，周代墓葬和灰坑的年代集中在西周时期，很少见春秋时期的遗迹或标本，表明遗址的繁荣期在西周时期，进入东周则很快废弃。这与非子至秦仲四代居秦邑，至庄公迁徙至西犬丘的文献记载大致吻合，李崖遗址为非子封邑是有可能的。此外，《史记正义》引《括地志》云："秦州清水县本名秦，嬴姓邑。《十三州志》云秦亭，秦谷是也。"北魏清水郡城的确定也为探讨非子所封"秦邑"提供了线索。但李崖遗址目前尚未发现夯土居址及较大型的铜器墓等，该遗址是否为秦邑还不能肯定，有必要继续工作。遗憾的是，李崖遗址一级台地西南部为村庄所压，而这一部分最接近牛头河与樊河交汇处，或只有等将来县城扩展村庄搬迁后再做钻探和发掘了。

秦非子封邑是在周朝的第八代天子周孝王时期。关于封邑，《史记·秦本纪》中有这样的记述："邑之秦，使复续嬴氏祀，号曰秦嬴。"秦是地名，嬴是姓。秦嬴说明嬴族人从此以后有了新的族名。至于非子受封的"秦"邑在何方，司马迁的史文中没有明言。学界对此也各有说法。仅就秦非子而言，他可算得上是嬴族人中的一个代表人物，封邑也是他对嬴族人的一个贡献，更重要的是封邑也意味着嬴族人向当时的中原文明跨了一大步。邑，在古代就是城堡，代表的是地方政权。封邑让作为周王朝附庸的游牧部族——嬴族人开始转向农耕民族。从这一点上来看，秦非子是个转捩点。

（四）秦人在关中西部的其他遗址

秦人在进入关中以后到建都雍城以前，一直沿着汧河、渭河东进，先后以汧、汧渭之会、平阳作为政治中心。目前在这几个地区都有重要考古发现，在陕西宝鸡陇县东南磨儿原发现了一个古城址，从其遗址情况来看就是春秋时代"汧"的城址，在其附近的边家庄发现了大量秦的墓葬，其中不乏五鼎四簋这样高级别的贵族墓。

关于汧渭之会的遗址，学界争论比较大。笔者认为在今汧水以东的魏家崖一带，而最近的考古发掘成果更能说明汧渭之会的遗址就在汧河以东。2003 年，陕西省考古研究所为了配合宝鸡东岭集团的基建项目，对其所征用的一千余亩土地进行随工清理，在凤翔县西南约 15 公里处的汧河东岸台地上，发现了 200 余座秦墓葬，显然是一处大型的秦人墓地，在清理的 31 座秦人墓葬中，既有平民墓，也有身份较高的贵族墓。墓葬时代均为春秋早中期，应早于秦都雍城的时代。特别是发现了一座随葬铜器为五鼎四簋组合的中型墓葬，墓内有五个殉人，还有一座陪葬车马坑。可以看出绝非一般人的墓葬，当为大夫级的墓葬。这一新发现为秦汧渭之会地望的确立找到了更有价值的线索。随著这一考古工作的继续进行，还会有新的有价值的考古发现。这处考古发掘地点位于凤翔县城西南 15 公里的常青乡孙家南头村，总面积约 70 万平方米。考古工作者共发掘清理历代古墓葬近 200 座，其中共有先周、西周墓葬 37 座，秦墓 100 余座，初步推测，其中有一座墓应为春秋时期秦国的大夫级贵族墓。此外，还发掘与墓地相关联的先民聚居遗址 350 多平方米。上述诸多因素，为进一步研究考证"汧渭之会"提供了重要依据。①

关于平阳遗址，1987 年曾在平阳附近的太公庙村发现了大型的青铜器秦公钟和秦公镈，器物上有大量有关秦公的铭文。器形硕大精美，这些器物非一般贵族可以

---

① 焦南峰、田亚岐：《寻找"汧渭之会"的新线索》，《中国文物报》2004-3-5.

使用，一定是宫中使用的器物，从而为寻找秦都城平阳提供了重要的实物资料。同时在这一带也发现了不少的秦贵族墓地。在此地不远处的宁王村，可能是当时平阳都城的所在地。前两年从此地发现的“郁夷”瓦当，说明这里曾经是汉代“郁夷”县治的所在，而汉的“郁夷”县治似应建立在秦都平阳的基础之上。

二、科研论著不断涌现

秦早期考古资料的不断涌现，大大带动了早期秦文化的研究。科研成果不断涌现，其中有两本就是以早期秦文化命名的。徐日辉先生的《秦早期发展史》（中国科学文化出版社2003年版）解决了秦早期历史研究中的诸多悬疑：一是通过对文献的梳理，证明秦人源于夷夏戎狄；二是突出考古成果，结合方志、民俗等学科资料进行综合研究，指出绵诸戎的活动中心，在现在天水北道区社棠镇绵诸行政村；三是利用金文以补文献之不足，发现了许多极有价值的新资料。祝中熹先生的《早期秦史》（敦煌文艺出版社2004年版）是一部历数自嬴秦族西迁到都雍以前即春秋中期以前的那段嬴秦历史的著作。作者从族源来历至西迁，又从都邑入手，研究了早期秦的崛起历史，不仅展现了雄浑壮阔的历史场景，而且为读者精心展示了早期秦历史的遗迹。作者将文献记载与考古发现结合起来，对嬴秦早期历史作出比较深入的梳理论述，在有选择地吸收学术界相关领域研究成果的同时，旗帜鲜明地陈述一家之言。这两本书的先后出版，充分说明早期秦文化的研究已经得到学者们的重视，并产生了积极的效果。

还有甘肃省礼县政府组织人力编辑出版的《秦西垂陵区》和《秦西垂文化论集》两本书（文物出版社2004年版），其中一本是图录，图文并茂；另一本是将过去人们研究西垂文化的文章收集起来，这是礼县县政府在财政情况不好的情况下，拿出几十万资金支助出版的，是对早期秦文化研究的贡献。

另外还有不少的论著中对早期秦文化进行研究的，如：徐卫民先生的《秦都城研究》（陕西人民教育出版社2000年版）和《秦公帝王陵》（中国青年出版社2003年版）对秦早期的都城和陵墓进行了论述和研究；雍际春先生的《天水放马滩木板地图研究》（甘肃人民出版社2002年版）和《嬴秦故园——天水秦文化寻踪》（甘肃人民出版社2000年版）对秦早期文化有关方面进行了研究和论述。徐卫民与雍继春先生主编的《早期秦文化研究》，是由西北大学文博学院与天水师范学院联合召开的“早期秦文化研究学术讨论会”的论文集，共收录了25篇论文，涉及早期秦文化研究的方方面面。（《早期秦文化研究》，三秦出版社2006年8月）。

陈平先生的《关陇文化与嬴秦文明——早期中国文明》（凤凰出版社2005年版）一书以陕西、甘肃（即所谓关、陇）地区为主，旁及宁夏、青海、新疆五省区。以商代、西周、春秋、战国与秦代的嬴秦文明为主，旁及五省区的旧石器、新石器诸文化和商周时期诸青铜文化，系统、概要地叙述了这五省区旧石器、新石器、青铜诸文化的类型、分布、分期和研究情况。比较系统、全面地叙述了嬴秦文明即秦文化自古史传说时期的今山东地区、经夏、商、周、春秋、战国至秦代，至陕、甘地区的发生、发展、传布、迁徙过程，叙述了有关秦文化诸考古发现的分布、类型、分期、演化和学术界的研究状况及各种不同意见。凡是作者认为可以裁断和可以发表学术见解的地方，都尽可能作出了裁断和充分发表了个人的学术见解。本书既是了解上述诸考古文化发现、研究基本状况的入门图书，也是作者个人研究上述诸文化、特别是秦文化总集其成的学术专著。

王志友的博士论文《早期秦文化研究》（西北大学2009年博士毕业论文）结合近几年的早期秦文化考古调查工作，对西汉水上游和牛头河流域的秦早期文化面貌进行了研究，较之以往的认识有了比较大的进步，因为作者结合自己参与早期秦文化考古工作的体会，对早期秦文化做了考古学文化的系统研究。该文所谓的早期秦文化，主要指分布于甘肃东部的天水一带，从商代晚期到春秋早期，秦族或秦族统治下受秦族文化影响的族群所创造的物质和精神文化的遗留。全文共分为三大部分：第一部分为前言，包括选题的缘起、早期秦文化的界定、本文研究的理论方法、研究历史与现状、本文的创新及不足。在研究理论与方法一节着重指出，在早期秦文化研究中，要特别注意早期秦人活动中心考古遗存中精神文化层面的遗存，包括宗教祭祀和葬俗方面，是将早期秦族的文化遗存与周文化和受周、秦文化同化的当地民族文化遗存区分的关键，这是该文的著重点。第二部分，通过对早期秦文化考古工作收获的叙述，将早期秦文化遗存分为城址、聚落遗址、建筑基址、宗教祭祀遗迹、墓葬等五大类，其中墓葬根据其规模、随葬品、葬俗又分为四个小类，并对其所代表的不同人群进行了分析。第三部分，对秦人西迁西汉水上游地区的动因、西畤的相关问题、秦亭的地望、早期秦人生活的地理环境和经济生活、秦人早期丧葬制度，早期秦文化与其他文化的关系。

还有不少的论文结合新出土的考古资料，对秦早期的社会、经济、文化等方方面面进行了深入的论述，先后发表的论文据不完全统计有百余篇。

以上这些著作大多是借助于新的考古成果结合考古资料写成的。

三、对几个主要问题的讨论

（一）关于秦人的来源

对于秦人来源的研究，20世纪形成了嬴秦由东方到西方，再由西方发展壮大的“东来说”和嬴秦产生于西方而发展壮大的“西来说”以及“北来说”，后来黄留珠先生又提出了秦文化“源于东兴于西”的观点。[①] 其中以“东来说”和“西来说”

① 黄留珠：《秦文化二源说》，《西北大学学报》1995年3期。

为主。

“东来说”最早产生于1933年，由傅斯年先生在《夷夏东西说》中提出的，他认为：“秦赵以西方立国，而用东方之姓者，盖商代西向拓土，嬴姓东夷在商人旗帜下入于西戎。”作为首次提出秦人的祖先在东方的观点，很有见地。其后钱穆先生的《国史大纲》主张“秦之先世本在东方，为殷诸侯，及中谲始西迁”。这是由于《秦本纪》提到“秦之先为嬴姓，其后分封，以国为姓，有徐氏、郯氏、黄氏、终黎氏、运奄氏、菟裘氏、将梁氏、黄氏、江氏、脩鱼氏、白冥氏、蜚廉氏、秦氏”，这些国族，凡可考定的都在东方。近年这种东方说的代表作，是林剑鸣先生的《秦史稿》一书。出版于1981年的这本书，以为中谲只是“曾率一部分秦人替殷商奴隶主保卫西方的边垂”，不能说明秦人即是戎族。卫聚贤先生在《中国民族的来源》一文，黄文弼先生在《嬴秦为东方民族考》一文中亦有相同的观点。20世纪50年代，我国著名的古史专家徐旭生先生在建立中国古史的华夏、炎黄、苗蛮三大集团时，提出嬴秦为东夷集团嬴姓，“至于秦、赵为殷未蜚廉的子孙西行后所建立的国家”。自从傅斯年先生提出“东来说”以来，70年间经卫聚贤、顾颉刚、林剑鸣等先生们的发扬光大，使该学说更加系统化、条理化，得到了不少学者们的赞同。

去年李学勤先生撰文认为从清华大学校藏秦简可以看出秦人来源于东方。2008年7月入藏清华大学的战国竹简，性质主要是经、史一类书籍。其中有一种保存良好的史书，暂题为《系年》，一共有138支简，分成23章，记述了从周武王伐纣一直到战国前期的史事，作为竹简的整理报告《清华大学藏战国竹简》的第二辑发表。李学勤先生在整理过程中发现，《系年》有许多可以补充或者修正传世史籍的地方，有时确应称为填补历史的空白，关于秦人始源的记载，就是其中之一。中潏的儿子是飞（或作蜚）廉，飞廉的儿子是恶来，父子三代都是商朝末年的著名人物。《秦本纪》说：“恶来有力，蜚廉善走，父子俱以材力事殷纣。”他们助纣为虐，史有明文，但他们给秦人带来怎样的命运，却没有文献记载。清华简《系年》的第三章，具体回答了这方面的疑问。简文叙述了周武王死后发现三监之乱，周成王伐商邑平叛：飞（廉）东逃于商盍（蓋）氏。成王伐商盍（蓋），杀飞（廉），西迁商盍（蓋）之民于邾，以御奴之戎，是秦先人。“飞”就是飞廉，“商盍氏”即《墨子·耕柱篇》《韩非子·说林上》的“商蓋”，也便是称作“商奄”的奄。关于飞廉、恶来，《秦本纪》云：“周武王之伐纣，并杀恶来。是时蜚廉为纣石（使）北方，……死，遂葬于霍太山。”这和《系年》所记不同。《系年》的记载，可以参看《孟子·滕文公下》：“周公相武王，诛纣。伐奄，三年讨其君，驱飞廉于海隅而戮之，灭国者五十，驱虎豹犀象而远之，天下大悦。”和《系年》一样，是说飞廉最后死在东方。飞廉参与三监之乱，失败后东逃到奄。奄也即是《秦本纪》讲的运奄氏，属于嬴姓，飞廉向那里投靠，正是由于同一族姓。当时今山东到苏北的嬴姓国族都是反周的，《逸周书·作雒篇》说：“周公立，相天子，三叔（管叔、蔡叔、霍叔）及殷、东、徐、奄及熊盈（嬴）以畔（叛）。……二年，又作师旅，临卫政（征）殷，殷大震溃。……凡所征熊盈（嬴）族十有七国，俘维九邑。”这充分讲明了嬴姓国族在这场战乱中的地位。

奄是东方大国，是商王朝非常重要的组成部分。根据古本《竹书纪年》，商王献庚、阳甲都曾建都于奄，然后盘庚才迁到今河南安阳的殷。奄之所以称为“商奄”，大概就是由于这个缘故。据《左传》，周初封鲁，“因商奄之民，命以《伯禽》而封于少皞之虚”，杜预注：“商奄，国名也。少皞之虚，曲阜也。”传统上认为奄国即在今山东曲阜。不过奄的国境范围肯定要大得多，有学者主张奄相当周朝的鲁国，同奄一起反周的蒲姑相当周朝的齐国，可能是差不多的。由《系年》简文知道，商朝覆灭之后，飞廉由商都向东，逃奔商奄。奄国等嬴姓东方国族的反周，飞廉肯定起了促动的作用。乱事失败以后，周朝将周公长子伯禽封到原来奄国的地方，建立鲁国，统治“商奄之民”，同时据《尚书序》讲，把奄君迁往蒲姑，估计是看管起来。但在《系年》发现以前，没有人晓得，还有“商奄之民”被周人强迫西迁，而这些“商奄之民”正是秦的先人，这真是令人惊异的事。秦国先人“商奄之民”在周成王时西迁，性质用后世的话说便是谪戍。其所以把他们遣送到西方，无疑也和飞廉一家有关，因为飞廉的父亲中谲正有为商朝“在西戎，保西垂”的经历，并且与戎人有一定的姻亲关系。中谲、飞廉一家，本来也是自东方出身的。周朝命令“商奄之民”远赴西方御戎，完全不是偶然的决定。认识到秦的先人是原在东方的商奄之民，以前与秦人始源相关的一系列问题都可以得到解释，例如：在文献方面，《史记·封禅书》载：“秦襄公既侯，居西垂，自以为主少皞之神，作西畤，祠白帝，其牲駵驹、黄牛、羝羊各一云。”秦襄公为什么自称主少皞之神，是由于少皞嬴姓，《说文》：“嬴，帝少皞氏之姓也。”《左传》讲得很清楚，封鲁的奄国之地又称做“少皞之虚”，秦襄公只是没有忘记国族的来源而已。在金文方面，西周中期的询簋和师酉簋都提到“秦夷”，还有“戍秦人”，来自东方的商奄之民后裔自可称“夷”，其作为戍边之人又可称“戍秦人”。《系年》的记载还有一点十分重要，就是明确指出周成王把商奄之民西迁到“邾”这个地点，这也就是秦人最早居住的地方。“圉”在战国楚文字中常通读为“吾”，因此“邾圉”即是《尚书·禹贡》雍州的“朱圉”，《汉书·地理志》天水郡冀县的“朱圄”，在冀县南梧中聚，可确定在今甘肃甘谷县西南。(《光明日报》2011 年9 月8 日第11 版）李学勤先生的文章无疑为秦人东来说又提供了新的文献证据。

与“东来说”相反，有不少学者主张嬴秦族源“西来说”。“西来说”的观点产生于20 世纪30 年代。1936 年《禹贡》杂志刊登了现代历史学家蒙文通先生的《秦为戎族考》一文，是最具权威性的“西来说”观点。其后还有熊铁基先生、刘节先生等持嬴秦族源“西来说”观点。

近几年来考古界的专家们通过地下考古发掘资料，也介入到这场讨论之中，并由此引发了以物质文化为基础的新的“东来说”和“西来说”的讨论。如果说史学界、文化界的“东来说”和“西来说”之争，是对文献认识的角度不同的话，那么考古界对现已发掘出的地下资料同样持相左的意见，则更显得意义非常。

持嬴秦族源“东来说”的考古学家是以邹衡先生为代表的，还有韩伟先生、牛世山等先生采用考古资料反对“西来说”，支持“东来说”的观点。

主张“西来说”的考古界专家们以近二十年为最，这与上个世纪考古事业的发展和嬴秦考古资料的增多有关。其中具有代表性的人物是俞伟超、叶小燕、刘庆柱先生等。

目前虽然关于这一问题的讨论还在进行，但秦人源于东方的观点得到了大部分学者的支持和认同。

（二）关于秦早期都邑的研究

这是早期秦文化研究的重要问题之一。王国维先生最早提出秦有九个都城，即西垂、犬丘、秦、汧渭之会、平阳、雍、泾阳、栎阳、咸阳。① 后来关于秦的早期都城众说纷纭，莫衷一是。特别是对秦的西犬丘、西垂、秦邑、汧、汧渭之会几个都城的所在地争论较大。

西犬丘和西垂究竟为一地还是两地，过去争论较大，随着大堡子山秦公墓地的发现，这一问题基本得到解决，大部分人认为是一地两名。目前的主要争论焦点集中在西犬丘位于何处？寻找西犬丘的具体位置成为研究者关注的重大研究课题。因此，多年来，关于西犬丘的地望已经有许多研究成果。康世荣先生依据《水经注》的有关记载，考证认为西犬丘当在今礼县红河（又称冒水河或茅水河）谷的岳家庄、费家庄一带。② 王世平先生以大堡子山墓地为据，认为犬丘故址可能在墓地不远处的汉水北岸一带。③ 徐卫民先生结合西汉水一带优越的地理环境、古文献记载及大堡子山等考古发现，认为秦的西垂（西犬丘）就在现在的礼县永兴附近。④ 张天恩先生以大堡子山秦公墓地为座标，结合位于其东南的永兴乡赵坪遗址，再加上已经发现的圆顶子山春秋秦墓地，指出如果在西汉与西和河交汇地带再找不到范围更大的周代遗址的话，西犬丘非赵坪遗址莫属。⑤ 徐日辉先生认为在礼县东北的盐官镇至大堡子山、永兴乡一带。⑥ 以上可以认为是有关这一问题的一些代表看法，除了红河谷观点以外，其他几种认识所指的范围相对较为接近，均在大堡子山一带。随著大堡子山

---

① 王国维：《秦都邑考》，《观堂集林》卷一二，中华书局1959年版。

② 康世荣：《秦都邑西垂故址探源》，《秦西垂文化论集》，文物出版社2005年版。

③ 王世平：《也谈秦早期都邑犬丘》，《陕西历史博物馆馆刊》，第2辑。

④ 徐卫民：《秦都城研究》，陕西人民教育出版社2000年版。

⑤ 张天恩：《礼县等地所见早期秦文化遗存有关问题刍论》，《文博》，2001年3期。

⑥ 徐日辉：《秦早期发展史》，中国科学文化出版社2003年版。

发现建筑遗址和城墙遗址，这一问题的答案就清楚了。

对于秦邑的所在，学界也是有争论的，过去传统的观点认为就在甘肃清水县的秦亭，即位于清水县城东北45里，这里是秦人当初从甘肃进入关中的地方。但真正去实际考察就会发现这里作为都邑显然是不行的，这一带地势狭窄，一条无名小溪仅宽1~2米，溪流两岸无发育较好的台地，也未发现秦的文化遗迹。这里的秦亭当与邮驿有关。还有学者认为秦邑就在陈仓（今天的宝鸡市），秦文公建都汧渭之会至今是个悬而未决的问题。本文通过大量史实证明，秦文公在"汧渭之会"所建新都就是秦汉时期的陈仓城，是在非子秦邑旧址上重建的。它是秦文公在岐下大败后，适应戎强秦弱的形势所作出的最佳选择，对秦国转弱为强，战胜西戎，夺取周土有著重要意义。[①] 笔者认为秦邑位于今甘肃张家川自治县县城南的瓦泉一带。笔者曾经和徐日辉先生在此考察，这里依山傍水，地形优越，地势开阔，是建都的理想场所。[②] 我们也希望考古工作者能在此地进行考古勘探，发现一些有价值的线索。

对于汧为秦都城的问题，学界意见还不统一。张天恩先生经过实际考察，结合文献记载，认为汧确实作过都城。[③] 徐卫民先生也认为秦人在从秦邑越过陇山以后，确实在汧（今陇县东南的边家庄）立过都。[④] 但有些学者则认为汧并未做过秦的都城。雍际春先生认为，在目前关于秦人早期都城研究中，一种流行观点认为汧邑是秦襄公二年所迁之都，甚至是秦人封侯开国之都。考诸史乘，结合对秦人早期历史活动地域的考察，汧并未做过秦早期的都城。[⑤]

"汧渭之会"曾作为秦的都邑学界观点是一致的，但具体在那里是有争论的，"汧渭之会"即指汧河与渭河的交汇之地，大家对此理解当无疑义。据《史记·秦本纪》云："三年（公元前763年），文公以兵七百人东猎，四年，至汧渭之会，日'昔周邑我先秦嬴于此，后卒获为诸侯。'乃卜居之。"从到达"汧渭之会"起，止秦宪公二年（公元前714年）徙居平阳，秦曾以这里作为其都邑共48年。

两河交汇之地的区域范围虽不算是幅员辽阔，但将其界定在目前汧河入渭处周边临近的二、三十平方公里之内当不为过。由于历年来在这一带都曾或多或少地发现过一些史迹材料，加之对文献记述的分析和理解不同，出现了对"汧渭之会"确切地点的多种推断，其具体可归结为以下几种不同的观点：

林剑鸣先生依据《史记·正义》引《括地志》记载："眉县古城在岐州眉县东

---

① 王雷生：《秦文公建都"汧渭之会"及其意义——兼考非子秦邑所在》，《人文杂志》2001年第6期。

② 徐卫民：《秦都城研究》，陕西人民教育出版社2000年版。

③ 张天恩：《边家庄春秋墓地与汧邑地望》，《文博》1990年第5期。

④ 徐卫民：《汧为秦都考》，《陕西历史博物馆馆刊》第7辑，陕西人民教育出版社2000年版。

⑤ 徐卫民、雍际春主编：《汧邑非秦都考》，《早期秦文化研究》，三秦出版社2006年版。

北十五里，毛苌云眉，地名也。秦文公东猎汧渭之会，卜居之，乃营邑焉，即此城也，”他认为“汧渭之会”当在今眉县附近。①

高次若、刘明科等先生依据文献对陈仓古城的记述，即《元和郡县图志》“陈仓古城在今县（今宝鸡市）东二十里，即秦文公所筑”；《宝鸡县志》“秦文公筑陈仓城，史称上城，原址在今戴家湾附近”，推断汧渭之会当在今宝鸡陈仓戴家湾一带。②

李零先生认为在宝鸡市东卧龙寺西北。③

刘宝爱先生曾根据文物普查时所发现秦早期的遗物，以及对发现地的地望分析后认为“汧渭之会”地点当在今坍河西岸的宝鸡县汧河乡李家崖一带。

蒋五宝、徐卫民先生则以多年来文物调查时所发现的秦早期金器、铜器和陶器等文物，尤其是地望考察后认为“汧渭之会”地点当在与上述李家崖隔河相望的魏家崖一带。笔者过去认为“汧渭之会”地点当在今凤翔孙家南头村一带的主要依据是：以往在这里先后四次进行的田野考古调查所取得的周秦时期的考古资料，尤其是1996年底在对春秋末至战国乃至西汉时期的蕲年宫遗址进行发掘时，意外地在其下层发现早于雍城宫殿建筑遗迹的春秋秦建筑基址。④

尽管观点各异，说法不一，但大家试图寻找的依据和分析问题的方向却是一致的。而道致意见不同的主要原因有两点：一是由于古文献的记述只给了一个简单而又模糊的地域范围；二是过去不仅都没有发现非常具有说服力的实物资料，而且各自拿出的材料有些失之偏颇或片面，同时也忽视了将多方的材料进行相互之间的比照。

（三）关于大堡子山墓葬墓主的归属

据《史记·秦本纪》记载，秦人祖先发祥地于甘肃东南部，即今甘肃陇南、天水一带。20世纪20年代，在甘肃礼县盐关—罗家堡一带发现了著名的青铜器“秦公簋”。90年代初，礼县城东大堡子山惨遭大规模群体性盗掘，据传出土青铜重器百余件，器铭多有“秦公作铸用鼎”“秦公作铸用壶”“秦公作宝簋”等，还出土有大量的棺饰金箔饰片等。1994年2月—11月，甘肃省文物考古研究所对大堡子山被盗掘的残墓进行了抢救性发掘，共清理春秋初期大墓2座、车马坑1座和9座中小型墓葬，从而确认大堡子山就是秦公西陲陵墓区。1998年又对大堡子东南相距3公里的

① 林剑鸣：《秦史稿》，上海人民出版社1981年版。

② 高次若、刘明科：《关于汧渭之会都邑及其相关问题》，《周秦文化研究》，陕西人民出版社1998年版。

③ 李零：《史记中所见秦早期都邑葬地》，《文史》第二十辑，中华书局1983年版。

④ 蒋五宝：《汧渭之会遗址具体地点再探》，《宝鸡文理学院学报》1998年2期；徐卫民：《秦都城研究》，陕西人民教育出版社2000年版。

赵坪村圆顶山秦墓进行了小规模抢救性发掘，出土有随葬的铜礼器或有五鼎、七鼎者，证实这是一处年代偏早的秦贵族墓地。

自从大堡子秦公墓地发现以后，围绕着墓地的归属问题争论不断，发表了一批研究成果。关于大堡子山发现的两座秦公大墓的墓主人，学术界众说纷纭，有秦仲、庄公说，有襄公、文公说，有文公、宪公说等。发掘者则认为两座中字形大墓的主人分别是襄公及其夫人。韩伟先生依据陵墓所出金虎木芯朽质的碳 14 测定，推断两座大墓的主人为秦仲和庄公；① 李学勤先生认为“庄公墓何在，史无明文。但其后的襄公、文公，据《史记·秦始皇本纪》，均‘葬西垂’，作为西垂大夫的庄公，应该也葬于该地”；② 陈昭容先生和李朝远先生则认为墓主应当是襄公和文公；③ 陈平先生虽也判断陵区所出器物可分早、晚两组，但他对该陵区是否含有两处陵园尚持慎重态度，他认为如确系两座大墓，则墓主当为文公和宪公；如只有一座大墓，则应为文公，器物分属文公早期物和文公晚期物；④ 王辉先生也认为器物可分早、晚两期，但在孰早孰晚的辨认上，意见恰与陈平先生相反。他认为如系两座大墓，则墓主应为襄公和文公；⑤ 曾经主持大堡子山陵区发掘工作的戴春阳先生则认为大堡子山只有一座秦公陵园，2 号墓与 3 号墓系秦公与其夫人的异穴合葬，墓主应为秦襄公。⑥

无论文献记载还是考古发现都证明襄公和文公都葬于西山陵区，即大堡子山地区，这是大多数学者的共识。

（四）关于早期秦文化的物质水准

受司马迁《史记·秦本纪》的影响，长期以来人们大多认为，秦早期文化物质水准是低下和落后的，以至于被东方各国“夷狄遇之”。但从近些年的考古发现来看，这种观点是有问题的。徐日辉先生根据在天水附近的礼县、张家川、清水等地发现的大量早期秦的高水准的青铜器等遗物判断，秦早期的物质文明是很高的，“秦早期文化中的物质文明一点不比同时代的中原落后，有些甚至要先进一些”。⑦ 祝中熹先生也认为：“史学界曾长期流行一种‘秦国落后论’，对嬴秦早期文化遗存作认

① 韩伟：《论甘肃礼县出土的秦金箔饰片》，《文物》1995 年 6 期。

② 李学勤：《最新出现的秦公壶》，《中国文物报》1994 年 10 月 30 日；《探索秦国发祥地》，《中国文物报》1995 年 2 月 19 日。

③ 陈昭容：《谈新出秦公壶的时代》，《文物》1995 年第 6 期；李朝远：《上海博物馆获秦公器研究》，《上海博物馆馆刊》第七辑，上海书画出版社 1996 年版。

④ 陈平：《浅谈礼县秦公墓地遗存与相关问题》，《考古与文物》1998 年 5 期。

⑤ 王辉：《也谈谈礼县大堡子山秦公墓地及其铜器》，《考古与文物》1998 年 5 期。

⑥ 戴春阳：《礼县大堡子山秦公墓地及有关问题》，《文物》2000 年 5 期。

⑦ 徐日辉：《秦早期发展史》，中国科学文化出版社 2003 年版。

真剖析，可以端正我们的认识，促使我们重新审视秦文化的高度，从而走出秦文化落后的误区”。[①] 对于秦早期的社会发展水准，我们还须依靠更多的考古资料。不过从秦早期墓葬出土的青铜器来看，当时秦人的社会经济水准是比较高的。樊志民先生认为：“秦不是戎狄而是著名的东方华夏族。从五帝时代起就与夏商周先祖共同致力于中原地区的农业开发，秦有非常发达的农业”。[②]

① 祝中熹：《早期秦史》，敦煌文艺出版社2004年版。

② 徐卫民、雍际春主编：《周秦农业文化的对接与变异》，《早期秦文化研究》，三秦出版社2006年版。

汉和帝铲除窦宪集团考论
——兼论和帝在东汉历史上的基本定位

王健

（江苏师范大学　历史文化与旅游学院）

【摘要】 东汉外戚问题的由来，可追溯到开国至章帝时期。窦宪驱除匈奴作战的胜利，导致其势力急剧膨胀，加剧了朝内权力矛盾。和帝密谋铲除窦宪，是围绕朝廷权力的一场政治角逐。和帝依托宦官郑众谋划，有不得不为的难处，拥君派朝臣在事变中发挥了重要的作用。和帝重振皇权，治国有方，延续了前期的强盛局面，不愧为东汉有为君主。但其亲近宦官和扶持梁氏的做法，导致其身后戚宦政治愈演愈烈，这反映了和帝政治的两面性。和帝对东汉的衰变要承担不可推卸的责任。

【关键词】 汉和帝；窦宪；戚宦政治；历史定位

外戚宦官之祸是东汉政治史上最突出的问题。其中，东汉皇权与外戚矛盾的激化，汉和帝是一个关键时期，这种矛盾的由来、发展及其解决，很值得研究。同时，这也关涉到皇权与宦官政治之间的纠葛。考察和帝铲除窦宪事件，对于准确评价汉和帝以及探究东汉历史转折点，均具有关键意义。

众所周知，早在传统史学时代，对汉和帝的评价就褒贬不一，对东汉由盛转衰的时间节点也有不同看法。这些分歧可追溯到东汉当朝。元兴元年（公元 105 年）和帝刘肇死后朝臣议定的谥号曰“和”，《谥法》曰：“不刚不柔曰和。”[①] 这是历史上最早的积极评价。在官修《东观汉纪》中，史官对和帝政治加以褒扬：“朝无宠族，政如砥矢，”“外忧庶绩，内勤经艺，”“德教在宽，仁恕并治，是以黎元宁康，万国协和。”[②]

至汉末，朝廷的评价发生了逆转。《续汉书·祭祀志下》记，由蔡邕执笔，董卓领衔，就祭祀制度联名奏疏时提出异议：“初平中，相国董卓、左中郎将蔡邕等以和帝以下，功德无殊，而有过差，不应为宗。及余非宗者追尊三后，皆奏毁之。”另据袁山松《后汉书》载有蔡邕奏疏原文：“自此（指汉章帝）以下，政事多衅，权移

① 《后汉书》卷四，《孝和帝纪》。

② 《东观汉纪·汉和帝纪》。

臣下……孝和以下，穆宗（即汉和帝）、恭宗（安帝）、敬宗（顺帝）、威宗（桓帝）之号皆宜省去。”①《后汉书·汉献帝纪》载：“有司奏，和安顺桓四帝无功德，不宜称宗。”可知，“功德无殊”即是无功德的委婉说法而已。

很显然，评价逆转的焦点，就在于和帝时的外戚宦官问题。“政事多衅，权移臣下”，是为贬低汉和帝的缘由。他们将其视为衰世之君，甚至褫夺其穆宗庙号。在东汉末年的特殊历史语境下，军阀董卓与宦官集团矛盾趋于白热化，他倾力打击宦官，故对和帝依赖宦官来铲除政敌是持批评态度的。

东汉人立场迥异的这两种评价意见，影响深远。后世持肯定意见的史家，有刘宋时的范晔，他在本纪中赞曰：“自中兴以后，逮于永元，虽颇有弛张，而俱存不扰，是以齐民岁增，辟土世广。偏师出塞，则漠北地空；都护西指，则通译四方。”但他也表示了困惑：“岂其道远三代，术长前世？将服叛去来，自有数也？”② 究竟是和帝治国之术比前世高明，抑或边疆民族归附与叛逆自有其规律？范晔也指出了和帝时期的“中官始盛”问题。

当代史家如翦伯赞、林剑鸣、何兹全等亦未回避宦官登场始盛的问题，但更多着眼于整个国家治理和边疆战局，将和帝置于东汉安定发展的强盛期。如何兹全认为，东汉两百年，“和、安之际是分界线”。③

持否定意见的史家则关注戚宦政治问题，将和帝归入东汉后期。司马光《资治通鉴·汉纪》论曰：“及和帝以降，贵戚擅权，嬖幸用事。”吕思勉将和帝划入“后汉衰乱”时期。范文澜认为，“章帝死后，东汉政治便进入黑暗时期”④。将和帝到灵帝阶段定为东汉后期。对同一个帝王，后世评价如此大相径庭的，在汉史上实属罕见。

鉴于史学界迄今对汉和帝及其时期均缺乏专题的深入研究，⑤ 故本文从考察汉和帝铲除外戚这一重大事变切入，分析和帝与戚宦政治之间的复杂关系，阐明和帝在东汉盛衰转折中的作用和地位。这不仅有利于重新认识东汉政治人物，而且有助于深度把握东汉历史走势，确认东汉盛世衰变的转折节点。

---

① 袁山松：《后汉书·祭祀志》，载汪文台辑《七家后汉书》，陕西人民出版社 1987 年版，第 376 页。又见《续汉书·祭祀志》注。

② 《后汉书》卷四，《孝和帝纪》。

③ 翦伯赞：《秦汉史》，北京大学出版社 1983 年版；林剑鸣：《秦汉史》，上海人民出版社 1989 年版；何兹全：《中国古代社会》，河南人民出版社 1991 年版。持类似看法的还有王云度：《东汉史分期刍议》，《南都学坛》1991 年第 1 期。

④ 吕思勉：《秦汉史》，上海古籍出版社 1991 年版；范文澜：《中国通史》第二册，人民出版社 1978 年版，第 182 页。孟祥才也认为东汉“从和帝开始即步入它的衰败期”，孟祥才：《秦汉史》，人民出版社 2010 年版，第 437 页。

⑤ 历年发表的东汉史论文中，尚未见专题研讨汉和帝的成果，可知史学界对汉和帝及其时期的研究尚欠深入。

一、外戚势力渐盛与东汉前期政治

汉和帝刘肇为东汉章帝第四子，生于建初四年（公元79年）。章和二年（公元88年）汉章帝死，年仅十岁的太子刘肇即位，成为东汉第四代皇帝。此时距东汉开国已60余年，经过光武帝、明帝、章帝三代的励精图治，各方面都已经走上正常轨道，出现了盛世局面，但外戚势力也随之渐盛。

外戚干政是中古专制政权体制下的固有现象，在实行宗法血缘政治的历史条件下，为了有效巩固皇权，君主必然会任用外戚，然而外戚常常借此机会控权干政，形成对皇权的威胁，然后君主便会抑制外戚。这样，皇权与外戚的矛盾便时常出现并长期存在。

还有一层明显的社会结构问题，便是东汉世家豪族的兴起。这一现象构成皇权与外戚关系背后的时代性背景。何兹全曾指出，"东汉政治舞台上有两种力量并存，一种力量，是集权的皇权，另一种力量是利在权力分散的世家豪族"。东汉前期"皇权是强大的，政治上的这两种势力基本上是平行发展而又相安无事。和帝以后，两者间的矛盾逐渐发展起来"①。《剑桥秦汉史》的作者也很看重东汉前后期帝党、后党之间的矛盾关系。②

一般说来，王朝开国制度即所谓的祖宗之法，对后嗣君主的政治发展都有重大约束力。光武帝取鉴意识很强，对西汉外戚干政篡权的教训格外警惕，采取了政治上严厉抑制、经济上妥协的恩威并施政策：

> 世祖悯伤前世权臣太盛，外戚预政，上浊明主，下危臣子，汉家中兴，惟宣帝取法，至于建武，朝无权臣，外戚阴、郭之家不过九卿，亲属势位不及许、史、王氏之半。③

明帝对外戚限制更严，"遵奉建武之政，有加而无损"，后妃外家"无封侯豫政者"。④ 马皇后之兄马廖、马光终明帝之世官不过虎贲中郎和黄门侍郎。

但开国以来也存在一些导致外戚势力逐渐增长的政策因素，光武曾采取过一些格外信任并恩宠外戚的做法，一是封侯。建武十三年（公元37年），"外戚恩泽封者四十五人"⑤。何焯论曰："中兴之始，以外戚恩泽侯者即有四十五人，所以复有窦梁

① 何兹全：《中国古代社会》，河南人民出版社1991年版，第406页。

② ［英］崔瑞德、［英］鲁惟一等：《剑桥秦汉史》，杨品泉等译，中国社会科学出版社1992年版，第三章第四节"后汉"。

③ 《东观汉纪·显宗孝明皇帝》。

④ 《东观汉纪·显宗孝明皇帝》。

⑤ 《后汉书》卷一，《光武帝纪》。

之横。"① 二是授予九卿高官，并让其出任宫省亲近之职，如阴识守执金吾“帝每巡郡国，识常留镇守京师，委以禁兵”②。阴皇后之弟阴兴“拜卫尉，后领侍中，受顾命于云台广室”，光武又“欲以代吴汉为大司马”，阴兴固辞乃罢。明帝虽严切限制外戚干政，但也给予外戚大量赏赐，这使其有了交结群臣、发展势力的财力基础。

章帝对外戚格外宽厚，比起前两朝则走得更远。他即位之初便提升舅氏马廖、马防、马光的官职，“以廖为卫尉，防为中郎将，光为越骑校尉”。③ 建初四年（公元79年）又封他们为列侯。章帝又宠爱窦皇后，对其言听计从。章帝时期的窦氏外戚势力兴起，逐渐干预朝政。

章帝时发生过窦皇后两起迫害事件，干预两任太子的人选。先是窦皇后与其母沘阳公主阴谋陷害当时太子刘庆的母亲宋贵人，“外令兄弟求其纤过，内使御者侦伺得失”④。诬陷宋贵人“以菟为厌胜之术”，建初七年（公元82年），“遂废太子庆而立皇太子肇。”窦皇后养子刘肇被立，宋贵人姊妹被迫饮药自杀。建初八年（公元83年）窦皇后又诬陷刘肇的生母梁贵人一家，梁贵人忧愁而死，其家属被远徙到九真。

窦皇后铲除了后宫竞争对手，外戚遂得“独擅权场”。马太后一死，章帝又以妻党替舅党，马氏外戚受抑制，窦氏外戚趋盛。据《资治通鉴》卷四六记载：

（窦）皇后兄窦宪为侍中、虎贲中郎将，弟窦笃为黄门侍郎，并恃宫省，赏赐累积。

宪恃宫掖声势，自王、主及阴、马诸家莫不畏惮。

虽然有不少大臣上书呼吁抑制窦宪势力，但章帝听之任之。综上可见，造就外戚政治的温床，导致外戚的逐渐坐大，光武帝和汉章帝难辞其咎。王夫之认为：“窦宪之祸，章帝实使之然矣。……托仁厚而溺于床笫，终汉之世，颠越于妇家，以进奸雄而陨大命，帝恶能辞其咎哉！”⑤他尖锐地揭示出汉章帝的失误及其应承担的责任，是为切中肯綮之论。

这个阶段外戚势力有所增长，但亦有控制。表现在被擢用的外戚人数不多，权力亦有限。一开始只是皇后兄窦宪、弟窦笃两人，“宪为侍中、虎贲中朗将，弟笃为黄门侍郎，并侍宫省，赏赐累积”，权力还是掌握于章帝手中。窦宪虽“恃宫掖声势，自王、主及阴、马诸家莫不畏惮”，但对汉章帝犹有畏惧。有个典型案例，便是窦宪以贱值夺取沁水公主园田，章帝知道后严厉斥责他“国家弃宪如孤雏、腐鼠

① 《后汉书》卷一，《光武帝纪》。

② 《后汉书》卷三二，《阴识传》。

③ 《资治通鉴》卷四五。

④ 《后汉书》卷五五，《章帝八王列传》

⑤ 《读通鉴论》卷七，《后汉章帝》。

耳!”窦宪大惧,“皇后为毁服深谢,(章帝)良久乃得解,使以田还主”[①]。虽然窦宪势力已很盛,但还不敢明目张胆地与皇权作对,皇权也没有受到太大的削弱。

章和二年(公元88年)章帝病逝,十岁的太子刘肇即位,窦太后“佐德听政”。太后大肆培植窦氏势力。追溯窦氏外戚势力特别是窦宪势力的扩张,可以分为几个时段来观察。

第一阶段,窦太后临朝,窦氏四兄弟便均得以进入宫省,“窦宪以侍中内干机密,出宣诰命;弟笃为虎贲中郎将,笃弟景、环并为中常侍,兄弟皆在亲要之地”[②]。此时,窦宪为拉拢群臣,至少在表面上表现出谦逊勤政的态度,“始遭大忧,公卿比奏,欲令典干国事,宪深执谦退,固辞盛位,勤勤恳恳,言之深至,天下闻之,莫不说喜”[③]。

紧接着,窦太后、窦宪便进行人事的调整。先是不动声色地安插不妨碍自己专权的官员,“以故太尉邓彪为太傅,赐爵关内侯,录尚书事”[④],因邓彪“仁厚委随”,“在位,修身而已,不能有所匡正”。窦宪便能“其所施为,辄外令彪奏,内白太后,事无不从”。依东汉之制,录尚书事者为事实上的宰相,窦宪通过邓彪便能名正言顺的干预朝政。

窦宪又上书窦太后,令“性和退自守”的经学家桓荣子桓郁为帝师,传授经学,这也是一种政治姿态。[⑤] 清代何焯说:“宪盖知郁不为己患,故荐之授经禁中,非德举也。”[⑥] 明代胡寅评曰:“欲擅者必谦降其势,故不自奏请,则人主以为远权推崇儒旧,则士论以为乐善,使天子亲信而不疑,然后其计得行,是舍其小而得其大者,屈于顷暂而伸于久远。”[⑦]

总之,在和帝即位之初,窦太后和窦宪控制了中枢权力,实际上褫夺了皇权,但由于和帝尚年幼,也由于窦宪示谦的姿态,皇权与窦氏外戚的矛盾还是潜在的。

紧接着,窦太后和窦宪又采取了排斥同姓诸侯王的举措。窦太后与窦宪控制了宫省之权后,便排斥同姓诸侯王势力,不容许分享权力。章和二年(公元88年)三月,遣诸侯王就国。《后汉书·和帝纪》:“陈王羡、彭城王恭、乐成王党、下邳王衍、梁王畅始就国。”五位宗室王被遣回各自的封地,表面上是落实章帝遗策,但实际上是为外戚扫除专权障碍。

窦宪压制刘姓宗室,在为章帝发丧期间便杀戮异己,公然遣客刺杀刘畅。《后汉

---

① 《后汉书》卷二三,《窦宪传》。
② 《资治通鉴》卷四七,第1513页。
③ 《资治通鉴》卷四七,永元元年尚书何敞上书。
④ 《资治通鉴》卷四七。
⑤ 《后汉书》卷二三,《窦宪传》。
⑥ 何焯《义门读书记》卷二一。
⑦ 胡寅《读史管见》卷一。

书窦宪传》："齐殇王子都乡侯畅来吊国忧，畅素行邪僻，与步兵校尉邓叠亲属数往来京师，因叠母元自通长乐宫，得幸太后，被诏召诣上东门。宪惧见幸，分宫省之权，遣客刺杀畅于屯卫之中，而归罪于畅弟利侯刚。乃使侍御史与青州刺史杂考刚等。"追查的结果，将窦宪暴露出来，"太后怒，闭宪于内宫"①。事发后窦太后如何为窦宪解脱，便影响到朝廷政治的走向。

二、征伐北匈奴的争议与战局连环影响

窦宪刺杀刘畅及其败露，成为征伐匈奴的导火索，这便进入了第二阶段。因为征伐事件与汉和帝铲除窦宪事件密切相关，所以有必要加以考察。

按照史家的记载，征伐匈奴的缘起与窦宪刺杀犯案密切相关。当窦太后竭力回护但苦于找不到解脱窦宪的理由时，适值南匈奴上书请伐北匈奴，窦宪获悉立即"自求"率军征讨，以求立功抵罪。章和二年（公元88年）冬十月乙亥，侍中窦宪被任命为车骑将军，率部并指挥南匈奴军队讨伐北匈奴。

客观地看，窦宪在谋杀案暴露后企图立功赎罪应属事出偶然。从深层次而论，则是两汉以来民族矛盾运动的必然结果。北匈奴的侵扰，对中原社会的安宁和发展带来莫大的威胁。早在汉明帝时耿秉就说："中国虚费，边陲不宁，其患专在匈奴。"随着汉朝国力的增强，一场征伐北匈奴的军事行动拉开了帷幕，这也是农业民族对抗匈奴统治集团侵扰的主动选择。

窦宪提出的征伐动议，遇到很大的阻力。三公、九卿诣朝堂上书谏，以为"匈奴不犯边塞，而无故劳师远涉，损费国用，徼功万里，非社稷之计"。书连上，窦太后一概不予回复。

太尉宋由惧，遂不敢复署议，而诸卿稍自引止。唯司徒袁安、司空任隗守正不移，至免冠朝堂固争，前后且十上，众皆为之危惧，安、隗正色自若。侍御史鲁恭上疏反对开边用兵，理由有三：一是章帝去世不久，"国家新遭大忧，不宜用兵"；二是乘人之危用兵，不符合儒家武德；三是国力不胜任大动干戈，"今始征发，而大司农调度不足，上下相迫，民间之急，亦已甚矣"②。尚书令韩棱、骑都尉朱晖、议郎京兆乐恢、侍御史何敞皆上疏谏，太后不听。

为何朝臣几乎一致反对开边用兵呢？鲁恭上疏的主张，颇有代表性。反对派的理由，首先是基于儒家重文轻武的价值观念；其次，值君主权位交替阶段，为保持稳定，不宜过分用兵；第三，趁人之危用兵，有违武德；四是国力不足，不宜兴战事。

这场战争的必要性应该如何看？从后世的立场看，匈奴长期构成汉朝威胁，在

---

① 内宫指南宫。王先谦注："谓太后闭之南宫，欲诛之日也。"《后汉书集解》卷一三，《窦融传》。
② 《后汉书》卷二五，《鲁恭传》。

具备彻底击垮的条件下，战争手段是最上乘的抉择。但从朝议可以看出，对于承平年代来说，这是一个两难问题。笔者认为，窦宪主战尽管有私心，但击垮北匈奴的战事，客观上顺应了中原王朝保卫农业文明的历史需求，应给予积极评价。持反对立场的朝臣集团受到儒家和平主义取向的影响太深，而且从事态推测，可能也有不希望造就军事强人的深层忧虑，但史料没有显现直接的证据。

永元元年（公元89年）六月，窦宪首次告捷。《后汉书·南匈奴列传》："以秉为征西将军，与车骑将军窦宪率骑八千，与度辽兵及南单于众三万骑，出朔方击北虏，大破之。北单于奔走，首虏二十余万人。"各部于稽落山一战大败北匈奴，窦宪"登燕然山刻石勒功而还"①，同年九月，窦宪提升为大将军。

永元二年（公元90年）夏季，朝廷"遣副校尉阎磐讨北匈奴，取伊吾卢地"②。秋七月窦宪出屯凉州，九月"北匈奴遣使称臣"。是年冬季，窦宪"遣左谷蠡王师子出鸡鹿塞，击北匈奴于河云北，大破之"③。

次年，窦宪发动消灭北匈奴的金微山之战，"二月，大将军窦宪遣左校尉耿夔出居延塞，围北单于于金微山，大破之，获其母阏氏"④。北匈奴遁逃中亚，"不知所在"⑤。

这场战争取胜的根本原因何在？匈奴史专家林干认为，汉章帝后期以来"阶级矛盾、民族矛盾和统治阶级内部矛盾所造成的局面，使北匈奴的社会危机充分暴露出来。这正好为汉朝北征创造了十分有利的条件"，"而北匈奴这次之所以不堪一击，主要原因也在于社会危机十分深刻"。林干使用了"统一战争"来界定用兵性质。

战争胜利带来统一的新局面。东汉恢复了西域行政官府，永元三年（公元91年）"十二月，复置西域都护、骑都尉、戊己校尉官"⑥。西域都护府自王莽改制以来已无法立足，光武帝时仍未能光复，从东汉开国至此已60余年，复置西域都护可视为中原政权控制西域的里程碑式事件。范晔给予了很高的评价：

> 窦宪、耿夔之徒，前后并进，皆用果谲，设奇数，异道同会，究掩其窟穴，蹑北追奔三千余里，遂破龙祠，焚罽幕，坑十角，梏阏氏，铭功封石，倡呼而还。单于震慑，屏气蒙毡，遁走于乌孙之地，而漠北空矣。

匈奴史学家指出，"从公元前209年冒顿单于建立政权起算，匈奴在大漠南北活跃，至此整整三百年"，这次征讨的战果，使"匈奴奴隶制政权全部瓦解。从此匈奴

---

① 《后汉书》卷四，《孝和帝纪》。
② 《后汉书》卷四，《孝和帝纪》。
③ 《后汉书》卷四，《孝和帝纪》。
④ 《后汉书》卷四，《孝和帝纪》。
⑤ 《后汉书》卷二三，《窦宪传》。
⑥ 《后汉书》卷四，《孝和帝纪》。

退出了漠北地区"①。事态显示，窦宪具有较为成熟的用兵战略和指挥能力，当然他也深知出战对于自己赎罪、固权的意义。窦宪用兵对东汉解决边疆问题做出了重要贡献，范晔公正地赞扬了窦宪功绩，以为与卫青等相比，"列其功庸，兼茂于前多矣!""后世莫称者，章末衅以降其实也"；但又表示了困惑：匈奴"将服叛去来，自有数也?"，怀疑边疆民族归附与叛逆是否自有其规律，而未必归功于窦宪征伐。这种怀疑今天看来是没有道理的。从人物评价角度看，有的学者将驱除北匈奴的功劳简单地记到了汉和帝账上，现在看来也是不公允的。当时决策者是窦太后和窦宪，汉和帝没有亲政，是政治傀儡，不应因批评窦宪专权而避谈其解决匈奴问题的贡献。

永元四年（公元92年），北匈奴驱除后，朝廷上又发生了围绕关于拜单于的争议。此事缘起，是窦宪拟遣使拜北单于弟于除鞬为北匈奴部单于。司徒袁安认为，在保持与南单于修好的情况下，更立新降北匈奴，"失信于所养，建立于无功"，而且依惯例，"供给南单于费直岁一亿九十余万"，"今北庭弥远，其费过倍，是乃空尽天下，而非建策之要也"②。但窦宪强势通过，留下了后患。

历史进程是由多元利益主体从不同方向施加的合力所驱动的，对匈战争胜利带来的另一个不虞性结果，便是窦宪捞足了政治资本，威名大盛，赢得朝野的敬畏，其势力急剧膨胀，加速了朝廷内权力矛盾和较量的进程，催化了一系列连锁反应。

在初战告捷后，窦宪的势力随着战事的推进急剧膨胀。永元元年（公元89年）六月，稽落山之战取胜，七月，和帝颁诏书表彰。九月，窦宪升任大将军。和帝慑于窦太后，先是对其加官进爵，"诏使中郎将持节即五原拜宪大将军，封武阳侯，食邑二万户"。其次，专门为其提高级别，"旧大将军位在三公下，置官署依太尉。宪威权震朝廷，公卿希旨，奏宪位次太傅下，三公上"。其三，大将军府中吏职相应提高待遇并增加编制，"长史、司马秩中二千石，从事中郎二人六百石，自下各有增"③。自此，前罪再也无人提起。窦宪辞却封侯，但从此以大将军身份典守兵权，权力大增，与皇权的矛盾日趋激化。

窦宪提拔家族成员，控制朝廷权力，"窦氏父子兄弟并居列位，充满朝廷。叔父霸为城门校尉，霸弟曜将作大匠，曜弟嘉少府，其为侍中、将、大夫、郎吏十余人"④。

窦宪一方面结党营私，拉拢控制朝内外的官员。另一方面排斥异己，谋害"拥君派"士大夫，对不附己者极尽打击之能事。这被史家胡寅总结为"奏免三公，刺杀宗侯，仗钺出征，诛两仆射，逐一尚书"⑤。

---

① 林干：《匈奴史》，内蒙古人民出版社2008年版，第98页。

② 《后汉书》卷四五，《袁安传》。

③ 《后汉书》卷二三，《窦宪传》。

④ 《后汉书》卷二三，《窦宪传》。

⑤ 胡寅：《读史管见》卷一，《续修四库全书》，第448册。

"奏免三公"。早在汉章帝时，窦宪曾奏免太尉郑弘，将其陷害，遂致病死。

"刺杀宗侯"。汉章帝去世后随即谋害齐殇王子都乡侯刘畅。

"诛两仆射"。对匈奴作战期间，窦宪打击迫害两任尚书仆射郅寿、乐恢。两人均因上书指斥窦氏而获罪，被逼自杀。

"逐一尚书"。尚书何敞多次指斥窦宪势力，窦宪将他逐出京师。

即便是身边的幕僚，劝谏者也遭到贬斥。主簿崔骃数谏窦宪抑权，"宪不能容，稍疏之，因察骃高第，出为长岑长。骃自以远去，遂不之官而归，卒于家"①。

还有对谒者韩纡家族的报复："永平时，谒者韩纡尝考劾父勋狱，宪遂令客斩纡子，以首祭勋冢。"② 曾随同窦宪出征匈奴的军司马梁讽，因"坐失宪意，髡输武威，武威太守承旨杀之"③。

窦宪在无情打击异己的同时，组建了亲信班底。《后汉书·窦宪传》："以耿夔、任尚等为爪牙，邓叠、郭璜为心腹，班固、傅毅之徒典文章，刺史、守令多出其门，赋敛吏民，共为赂遗。"④ 窦宪掌控了朝廷任命地方官的人事权，"宪日益横，尽树其私人于名都大郡"⑤，据永元四年（公元92年）司徒丁鸿举奏："天下远近，皆惶怖承旨。刺史、两千石初除，谒辞，求通待报，虽奉符玺，受台敕，不敢便去，久者至数十日。背王室向私门，此乃上威损下权盛也。"⑥ 朝廷内外许多政客如司隶校尉郑据、河南尹蔡嵩，⑦ 尚书张林、洛阳令杨光⑧、洛阳令李阜⑨等，都卖身投靠或一味攀附。河南尹王调、汉阳郡太守朱畅、南阳郡太守满殷、高丹等皆其宾客出身。⑩ 汉阳郡太守马棱、故蜀郡太守廉范也是其亲信。⑪ 军队中也有一批"窦党"，如征西将军、副车骑将军耿秉等。⑫

窦氏势力的专权，导致其家族的腐败和扰民，甚至影响到边防用兵。"窦宪纳妻，天下郡国皆有礼庆"。⑬ 窦宪已俨然凌驾于皇帝之上。执金吾窦景"奴客缇骑强夺人财货，篡取罪人，妻略妇女，商贾闭塞，如避寇雠"⑭。《后汉书·袁安传》：

---

① 《后汉书》卷五二，《崔骃传》。
② 《后汉书》卷二三，《窦宪传》。
③ 《后汉书》卷四七，《班梁列传》。
④ 《资治通鉴》卷四七，第1527页。
⑤ 王先谦：《后汉书集解》卷四五，《袁安传》注引袁山松《后汉书》。
⑥ 《后汉书》卷三七，《丁鸿传》。
⑦ 《后汉书》卷四五，《袁安传》，并见李贤注文。
⑧ 《后汉书》卷三三，《郑弘传》。
⑨ 《后汉书》卷三三，《乐恢传》。
⑩ 《后汉书》卷四五，《袁安传》注引袁山松《后汉书》。
⑪ 《后汉书》卷二四，《马援传》："棱多奉军费，侵赋百姓"。
⑫ 《后汉书》卷一九，《耿弇传》。
⑬ 《后汉书》卷三七，《丁鸿传》。
⑭ 《资治通鉴》卷四七，《汉纪》四〇。

“景又擅使乘驿施檄缘边诸郡，发突骑及善骑射有才力者，”令上谷等“三郡各遣吏将送诣景第”。窦太后又厚待亲族，大肆为外祖伯父中山简王发丧，扰民尤甚。[①]可见窦氏豪族集团凭靠专权为非作歹，压榨百姓，已越过了汉家民本政治传统的底线，这也是范晔等后世史家极力贬低外戚势力的道德原因之一。

在此期间，还发生了一件议礼仪之事。永元三年（公元91年）十月，和帝行幸长安，祭祀前汉列祖，窦宪亦前往。官员商议迎接窦宪礼仪时，竟然“议欲拜之，伏称万岁”[②]，被尚书韩棱奏止。窦氏肆无忌惮地挑战君主权威，无疑加剧了汉和帝的清除决心。皇权与窦氏势力的矛盾逐渐发展到白热化的程度。

三、铲除窦氏事件的性质及其条件分析

和帝谋划铲除窦宪，面临极大的困难。早在章帝时朝臣郑弘打击窦氏外戚，被收监不得善终。至当朝，窦宪兵权在握，党羽耳目已布满朝廷内外，要想不惊动其党羽，确保计谋的私密性，是很难做到的。

从中外朝制度看，东汉初年实行的尚书台制度，在很大程度上限制了和帝与内外臣僚的接触。史载“及光武亲总吏职，天下事皆上尚书，与人主参决，乃下三府”[③]。因此，君主与三公等外朝官“莫由亲接”，逐渐疏远。窦太后临朝，又以明哲保身的邓彪为太傅，并录尚书事。《后汉书·宦者列传》：“和帝即祚幼弱，而窦宪兄弟专总权威，内外臣僚，莫由亲接，所与居者，唯阉宦而已。故郑众得专谋禁中，终除大憝。”王夫之曾分析道：

（光武）崇三公之位而削其权，大臣不相亲也；授尚书以政，而卑其秩，近臣不自固也。故窦宪缘之制和帝，不得与内外臣僚相亲，而唯与阉宦居。非宪能创锢蔽之法以钳天子与大臣也，其家法有旧矣。[④]

后世论史者每每批评和帝不与三公谋划，这些批评者缺乏对后汉制度的深切了解，识见犹逊于王夫之。

再看刘姓宗室。东汉诸王经光武、明帝严厉的打击后，终日纵情于犬马声色，不敢过问政事。诸王大多被遣回封国，新封的诸王虽在京师，但年龄尚幼小。诸侯王群体发挥不了拱卫王室的作用，所以和帝很难得到来自诸侯王的援手。

---

① 《后汉书》卷四二，《光武十王传》。窦宪的外祖父为东海王刘强，中山简王刘焉系刘强的同胞兄弟。故窦氏家族为简王大肆发丧：“加赙钱一亿。诏济南、东海二王皆会。大为修塚茔，开神道，平夷吏人塚墓以千数，作者万余人。发常山、钜鹿、涿郡柏黄肠杂木，三郡不能备，复调余州郡工徒及送致者数千人。凡征发摇动六州十八郡，制度余国莫及。”

② 《后汉书》卷四五，《韩棱传》。

③ 李林甫等撰《唐六典》，卷一，“尚书都省”条，中华书局1992年版。

④ 《读通鉴论》卷七，《和帝》。

从宫城宿卫军体制看，宫中管理近卫军的主要官职大多被窦氏势力占据，如窦宪叔父窦霸为城门校尉，“掌洛阳城门十二所”;① 窦宪党羽邓磊为步兵校尉，女婿郭举为射声校尉，都“掌宿卫兵”②，东汉统辖近卫军的五个校尉中，有三个岗位被窦宪亲信占据，和帝要想调动近卫军也要颇费一番周折。

当然，有利于和帝谋诛计划的因素也是存在的。当时朝臣的政治立场分野很明显，在追随窦宪的“拥窦派”之外，明、章帝两朝留下了不少忠君大臣，可称之为“拥君派”。他们不畏强御，敢于批评窦宪兄弟弄权跋扈，多次向窦太后与和帝进谏。朝臣中如司徒袁安、司空任隗③、太常丁鸿、侍御史鲁恭、尚书令韩棱、尚书仆射郅寿、乐恢、尚书何敞、尚书陈宠、司徒掾周荣等；地方官员如司隶校尉宋意④、冀州刺史应顺⑤、张掖太守李恂⑥等。这些人士通过奏疏、议政对窦宪及其亲信展开强烈抨击，如尚书仆射郅寿朝会时讥刺窦宪专权，“厉音正色，辞旨甚切”⑦，司徒丁鸿呼吁“左官外附之臣，依托权门，倾覆谄谀，以求容媚者，宜行一切之诛”，形成一种抑制外戚的舆论声势。

值得注意的是，朝臣在整个事变中并非是无足轻重的。据应劭所记，汉末彭城相袁元服的曾祖袁安为司徒，对和帝曾有过重要的帮助：

> 忠蹇匪躬，尽诚事国……启发和帝，诛讨窦氏。中兴以来，最为明宰。⑧

查《后汉书·袁安传》，知其在事发之前数月已去世，如何“启发”呢？本传载，“安以天子幼弱，外戚擅权，每朝会进见，及与公卿言国家事，未尝不噫呜流涕。自天子及大臣皆恃赖之。四年春，薨，朝廷痛惜焉”。可知袁安忠诚于皇权，敢于揭露朝廷问题，激愤抨击外戚乱政，应是其“启发和帝”的方式。假定范晔所述不误的话，惮于外戚窦宪“专总权威”，少年和帝与“内外臣僚，莫由亲接”，三公之臣参与程度大概也就停留在这个层次。

和帝利用手中权力，提拔反对窦宪专权的拥君派大臣。史载“及窦宪为大将军征匈奴，公卿以下及郡国无不遣吏子弟奉献遗者，而（陈）宠与中山相汝南张郴、

---

① 《续汉书》志二七，《百官志四》。

② 《续汉书》志二七，《百官志四》。另外，史料中关于窦党控制军事要职的记载有较大出入，邓叠也可能担任过卫尉一职。参见《后汉书》卷四，《孝和帝纪》。

③ 《后汉书》卷二一，《任光传》载，司空任隗“独与司徒袁安同心毕力，持重处正，鲠言直议，无所回隐”。

④ 《后汉书》卷四一，《宋均传》：“〔宋〕意随违举奏，无所回避，由是与窦氏有隙。”

⑤ 《后汉书》卷四八，《应奉传》载冀州刺史应顺事迹，“时窦宪出屯河西，刺史、二千石皆遣子弟奉赂遗宪，宪败后咸被绳黜，顺独不在其中，由是显名”。

⑥ 《后汉书》卷五一，《李恂传》。

⑦ 《后汉书》卷二九，《郅寿传》。

⑧ 应劭：《风俗通义》，中华书局1981年版，第95页。

东平相应顺守正不阿。后和帝闻之，擢宠为大司农，郴太仆，顺左冯翊”①。另有司徒丁鸿则担任更直接的重任，“行太尉兼卫尉，屯南北宫”，这是直接指挥近卫军的职务。

拥君派还尽力抑制窦氏势力。司徒袁安、司空任隗举奏那些依附窦宪、赋敛吏民的二千石地方官，“又它所连及，贬秩免官四十余人”②。其中，敢于抨击外戚弄权的尚书令韩棱引人注意。尚书令韩棱与仆射郅寿、尚书陈宠，同时俱以才能称。早在汉章帝治丧期间，主持调查刘畅被杀案件，排除窦太后干扰，顶住压力办案，最终挖出真凶窦宪。兵事初起时，他又鲜明反对出兵北匈奴，“宪惶恐，白太后求出击北匈奴以赎罪。棱复上疏谏，太后不从”。他还敢于举奏来清除窦宪党羽，永元三年（公元91年）“尚书左丞王龙私奏记，上牛酒于宪”，韩棱举奏王龙行贿，王龙被“论为城旦”。同年，韩棱制止群臣谀称万岁的动议，“议者皆惭而止”。从调查刘畅案件到弹劾王龙，再到奏止群臣谀称，这一系列反击值得玩味。作为尚书台主官，韩棱能够摆脱以“录尚书事”身份统管尚书台的亲窦派邓彪，如愿以偿，说明朝廷正气尚在，外戚尚不敢冒天下之大不韪将事情做绝，舆论环境还是有利于抑制外戚势力的。明人王志坚对此有所察觉，认为“盖当时风俗犹朴，大权犹未旁落也。”③

正是迫于舆论的声势，窦太后于永元四年（公元92年）罢免了“篡取罪人”“妻略妇女”“擅发边兵”的执金吾窦景。④ 执金吾“掌宫外戒司非常水火之事，……及主兵器”⑤，窦氏失掉这一重要官职，降低了和帝调动宫中宿卫军的难度。

需要指出的是，窦宪一直在关注北匈奴问题，数年率兵在外，很大一部分精力被匈奴战争所牵制。同时，汉和帝的年龄因素也起到麻痹政敌的作用，窦宪对少年皇帝的轻视心态，在客观上有利于和帝的策划和反击。

四、和帝发难：权力角逐的最终摊牌

从事态逻辑上推测，和帝对外戚势力危害的认识，应该是随着形势的发展而逐渐明晰的。章和二年（公元88年）即位到永元三年（公元91年）初，这期间和帝可能还未萌生铲除窦党的意图，但应已意识到皇权面临的危机。永元三年（公元91年）二月窦宪灭北匈奴，势力鼎盛，十月窦宪朝见和帝时，朝臣竟然“议欲拜之，伏称万岁”。推测此时的和帝应已有铲除的意图，遂着手寻找帮助者。

汉和帝首先寻找的助手是清河王刘庆。永元四年（公元92年），和帝借讲经的

① 《后汉书》卷四六，《陈宠传》。

② 《后汉书》卷四五，《袁安传》。

③ 王志坚：《读史商语》，卷一，《四库存目丛书》，齐鲁书社2004年版。

④ 《后汉书》卷二三，《窦宪传》。

⑤ 《续汉书》志二七，《百官志四》。

机会，征调比自己长一岁的清河王刘庆“入省宿止”，[①] 方便与其谋划，此为计划的第一步。但要策划铲除行动，在朝臣较为疏远的情况下，和帝必然要依靠宦官的参与，中常侍郑众“独一心王室，不事豪党，帝亲信焉”，最终选择了郑众，开始秘密谋划除掉窦宪及其势力。

永元四年（公元92年）初，和帝赏赐军功，策封窦宪党羽、尚在武威屯卫的邓叠为穰侯，显示出屈服于外戚势力的姿态。

三月，司徒袁安死，和帝委任拥君派大臣、时任太常的丁鸿为司徒。

不久，事态急剧升级。据史载，窦宪党羽邓磊的母亲元及窦宪女婿郭举图谋杀害和帝。《后汉书·窦宪传》：

四年，封邓叠为穰侯。叠与其弟步兵校尉磊及母元，又宪女婿射声校尉郭举，举父长乐少府璜，皆相交结。元、举并出入禁中，举得幸太后，遂共图为杀害。帝阴知其谋，乃与近幸中常侍郑众定议诛之，以宪在外，虑其惧祸为乱，忍而未发。[②]

另据《后汉书·张酺传》记载：

及窦氏败，酺乃上疏曰：“臣实愚惷，不及大体，以为窦氏虽伏厥辜，而罪刑未著，后世不见其事，但闻其诛，非所以垂示国典，贻之将来。宜下理官，与天下平之。方宪等宠贵，群臣阿附唯恐不及，皆言宪受顾命之托，怀伊、吕之忠，至乃复比邓夫人于文母。”

李贤注：“邓夫人即穰侯邓叠母元也。元出入宫掖，共窦宪女婿郭举父子同谋杀害，与窦氏同诛，语见宪传，故张酺论宪兼及其党。[③]

和帝“阴知其谋”，这应是刺激其决断并导致事变的直接导火索。和帝加紧了策划的步伐，主动借鉴西汉历史经验，辗转借阅《外戚传》并了解前朝故事：“帝将诛窦氏，欲得外戚传，惧左右不敢使，乃令庆私从千乘王求，夜独内之；又令庆传语中常侍郑众求索故事。”[④] 故事乃指西汉铲除外戚的前朝案例。

---

① 《后汉书》卷五五，《章帝八王传·清河孝王庆》。

② 关于郭举密谋败露的时间问题，史料记载有矛盾。《续汉书·天文志中》：“郭举为侍中、射声校尉，与卫尉邓叠母元俱出入宫中，谋为不轨。至四年六月丙（寅）［辰］发觉。”据《后汉书·窦宪传》云“帝阴知其谋，乃与近幸中常侍郑众定议诛之，以宪在外，虑其惧祸为乱，忍而未发。”《后汉书·和帝纪》云“夏四月丙辰，大将军窦宪还至京师”。可知谋害计划被和帝获悉，当在四月丙辰之前。《续汉书·天文志中》所记比这个时间点晚了两个月，不合情理。

③ 李慈铭曾对窦宪和郭举的罪名提出怀疑，他针对《后汉书·孝和帝纪》“窦宪潜图弑逆”的记载，提出：“窦宪无逆谋，《马光传》注引《东观汉记》可证。《后汉书·窦宪传》亦仅云举等共图为杀害，未知所图者为何人，盖亦当时文致之词也。”（见氏著《后汉书札记》，载《越缦堂读书札记全编》，北京图书馆出版社2003年版）但不论其是否参与谋弑，和帝除掉他都要借助这个罪名。李慈铭疑郭举等“图为杀害”也是罗织罪名，但联系梁冀的作为来看，在没有有力旁证的情况下，其谋弑和帝的可能性尚无法否认。

④ 指前汉朝廷铲除外戚的事件，李贤注云：“谓文帝诛薄昭，武帝诛窦婴故事。”

和帝与郑众之间其实远不止于“传语”沟通的方式，据《后汉纪·孝和皇帝纪》：“因与中官郑众密谋之，众劝上亟行其诛。上曰：‘宪在外，恐变生，不可’。”可知郑众事实上是与和帝当面密谋的。考虑到窦宪在京师外领兵，和帝惧其拥兵叛乱，暂时没有采取镇压行动。[①] 值得注意的是，郑众还有一个关键的举措，同上书载，“众白太后，帝当谨护玺绶”。汉制，天子有六玺，其中“皇帝信玺”用于发兵。郑众建议应具有深意，这为后来事变时调遣近卫军做了重要的准备。

四月，《后汉书·和帝纪》：“大将军窦宪还至京师”。《后汉书·窦宪传》：“宪及邓叠班师还京师”，和帝“诏使大鸿胪持节郊迎，赐军吏各有差”[②]，以此麻痹对方。

六月，司徒丁鸿借戊戌（初一）日食上书，揭露群臣攀附窦宪的情形。“是时窦太后临政，宪兄弟各擅威权。鸿因日食，上封事”[③]，呼吁强固王权，激励和帝“改政匡失”[④]。

“书奏十余日，帝以鸿行太尉兼卫尉，屯南、北宫”。[⑤] 据此，可知时间应在六月十五日前后。这是和帝在人事方面为调动近卫军、用武力解决外戚势力的关键部署。[⑥]

六月庚申日（二十三日）[⑦]，和帝亲自到北宫，“庚申，执金吾、五校尉兵屯卫南北宫，闭城门”[⑧]，分头逮捕主要党羽郭璜、郭举、邓叠、邓磊，下狱处死，又派

① 《后汉书》卷一六，《邓训传》：“永元二年，大将军窦宪将兵镇武威。”《后汉书》卷四五，《袁安传》：“时窦宪复出屯武威。明年，北单于为耿夔所破，遁走乌孙，塞北地空，余部不知所属。”可知窦宪两度出屯武威郡。

② 《后汉书》卷二三，《窦宪传》。

③ 《后汉书》，《本纪》曰：“闰月丁丑，太常丁鸿为司徒。”

④ 《资治通鉴》卷四八。

⑤ 《后汉书》卷三七，《丁鸿传》。

⑥ 此时实际的太尉为窦宪党羽宋由，故和帝任命丁鸿为代理太尉，行使军权。袁宏《后汉纪·孝和皇帝上》提到此时太尉为任隗，误。

⑦ 关于事态日程，《后汉书·孝和帝纪》：“夏四月丙辰，大将军窦宪还至京师。六月戊戌朔，日有食之。丙辰，郡国十三地震。窦宪潜图弑逆。庚申，幸北宫。诏收捕宪党，”《续汉书·五行四》：“和帝永元四年六月丙辰（十九日）地震。”《春秋汉含孳》曰：“女主盛，臣制命，则地动圻，畔震起，山崩沦。”是时，窦太后摄政，兄窦宪专权，将以是受祸也。后五日（二十三日），诏收宪印绶，兄弟就国，逼迫皆自杀。据李贤注云：“案本纪：庚申幸北宫，诏捕宪等。庚申是二十三日。”《续汉书·五行六》：“和帝永元……四年六月戊戌朔（初一），日有蚀之，在七星二度，主衣裳。又曰行近轩辕，在左角，为太后族。是月十九日，上免太后兄弟窦宪等官，遣就国，选严能相，于国蹙迫自杀。”可知和帝发难的日期有两说：一是丙辰日（十九日），一是庚申日（二十三日）。比较起来，《后汉书·孝和帝纪》与《五行四》一致，庚申日（二十三日）是可信的，《五行六》所记有误。

⑧ 据《续汉书》志二七，《百官志四》，北军五校尉为屯骑校尉、越骑校尉、步兵校尉、长水校尉、射声校尉。此时步兵校尉为邓磊，射声校尉为郭举，都是要被抓捕的窦党骨干，和帝任用的可能是其副职，诛除窦宪后才升为校尉，或是临时行校尉之职权，故史书仍记载为“五校尉”。

谒者仆射收缴窦宪的大将军印绶，“更封为冠军侯，与笃、景、环皆就国”①。和帝出于对窦太后的顾忌，没有直接处死窦氏兄弟，而是“为选严能相督察之，宪、笃、景到国，皆迫令自杀”，“宗族、宾客以宪为官者，皆免归本郡”②。

窦宪这位曾经决战西北、驱逐匈奴的军事强权人物，最后却栽倒在一位年仅十四岁的少年皇帝手中。和帝发动了一场极为罕见的成功政变。

和帝能够成功诛除政敌的原因，除了前面提到的一些有利条件外，其主观努力和谋划起到重要作用。用人得当、组织严密、措施谨慎也是重要原因。和帝选择刘庆，刘庆比和帝年长一岁，不易引起怀疑。刘庆受过窦太后的迫害，与和帝过从亲密；选择郑众是因其“谨敏有心几，不事豪党”。指挥近卫军的丁鸿系拥君派，其他如执金吾、五校尉部属也应该是可以信赖的。③ 整个计划十分严密，起事后在京城内先分头逮捕主要对手，避免了京师动乱。

前人对此给予了很高评价。宋人胡寅认为，和帝“幼冲威断”，魄力实过于章帝。此事可与汉昭帝诛除上官桀相提并论，可谓“远继孝昭之烈”。④明人范光宙亦看重和帝“贵察而断”的品格，亦将其与汉昭帝相比，以为“夫帝固冲主也，而即位之初遽能去奸而进贤，夫睿谋雄断岂下孝昭哉！”并为其依托宦官的问题辩护，“或议帝诛宪而谋及郑众，以梯十常侍之祸。噫，冲主而责其不逆观于未然，亦苛论矣哉”⑤。

和帝在铲除窦宪、窦笃、窦景之后，又致力于肃清窦氏势力的依附分子。“窦氏宗族、宾客以宪为官者，皆免归故郡”，“凡交通者，皆坐免官”。太尉宋由依附窦宪而被免，自杀。太傅邓彪也以老病上还枢机职。

---

① 《后汉书》卷二三，《窦宪传》。

② 《后汉书》卷二三，《窦宪传》。另据《周章传》记载，“时大将军窦宪免，封冠军侯就国。章从太守行春到冠军，太守犹欲谒之。章进谏曰：‘今日公行春，岂可越仪私交。且宪椒房之亲，执倾王室，而退就藩国，祸福难量。明府剖符大臣，千里重任，举止进退，其可轻乎？’太守不听，遂便升车。章前拔佩刀绝马鞅，于是乃止。及宪被诛，公卿以下多以交关得罪，太守幸免。”据此可知，窦宪回归封邑到被迫令自杀，中间有一段短暂时间。

③ 有学者认为，汉和帝是借助于中常侍郑众所掌握的部分禁军武力铲除外戚势力的。见白寿彝主编《中国通史》第四卷，第412页。今按，《后汉书·宦者列传》所记，郑众“永平中，初给事太子家。肃宗即位，拜小黄门，迁中常侍。和帝初，加位钩盾令”。考中常侍之职，没有执掌禁军的职能。《续汉书·百官志》：“中常侍，千石。本注曰：宦者，无员。后增秩比二千石。掌侍左右，从入内宫，赞导内众事，顾问应对给事。”东汉中常侍有具体职掌，本无员数，明帝时定为四人。章帝、和帝时，郑众、蔡伦都从小黄门迁为中常侍。此后员数也从四人增加到十人，东汉末增加到十二人。郑众当时又加官钩盾令，《续汉书·百官志三》：“钩盾令一人，六百石。本注曰：宦者。典诸近池苑囿游观之处。”可知钩盾令为汉少府属官，由宦者任。掌管诸近池苑囿游观之处。《汉书·百官公卿表》谓所属有五丞二尉，不言其详。上引《续汉书》列举永安丞、苑中丞、果丞、鸿池丞、南园丞及濯龙监、直里监，二监当即《汉书》所云之尉。可见该官职权未涉及到执掌禁军。

④ 胡寅：《读史管见》，《续修四库全书》，第448册。

⑤ 范光宙：《史评》卷五，《四库存目丛书》，第281册。

除掉窦氏势力，肃清窦党，使濒危的皇权重新加强，稳定了东汉政权，这是汉和帝对东汉发展做出的贡献。事变始末充分体现了和帝的善谋、机智和明断。自此，汉和帝开始亲政。

但在肃清窦氏势力过程中，和帝打击政敌党羽的范围过宽，手段过严。《后汉书·韩棱传》载“及窦氏败，棱典案其事，深竟党与，数月不休沐。帝以为忧国忘家，赐布三百匹”。又如多次上谏而被窦宪出为济南太傅的何敞，“及窦氏败，有司奏敞子与夏阳侯环厚善，坐免官”①。再如被洛阳令下狱最后死于狱中的史学家班固。王夫之曾批评过和帝深治窦党的做法：“朋党之兴，其始于窦宪之诛乎！……尽举其（窦宪）宗族宾客名之以党，收捕考治之，党之名立，而党祸遂延之于后世。”② 这些都似乎重蹈了明帝兴楚王之狱的故辙。到了汉末，朝廷再度罗织党人的罪名，无情镇压清流士大夫。

五、汉政之转折：和帝治国及其与戚宦政治的关系

今天，当人们超越了传统正统观的狭隘眼界来看待这场事变，就应该以汉和帝亲政后的施政效果，来判断这场权力角逐的是非曲直。换言之，汉和帝掌权后的社会治理如何，其治国政策是否符合历史发展趋势，这应是评价的最终着眼点。

我们知道，汉和帝时恰值历史时期的气候变动阶段，导致了东汉中期自然灾害频发，小农经济遭受到很大的破坏；国家又刚经历过征伐北匈奴战争和窦氏外戚的贪腐政治，财政耗费巨大，农业生产也受到很大影响。面对这些不利因素，汉和帝沿用章帝以来的宽厚政治，推动了小农经济的恢复和发展。

这里引用几个关键数值。到和帝末年的元兴元年（公元105年），国家控制下的户口数达9237112户，人口数53256229，接近西汉的最高峰值；垦田数732170顷，达到东汉的最高峰值。③ 这几组数字，反映出东汉经济在自然灾害频发的情况下仍有可观的发展。

东汉综合国力在和帝时臻于极盛。具体表现有两点，首先是国家赢得统一局面和对外交往扩大。窦宪于永元三年（公元91年）击溃北匈奴，和帝又平定了南匈奴的叛乱；辽东有辽东太守耿夔镇守；西域有班超经营，西域五十国全部归附。永元九年（公元97年）班超又派遣甘英出使大秦，远抵波斯湾，扩展了对外交流。其次，国家文化繁盛，科技进步。和帝时宦官蔡伦改进了造纸术，又在朝廷帮助下得以推广，对中外文化发展贡献甚大；在儒家经学文化鼎盛的氛围下，许慎完成其语言巨著《说文解字》。凡此可见和帝时期朝野欣欣向荣的景象。范晔论曰：“自中兴

① 《后汉书》卷四三，《何敞传》。

② 王夫之：《读通鉴论》卷七，《和帝》。

③ 《续汉书》志二三，《郡国志五》注。

以来，逮于永元，虽颇有弛张，而俱存不扰，是以齐民岁增，辟土世广。偏师出塞，则漠北地空，都护西指，则通译四万。”① 翦伯赞论曰：“东汉的政权到汉和帝时便发展到全盛时期的顶点。当此之时，帝国的光辉，正如日中天，照射瀛寰……当时助长了国内外诸种族之经济的发展与文化的交流，从而使中国历史再前进一步。”②汉和帝重振皇权，使东汉持续了盛世。其治国举措，表明他不愧为有为之君。请看以下三则传统史家的评论：

《东观汉记·和帝纪》：“朝无宠族，政如砥矢。外忧庶绩，内勤经艺。自左右近臣，皆诵诗书。德教在宽，仁恕并治，是以黎元宁康，万国协和。”

《东观汉记·序》：“穆宗之嗣世，正身履道以奉大业。宾礼耆艾，勋式旧典，宫无嫔嫱郑卫之谳，囿无槃乐游畋之豫，躬履至德，虚静自损，是以屡获丰年，远近承风云尔。”③

司马彪《续汉书·汉和帝纪》：“孝和年十四，能折外戚骄横之权，即昭帝毙上官之矣。朝政遂一，民安职业，勤恤本务，苑囿希幸，远夷稽服，西域开泰，郡国言符瑞八十余品，咸惧虚妄，抑而不宣云尔。”④

《东观汉记》言“朝无宠族”，不尽切合史实，《东观汉记·序》也有溢美之嫌。但总的看来，所论大体近乎事实。可见和帝继承了光武明章之治，“德教在宽，仁恕并治”⑤，宽和的养民政策使小农经济得以发展，东汉继续维系了强盛局面。正是从这个意义上，我们将汉和帝视为有为皇帝，肯定其镇压窦宪外戚势力的政变。那种武断地将和帝视为衰世君主，将和帝时期划归东汉衰落时期的意见不符合历史真实，也是有失公允的。

当然，历史现象是复杂的，和帝政治也存在受到后人诟病的两大失误。

首先，和帝开启了后来宦官专政的趋势。当初值窦氏专权，和帝身陷重围，面临失位被弑之虞时，和帝依靠宦官郑众策划是无可厚非的，如王夫之所说：“微郑众，帝其危矣。”⑥在除掉窦氏后，和帝不仅亲近宦官有加，而且提升郑众为大长秋，使得宦官得与政事：

《后汉书·五行志》：“是时和帝与中常侍郑众谋夺窦氏权，德之，因任用之，及幸常侍蔡伦，二人始并用权。”

《后汉书·周章传》：“永初元年……是时中常侍郑众，蔡伦等皆秉势豫政。”和

---

① 《后汉书》卷四，《孝和帝纪》。

② 翦伯赞：《秦汉史》，北京大学出版社 1983 年版，第十章，第 482 页。

③ 刘珍等：《东观汉记·和帝纪·附论》。

④ 司马彪：《续汉书·和帝纪》，见《太平御览》卷九一。

⑤ 《后汉纪》卷二，《帝纪二·穆宗孝和皇帝》。

⑥ 王夫之：《读通鉴论》，第 273 页。

帝“常与之议论政事”，“宦官用权自此始矣”①。

“始并用权”与“秉势豫政”等说法，反映为宦官参与朝政打开方便之门。

被非议的还有和帝封郑众为鄛乡侯，“食邑千五百户”②，宦官封侯亦开了一个恶例，后世因之，遂使宦官势力一发不可收拾。

如追溯宦官势力被器重的起点，那要从明、章帝时说起。《后汉书·儒林列传》：“（明帝）经传有疑，辄遣小黄门就（高诩）舍即问。”《后汉书·曹褒传》：“（章帝）章和二年，令小黄门持班固所上叔孙通《汉仪》十二篇，敕褒。”小黄门等宦官权力渐增，实际上超过了《续汉书·百官志》中所说的职掌。③

除重用郑众、蔡伦外，和帝经常派遣宦官代表他看望高官。《后汉书·张酺传》载，永元五年（公元93年），和帝任张酺为太尉，张酺以疾病为由上书推辞，“帝不许，使中黄门问病，加以珍馐，赐钱三十万”。宦官代表皇帝对朝官进行指责和训导。如张酺子张蕃当时“以郎侍讲”，“帝因令小黄门敕蕃”。宦官可代表皇帝受理朝臣的奏疏。《后汉书·张奋传》载，张奋因连年旱灾上疏，疏中言“愿对中常侍疏奏”。

对于敢于批评任用宦官的官员，汉和帝竟将其免职，《后汉书·李法传》载，李法永元九年（公元97年）为侍中、光禄大夫，“岁余，上疏以为……宦官权盛，椒房宠盛……坐失旨，下有司，免为庶人”。李法的遭遇反映出汉和帝对宦官的倚重和心理亲近感。

史家认为，和帝“拒一虎而进一狼”④，“开宦官用权之渐，生十常侍亡汉之阶”⑤，重用宦官是严重失误。虽然宦官不一定都是腐朽黑恶势力，但是由于他们靠近皇帝，接近权力中枢，他们的强大常常反映皇权的衰弱，而在封建专制时代，皇权的衰弱常常代表着这个王朝的衰落趋势。虽然汉和帝尚能控制宦官，在其掌政期间没有出现宦官为害的情况，但积之既久，后来终成大患。对和帝的不当做法，朝臣中仅有李法出面异议，不复见到当年袁安、丁鸿等群臣犯颜强谏的情势了。

其次，汉和帝也没有成为外戚政治的终结者。铲除窦宪之后，他反而扶持了东汉历史上最为强势、危害也最烈的梁氏集团，导致外戚强权政治愈演愈烈。

永元九年（公元97年），窦太后死，和帝始知身世，于是大封梁氏外戚，“追封谥皇太后父竦为褒亲愍侯，遣使迎其丧，葬于恭怀皇后陵旁。征还竦妻子；封子棠为乐平侯，棠弟雍为乘氏侯，雍弟翟为单父侯，位皆特进，赏赐以巨万计，宠遇光

---

① 《资治通鉴》卷四八。

② 《后汉书》卷七八，《宦者列传·郑众》。

③ 《续汉志·百官志》：“小黄门，六百石。【本注曰】：宦者，无员，掌侍左右，受尚书事。上在内宫，关通中外，及中宫以下众事，诸公主及王大妃等有疾苦，则使问之。”

④ 范光宙：《史评》卷五，《四库存目丛书》，第448册。

⑤ 胡寅：《读史管见》，《续修四库全书》，第281册。

于当世，梁氏自此盛矣”①。和帝本来是从窦氏外戚手中夺回的皇权，却又大封梁氏外戚，可见他并未真正汲取外戚干政的惨痛教训。梁氏虽在和帝之世没有为患，但势力逐渐增长，致使出现东汉历史上罕见的梁冀之祸。

其三，由于和帝没有立太子，生前没有安排好继承人，直接导致死后邓皇后称制控权：

长子平原王有疾，而诸皇子夭没，前后十数，后生者辄隐秘养于人间。殇帝生始百日，后乃迎立之。尊后为皇太后，太后临朝。②

和帝未崩，数失皇子，皇子生，养于民间，群僚无知者。及和帝崩，是日仓卒，上下忧惶。后乃收敛皇子，皇子胜长，有微疾。殇帝生百余日，后欲自养长，立为皇子。其夜即位，尊皇后为皇太后。帝在襁褓，皇太后临朝。③

和帝于永元十七年（公元105年）去世。邓皇后以太后身份临朝专政，邓氏把持了政权，这种情况颇类似和帝即位时的形势，邓后“以女主临政，委用刑人，寄之国命。手握王爵，口含天宪”④。又大力提携邓氏家族。外戚与宦官出现暂时性妥协，两种势力均已壮大而形成气候。邓太后专政的权力远盛于和帝初年的窦太后，宦官势力也比和帝时强大，朝政走向衰落，是汉和帝死后王朝的基本趋势。从此东汉史便陷入外戚与宦官交替专权的中衰阶段，再也没有重现前期的兴盛气象。

综上，汉和帝成功铲除外戚势力，改写了东汉的历史，实现了皇权的再度振作，延续了光武明章时代的盛世态势，故应将其定位为东汉有为君主。但我们也要正视和帝政治中酝酿着的东汉由盛趋衰的转折因素，恰如前人所论，他同时也是“东汉祸基之主”⑤，对东汉政治的衰变负有不可推卸的责任，这就是和帝政治的两面性。

---

① 《资治通鉴》卷四八，《汉纪》四〇。

② 《后汉书》卷十，《皇后纪上》。

③ 司马彪：《后汉书》卷一，《孝和邓皇后》，汪文台辑《七家后汉书》，陕西人民出版社1987年版，第193页。

④ 《后汉书》卷七八，《宦者列传》。

⑤ 范光宙：《史评》，《四库存目丛书》，第448册。

里耶秦简释文补遗三则

邬文玲

（中国社会科学院　历史研究所）

【摘要】新近公布的《里耶秦简［壹］》中有几枚涉及“续食”的简牍，虽然已有高水平的释读和校释再整理，但仍有剩义可寻。这几枚木牍中，有三枚相对完整，其余两枚残断较甚。但从存文来看，皆与“谒告过所县乡以次续食”，即要求县乡为途经本地的公务人员按规定供给膳食有关。陈伟主编《里耶秦简牍校释（第一卷）》（以下简称《校释》）已对文书的大部分内容进行了注释和解读，兹不一一赘述，仅就有不同意见的地方展开讨论。

【关键词】里耶秦简；释文补遗

一

新近公布的《里耶秦简［壹］》[①]中有几枚涉及“续食”的简牍，虽然已有高水平的释读和校释再整理，但仍有剩义可寻。这几枚木牍中，有三枚相对完整，其余两枚残断较甚。但从存文来看，皆与“谒告过所县乡以次续食”，即要求县乡为途经本地的公务人员按规定供给膳食有关。陈伟主编《里耶秦简牍校释（第一卷）》（以下简称《校释》）[②]已对文书的大部分内容进行了注释和解读，兹不一一赘述，仅就有不同意见的地方展开讨论，以就教。

为了讨论方便起见，先依照《校释》和《里耶秦简［壹］》图版所示木牍原文行款，将释文移录如下：

［简一］

元年七月庚子朔丁未，仓守阳敢言之：狱佐辨、平、士吏贺具狱，县官

食尽甲寅，谒告过所县乡以次续食。**雨留不能投宿齎。**

来复传。零阳田能自食。当腾期卅日。敢言之。/七月戊申，零阳

龏移过所县乡。/齮手。/七月庚子朔癸亥，迁陵守丞固告仓啬夫：

以律令从事。/嘉手（5-1 正）

---

① 湖南省文物考古研究所：《里耶秦简［壹］》，文物出版社 2012 年版。

② 陈伟主编：《里耶秦简牍校释（第一卷）》，武汉大学出版社 2012 年版，以下简称《校释》。

迁陵食辨、平尽己巳旦□□□□迁陵
七月癸亥旦，士五（伍）臂以来。/嘉发（5-1 背）

[简二]

☐□仓□建□□□畜官适□☐
☐□谒告过所县乡，以次续食。**雨**☐
☐腾腾。迁陵田能自食。敢言之。☐
☐□□□丞迁移酉阳、临沅。/得☐（8-50+8-422）

[简三]

☐庚寅朔辛亥，【仓】☐
☐□皆尽三月，迁□☐
食如律。**雨留不能投宿齎。**☐
三月庚申朔辛亥，迁☐（8-110+8-669 正）
令佐温☐
□戌□□□阳翟□☐
更□士□□□中痤☐（8-110+8-669 背）

[简四]

卅五年二月庚申朔戊寅，仓□择敢言之：隶□饘为狱行辟
书彭阳，食尽二月。谒告过县乡以次牍（续）食。**节（即）不**
能投宿赍。迁陵田能自食。未入关县乡，当成齍，
以律令成齍。来复传。敢言之☐（8-169+8-233+8-407+8-416+8-1185 正）
☐　　择手（背）（8-169+8-233+8-407+8-416+8-1185 背）

[简五]

卅五年三月庚寅朔辛亥，仓衔敢言之：疏书吏、徒上事尉府
者牍北（背），食皆尽三月，迁陵田能自食。谒告过所县，以县乡次续
食如律。**雨留不能投宿赍。**当腾腾。来复传。敢言之。（8-1517 正）
令佐温。
更戍士五城父阳翟执。
更戍士五城父西中痤。
臂手。（8-1517 背）

在上述木牍文书中，[简一]、[简三] 和 [简五] 中皆有“雨留不能投宿齎”一语，[简二] 虽然残断，但据留存的“雨”字，可推测亦应有此语。[简四] 的表

述略有不同，作“节（即）不能投宿齎”。其中“投宿”之“投”，原释文或作“投”，或作“决”，或作“史”，或缺释。《校释》皆释作“投”，可从。对于“雨留不能投宿齎”和“节（即）不能投宿齎”，《校释》单独为句，亦未作点断，认为其意可能是说当因故不能投宿时提供资粮钱财。但从文书内容来看，此句系承前“谒告过所县乡以次续食”而言，仍然是对“过所县乡”的要求，换句话说，其主语与“以次续食”的主语相同，亦为“过所县乡”，因此这两句话之间应施逗号而不是句号，“雨留不能投宿齎”的读法亦当重新考虑。

以［简一］为例，本文认为其正面释文第一行和第二行应当改读如下：

元年七月庚子朔丁未，仓守阳敢言之：狱佐辨、平、士吏贺具狱，县官食尽甲寅。谒告过所县乡以次续食，雨留不能，投宿、赍。(后略)

“续食”，相继供给膳食。张家山汉简《二年律令·传食律》：“以诏使及乘置传，不用此律。县各署食尽日，前县以谁（推）续食。”《汉书·武帝纪》：“征吏民有明当时之务，习先圣之术者，县次续食，令与计偕。”史籍中也作“给食”，如《汉书·平帝纪》：“起官寺市里，募徙贫民，县次给食。”二者含义相同。“过所县乡以次续食”，意思是要求途经的县乡相继供给膳食。

“雨留”，因雨滞留或逗留，这里指因雨滞留超过法定供给膳食的期限。秦汉时期不仅对公务出行人员沿途的膳食供给标准有严格的法律规定，而且对供给期限也有严格的限制，比如张家山汉简《二年律令·传食律》规定：“使者非有事其县道界中也，皆毋过再食。其有事焉，留过十日者，禀米令自炊。”意思是，即使因公务在某县道境内停留超过十天以上，当地即不再负责供给现成的膳食，只提供粮食物资令其自行炊煮。换句话说，通常沿途的县道最多只负责为途经的公务人员提供十天的现成膳食。

“不能”，与［简四］中的“节（即）不能”意思相同，即“如果不能”。“即不能”是秦汉史籍中习见的省略句式，通常承前省略宾语，比如，《史记·项羽本纪》：“秦吏卒多窃言曰：‘章将军等诈吾属降诸侯，今能入关破秦，大善。即不能，诸侯虏吾属而东，秦必尽诛吾父母妻子。’”《史记·季布栾布列传》：“周氏曰：‘汉购将军急，迹且至臣家，将军能听臣，臣敢献计。即不能，愿先自刭。’”“不能”亦常见承前省略宾语的用例，比如《史记·伍子胥列传》：“王使使谓伍奢曰：‘能致汝二子则生，不能则死。’”

“雨留不能”，亦承前省略了宾语“以次续食”，完整的意思是，“如果因雨滞留超过法定期限而不能供给现成的膳食”。

“投宿、齎”，指投宿和投齎。这里的“投”，即提供、供给之意；“宿”，住宿；“齎”，通“资”，即粮食物资。根据前引张家山汉简《二年律令·传食律》的相关规定，公务出行人员凡在某地停留超过十天，当地即不再负责供给现成的膳食，但会提供米粮物资使其自行炊煮。因此这里的“投宿、齎”，意即提供住宿和相应的粮食物资。如果将“投宿”属前读作“雨留不能投宿”，则似乎只能做出一个殊难通解的解释“因雨滞留，不能投宿”。因雨滞留却没有住宿之处，是难以想像的情形，即使提供钱粮物资，似乎也毫无意义。前引《二年律令·传食律》既然规定“稟米令自炊”，那么自然会提供“自炊”之地。律文没有提及住宿期限，很可能住宿没有十日之期的限定。

综上，“雨留不能，投宿、齎”，这句话系承前而言，“雨留不能”承前省略了主语“过所县乡”和宾语“以次续食”，“投宿、齎”则承前省略了主语“过所县乡”。如果把这句话的句子成份补齐的话，则为“雨留（过所县乡）不能（以次续食），（过所县乡）投宿、齎”。完整的意思是“如果因雨滞留超过法定期限，所过县乡不能继续供给现成膳食的话，则提供住宿和相应的粮食物资”。云梦睡虎地秦简《传食律》和张家山汉简《二年律令·传食律》均对不同身份者的膳食供给标准有详细的规定，“稟米令自炊”的粮食物资供给或当与之相类。

［简一］第三行“当腾期卅日”，《校释》在注释中说“当腾”也许应与下文断读。按，应断读为是。“当腾”“当腾腾”，在云梦睡虎地秦简中均出现过，对于“腾”字含义，学界也多有讨论，主要有“移书”“眷写”“传送”等几种解释。《校释》对各家意见已有详列，兹不赘述。从本木牍文书中的用例来看，“腾”可能包含了眷写和移送两层含义，类似于汉简文书中常见的“写移”。从大量汉简文书来看，“写移”的内容既包括转发的附件，也包括主件即上级机构签发的下行文。如果有多层级的转发，则每一级机构在转发时除了眷写附件之外，还要眷写之前各级机构的下行文，包括末尾的题署在内。本木牍文书的情形与此相类，虽然该文书是迁陵守丞下发给迁陵仓啬夫的，但其中实际上包含了三份层层相套的文书，试析解如下：

（1）灵阳仓守阳上呈灵阳县长官龏的文书：“元年七月庚子朔丁未，仓守阳敢言之：狱佐辨、平、士吏贺具狱，县官食尽甲寅。谒告过所县乡以次续食，雨留不能，投宿、赍。来复传。零阳田能自食。当腾，期卅日。敢言之。”

（2）灵阳县长官龏移送迁陵县守丞的文书：（1）+（A）阳长官龏致迁陵县行文：“七月戊申，零阳龏移过所县乡。/齮手。”

（3）迁陵守丞下发迁陵仓啬夫的文书：（2）+（B）迁陵守丞固致迁陵仓啬夫行文：“七月庚子朔癸亥，迁陵守丞固告仓啬夫：以律令从事。/嘉手。”

据此可见，由于文书（1）中有“当腾”的要求，所以文书（2）中包含对文书（1）的全文录写，文书（3）中则又包含对文书（2）的全文录写。这三份文书实际上也分别代表了文书生成、传递和处理的三个阶段。此即秦汉时代“腾”或“写移”的文书制度运作实态的体现。这种文书制度虽然有繁琐之嫌，但却最大限度保证了文书所载信息的准确性，留存了文书传递和处理的详细流程，从而为文书行政的回溯管理提供了最大便捷。只需根据终端文书，即可层层回溯至起始文书，其中任何一个环节出现问题，都很容易追查清楚。而我们今天通过对腾移或写移文书内容的研读分析，亦可在一定程度上复原当时文书行政的实态。就该木牍文书而言，即可根据现存内容清晰地复原其生成、传递、处理的全过程：

灵阳县仓守阳上呈文书（1）致灵阳县长官→灵阳县长官移送文书（2）致迁陵县守丞固→迁陵县守丞固下发文书（3）致迁陵县仓啬夫。

另外，从整个文书的内容和结构来看，［简一］背面两行文字的读法亦应作调整，正确的读法是先读第二行，再读第一行。为了说明此点，首先简单梳理一下该木牍文书的运作流程：

秦二世元年（公元前209年）七月八日，灵阳县仓守阳向灵阳县长官龏呈文，报告说狱佐辨、平、士吏贺将出行具狱，需要途经县乡提供膳食，请求长官发文通知沿途各县乡按照相关规定为辨、平、贺等提供膳食，如果因雨滞留超过规定期限而不能继续提供膳食，则提供住宿和粮食物资。使用往返传。灵阳官田能够自行供给膳食。应当腾送，期限为三十日。七月九日，灵阳县长官龏即据此发文通知沿途各县乡。七月二十四日，迁陵县守丞固收悉灵阳县长官龏的移文后，即发文通知迁陵县的仓啬夫，让其按照律令规定为辨、平、贺等人提供食宿。当日清晨通知便下达至仓啬夫处。仓啬夫处收到文书时在背面左侧详细记录了文书送达的情况，也就是背面第二行："七月癸亥旦，士五（伍）臂以来。/嘉发。"即七月二十四日清晨士伍臂送来文书，由嘉拆开。

木牍背面第一行文字："迁陵食辨、平尽己巳旦□□□□迁陵"，应是记录迁陵县为辨、平等人提供膳食的情形，遗憾的是部分文字漫漶不存，存文前半段的意思是迁陵县为辨、平提供膳食截至七月三十日止，后半段大约是关于士吏贺的情形，据末尾迁陵二字可推测，贺大约因故未进入迁陵县境内，所以前文只有为辨和平提供膳食的记录。从文书中的相关日期来看，灵阳仓守阳的呈文中说辨、平、贺等人的膳食供应在灵阳县止于七月十五日，而迁陵守丞是在七月二十四日给仓啬夫下达供给膳食的指令，表明辨、平、贺等人在此前的七月十五日至二十四日未进入迁陵县境内，当是沿途其他的县乡供给膳食。从文书背面所书的内容来看，迁陵县为辨、平等人提供膳食的日期截至七月三十日，则迁陵县共为辨、平等人提供了七天的膳食。

从书写笔迹来看，木牍上共有三种不同的笔迹（见附图一）：正面为一种，背面两行文字各为一种。三种笔迹的内容应是在分别在三种不同的场景下写就的：正面是陵守丞固下达给仓啬夫的文书全文，背面左行是仓啬夫的收文记录，右行是仓啬夫对迁陵守丞文书命令的执行情况汇总记录，当是仓啬夫事后补书作为备案。因此阅读该木牍文书时，背面右行文字应该置于最后。如此，则该木牍文书全文当改读如下：

[简一]

元年七月庚子朔丁未，仓守阳敢言之：狱佐辨、平、士吏贺具狱，县官
食尽甲寅，谒告过所县乡以次续食，雨留不能，投宿、齎。
来复传。零阳田能自食。当腾，期卅日。敢言之。/七月戊申，零阳
龏移过所县乡。/齮手。/七月庚子朔癸亥，迁陵守丞固告仓啬夫：
以律令从事。/嘉手（5-1 正）
七月癸亥旦，士五（伍）臂以来。/嘉发
迁陵食辨、平尽己巳旦□□□□迁陵（5-1 背）

其余几枚木牍释文亦当分别依例改读如下：

[简二]

☐□仓□建□□□畜官适□☐
☐□，谒告过所县乡以次续食，雨☐
☐腾腾。迁陵田能自食。敢言之。☐
☐□□□丞迁移酉阳、临沅。/得☐（8-50+8-422）

[简三]

☐庚寅朔辛亥，【仓】☐
☐□皆尽三月，迁□☐
食如律，雨留不能，投宿、齎。☐
三月庚申朔辛亥，迁☐（8-110+8-669 正）
令佐温☐
□戌□□□阳翟□☐
更□士□□□中痤☐（8-110+8-669 背）

[简四]

卅五年二月庚申朔戊寅，仓□择敢言之：隶□饇为狱行辟
书彭阳，食尽二月。谒告过所县乡以次牍（续）食，节（即）不
能，投宿、齎。迁陵田能自食。未入关县乡，当成齍，
以律令成齍。来复传。敢言之☐（8-169+8-233+8-407+8-416+8-1185 正）
☐　　择手（背）（8-169+8-233+8-407+8-416+8-1185 背）

[简五]

卅五年三月庚寅朔辛亥，仓銜敢言之：疏书吏、徒上事尉府

者牍北（背），食皆尽三月。迁陵田能自食。谒告过所县，以县乡次续

食如律，雨留不能，投宿、赍。当腾腾。来复传。敢言之。(8–1517 正)

令佐温。

更戍士五城父阳翟执。

更戍士五城父西中痤。

胥手。(8–1517 背)

从文书内容来看，［简二］、［简三］、［简四］、［简五］皆系迁陵县仓的负责人上呈致迁陵县长官的文书，报告说有公务出行人员，需要途经的县乡提供膳食，请求迁陵县长官通知沿途各县乡按规定为相关出行人员提供膳食。从文书生成、传递和处理流程来看，它们皆处于前文所分析［简一］中的文书（1）阶段。

二

里耶秦简中有一枚残简，涉及到一则法律术语。《校释》经过残片缀合之后，释读如下：

［简六］

☐□□□□□□　□□□□□……☐

☐勿令缪失，以纵、不直论，有令　☐（正）

☐　列削削箭箭前箭☐（背）(8–70+8–1913)

正面第二行文字的读法不够准确，“失”字当属下，读作：“☐勿令缪，失以纵、不直论，有令。☐”这句话虽然不完整，不能知其详，但“勿令缪”和“失以纵、不直论”的意思清楚，且分别都可找到用例。

“勿令缪”，即不要出差错。“缪”，同谬，即差错之意。睡虎地秦简《金布律》云：“官相输者，以书告其出计之年，受者以入计之。八月、九月中其有输，计其输所远近，不能逮其输所之计，□□□□□□□移计其后年，计毋相缪。工献输官者，皆深以其年计之。”汉简文书中常见“毋令缪”一语。如居延新简 E. P. T65：23A：“新始建国地皇上戊三年五月丙辰朔乙巳，裨将军辅平居成尉伋、丞谓城仓：闲田延水甲沟三十井殄北卒未得……付受相与校计，同月出入，毋令缪，如律令。”E. P. F22：462A：“建武四年□□壬子朔壬申，守张掖旷丞崇谓城仓：居延甲渠卅井殄北言，吏当食者先得三月食，调给有书，为调如牒，书到，付受与校计，同月出入，毋令缪，如律令。”①

“失以纵、不直论”，如有错失按“纵”和“不直”罪论处。“纵”和“不直”

① 甘肃省文物考古研究所等：《居延新简》，中华书局 1994 年版。

皆为秦汉法律中的罪名。睡虎地秦墓竹简《法律答问》："论狱【何谓】'不直'？可(何)谓"纵囚"？罪当重而端轻之，当轻而端重之，是谓'不直'。当论而端弗论，及傷其狱，端令不致，论出之，是谓'纵囚'。"张家山汉简《二年律令·具律》："鞫（鞫）狱故纵、不直，及诊、报、辟故弗穷审者，死罪，斩左止（趾）为城旦，它各以其罪论之。"

先前公布的岳麓书院藏秦简中有一类自题为"质日"，这类简以往称为历谱或者历表，现在根据各地所出秦汉简牍可知，其原本的名称应为简牍自题的"历日""质日"或"日"等。其性质应系朝廷颁行全国的历日正朔，以供人们查阅当年的具体月日干支，作为行事宜忌的指南。但在实际使用的过程中，人们也将其用于简要记事。通常是在相应的月日干支之下，记录当日的重要活动或者重大事件，带有现今日记或者备忘录的特点。根据这些记事，大致可以推知其人的身份和基本活动。从岳麓书院藏秦简"卅四年质日"来看，其主人名腾，是一位地方官吏，所记重要事项除了"归休""视事""居右史"和出行等等之外，还有两处与律令有关的记事：即在二月甲辰之下记有"失以纵、不直论令到"，二月乙丑之下记有"失纵、不直论令到"。① 意即腾在此年二月分别于八日和二十九日先后两次收到上级机构传达的"失纵、不直论令"。根据这一记录似乎可以推测：秦始皇三十四年二月可能对"失纵不直论令"有两次修订，新法令出台之后，则迅即向各级机构传达公布。这里的"失以纵、不直论令""失纵、不直论令"，与牍文中"失以纵、不直论，有令"，正相呼应。

里耶秦简一则文书中也涉及到关于纵、不直的律令规定和运用实例，《校释》缀合释读如下：

[简七]

卂（讯）敬：令曰：诸有吏治已决而更治者，其罪节（即）重若益轻，吏前治者皆当以纵、不直论。今甾等当赎耐，是即敬等纵弗论殹。何故不以纵论？

(8-1832+8-1418+8-1133+8-1132 正)

赎（8-1832+8-1418+8-1133+8-1132 背）

[简八]

甾等非故纵弗论殹，它如劾。(8-1107)

《校释》已经指出，[简七] 和 [简八] 意思关联，但中间有缺环，不能直接编联。不过文书大意认可明了：治狱之吏敬等先前审理甾等的案件，判决其无罪。有人告劾敬等故意轻判甾等，犯了"纵"罪。但相关机构并没有按"纵"罪处罚敬等。

① 朱汉民、陈松长主编：《岳麓书院藏秦简（壹）》，第 11 页 J18 和第 13 页 0621。

后有司覆审留等的案件，认为留等当赎耐，敬等的确犯了“纵”罪，因此发文诘问相关机构为何不以“纵”罪处罚敬等。相关机构调查认为敬等在处理留等的案件中并没有“故纵弗论”的行为。

[简七] 中引用了有关“纵、不直”的令文：“诸有吏治已决而更治者，其罪节（即）重若益轻，吏前治者皆当以纵、不直论。”该令文与前引睡虎地秦简《法律答问》中关于“不直”和“纵囚”的界定相比，似乎更为严苛。《法律答问》中的界定是针对“端为”即主观故意而言，而 [简六] 所引令文，则不论故意或过误，只要在治狱量刑中出现轻重之失，均按“纵”和“不直”罪论处。这与 [简六] 中“失以纵、不直论”的精神是相一致的，只要出现错失，不论故误，均按“纵、不直”论处。

三

新公布的里耶秦简中还有一些简牍的释文和注释不够准确，应予以补正。比如有一枚木牍经《校释》的缀合再整理，释读如下：

[简九]

廿八年十二月癸未，迁陵守丞膻之以此追如少内书。/犯手。☑

甲申水下七刻，高里士五（伍）□行。☑

七月辛亥，少内守公敢言之：计不得敢（?）膻隤有令，今迁陵已定，以付鄞少内

金钱计，计廿☑

□年。谒告鄞司佐：□虽有物故，后计上校以癧（应）迁陵，毋令校缪，缪任不在　　迁陵，

丞印一□☑（8-75+8-166+8-485 正）

弗用，不来报，敢言之。/气手。/□水下八刻，佐气以来。/敞□☑

七月壬子，迁陵守丞膻之敢告鄞丞以写□，敢告之。/尚手。/□水☑

□佐气行旁。☑

□□水下□刻□□以来。/犯手。☑（8-75+8-166+8-485 背）

正面第三行“计不得敢膻隤有令”中的“敢膻隤”三字，整理者原未释，《校释》释作“敢（?）膻隤”，仍未安。据图版（见附图二），此三字当释作“报重追”，则全句当读作：“计不得报，重追，有令”。意思是“如需统计入账而没有得到回覆，则严肃追查索要，有相关的律令规定”。对不及时回覆文书者进行追查的制度，也为汉代所继承。比如《居延新简》E. P. T48：56：“五月戊辰，丞相光下少府、大鸿胪、京兆尹、定□相承书从事下当用者，京兆尹以□次传，别书相报，不

报重追之，书到言。” E. P. T50：48：“七月癸亥，宗正丹、郡司空、大司农承书从事下当用者，以道次传，别书相报，不报者重追之，书到言。”① 先前在《湖南龙山里耶战国——秦代古城一号井发掘简报》② 中公布的关于追讨赀钱的一组文书中，有不少涉及相关机构因未得到回覆文书而请求追查索的例子，比如：

卅三年三月辛未朔戊戌，司空腾敢言之：阳陵下里士五（伍）不识有赀余钱千

七百廿八。不识戍洞庭郡，不智（知）何县署。今为钱校券一，上谒言洞庭尉，令署

所县责，以受（授）阳陵司空。【司空】不名计，问何县官计付，署计年、名为报。已訾

责其家，［家］贫弗能入，有物故，弗服，毋听流辞。以环书道远，报署

主责发，敢言之。/四月壬寅，阳陵守丞恬敢言之：写上，谒报，署金（J1⑨3正面）

布发，敢言之。/堪手。

卅四年七月甲子朔辛卯，阳陵遬敢言之：未得报，谒追，敢言之。/堪手。

卅五年四月己未朔乙丑，洞庭假（假）尉觿谓迁陵丞：阳

陵卒署迁陵，以律令从事。报之。/嘉手。以洞

庭司马印行事。　　　　　　　　　　　敬手。（J1⑨3背面）

其他如 J1（9）11、J1（9）4 等木牍文书中皆有“至今未报，谒追”等语，性质与此相类。

第四行“缪任不在迁陵”之“任”，《校释》注释说：“任，任职。”未安。这里的“任”指“责任”。此语系承前“毋令校缪”而言，意思是说：“核对不要出现差错，如果出现差错，责任不在迁陵。”

① 甘肃省文物考古研究所等：《居延新简》，中华书局 1994 年版。

② 湖南省文物考古研究所等：《湖南龙山里耶战国——秦代古城一号井发掘简报》，《文物》，2003 年第 1 期。

附图一：

一背　一正

附图二：

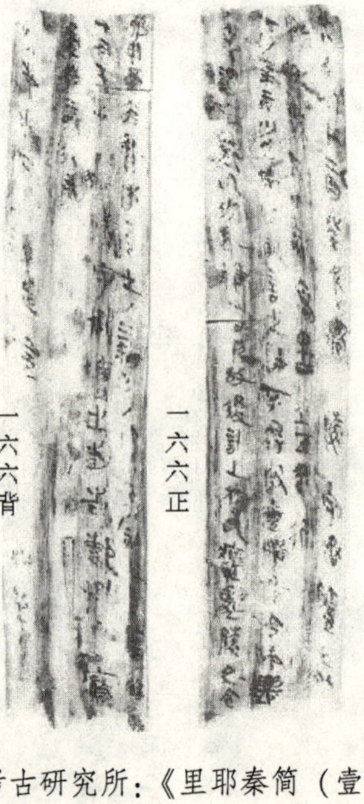

一六六背　一六六正

（说明：图版引自湖南省文物考古研究所：《里耶秦简（壹）》，文物出版社2012年版。）

秦汉律简“同居”考论

贾丽英

（石家庄学院历史系）

【摘要】 同居，作为秦汉法律术语，曾在20世纪《睡虎地秦墓竹简》公布后引发学界讨论。但材料的局限使讨论不能深入进行，且结论有失偏颇。现今随着张家山汉简、三国吴简、里耶秦简的相继出土，关于这个问题可以做进一步的探讨。本文主要就同居的涵义和范围、同居的法律效力等进行论证。认为秦汉律中“同居”有两层涵义，一层是同居数，一层为同居不同数。同居法适用于妻子儿女、父母同产、伯叔堂兄弟、妻系母系等亲属，以及奴婢、客等非亲属。同居的“共财”特征使其法律效力与财产和继承直接相关。

【关键词】 秦汉；同居；简牍

同居，是古代家庭法中一个专门术语，早在清末就已进入律学家的研究视野。像沈家本《历代刑法考》中专有《同居考》一节，汇集了汉唐明各代与同居有关的若干法令条文。① 20世纪70年代睡虎地秦简出土，又引发学界就秦汉律中“同居”一词的深入探索。那么“同居”与“户”之间是否可以划等号？“同居”包括哪些人？至今认识不一。② 现今随着三国吴简以及部分里耶秦简的公布，使我们对秦汉三国的户籍原貌有了更直接的了解，张家山汉简律文中“同居数”这一新概念的出现，给我们进一步认识“同居”提供了可能。本文拟在前人的研究基础之上，利用新出简牍材料，就秦汉同居的涵义、范围，以及同居的法律效力等问题讲行讨论。

---

① 沈家本：《历代刑法考》，中华书局1985年版，第1325-1329页。

② 唐刚卯认为秦汉时期的同居为“同户籍”（《封建法中同居法适用范围的扩大——略论唐宋时期“随身”“人力”“佃客”“雇工人”的法律地们》，载《中国史研究》1989年第4期）；日本学者冨谷至认为：“所谓缘坐对象的同居，可以解释为户籍上登记的家族”（［日］冨谷至著，柴生芳、朱恒晔译：《秦汉刑罚制度研究》，广西师范大学出版社2006年版，第156页）。彭年认为同居包括父母妻子而不包括奴婢，（《秦汉同居考辩》，《社会科学研究》1990年第6期）；张世超则认为奴婢属于同居（《秦简中“同居”与有关法律》，《东北师大学报》1989年第3期）；台湾杜正胜“同居皆指同户的同母兄弟而言，没有包括他们的子女”（《传统家族试论》，《家族与社会》，中国大百科全书出版社2005年版，第25页）；阎爱民认为同居与同产一样“是汉人常用的，以母亲为中心的亲属称谓，而用于律令上的概念，都兼指同母的兄弟”（《汉晋家族研究》，上海人民出版社2005年版，第275页）。

一、同居及范围

（一）何谓同居

作为一个法律术语，从目前的材料来看，“同居”最早出现在秦律中。睡虎地秦墓竹简《法律答问》：

“盗及者（诸）它罪，同居所当坐。”可（何）谓“同居”？户为“同居”。（简22）①

可（何）谓“室人”？可（何）谓“同居”？“同居”，独户母之谓殹（也）。“室人”者，一室，尽当坐罪人之谓殹（也）。（简201）②

简22“户为‘同居’”，即登记在同一户籍上的人称为“同居”。但对简201“独户母”的解释，学界所持观点不一。整理小组认为是一户中同母的人，国内学者多沿此成说。日本学者佐竹靖彦释“母”为“毌”，通“贯”，“独户母”即“一个户贯”。冨谷至进一步认为“户贯”即“户关”，也就是门闩的意思。“独户母”就是拥有同一个门闩的居住房屋。而最初的户籍登记以同一住所为基础，因此，“独户母”应指登记在同一户籍上的人。③

不过，同籍为同居并不排除没有登记在同一户籍上、但现实生活中同财共居者不为同居。因为睡虎地秦简《法律答问》是就某些具体法律提问中的术语进行解释，而不是对某一术语的全面解释。所以，我们推断睡虎地秦律关于“同居”的释义，并非秦律的完整意义。“同居”一词涵盖的范围可能更广。

而张家山汉简的出土似乎为我们提供了佐证。张家山汉简中除了出现“同居”一词之外，还出现了另外一个词“同居数”，《二年律令·置后律》提到死事置后的顺序：

诸死事当置后，毋父母、妻子、同产者以大父，毋大父（简370）以大母与同居数者。（简371）④

同产子代户，必同居数。（简380）⑤

---

① 睡虎地秦墓竹简整理小组：《睡虎地秦墓竹简》，文物出版社1990年版，第98页。

② 睡虎地秦墓竹简整理小组：《睡虎地秦墓竹简》，文物出版社1990年版，第141页。

③ ［日］冨谷至著，柴生芳、朱恒晔译：《秦汉刑罚制度研究》，广西师范大学出版社2006年版，第154–156页。

④ 张家山二四七号汉墓竹简整理小组：《张家山汉墓竹简（二四七号墓）》（释文修订本），文物出版社2006年版，第59页。

⑤ 张家山二四七号汉墓竹简整理小组：《张家山汉墓竹简（二四七号墓）》（释文修订本），文物出版社2006年版，第60页。

寡为户后，予田宅，比子为后者爵……毋子，其夫；夫（简386）毋子，其夫而代为户。夫同产及子有与同居数者，令毋贸卖田宅及入赘。其出为人妻若死，令以次代户。（简387）①

同居数，整理小组释为“同一名籍”，甚是。因“数”即“名数”，《汉书·万石君传》：“关东流民二百万口，无名数者四十万。”唐颜师古注：“名数，若今户籍。”②

“同居数”这一术语的出现，说明“同居”的情况可能有两种：一是同居数，一是同居不同数。像汉末赵俨“避乱荆州，与杜袭、繁钦通财同计，合为一家”③。从已公布的三国吴户籍简看，与友人合籍的情况没有见到。笔者推测此三家户籍上是分离的，但现实生活中同居通财。类似的情况还有依托型家庭。像梁鸿“依大家皋伯通”，伯通“舍之于家”。当时梁鸿很贫困，推测梁皋两家应同居通财，否则梁鸿不可能“潜闭著书”。后梁鸿病死，伯通主持丧葬，“葬毕，妻子归扶风”。④《隶释·梁相孔耽神祠碑》载孔耽有兄弟三人，耽是最长者。兄弟三人早年应分异。后文有云“小弟升高，游荒畜积，道富财贫，君引共居四十余年”⑤。我们不知道孔耽与小弟以后是否合籍，但汉制八月案户籍，所以至少在一个时期之内，他们应该处于“同居不同数”的状态。而“同居不同数”在唐代律令中称作“同居别籍”。《唐律疏议》卷六《名例》“同居相为隐”释“同居”：“谓同财共居，不限籍之同异，虽无服者并是。”⑥

当然，“同居”一词还不仅仅是生活实态上的同财共居，如果在行政上没有分异，即使没有居住在一起，也仍被称为“同居”。我们称之为“同籍别居”。《二年律令·户律》就提到：

孙为户，与大父母居，养之不（简337）善，令孙且外居，令大父母居其室，食其田，使其奴婢，勿贸卖。孙死，其母而代为户。令毋敢遂（逐）夫父母及入赘（简338），及道外取其子财（简339）。⑦

这是家庭不和睦导致的同籍异居。也有因在外为官，与乡村本家自然分居而造

---

① 张家山二四七号汉墓竹简整理小组：《张家山汉墓竹简（二四七号墓）》（释文修订本），文物出版社2006年版，第61页。

② 《汉书》卷四六《石奋传》，第2198页注。

③ 《三国志》卷二三《魏书·赵俨传》，第668页。

④ 《后汉书》卷八三《逸民列传》，第2765–2766页。

⑤ 〔宋〕洪适撰：《隶释 隶续》，中华书局1986年版，第59页。

⑥ 《唐律疏议》卷六《名例》，中华书局1983年版，第130页。

⑦ 张家山二四七号汉墓竹简整理小组：《张家山汉墓竹简（二四七号墓）》（释文修订本），文物出版社2006年版，第55页。

成的，如文帝时的廷尉张释之：

堵阳人也，字季。有兄仲同居。以訾为骑郎，事孝文帝，十岁不得调，无所知名。释之曰："久宦减仲之产，不遂。"欲自免归。①

还有像汉末陈留蔡邕，"与叔父从弟同居，三世不分财，乡党高其议"②。文中所说"三世"应为父辈、蔡邕辈、子女辈。事实上，尽管这几辈人可能登记在一个名籍之上，但蔡邕的叔父蔡质、蔡邕本人常年在各地为官，早已成自然分居状态。

笔者推测，或许"同籍别居"不仅存在于官宦之家，随着孝悌观念的深入，"与母别居"③ 成为不孝罪名，部分人会沽名钓誉，面合而实分。因为户籍上的分异是公开的，而家庭内部的异财则可以做得更隐蔽。当时的谚语"举秀才，不知书；察孝廉，父别居"④ 或许能在一定程度上揭示这个问题。

据上，同居的涵义有两层：一是同居数，一是同居不同数。同居数即登记在同一户籍上，既包括"同籍同居"，又包括"同籍别居"。同居不同数，指没有登记在一个户籍上，但现实生活中却"共居"或"共居业"。

（二）同居范围

那么，从法律意义上，秦汉社会生活中"同居"者都是什么人呢？《辞源》"同居"条："汉代称大家族中没有分住的兄弟及兄弟之子为同居"⑤。这条解释的来源是《汉书·惠帝纪》中颜师古的注。原文是"今吏六百石以上父母妻子与同居，及故吏尝佩将军都尉印将兵及佩二千石官印者，家唯给军赋，他无有所与"。颜师古注曰："同居，谓父母妻子之外兄弟若兄弟之子等见与同居业者，若今言同籍及同财也。"⑥ 如果将此解释放入原文，应该是"今吏六百石以上父母妻子与兄弟若兄弟之子等见与同居业者"。

但是如果我们把这个注放入另外一个例子，就出现了问题。睡虎地秦简《秦律十八种》中提到：

吏坐官以负赏（偿），未而死，及有罪以收，抉出其分。其已分而死，及恒作官

① 《史记》卷一百二《张释之列传》，第2751页。此外，近世华北农村惯行社会调查也显示：若未分家，不论是否一起居住，均称为同居。惯Ⅰ296页下段："因为房子显得狭小而在另外的地方建一个新家，将家族的一部分人转移到那边的时候，这叫做分家吗？=不叫分家。""叫做分居吗？=不叫做。""那叫做什么呢？=叫做'同居隔宅居住'"。（转引自［日］滋贺秀三著，张建国、李力译：《中国家族法原理》，法律出版社2003年版，第57页。）

② 《后汉书》卷六〇下《蔡邕列传》，第1980页。

③ 《后汉书》卷一八《臧宫列传》，第697页。

④ 《抱朴子·审举》，据杨明照：《抱朴子外篇校笺》，中华书局1991年版，第393页。

⑤ 《辞源》（合订本），商务印书馆1998年版，第257页。

⑥ 《汉书》卷二《惠帝纪》，第88页。

府以负责（债），牧将公畜生而杀、亡之，未赏（偿）及居之未（简84）备而死，皆出之，毋责妻、同居。金布（简85）①

吏坐官事而负欠，若已死，都可免除，不必责令妻及同居者赔偿。我们将上述颜注中"同居"一词的注释放在此处，就成了"毋责妻以及兄弟若兄弟子等见与同居业者"。那么"父母、子女"又哪里去了?

由此我们看出，《汉书·惠帝纪》中的颜注并不是对秦汉社会什么叫"同居"的解释，它只是对文本当中出现的"同居"进行就事论事的注释。《辞源》将注释当作解释，无疑是以偏盖全。《汉书·惠帝纪》中"父母妻子与同居"是因为"父母妻子"亲近恩重，特单独列出，以示强调。《秦律十八种》简84、85中"妻、同居"，也因夫妻一体，"妻"的责任大于他人，故列于前。这些人在法律意义上的身份都应该属于"同居"。下面我们据文献和秦汉简、吴简的材料对"同居"的范围作具体分析。

首先，妻子儿女。一个人最小的亲属圈子应该就是妻子儿女，社会学上把这样的家庭称为核心家庭。不论是什么时代，由己身与配偶和未成年子女组成的家庭都是同财共籍的基本单位。秦汉社会也是如此，勿需赘举。事实上，不仅常居状态下如此，即使在外官吏、士卒、服劳役者，甚至减死罪犯，也都妻、子自随②，或妻、子在官③。

其次，父母同产。同产，既我们现在所谓的兄弟姐妹。父母同产既可以同居，也可以不同居。秦简《法律答问》：

人奴妾盗其主之父母，为盗主，且不为?同居者为盗主，不同居不为盗主。(简21)④

即有同居者，也有不同居者。到了汉初，从《二年律令》所反映的父子同产的居住情况就更加清晰了：

民大父母、父母、子、孙、同产、同产子，欲相分予奴婢、马牛羊、它财物者，皆许之，辄为定籍。(简337)⑤

也就是说祖父母、父母、子孙、同产、同产子等各种近亲亲属关系的同居，不论是要分异还是归户，都是法律所允许的。

值得注意的是，除了可能与成年的兄弟核心家庭在一起生活之外，吴简中发现

① 睡虎地秦墓竹简整理小组：《睡虎地秦墓竹简》，文物出版社1990年版，第40页。
② 《后汉书》卷二《显宗孝明帝纪》，第111-112页。
③ 谢桂华等：《居延汉简释文合校》，文物出版社1987年版，第299页。
④ 睡虎地秦墓竹简整理小组；《睡虎地秦墓竹简》，文物出版社1990年版，第98页。
⑤ 张家山二四七号汉墓竹简整理小组：《张家山汉墓竹简（二四七号墓）》（释文修订本），文物出版社2006年版，第55页。

了与姐姐共同生活的例子3例，其中寡姊2例，推想应该是婆家无人依靠而回娘家生活。不仅是寡居的姐妹，如果是没有人照应的外甥、外孙、外女孙也常会回到“外家”，即母亲的娘家来依托生活。吴简中就有外甥1例，外孙3例，外女孙2例。①此类情形在文献材料中也能见到，如朱祐“少孤，归外家复阳刘氏”②；范升“代郡人也。少孤，依外家居”③ 等等。

第三，伯叔堂兄弟。汉代典籍中记载兄弟同居共财的人不少，但是记载三世共财或三世同居的例子并不是很多，据许倬云先生统计，大约只有4例④。但从已公布的吴简看，三世同居共财的家庭可能比我们想像中的要多。比如我们从吴简中收集到与伯叔父（也称从父、从小父、季父）共户籍的有22例，从兄26例，从弟11例，从兄子2例等等。也有的还提到“侄小妻（简1929）”，⑤ 显然是与成年的侄子共户籍。

除了伯叔侄堂兄弟等男性宗亲，在吴简的户籍简中，我们还发现了有4例姑、2例姑子女的记录，其中4例姑中有2例为寡。这种情形似应与寡姐妹的情况相似。

第四，妻系、赘婿及其他远亲。秦汉社会是一个父权社会，从夫居是婚姻生活的主要形态，户内同居的多为父系亲属。但是，现实社会生活千姿百态，而非整齐划一。比如从吴简的统计中我们发现有妻的尊亲属6例，像妻父、妻母、小妻母，妻的同辈或卑亲属，如妻弟10例、妻从兄、妻从弟各1例，外侄子3例、外从男弟1例等等⑥。

当然，妻系的亲属随着时间的推移，家庭实态的动态发展，也有渐变为母系亲属的可能。比如我们从吴简中就见到1例这样的户籍简：

亮舅何铁年卌算一　　铁妻大女姑年卅九算一（吴简贰4655）⑦

除了从夫居、从女居，秦汉社会还有一种从妻居的风俗，也就是赘婿。我们从贾谊“家富子壮则出分，家贫子壮则出赘”⑧，以及文帝时诏令禁锢贾人、赘婿等不得为吏，武帝时发天下七科谪⑨等可窥见秦汉赘婿之俗。吴简中我们也发现明确记载为“婿”的简3枚。

遇到特殊情形，其他远亲也有同居的可能。文献史料中这样的例子常能见到，

---

① 贾丽英：《秦汉家庭法研究--以出土简牍为中心》附表，中国社会科学院2009年版，第187-196页。

② 《后汉书》卷二二《朱祐列传》，第769页。

③ 《后汉书》卷三六《范升列传》，第1226页。

④ 许倬云：《汉代家庭的大小》，载氏著：《求古篇》，新星出版社2006年版，第384-403页。

⑤ 走马楼简牍整理组：《长沙走马楼三国吴简》（贰），文物出版社2003年版，第756页。

⑥ 贾丽英：《秦汉家庭法研究--以出土简牍为中心》，中国社会科学院2009年，第187-196页。

⑦ 走马楼简牍整理组：《长沙走马楼三国吴简》（贰），文物出版社2003年版，第812页。

⑧ 《汉书》卷四八《贾谊传》，第2244页。

⑨ 《汉书》卷六《武帝纪》，第205页张晏注：“吏有罪一，亡命二，赘婿三，贾人四……”。

如汉宣帝年幼时曾归祖母史良娣之家，被祖母的母亲贞君所养。① 还有像曹全“收养季祖母”②；侯瑾“少孤贫，依宗人居”③；周党“少孤，为宗人所养”④ 等等，都是服属较远之宗亲。吴简中也发现有这样的情况：

专族孙仕伍佰（?）年五岁　　专中妻大女纯年五十已死（简贰1952）⑤

第五，奴婢等非亲属。奴婢是否属于同居，一直是学界争论的一个问题。早年唐刚卯先生曾根据惠帝诏书“父母妻子与同居”一语，推测汉代‘同居’有所专指，即是包括亲属以外的奴婢、客等”⑥。但唐先生的结论曾被学界所批驳。彭年先生撰文《秦汉“同居”考辨》认为奴婢不为同居，“问题的关键在于奴婢是否与主人同籍，即奴婢在主人家中是否有户籍。考察秦汉时期奴婢的实际状况及其在社会中的地位，答案是否定的”⑦。

不过，随着新材料的出土，关于这个问题可以作进一步研究了。首先是奴婢的户籍问题。2003年公布的长沙走马楼三国吴简中发现了多支奴婢的户籍简。奴婢如同其他家庭成员一样被附于户人简的后面，诸如：

温户下奴李年十四（吴简壹8892）
温户下婢钱年七十□　（吴简壹8894）⑧

也有不少与户主的其他家庭成员同一支简登记的情形。比如：

孙子男□年六岁　孙户下奴土长六尺（吴简壹4141）⑨
赤妻大女□年六十　赤户下奴银长五尺（吴简贰2035）⑩
次弟公乘材（?）年七岁　　次户下奴吉长六尺（吴简贰2217）⑪

还有记家庭成员总数的简，也将家人与奴婢一起登记：

右见师佐廿一人兄弟妻子及奴七十八人合九十九人（吴简壹6708）⑫

事实上，不仅吴简如此，早在西汉早期奴婢就与主人登记在同一户籍上。江陵

---

① 《汉书》卷九七上《外戚传上》，第3961页。
② 高文：《汉碑集释》，河南大学出版社1997年版，第473页。
③ 《后汉书》卷八〇下《文苑列传》，第2649页。
④ 《后汉书》卷八三《逸民列传》，第2761页。
⑤ 走马楼简牍整理组：《长沙走马楼三国吴简》（贰），文物出版社2003年版，第757页。
⑥ 唐刚卯：《封建法律中同居法适用范围的扩大》，载《中国史研究》1989年第4期。
⑦ 彭年：《秦汉“同居”考辨》，《社会科学研究》，1990年第6期。
⑧ 走马楼简牍整理组：《长沙走马楼三国吴简》（壹），文物出版社2003年版，第1078页。
⑨ 走马楼简牍整理组：《长沙走马楼三国吴简》（壹），文物出版社2003年版，第980页。
⑩ 走马楼简牍整理组：《长沙走马楼三国吴简》（贰），文物出版社2003年版，第759页。
⑪ 走马楼简牍整理组：《长沙走马楼三国吴简》（贰），文物出版社2003年版，第762页。
⑫ 走马楼简牍整理组：《长沙走马楼三国吴简》（壹），文物出版社2003年版，第1032页。

高台18号墓出土了甲、乙、丙、丁4块木椟。其中乙本身就是一个向地下官府上报名数的“户口簿”：

新安户人大女燕关内侯寡

大奴甲

大奴乙

大婢妨

家优不算不徭①

此种文例与吴简中的“口食人名簿”非常相似。先记“户人”，再记其他家庭成员，最后再来对家庭口食、算赋和徭役情况进行汇总。只不过，很多学者更加关注于告地书中奴婢与车马并列的情形，而忽视了此木椟的“户口簿”性质。

比西汉文帝时期的这一户口簿更早的还有里耶秦简，其登记方式也是将奴婢编入主人家户籍，我们以比较完整的K27、K30/45为例：

第一栏：南阳户人荆不更蛮强

第二栏：妻曰嗛

第三栏：子小上造□

第四栏：子小女子驼

第五栏：臣曰聚

伍长②

第一栏：南阳户人不更彭奄

弟不更说

第二栏：母曰错

妾曰□

第三栏：子小造状③

当然，奴婢是主人的财产，这一点毋庸置疑。尽管秦汉奴婢是“物”的概念还没有固化，在国家法中具有“人”的性质。但他们毕竟不同于家中亲属。他们与主人之间不具备相互扶养、经济偿负的双向义务。同时，“奴婢”与“民”之间在某些同居连坐中被免责。像劫人罪，“诸予劫人者钱财，及为人劫者，同居（简72）智

① 湖北省荆州地区博物馆：《江陵高台18号墓发掘简报》，载《文物》1993年第8期。

② 湖南省文物考古研究所：《里耶发掘报告》，岳麓书社2007年版，第203页。

③ 湖南省文物考古研究所：《里耶发掘报告》，岳麓书社2007年版，第205页。

(知)弗告吏，皆与劫人者同罪(简73)”①，但是“诸当坐劫人以论者，其前有罪隶臣妾以上，及奴婢，毋坐为民；为民者亦勿坐(简70)”。② 奴婢被单独免责，一方面说明“奴婢”的同居法律效力与“民”有所不同；另一方面也恰恰说明同居必包涵奴婢，若非，就没有必要把奴婢特殊免责。

除了奴婢，汉代社会还有一种与奴婢地位相近的一类人，其户籍也可能附于主的户籍之下。这就是“客”。

□休食客五役年廿五刑左足　□客□年十六(吴简壹7754)③

𨞰弟仕伍黑年七岁　衣食客成年十五刑右足(吴简贰1842)④

文献中“客皆注家籍”⑤ 最早见于隋，从吴简来看，可能这种情形在汉末三国时就出现了。

除了登记在同一户籍上的人，即“同居数”者，还有未登记在同一户籍，或暂时没有登记在同一户籍上的人，现实生活中却共居、通财的人，即“同居不同数”者。像我们上文提到的各类依养、依托型家庭。在简牍材料中，此类人等或称为“寄者”。睡虎地秦简《日书·甲种》：

子、卯、午、酉不可入寄者及臣妾，必代居室(简127背)。⑥

二、同居法律效力

秦汉家庭法中，同居关系一经法律确认，便会产生相应的法律效力。因为不能与现代部门法的法律效力相对应，我们仅从权利、义务以及同居相犯几个方面来分析。

(一)同居权利

1. 继承权

家庭法中的继承权包括两大项，一个是身份继承，一个是财产继承。财产继承一般意义上是诸子平均析产。而身份继承往往以与被继承人的亲属关系、性别、同居等为条件。在某些情况下同居不仅使某些身份继承获得优先，同时也是特定身份

---

① 张家山二四七号汉墓竹简整理小组：《张家山汉墓竹简(二四七号墓)》(释文修订本)，文物出版社2006年版，第19页。

② 张家山二四七号汉墓竹简整理小组：《张家山汉墓竹简(二四七号墓)》(释文修订本)，文物出版社2006年版，第18页。

③ 走马楼简牍整理组：《长沙走马楼三国吴简》(壹)，文物出版社2003年版，第1055页。

④ 走马楼简牍整理组：《长沙走马楼三国吴简》(贰)，文物出版社2003年版，第755页。

⑤ 《隋书》卷二四《食货志》，第674页。

⑥ 睡虎地秦墓竹简整理小组：《睡虎地秦墓竹简》，文物出版社1990年版，第225页。

继承得以成立的必要条件。

首先是死事置后。《二年律令·置后律》：

诸死事当置后，毋父母、妻子、同产者，以大父，毋大父（简370）以大母与同居数者。(简317)①

这里大父、大母即祖父母，如果是以大母为后，必须是“同居数”。如果是同产相互为后，那么也是以同居者为优先。《二年律令·置后律》：

同产相为后，先以同居，毋同居乃以不同居，皆先以长者。(简378)②

其次是代户。代户即户主继承。这一身份继承与是否同居的关系更加密切。比如说：

同产子代户，必同居数。(简380)③

“同居数”是侄子能够代户的必要条件。

寡为户后，在《二年律令》中没有见到条件的限制。但是到了西汉晚期，也有了法律规范。成帝时期尹湾6号汉墓木牍（6反）有这样的文字：

臣请寡代户者得以同居
毋次以不同居长者代　　（以上为第五栏）④

寡，即寡夫或寡妇。寡夫、寡妇代户，也应该是同居优先。夫妻不同居，在多妻制的汉代社会也是一种常见的婚姻现象。像齐王刘肥的母亲为刘邦“外妇”⑤。汉律中称居住在外面的“妻”为“为户若别居不同数者”⑥。估计随着社会情况的变化，“寡代户”产生了诸多法律纠纷，才有了“臣”关于“寡代户”同居者优先的上请之辞。

绝户之家，奴婢也可以代户。《二年律令·置后律》：

死毋后而有奴婢者，免奴婢以为庶人，以[庶]人律□之[其]主田宅及余财。奴婢多，

① 张家山二四七号汉墓竹简整理小组：《张家山汉墓竹简（二四七号墓）》（释文修订本），文物出版社2006年版，第59页。

② 张家山二四七号汉墓竹简整理小组：《张家山汉墓竹简（二四七号墓）》（释文修订本），文物出版社2006年版，第60页。

③ 张家山二四七号汉墓竹简整理小组：《张家山汉墓竹简（二四七号墓）》（释文修订本），文物出版社2006年版，第60页。

④ 连云港市博物馆等：《尹湾汉墓简牍》，中华书局1997年版，第118页。

⑤ 《史记》卷五二《齐悼惠王世家》，第1999页。

⑥ 张家山二四七号汉墓竹简整理小组：《张家山汉墓竹简（二四七号墓）》（释文修订本），文物出版社2006年版，第32页。

代户者毋过一人，先用劳久、有（简382）□□子若主所言吏者。（简383）[1]

显然，奴婢代户适用的也是家庭同居法。

2. **减免赋役权**

高级官吏之同居，可以减免赋役。这条材料见于上引的《汉书·惠帝纪》：

今吏六百石以上父母妻子与同居，及故吏尝佩将军都尉印将兵及佩二千石官印者，家唯给军赋，他无有所与。

六百石以上的现任官吏，以及那些曾佩将军都尉印及二千石印的故吏，其父母妻子以及同居共业之人，除了交纳军赋之外，其他所有赋、役均免。无疑，这是对高级官吏的优惠政策，是为了重其禄、安其心。

平民的同居，法律也有特殊规定。这主要体现在国家的徭戍律中。睡虎地秦简《秦律杂抄》：

戍律曰：同居毋并行，县啬夫、尉及士吏行戍不以律，赀二甲。（简39）[2]

戍，是指行戍服兵役。如果一家有两人同时行戍，肯定会影响到正常的家庭生活，从而影响社会的稳定。不过，此戍律当为无战事时适用，若战事起，恐怕父子兄弟同时服役的情形不可避免。

（二）同居义务

与现代法不同的是古代法更加强调社会控制，因此就同居关系而言，我们在家庭法中所见到的同居的义务要远远多于同居的权利。

1. **相互扶养**

同居的家庭成员之间有相互扶养的义务，尤其是对老人的赡养和未成年人的抚养。因此有老人、病人、未成年人的家庭，法律不允许他们分户异居。《二年律令·户律》：

寡夫、寡妇毋子及同居，若有子，子年未盈十四，及寡子年未盈十八，及夫妻皆瘁（癃）病，及老年七十以上，毋（简342）异其子；今毋它子，欲令归户入养，许之。（简343）[3]

这是对“子”“同居”的强制性规定，同时也是对寡夫、寡妇、幼者、老者、病

① 张家山二四七号汉墓竹简整理小组：《张家山汉墓竹简（二四七号墓）》（释文修订本），文物出版社2006年版，第61页。

② 睡虎地秦墓竹简整理小组：《睡虎地秦墓竹简》，文物出版社1990年版，第89页。

③ 张家山二四七号汉墓竹简整理小组：《张家山汉墓竹简（二四七号墓）》（释文修订本），文物出版社2006年版，第55页。

者所提供的法律保护。

如果儿孙与尊亲属同居而赡养不周，则要被赶出家门，见我们上引张家山汉简《二年律令·户律》简337和简338。

实际上，同居之间相互扶养的义务，不仅仅体现在法律层面，它也是一种民间自发的互助行为。如我们上文提到的宣帝、侯瑾、周党、曹全等或依托外亲、族人或收养同族孤寡。而吴简中也有不少寡姑、寡嫂、寡弟媳等的户口记录等，都是对同居之间相互扶养义务的一个印证。

2. 监督与连坐

古代法有一个显著的特征，即集体责任。[①] 也就是亲属、同居、近邻，都负有相互监督的责任。犯有重大罪行的人，其亲属、同居、近邻等都要受到集体性惩罚，古代法称之为连坐或缘坐。

而古代法的这一特征，越是在社会发展早期越明显。众所周知，商鞅变法之时，著名的"告奸"[②] 令就已出台，让编户在同一什伍的百姓相互监督并告发，若监督不力，则相连坐。我们现在见到的《二年律令·户律》也这样规定：

自五大夫以下，比地为伍，以辨券为信，居处相察，出入相司。（简305）[③]

从现有的材料来看，秦汉家庭法中专门强调同居法律责任的有以下几种：

首先，盗铸钱。盗铸钱是严重危害社会金融秩序的行为，是国家法律打击的重点。"民坐盗铸钱被刑"[④] 的记载屡见于两汉史。而盗铸钱需要"器具"[⑤]，还要"买铜、炭"[⑥]，不是一人能够秘密做得了的事情。在法理上同居、伍人、里人有能力监督这种犯罪行为。因此，汉初的《钱律》即将这些人的连带责任纳入了律文：

盗铸钱及佐者，弃市。同居不告，赎耐。正典、田典、伍人不告，罚金四两。或颇告，皆相除。（简210）[⑦]

---

① ［英］何四维：《秦汉法律》，载［英］崔瑞德、鲁惟一：《剑桥中国秦汉史》，中国社会科学出版社1992年版，第562页。

② 《史记》卷六八《商君列传》，第2230页。

③ 张家山二四七号汉墓竹简整理小组：《张家山汉墓竹简（二四七号墓）》（释文修订本），文物出版社2006年版，第51页。

④ 《汉书》卷七二《贡禹传》，第3075页。

⑤ 张家山二四七号汉墓竹简整理小组：《张家山汉墓竹简（二四七号墓）》（释文修订本），文物出版社2006年版，第36页。

⑥ 张家山二四七号汉墓竹简整理小组：《张家山汉墓竹简（二四七号墓）》（释文修订本），文物出版社2006年版，第35页。

⑦ 张家山二四七号汉墓竹简整理小组：《张家山汉墓竹简（二四七号墓）》（释文修订本），文物出版社2006年版，第35页。

王莽时期一度“盗铸钱者不可禁”，为了严厉打击盗铸钱，还一度规定“一家铸钱，五家坐之，没入为奴婢”①。而同居的连坐责任不会轻于没为奴婢。

其次，劫人、谋劫人。

劫人、谋劫人求钱财，虽未得若未劫，皆磔之。罪其妻子，以为城旦舂。（简68）②

因为犯罪性质严重，不知情的妻子儿女要连坐为“城旦舂”，如果知情不告，同居者则要处以“磔”。《二年律令·盗律》：

诸予劫人者钱财，及为人劫者，同居（简72）智（知）弗告吏，皆与劫人者同罪。劫人者去未盈一日。能自颇捕，若偏（徧）告吏，皆除。（简73）③

再次，盗窃。盗窃似乎是上古社会很常见的一种社会现象。不仅秦律和汉律中有专门的《盗律》，就是用于日常占卜的日书也有《盗者》《盗》等篇章，来对盗者的状貌、性别、方位等进行推测。从法理上来讲，盗窃罪也是容易被周围的人所察知的，因此秦汉律中盗窃罪也涉及到了同居连坐：

律曰：“与盗同法”，有（又）曰：“与同罪”，此二物同居、典、伍当坐之。（简20）

诸盗及者（诸）它罪，同居所当坐。（简22）④

从简20来看不仅盗窃罪同居要连坐，只要律文中出现了“与盗同法”，都是要连坐同居的。所以我们有理由认为，事实上，同居连坐的犯罪行为要比我们已知的多。

当然，上述几种犯罪都是可能“居处相察，出入相司”的行为，如果犯罪行为不能被同居、亲属等监督，同居则不需连坐。如秦律中就有一条诬人之罪同居不坐：

甲诬乙通一钱黥城旦罪，问甲同居、典、老当论不当？不当。（简183）⑤

3. 经济偿负

同居以同财为特征，因此同居的家庭成员不管在居住实态上是否住在一起，经济利益都是一致的。如果同居家庭成员有在外服役、为吏者，家庭有为其支付正常生活费用的义务。像睡虎地4号秦墓中的两件木牍，就是在外服役的人向家人索要

---

① 《汉书》卷九九（中）《王莽传（中）》，第4123页。

② 张家山二四七号汉墓竹简整理小组：《张家山汉墓竹简（二四七号墓）》（释文修订本），文物出版社2006年版，第18页。

③ 张家山二四七号汉墓竹简整理小组：《张家山汉墓竹简（二四七号墓）》（释文修订本），文物出版社2006年版，第19页。

④ 睡虎地秦墓竹简整理小组；《睡虎地秦墓竹简》，文物出版社1990年版，第98页。

⑤ 睡虎地秦墓竹简整理小组；《睡虎地秦墓竹简》，文物出版社1990年版，第137页。

钱、衣物的家信。一件是黑夫写的：

二月辛巳黑夫、惊敢再拜问中母毋恙也？前日黑夫与惊别，今复会矣。黑夫寄益就书曰：遗黑夫钱，毋操夏衣来。今书节到，母视安陆丝布贱可以为禪君巾襦者，母必为之，令与钱偕来。其丝布贵，徒□钱来，黑夫自以布此。黑夫等直佐淮阳，攻反城久，伤未可智也，愿母遗黑夫用勿少。书到皆为报，报必言相家爵来未来，告黑夫其未来状。闻王得苟得？

（以上为正面）①

另一件木牍下断残缺，是惊写的，大意也是家中索要钱、布。兹不赘引。从两件木牍的内容看，黑夫和惊都参加了“淮阳”之战，这期间他们都向家中要钱和衣物。显然，黑夫和惊与衷、母属于同居共财的家庭，他们在战争中获得的军功爵及其相应奖励要归于家庭，同时他们在外面的费用也由同居家庭来负担。

也有同居兄长负责在京为吏的弟弟日常生活用度的。如我们上文提到张释之，以訾为郎，但十年没有升迁。张释之“欲自免归”，说：“久宦减仲之产，不遂。”②因为汉代以訾选为郎者，不仅有一定的资财限制，还要自备鞍马、服装、兵器，以及出资供郎署文书财用。“郎官故事，令郎出钱市财用，给文书，乃得出，名曰‘山郎’”。③ 由此可见张释之兄长对于弟弟经济上的支持力度。

既然是同财，不仅平时生活用度由同居家庭承担，遇到经济问题，诸如债务，同居家庭成员的连带责任也不可避免。比如居延汉简《建武三年候粟君所责寇恩事》就记载了寇恩直接用儿子钦为粟君捕鱼的劳役来抵自己债务的事情“以钦作（简16）贾谷十三石八斗五升，直觻得钱五万五千四”④。

事实上，秦汉社会同居共财家人的债务担保责任，在契约中就有直接的体现。居延汉简中有这样的债务契约：

☑石十石，约至九月糴必以。即有物故，知责家中见在者。 （简 273.12）⑤

这份契约的前半部残断，后半部大意是讲在九月份时卖出粮食，双方钱物交割完毕。如果有死亡，其债务由家中现有人承担。

类似的债务契约在居延和敦煌汉简中屡见：

五凤四年六月庚子朔戊□

☑

① 李均明、何双全：《散见简牍合辑》，文物出版社 1990 年版，第 83 页。标点为笔者注出。

② 《史记》卷一百二《张释之列传》，第 2751 页。

③ 《汉书》卷六六《杨敞传附杨恽》，第 2890 页。

④ 甘肃省文物考古研究所等：《居延新简》，文物出版社 1990 年版，第 476 页。标点为笔者注出。

⑤ 谢桂华，李均明：《居延汉简释文合校》，文物出版社 1990 年版，第 460 页。标点为笔者注出。

故☆使不在，知责游卿家□　　　　　　　　（简258）①

☐卖皂布复褌
即不在，知责家☐　　　　　　　　（简56）②

即使契约中没有写明同居家人的债务担保责任，当债务人不能偿还债务或下落不明时，债权人（方）也会直接找同居家属承负。已公布的里耶秦简中就有12枚追讨戍卒债务的木牍，在叙述完戍卒的负债情况后，紧接着都提到对其家人进行追讨“已訾其家，（家）贫不能入”。③ 可见，同居家人的债务担保不仅是法律文书的规定，可能已经是社会的约定俗成。

（三）同居相犯

相侵身犯，是指侵害生命、身体，以及名誉等的犯罪。同居的相侵身犯比照亲属相侵身犯，刑罚的原则是尊长侵犯卑幼较凡人减轻，卑幼侵犯尊长较凡人加重。同居不是相侵身犯判刑的要件。如秦简《法律答问》有这样一例：

士五（伍）甲毋（无）子，其弟子以为后，与同居，而擅杀之，当弃市。（简71）④

此例的判决为“弃市”，与杀害普通人一样量刑。奴婢并非亲属，因同居关系纳入家庭法，与主人的相侵身犯律比卑幼：

子贼杀伤父母，奴婢贼杀伤主、主父母妻子，皆梟其首市。（简34）
父母殴笞子孙及奴婢，子及奴婢以殴笞辜死，令赎死。（简39）⑤

不过，同居以同财为特征，因此“同居”在相侵财犯中是定罪量刑的一个要件。同样数额的盗窃行为同居者判刑轻或无罪，非同居者判刑重。上引秦简：

可（何）谓“家罪”？父子同居，杀伤父臣妾、畜产及盗之，父已死，或告，勿听，是胃（谓）“家罪”。（简108）⑥

参照简106，即父子同居的情况下，子杀伤及盗窃了父亲的奴婢、畜产，父已死，如果有人上告，官府不予受理。

① 甘肃省文物考古研究所等：《居延新简》，文物出版社1990年版，第325页。标点为笔者注出。
② 李均明、何双全：《散见简牍合辑》，文物出版社1990年版，第10页。
③ 湖南省文物考古研究所：《里耶发掘报告》，岳麓书社2007年，第185-191页。
④ 睡虎地秦墓竹简整理小组：《睡虎地秦墓竹简》，文物出版社1990年版，第110页。
⑤ 张家山二四七号汉墓竹简整理小组：《张家山汉墓竹简（二四七号墓）》（释文修订本），文物出版社2006年版，第14页。
⑥ 睡虎地秦墓竹简整理小组：《睡虎地秦墓竹简》，文物出版社1990年版，第119页。

奴婢的盗窃行为，判定为“盗主”与否，也是以“同居”为前提。秦简《法律答问》：

●人奴妾盗其主之父（简20）母，为盗主，且不为？同居者为盗主，不同居不为盗主。（简21）

奴婢盗窃主人父母的东西，作为盗主还是不作为盗主？主人的父母与主人同居，就作为盗主；不同居，就不是盗主。而盗主的处罚，在已公布的秦律中没有见到规定。不过，在家庭法中奴婢的地位同于卑幼，其处罚定比一般窃盗为轻。

三、同居与分异

“祖父母、父母在，别籍异财”，这在后世法律中属于“十恶不赦”之一的“不孝”罪。① 但秦汉社会因“别籍异财”而获罪的情况却非常少见。正因为分异的普遍性，杜正胜先生把中国古代的家庭分为汉型家庭和唐型家庭，并认为“汉型家庭结构以夫妇及其子女组成的核心家庭为主，甚者‘生分’，老人虽有子孙却无人照顾，自已过家庭生活”②。事实果真如此吗？户籍的别离、财产的分离、居住地的变动是不是就意味着分异出来的“家”与原来的“家”的关系的断绝？

睡虎地秦简《封诊式》中有一份《告子》爰书，是父亲告子不孝的法律文书：

告子□爰书：某里士五（伍）甲告曰：“甲亲子同里士五（伍）丙不孝，谒杀，敢告。”即令令史己（简50）往执。令史己爰书：与牢隶臣某执丙，得某室。丞某讯丙，辞曰：“甲亲子，诚不孝甲所，毋（无）它坐罪。”（简51）③

由“同里士伍”我们可以判断甲与丙这对父子没有登记在同一户籍，而且很有可能也没有住在一起。因为后文有“不孝甲所”这句话。《封诊式》中还有一份《迁子》爰书，是已分家的父亲告子不孝，要求官府“谒杀”或“鋈足”。官府最终按照父亲的意愿“令鋈丙足”，并“迁蜀边县”④。由此，我们看子女对父母的孝亲责任并没有因分异而受到影响。另外像睡虎地秦简中“免老老人以为不孝”⑤、张家山汉简中的“年七十以上告子不孝”⑥ 的相关律文，也应该是既适用于同居，也适用于分异。

---

① 《唐律疏议》卷一《名例》，第12页。

② 杜正胜：《传统家族试论》，载黄宽重、刘增贵主编《家族与社会》，中国大百科全书出版社2005年版，第45页。

③ 睡虎地秦墓竹简整理小组；《睡虎地秦墓竹简》，文物出版社1990年版，第156页。

④ 睡虎地秦墓竹简整理小组；《睡虎地秦墓竹简》，文物出版社1990年版，第155页。

⑤ 睡虎地秦墓竹简整理小组；《睡虎地秦墓竹简》，文物出版社1990年版，第117页。

⑥ 张家山二四七号汉墓竹简整理小组：《张家山汉墓竹简（二四七号墓）》（释文修订本），文物出版社2006年版，第13页。

所以在盛行“生分”的秦汉社会并非老人无人照顾，自己生活。“孝”是一个永恒不变的主题，不管同居也罢、分异也罢，子女的孝亲责任始终不变。

反过来，父母对子女的疼爱也不会因为儿子分异或女儿出嫁而终止。当儿女生活贫困时，父母也往往会以己财救济子女。20 世纪 80 年代中期江苏扬州胥浦 M101 女棺中出土了一份《先令券书》，提到墓主朱夌有六个同母异父的子女。其中“公文年十五去家，自出为姓，遂居外”。① 显然，这个成年的儿子公文已自立门户，与母亲分异。两个女儿亻（亻）君、弱君也已经出嫁。但是，女儿们“贫毋产业”，朱夌就把稻田一处、桑田二处，分给弱君，波田一处分给亻（亻）君。后来公文伤人触犯了刑律，也“贫无产业”。于是，老太太又将给女儿们的田收回，“分予公文”。② 未成年也好，成年也好，分家也好，同居也好，父母对于子女的爱也是永恒的。

还有其他的亲属身份犯，比如：

殴兄、姊及亲父母之同产，耐为隶臣妾。其奊訽詈之，赎黥。(简 41)

殴父偏妻父母、男子同产之妻、泰父母之同产，及夫父母同产、夫之同产，若殴妻之父母，皆赎耐。其奊訽詈之，罚金（简 42）四两。(简 43)③

……

不管是牧杀、殴骂、殴笞，还是擅杀，都以亲属身份来量刑。尊长犯卑幼，并同减凡人论，卑幼犯尊长，则并同加凡人论。而秦汉时期的“族”中，“父母、妻子、同产，无少长皆弃市”④ 也是以亲属身份为要件，而非同居。比如汉末的伏皇后案，后及“所生二皇子，皆鸩杀之……兄弟及宗族死者百余人，母盈等十九人徙涿郡。”⑤ 如果以我们同居的概念来看，除了伏皇后与二子为同居外，其他如兄弟、宗族、母亲显然都各自别户异居。但是从法的视角上，不管是否同居，只要血脉相连，就逃不过“族”的惩罚。

补充：里耶简文中“隶”的记录、近公布晋代一份争田产爰书中“同居同籍”概念，尚未来得及补入。

---

① 初师宾主编：《中国简牍集成》（第十九册），敦煌文艺出版社 2001 年版，第 1900 页。

② 初师宾主编：《中国简牍集成》（第十九册），敦煌文艺出版社 2001 年版，第 1901 页。

③ 《张家山二四七号汉墓竹简整理小组：《张家山汉墓竹简（二四七号墓）》（释文修订本），文物出版社 2006 年版，第 14 页。

④ 《张家山二四七号汉墓竹简整理小组：《张家山汉墓竹简（二四七号墓）》（释文修订本），文物出版社 2006 年版，第 7 页。

⑤ 《后汉书》卷十下《皇后纪下》，第 454 页。

天长纪庄汉墓木牍所见谢孟“通亡逃事”刍议

宋艳萍

（中国社会科学院　历史研究所）

【摘要】在已公布的安徽天长纪庄汉墓木牍中，“贲且致孟书”是学界关注的重点。从这方木牍可以获知，谢孟“通亡逃事”，被官府弹劾。但这方木牍并没说明谢孟获罪的原委。同墓出土的TM19D26A木牍，是谢贶写给长子少君的书信。信中提到东阳尉谢高子正被太守搜求，谢高子是谢贶的亲兄弟，他们的“丈人”已病入膏肓，所以谢贶向长子少君求救，让其代为求情。笔者认为“丈人”可能就是谢孟，他为谢高子和谢贶的父亲。谢高子被太守搜求，或许与谢孟“通亡逃事”有直接关联。

【关键词】天长木牍；谢孟；通亡逃事

天长纪庄汉墓木牍，共计34方，其中大多数为私人书信，对了解汉代历史与社会具有重要史料价值。《文物》2006年第11期《安徽天长西汉墓发掘简报》公布了其中的10方木牍，引起了学界关注，尤其对JM19D10木牍“贲且致孟书”进行了较多讨论。本文仅就“通亡逃事”试做分析与探讨。

一

为称引和研究方便，兹录JM19D10木牍释文如下：

贲且伏地再拜请

孺子孟马足下：贲且赖厚德，到东郡，幸毋恙。贲且行守丞

上计，以十二月壬戌到雒阳，以甲子发兵。广陵长史卿俱□以贲且家

室事羞辱左右。贲且诸家死有余罪，毋可者，各自谨而已，家毋

可鼓（属）者，且完而已。贲且西，故自亟，为所以请谢者，即

事复大急，幸遗贲且记，孺子孟通亡桃（逃）事，愿以远谨　　（10A）

为故。书不能尽意，幸少留意志。归至未留东阳，毋使归

大事。寒时幸进酒食，□察诸。贲且过孟故县，毋缓急，

以吏亡劾，毋它事。伏地再拜

孺子孟马足下。①　　（10B）

---

① 释文采用安徽省博物院、天长市博物馆、中国社会科学院简帛研究中心纪庄汉墓整理小组的释文，但非定稿。

这方木牍是贲且写给孺子孟的书信。孺子孟应指墓主人谢孟。信中提到“幸遗贲且记，孺子孟通亡桃（逃）事，愿以远谨为故”。从这句话可以看出，谢孟有“通亡逃事”之罪。“通”意为勾结、串通，《史记·魏其武安侯列传》记载道：“丞相亦言灌夫通奸猾，侵细民”,① 灌夫被丞相所指罪行之一便是“通奸猾”，意为与奸猾相勾结。灌夫因此被论罪，“罪至族”,② 对其惩罚非常严厉。JM19D10木牍中“通亡逃”意思应当为与逃亡者相勾结，这和灌夫“通奸猾”一样，也是犯罪的一种类型。张家山汉简《二年律令·盗律》中曰：“智（知）人为群盗而通歓（饮）食馈遗之，与同罪。”③ 可以看出，在汉代，“通”和犯罪者量刑相等。《史记·酷吏列传》中曰：“自温舒等以恶为治，而郡守、都尉、诸侯二千石欲为治者，其治大抵尽放温舒，而吏民益轻犯法，盗贼滋起。南阳有梅免、白政，楚有殷中、杜少，齐有徐勃，燕赵之间有坚卢、范生之属。大群至数千人，擅自号，攻城邑，取库兵，释死罪，缚辱郡太守、都尉，杀二千石，为檄告县趣具食；小群以百数，掠卤乡里者，不可胜数也。于是天子始使御史中丞、丞相长史督之。犹弗能禁也，乃使光禄大夫范昆、诸辅都尉及故九卿张德等衣绣衣，持节，虎符发兵以兴击，斩首大部或至万余级，及以法诛通饮食，坐连诸郡，甚者数千人。”④ “以法诛通饮食”，正与《二年律令·盗律》中规定的“智（知）人为群盗而通歓（饮）食馈遗之，与同罪”这一法律条文相合。汉代对待通罪惩罚力度确实很大。

依照通罪与本罪同罚的原则，“通亡逃事”应当也和亡逃罪同罚。JM19D10木牍中“以吏亡劾，毋它事”这句话极可能说的就是谢孟，谢孟被弹劾为“吏亡”，这里的“吏”应该是他非常亲近的人，或者是亲人或者是其门生、下属。谢孟可能知情不报，或者协助逃匿，有“通亡逃”的嫌疑而被官府弹劾。《二年律令·亡律》中有对吏亡进行处罚的规定：“吏民亡，盈卒岁，耐；不盈卒岁，毄（繫）城旦舂；公士、公士妻以上作官府，皆偿亡日。其自出殹（也），笞五十。给逋事，皆籍亡日，軵数盈卒歲而得，亦耐之。”⑤ 吏逃亡，满一年，就会处耐刑，不超过一年的，要拘系为城旦舂。既然“通”与犯罪者同罚，“通亡逃事”的处罚也和吏亡的处罚相同。

灌夫“诸所与交通，无非豪桀大猾”,⑥ 这是他被弹劾为“通奸猾”之罪的原因，可见“通”和“交通”意思相同，都是勾结、串通之意。汉元帝时槐里令朱云

---

① 《史记·魏其武安侯列传》，中华书局1996年版，第2851页。

② 《史记·魏其武安侯列传》，中华书局1996年版，第2853页。

③ 张家山二四七号汉墓竹简整理小组：《张家山汉墓竹简（二四七号墓）》（释文修订本），文物出版社2006年版，第17页。

④ 《史记·酷吏列传》，中华书局1996年版，第3151页。

⑤ 张家山二四七号汉墓竹简整理小组：《张家山汉墓竹简》（二四七号墓）《二年律令·盗律》（释文修订本），文物出版社2006年版，第30页。

⑥ 《史记·魏其武安侯列传》，中华书局1996年版，第2847页。

被丞相韦玄成弹劾为“暴虐亡状”，御史中丞陈咸告知朱云。朱云于是逃亡到长安，和陈咸商量计策。丞相把这些作为两人获罪的证据，上书道：“咸宿卫执法之臣，幸得进见，漏泄所闻，以私语云，为定奏草，欲令自下治，后知云亡命罪人，而与交通，云以故不得。”① 朱云有逃亡之罪，而陈咸与之“交通”，这应该就是 JM19D10 木牍中提到的“通亡逃事”。两人被捕入狱，“减死为城旦。咸、云遂废锢，终元帝世。”② 朝廷对朱云和陈咸的处罚是相同的，看来在汉代，本罪和通罪确实同罚。

JM19D10 木牍只是提到谢孟“通亡逃事”，但具体原委却没有说明。谢孟因为“吏亡”被弹劾，这里的“吏”所指为谁？信中没有提供相关信息，只能从纪庄木牍其它书信中寻找线索。

二

纪庄木牍中的另一方木牍——TM19D26A，或许能为我们揭开谢孟“通亡逃事”之谜提供思路。

使前谢贶伏地再拜请
长子少君马足下，贶见不敢具钱，谨因伏地言，今大守君求
东阳尉谢高子，今谢高子不敢谒。贶丈人病甚，恐不过二、三
日，贶恐大守君知其贶同产而捕贶家。贶伏地，不胜大愿，愿长
子少君幸为贶言，有其善君、东阳长吏，毋使至于贶家，使贶得送丈人/ ③

这是谢贶写给长子少君的一封私人书信，大体意思为：谢贶伏地再拜，问候长子少君。太守君正在搜求东阳尉谢高子，谢高子不敢亲自去拜见您。我家老人病得非常严重，恐怕活不过二三日了。贶怕太守君知道谢高子是贶的同产而到我家抓捕。贶盼望长子少君替我向太守及东阳长官说情，不要让他们到我家，让我能顺利送老人（回家)。

从 TM19D26A 木牍中可以看出，东阳尉谢高子和谢贶是同产，即亲兄弟。谢贶害怕被太守知道这一点而自身受到牵连，会到家中抓捕。信中提到谢贶的“丈人”病得很重。“丈人”是对至亲老人的尊称。“贶丈人”为谢贶的家中老人，或指父亲，或为母亲。这封信被放置到谢孟的墓中，必然和他有很大关联。结合同墓出土的其它简牍，可知谢孟的病情很严重，这枚木牍中提到的“丈人”可能就是谢孟。谢贶和谢高子可能就是谢孟的儿子。

这封信是写给长子少君的，为什么会出现在谢孟的墓中？有两种可能性：第一

---

① 《汉书·朱云传》，中华书局 1996 年版，第 2914 页。
② 《汉书·朱云传》，中华书局 1996 年版，第 2914 页。
③ 释文采用安徽省博物院、天长市博物馆、中国社会科学院简帛研究中心纪庄汉墓整理小组的释文，但非定稿。

种可能是，这封信为原件，作信人不知何故没有发出去，谢孟死后，和其它信件一并葬入墓中。没发出的信件或名谒被放入墓中是有先例，尹湾汉墓出土的木牍中，就有两方墓主人师饶没有发出的名谒。[①] TM19D26A 木牍虽然不是谢孟自己写的，但若如笔者推测，谢晛是其儿子，信的内容便与之有很大关系，死后被放入墓中也不是没有可能。第二种可能性是，这封信不是原件，而是信的抄件，因为比较重要，所以抄录下来留作纪念。到底哪种可能性为大，有待以后探讨。

长子少君应为郡里或东阳县具有一定影响力的人物。长子或许是指少君的籍贯。汉代上党郡有长子县。《鲁相韩敕造孔庙礼器碑》中，记载了各位捐资人的姓名和钱数，在碑的右侧刻有“上党长子杨万子三百”[②]，杨万子为人名，他为上党郡长子县人。少君或许就是上党郡长子县人，他应该是谢孟所属郡或东阳县的官吏，具有一定地位，说话有一定分量，所以谢晛才请求他为自己说情。

秦置郡守，汉景帝中二年改名为太守，为一郡最高的行政长官。TM19D26A 中的“大守”，其实就是太守。汉简中往往把太守写为大守，“大守君”，这里的君应为敬称。汉简中有称“大守君”的例子。如《居延新简》：

〼行塞使者劳边使者大守君柱马　　4085：E. P. T52：616[③]

这里的“大守”，和纪庄木牍 TM19D26A 一样，都为太守。从此看，“大守君”的“君”确为敬称。

木牍中“求”为寻找、搜求之意。秦始皇时，张良为给韩国报亡国之仇，密令大力士锤杀秦始皇。谋杀行动失败后，“秦皇帝大怒，大索天下，求贼甚急，为张良故也”[④]。这里的“求”就是搜求之意。“求”一般指对逃亡者进行追捕，如张家山汉简《奏谳书》中江陵的一宗案例曰：“三月己巳大夫禒辞（辞）曰：六年二月中

---

① 连云港市博物馆、社科院简帛研究中心、东海县博物馆、中国文物研究所编：《尹湾汉墓简牍》，中华书局 1997 年版，第 137 页：

东海太守功曹史饶再拜
谒·奉府君记一封饶叩头叩头　　二二

进长安令
儿君　　二三正
东海大守功曹史饶谨请吏奉谒再拜
请
威卿足下　　师君兄　　二三反

② 《秦汉刻石选译》，文物出版社 2009 年版，第 192 页。

③ 《居延新简》，文物出版社 1990 年版，第 268 页。

④ 《史记·留侯世家》，中华书局 1996 年版，第 2034 页。

买婢媚士五点所，贾（价）钱万六千，乃三月丁巳亡，求得媚”。[①] 媚是大夫禄买的婢女，一个月后逃亡，后来被追捕而复得。此处的“求”便为因媚逃亡而追捕之意。从 TM19D26A 木牍中可以看出，东阳尉谢高子有罪，太守正在搜求他，他必是逃亡或藏匿，所以才用“求”字。谢贶在信中提到：“今谢高子不敢谒”，说明谢贶知道谢高子身在何处。若谢孟是谢高子的父亲，他或许不敢藏匿谢高子，因为汉代特别是宣帝之前对藏匿罪人或亡人处罚力度比较大。[②] 但谢孟必定知道谢高子的行踪。知情不报，或协助其逃亡，是与逃亡者相勾结，便是“通逃亡”之罪。

《尚书·泰誓》曰：“罪人以族。”《孔传》解释道：“一人有罪，刑及父母兄弟妻子。”[③] 说明从先秦时期，就有了家族连坐制。秦代将家族连坐制加以强化，“秦法：一人有罪，并坐其家室”[④]。汉代因袭了这一制度。汉文帝时，诏丞相、太尉、御史道：“法者，治之正，所以禁暴而卫善人也。今犯法者已论，而使无罪之父、母、妻、子、同产坐之及收，朕甚弗取。”[⑤] 丞相陈平、周勃虽奉诏“尽除收律、相坐法”。但家族连坐制并没有完全废除。汉文帝所说“同产”，是亲生兄弟姐妹的统称，亦在相坐或被收之列。谢贶是谢高子的亲兄弟，即同产，谢高子有罪，谢贶自然会受到牵连。若谢孟为谢高子的父亲，更会受到牵连。

TM19D26A 木牍的最后一句为“使贶得送丈人”，这句话似乎不完整。同墓出土 TM19D27B 木牍，从内容看也是谢贶给长子少君写的信，两片木牍应当是一封书信。TM19D27B 木牍中提到“使贶得安，毋缓急，得送丈人反”，这句话正好弥补了 TM19D26A 木牍最后一句话不完整的缺憾。依据 TM19D27B 木牍，我们把 TM19D26A 木牍最后一句话补充完整为：“使贶得送丈人反”。“反”为还归、回之意，贾谊在《过秦论》中曰：“虚囹圄而免刑戮，去收孥污秽之罪，使各反其乡里。”[⑥] 谢贶说要送老人反，说明老人此时不在家中。谢孟墓葬的出土地是今天的安徽省天长市纪庄，靠近古东阳城遗址，在汉代应当属于东阳县。当时谢孟的家应当就在东阳县。贲且木牍中提到谢孟“通亡逃事”，奉劝他“愿以远谨为故”，要远离是非，谨慎从事。TM19D26A 木牍中提到谢高子被太守追捕，谢孟或许就是因谢高子逃亡，自己被弹劾为“通亡逃罪”。前面已提到，秦汉时期家族连坐制盛行，谢孟有可能逃往他处暂避

---

① 张家山二四七号汉墓竹简整理小组：《张家山汉墓竹简（二四七号墓）》《奏谳书》（释文修订本），文物出版社 2006 年版，第 92 页。

② 如《张家山汉墓竹简（二四七号墓）·亡律》中规定：“匿罪人，死罪，黥为城旦舂，它各与同罪。”“诸舍亡人及罪人亡者，不智（知）其亡，盈五日以上，所舍罪当黥 ☑ 赎耐；完城旦舂以下到耐罪，及亡收、隶臣妾、奴婢及亡盈十二月以上□赎耐。”（《张家山汉墓竹简》，第 31 页）

③ 《十三经注疏》一《尚书正义·泰誓上》，中华书局 2009 年版，第 382 页。

④ 《史记·孝文本纪》司马贞集解，第 419 页。

⑤ 《汉书·刑法志》，中华书局 1996 年版，第 1104 页。

⑥ 贾谊撰，阎振益、钟夏校注：《新书校注·过秦下》，中华书局 2007 年版，第 14 页。

祸端。谢孟此时或许在东阳县以外。同墓出土的TM19D24A木牍，是叫“妾”的人写给谢孟的书信，其中提到“存长公言孟方若广陵”，“若”为到、去之意，“若广陵”为去广陵。妾写这封信的目的是问候谢孟的病情，可见当时谢孟已经生病了。从纪庄木牍其它书信来看，谢孟在广陵已重病在身。谢孟在重病之际还要到广陵，很可能与“通亡逃罪”有关。赍且木牍中提到：“归至未留东阳，毋使归大事。”这句话很可能是针对谢孟说的。奉劝谢孟即使回来，也不要在东阳逗留，不要使自己陷入大麻烦。无论谢孟是否在广陵，此时他已经病入膏肓，要回家安葬，所以其子谢覎不得不请长子少君向太守及东阳的长吏求情，令自己能顺利送父亲回家。长子少君若能不负所托，无疑是谢覎的恩人，而且更是谢孟的恩人。这封书信被放入谢孟墓中，证明此信对其非常重要。

以上乃笔者一孔之见，或失之偏颇，敬请方家批判指正。

秦国为何能后来居上

高永丽　唐小春

（陕西省文物信息咨询中心　中共咸阳市委老干部工作局）

【摘要】秦国为何能从僻处落后的小国不断强大，直至灭亡六国并创建统一的中央集权封建制国家，其中的主要原由绝大多数人们都归根于商鞅变法。但若否定社会形态及其演进法则，仅从变法表面的种种举措并不能从根本上说明问题。笔者认为，社会是一个有机的统一体，从低级向高级演进，封建社会比奴隶社会高一阶段，较奴隶社会就具有绝对的优势和巨大的优越性，加之变法后代表着社会发展方向的封建幼芽刚刚破土而出，充满了旺盛的生命力，所以商鞅变法突破了严重阻碍生产力发展的奴隶制，开创了符合社会发展要求的中央集权封建制，才是秦国在变法后日益强大的直接的根本原由。而社会形态极强的排他性，决定了只有在奴隶社会发展较浅的秦国才能首先突破奴隶制创建封建制的社会演进法则，这才是秦能实现商鞅变法并后来居上的最深层的根本原因。

【关键词】秦国；后来居上；根本原由；封建体制的优越性；社会形态的排他性

在我国春秋战国时代，秦国从地处偏僻的落后小国为何能在五百多年间不断强大，以至灭亡六国统一天下，并创建延续两千多年的中央集权封建制，成为我国历史长空中光耀千秋的巨星？秦人书写了不朽的传奇，其中的原由虽有代代学人的不懈探寻，但真正的谜底至今依然扑朔迷离。纵观历史，后来者居上在人类社会演进过程中并非秦国一例，西周、日耳曼、阿拉伯、俄罗斯、英国、蒙元、满清等等都有跨越社会发展一个或多个阶段的表现。其中英国、俄罗斯的跨越和秦国属同一类型：英国作为在奴隶社会发展肤浅、封建社会也不发达的国家，后来居上开创了当时最先进的资本主义制度，成为遥遥领先的“日不落帝国”。俄罗斯从13世纪末一个小小的莫斯科公国，经伊凡·卡利达大公、伊凡大帝、彼得大帝、直至列宁创建社会主义社会，五六百年间从封建主义、资本主义、社会主义几个时代几乎直线式上升。秦、英、俄的跨越都是从远远落后到迎头赶上，而且还创建新模式，开辟了新时代，从而大大超越了原来的先进国家，一跃成为该时代最先进的强国（俄罗斯的跨越还未完成，所以迄今还未成为最先进的强国，此问题另文详述）。社会的存在及演进已清楚不过地表明，每一种社会形态都不是在低一级形态中最先进最发达的国家顺序诞生，而是在落后的迫切要求上升的且自身潜质雄厚①的国家横空出世。这就说明，社会的演进并非直线而是曲线，准确地说是抛物线，后来者居上是历史演进的常态而非变态，因此在当时由秦国开创高度发达的中央集权封建制并完成统一是我国社会发展的必然。

一、五种社会形态的划分就社会整体而言完全正确

因目前人们对社会的认识还未达到全面科学的高度，就缺乏从宏观上驾驭错综纷繁的历史现象的能力，所以迄今人们大多对历史的认识多处于纷繁的表象，往往以现象为本质。这就使目前史学界对我国——世界各国历史最悠久、最丰富、最完整的国家社会演进分期长期众说纷纭，以至对我国有无社会形态意义上的封建社会都持怀疑甚至否定态度，所以要阐明秦国后来居上的根本原由就必须在此简要说明人类社会的存在及演进历程。

（一）原始社会

人类社会由人组成，但并不是有了人就有了完整的社会，而是有了人才有了社会细胞，才具备了发育成社会的根本要素，可见人先产生而社会后形成。在原始初民时代，自然界草木繁茂、荆棘丛生、虫兽遍野、猛禽当空，孤立的个人很难生存，发展更不易，加之人本质上就是社会性动物，所以无论从生存需求还是本质要求，个人都必须与他人凝结为一个整体共同生存。但社会尚未形成，人们怎样才能连结为整体？当时最自然、最简便的方法就是以血缘为纽带将个人或群体连结在一起，统一认识统一行动，血缘是天然的且最牢固的黏合剂。当时人类数量有限、力量弱小，还无法完全靠自己的创造维持生存，所以生存主要依赖大地母亲的天然提供(人的创造潜能也在初步显现)。可见人类社会的孕育阶段，是天然的经济，天然的血缘政治关系，人们在以血缘为经纬的母系氏族内（当母系氏族内已孕育着父系氏族萌芽时，就说明血缘文明已进入下降阶段）共同生活，无论是与禽兽的争斗还是其他生存需求，人数的众多都极为重要，所以生殖崇拜、增加本族群的人口在原始人观念中占有重要地位。既是社会细胞又是整个社会的母系氏族，是社会孕育阶段

① “自身潜质雄厚”：意为每一种社会形态的开创国中，都潜存着这一社会形态的大量基因，所以在开创时这一社会形态胚胎已在低一级形态中有了相当的发育。如我国是大陆型国家，自古以农立国，社会中农业要素就发达；奴隶社会的不发达，使自古就“遗传”的封建基因更得到了良好的发育，所以封建社会才有力量在我国首先创建，才有把自上而下的封建推向最高阶段的基础和条件，因此我国才能成为封建农业文明的开创国。同样，英国在封建社会中就产生了宪法至上、与王权分庭抗礼的议会、重商主义甚至国王也投资经商、手工业发达、行会等等资本主义要素，而资本主义要素的较顺利发展就决定了其封建社会不可能充分发展，所以英国必然成为资本主义工业文明的开创国。可见每一种社会形态的开创不仅需要多方面的条件，还有着深厚的历史渊源。

的存在形式。氏族时代人们以血缘关系组成、生存并发展，因此形成血缘文明。在不断发育成长的三四千年间，原始人群成长经历氏族、部落、部落联盟等阶段，人自身的力量、认识水平、生存触角都已大大超出血缘领域，原在氏族内以血缘关系构建的社会秩序在各氏族、部落之间既无法再凝聚所有个体，也无法维持各部落间的无序和混战，此时社会胚胎就孕育成熟。实现伟大的分娩、即创建社会的时代就来到了。

（二）奴隶社会

创建社会就是突破天然的血缘关系，由人自己创造出一整套组织机构，把不同血缘的个体、人群都连结为一个有序的整体统一管理，也就是国家的创建：首先确定首领、即领导核心的权力和地位，同时也自然形成维护首领的权力中心和确保人们服从的军队；再设立国家机构，即将众多事务分门别类，并选举或指定专人管理之；制度也相继制定；要人们彻底服从，就不仅需要肉体统治，更需精神统治，所以法、刑、宗教都随之创立；这一切的贯彻执行对文字的需求就极为迫切，所以创造文字是创建社会的重要内容之一；因人类刚刚走出主要依靠大地母亲天然供养的哺育期，对事物的认识还非常懵懂，所以在信仰中人神不分，统治者便顺应历史，借助“神力”实现其统治；在社会形成的第一阶段，管理形式、统治手段都比较稚拙、粗劣，表现在直接对肉体的统治、赤裸裸的不平等（我国夏商周时残酷的肉刑、“刑不上大夫，礼不下庶人”“人有十等”，印度的种姓制度，两河流域的《汉谟拉比法典》、古希腊罗马的以奴隶为牲口等等就是反映）；因人们认识、利用自然的水平还极为有限，生产生活用具都十分笨重，所以必须主要依靠人力协作生存，如协作统治、协作作战、群体生产、结群抢劫等等，人自身的生存和社会的前进都主要依靠人力推动，因此形成人力文明；统治者通过直接占有被统治者本身、即人力获得其劳动成果；因发展的渐进性，社会创建初期，氏族形式仍有深厚的存在土壤，但随着社会的成长，加入其他氏族和地域关系的部族就会日益取代氏族成为社会的基本单位。也就是说，氏族既是社会细胞也是整个社会，而社会形成后，众多亲族集团发生关联共同生存，其中有统治族也有被统治族，此时的亲族就成长为部族（我国的宗族形式是我国原始社会发达①，血缘残余浓厚的反映，在本质上并未超出

① “原始社会发达”：何为发达？从横向看，该制度在当时世界范围内最文明、最先进；与当时人们的认识水平、生产水平，即生产力水平完全适应，所以在当时能最大限度地调动人们的生产积极性，也最文明；因此创造出该形态最高度的文明。从纵向看，对该地域或该国家的社会发展产生深远的影响。我们中华民族至今仍有浓厚的血缘观念；家国为一的情怀，轻个人重群体的极强凝聚力，使我国成为社会发展唯一未中断的国家；氏族社会牢固，迟迟难以进入奴隶社会（比埃及、两河流域、爱琴海地区晚千余年）；奴隶社中浓重的血缘色彩及奴隶社会的难以充分发展；众多新石器时代的遗址所反映的原始农业、饲养业、手工业所代表的血缘文明的高度等，都是我国原始社会发达的说明和表现。若还有人认为我国的史前文明从西方发展而来，显然是未认识到人类社会是一个有机的统一体，不只是从当时的历史条件下可认识历史，从后世的影响中也可推知历史的一般。

部族的范围，属具有宗法特色的部族），部族只是社会细胞但不是整个社会，而且是父系形式，这两点是氏族与部族的本质区别（我国学界有将氏族和部族混而为一之说，并以此为据把我国的氏族时代一直拉伸至战国时期，本十分清晰的社会分期被搞得边界模糊）；社会已形成，将众多的人力组织起来统一行动已成为可能，所以开展大型工程，把统治者、宗庙所在地创建为城池、定为国都，也是显示威权、确立权威、增强社会凝聚力的必须。经过大约两三千年（不同地域而异）的成长，人们认识社会、认识自身、认识自然利用自然的水平都大大提高，完全靠人力协作生存发展到可利用各种自然力实现个体生存，生而有贵贱的认识也成长到“众生平等”的新阶段。社会已完全建成，仍按旧的观念统治和生存已不可能，社会向更高阶段迈进的时代就来到了。

（三）封建社会

社会进入第三阶段，人类已成长到可初步全面利用人、地、畜、水、风、势等自然力，维持人生存并推动社会前进的力量已由自然力共同作用，社会进入自然经济时代；农业成为人们生存的基础，整个社会的运转都主要依赖农业的发展，所以形成农业文明；多种自然力的辅助使个人的力量大大增强，在生产、生活中已可以家庭为单位进行小农生产，必须协作生产所引发的监管、欺压、偷懒、投机等等弊病都烟消云散，劳动者较之前获得了极大的自由，生产的积极性空前提高，生产效率自然也水涨船高；个体力量大大增强也使王权可直接触及到广阔的疆域，再无必要分封诸侯导致混乱，所以中央集权既必须也成为可能，君权集中也因此成为此阶段政治形态发达的重要特征（如果君权不能集中，就说明该国或该地域在此阶段不发达。人们今天看到的专制的弊端是君权集中的负面表现）；人生命存在的价值已完全显现，所以对社会第二阶段把被统治者不当人看，随意杀戮，动辄残害其肉体的野蛮统治给予了全面的批判，这从我国儒学的“仁者爱人”“己所不欲勿施于人”(孔子)，以及佛教的“众生平等”“不杀生”、基督教的“上帝面前人人平等”、伊斯兰教的“穆斯林皆兄弟”“富人施舍”“救济穷人”等所代表的内容就可清楚看出。革除了野蛮统治，利用精神、社会规范将各阶层的人进一步向社会化规范，统治者治理社会的水平也大大提高，社会文明程度也大为提升。超越了第二阶段对被统治者本身的完全占有，此阶段是通过占有土地获得被统治者的劳动成果，亦即通过占有土地实现统治。三大宗教、我国的“五行终始”“天人感应”等内容及形式，反映出此阶段人们对自然、社会以及人自身的认识很多还处在推测、猜想阶段，说明成长到第三阶段人类的认识虽已大大提高，力量虽已大大增强，但在自然界仍须“靠天吃饭”，在社会中仍须依附于家族和土地所有者，仍处在不能独立的少年时代。又经过两千多年的成长，人们认识水平又进一步提高，力量亦随之大大增强，社会向更高阶段迈进的时代就来到了。

（四）工业社会

社会进入第四阶段，人利用自然的水平更进一步提高，维持人生存并推动社会前进的力量已由自然力和少数物质成长到利用自然界的各种物质，因此各种机械应运而生，机器生产日益取代人力。人们的生产主要是为了交换，目的是为获取利润，通过占有资本获取别人的劳动成果，社会进入商品经济时代。第四阶段人类已成长至青年时代，充满活力与朝气，潜在的力量大量释放，因此生产力飞速发展，社会的运转主要依赖工业的发展，因之形成工业文明。人对自己的认识已不只是为了活着，还要活得快乐、活得享受，所以民生民权成为目标。但是本阶段人只顾自己生存与发展，却以破坏生存条件为代价，所以极端片面的盲目发展很快就把人类推向毁灭的边缘，地球、社会和人本身诸多严重的生存问题都说明社会已迫切要求进入全面科学生存与发展的新阶段。

（五）生态文明

社会演进的逻辑已清晰地显示，社会存在的第五阶段必然是全面科学生存与发展的生态文明，生态文明必然要求全面革除工业文明阶段对地球、社会及人本身的毁灭性破坏，把人的生存与发展都推向全面科学的新阶段。

从社会自然演进的历程不难看出，社会是从无到有、从小到大逐渐成长变化，而且存在及演进过程显现明显的阶段性。如上所述，第一阶段是社会的孕育阶段，血缘文明，天然经济、天然政治、以氏族为社会存在单位、增加本族群的人口是发展目标，既是第一阶段自然也就是原始社会；第二阶段是社会的创建阶段，国家被创建、赤裸裸不平等的秩序被确立，以部族为社会存在单位、协作统治、协作经济、人力文明、最大限度地发展人力（体健力大对生存至关重要，这从奴隶社会发达的斯巴达人对婴儿健康才养育、古希腊罗马人通过各种竞技运动锻炼身体等就可清楚看出）、占有人力，其中最鲜明的特征就是通过直接占有人力获得其劳动成果，且把被统治者当作奴隶，甚至把生命不当一回事，就是黑格尔说的“降而成为一件东西，一件毫无价值的东西”①，冠之以奴隶社会就极为恰切；第三阶段是社会的完备阶段，农业文明，自然经济、中央集权、小农生产、通过占有土地获得被统治者的劳动成果、以家族为社会存在单位，政治构成无论是西欧的封土建邑还是中国秦汉以后的封官分权制，本质上都是通过自上而下的分封构建小农与土地相结合的农业社会，都属封建社会无疑；第四阶段是社会的极端片面发展阶段，显然就是工业文明，商品经济，人人争取得到生存权、政治权的资本主义社会；从资本主义阶段人类对生

① 黑格尔：《历史哲学》，王造时译，上海书店出版社2001年版，第102页。

态的毁灭性破坏即可断定；第五阶段必然是社会的全面发展亦即成熟、完善阶段，是全面发展科学生存的生态文明的社会主义社会（从我国春秋战国“百家争鸣”到汉武帝时农业革命的完成，从欧洲“文艺复兴”到工业革命的完成，就可知社会形态的变革需要几百年才能完成，就会明白我国迄今向社会主义社会的跨越还未完成，社会主义社会形态即生态文明还未完全确立）。

可见从社会整体而言，从马克思提出到斯大林完善的五种社会形态（轨迹如图1，内容及形式另文详述）的划分完全正确，既符合社会演进的逻辑，又准确反映

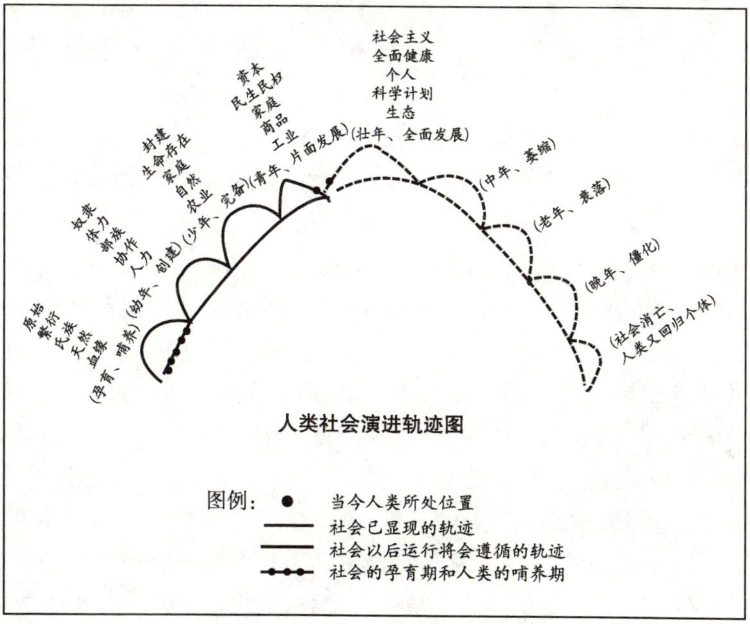

图1

了各阶段的本质特征（各地域演进的丰富性下文继续探讨）。而目前我国诸多史学家提出的新的分期中还无任何一家能准确抓住各阶段的本质特征并清晰地反映人类社会演进的内在逻辑。从社会的存在及演进中还可清楚地认识，一种社会形态产生、发展、鼎盛、衰亡后，高一级的社会形态又开始了新一轮的产生、发展、衰亡的存在过程，此后又有更高一级的存亡；这样，每一种社会形态的存在过程就构成了人类社会中一个大的存在阶段。可见社会形态就是社会一定阶段的存在状态，就是人类一种生存模式亦即文明形态从诞生到灭亡的存在过程，由建立在同一生产力水平之上的政治、经济、思想、文化、军事等等子形态组成，是社会存在过程中一个相对独立的阶段，各个社会形态之和就构成了人类社会的整个存在过程（轨迹见图1）。社会的存在及演进之所以显现明显的阶段性，就是因为社会的存在及演进都是以社会形态为单位，由低级向高级作抛物线式运动，秩序井然。

从社会演进的历程来看，封建社会就是社会各个方面的建设基本完备的社会第三存在阶段，是由自然经济、小农生产、中央集权、人的生命价值平等、通过占有土地构建社会关系获取别人劳动成果等构成的农业文明，是人类社会已有一定力量但仍不能独立存在的“少年时代”。像资本主义社会就是资本的功能得到最有效发挥，人们的行为都受资本意志操控的工业文明时代一样，封建社会就是自上而下的分封建制的功能得到最有效发挥，人们的行为都受封建意志操控的农业文明时代。标尺明确了，就不难明白我国秦汉至明清就是标准的封建社会，而且是最先进最完善的封建社会。所以我国才能在封建时代遥遥领先于世界近千年，并创造了高度发达的封建文明，在今天仍有巨大影响（还将影响深远），这已是史实昭昭，无需多论。

我国夏商至周（我国虽有多位先秦史专家认为殷周根本不同、异大于同，但笔者认为这仍是从表象到表象的结论，从本质出发，就会看到三朝属于同一社会形态中的不同阶段，另文详述。）时完备的分封制，是社会还未成长到王权可伸及自己王国所有地域时的部族协作统治：天子把自己的国土、人民分封给本族子弟及与本族关系密切的亲戚功臣们代行统治，由于诸侯们在其领地上拥有财、政、军所有大权，并配以世袭制，这种分封实质就形成分国（夏商时各诸侯国本身就基本独立，周时自上而下的分封，实质仍隐含着相当的独立成分），在巩固统治的深切期望中同时也埋下了分裂的种子，因此天子地位一旦跌落，众多诸侯国就会因各霸一方导致社会混乱，这种分封或曰封建显然属于分封的低级阶段。而秦朝实行的郡县制，其官员的任命在本质上也是自上而下的分封（虽有战时的以军功获爵和以后和平岁月的以文取士，但那只是取得功名的途径和对象不同，并未影响官员自上而下分封的实质）。但根本不同的是：郡县官员都是中央直接任命，且不能世袭，可随时调动；财、政、军大权在各级分属于不同的官员，在中央却集于皇帝一身；官员只对皇帝负责，百姓也独臣服于皇帝，只有皇帝可世袭。这样，只是给所封的官员在有限的时间内分配了某一方面代行统治的权利，官员们就不可能再对独尊、永固的皇权形成挑战，这种政治结构的稳定性显而易见，在当时的先进性优越性也不言而喻，我国封建社会存在两千多年就毫不足怪。

可见秦创建的封建是中央集权的自上而下一整套严密的封官分权制，而不是夏商周时的封土封民分国制。秦创建的显然属于封建制的高级阶段，把自上而下的封建功能发挥到了极致，在当时是最先进、最文明的社会制度，所以秦灭亡后仍能延续两千多年。西欧因奴隶社会发达使封建社会不可能健康地发展且带有浓厚的奴隶制色彩：教权、王权并立加之各种分封关系复杂使权力无法集中；农民因人身依附严重而成为农奴；众多的神职人员禁止家庭生活也严重影响到人口的增长，而封建时代人口的增长就是社会发展的重要标志之一，影响人口增长就是对生产力的破坏；其封土建邑和我国西周时的分封制在形式上都属于封建的低级阶段，容易导致混乱，无法和秦创建的封官分权的发达封建制相比肩。西欧封建社会的不发达已为“黑暗的中世纪”所概括，虽有学者认为此说不完全准确，但西欧封建社会远不及中国封建社会的发达则是再清楚不过的史实。

可见，使个体在土地上自由地劳动（这里的自由指相对于奴隶社会监督下的不自由）是封建社会存在的基础和显著特征，所以就成为历代统治者一直努力实现的目标。而我国夏、商、周时的分封或曰封建，显然只是构建社会的方式，未达到小农在土地上自由劳动的标准，未达到中央集权的政治形态，就不能判断为社会形态意义上的封建社会。我国很多史学家以现象为本质，把夏、商、周和秦汉至明清两个在思想观念、制度文化等方面水火不相容的社会存在阶段生拉在一起，就使我国本十分清晰的社会演进分期变得难解难分。

清楚了什么是封建社会，以及我国不仅有封建社会而且是高度发达的封建社会，下面再简要说明我国究竟有无奴隶社会的问题。从奴隶社会以直接奴役人本身和把被统治者不当人看（我国商代“人殉”“人祭”大量杀戮就是我国有奴隶社会且属不发达型的有力证明）、创建社会、部族存在单位、协作经济政治等等人类文明判断，我国夏、商、周时期就是奴隶社会。之所以引起人们持久的争议，首先是因为我国原始社会发达、亲族集团牢固，使奴隶社会带有浓厚的血缘色彩，人们仍以亲族（此时已是部族）为基本单位生存，统治、奴役都是以族为单位，如孔子分析殷之法之所以“弃灰于公道者断其手”，是因弃灰于公道影响行人会引起争吵甚至打闹，而个人打斗又必然会引发双方所在部族的相残，仅此就可知我国奴隶社会个人与亲族关系仍十分紧密，因而不可能形成古希腊罗马那样高度繁荣的单个奴隶买卖、大量奴隶属于奴隶主个人及典型的奴隶制特征；其次是因我国原始社会高度发达导致奴隶社会必然属不发达型，殷商时大量的“人殉”“人祭”现象（凡是不发达的社会形态中都会出现严重破坏生产力的状况，西欧封建社会神职人员众多，严重影响人口增长对生产力的严重破坏就是其封建社会不发达的表现和证明）和众多残酷破坏人体的肉刑；第三是因奴隶社会不发达，西周时注重德政与恤民惠民的思想及自上而下的封建萌芽已产生并发育迅速；第四是因奴隶社会不发达，创造的文明也远未达到古希腊罗马的高度。综上所述，我国原始社会发达使奴隶社会具有显明的血缘特色，且必然处于不发达型，就像我国封建社会发达而西欧不发达就存在着诸多差异一样，我国不发达的奴隶社会和古希腊罗马的发达奴隶社会也存在着巨大的、但非本质的差异。这就说明，每一种社会形态在不同的地域因历史渊源而表现形式不同，在同一种社会形态内不同的存在阶段形式也有很大差异，人们若仅仅以古希腊罗马模式为唯一标尺衡量，而且仍以现象为本质，自然就易混淆社会性质，得出我国无奴隶社会的结论。

二、商鞅变法使秦国首先全面走上封建道路是秦后来居上直接的根本原由

（一）商鞅变法是主要原由

以往人们对秦国后来居上总结出多种原因：天助（司马迁）；出现多位雄心大志的君主，使将士听命，内部较少纷争；广纳天下英才；地理位置优越，攻守均得其便，有较安定的自然环境；商鞅变法全面，依法治国彻底，取得实质性巨大成就；外交政策灵活使六国不能有效联合敌秦；六国统治者庸碌辈较多；“墨者：秦转弱为强的枢纽”① 等等。虽近有何炳棣先生提出秦献公时得墨者多助，秦国已开始转弱为强，但笔者认为秦献公时废人殉、推广县制、国都东迁、鼓励商业活动、革新户籍制等改革确收效显著，使秦国由弱转强，但整个改革毕竟还比较局部，也处于初始阶段，产生的作用和影响远不及全面跃进封建社会的商鞅变法，所以不足以撼动历代绝大多数学人的共识——“秦任商君，国以富强，其后卒并六国而成帝业”②，即商鞅变法是秦国后来居上的主要原由。

但若只停留在商鞅变法的表层，问题并未根本解决。即在商鞅变法的背后，人们仍会质疑：秦国为什么经过商鞅变法就不可逆转地强大？（因其他六国都进行过变法，且在变法后也都一度强盛，但都未从根本上改变各国不断衰落的总趋势）仅用“变法全面、彻底”说明似显肤浅；为什么只有在秦国才能进行全面、彻底的商鞅变法，不仅商鞅身裂法不败，而且秦朝短命其制也千载不衰？本文试从这两个方面作更深层的探讨。

（二）商鞅变法开创了封建社会

清楚了奴隶社会、封建社会的划分问题，商鞅变法是全面毁坏奴隶社会开创封建社会的性质就一目了然。

商鞅变法分两次进行，第一次始于公元前 359 年。主要内容是，第一，颁布法律、制定连坐法；第二，奖励军功、禁止私斗；第三，重农抑商，奖励耕织；第四，焚烧诗书，申明法令。从法令的内容即可看出第一次变法主要在法律、政治经济制度及思想观念等上层建筑领域。打破传统的部族生存单位和贵族世袭制，确立地域和以战功获取爵位的新观念；确立了封建社会贯彻始终的“重农抑商”国策，奠定了封建农业文明的千秋根基；“戮力本业，耕织致粟帛多者复其身”③，使秦国百姓生

---

① 何炳棣：《墨者：秦转弱为强的枢纽》，《新华文摘》2010 年第 16 期，第 64-68 页。

② 马非百：《盐铁论简注》，中华书局 1984 年版，第 53 页。

③ 《史记·商君列传》，中华书局 1982 年版，第 2230 页。

产积极性空前高涨；焚烧诗书主要是对与变法法令不符的其他思想的严厉打击。变法行之十年，在社会治理和国家实力方面都取得巨大成效。

但每一种社会形态都是一个相对独立的有机统一体，所以根本不变，仅在上层的改革就难以生根，不仅不能完全贯彻到底，还可能有人亡政息之险，所以在公元前350年，商鞅乘势而上，开始了更大规模、更深层次的根本变革。主要内容是：第一，“开阡陌封疆”，从根本上摧毁了奴隶制存在的经济基础，使新制度得以生根发苗；第二，普遍推行县制，这就彻底摧毁了部族存在、地方割据的政治基础，从根本上为实行中央集权制打下了牢固的组织根基；第三，迁都咸阳，为继续东进积极准备；第四，统一度量衡，这也是消除割据因素，为实现国家集权奠定基础；第五，改革赋税制度，舍地而税人，男子成年不分家立户者加倍征收户赋，此规定不仅使国家收入大增，更是从法律上确立了封建时代一家一户的小农生产形式；第六，革除戎狄风俗，即从生活习俗、文化等方面消除落后因素，实现秦国社会的全面飞跃。

不难看出，商鞅变法的目的是富国强兵，采取的措施是从政治、经济、思想、文化各个方面全面突破旧的生存观念和以族为单位的生存模式，使奴隶制存在的基础从根本上全面瓦解，使封建社会的种芽破土而出。变法不仅内容宏伟而细密，而且对即将面临的阻力也有充分估计，因此步骤系统而紧凑：变法前商鞅首先徙木立信，随后才颁布变法法令；先从表层改变人的思想观念入手，在取得巨大成效，人们认识有所提高的情况下，才乘胜从社会深层根本变革土地制度、赋税制度、生存方式等；变法中铁腕推动、先易后难、步步深入，方法的得当、时机掌握的恰到好处，也是商鞅变法取得彻底胜利的战术性原由。变法取得的巨大成功证明商鞅和秦孝公都是杰出的政治家，君臣二人以战略家的胸怀和大无畏的气魄，戮力同心、坚定果断，锐意革新，通过改变法度就完成了一场深刻的社会革命，使秦国首先从根本上突破了奴隶制的羁绊，跃上了全面创建封建社会的新阶段。夏、商、周时所实行的制度都是后代在前代的基础上再发展，而商鞅变法则完全是对三代制度的毁坏和超越，是社会制度的根本变革，其突破奴隶制开创封建制的作用和性质显而易见。从此封建的幼芽以新生事物旺盛的生命力在秦国大地上就势不可挡地蓬勃生长起来，而体现了社会意志的秦国也自然就随着封建幼芽的日益茁壮而不可逆转地迅速强大。商鞅变法结束了社会在旧制度中的徘徊、停滞与挣扎，把我国推向了当时在世界范围内最先进、最文明的封建新时代，以后两千多年的封建社会都是在商鞅变法基础上的不断改进与完善。

（三）首先全面走上封建道路决定了秦国的后来居上

1. 人类社会由低级向高级成长，迄今仍处在上升阶段（见图1），所以每上升一阶段，新社会形态对旧形态弊端的革除，就极大地解放了被长期束缚的生产力，把人类认识自然、社会和人的水平都提高到一个新的阶段。因此人类解决问题的能力就大大增强，利用自然的程度就更深更广，社会就更加文明，人的潜力就进一步显现、力量就更大，所以每一种社会形态都比低一级形态具有绝对的优势和巨大的优越性，这从原始、奴隶、封建、资本主义等社会的比较中就清晰可见（向社会主义社会的跨越完成后，社会主义社会的绝对优势和巨大优越性就会清晰地展现）。如我国在近代，四万万人口的庞然大国却成为弱国，荷兰、比利时、日本等区区小国却成为“列强”，且我国备受其欺凌，根源就在于列强们都已上升到资本主义阶段，而我国还处在封建阶段且已风烛残年。我国社会制度比列强们低一阶段，认识、利用自然，认识社会和人的水平就更加落后，因此以大刀长矛与坚船利炮角力，自然只有失败挨打，所以尽管是大国却成为弱国，资本主义社会较封建社会的绝对优势和巨大优越性一目了然，若是发展到今天，发达阶段的资本主义和封建阶段再相比，差距就更明显。此类例子在历史中比比皆是，说明社会每上升一阶段，比前一阶段就具有绝对的优势和巨大的威力。

2. 从春秋时奴隶制全面衰落开始至战国时代，奴隶制都严重阻碍我国社会的前进，所以被束缚了几百年的社会生产力就迫切要求冲破重重阻挠，商鞅变法彻底结束了奴隶制对社会发展的羁绊，实现了社会迫切要求发展的意志，开始踏上封建之路的秦国就必然显示出比改革不彻底，仍处在奴隶社会衰朽阶段的六国社会的巨大优越性、朝气和力量。如我国奴隶制即使发展到高级阶段也是世官世卿，受奴役的人们只能世代受压迫，而商鞅变法后英勇杀敌即可获得官爵俸禄、奴隶也可免除奴隶身份，地位的变迁可谓天翻地覆，谁还能不拼死作战以保卫自己的解放成果并获取以后的富贵生活，所以秦军自然就成为士气高昂、人人奋勇的“虎狼之师”。还有以往在监督强制下为人劳作，身心都承受着严重摧残，而变法后通过努力生产不仅可免除徭役，多劳多得，更何况是摆脱监督欺凌的自由劳动，心情的舒畅、利益的增加，还可获得奖励的荣耀，谁还能不努力生产、还能不想方设法提高效率？这就必然促使生产技术、工具各个方面的大力发展，国家岂有不富之理？推行郡县制，实行中央集权，就可使全部力量集中使用，不至于割据时的离心离德等等，因此突破奴隶制创建封建制释放了巨大生产力。

3. 变法后秦国就进入了封建社会的初创阶段，社会形态的有机性整体性、决定了该阶段必然要求社会迅猛发展，因必须排除旧制度的残余实现封建形态自身政治、经济、思想、文化各个方面的统一。商鞅变法前，秦国正处在奴隶社会的发展阶段，相对于已走过奴隶社会鼎盛阶段正处衰老阶段的关东各国，秦仍远远落后。这从秦献公时才废除人殉制、变法前仍与戎翟同俗，以及变法中“事末利及怠而贫者，举以为收孥”①、刑公子虔黥公孙贾等等即可看出，秦不仅正处在野蛮落后的奴隶社会

① 《史记·商君列传》，中华书局1982年版，第2230页。

前期，社会中还残存着浓厚的原始社会遗俗，即使在变法过程中也仍以奴隶制的手段反奴隶制。

而商鞅变法一举使秦越过奴隶社会的鼎盛、衰老阶段，直接跃进封建社会的初创阶段，就使秦社会无须经历下降阶段而一直处于上升状态（轨迹如图 2 中的③），所以已跃进封建阶段的秦国，就更显示出急于上升的社会风貌。可见秦国在商鞅变法后的迅速崛起和不可逆转的日益强大，都是封建社会初创阶段社会本身要求迅猛发展的具体表现，是封建制度与当时社会发展水平完全吻合，能充分调动社会积极性的反映。商鞅变法后秦国的人民不是在前方英勇杀敌就是在后方努力生产，所爆发的积极性和热情显然不只是用严刑峻法就可逼迫出来的。如果仅靠残暴、严刑峻法就可使将士奋勇拼杀、百姓努力生产，那秦二世的繁刑严诛、残暴贪婪还能迅速亡国吗？在历史上有两种征服，一是先进的征服落后的，这是社会成长到更高阶段制度更文明、力量更大的原由。二是以青春年少而胜垂垂老暮，如我国明末清初落后的满族对先进汉族的征服，就是一个处在社会上升阶段、因而充满活力积极进取的新兴政权对已衰朽至摇摇晃晃的衰老政权的征服事例。同样，秦国也是社会正处上升阶段迫切要求迅猛发展，以青春年少而胜六国的垂垂老暮。以往人们以为是简单的落后征服先进，而未看到实质是旺盛生命力对衰朽生命力的征服。

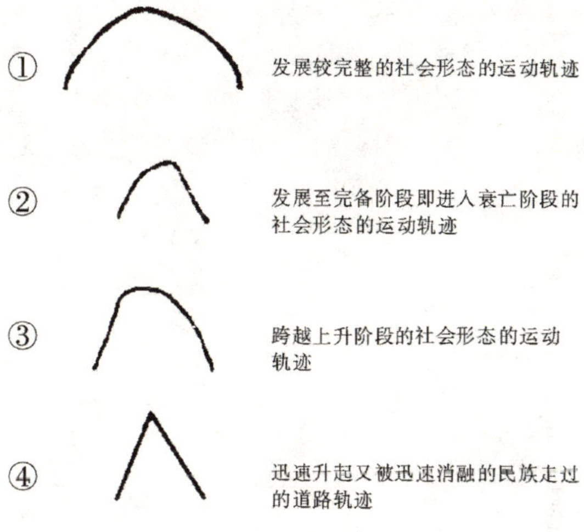

社会形态部分演进形式轨迹图

图 2

封建制度较奴隶制度的优势和优越性、突破奴隶制几百年的束缚所释放的巨大生产力，以及封建社会开创阶段须迅猛发展的要求，都决定了首先走上封建道路的秦国必然势不可挡地日益强大，所以秦国国君中总有有作为者顺应时代意志领导国人奋力开拓。而六国国君也只能顺应各自国家奴隶制日益衰朽的时代意志，昏庸、醉生梦死、孤注一掷、稀奇古怪者辈出，使六国不断衰朽，因此才有秦始皇的摧枯拉朽、风卷残云。可见商鞅变法使秦国首先全面进入开创封建社会的新阶段才是秦国能后来居上的直接的根本原由，亦即首先全面走上封建道路就决定了秦国必然后来居上。

三、社会形态极强的排他性是秦国后来居上最深层的根本原由

既然奴隶社会已无任何发展空间，其苟延残喘只能严重阻碍社会的继续前进，结果为何只有秦国首先突破了奴隶制的束缚而六国皆不能？答案是社会形态的排他性使然。

（一）每一种社会形态都有极强的排他性。

社会形态的有机性、整体性，决定了每一种社会形态在经历了生产力、生产关系、经济基础、上层建筑的完全适应后，该生产关系、上层建筑就会一反前期一直积极为生产力开辟道路的常态，开始阻挠生产力的发展。因生产力的再发展，就超出了该形态存在的范围，就会要求新的社会形态产生，那么本形态就失去了存在的基础，所以现存形态就极力阻挠社会各方面的实质性发展（如我国明清时就一直在封建模式内精雕细刻），因此社会长期前进缓慢甚至停滞，从而形成了社会形态的下降阶段（运行轨迹见图3，以中国封建社会为例）。而社会是一个有机的整体，处于不断的成长变化中，所以要冲破阻挠继续前进，就必须生出新的力量把现存形态取

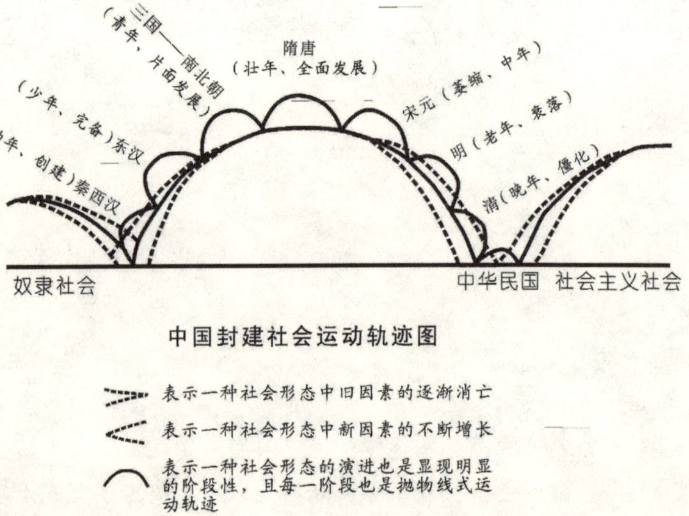

图3

而代之。而现存形态要维护自身继续存在，就会对新生力量展开无情的镇压。二者经过殊死搏斗，新生力量因代表着社会发展的要求最终取得胜利，新的社会形态因此诞生，原有的社会形态作为过时的旧形态被赶下统治舞台。可见新形态都是为取代旧形态、促进社会前进而产生，所以新形态创建后必然要全面革除旧形态中阻挠社会发展的种种弊端，使社会得以大步前进，这样，二者作为对立面，在观念、制度、生存方式等等方面都强烈排斥。由此就十分清楚，每一种社会形态对比自己高级或低级的社会形态都强烈排斥，因此就形成每一种社会形态极强的排他性。这就决定了几种社会形态的要素不可能长期共处，因相互抵牾、互相牵扯，必然使该阶段社会矛盾尖锐复杂难以健康发展。该原理还决定了在某一形态中愈先进、愈强盛、愈充分的国家或地区对高一级形态的排斥就愈有力（这从我国封建社会对资本主义萌芽的一再摧折就不难明白），因此在高一级形态中就必然愈落后、愈孱弱、愈举步维艰。这就是西欧奴隶社会发达而在封建社会“黑暗千年”又在资本主义社会先进强盛的根本原由（运动轨迹见图4），也是我国在封建社会先进强盛而在资本主义阶段又落后挨打以及中国封建社会“长期停滞”、漫长的根本原由（运动轨迹见图5），也同样是社会主义革命不会首先在资本主义发达国家爆发而只能在资本主义发展薄弱的地方诞生并确立的根本原由。排他性使社会形态的演进复杂而丰富（见图2）：较完整的呈抛物线式运动轨迹，如中国封建社会，跨越式（如秦国崛起过程和我国建国以来）和不充分式（如我国奴隶社会、英国封建社会等等）则呈不完整的抛物线式、甚至锥形（如我国辽金夏）。

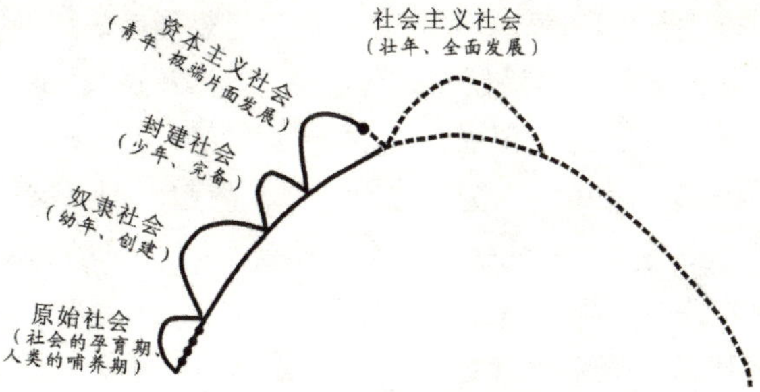

西方社会演进轨迹图

当今资本主义社会所处位置

发展成熟、充分的社会形态的运行轨迹

发展不充分、至完备阶段即衰落的社会形态的运行轨迹

图4

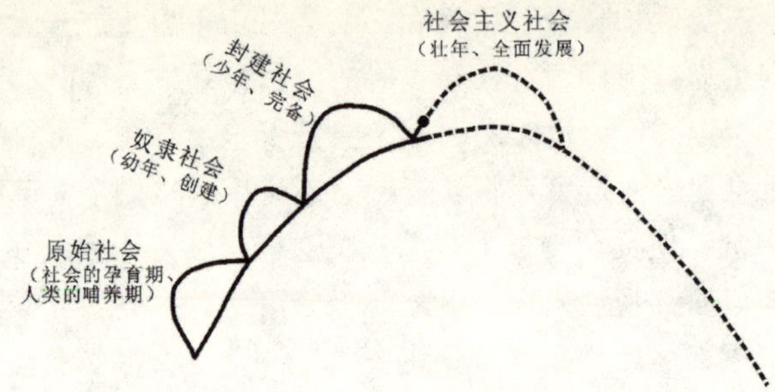

中国社会演进轨迹图

●目前中国所在位置

图5

可见社会形态的有机性整体性决定了每一种社会形态都有极强的排他性，而社会形态的排他性又使后来者居上成为社会形态演进的一条铁的法则。因此就会明白在奴隶社会中愈先进愈强盛的地区对封建萌芽的排斥就愈有力，所以全面突破奴隶制开创封建制的商鞅变法只能在秦国进行而六国皆不能。

（二）战国时代我国社会已迫切要求进入封建社会

春秋时我国奴隶制已全面衰落，从王室衰微、礼崩乐坏到各诸侯国内部的秩序混乱、公室公族分化没落，以部族为存在单位的生存方式的日渐松动，从思想上对奴隶制进行批判的“百家争鸣”已经开始。战国时奴隶制继续衰落，“百家争鸣”对旧制度的批判和对确立新秩序的构想可说已完成了思想形态的质变①、各诸侯国的长期相互攻伐，井田制的破坏、等级制的破坏、亲族集团的日益瓦解等等都说明旧制度存在的根基已全面毁坏，为富国强兵建立新的社会秩序各国都进行了不同程度、不同领域的变法，李悝废世卿世禄制、选贤任能，吴起对旧贵族的打击，申不害加强中央集权，赵武灵王胡服骑射使协作的车战跃进为灵活机动的单骑作战等等变法内容显然都具有封建性质，而各国变法本身及变革了旧制度国家就兴盛的事实也清楚地说明宗法奴隶制已严重阻碍社会的前进，必须彻底革除。日益衰朽的奴隶制，已完全丧失了维系社会的能力，不仅使社会无法前进，而且只能深陷战乱，给生存

① 纵观历史，从社会形态的存在及变革中可清楚看出：一种社会形态由思想、政治、经济三大子形态鼎足而立，军事、文化、艺术等等子形态都是依附品；在社会形态变革的过程中，思想、政治、经济三大子形态的变革并非同步实现，而是分跨在新旧两个形态内先后完成。一般是在条件成熟的情况下，首先是思想形态的变革，如封建社会创建前首先有“百家争鸣”“佛教”“基督教”“伊斯兰教”等，资本主义社会创建前首先有“文艺复兴”“宗教改革”“启蒙运动”等，社会主义社会创建前首先有马列主义等等；接着是政治形态的变革，如我国战国时期的争战、民主主义革命时的战争、英国资产阶级革命、美国独立战争、法国大革命等，最后才是经济形态在新的社会形态内完成质变，如我国汉武帝时期农业革命在封建社会内的完成、西方工业革命在资本主义社会内的完成，等等。

其中的人民造成极大的痛苦和灾难，所以终结奴隶制，创建大力解放生产力的中央集权的封建社会在战国时已是社会本身发展的强烈要求，也是广大百姓的迫切愿望。

（三）封建幼芽只有在奴隶制发展浅显的秦国才能实现突破

每一种社会形态都是从无到有、从小到大的成长演变，所以每一种社会形态在孕育、萌芽阶段力量都极其弱小。更重要的是，每一种新社会形态都是为取代旧形态而来，所以旧形态必然要对其强烈排斥。这就决定了每一种社会形态都只能在低一级形态中发展薄弱，且适合自身发展并已有相当积累即自身潜质雄厚的地方实现突破。因此战国时代虽然各国都进行了变法，但六国均因奴隶制根深蒂固、旧势力太强大而使封建萌芽无力突破。而秦立国时，奴隶社会在中原地区已步入了衰亡阶段，也就是说，秦初始与其他诸侯国之间相隔奴隶社会内多个发展阶段（见图 3）。况且秦不只立国很晚，还处于发展落后的少数民族戎翟之间，所以秦的制度、文化观念、生活习俗等等都远远落后于关东各国，被视同夷翟。而社会是一个有机的整体，若其中某部分长期落后，势必导致社会的失衡，并影响其他部分的发展，所以社会自身就会要求落后部分迅速赶上，这就是社会演进中常有跨越式发展的根源所在。因此远远落后决定了秦必须大步跨越追赶其他诸侯国，而且远远落后也使秦在奴隶制兴起时周所完善的宗法奴隶制已全面衰落，衰落就意味着过时，意味着对人们现实活动的束缚，意味着不合理和必须革除，所以宗法观念、周礼等规范大多已被秦人视为羁绊。这从文献对秦晋崤之战中记载的秦军过天子之门轻而无礼、趁晋国丧伐其同性，以及秦国国君不是立嫡而是择勇、大力招揽人才入秦而非秦人世官世卿等等，都可清楚看出秦人意识中宗法观念的淡薄及对已不合时宜的繁文缛节周礼的鄙弃。在崤之战中从秦不惜千里劳师的冒险争夺中，也可感受到秦人努力追赶、奋发向上的急于上升心态，以及朝气与活力。

秦穆公时距秦立国才一百多年，大量的人殉、大量存在的“隶臣妾”、独霸西戎等等，都说明秦立国后发展迅猛、奴隶制国家已建成。创建阶段完成后，秦作为新兴的国家，社会本身充满了旺盛的生命力及仍远远落后六国的状况，都迫切要求其继续迅猛前进。但若完全向当时先进的六国学习在奴隶社会内崛起已不可能，因战国时宗法奴隶制已僵化，严重阻碍生产力发展，使社会矛盾不断激化，秦若继续完善奴隶制就只能迅速进入腐朽阶段并衰落（如我国清朝），根本不可能持续强大。所以秦国要在短期内迅速崛起并超越六国，就必须突破过时的奴隶制，开创能使社会大步前进的新体制，因此商鞅、秦孝公才能在秦国集各国变法之大成，大刀阔斧地埋葬旧体制、开创新体制。秦君臣之所以想到就能做到，就在于秦国奴隶制尚在兴起阶段，人们的观念、贵族的势力还都未根深蒂固，所以阻力相对六国较弱小、较容易被突破（尽管秦国阻力要小得多，但仍付出了商鞅个人和相关新旧势力的代价，可见社会每上升一阶段都需其中的人付出巨大的努力！）秦国能从野蛮落后的奴隶社会前期直接跃进封建社会，不只是秦国社会必须迅猛上升的迫切要求，还归因于排斥力较小的奴隶体制、在中原地区已走到终点的宗法奴隶制基础，还有我国自古以农立国、社会本身封建潜质雄厚、奴隶社会不发达等要素的具备。可见社会每上升一阶段都是一个宏大的工程，需要多方面的条件，封建幼芽首先在秦国突破，由秦开创高度发达的封建体制并完成统一都是我国社会长期发展的必然结果，而非很多人认为的偶然而然。如司马迁认为秦后来居上灭亡六国是天助，北宋大文学家苏洵在《六国论》中认为“六国破灭，弊在赂秦”，直至2011年河南大学王立群教授在央视《百家讲坛》栏目开讲“王立群读史记之秦始皇”时还认为，若不是韩赵魏三家分晋，那么一个强大的晋国将会使秦国的统一事业难以实现，且有可能是由晋国实现统一；或者若不是赵国内乱加长平之战，很有可能是赵国完成统一。种种人为因素的看法，都说明人们迄今还未认识到社会的存在及演进都严格遵循自身的法则，而不是以人的意志为转移，人只是组成社会的细胞，只是社会规律和意志的体现者和实现者，所以人在社会中的活动，向来是顺历史潮流者昌、逆则亡，正如黑格尔所说的历史人物的表面动机和真实动机都绝不是历史事变的最终原因。

科学认识了社会形态存在及演进的法则，就不难明白使秦国后来居上的最根本原由是深藏在社会演进过程中起决定作用的一条历史法则——社会形态极强的排他性；商鞅变法体现和实现了社会体制迫切要求冲破奴隶社会束缚继续前进的意志，由此决定了秦国必然后来居上。

战国秦汉时期的王权和非农

[日] 柿沼阳平

（日本早稻田大学文学学术院　彰化师范大学历史学研究所）

【摘要】 本文对战国秦汉时期王权（含皇帝权力）存立的构造进行了考察，将视线放在一直以来在秦汉帝国争论中作为不纯之物而未得到关注的非农业用地或非农的非经济意义，选取其“境界性（liminality）”“异人性（stranger）”的性质，解明了其存在对于支撑王权是必不可少的。指出了由“境界”“异人”产生的象征性、自然性的力量通过钱币这个媒介被回收、征收至帝室财政，以此确保皇帝的权威和权力。据此可以认为，战国秦汉时期王权的至高无上并不一定完全产生于经济力的延长线上。经济被深埋于社会之中，其中皇帝作为“管理境界和异人维持日常秩序的存在”，以彰显其统治的正当性。从这一点上也可以看出战国秦汉时期货币经济和拜金主义的一个界限。

【关键词】 战国时期；秦汉时期；王权；非农；残疾人

导言

在战国秦汉时期的中国，一直以来占据主导地位的赠与交换经济逐渐开始变质，并迅速形成了以钱币、黄金、布帛为主要货币（流通经济手段）的货币经济。这同时也引起了拜金主义的扩大化。无论是秦对战国七雄的统一抑或是西汉对其加以继承后建立长期的统一政权，究其原因均离不开通过巧妙的操作来维持货币经济并借此加强军备这一手段①。西汉武帝以前的诸帝以山林薮泽作为其主要的经济基础②，将其收入作为恩惠再次分配给人们，以确立较为安定的支配体系③。

但在当时的民众中还包含许多非拜金主义者，这从在当时社会上具有家族式或侠义的结合原理以及非经济式重要性的祭祀等活动受到重视这一点上来看便一目了

① 柿沼阳平：《中国古代货币经济史研究》，（东京）汲古书院 2011 年版。

② 增渊龙夫：《先秦时代的山林薮泽与秦的公田》（《先秦时代の山林藪沢と秦の公田》），《（新版）中国古代的社会与国家》，（《新版　中国古代の社会と国家》），（东京）岩波书店 1996 年版，第 319-376 页。

③ 关于钱、黄金、布帛的赏赐参见拙稿：《中国古代货币经济史研究》。

然。也就是说，在对拥有这些人群的人们进行统治的战国秦汉时期的王权（含有皇帝权力）来说，其正当性并非仅产生于经济实力的延长线之上①。即若要安稳地统治秦汉帝国的人民，其方法并不单纯依赖于雄厚的经济实力及强大的军事实力，在观念上也应该具备有某种令被统治者能够接受的因素。那么，秦汉时期王权的正当性除了货币的多寡外，究竟还有何种重要因素作为其支撑呢？

在探讨这一问题时，首先需要确认的是战国秦汉时期王权的拥护者同时亦是被统治者的民众属于何种人群这一点。以往学者十分重视当时广泛存在的农业劳动者。例如，对于二战后历史学的焦点之一的秦汉帝国争论，堀敏一将其分类如下：①统治形态为奴隶制还是农奴制的阶段，②皇帝和小农间关系的阶段，③被统治者方面共同体的状态②，均是围绕帝国和农民间的关系而展开的③。诚然，在秦汉时期无疑存在许多农民，所以这种研究在方向上也未必是错误的；但另一方面，战国秦汉时期也存在许多从事商业、矿业及渔业的非农业人群，他们在一直以来的秦汉帝国论中处于什么位置呢？另外，巫和残疾人等特殊群体在战国秦汉时期的国家里又具有何种作用呢？这些问题在探究战国秦汉时期王权的正当性时必须得到解决。因此，本文围绕农民和非农的存在这一问题，对战国秦汉时期的王权的时代背景进行考察。

一、巫和残疾人

在阐明战国秦汉时期王权的时代背景时需要注意到《礼记·檀弓篇下》。虽然目前关于《礼记》的成书年代有诸多说法，但本文中所引用的内容在战国秦汉时期的其余史料中均可以看到类似或相关的记载，因此可以将其看作是体现战国秦汉时期王权思想的史料。《礼记·檀弓篇下》云："岁旱。穆公召县子而问然曰：'天久不雨，吾欲暴尩而奚若。'曰：'天则不雨，而暴人之疾子，虐，毋乃不可与！''然则吾欲暴巫而奚若？'曰：'天则不雨，而望之愚妇人，於以求之，毋乃已疏乎？''徙市则奚若'。曰：'天子崩，巷市七日，诸侯薨，巷市三日。为之徙市不亦可乎'。"④（第383-384页）这条史料显示了在干旱等天灾时，存在有以尩（=疾子）或巫（=愚妇人）作为人牲的习俗。在《左传·僖公二十一年》中也可以看到存在有类似的

---

① 西嶋定生：《秦汉帝国的出现》（《秦汉帝国の出现》），《世界的历史》（《世界の歴史》）第三卷，东京：筑摩书房1960年版，第93-134页对将秦汉皇帝的权力归于经济力的强弱这一说法进行了批判。

② 堀敏一：《评说多田狷介"战国·秦汉时期的共同体与国家"》（《コメント多田狷介"戦国·秦汉期における共同体と国家"》，《史潮》，新二号，1977年，第33-38页。

③ 东晋次：《秦汉帝国论》，谷川道雄：《二战后日本的中国史论争》（《戦后日本の中国史论争》），东京：河合文化教育研究所1993年版，第27-67页。

④《十三经注疏》整理委员会：《十三经注疏整理本 礼记正义》，北京大学出版社2000年版。

习俗："夏大旱公欲焚巫尪。臧文仲曰：'非旱备也。修城郭、贬食、省用、务穑、勸分、此其务也。巫尪何为。天欲杀之，则如勿生，若能为旱，焚之滋甚'。公从之。是岁也，饥而不害（第457–458页）①"。这种焚巫的习俗一般认为延续于殷商。因为在商代甲骨文中便已有意为干旱的""及""字，其被看作是两手缚于身前加以焚烧的巫的象形文字。姑且不论这种见解是否正确，在天灾时对尪（=疾子）或巫（=愚妇人）施以"暴""焚"究竟具体含有何种含义？若要回答这一问题，首先需要弄明白牺牲的对象是以什么基准被选定的这一问题②。

《荀子·王制篇》云："知其吉凶妖祥，伛巫、跛击（觋）之事也（第169页③）"，即古时的巫觋为身患残疾者。也就是说，巫和尪在残疾这一点上是共通的。然而，据前揭《檀弓篇下》，作为牺牲的巫是愚妇人，并不具有身患残疾这层意思。而且实际上历代的巫均非残疾者，如后所述，甚至有君主自身成为巫的情况。《论语·阳货下篇》云："古者民有三疾。今也或是之亡也。古之狂也肆，今之狂也荡。古之矜也廉，今之矜也忿戾。古之愚也直，今之愚也诈而已矣（第1224页④）"，南宋的朱熹《集注》则云："气失其平则为疾，故气禀之偏者亦谓之疾（第1224页）"。疾子的"疾"和愚妇人的"愚"中含有"不同于寻常"的较为宽泛的意思。另，《荀子·修身篇》云："非是是非谓之愚（第24页）"，将"愚"看作"不同于寻常"。这样一来，由于在前揭《檀弓篇下》中巫为愚妇人，尪为疾人，因此，两者均被看作是"不同于寻常"的人士。这不正是两者间的共通之处吗。

若对这一点进行更一步的确认的话，《汉书》卷四五《蒯通传》云："通说不听，惶恐，乃阳狂为巫（第2165页⑤）"，蒯通发狂进而成为了巫。然而，狂一般是指精神状态的问题，其与巫之间的关联不甚明确。汉代的东方朔曾被作过"狂"的评价，他被列入《史记》卷一二六《滑稽列传》⑥，所谓"滑稽"是指颠倒是非，即"不同于寻常者"⑦。据《史记·滑稽列传》，东方朔曾自称"所谓避世于朝廷间者

① 《十三经注疏》整理委员会：《十三经注疏整理本·春秋左传正义》，北京大学出版社2000年版。

② 关于"尪"成为牺牲的原因，前揭《礼记·檀弓篇下》的郑玄注云："尪者，面乡天覬，天哀而雨之（第384页）"，前揭《左传·僖公二十一年》的西晋·杜预《集解》云"巫尪，女巫也。…或以为尪非巫也，瘠病之人其面上向。俗谓，天哀其病，恐雨人其鼻，故为之旱，是以公欲焚之（第457页）"，虽然有"尪=巫"的说法与天怜悯"尪"的说法，但巫并非常为"尪"，由于并不只有"尪"成为牺牲，因此这两种说法都不充分。

③ 王先谦：《荀子集解》，中华书局1988年版。

④ 程树德：《论语集释》，中华书局1990年版。

⑤ 班固：《汉书》，中华书局1962年版。

⑥ 司马迁：《史记》，中华书局1959年版。

⑦ 大室干雄（大室干雄）：《滑稽》，（东京）岩波书店2001年版。

(第3205页)”，这和《荀子·尧问篇》中被当做“避世（第554页)”者的狂接舆颇为相似。也就是说，前揭《蒯通传》中的“狂”意为“不同于寻常者”，而这种人被看作是巫。实际上在《列仙传》里“异于常人者”的东方朔和狂接舆被描述为仙人，这和巫一样属于能往来于异界的人士，这也正反映了“不同于寻常者”、滑稽、巫、仙人、狂之间的密切联系。无论是象形着跳舞接受神谕的巫的“（若)”字①，亦或是东周青铜器的纹饰中所生动描述的巫的形象，巫都是一副披头散发的模样。

另外，关于“狂”，《史记》卷三八《宋微子世家》云：“被发详狂而为奴（第1609页)”，也是披头散发的形象。这也体现了两者间的共通性。原本两者在现实中并非常常以披头散发的形象出现的。如同西冈市佑所指出的，披头散发是脱离社会的一种象征②，巫和狂也正是被看作是这种存在方式的吧。桐本东太所提出的“狂=非日常性的状态，狂和巫两者间十分接近”的说法也为此提供了旁证③。这样一来，在天灾时作为牺牲的巫、疾子、尪、愚妇人均带有“异于常人的性质”。那么，在天灾时就没有其他作为牺牲的人吗？

二、弑王和异人

接下来需要关注的是与前揭《檀弓篇下》所类似的《吕氏春秋》卷九《季秋纪·顺民篇》。即：“天大旱，五年不收。汤乃以身祷于桑林。曰：‘余一人有罪，无及万夫。万夫有罪，在余一人。无以一人之不敏，使上帝鬼神伤民之命’。于是翦其发，㧻其手，以身为牺牲，用祈福于上帝。民乃甚说，雨乃大至（第875-879页④)”。据此可知，商汤王在祈雨时正如“（干旱)”的字形所示，将双手“枥（绑缚)”于眼前并断发⑤。这种在灾害时以王为牺牲的传统（即弑王⑥）作为一种宗

---

① Weber. C. D. 1968. Chinese Pictorial Bronze Vessels of the late Chou Period. Ascona：Artibus Asiae。

② 西冈市祐：《被发杂考-“被发左衽”惑解之一》（《被髪雑考—「被髪左衽」惑解その一》)，《国学院杂志》，第73卷，第4号，1972年版，第20-30页。

③ 桐本东太：《“诗经”东方未明的一个解释》(《“诗経”东方未明の一解积》)，《中国古代的民俗与文化》（《中国古代の民俗と文化》)，（东京）刀水书房2004年版，第49-63页。

④ 王利器：《吕氏春秋注疏》第二册，巴蜀书社2002年版。

⑤ 白川静：《白川静著作集第二卷·汉字Ⅱ》，（东京）平凡社2000年版，第55-64页认为断发是以身体的一部分作为牺牲，但在本文中，断发之后的人也能成为牺牲，因此其对于断发的说明并不够充分。大形彻：《脱离肉体的灵魂》（《肉体をぬけだす魂》)，《魂之所在—中国古代的灵魂观》（《魂のありか-中国古代の霊魂观》)，（东京）角川书店2000年版对断发提出：让灵魂从发际涌出后从而使之升天，这种推测应当是妥当的。先进行断发进入较容易升天的状态后再以本人作为牺牲。

⑥ 关于弑王，参见Sir Frazer，J. G. 1906-1915. The Golden Bough：A Study in Magic and Religion［3rd ed.］.

教文化在先秦时期不分地域广泛存在①。这意味着前揭的巫、尫、疾子、狂、愚妇人和王之间具有某种共通性。事实上虽然商汤王被看作是圣王、圣人（参见后引《白虎通义·圣人篇②》），但如同《今文尚书·周书·多方篇》所云："惟圣罔念作狂，惟狂克念作圣（第543页③）"，"圣"和"狂"之间是表里如一的关系，与普通人不存在关联并相互转换④。"圣"的原义本被看作是通过祈祷获得神的应答或启示⑤，这也和倾听神的声音的巫祝及具有幻听的狂是相通的。《白虎通义·圣人篇》云："圣人皆有异表。……《礼说》曰：'禹耳三漏……皋陶马喙……汤臂三肘……文王四乳……武王望羊……周公背偻……孔子反宇……'"。圣人所以能独见前覩，与神通精者，盖皆天所生也（第337–341页）"。其中的圣人、圣王都被描述为具有奇特形态的人。这与其说是基于现实而来的故事，不如将其看作是对他们"异于常人的性质"的一种象征性描述。据此，圣人、圣王与巫、尫、狂、疾子、愚妇人等没什么分别。

那么，为什么这样一种人群会在天灾时被作为牺牲呢？关于这一点陈梦家特以商代为例，指出由于作为人牲的对象与引起天灾的诸神被同等看待才成为牺牲的⑥，Edward H. Schafer 也在收集后世的事例后对这种见解表示了赞同⑦。另一方面，白川静认为太古的王作为巫祝维持自然的调和，当其出现失败时便注定要被杀掉⑧。然而，在人牲的对象里也包含有残疾者，如后所述，在天灾发生时市场的迁移及山林薮泽的祭祀也受到了重视。在将这些进行整合以作解释时，以往的诸多解释还很不够说明问题。因此，若尝试重新对牺牲的选定基准进行设置，则需要从巫祝、王、残疾者等共通的性质，即"异于常人的性质"入手。究其背景而言，这些人由于超越了常人的理解范围，具有人智所不能及的与异界接触的观念，也正是因为如此，

---

① 工藤元男：《楚文化圈的卜筮祭祷习俗——以上博楚简"柬大王泊旱"为中心》（《楚文化圏の卜筮祭祷习俗–上博楚简「柬大王泊旱」を中心に–》，《早稻田大学长江流域文化研究所年报》，第4号，2006年版。关于中国古代以巫祝王作为牺牲的这种习俗的因袭性的强弱参见 Schafer，E. H. 1951. Ritual exposure in ancient China，Harvard Journal of Asiatic Studies，vol. 14，Cambridge：Harvard–Yenching institute 和吹野安：《焚巫的习俗与祷祝文——"后汉书"独行列传的记事–》（《焚巫の俗と祷祝文–"后汉书"独行列伝の记事》，《国学院杂志》，第97卷，第11号，1996年，第1–18页。另外，好并隆司：《中国古代祭天思想的开展》（好并隆司，《中国古代祭天思想の展开》），《秦汉帝国史研究》，（东京）未来社1978年版，第293–324页认为：由于西汉·扬雄《法言义疏》五百第八（中华书局1987年版）云："史以天占人，圣人以人占天（第264页）"，因此当发生天灾时，存在试图通过祈祷摆脱困境的"史"将天灾的责任归于己身成为牺牲，或是颁布善政的"圣人"这两种立场。

② 《白虎通疏证·圣人篇》，中华书局1994年版。

③ 《十三经注疏》整理委员会：《十三经注疏整理本·尚书正义》，北京大学出版社2000年版。

④ 白川静：《文字游心》，《白川静著作集第三卷·汉字Ⅲ》，（东京）平凡社2000年版，第281–357页。

⑤ 白川静：《白川静著作集别卷·说文新义6》卷十二上，（东京）平凡社2002年版，第2449–2450页。

⑥ 陈梦家：《商代的神话与巫术》，《燕京学报》1936年第20期。

⑦ Schafer，E. H. 1951. Ritual exposure in ancient China。

⑧ 白川静：《文字游心》《白川静著作集第二卷·汉字Ⅱ》，（东京）平凡社2000年版，第55–64页。

他们作为向异界的信息传达者其身体饱受日晒并受到焚烧。对于这个内容虽然目前尚未有史料作明确直接的记载，但也只有这样理解才能够对史料进行较合理的解释。

于是，这些异于常人者承担了自身所居住的共同体及异界间的相互交流这一角色。从这一点来看，其正是人类学、民俗学上所谓的“异人”吧①。在前揭《王制篇》中，这些异人将落于共同体的灾害、污秽承担于其一身，通过暴晒、焚烧身体以承担起净化共同体的责任，这正体现了其作为维持王权秩序的身份（虽然在前揭《檀弓篇下》等中焚巫被看作是毫无意义的习俗，但这只是站在对人性的残酷性质进行批判立场上的看法。由于此种习俗的传承在后世也屡见不鲜，因此可以说这种立足于牺牲的王权观曾长久存在）②。

在理解前揭《檀弓篇下》的基础上，弄清楚在应对天灾时较焚巫、焚尫更有效的巷市、徙市的含义也十分重要。“巷”意为里中的道路，即关闭设置于一定区域内的公共市场，并允许在“里”（=日常的生活空间）进行临时性商业交易。《左传·昭公十八年》云：“火作。……明日，使野司寇各保其征郊人助祝史除于国北。禳火于玄冥、回禄，祈于四鄘。书焚室而宽其征。与之材。三日哭，国不市。……宋、卫皆如是。陈不救火，许不吊灾（第1582–1585页）。”“不市”是火灾的对策之一，因此具有相同逻辑性的巷市、徙市、不市应是同义，即可以理解为：作为天灾发生时的对策，采取关闭平时的市场或将其进行转移。那么，为什么“不市”和“救”“吊”相关联呢？

“市”的原字是甲骨文、金文中的“”字③，由于其文例为断片且数量极少，因此无法对其原义作出判断。《诗经·陈风·东门之枌》中可见“市（第516

① 关于异人，参见赤坂宪雄：《异人论序说》，（东京）筑摩书房1992年版。

② 关于依靠特定共同体内的牺牲者，以排除全员的暴力达到净化共同体内部并提高团结性的理论，很早就被Girard, R. 1972. Violence et le sacré. Paris：B. Grasset与山口昌男指出：《文化与两义性》（《文化と両义性》），（东京）岩波书店1975年版。另外，Puett, M. J. 2002. Anthropomorphizing the Spirits：Sacrifice and Divination in Late Bronze Age China. To Become a God：Cosmology, Sacrifice and Self-Divinazation in Early China, Cambridge, Massachusetts：The Harvard University Asia Center for the Harvard-Yenching Institute等对于商代以后的供牺和祭祀认为，其并非调和天地的咒术，已成为了合理的官僚日常工作的一部分，其不安定的神圣性被人为地改为统治者的一种支配手段。但是，这样一来，商代以后的王戏剧性的对该机制加以操作进行了利用。这与前揭注23山口著书及Georges Balandier. 1980. Le Pouvoir sur Scenes. Paris：Balland所示例的戏剧性的王权的存在形态基本相一致。

③ 关于“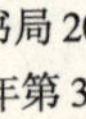=市”的说法，虽然存在武者章：《研究笔记》（《研究ノート》），《川口北高的教育》（《川口北高の教育》），第15号，1989年、王蕴智：《释甲骨文“市”字》，《汉语汉字研究论集》，中华书局2004年版，第53–55页等批判，但根据裘锡圭：《战国文字中的“市”》，《考古学报》，1980年第3期其已是定见了。

页①)”，虽然以往许多学者都试图从中解读起初“市”的形态和“歌垣”间的关联②，但其可能是错别字③。而且，在《今文尚书》等典籍中也看不到“市”字。因此，关于春秋时期以前的“市”尚存许多不明之处。另一方面，关于战国时代之后的“市”由于有许多相关史料，因此其原貌已经得到很大的解明。特别值得注意的是大室干雄、相田洋、桐本东太、江村治树等人提出的所谓当时的“市”被看作是“通往异界的非正常空间”的说法④。根据这种说法，“市”是传达异界信息的场所、奇特形态者（仙人、魑魅魍魉等）出现的场所以及将邪恶从共同体外排除（处刑）出去的场所。的确，在《史记》卷六《始皇本纪》卷末所附的年代记中云：“献公立七年，初行为市（第289页⑤)”，战国秦朝的市被设置于“行”，工藤元男认为，“行”是连接异界的“境界”，同时也是旅行者祈求平安的行神信仰的道场⑥。又如《太平御览》卷八二七所引的《三秦记》云：“秦始皇作地市，与生死人交易。令云：生人不得欺死者物（第3688页⑦)”所述，“市”甚至被看作是生者、死者混杂的“境界”。也就是说，如同相田洋所指出的那样，作为对应天灾的徙市、巷市、不市不正是具有限制与异界的联系，从而使共同体内部恢复其固有的日常性的意义吗⑧。实际上，由于干旱等天灾被看作是在“市”中遭遇魃（干旱之神）而导致的

---

① 《十三经注疏》整理委员会：《十三经注疏整理本・毛诗正义》，北京大学出版社2000年版。

② 堀敏一：《中国古代的“市”》（《中国古代の“市”》），《中国古代的家与集落》（《中国古代の家と集落》），东京：汲古书院1996年版，第209-252页等。

③ 高亨：《诗经今注》，上海古籍出版社1980年版；家井真：《花・实・草・木的兴词》（《花・実・草・木の兴词》，《“诗经”的原义之研究》（《“诗経”の原义的研究》），（东京）研文出版2004年版，第202-237页。

④ 大室干雄：《新编　正名与狂言——古代中国人的语言世界》（大室干雄，《新编　正名と狂言-古代中国人の言语世界》），东京：せりか书房1986年版；相田洋：《异人与市——境界的中国古代史》（《异人と市　境界の中国古代史》），东京：研文出版1997年版；桐本东太：《中国古代的民俗与文化》（《中国古代の民俗と文化》）所载的《对市的呼唤——中国古代的市与预兆》（《市にさけぶもの-中国古代の市と予兆》），第24-38页与《中国古代市的位相》（《中国古代における市の位相》），第39-48页、江村治树：《都市中“市”的作用》（《都市における“市”の役割》），《战国秦汉时代的都市与国家——从考古学与文献史学的探讨》（《戦国秦汉时代の都市と国家　考古学と文献史学からのアプローチ》），（东京）白帝社2005年版，第158-185页等。

⑤ 关于“初行为市”的训读参见曾我部静雄：《中国古代的集落形态》（《中国古代の集落形态》），《中国及古代日本乡村形态的变迁》（《中国及び古代日本における郷村形态の变迁》），东京：吉川弘文馆1963年版，第43-44页。

⑥ 工藤元男：《先秦社会的行神信仰与禹》（《先秦社会の行神信仰と禹》），《从睡虎地秦简所见的秦代的国家和社会》（《睡虎地秦简よりみた秦代の国家と社会》），东京：创文社1998年版，第205-252页。关于境界参见山口昌男：《文化与两义性》、赤坂宪雄：《境界的产生》（《境界の発生》），东京：讲谈社2002年版等。

⑦ 〔宋〕李昉《太平御览》，中华书局1985年版。

⑧ 相田洋：《异人与市——境界的中国古代史》，（东京）研文出版社1997年版。

（《山海经·大荒北经》《神异经》等①）。因此，在消除天灾时，必须防止与诸神相遇，以求切断其发生的根源。也就是说，徙市等手段中含有控制并防止日常性秩序的崩溃（=非正常化形态的扩大）这一目的。

若上述分析不存在什么大错的话，在战国秦汉时期，理想的王（圣王）被理解为以自身或巫祝、残疾人等为牺牲以镇抚异界，又通过掌握连接共同体内外的“市”的开闭从而守护正常世界的异人。也就是说王之所以为王的原因便在于其是否能够万无一失地遂行上述任务。那么，比“市”更处于外部的山林薮泽又被看作是什么样的空间呢？

三、山林薮泽和封禅的意义

关于所谓的山林薮泽目前已有诸多研究，其中增渊龙夫继承了将汉代财政分为国家财政与帝室财政的加藤繁的说法②，在先秦时期寻求帝室财政的渊源，提出作为帝室财政根本的山林薮泽其经济意义为战国时代君主专制权力的确立产生了极大作用，对于这一问题的解明具有十分重要的意义③。虽然也有对增渊的说法进行部分性批判的高论④，但也基本上对其进行了沿袭。

但在另一方面，山林薮泽也被看作是诸神与形体特异者所居住的非日常性空间⑤。这种观念存在于战国时期以后，在《左传》及《山海经》里载有许多相关内

---

① 关于“魃”，参见陈梦家：《商代的神话与巫术》及伊藤清司：《中国的神兽·恶鬼们——山海经的世界》（《中国の神獣·悪鬼たち-山海経の世界》），（东京）东方书店1986年版。另外，关于《神异经》，参见王国良：《神异经研究》，文史哲出版社1985年版。关于“徙市”“巷市”，也有田村专之助：《朝鲜的祈雨仪礼“徙市”》（《朝鮮における祈雨儀礼“徙市”》），《东洋人的科学与技术》（《東洋人の科学と技術》），（东京）雄山阁1958年版，第153-165页及李成九：《中国古代의求雨習俗과徙市》，서울大学校東洋史学研究室编：《古代中国의理解5》，지식산업사，2001年。

② 加藤繁：《汉代的国家财政与帝室财政的区别及帝室财政一瞥》（《汉代に于ける国家财政と帝室财政との区别并に帝室财政一斑》），《支那经济史考证》上卷，（东京）东洋文库1952年版，第35-156页。

③ 增渊龙夫：《先秦时代的山林薮泽与秦的公田》（《先秦時代の山林藪沢と秦の公田》），《新版 中国古代的社会与国家》，（《新版·中国古代の社会と国家》），（东京）岩波書店1996年版。

④ 西嶋定生：《中国古代帝国的形成与构造》（《中国古代帝国の形成と构造》），（东京）东京大学出版会1961年版。重近启树：《中国古代的山林薮泽》（《中国古代の山林薮沢》），《骏台史学》第38号，1976年，第67-99页。

⑤ 神田喜一郎：《从山海经所见的支那古代的山岳崇拜》（《山海経より观たる支那古代の山岳崇拜》），《支那学》第2卷，第5号，1922年，第332-348页；好并隆司：《中国古代山川神祭祀的变迁》（《中国古代における山川神祭祀の変貌》，《秦汉帝国史研究》，第325-361页；森鹿三：《中国古代的山岳信仰》（《中国古代における山岳信仰》），《东洋学研究 历史地理篇》，（京都）同朋舍1970年版，第57-70页；伊藤清司：《山川之诸神（一）——“山海经”的研究》（《山川の神々（一）——“山海経”の研究》），《史学》第41卷，第4号，1969年，第31-61页；《山川之诸神（二）——“山海经”的研究》（《山川の神々（二）——“山海経”の研究》）第42卷第1号，1969年，第73-106页；《山川之诸神（三）——“山海经”的研究》（《山川の神々（三）-“山海経”の研究》）第42卷第2号，1969年，第29-78页等。

容。特别是《左传·宣公三年》中记载有周的王孙满对楚王所询问的鼎的轻重的回答："昔夏之方有德也，远方图物、贡金九牧铸鼎象物。百物而为之备，使民知神奸。故民入川泽山林不逢不若、螭魅、罔两（第693页）。"该文明确记载了九鼎之上绘有出现于山林薮泽的魑魅魍魉的形象。又《国语·周语上》云："国之将亡……民神怨痛，无所依怀。故神亦往焉，观其苛慝而降之祸。是以或见神以兴，亦或以亡。昔夏之兴也，融降于崇山，其亡也，回禄信于聆隧。商之兴也，梼杌次于丕山。其亡也，夷羊在牧。周之兴也，鸑鷟鸣于岐山，其衰也，杜伯射王于鄗。是皆明神之志者也（第30页①）。"

伴随着国家的盛衰，在山林薮泽中会出现形态异样的人，他们或传达吉凶、或直接作恶。《史记》卷四《周本纪》中也记载有商朝衰退时，牧野（山林薮泽）充斥麋鹿和蜚鸿之事。显示了山林薮泽和"市"一样是传达异界情报的"境界"，其与王朝的盛衰有十分密切的连动关系。因此，由君主掌控山林薮泽的背景正与"市"的开闭一样，具有君主掌管和异界交流的"境界"的象征意义。事实上，《上海博物馆藏战国楚竹书》的《柬大王泊旱》和《晏子春秋·内篇·谏上》与《说苑》卷十八《辨物篇》中有王祈雨这种与前揭《檀弓篇下》相似的例子②。旱魃被疑为是高山广水、高山深溪作祟，因此对其进行祭祀的具体情况等便成为了问题③。《左传·昭公十六年》记载有旱魃时采伐桑山之木的内容，可以窥见这种和山林薮泽间的祭祀性关系与王、巫祝、残疾者的牺牲及徙市当属同义④。也就是说，在维持王权时，包括管理牺牲及开闭"市"，对于山林薮泽祭祀的管理是十分必要的。

若对这种祭祀的情况进行确认可知，殷商时期的山林薮泽不仅是生活物资的供给地，商王还在这里每隔数日便进行田狩以获得祭祀用的牺牲，以此确立其宗教性的权威⑤。这正显示出山林薮泽的重要性从殷商开始受到了延续继承。至周代以后，《史记》卷二八《封禅书》云："自五帝以至秦，轶兴轶衰，名山、大川或在诸侯，或在天子，其礼损益世殊，不可胜记（第1371页），"似乎名山大川被持续作为祭祀对象。但到了战国时代，山林薮泽的经济层面也受到了重视，以致于国与国之间、

① 《国语》，上海古籍出版社1998年版。

② 马承源主编：《上海博物馆藏战国楚竹书（四）》，上海古籍出版社2004年版；《说苑校证》，中华书局，1987年。

③ 关于《柬大王泊旱》的训读参见工藤元男：《楚文化圈的卜筮祭祷习俗——以上博楚简〈柬大王泊旱〉为中心》。

④ 松本信广：《古代中国的季节祭与传说的关系》（《古代中国の季节祭と伝说との関系》），《日本民族文化的起源》第三卷（《日本民族文化の起源》），（东京）讲谈社1978年版。

⑤ 松丸道雄：《关于殷墟卜辞中的田猎地——商代国家构造研究》（《殷墟卜辞中の田猟地について-殷代国家构造研究のために》，《东洋文化研究所纪要》，第31册，1963年，第1-163页。

君与民之间发生了对其的争夺①。比如在《荀子·王制篇》中，将山林薮泽的资源开放于民众被看作是“王者之法（第161页）”“圣王之用（第165页）”，针对当时的君主独占山林薮泽的资源一事作了批判。然而，这些批判仅是从经济利益的角度上进行的，并没有提出君主应该放弃祭祀权②。这样一来，战国时期诸国对山林薮泽与苑囿（将山林薮泽的一部分圈起来的区域）的争夺战中也含有夺取敌国祭祀权力的意图在内。在这里值得注意的是桐本对于常见于文献中的“逐鹿于中原”这句话的见解③。他指出苑囿是饲养鹿等作为牺牲的野兽之地，拥有敌国的鹿即是明确地表明了战败国的屈服。另外，Edward H. Schafer 及大室干雄指出中国古代的苑囿是一种浓缩了的小宇宙，也是天下的缩影④。也就是说，不仅是鹿等野兽，对于圈禁它们的苑囿及诸国祭祀对象的山林薮泽进行掌控都具有作为王权存立的祭祀对象的重要性。

若以上的分析无误，可知战国时期诸国的君主为了彰显自身统治的正当性，各自试图对山林薮泽进行独占性的祭祀。而第一次达成这一目的的人正是秦始皇。《史记》卷二八《封禅书》中明确记载如下：“及秦并天下，令祠官所常奉天地名山大川鬼神可得而序也。……悉召故秦祝官，复置太祝、太宰，如其故仪礼。因令县为公社（第1371-1378页）。”结合其后的记载“始名山大川在诸侯，诸侯祝各自奉祠，天子官不领。及齐、淮南国废，令太祝尽以岁时致礼如故（第1380页）”，可知西汉帝国也试图掌握对山林薮泽的祭祀。这也可以对汉代最大的山林薮泽祭祀，即封禅进行解释。封禅一直以来被理解为是长生不老的升仙仪式或改朝换代的仪式等，但其原本是皇帝宣扬其征服“异界”“境界”等地区的仪式。事实上，《史记》卷一一一《骠骑列传》中记载有讨平匈奴的霍去病实施了封禅，即“天子曰：‘骠骑将军去病率师……以诛比车耆，转击左大将，斩获旗鼓，历涉离侯。济弓闾，获屯头王、韩王等三人，将军、相国、当户、都尉八十三人，封狼居胥山，禅于姑衍，登临翰海’……（第2936页）”。因此，封禅并非是长生不老的升仙仪式或改朝换代的仪式，而应按照桐本东

---

① 平势隆郎：《战国时代徐州的争夺——以灭宋·灭越问题为中心》（《戦国时代徐州の争夺-灭宋·灭越问题を中心として》；川胜守：《东亚生产和流通的历史社会学研究》（《东アジアにおける生产と流通の歴史社会学的研究》），（福冈）中国书店1993年版，第24-54页。

② 越智重明：《山林薮泽与诸侯的社、山泽》（《山林薮沢と诸侯の社、山沢》），《战国秦汉史研究1》，（福冈）中国书店1988年版，第109-205页。

③ 桐本东太：《中原逐鹿考》，《中国古代的民俗与文化》，第154-167页。

④ Schafer, E. H. 1968. Hunting Parks and animal enclosures in ancient China. Journal of the Economic and Social History of the Orient. vol. 11. Leiden：Quadrimestrale、大室干雄：《汉代巴洛克式生活——演技Ⅲ》（大室干雄，《汉代バロックの生活-演技Ⅲ》），《剧场都市》，（东京）筑摩书房1994年版，第381-429页。但是芦立一郎：《苑囿-中国自然观的一个侧面-》（《苑囿——中国における自然观の一侧面-》，《集刊东洋学》第37号，1977年，第24-47页认为其逐渐变质为享乐的场所，这也反映了另一个侧面。

太对泰山封禅进行的解释①，即“攘夷→登山→封禅”等一系列过程所组成的皇帝（或王）登高眺望的一种占有性仪式才更为自然。

《骠骑列传》中的这条封禅相关记载一直以来并未受到关注，但在其中却潜伏着一个很大的问题。即霍去病实施的封禅虽然较西汉武帝的泰山封禅为早，但奇怪的是在这之后武帝和当时的学者们为了解明封禅的实际状态曾数次进行讨论，他们认为封禅是皇帝专用的秘密仪式，最终才得以实施。这也告诉我们霍去病的封禅与武帝的泰山封禅是彼此不同的仪式。栗原朋信提出，因为泰山封禅中含有皇帝长生不老升仙的秘密仪式②，才导致武帝为其方法而伤透脑筋。无论怎样，封禅的基础都是一种帝王登高眺望的占有性仪式③。总之，战国秦汉时期的“圣王（含皇帝）”是“异人”，掌管着针对异界的牺牲和“境界”，并借此达到其维护权威的目的④。那么，在确立了这种王权理念的西汉帝国中采取了何种统治体制呢？

四、汉代帝室财政和皇帝权力之所在

在考察汉王朝实质统治的状况时，首先需要关注的是征税的实施状况。因为征税才是国家统治人民的实体，同时也是支撑起国家运转的原始经济动力⑤。然而其实际状况则分为“国家财政”和“帝室财政”，帝室财政又有九个财源（①山泽税、②江海湖泊税、③园税、④市井税、⑤口赋、⑥苑囿池御的收入、⑦公田收入、⑧

① 桐本东太：《中国古代的民俗与文化》所载的《始皇帝的第一回巡狩与封禅——或关于封禅的起源》（《始皇帝の第一回巡狩と封禅-あるいは封禅の始原について》），第136-146页与《始皇帝和“封禅”》（《始皇帝と“封禅”》），第147-153页。

② 栗原朋信：《关于史记秦始皇本纪的二三研究》（《史记の秦始皇本纪に関する二・三の研究》，《秦汉史的研究》（《秦汉史の研究》），（东京）吉川弘文馆1960年版，第1-121页。

③ 另外，关于武帝自身因与“天”相关联，引起祥瑞对抗自然，并隔绝与人民的这种观点参见冈本光生：《关于“禹汤”水旱》（《“禹汤水旱”について》），《东洋的思想与宗教》（《东洋の思想と宗教》），第12号，1995年，第1-18页。

④ 如村松弘一：《中国古代的山林薮泽——人是如何看待自然环境的》（《中国古代の山林薮沢-人间は自然环境をどう见たか-》，《学习院史学》，第43号，2005年，第23-37页所指出的那样，当时大陆上还有许多人完全没有涉及的山林薮泽。另外，据森鹿三：《晋・赵的北方进展与山林祭祀》（《晋・赵の北方进展と山川の祭祀》），《东洋学研究・历史地理篇》，第34-47页，即使是在山林薮泽之中也有并未成为祭祀对象的场所，其原因另文讨论。但是《汉书》卷六四上《严助传》云：“陛下以四海为境，九州为家，八薮为囿，江汉为池，生民之属皆为臣妾（第2784页）”，到了汉代中期，无论现实如何（此时发生了越的叛乱），所有的山林薮泽皆被看作是处于皇帝的影响之下的。

⑤ 作为关于国家、暴力、征税的关系的近期研究，有萱野稔人：《何为国家》（《国家とはなにか》），东京：以文社2005年版等，虽然国家的起源依靠暴力，但这并不一定符合相较于物理性的暴力更重视祭祀的中国古代人们的心性。

献物及酌金、⑨铸钱)[1]。关于课税对象，④的市和①②③⑥的山林薮泽如前所述和“境界”“异人”相关。⑦是以作为皇帝家产的土地为对象进行的课税，其土地原是开拓山林薮泽得来的[2]。⑧是为了地方的特产（献物）或祭祀（确保与异界联系的仪式）而征收的黄金（酌金），其原产地也是山林薮泽。而⑤是对于七岁以上至十五岁以下的人施行的课税[3]，根据下面的理由，也可以认为其与境界、异人具有关联，即在汉代，未满十五岁者作为“小”“幼”“童”，没有象征着成年男性的束带、束发，也不被课以肉刑，同时又非人臣，因此不属于“忠”的所谓评价基准范围之内，这样一来，其即是“异于常人的存在”[4]。另外，似乎在祭祀时“童”也是必不可少的。这告诉我们“童”被看作是可与异界相通者。在传世文献中，处处可以看到作为神谕的“童谣”，从中可以看出“童”也是传递异界信息的人[5]。因此，未满十五岁的人带有“异于常人的性质”，其类似于和异界联系的“境界”，即为“异人”。这样一来，帝室财政的财源基本上都与境界、异人具有直接联系[6]。

---

① 加藤繁：《汉代的国家财政与帝室财政的区别及帝室财政一瞥》。宫崎市定：《古代中国赋税制度》，《宫崎市定全集》第三卷，（东京）岩波书店1991年版，第41-98页；好并隆司：《西汉帝国的双重构造与时代规定》（《前汉帝国の二重构造と时代规定》），《秦汉帝国史研究》，第159-188页认为，汉代初期的田租被纳入帝室财政之中。这指出了一直以来对史料理解上还有解释的余地，从这一点上来看无疑属于高明的见解，然而其新见解却缺乏足够有力的证据。据工藤元男：《内史的再编和内史·治粟内史的成立》（工藤元男，《内史の再编と内史·治粟内史の成立》），《睡虎地秦简所见的秦代的国家与社会》（《睡虎地秦简よりみた秦代の国家と社会》），（东京）创文社1998年版，第21-55页，在战国秦代，由内史负责管理田租、刍稾税，由于内史又被重新改为治粟内史（国家财政主管者），因此可以认为田租、刍稾税从汉代初期便已被纳入了国家财政之中。

② 参增渊龙夫：前引书。

③ 关于该制度的起源，有提出武帝朝的加藤说和汉初的平中苓次：《汉代的马口钱与口钱》（《汉代の马口銭と口銭》，《中国古代的田制与税法——秦汉经济史研究》（《中国古代の田制と税法——秦汉経济史研究》），（京都）东洋史研究会1967年版，第292-318页的说法。

④ 据《周礼》地官乡大夫的孙诒让正义，身高六尺（约139厘米）为15岁的佐证，在秦汉时期，对于该年龄前后的处理在社会上有很大的差异。例如关于刑法的适用问题，渡边信一郎：《“吕氏春秋”上农篇蠡测》《中国古代国家的思想构造——专制国家与意识形态》（《中国古代国家の思想构造-専制国家とイデオロギー》），（东京）校仓书房1994年版，第64-120页。另外，《后汉书》卷六五《延笃列传》，中华书局，1965年的云：“吾自束修已来，为人臣不陷于不忠，为人子不陷于不孝，上交不谄，下交不黩（第2016页）”，李贤注云：“束修，谓束带修饰。郑玄注《论语》曰：“谓年十五已上”也（第2107页）”，《新书校注·容经篇》，中华书局2000年版云：“古者……束发就大学（第229页）”，十五岁以下的孩子（童）并不正式束带、束发，也不被看作是人臣，不属于“忠”的评价体系之内。关于作为异人的孩子，参见相田洋：《异人与市——境界的中国古代史》。

⑤ 伊藤清司：《中国古代的歌谣——其咒的性格》（《中国古代の歌谣-その呪的性格》，《传统与现代》（《伝统と现代》），第15号，1972年。关于童谣的内容与意义，参见串田久治：《中国古代的“谣”与“预言”》（《中国古代の“谣”と“予言”》，（东京）创文社1999年版。

⑥ 虽然汉代初期的户赋与境界、异人的关联十分稀薄，其被纳入帝室财政的可能性很高，但其应该是临时性的课税。参见柿沼阳平：《张家山二四七号汉墓竹简译注（五）——二年律令译注（五）金布律译注》，《早稻田大学长江流域文化研究所年报》，第5号，2007年，第298-359页。

接下来看看这种分类是否是基于时人的意图产生的结果。首先，管理帝室财政的少府，其原义为保存财物的府①，其官名本身并没有任何体现境界、异人的性质。然而，负责管理国家财政的官员虽然在实际上并非仅管理“农”，却仍命名为“治粟内史（公元前143年）”“大农（公元前143年—公元前104年）”。这从理念上显示国家财政应以“农”为其主要存在形态。那么，反过来看，帝室财政原本应是被看作“非农”的吧。也就是说，汉帝国原本采取的是“农本”主义②，由于农民被看作是“常人”，因此，非农民即成为了“异于常人者”，从这些人获得的收入即构成了帝室财政。因此，帝室财政在本质上即被看作是与境界、异人相关联的。

可以说，汉代皇帝垄断对境界、异人的统治权，试图通过从中得到的力量吸收帝室财政，从而建立其权力与权威。这正是对古时圣王位相进行继承和具体化的体现。在这个过程中金钱无疑具有十分重要的作用。秦汉帝国铸造半两钱，在“钱文（钱币上的文字）”、规定重量（或钱径）、实际重量、材质等条件中特别以钱文作为价值的基准，通过这种钱文统一的规定尝试确立金钱的价值的一元化，在其基础上，累计钱的枚数以便整备评测商品价值的制度③。这在理论上意味着金钱成功地将一切财物的价值一元性地数量化了。因此，皇帝依靠金钱对从境界、异人获得的象征、自然但却暧昧模糊的力量进行一元性的数量化进行征收，并因此实现其对境界、异人的完全支配。也就是说，金钱并非单纯的经济型媒介手段或国家性支付手段，还具有将位于汉帝国深层的象征性、自然性的力量物质化以便进行把握的功能。

由此，汉代皇帝对“百姓”即农民和非农双方进行支配，并将前者之力吸收进国家财政，后者则被吸收入帝室财政。换句话说，可以总结如下：皇帝的公权及私权分别由农民和非农所支撑。皇帝之所以成为皇帝，其原因是重点对非农进行掌控，借此维持日常秩序。

结语

本文对战国秦汉时期王权（含皇帝权力）存立的构造进行了考察，将视线放在一直以来在秦汉帝国争论中作为不纯之物而未得到关注的非农业用地或非农的非经济意义，选取其境界性、异人性的性质，解明了其存在对于支撑王权是必不可少的。指出了由境界、异人产生的象征性、自然性的力量通过金钱这个媒介被回收、征收至帝室财政，以此确保皇帝的权威和权力。据此可以认为，战国秦汉时期王权的至

---

① 佐原康夫：《战国时代的府·库》（《戦国时代の府·库》），《汉代都市机构的研究》（《汉代都市机构の研究》），（东京）汲古书院2002年版，第129-161页。

② 原宗子：《“农本”主义与“黄土”的产生——古代中国的开发与环境2》（《“农本”主义と“黄土”の発生　古代中国の开発と环境2》），（东京）研文出版2005年版。

③ 拙稿：《中国古代货币经济史研究》，（东京）汲古书院2011年版。

高无上并不一定完全产生于经济力的延长线上。经济被深埋于社会之中，其中皇帝作为“管理境界和异人维持日常秩序的存在”，以彰显其统治的正当性。从这一点上也可以看出战国秦汉时期货币经济和拜金主义的一个界限。

这种古代中国王权的存在形态与世界各地的王权具有类似之处。例如宫田登强调日本天皇所具有的“日和见（掌管时间和天候）”的这一王权侧面，这与本文第一节至第三节所指出的战国秦汉时期的王权所具有的作为天灾管理者的性质一样①。网野善彦也详细讨论了日本中世的后醍醐天皇（公元1288—1339年）专门组织祭祀性权力和非农业人群的力量讨伐镰仓幕府，并临时建立起了形态异常的王权以及王权和境界、异人间的关系②。这也和上述的古代中国王权相似。其中，秦汉皇帝的私权依靠境界、异人所支撑，这种性质尤其强烈。或许这种独占境界、异人的王权的姿态正如同山口昌男所指出的那样，正是来源于人类共同的思维方式③。

那么，在世界史上如何找出秦汉帝国的特殊性呢。这虽然是二战后中国史研究者很早便开始探讨的问题，但如前所述，缺乏对非农业人群的考察，因此笔者才于本文中对这一点进行了补充。接下来需要注意的是皇帝和人民（农民和非农）在整体上的关系，在另文进行论述。这种帝室财政和国家财政一分为二的作法从西汉后期起逐渐消失，虽然帝室财政被合并于国家财政，但是有必要另外对其对皇帝权力产生的影响进行考察④。

---

① 宫田登：《日和见——日本王权论的尝试》（《日和见—日本王権论の试み—》），（东京）平凡社1992年版。

② 网野善彦：《异性的王权》（《异形の王権》），（东京）平凡社1993年版。网野善彦·上野千鹤子·宫田登《日本王权论》，（东京）春秋社2000年版等。

③ 山口昌男：《文化与两义性》。

④ 本文是根据平成24·25年度科学研究费补助金（研究活动スタート支援）：《中国前汉后半期から王莽期の货币经济史に关する研究（课题番号24820055）》的研究成果。

汉代赏罚分明的行政激励机制

刘太祥

（南阳师范学院南都学坛编辑部）

【摘要】 汉代在行政管理中，充分利用奖励和惩罚两种行政激励手段，依法规定奖惩的严密程序和定性、定量结合的条件，特别注重官吏业绩的好坏，对违法失职的官吏追究责任，处以刑罚；对功绩卓著的官吏升官加爵，给以褒奖，建立了赏罚分明的行政奖惩机制，赏罚兼施，德威并用，既引导官吏做好事，又制止官吏做坏事，使官吏进有所得，退有所失，促进了吏治的清明。

【关键词】 汉代；奖励；惩罚；行政；激励机制

奖励和惩罚是行政激励的两种手段，从古至今都是管理官吏的两把利剑，奖励是一种激励性力量，起到激励、鼓舞、褒奖的作用；惩罚是一种约束性力量，起到禁止、威慑、惩戒的作用，赏罚兼施，德威并用，才能既引导官吏做好事，又制止官吏做坏事，使官吏进有所得，退有所失。汉代通过多元的监督网络和多样的监督途径，对违法失职的官吏追究责任，处以刑罚；对功绩卓著的官吏升官加爵，给以褒奖，建立了赏罚分明的行政奖惩机制，从而充分调动官吏的积极性。汉代对官吏的奖惩主要依据政绩的优劣，而政绩的优劣主要依靠平时的考核、年终考核和任期的考核，考核成绩较差的被称为"殿"，对那些被评定为"殿"者要追究其责任，对不称职守或违反朝章法纪者，应视其情节轻重给予不同的处分，处分是按申诫、鞭杖、罚金、降秩、降职、罢官、判刑、抄家、处死、诛连家族等顺序由轻到重地进行，有时也数罚并行的。对考课政绩优秀的被称为"最"，给予褒奖，奖励按增加俸禄、赏赐黄金、提升职务、赐爵封侯的顺序由低到高进行的，有时也数奖并行。对官吏的奖惩，要依法按程序进行，对下级上报的政绩的殿和最、功和过，要派遣官吏进行核实，情况属实者，被考核者依法奖惩；如情况不实，考核者也要受到处分。如东汉光武帝时，大司空宋弘"坐考上党太守无所据，免归第"，明帝时，太尉赵熹"坐考中山相薛修不实免"。对下属的惩处，往往在一年一度的课吏大会时与奖励同时进行。西汉东海太守尹翁归，"收取人必于秋冬课吏大会中"，"以一警百，吏民皆服，恐惧改行自新"。这样借课吏大会以行奖惩，是为了促进吏治的清明。

一、汉代的奖励机制

汉代奖励重视工作能力和水平，特别重视工作业绩，对政绩特别优异的奖励大体是按口头褒奖、行文褒奖、增加俸禄、赏赐黄金、提升职务、赐爵封侯的顺序由低到高进行的，有时也数奖并行，既有精神奖励，又有物质奖励，就是用名利激励官吏勤奋工作。汉代律令规定了各级行政机构、行政官吏应该做某种行为的激励性规范。例如，《中劳律》《功令》《击匈奴降者令》就是对应该做的、做得好的行为的奖赏规定，其中还规定了各级行政机构、行政官吏的利益保障规范，例如，《养老令》《禄秩令》就是官吏致仕的待遇、官吏俸禄的规定。汉代奖励就是依据这些激励性规范，给政绩优异的官吏更多的政治经济利益，用利益诱导官吏勤职尽责的。对官吏的提升称为“迁”，一般积功久任的为“平迁”，有特殊功绩和蒙受恩宠的拔擢称“超迁”或“擢”。考课为“最”者，一般都是“超迁”一等，因无官缺不能升迁的则以增秩、赐金、封爵作为补充。例如，西汉召信臣为南阳太守，“其化大行，郡中莫不耕稼力田，百姓归之，户口增倍，盗贼狱讼衰止”，被认为各项考课成绩皆优，因此赐黄金40斤，提升为河南太守，并诏行全国。又如，赵广汉为阳翟令，以治行优异，越级提拔为京辅都尉。西汉扬州刺史黄霸以贤良高第而任颍川太守，秩比二千石，赐车盖，特高一丈，别驾主簿，车缇油屏泥于轼前，“以章有德”；他治理颍川“治行”全国第一，“孝子弟弟贞妇顺孙日以众多”，“养视鳏寡，赡助贫弱”，“吏民乡于教化，兴于行义，可为贤人君子矣”，“其赐爵关内侯，黄金百斤，秩中二千石”，“而颍川孝弟、有行义民、三老、力田，皆以差赐爵及帛”，经过几个月之后，调黄霸到中央担任太子太傅，又晋升为三公之一的御史大夫，位列宰相①。对于治行特别突出的，在死后还要受到奉祀悼念。如西汉的召信臣和文翁，经皇帝批准，在家乡立祠，在原治郡，“岁时郡二千石率官属行礼”，在他们的遗冢前举行祭奠之礼。这些措施无非是为提高官员工作的积极性，让他们尽忠职守。汉代的奖励机制是君主用来笼络官僚，平衡各种政治势力，巩固并加强君主专制的重要手段。

（一）奖励的形式

奖励的形式主要有升官加爵、增加俸禄、赐物赏金等物质和精神激励形式。

1. 升官

升官包含两方面，就是晋升秩级和职位。秩级，又称秩次，把职位划分若干等级，汉代为十五等，以禄石多少为标准，如二千石、中二千石、万石等，是封建王朝任用官吏所授予的职级与责任，凡职事官都有秩级，划归的秩级授予不同的职位，

① 《汉书》卷八九《循吏传》。

职责待遇是不一样的。这是把职务、工作、责任作为分类依据，以“职位”鼓励百官努力工作，获得更大的权力和更多的物质报酬。简帛中有丰富的官吏秩次等级划分和俸禄标准记录，是官吏政治与经济权利的反映。不同秩次等级的官吏，其政治地位有差异，如六百石以上在秦代被称为“显大夫”，汉代也同样有此制度。张家山汉简《二年律令·秩律》中，记载了众多地方各级吏员的秩次。请看记载：

●御史大夫，廷尉，内史，典客，中尉，车骑尉，大仆，长信詹事，少府令，备塞都尉，郡守、尉，　（卫）将军，　（卫）尉，汉。440（F105）

中大夫令，汉郎中、奉常，秩各二千石。御史，丞相、相国长史，秩各千石。441（F20）（F110）

□君（?），长信□卿（?）、□傅（?），长信谒者令，中大仆，秩各千石，有丞、尉者半之。442（F46）

栎阳、长安、频阳、临晋、成都、□雒、雒阳、酆、云中、□□□□□、新丰、槐里、雍、好畤、沛、颌阳，郎中。443（F111）

司马，　（卫）尉司马，秩各千石，丞四百石。·丞相长史正、监，卫将军长史，秩各八百石。二千石□丞六百石。444（F52）

中发弩、枸指发弩，中司空、轻车、郡发弩、司空、轻车，秩各八百石，有丞者三百石。·卒长五百石。445（F29）

中候，郡候，骑千人，　（卫）将军候，　（卫）尉候，秩各六百石，有丞者二百石。446（C116）

胡、夏阳、彭阳、朐忍、□□□□□□临邛、新都、武阳、梓　（潼）、涪、南郑、宛、穰、温、修武、轵、杨、临汾、九原、咸阳。447（C69）

原阳、北与（舆）、旗（?）陵、西安阳、下邽、楠、郑、云阳、重泉、华阴、慎、衙、　（蓝）田、新野、宜成、蒲反、成固、圜阳、巫、沂阳。448（C104）

长子、江州、上邽、阳翟、西成、江陵、高奴、平阳、降（绛）、酇、赞、城父，公车司马、大仓治粟、大仓中厩、未央厩，外乐，池。449（C95）

阳、长陵、　（濮）阳，秩各八百石，有丞、尉者半之，司空、田、乡部二百石。450（C105）

汾阴、汧、杜阳、沫、上雒、商、武城、翟道、乌氏、朝那、阴密、郁郅、（菌）、楬邑、归德、朐衍、义渠道、略畔道、朐衍。451（C 残 7、C117）

道、雕阴、洛都、襄城、漆垣、定阳、平陆、饶、阳周、原都、平都、平周、武都、安陵、徒涅、西都、中阳、广衍、高望。452（C118）

罐平乐、狄道、戎邑、□□□陵、江阳、临江、涪陵、安汉、宕渠、枳、　、旬阳、安。453（C119）

阳、长利、锡、上庸、武陵、房陵、阳平、垣、濩（获）泽、襄陵、蒲子、皮氏、北屈、彘、潞、涉、余吾、屯留、武安、端氏、阿氏、壶关。454（C225）

泫氏、高都、铜鞮、涅、襄垣、成安、河阳、汲、荡阴、朝歌、郑、野王、山阳、内广（黄）、繁（繁）阳、陕、卢氏、新安、新城、宜阳。455（C224）

平阴、河南、荚氏、成皋、荧（荥）阳、卷、岐、阳武、陈留、梁囷、姊（秭）归、临沮、夷陵、醴陵、孱陵、销、竟陵、安陆、州陵、沙　（羡）。456（C223）

西陵、夷道、下隽、析、郦、邓、南陵、比阳、平氏、胡阳、祭（蔡）阳、隋、西平、叶、阳成、雉、阳安、鲁阳、朗陵、　（犨）、酸枣。457（C残12、C222）

密，长安西市、阳城、苑陵、襄城、偃、郏、尉氏、颖（颍）阳、长社、解陵、武泉、沙陵、南舆、蔓（曼）柏、莫𠄌、河阴、博陵、许。458（C221）

辨道、武都道、予道、氐道、薄道、下辨、　道、略阳、县〈绵〉诸、方渠、除道、雕阴道、青衣道、严道、·鄜、美阳、壕德、共、馆阴、隆虑。459（C220）

□□、中牟、颍阴、定陵、舞阳、启封、闲阳、女阴、索、焉（鄢）陵、东阿、聊城、□、观、白马、东武阳、茌平、甄（鄄）城、揗（顿）丘，大行走士，未。460（C219）

央走士，大卜，大史，大祝，宦者，中谒者，大官，寺工，右工室，都水，武库，御府，御府盐，和（私）府盐，诏事，长信掌衣，长安市，云梦。461（F119）

长信詹事丞，家马，长信祠祀，长信仓，大匠官司空，长秋中谒者，长信尚浴，长信谒者，祠祀，大宰，居室，西织，东织，长信。462（F113）

私官，内者，长信永巷，永巷詹事丞，詹事将行，长秋谒者令，右厩，灵州，乐府，寺，车府，内官，圜阴，东园主章，上林骑，秩。463（F114）

各六百石，有丞、尉者半之，田、乡部二百石，司空及　〈卫〉官、校长百六十石。詹事、和（私）府长，秩各五百石，丞三百石。464（F115）

阴平道、蜀〈甸〉氐道、县〈绵〉　道、湔氐道长，秩各五百石，丞、尉三百石。太医、祝长及它都官长，黄（广）乡长，万年邑长，长安厨。465（F116）

长，秩各三百石，有丞、尉者二百石，乡部百六十石。未央宦者，宦者监仆射，未央光〈永〉巷，光〈永〉巷监，长信宦者中监，长信光〈永〉巷，光〈永〉巷。466（F117）

罐室仆射、室仆射大官，未央食官、食监，长信食罐宕三杨关，长信詹事、和（私）官长，詹事祠祀长，詹事厩长，月氏。467（F50A、B）

田、乡部二百石，司空二百五十石。中司马，郡司马，骑司马，中轻车司马，备盗贼，关中司马□□关司罐。468（F44）

县有塞、城尉者，秩各减其郡尉百石。道尉秩二百石。□□□□秩□□□□□□秩□□□□□秩百廿石。□。469（F53）

都官之稗官及马苑有乘车者，秩各百六十石，有秩毋乘车者，各百廿石。470（C80）

县道传马、候、厩有乘车者，秩各百六十石；毋乘车者，及仓、库、少内、校

长、?长、发弩、　〈卫〉将军、　〈卫〉尉士吏，都市亭厨有。471（C113）

秩者及毋乘车之乡部，秩各百廿石。李公主、申徒公主、荣公主、傅公〔主〕家丞，秩各三百石。472（C114）

从上引《秩律》可知，秩次不同所对应的职位也不同，秩次和职位必须一致，也就是说官吏只有达到一定的秩次，才能被任命为与之相应的职位，有职位才有相应的权力和利益。因此，不同的秩次其权力和待遇是不一样的。《汉书》卷十九上《百官公卿表》载：

凡吏秩比二千石以上，皆银印青绶，光禄大夫无。秩比六百石以上，皆铜印黑绶，大夫、博士、御史、谒者、郎无。其仆射、御史治书尚符玺者，有印绶。比二百石以上，皆铜印黄绶。成帝阳朔二年除八百石、五百石秩。绥和元年，长、相皆黑绶。哀帝建平二年，复黄绶。吏员自佐史至丞相，十三万二百八十五人。

这是秩次不同所佩带的印绶颜色和质量不同。

张家山汉简《二年律令·赐律》中规定：

赐吏酒食，(率）秩百石而肉十二斤、酒一斗；斗食、令史肉十斤，佐史八斤，酒七［升］。J　二九七

二千石吏食　（糳)、粲、穤（糯）各一盛，酰、酱各二升，介（芥）一升。J 二九八

千石吏至六百石，食二盛，酰、酱各一升。J 二九九

五百石以下，食一盛，酱半升。J 三〇〇

食一盛用米九升。J 三〇一

赐吏六百石以上以上尊，五百石以下以下尊，毋爵以和酒。J 三〇二

赐酒者勿予食。J 三〇三

这是赏赐官吏酒、肉、酰、酱等副食品，就是按秩次的高低发放的。

在《捕斩匈奴虏反羌购赏科别》中就有“其生捕得酋豪、王侯、君长、将率者一人☐吏[①]增秩二等”“其斩匈奴将率者，将百人以上一人购钱十万，吏增秩二等”，“有能生捕得匈奴闲候一人，吏增秩二等”的记载，就是根据“捕斩匈奴”的级别和数量，给予“吏增秩二等”的奖励。

汉代对课最者的奖励措施有晋升职位的，如：“（朱邑）迁北海太守，以治行第一入大司农”[②]“（颍川太守）霸以外宽内明得吏民心，户口岁增，治为天下第一。

① 简装本、精装本《居延新简》均作“吏”字，应该是据上下文意、文例及残存笔迹补出。因此简恰在此处折断，故释作“吏”更合实际。

② 《汉书》卷八九《朱邑传》。

征守京兆尹，秩二千石。"① "六年，（李忠）迁丹阳太守……垦田增多，三岁间流民占著者五万余口。十四年，三公奏课为天下第一，迁豫章太守"②。

2. 加爵

爵位是用来奖赏政绩卓著的官吏，不同级的爵位可获得相应的物质报酬和特权，这是以贡献的大小激励百官的。《汉书》卷十九上《百官公卿表》载爵位二十等：

一级曰公士，二上造，三簪袅，四不更，五大夫，六官大夫，七公大夫，八公乘，九五大夫，十左庶长，十一右庶长，十二左更，十三中更，十四右更，十五少上造，十六大上造，十七驷车庶长，十八大庶长，十九关内侯，二十彻侯。皆秦制，以赏功劳。彻侯金印紫绶，避武帝讳，曰通侯，或曰列侯，改所食国令长名相，又有家丞、门大夫，庶子。

张家山汉简《二年律令·户律》规定：

关内侯九十五顷，[大][庶][长][九][十][顷]，[驷]车庶长八十八顷，大上造八十六顷，少上造八十四顷，右更八十二顷，中更八十 J三一〇 顷，左更七十八顷，右庶长七十六顷，左庶长七十四顷，五大夫卄五顷，公乘卄顷，公大夫九顷，官大夫七顷，大夫五顷，不 J三一一 更四顷，簪褭三顷，上造二顷，公士一顷半顷，公卒、士五（伍）、庶人各一顷，司寇、隐官各五十亩。不幸死者，令其后先 J三一二 择田，乃行其余。它子男欲为户，以为其≥田予之。其已前为户而毋田宅，田宅不盈，得以盈。宅不比，不得。J三一三 宅之大方卅步。彻侯受百五宅，关内侯九十五宅，大庶长九十宅，驷车庶长八十八宅，大上造八十六宅，少上造八十四宅，右 J三一四 更八十二宅，中更八十宅，左更七十八宅，右庶长七十六宅，左庶长七十四宅，五大夫卄五宅，公乘卄宅，公大夫九宅，官大夫七宅，大夫 J三一五五 宅，不更四宅，簪褭三宅，上造二宅，公士一宅半宅，公卒、士五（伍）、庶人一宅，司寇、隐官半宅。欲为户者，许之。J三一六 [卿]以上所自田户田，不租，不出顷刍稾。J三一七

这是根据爵位的高低赏赐给官吏土地和宅基地，还有免除田租和刍稾的特权。

《二年律令·赐律》中规定：

(1) 赐衣者六丈四尺、缘五尺、絮三斤，襦二丈二尺、缘丈、絮二斤，绔（夸）二丈一尺、絮一斤半，衾五丈二尺、缘二丈六尺、絮十一斤。五大夫以上 J二八二 锦表，公乘以下缦表，皆帛裹；司寇以下布表、裹。二月尽八月赐衣、襦，勿予裹、絮。二千石吏不起病者，赐衣襦、棺及官衣常（裳）。J二八三郡尉，赐衣、棺及官

① 《汉书》卷八九《黄霸传》。
② 《后汉书》卷二一《李忠传》。

常（裳）。千石至六百石吏死官者，居县赐棺及官衣。五百石以下至丞、尉死官者，居县赐棺。J二八四

（2）赐不为吏及宦皇帝者，关内侯以上比二千石，卿比千石，五大夫比八百石，公乘比六百石，公大夫、官大夫比五百J二九一石，大夫比三百石，不更比有秩，簪褭比斗食，上造、公士比佐史。毋爵者，饭一斗、肉五斤、酒大半斗、酱少半升J二九二司寇、徒隶，饭一斗，肉三斤，酒少半斗，盐廿分升一。J二九三

这是按照爵位的高低赏赐官吏衣物。

青海大通县上孙家寨汉简有关军事方面的律令文书就有根据军功赏赐爵位的规定：

……十一，军吏六百以上，兵车御右及把麾竿、鼓钲铖者，拜爵赐论，爵比士吏……

……各二级，爵无过左庶长。斩首捕虏，拜爵各一级。车□□□□□斩捕首虏二级，拜爵各二级；斩捕五级，拜爵各二级；斩捕八级，拜爵各三级；不满数，赐钱级千。斩首捕虏，无过人三级，拜爵皆无过五大夫，必颇有主以验不从法状。

3. 增禄

增禄就是增加俸禄。俸禄是国家给官吏的物质报酬。官吏的俸禄是按官品等级发放的，官品等级越高，职责权限越大，俸禄就越高。这是以利禄激励官吏努力工作，从而获得优厚的经济待遇。享有俸禄是官吏的权利，陈梦家曾著《汉简所见奉例》，运用文献与简牍资料研究汉代边郡及两汉俸禄问题，揭示了汉代俸禄研究中很多新的内容。《后汉书》志第二十五《百官五》：

百官受奉例：大将军、三公奉，月三百五十斛。中二千石奉，月百八十斛。二千石奉，月百二十斛。比二千石奉，月百斛。千石奉，月八十斛。六百石奉，月七十斛。比六百石奉，月五十斛。四百石奉，月四十五斛。比四百石奉，月四十斛。三百石奉，月四十斛。比三百石奉，月三十七斛。二百石奉，月三十斛。比二百石奉，月二十七斛。一百石奉，月十六斛。斗食奉，月十一斛。佐史奉，月八斛。凡诸受奉，皆半钱半谷。

这是按秩级给官吏发放俸禄。据《居延新简》的记载，东汉边郡的官吏是按职位发放俸禄的：

建武三年四月丁巳朔辛巳，领河西五郡大将军张掖属国=都尉融移张掖居延都尉，今为

都尉以下奉各如差，司马千人候仓长丞塞尉职闲都尉以=便宜财予从史田吏，如律令。 E. P. F22：70

六月壬申守，张掖居延都尉旷、丞崇告司马千人官谓官县=写移书到，如大将军

莫府书律令　　=。

掾阳守、属恭，书佐丰　　　E. P. F22：71A

已雠。　E. P. F22：71B

居延都尉，　奉谷月六十石；　E. P. F22：72

居延都尉丞，　奉谷月卅石；　E. P. F22：73

居延令　，　奉谷月卅石；　E. P. F22：74

居延丞　，　奉谷月十五石；　E. P. F22：75

居延左右尉，　奉谷月十五石。　E. P. F22：76

●右以祖脱谷给岁竟壹移计　　E. P. F22：77

居延城司马千人候仓长丞塞尉　。E. P. F22：78

●右职闲都尉以便宜予从史令田。E. P. F22：　79

4. 赐物赏金，就是给予物质奖励。《击匈奴降者赏令》与《军爵律》内容相近，是对与匈奴作战立功者赐爵位、财物和食邑的规定，其中有击匈奴“二百户五百骑以上赐爵少上造，黄金五十斤，食邑百户百骑”等。这是对匈奴作战是根据杀敌多少不仅赏赐爵位，而且也赏赐黄金。此外，还有对大力发展农业的官员也予以奖励，如“天水太守陈立，劝民农桑，为天下最，赐金四十斤”①。

（二）奖励的条件

汉代奖励的条件主要是功和劳。董仲舒《考功名》是为当时统治者设计的一套考核官吏政绩的原则和方法，提出的考绩项目如下：

考试之法，合其爵禄，并其秩，积其日，陈其实。计功量罪，以多除少，以名定实。②

其中“爵”即爵位，“禄”即俸禄，“秩”即职位或品级，“日”即劳绩，“实”即实效、功效，这里关键在“计功量罪”，就是爵禄秩都是要“计功量罪”的。升迁是对官吏的最大奖励，功劳是升迁的主要依据。司马迁在《报任安书》中说：

所以自惟：上之，不能纳忠效信，有奇策材力之誉，自结明主；……下之，不能累日积劳，取尊官厚禄，以为宗族交游光宠。

《汉书·董仲舒传》记载董仲舒的对策说：

且古所谓功者，以任官称职为差，非谓积日累久也。夫小材虽累日，不离于小官；贤材虽未久，不害为辅佐。……今则不然，累日以取贵，积久以致官……

---

① 《汉书》卷九五《西南夷传》。

② 董仲舒著，苏舆注，钟哲点校：《春秋繁露义证》卷七《考功名》，中华书局1992年版，第180-181页。

《汉书·酷吏传》载赵禹：

武帝时，禹以刀笔吏积劳，迁为御史。

司马迁、董仲舒的话都表明在汉代“累日积劳，取尊官厚禄”确是官吏晋升的一种途径，赵禹的例子，则是汉代官吏积劳而升迁的具体例证。在居延汉简中，虽然没有“积劳升迁”的简文，但劳干先生也曾指出，“凡吏自述资历，皆言因劳绩”①。如：

肩水候官并山长公乘司马成，中劳二岁八月十四日，能书会计治官民，颇知律令，武，年卅二岁，长七尺五寸，得成汉里，家去官六百里。(13·7)

和候长公乘蓬士长富。中劳三岁六月五日。能书会计。治官民颇知律令。武。年卌七。长七尺六寸。(562·2)

张掖居延甲塞有秩士吏公乘段尊。中劳一岁八月廿日。能书会计。治官民颇知律令。文。(57·6)

既然劳绩是官吏资历的重要内容，那么“积劳升迁”必然也是奖励官吏的一条重要途径。居延汉简中有赐劳制度的记载，现在看几条居延简：

(1) 功令第卌五，士吏候长蓬、隧长常以令秋试射以六为程，过六赐劳，矢十五日。(285·17)

(2) 功令第卌五，候长士吏皆试射射去埻弩力如发弩十二矢，中矢六为程，过六矢赐劳，矢十五日。(45·23)

(3) 月庚戌朔己卯甲渠鄣候谊敢言之，府书曰蓬长秋以令射，长吏杂试枭。

都尉府谨都长偃如牒谒以令赐偃劳十五日。敢言之。(28·15)

(4) 射，发矢十二，中十二，赐劳。(232·21)

(5) 建昭二年秋射，发矢十二，中矢，以令赐劳。(145·37)

简（1）（2）载的是，根据功令第四十五规定，秋射每个士吏射十二枝箭，六枝射中目标，就算合格，超过六枝者，每一枝射中目标，赐劳绩十五日。简（3）说偃在秋射中被上级赐劳绩十五日。简（4）（5）都是说的因射箭成绩优秀而被赐予劳绩的事。根据汉简的记载，官吏在任职一定时间之后，国家要根据对其在该段时间内的工作成绩进行评定，根据成绩优劣，将这段时间通过增减折合为实际的劳日，同时对成绩优秀者或根据其它情况，另赐予一定的劳绩作为奖励。如：

(1) 建昭元年十月旦日迹尽二年九月晦日，积三百八十三日，以令赐劳六月十一日半日。(145·37)

---

① 劳干：《从汉简所见之边郡制度》，《史语所集刊》第8本2分册，1939年。

(2) 五凤三年十月甲辰朔，甲辰，居延都尉德、丞延寿敢言之，甲渠侯汉强书言，候长贤日迹积　　　三百廿一日，以令赐贤劳百六十日半日，谨移赐劳名籍一编，敢言之。(159·14)

(3) 玉门千秋隧长敦煌武安里公乘吕安汉，年卅七岁，长七尺六寸。神爵四年六月辛酉除，功一、劳三岁九月二日，其卅日父（A面）不幸死，宪定功一、劳三岁八月二日，迄九月晦庚戌（B面）（《敦煌汉简》1186）

简（1）及简（2）载的都是官吏任职达到一定年限，经上级考察，除正常积劳之外，另赐劳绩若干日。简（2）载“谨移赐劳名籍一编，敢言之”，表明官吏的劳绩是要上报上级领导审批的。简（3）吕安汉资历中记载有“功一、劳三岁九月二日”，既有功又有劳，因父死而回家料理丧事，其30天，于是在统计劳绩时要予以扣除，劳的计算是量化的，而且功与劳并记，在叙述个人资历和评定成绩时多用“劳”，但在官吏晋升时多用“功”。“以功升迁”的简文却不乏其例。如：

利以功次迁（478·11）

以功次迁补肩水候 候官以□三月辛未到官□（62·56）

劾状辞曰：公乘日勒益寿里，年卅岁，姓孙氏，乃元康三年七月戊午以功次迁为（20·6）

据胡平生先生的研究，在居延汉简中，“功”与“劳”之间存在着一定的换算关系，“劳四岁”积为“功一”①。就是说，“以功次迁”实际上也包含着“积劳升迁”的意思。我们认为应该是“积劳为功”“以功升迁”，劳与功是统一的，都是计算政绩的形式。正如董仲舒的对策说“古所谓功者，以任官称职为差”，功就是对政绩的量化评价，不只是指军功。对这一点，尹湾汉墓简文《东海郡下辖长吏名籍》为“以功升迁”提供了重要例证：

…故博阳令以秀材迁

□□□山阳郡东缗司马敞故□□有秩以功次迁

……郡□徐□故□陵长以功迁

……右尉沛郡相郎延年故侍郎以功迁

下　令六安国阳泉李忠故长沙内史丞以捕群盗尤异除

下　丞沛郡竹朱□故豫州刺史从事史以捕格山阳亡徒将率

下　左尉沛郡相□□故 土候□□□请诏除

下　右尉沛郡蕲□义……从史以廉迁

海西令琅邪诸王宣故渔阳□□左骑千人以功迁

---

① 胡平生：《居延汉简中的“功”与“劳”》，《文物》1995年第4期。

海西丞

海西左尉广陵郡全椒张未央？故大□□以□迁

海西右尉临淮郡射阳武彭祖故海盐丞以廉迁

□□□临淮郡徐刘曾故□□令以功次迁

(以上第九叶)

……山阳郡瑕丘………… (以上为第一栏)

……

朐邑令……迁

朐邑丞临淮郡取虑扬明故长……以功迁

朐邑左尉楚国菑丘田章始故东郡大守文学以廉迁

朐邑右尉楚国彭城□殷故相书佐以廉迁

戚令丹杨郡句容□道故杨州刺史从事史以秀材迁

戚丞陈留郡宁陵丁隆故廷史以请诏除

戚左尉鲁国鲁史父庆故假亭长以捕格不道者除

戚右尉汝南汝阴肩□故大守属以廉迁

襄贲令北海郡淳于王贺故青州刺史从事史以秀材迁

襄贲丞丹杨郡溧阳夏侯武故侯家丞以功迁

襄贲左尉梁国砀陈褒故相书佐以廉迁

襄贲右尉沛郡铚朱福故曲阳尉以功迁

费长山阳郡都关孙敞故广邑长以廉迁

(以上第十叶)

费丞汝南郡汝阴郭□故廷尉史？……

费左尉山阳郡薄周□□故……

费右尉汝？南？……

…… (以上为第二栏)

开阳丞山阳郡栗乡侯国家圣故侯仆以功迁

开阳左尉颍川郡许胡忠故御史有秩以功迁

开阳右尉琅邪郡柜王蒙故游徼以捕群盗尤异除

即丘长胶[东]国昌武范常故不夜长以廉迁

即丘丞东郡东阿周喜故顿丘北乡有秩以功次迁

即丘左尉颍川郡颍阴王昌故大守卒史以功迁

即丘右尉琅邪郡房山逢贤故侯行人以功迁

况其长沛郡蕲陈胜故阴陵右尉以功迁

况其丞

况其左尉琅邪郡柔侯国宗良故侯门大夫以功次迁
况其右尉琅邪郡石山王奉故侯仆以功迁
利成长
利成丞汝南郡汝阴儿勋故罢将户车□□□□□令史水衡都尉书佐
(以上第十一叶)
利成左尉六安国六殷顺故啬夫以捕斩群盗尤异除
利成右尉南阳郡堵阳邑张崇故亭长以捕格山阳亡徒尤异除
厚丘长临淮郡取虑邑宋康故丞相属以廉迁
厚丘丞琅邪郡高广侯国王恁故侯门大夫以功次迁
厚丘左尉汝南郡汝阴陈逢故五官□□□□以功迁
厚丘右尉汝南郡汝阴故大司农属以功迁（以上为第三栏）
(以上第十二叶)

三反

……阳王良？……迁
□□丞颍川郡长杜张□故□□有秩以功迁
□□左尉南阳郡湟阳邑几级故亭长以捕格山阳贼尤异除
□□右尉东郡廪丘张循故白马　成乡有秩以功次迁
平曲长梁国蒙辛千秋故□□□以功迁
平曲丞琅邪柜胡毋钦故亭长以捕格？群盗尤异除
平曲尉陈留郡……
司吾长沛郡萧刘奉上故孝者以宗室子举方正除
……右扶风平陵……迁
司吾左尉鲁国薛……以功迁
司吾右尉颍川郡许……
曲阳长沛郡相陈宫故□□以功迁
曲阳丞沛郡相朱博故东郡大守文学卒史以功迁
曲阳尉汝南郡召陵夏圣？故南海大守文学卒史以功迁
临沂长鲁国鲁丁武故相守史以举方正除
临沂丞沛郡建平周朋故侯行人以功迁
(以上第十三叶)
临沂左尉琅邪博石成禁故侯仆以功迁
临沂右尉定陶国定陶魏□故孝者以孝廉迁
合乡长左冯翊临晋骆严故郎中骑以诏除
合乡丞信？都？郡桃侯国李迁故侯门大夫以功迁　（以上为第一栏）

承长□□郡□□□泉故■……
承丞庐江郡虖娄庄戍故督盗贼？以捕斩群盗
昌虑相淮阳国圉蔡义故穀阳丞？以功迁
昌虑丞京兆尹新丰冯丰故卫尉以功迁
昌虑左尉沛郡谯丁禁故贬秩郎中
昌虑右尉左冯翊万年王义故御史有秩以功迁
兰旗相临淮郡僮夏彭祖故□徒丞以廉迁
兰旗丞淮阳国陈张永国故亭长以廉迁
兰旗左尉
兰旗右尉
良成相汝南郡细阳周□故□□□□以功迁
良成丞山阳郡橐宣圣故大山大守文学卒史以功迁
良成尉□□□□□□故贬秩山□□□
(以上第十四叶)
南城相……故保宫北□□以功迁
南城丞巨□郡□张？良故有秩以功迁
南城尉山阳郡东缗陈顺故大守卒史以功迁
容丘相临淮郡睢陵郑赛故丞相属以廉迁
容丘丞琅邪郡即来关常故侯行人以功迁
容丘尉颍川颍阴东门汤故大守卒史以功迁　(以上为第二栏)
……
平曲丞颍川郡长社□□故 阳大守？……以功迁
平曲侯国尉颍川郡郾殷临故贬秩□□
阴平相河南郡故市张霸故郎中以积？功
阴平丞沛郡沛庄敞故有秩以功迁
阴平尉山阳郡薄毛云故有秩以功迁
建陵相山阳郡单父曾圣故郎中以功迁
建陵丞京兆尹南陵盛咸故郎中以功迁
建阳相山阳郡邛成唐汤故郑狱丞以功迁
建阳丞京兆尹奉明王丰故戊校前曲侯令史以功迁
(以上第十五叶)
山乡相鲁国鲁旦恭故亭长以捕格不道者除
山乡丞鲁国鲁桥敬故亭长以捕格不道者除
东安相河南郡密故郎中骑以请诏除
东安丞沛郡栗丁勋故侯门大夫以功迁
都平相山阳郡橐宣元故龙伉尉以功迁

都平丞陈留郡襄邑共褒故□事□廪丘右尉

都阳相山阳郡昌邑曹平故郎中以功迁

都阳……（以上为第三栏）

（以上第十六叶）

四

□□相沛郡……以功迁

□□丞沛郡谯吕迁故有秩以功迁

□乡相陈留郡陈留李临故侍郎以请诏除

□乡丞淮阳国□营忠故贬秩东昌相

建乡相山阳郡□□管？费故将军史以上十岁补

建乡丞

武阳相山阳郡单父张临故东郡大守文学卒史以廉迁

武阳侯国丞汝南郡西华邑尹庆故武都大守文学卒史以功迁

新阳相山阳郡橐张盖之故河内大守文学卒史以廉迁

新阳丞京兆尹长安王相故上？有秩以功迁

盐官长琅邪郡东莞徐政故都尉属以廉迁

盐官丞汝南郡汝阴唐宣故大常属以功迁

盐官别治北蒲丞沛郡竹薛彭祖故有秩以功迁

盐官别治郁州丞沛郡敬丘淳于赏故侯门大夫以功迁

铁官长沛郡相庄仁故临朐右尉以功迁

（以上第十七叶）

铁官丞临淮郡淮陵龚武故校尉史以军吏十岁补

铁官别作□丞山阳郡方与朱贤故有秩以功迁（以上为第一栏）

良成侯……

兰旗侯家丞泰山郡嬴？□开？以功迁

昌虑侯家丞山阳郡都关范利国故有秩以功迁

容丘侯家丞琅邪柔侯国王谨？故侯行人以功迁

南城侯家丞颍川郡周承休王阳故侯行人

建阳侯家丞泰山郡宁阳侯国夏侯登故侯仆以功迁

山乡侯家丞定陶国朱倗故郎中以国人罢补

都平侯家丞山阳郡黄侯国柏？世故侯仆以功迁

平曲侯家［丞］山阳郡瑕丘管仪故山阳大守文学卒史以功迁

干乡侯家丞清河郡清阳陈九故东武有秩以功迁

建陵侯家［丞］梁国蒙孟迁故象林侯长以功迁

阴平侯家丞山阳郡中乡石勋故侯门大夫以功迁

东安侯家［丞］济南营平侯国□谭故侯仆以功迁
建乡侯家［丞］陈留郡傿陈咸故有秩以功迁
(以上第十八叶)
都阳侯家丞陈留郡成安韩欣故上党大守文学卒史以功迁
郚乡侯家丞鲁国鲁曹勋故桂阳大守文学卒史以功迁
新阳侯家丞承匡己故承乡侯行人以功迁
武阳侯家丞　　　　　　　　●凡侯家丞十八人　(以上为第二栏)
(以上第十九叶)

以上尹湾汉简记载了西汉后期东海郡109个长吏的升迁状况，其中有70人是因“功”而升迁。这一现象说明，因功次升迁广泛存在于汉代官僚队伍中，不仅在边郡奖励官吏晋升是以“功”，而且在内郡地方吏员晋升中，“功”和“劳”仍占据着主要地位①。

汉代的《军爵律》，是依据军功大小而赐不同爵位和田宅的法律，其原则是，军功大的受高爵，无军功的虽富贵也不得爵。朱绍侯先生的《军功爵制考论》②（商务印书馆2008年版）一书对以军功赏赐爵位有过全面的研究。《捕斩匈奴虏反羌购偿科别》中规定，“诸有功，校皆有信验，乃行购赏”，就是说奖赏的主要依据是“功”，而且对“功”还要认真核校，准确无误。“功”的计算也是量化的，主要以杀敌多少为标准。青海大通县上孙家寨一一五号汉墓出土的木简文书中有“斩首捕虏，拜爵各一级。车□□□□□斩捕首虏二级，拜爵各二级；斩捕五级，拜爵各二级；斩捕八级，拜爵各三级；不满数，赐钱级千。斩首捕虏，无过人三级，拜爵皆无过五大夫，必颇有主以验不从法状”③ 的记载。《击匈奴降者赏令》中有“□者众八千人以上封列侯邑二千石赐黄金五百”“二百户五百骑以上赐爵少上造黄金五十斤食邑百户百骑”的记载④。《捕斩匈奴虏反羌购偿科别》中有“其生捕得酋豪、王

① 劳干：《从汉简所见之边郡制度》，《史语所集刊》第8本2分册，1939年；劳干：《居延汉简考证》，《史语所集刊》第30本（上），1960年；陈盘：《汉简剩义再续》，《史语所集刊》第43本4分册，1971年；陈直：《居延汉简研究》，天津古籍出版社1986年版；大庭修著、林剑鸣译：《秦汉法制史研究》，上海人民出版社1991年版；大庭修著、徐世虹译：《汉简研究》，广西师范大学出版社2001年版；李振宏：《居延汉简中的劳绩问题》，《中国史研究》1988年第2期；胡平生：《居延汉简中的“功”与“劳”》，《文物》1995年第4期；朱绍侯：《西汉的功劳阀阅制度》，《史学月刊》1984年第三期。

② 朱绍侯：《军功爵制考论》，商务印书馆2008年版。

③ 大通上孙家寨汉简整理小组：《大通上孙家寨汉简释文》，《文物》1982年第2期。

④ 甘肃省文物工作队、甘肃省博物馆编：《敦煌酥油土汉代烽燧遗址出土的木简》，《汉简研究文集》，甘肃人民出版社1984年版，第9–10页。

侯、君长、将率者一人☐吏①增秩二等”“其斩匈奴将率者，将百人以上一人购钱十万，吏增秩二等”“有能生捕得匈奴闲候一人，吏增秩二等”“能与众兵俱追、先登陷阵斩首一级，购钱五万”的记载张忠炜《汉科研究》（《南都学坛》2012 年第三期）复原《居延新简》的“购赏科别”册书。这些出土的汉代律令对以军功赏赐爵位有明确、具体的规定。

（三）奖励的程序

汉代的奖励有严格的法律程序。得爵以后有一系列考核措施，受爵后若发现“劳不实”则要削爵，已转给子孙的爵也要追回，并对本人及其子孙治罪。

首先，受奖赏官吏的所在部门要上报上级部门审批。汉简有记载：

五凤三年十月甲辰朔，甲辰，居延都尉德、丞延寿敢言之，甲渠侯汉强书言，候长贤日迹积三百廿一日，以令赐贤劳百六十日半日，谨移赐劳名籍一编，敢言之。（159·14）

这条简所载“谨移赐劳名籍一编，敢言之”，表明官吏的劳绩是要上报上级领导审批的。

其次，奖励依据律令进行。青海大通县上孙家寨汉简有关军事方面的律令文书有“必颇有主以验不从法状”的记载。《捕斩匈奴虏反羌购偿科别》有“诸有功，校皆有信验，乃行购赏”的记载。秦律中有“中劳律”，如《秦律杂抄》中就有一条：“敢深益其劳岁数者，赀一甲，弃劳。”张家山汉简《二年律令·爵律》规定：“（拜）爵及赐，未（拜）而有罪耐者，勿（拜）赐。J 三九二受爵，而不当（拜）爵者，级予万钱。J 三九三（诈）伪自爵、爵免、免人者，皆黥为城旦舂。吏智（知）而行者，与同罪。”J 三九四这就是说对于奖励爵位，要严格依据律令办事，验证不实的不能赏赐，若弄虚作假，私自增减功劳、不该赏爵位而赏赐、私自冒充爵位免除罪行的，要依法惩处。

最后，受奖赏官吏的所在部门要认证审核。汉政府以军功封赏将士，所谓的军功，主要是指斩首级数以及掠获多少。在每次战争结束后，军队要把吏卒斩首级数（也包括掠获数量），“以尺籍书下县移郡”，也就是“书其斩首之功于一尺之板”，送交县、郡，然后由县郡按军功赐爵、赐田宅以及其它应得的赏赐。政府规定：向县郡送交记有军功“尺籍”的任务，必须由军队主管官吏亲自执行，如果“令人故（雇）行不行”，就是命令别人代替执行，而自身不行，就要给以“夺劳二岁”② 的处罚。说明汉政府对军功的考核是非常认真的。由于汉政府颁行军功爵赏是根据斩

---

① 简装本、精装本《居延新简》均作“吏”字，应该是据上下文意、文例及残存笔迹补出。因此简恰在此处折断，故释作“吏”更合实际。

② 《史记》卷一○二《冯唐传》如淳注引《汉军法》及《索隐》。

捕首虏级数和掠获多少而定的，为了防止冒功领赏，对于虚报首级、诈增卤获给予严厉处罚。《史记》卷一〇二《冯唐列传》："云中守魏尚坐上功首虏差六级，陛下下之吏，削其爵，罚作之。"《汉书》卷十/又《外戚恩泽侯表》："富民侯车顺．本始三年坐为虎牙将军击匈奴诈增虏获，自杀。"《史记》卷二〇《建元以来侯者年表》：宜冠侯高不识"元狩四年击匈奴战军功增首不以实，当斩，赎罪国除。"《汉书》卷一五《王子侯表》：邵侯刘顺"天汉元年坐杀人及奴凡十六人，以捕匈奴千骑免。"师古日："诈云：捕得匈奴骑故私杀人以当之。"以上资料说明，汉政府对于假报首虏数量、虚报军功的处罚是相当严厉的，对于虚报六级首虏者就要削爵罚劳役，重者甚至处以死刑。

二、汉代的惩罚机制

汉代根据被问责的行政机关及其工作人员应承担的责任，主要采用的处罚方式有行政处分、开除公职、赔偿损失、法律追究刑事责任等，依法根据责任的大小，确定不同的处罚形式，而不同的处罚形式，又由不同程序做出决定，保证行政问责真正发挥惩处违法失职、增强官吏责任感的作用。

（一）汉代惩罚的形式

汉代的处罚形式主要有行政处罚和刑事处罚，对大罪的处分是刑，对小罪的处分是罚。罚是对过失的处分，而对判刑的人，则要收监入狱，对判死刑的人，则要剥夺其生命及政治权利。封建社会诸种法律责任形式也不可能作出明确的区分，对官吏过失责任的处罚也表现为刑事责任、行政责任与经济责任相"混合"的特点。汉代处罚形式主要有以下几种：

（1）腰斩、弃市：就是杀头．主要用以追究给国家利益造成重大损失的谋反及大逆不道的政治行为和失职渎职行为的责任。

（2）笞：实际是肉刑的一种，即用竹板或荆条击打犯人脊背和臀、腿的刑罚，笞重者或至死。

（3）司寇、城旦舂：是徒刑的两种，剥夺犯罪人自由，强制劳役的刑罚，主要用于诬告和欺诈行为。

（4）迁：即后世的流放，迁是将犯罪人迁离故乡，移送至边远地区的刑罚，即后世的流放刑，主要用于户籍赋役工作中的违法失职行为。

（5）连坐：有人犯法，同什伍的人、亲属、上下级要受牵连而被追究责任。

（6）赎 ：是以金钱赎免犯罪人应受刑罚的一种处罚方法。汉代法律的赎刑范围较广，有赎耐、赎迁、赎黥、赎宫，甚至赎死。

（7）谇：告让，用现代话表示，就是训斥、责骂。

（8）废、免 ：适用于官职和爵位者的刑罚。凡被废掉官职者，永不再任；免就是免除官职。

(9) 赀 ：罚没财产和服徭役的刑罚。常罚以盾和甲，戍边数月数岁。

(10) 罚金：就是缴纳金钱，对于官吏失职渎职大多用罚金的形式，辅以刑罚。

(11) 赔偿：就是缴纳损失的财物金钱，但这种赔偿不同于民事上的赔偿损失，而是一种行政处罚，基于行政上的某种责任。

(12) 负算，即罚劳绩。

(13) 夺爵、降秩：降级，减少工资。

(14) 夺劳：对于官吏因玩忽职守而影响行政效率的，处以夺劳。《汉书·冯唐传》如淳注："汉军法曰：吏卒斩首，以尺籍书下县移郡，令人故行，不行夺劳二岁。"汉简中也有因传递公文误期而夺劳的规定，如简 E. P. S4T2：8："官去府七十里，书一日一夜当行百六十里，书积二日少半日乃到，解何？书到，各推辟界中，必得事案到如律令言，会月二十六日，会月二十四日。(A 面) 不中程百里，罚金半两；过百里至二百里，一两；过二百里，二两。不中程车一里，夺吏主者劳各一日；二里，夺令□各一日。(B 面)"每年秋射讲武，射中矢数达不到规定数目，也要"夺劳"："□□弩发矢十二，中矢六为程，过六若不六，矢赐、夺劳各十五日。"(E. P. T56：337)

汉代的处罚形式有四个特点：

(1) 同一职务犯罪行为根据责任大小给予不同的处罚。《行书律》规定 ："邮人行书，一日一夜行二百里。不中程半日，笞五十；过半日至盈一日，笞百；过一日，罚金二两。邮吏居界过书，弗过而留之，半日以上，罚金一两。书不当以邮行者，为送告县道，以次传行之。诸行书而毁封者，皆罚金一两。"《贼律》的处罚也不算很重："诸上书及有言也而谩，完为城旦舂。其误不审，罚金四两。""矫制，害者，弃市；不害，罚金四两。"睡虎地秦墓竹简《秦律十八种·徭律》："御中发征，乏弗行，赀二甲。失期三日到五日，谇；六日到旬，赀一盾；过一旬，赀一甲。"

(2) 不同的处罚形式综合运用。徒刑也和肉刑一并执行的如"黥为城旦""刑为城旦""黥劓为城旦"等，说明犯人不仅只是被判徒刑，而同时还要被判肉刑和侮辱刑。行政处罚与刑事处罚相结合，免官和罚金形式大量运用，不仅意味着失去了权力，也使被问责官吏受到极大经济损失，而刑事处罚又使被问责官吏受到极大的精神损失，把责任的大小与官吏利益增减直接挂钩，利益包括政治力利益和经济利益，增加官吏行政违法失职的成本，使其尽职尽责。

(3) 官吏责任分为直接与间接两种。直接责任为官吏本人犯罪，间接责任是下属犯罪，上司要承担连带罪责，同样给予处罚。此外，还区别故意犯罪和无意犯罪，分别给予不同的处罚形式。

(4) 处罚方法多样。主要有四种：一为经济方面的处罚，或罚甲、盾，或赔偿原物，或出赎金、罚款；二为拘禁劳作或服役；三为撤职，永不叙用；四为迁刑。

对贪官污吏和失职渎职、“软弱不胜任”的处罚更为严厉，终身不得再起用。赔偿的物品以甲、盾等兵器为主，这也是民事责任追究。

（二）汉代惩罚的条件

根据文献记载，我们从违法和失职两个方面来论述汉代处罚的条件。

1. 对行政违法的处罚

一是对贪官污吏的责任追究。汉代出土简牍中的法律文献就记载有“主守盗”“受赇枉法”“受所监临”等贪污、贿赂枉法的行为，《睡虎地秦墓竹简·法律答问》有“通一钱，黥为城旦”，即行贿、受贿达到一个铜钱，就要受到脸上刺字并服苦役的刑罚。汉朝的法律规定，监临官受其官属所赠“饮食计偿费，勿论”，送财物，“夺爵为士伍，免之；无爵，罚金二斤，令没入所受”。张家山汉简《二年律令·盗律》：“受赇以枉法，及行赇者，皆坐其臧（赃）为盗。罪重于盗者，以重者论之。”

二是对滥用和超越职权行政的责任追究。汉代有“擅赋敛”“擅兴徭”“擅移狱”“擅发兵”“擅出界”“擅自增加劳绩年数”等擅自违法行政行为；张家山汉简《二年律令·杂律》有“擅赋敛者，罚金四两，责所赋敛偿主”“官各有辨，非其官事勿敢为，非所听勿敢听。诸使而传不名取卒、甲兵、禾稼志者，勿敢擅予”等规定。

三是对欺诈行政的责任追究。汉代法律所见主要名目有“矫制”“矫诏”“为伪书”“财物之计簿欺谩不实”“矫丞令”等。张家山汉简《二年律令·贼律》：“挢（矫）制，害者，弃市；不害，罚金四两。”《奏谳书》案例十二中记载，邮人官大夫传递一份官文书，由于迟留了八天，为逃避文书“留迟”的罪责，而私自将“檄书”上的文书收发时间记录作了改动，因此构成“为伪书”罪。

2. 对玩忽职守、失职渎职的处罚

一是对旷职、离署的责任追究。汉代简牍法律文书所见名目有“不在署”“私离署”“擅离署”“私归”。汉代劾状举告公务人员“私去署”，犯罪事实是“案：良、林、私去署，皆□宿止，且乏迹候”（E. P. T57：1），即对公职人员擅离职守的行为是作为犯罪而加以处理的。

二是对司法审判失误的责任追究。汉代法律法规规定的罪状有“鞠狱不直”“纵囚”“弗穷审”“失刑”“篡囚”等名称。张家山汉简《二年律令·具律》规定：“劾人不审，为失；其轻罪也而故以重劾之，为不直。”“劾人”即官吏代表国家对犯罪的控告；“不审”，即对犯罪的控告存在着对象、事实及情节等方面的错误。还规定：“治狱者，各以其告劾治之。敢放讯杜雅，求其它罪，及人毋告劾而擅覆治之，皆以鞠狱故不直论。”

三是对边防军事守备失职的责任追究。汉代简牍文献常见的名目有“匿不言迹”

“不循行部”“不举烽火”“阑出入关津而未得”等。居延汉简中《候史广德坐罪行罚檄》据考证是汉宣帝元康三年以前的遗物。檄分正反两面，正面是候史广德坐罪行罚事由，背面列举其所守第十三燧至十八燧戍的各种败弊事实。正面的文字经考释是：“候史广德，坐不循行部、涂亭、趣具诸当所具者，各如府都吏举，部不毕，不省官檄书不会会日，督五十。”大意是，甲渠候候史张广德，因不巡行所辖各燧，不催促并检查各隧准备各类防御物资与设备，不按期汇报簿书，因而构成犯罪。候史广德的罪过在于没有严格执行有关边防守备制度，严重失职，因此构成“不循行部”之罪。

四是对选任官吏非其人的责任追究。汉代简牍常见名目主要有“置任不审”“选举不实”“任人而所任不善”“深益其劳岁”“贡举非其人”等。《二年律令·置吏律》有“任人以为吏，其所任不廉、不胜任以免，亦免任者。其非吏及宦也，罚金四两，戍边二岁”。

五是对行政办事稽缓的责任追究。秦汉简牍所见的主要名目有“行书不中程”或“留迟”“不会会日”“失期”“后期”“盈”等。张家山汉简《二年律令·傜律》规定：“发致及有传送，若诸有期会而失期，乏事，罚金二两。非乏事也，及书已具，留弗行，行书而留过旬，皆J二六九盈一日罚金二两。”J二七〇

六是对财政经济管理失职的责任追究。汉代法律法规规定的主要罪名有“拘校出入不应法”“私贷用”“校其官而又不备”“计校相谬”“计脱实”“误”“计用律不审而赢”等名目。

（三）汉代惩罚的程序

汉代对处罚规定了严格的程序，有明确的质量和期限要求，形成了一套制度。

1. 处罚案的提起，这是处罚的第一道程序

（1）质询，是汉代上级和领导检查审核下级行政工作中对发现的行政失误所采用的提起形式。

汉代的行政质询是上级和领导将审核下级工作中发现的行政失误或行政问题，以公文的形式发给下级行政主管部门及领导，要求被问责的行政机关对行政失误或出现的行政问题作出解释。在秦汉简牍文献中上级常用的质询语言是“何解”“解何”“问”“责”“责问”“问责”“验问”“诘问”等。请看简文记载：“告肩水候官，候官所移卒责不与都吏□卿所举籍不相应，解何？记到，遣吏抵校及将军未知不将白之”（183·15B）；“诘尊，省卒作十日辄休一日，于独不休，尊何解”（59·357）；“校候三月尽六月折伤兵簿，出六石弩、弓廿四付库，库受啬夫久廿三，而空出一弓解何”（179·6）；“官去府七十里，书一日一夜当行百六十里，书积二日少半＝日乃到，解何？书到，各推辟界中”（E. P. S4. T2：8A）；“掾庭谨责问第四候史敞第八Ⓕ隧长宗乃癸未私归坞壁田舍”（E. P. T51：74）。查《史记》《汉书》《后汉

书》《三国志》等传统文献，“解何”只有《汉书》卷八一《匡衡传》中出现一次：“后赐与属明举计曰：‘案故图，乐安乡南以平陵佰为界，不从故而以闽佰为界，解何?’颜师古曰：‘不足故者，不依故图而满足也。解何者，以分解此时意，犹今言分疏也。’这是丞相府集曹掾陆赐与属明“举发上计之簿”，即对郡上计簿中乐安乡边界提出的质询，“解何”在这里就是上级丞相府责问下级郡的用语，用现在的话就是对这个问题怎么解释，要求作出答复。对“解何”所做的答复，就称为“解”。“问责”仅出现一例，是对“责”的解释，《史记》卷五七《绛侯周勃世家第二七》有“书既闻上，上下吏。吏簿责条侯”，《集解》如淳曰：“簿问责其情。”这就是说“责”就是“问责”。而“问”“责”“责问”“验问”“诘问”在传统文献中大量出现，都具有“问责”的意思。如：《史记》卷六〇《三王世家第三十》有“侍御史乃复见王，责之以正法，问”。行政质询的文书主要是举书，又称举白，重在纠举、检举的意思，传统文献常用“举劾”“劾举”“举奏”，秦汉简牍中常见“举书”“举”“书”，是上级的领导或派人行巡下级行政工作，对检查出来的违纪行为所写的纠举报告书，检举揭发违法失职的官吏，条列其行政失误行为，作为案验和追诉的依据，交给下级行政主管部门，追究行政违法的责任。裘锡圭就认为汉简中的举书是汉代上级官府对下级工作中存在的问题提出责问的文书，所责问的问题可包括烽火传达、守御设备、士卒配备兵器、戍卒离署、簿籍①。传世文献有大量的用“举”，表明检举揭发之意。如：《汉书》卷八四《翟方进传》说，“迁朔方刺史，居官不烦苛，所察应条辄举”。

（2）劾，又称弹劾、纠劾，是负责监察的官吏依法检举违法失职官吏罪行，提请审判机关案验断决，处分或追究法律责任的提起形式。

弹劾是从中央到地方监察官的特权，汉代的御史中丞“举劾按章”。汉代的州刺史或州牧“专劾举之权”②。弹劾的程序是：中央机构官吏可直接向朝廷检举揭发不法者的情况，亦可通过御史台、都察院进行弹劾；地方官吏违法者则由朝廷派遣的监察御史巡按、地方监御史举劾或受理弹劾，一般也是“大事奏裁，小事立断”。弹劾一定先调查核实罪状，举劾失误要负连带责任。劾书的构成，传世文献亦有记载，如“司隶校尉翟方进于是举劾庆曰：‘案庆奉使刺举大臣，故为尚书，知机事周密壹统，明主躬亲不解。庆有罪未伏诛，无恐惧心，豫自设不坐之比。又暴扬尚书事，言迟疾无所在，亏损圣德之聪明，奉诏不谨，皆不敬，臣谨以劾。’”③ 但记载简略，已无法窥其全貌，幸亏汉代简牍中有完整的保存，称为“劾状”，例如“令史谭劾状”（E. P. T 68：1-12），有两部分组成，劾是“劾章”，状是“状词”。“状词”是

---

① 裘锡圭：《汉简零拾》，《文史》1981年第12辑。

② 杜佑：《通典·职官十四》，中华书局1988年版，

③ 《汉书》卷八四《翟方进传》。

由本部门主管监督法律执行情况者，或有关主管官吏提出的检举揭发违法者罪状的文书；劾章是由举劾者所在的主管机关呈送审判机关（即简中的“居延狱”）的弹劾文书。传世文献常举和劾连用，如：“益州刺史种暠举劾永昌太守刘君世以金蛇遗梁冀”①。

（3）告，又称“告劾”“告发”“告状”“报告”，是向行政司法机关检举、控诉官吏违法失职行政行为的提起形式。

告的主体应该是下级对上级、群众对领导行政违法的检举揭发。《康熙字典》引《广韵》：“报也，告上曰告，发下曰诰。”“告”有严格的程序，形成了严密的制度，“应告不告”“诬告”“告不审”“弗告”“告人罪称疑”都要负法律责任。张家山汉简《二年律令·告律》规定：“告，告之不审，鞫之不直，故纵弗刑，若论而失之，及守将奴婢而亡之，篡遂纵之，及诸律令中曰同法、同罪。”《奏谳书》中有秦时的两件案例，是亭长和里典向县厅告发辖区内的抢劫案件：（1）“元年十二月癸亥，亭庆以书言雍廷，曰：毛卖牛一，质，疑盗，谒论”；（2）“六月癸卯，典赢告曰：不知何人刺女子婢最里中，夺钱，不知之所。即令狱史顺、去、忠。大□固追求贼”。典，里典，当时讳“正”，改里正为里典，地方基层机构负责人，负责地方治安。“典赢告”，即地方发生抢劫案向县廷告发。

2. **处罚案的案验，这是处罚的第二道程序**

案验就是考实罪行，调查落实行政违法失职情况，受问责机关在接受问责机关的处罚案后，一般按规定采取验问和推辟等形式，调查出事实真相，然后向上级回复。下级行政机构对本机关管辖范围内主管监察者“劾章”检举的官吏违法案件和上级检举官吏行政违法的文书中提出的问题进行案验，司法审判机关在审判中对官吏违法事实中发现的问题进行验问，有效地揭露行政违法犯罪事实真相，为上级机关作出行政处罚决定提供可靠的依据。行政问责当事人也可以对质询提出答复和解释，也可以进行陈述和申辩，防止问责中出现偏差和失误。验问包括问当事人、问证人、爰书问证、诘问、复问等形式，核实被举劾官吏违法失职行为的真实性，保证行政问责的准确性。推辟就是下级行政部门接到上级的问责文书，对发生的行政违法案件在本辖区域内调查清楚案情，包括调查家室、调查现场、鉴定，确定行政责任。验问是验治拷问，着重于问，讯问当事人、证人等；推辟是调查追究罪状，强调查案情事实。传世文献对问责案的处理情况记载简略，如“人有告邓通盗出徼外铸钱。下吏验问，颇有之，遂竟案，尽没入邓通家，尚负责数巨万”②。在秦汉简牍文献中保存较好的有以下简文：

---

① 《后汉书》卷六三《杜乔传》。

② 《史记》卷一二五《佞幸列传第六十五》。

甲渠言，永以县官事行敬檄，牢驹隧内中，驹死。永不当负驹。

建武三年十二月癸丑朔丁巳（初五日），甲渠鄣候获叩头死罪敢言之。掾谭、尉史坚。

府记曰，守塞尉放记言："今年正月中从女子冯□借马一匹，从驹。今年四月九日诣部，到居延收降亭，马罢。止害隧焦永行檄还。放骑永所用驿马去。永持放马之止害隧。其日夜入定时，永行警檄。牢驹隧内中。明十日驹死。候长孟宪，隧长秦恭皆知状"。记到，验问，明处言。会月二十五日。

前言解。谨验问放、宪，皆曰：今年四月九日，宪令隧长焦永行府卿蔡君起居檄，至庶（遮）虏还，到居延收降亭，天雨。永止须臾去。尉放使士吏冯匡呼永曰："马罢，持永所骑马来"。永即还放马。持放马及驹随放后，归止害隧。即日昏时到吞北所，骑马更取留隧驿马一匹，骑归吞远隧。其夜入定时，新沙置吏冯章行殄北警檄来。永求索放所。放马　　不能得。还骑放马行檄。取驹牢隧内中去。到吞北隧/□□□罢□□□中步到……俱之止害隧取驹去。到吞北隧下，驹死。

案：永以县官事行警檄，恐负时，骑放马行檄。驹素罢劳，病死。放又不以死驹付永。永不当负驹。放以县官马擅自假借，坐臧（脏）为盗，请行法。获教敕要领放毋状，当并坐。

叩头死罪死罪，敢言之。（E. P. F22：186-201）

这是甲渠鄣候落实府记的调查焦永是否违法的质询案的报告，"府记曰"到"会月二十五日"是府下的质询文书，规定了质询的内容和具体要求，一是验问，即调查清楚；二是"明处言"，即做出判定以书面的形式上报；三是要在本月二十五日完成。"前言解。谨验问"到"驹死"是验问的内容，调查了驹死的真相。"案"以下内容是调查后得出的结论。

3. 处罚案的回复，这是处罚的第三道程序

处罚案回复的具体要求，一是问责对象必须在规定期间内作出答复，二是对上级问责的答复可以采取口头或书面两种形式，三是口头答复原则上应由受质询机关的负责人亲自或按规定派特定的人到质询机关作出，四是书面答复也须由受质询机关的负责人签署，上报调查的结果。

(1) 口头汇报就是口头答复

秦汉简牍中有"诣官对"，就是下级候燧在接受质询时，要亲自到上级官府或亲自去当面陈述情况。永田英正在《居延汉简研究》中谈到"诣官簿"，他认为"召诣官的事由之一是候燧在职务上的违法或怠慢被候官发觉，后候燧服从候官发出的传呼命令，前往候官，当面说明情况"①，这是汉代口头答复质询的重要形式。还有

① ［日］永田英正著．张学锋译：《居延汉简研究》，广西师范大学出版社2007年版，第382页。

“诣府对”：候官到都尉府接受质询，简文有“遣尉史李崇持券诣府”（59·105）；“诣廷尉”：“召诣廷尉。廷尉责曰：‘君侯欲反邪？’亚夫曰：‘臣所买器，乃葬器也，何谓反邪？’吏曰：‘君侯纵不反地上，即欲反地下耳。’吏侵之益急。初，吏捕条侯，条侯欲自杀，夫人止之，以故不得死，遂入廷尉”①；“诣尚书”：“召嘉诣尚书，责问”“对状”，请王嘉作出解释②。“诣廷尉”“诣尚书”就是要求被问责的官吏到廷尉、尚书台回答问责的问题，还要“对状”，就是针对诉状说明原因。还有“诣居延狱”：“建武五年十二月辛未朔戊子（十八日），令史劾，将褒诣居延狱，以律令从事”（E. P. T68：81-102），就是到居延狱接受验问，进入审判程序。

（2）书面答复，就是以工作报告的形式回答上级的质询和自己工作任务完成情况。

质询案收到后，被质询的机关不论采取什么样的回复形式，都要有回复报告，这就是为什么秦汉简牍中的侯官、候长的回复报告特别多的原因。书面回复常用“敢言之”一词，表明下级对上级的质询的回复。回复主要有候长回复候官质询的书面报告、侯官回复都尉府质询的书面报告，这是由质询案提出时的规定。对邮书失时的质询案中就规定“各推辟部中，牒别言”（E. P. T 52：83），就是调查清楚后以书面的形式上报；“记到，验问，明处言”（E. P. F22：186-201），就是质询案“记”接到，调查清楚后要书面报告；“移书验问案致，言”（E. P. T 51：189A），也是接到质询案要调查上报；“趣，遣具言”（E. P. T52：13）就是接到质询案要督促上报；“案到，如律令。言”（E. P. S4. T2：8A），就是接到质询案上报。质询案回复报告一般包括质询内容、检查形式、回复方式、回复时间、处理要求等内容。

4. 处罚的决定与执行，这是处罚的最后一道程序

汉代行政的处罚一般经上级主管部门批准，下级部门即可执行，但对刑事处罚的就要按照审判程序，逐级上报，层层把关，形成严格的行政审判制度，确保处罚决定的准确无误。

质询案根据被质询机关回复的结果，依法追究责任，进行处理。汉简有中有“甲渠言，永以县官事行敬檄，牢驹隧内中，驹死。永不当负驹”（E. P. F 22：186-201），就是甲渠侯官对都尉府质询案回复的结果，根据这个结果，“永”可以确定不负“驹死”的责任；有“候长傅育等，当负趣收责”“使收责育等皆毕……诣府”，就是根据侯官的报告结果，已经“收责”了候长傅育等人（E. P. T 6：55-6：62）；有“候史广德坐不循行部涂亭，趣具诸当所具者，各如府都‖吏举，部糒不毕，又省官檄书不会日，督五十”（E. P. T 57·108A），应该也是根据行政质询案回复的结

① 《史记》卷五七《绛侯周勃世家第二七》。

② 《汉书》八六卷《王嘉传》。

果，对候史广德行政工作失误所作的处罚。

举劾案根据监察人员的劾章提出处理意见，由司法审判机关验问，根据法律规定和相关证据，对案件作出判决。有些案情复杂的案件，判决后须按规定的程序，逐级呈报上级批准，始得生效。《汉书》卷二三《刑法志》载，高祖七年制诏御史："狱之疑者，吏或不敢决，有罪者久而不论，无罪者久系不决。自今以来，县、道官狱疑者，各谳所属二千石。二千石官以其罪名当报之。所不能决者，皆移廷尉，廷尉亦当报之。廷尉所不能决，谨具为奏，傅所当比律令以闻。"当事人对判决不服的，可以申请复审。秦简《法律答问》："乞鞫者，狱已断乃听。"中央对重大举劾案会成立联合审判机构，称"三司会审"，汉代以廷尉、御史中丞和司隶校尉三个司法机关的会审称三法司。《汉书》卷七八《萧望之传》载，"乃下侍中建章、卫尉金安上、光禄勋杨恽、御史中丞王忠，并诘问望之"。证据是判定案件的重要依据，根据秦汉简牍资料主要有以下证据：一是物证，如《群盗》中的"弩""矢"；二是书证，如《法律答问》中的"投书"；三是证人证言，如《封守》中记载的里典、同伍的证词；四是鉴定结论，如《封诊式·疠》对麻风病人检查的鉴定结论；五是现场勘验报告，如《封诊式》中关于杀人、偷盗案的现场勘验报告《贼死》《经死》《穴盗》。对于徒、流犯应送配所，稽留一日笞三十，三日加一等。死刑须复奏皇帝，经过五复审而后执行。不待复奏下达而行刑者，流二千里。孕妇产后一百日执行。

【本文为国家社科基金项目"简牍与秦汉行政法研究"（项目编号：12BZS021）的阶段研究成果】

徐州土山汉墓考古亲历记

王　恺

徐州云龙山北麓，有一座土山，实为一座东汉彭城王的陵墓。两千年来，一直讹传为范增墓。二十世纪六十年代，国人搞了一个文化运动，在此期间，一座光秃秃的土堆，迎来了它的繁华期。1969年，土山周边居民取土建房，在土山西北角处发现一座砖室古墓。因土山南侧约百米处，就是徐州市博物馆，博物馆是收藏古文物的地方，在土山发现古墓，这牵动了博物馆领导的神经，博物馆把此事作为一件大事来办，但苦于缺欠业务人员。

而这时，几年前从北京某单位下放来的李某人预感到这是一个表现的好机会。他下到墓内，把几件吸引眼球的精品捡了几件拿回博物馆。此事在社会上引起轰动，土山周围人山人海，十分热闹。当时在徐州支左的部队68军派人保护了现场，同时向南京、北京等上级汇报。市博物馆的李某人也没闲着，他拣了几件重要文物，用竹篮拎着上了北京，找郭沫若汇报去了，万望能得到郭老表扬，其不知这种处理方法是考古工作的大忌，受了一顿批评，他悻悻地回到徐州不吭声了。土山的喧嚣也平静了。

1969年12月，北京、南京的考古单位都来了，在市文化局由支左部队主持，两家共同研究对该墓的处理问题。最后商定，徐州行政上属江苏省，发掘工作由江苏省统筹地方处理，具体工作由南京博物院安排。按照惯例，形成这样的文字约定：文物归徐州所有，发掘单位南京博物院如因研究需要，可以向徐州借，但要有文字借据。徐州博物馆至今还存有南京博物院向徐州借文物的诸多借据，这是后话。因该墓出土有银缕玉衣等重要文物，后来郭老还专门写诗赞扬土山汉墓出土的文物，诗曰："越王勾践破吴剑，专赖民工字错金。银缕玉衣今又是，千秋不朽匠人心。"国家专门组织由彭城王玉衣专门带队的文物，到美国、日本等国家巡展，影响颇大，掀起了一场中国文物热潮。

此时的我正在洛阳博物馆工作。因我是徐州人，从小就在徐州读书，对土山比较熟悉，也曾爬过几次土山，因当时还是高中阶段，对考古还不了解。后来去北京大学学了考古专业，并从事这项工作之后，就对徐州的文物工作特别关注了。不仅对土山关注，而且对徐州其他考古信息也都关注，如云龙山上的石佛、奎山塔下的西汉墓。正因为如此，1965年徐州博物馆领导带队赴洛阳参观，因为他们也带有网罗人才的任务，在交谈中我提出回徐州工作的意向，他们非常高兴，回徐后积极办理我的调动事宜。

1977年3月我奉调来徐，到了徐州第三天我就迫不及待地请时任考古组组长的唐士钦同志带我去看土山汉墓。所谓土山汉墓，是位于土堆西北一角的一座南北向的砖室墓，墓道居北，由墓道、封门、甬道、横堂和后室七部分组成，从封门到后室通长8.6米，全部用大型特制青砖砌筑。用了黄肠石封门，在墓门至横堂的甬道上还砌有黄肠石，上面多有刻词，诸如："××石××治"。在墓室顶部也用黄肠石铺盖，种种迹象表明这是一座品级很高的墓葬。墓中出土有银缕玉衣，在东汉时期只有王侯一级人物死后才能享用。回到博物馆后，我脑海中一直在想这座墓——品级高、建筑材料考究，但为什么硕大的封土下只有这么一座体量不大的墓呢？思来想去，我认定这堆封土下一定会有更大的墓。待形成了自己的看法后，我就向博物馆领导建议对土山再做工作。领导见我分析得头头是道，又因我是北京大学毕业生，当时市博物馆也只有我这么一个科班出身的人，也想试一试这位大学生的真本领，就同意了我的建议，并把这件事交给我来全权办理。我高兴极了，接着我就考虑用什么办法进行调查工作。

在此之前，我曾在洛阳主持钻探调查隋唐洛阳含嘉仓城，一干就是三年多，钻探出近300座储粮窖，方法是用洛阳铲。这洛阳铲的应用原理我是熟悉的，用起来也得心应手。于是我就抓紧时间回洛阳置办钻探工具，到洛阳后一边置办工具，一边和洛阳的同行们研究调查土山汉墓相关事宜。第三天我就回到徐州，并聘请了一名探工庞振合同志，接着就置办探铲的杆等用料，在博物馆前院的竹林中选了一些适用的竹竿。把工具做好后，说干就干，就在土山上拉开战场，大干起来。最初参加钻探的人较多，我带着庞振合、唐士钦、夏凯晨、陈浩、武利华、庄晓明、王黎琳等人，用洛阳铲探墓，看起来简单，操作起来就不同了，十多斤重的探铲，要两手臂架起后向下用力捣，动作要协调，目标要准确，操作要熟练，否则会铲到脚上，造成伤害。探铲要上下垂直，否则，会打成斜孔。探铲看起来不重，用起来也简单，实则为重体力劳动。因为是一个架势，重复劳动，往往一个孔向下捣4～5次，才能带上来几厘米的土。意志不强的人，双臂酸痛，干不了几天就都不干了。没干三天，新鲜头过去了，有8个人就都不干了，工作只有我和庞师傅两人在做。我们原先在土山上探，后来我就想这样干工作量太大，试着就沿封土堆周边探，这样一般探2.3～2.4米就可以见到下面的生土或石头了，进度较快。有一天我们探到封土南侧，由西向东，突然由2.3～2.4米下到7米深，我感到这是好现象，猜想可能是墓道。再向东前移两米，还是7米深，又向东前移两米，探下去2.3～2.4米又到底了。当时我就说这是墓道。找到了墓道，可以说这座墓就找到了。

从钻探资料可知，这座墓是在云龙山北麓的一个小石质山头上凿穴而建。该穴为一长方形，估计长约25米，宽约20米，深达4～5米。墓道居南，长约30米，宽4～6米，深达5米，因向南伸展，估计是斜坡道。后来我们又到封土顶部向下探了一个孔，深达14米，见石探不过。我们两人整整用了三天时间。全馆人都很高兴，特别是戈岩馆长。在送庞师傅回洛阳时，馆长专门自费在彭城路宽段“狗不理”菜馆宴请庞师傅，我和唐士钦同志作陪，美美吃了一顿。因该饭店地上油泥较厚，我还摔了一跤，是高兴，是失误，现难以判定。

墓找到了，仍需验证。馆领导兴趣很高，文化局也很感兴趣，感到引进的这个人才不是白丁，就同意了。验证墓仍由我来负责。据《徐州府志》等记载，土山汉墓早年被盗。在我们钻探过程中，也曾带出一片玉衣片，说明被盗的可能性是存在的，并不像记载的那样具有传奇色彩，说什么“元代贾胡盗墓，盗出宝剑明晃晃、亮堂堂”，那是不可能的，因为该墓在地下已经埋藏了两千余年，钢铁怎能不生锈呢？博物馆领导从探出土山主人墓始，一直想看看墓内的真相，也想看看从洛阳引进的这位“北大高才生”的真本领。经过研究，报请市领导批准决定试掘土山汉墓，试掘工作仍由我来负责。

我领了试掘任务后，着实动了一番脑筋，首先要拿出试掘方案。当时考虑到土山一号墓保存完好，墓没塌陷，我想如果二号墓也保存完好，没有塌，就是被盗了也会给徐州人民提供一处参观游览的好去处。怎么挖这座墓呢？如何下手呢？如大揭顶工作量太大，暂不可取。我的方法是在现墓道内挖一个4米×4米的竖井，下去后，顺墓道向北开一隧道，根据钻探提供的数据，进深6～7米就可以见到封门墙，然后翻过封门墙，进入墓室。如果墓未塌，就可以清理发掘。当我把试掘方案讲给领导们听后，他们都欣然同意。又经过一个月的筹备工作，我们从徐州矿务局庞庄煤矿借调来了行道师庞师傅和打隧道的技术人员沈师傅，还借来了开隧道用的水泥行道支撑架等。

9月的一天动工了。我们在墓道中挖了一个4米×4米的竖井，井深4米，由庞师傅主持在竖井北壁搭支撑架，向北进行。墓道中的土为夯土，既硬又较纯洁；一组棚架接一组棚架，在棚架顶部和边沿用木板封堵不让土进来。我们挖到6.5米深的地方，发现了封堵墓门的砖墙，该墙全部用砌墓废弃砖垒砌，用体量长48厘米、宽24厘米、厚14厘米的青色大砖和长48厘米、厚14厘米的楔形砖垒砌。封门砖墙宽同墓道宽度都为4.3米，南北厚度达1.7米，在砖墙的里面还发现有石封门，全部用特制的长70~130厘米、宽70厘米、厚35厘米的黄肠石垒砌，封门石墙宽3.2米、厚1.4米、高达6.2米，这些黄肠石的一侧多有刻词，如“田阳石官工宋巨治”等字样。所谓田阳为石之产地，宋巨为官府专事建墓官工的名字。此事传开，又喧闹一番。当时在场的武利华同志竖起大拇指说：“王老师，你真神了！”我的名字也在社会上传开了。有人写文章说“那时的王恺已被世人称奇：洛阳来了个考古学家，手拿小铲找墓，十个有八个准。”经过试掘，知土山二号墓已塌陷。原想翻过封门墙进入墓室清理的想法破灭了。但我不见黄河不死心的执着劲儿仍不罢休。于是我沿封门石墙西侧向北清理，发现了西侧室。当我们清理到可以进入西侧室时，发现西侧室内滑人的土和碎砖块不少，室顶咧咧喳喳很不安全，不敢清理，简单测量了该室数据，长3.5米，宽2.5米。此时我又转到石封门墙的东侧向下清理，发现了东侧室，为拱券顶，且为双层券，券顶厚达1米，保存完好，我们就把东侧室清理了。东侧室长宽各2.5米，清理出68件各式文物。当时徐州的最高领导、市委书记汪冰石和副书记王其华都来看了发掘现场。这些情况，因那年头设备较差，没能记录下来，留下了遗憾。东侧室清理完，我又绘了图，存下了这份资料。此室原装有木质门，该处残存大量朽木痕迹。清理完东侧室后，在因塌陷形成的空隙内用手电环顾四周，在其东北侧上部砖墙上可以清晰看到一段砖墙上端砌有一块黄肠石，石上有刻辞并涂以红色，为“官十四年苑伯石官工××治”等字样。为了多了解一些情况，我在封门石北侧清理了一些土，发现上部有很多大而长的石条塌落。石条长达两米余，且横七竖八无规则，因石条较长，所存缝隙也大，我曾沿缝隙向里攀爬查看，发现有一件类似石经幢的圆形石柱，长约2米，直径约30厘米。因险情大，不敢多探，就此结束了试掘。我建议，因墓已塌，不能清理，就地封存，要清理得大揭顶。

我就想，看来这座墓的规格远比一号墓大得多，这座墓建造也比一号墓复杂得多。从钻探资料和地貌可知，这座是在原来云龙山伸向背侧的一个小山头上开矿建造。待墓矿开好后，再用特制的大型青砖按王侯一级的制度建造墓室。从现存情况可知，王墓先建，王后墓是在王墓建好后葬入的情况下，在王墓之西北侧破王墓而建后墓，所以王墓在下，后墓在上。

回忆当年我找到土山主人墓的兴头，心情特别舒畅，再加上领导让我负责此项工作，我下定决心，一定要把工作做好。在试掘期间，我和夫人就吃住在工地，白天工作，晚上睡在用苇箔搭成的茅草庵子内。时值严冬，北风劲吹，滴水成冰，夜间睡在庵子内，强劲的北风把光秃的土山上的松土一刮下来，砸在草庵上覆盖的塑料上，响声阵阵，吓得我们整夜难眠，直到天亮才能打个盹儿。这是刮风，下大雪更难熬。有一次下大雪，我们的庵子全被封住，我费了很大的劲儿，才把门推开，弄得头上身上全是雪。即使这样，再苦再累也心甘。

讲到这里，还有一次危险的经历值得一提。大约在1983年秋天，老天给我开了一个不大不小的玩笑。这天南京博物院在徐州市铜山县小龟山发掘第六代楚王墓。尤振尧先生来看土山汉墓发掘现场，我和王进南出面接待。我同尤先生是老朋友，接待他也很方便。王进南和尤先生在已挖出的墓北铺的黄肠石上由北向南慢慢走，在墓西侧残留封土的坡上，我由北向南随着他们走，给他们介绍挖墓的情况。我讲得很细，他们听得很投入。由于我是在残坡上向下走动，可能是一脚踩空，我滚下了山坡。当我顺着雨水冲的沟壑滚下时，说来也巧，此时铜山县汉王乡的农民工正在为墓做护坡，一位农民工正推着一车砂浆走来，说时迟，那时快，怎么这么巧，车到我到，恰好把我挡住，否则我会滚下三米多高的土坡。然而我竟毫发无损，沟壑上到处是砖石块，也没对我造成伤害，这真是老天的安排！我滚下坡，王进南他们很愕然，说怎么讲着讲着不讲了，土坡上也不见我了。待我回到坡上一谈，他们很庆幸我躲过一劫，后来把这次遭遇变成了笑谈。这莫非真是老天的有意安排，谢天谢地！

春去秋来，一晃到了1979年，全国各地纷纷成立博物馆学会和考古学会。1979年中国考古学会在西安成立，按章程，我参加了考古学会；1980年9月，江苏省考古学会和博物馆学会在南京成立，我被选为省考古学会第一届理事。1981年在无锡召开了第二届考古年会，会议主题是吴文化。在无锡会上，我们研究第三届年会的主题时，大家一致同意1982年9月在徐州召开第三届年会，内容是研究两汉文化。当我把此信息通报给馆领导，徐州博物馆时任的邓馆长非常高兴，经与市文化局协商后，愉快地接受了承办工作。他们欲用这次会议宣传徐州的汉文化，其做法是，挖掘土山汉墓，届时请全省考古界人士参观土山汉墓。在不宣传、不报告的情况下进行挖土工作，我只知道领导和部分同志整天开会，就是不知道内容。纸是包不住火的，后来我知道了发掘土山墓的事。我就找领导讲“土山墓是省级文物保护单位，要发掘土山，应当向省文化厅报告”。这位主要领导回答得很绝对：“党票、钱票、粮票都在徐州，怕什么！挖。”把这种“老子天下第一”的思想暴露得淋漓尽致，发掘工作开始实施了。其做法是，先用挖土方的办法挖去封土，把封土挖完之后，清理时再让考古组同志去清理。这种避开考古人员搞发掘的想法是不科学的，用挖土方的方法挖是一种错误行为。为挖墓，领导们开了很多会议。我无权参加会议，就连时任考古组组长的唐士钦同志也无权参加。他们雇用民工挖土，这时我也没事干，就去土山拣文物，两个月下来，我拣了近百件文物，其中有十六七件是封泥。这批封泥后来李银德同志写了篇报导，在1994年11期《文物》杂志上发表，题目为《徐州土山汉墓出土封泥考略》。余下的近百件文物于2007年交还市博物馆馆长李银德手中。挖墓要写考古发掘方案，并指示由我来写。既不说明情况，也未提要求，就是你得拿方案，无奈我只得违心地按照一般发掘汉墓的方法写了个方案，交上去之后，他们开会讨论我写的方案，我仍然无权参加会议。这次会议唐组长参加了，他开会回来后，仍要我来修改这个方案。人在屋檐下，不得不低头，我只得又违心地修改了这个方案。方案修改好后，他们拿给南京博物院的专家们去看，得到了比较满意的回答。

考古学是一门科学性很强的学问，必须认真对待，不得有一丝一毫的马虎。用挖土方的方法发掘古墓，世所罕见，但居然在那些外行们的主使下干起来了。这件事不知什么人走露了消息。省文化厅知道了，就派了南京博物院的党华（徐州人）来看看情况，待党华回宁后，省文化厅马上来电叫停工，后来考虑到此墓已挖至墓顶黄肠石，该墓是省级文物保护单位，省厅无奈只得责令徐州写个申请发掘土山汉墓的报告，待批。徐州只得遵照指示，补写了申请报告。省厅考虑到该墓破坏的情况，必须尽快发掘。省里批准了这个发掘要求。徐州接到这个批复，欣喜万分，正准备继续发掘，事隔数日，省厅又打来电话叫停。为什么呢？因为此时《中华人民共和国文物保护法》已经全国人大常委会批准颁布，依法批准权限不在省里，应由国家文物局核批。当省厅决定批准徐州发掘土山汉墓的事报告给国家文物局备案时，国家文物局感到此事不妥，速电告江苏省文化厅说：批准权不在你厅，依法由国家文物局审批。省厅是越权审批，所以省厅再电告徐州叫停。省厅考虑到土山汉墓已挖到墓顶黄肠石，应当组织发掘，省文化厅在原徐州报告的基础上又向国家文物局补写了发掘申请，请国家文物局审核批准发掘，国家文物局批复是请省厅组织发掘。省厅欲请南京博物院来发掘该墓，南京博物院此刻与徐州因土山汉墓出土文物之争闹得关系比较紧张，怕徐州不支持，且土山周边住户密集，难以协调，所以南京博物院坚决不接招。最后省厅答应国家文物局由徐州组织发掘，省厅组织技术力量支援，这本是个好主意，但是徐州想看看国家文物局究竟如何批复的，这个批件省文化厅没让徐州看，但是徐州知道省厅让南京博物院接招发掘，南京博物院不干，因此，徐州说南京博物院不干，我们也不干，两边各不相让，就这样一停将近三十年。

1984 年 12 月，徐州狮子山发现兵马俑，风靡全国，国家文物局副局长黄景略从山东风尘仆仆来徐看狮子山兵马俑。黄局长是我的学兄，在洛阳时就有交往，见面后，他第一句话就问："你怎么在这里？"我说来徐州已数年。当我问到国家文物局为什么不批准发掘土山汉墓一事，他说："谁说不批准，你们一个姓邓的馆长专门跑到北京，我在山东，他又追到山东说你们不愿意发掘。我有什么办法，不能强迫你们挖吧！"经他这么一讲，我才清楚前因后果。土山汉墓是多灾多难的，先是徐州不经批准自行发掘，后又经省里同意发掘，因批准权限问题，停了下来，再报批，因小事而互不相让，造成你不挖，我也不挖的后果。此后近三十年间，我年年呼吁，曾借着省市政协会议提案，提了多少次，又在 2002 年 1 月 14 日《人民政协报》第 6 版发表了《保护徐州土山文物》的报导，并附有两幅土山墓遭破坏的照片。2003 年国家文物局派叶学明、张学海、刘绪三位专家来徐调查土山文物情况，准备批准发掘徐州土山汉墓的申请。

2000 年 9 月 2 日，第六届中国艺术节在南京开幕，当时省委领导要利用这一契机，好好宣传一下省内一些文化人物典型，省委宣传部指示电视台在全省选了八个典型。由省台赵力编导率队，来徐采访我。在徐州博物馆碑园内水池南边的一个平地上对我进行了采访，后来又到土山上专门拍摄了几个镜头，片子的名字叫《土山梦》，在第六届艺术节期间播出，这就是我土山梦的由来。

寒来暑往，转眼到了 2004 年，位于市博物馆西侧的一片空地上，某单位在这里建筑施工，在工地上发现大量古代采石场，规模较大，有十余处。当年 5 月至 9 月，由市博物馆考古部进行发掘，期间发掘单位与建设单位出现不少摩擦，甚至惊动了人民日报。这处遗址的发掘，是全国所发现的唯一的汉代采石场，异常重要。2006 年 1 月 2 日，被国务院公布为第六批全国重点文物保护单位。

土山汉墓中出现的大量黄肠石等建筑材料从石质到形制，其来源应为此采石场所供应。

2002 年，位于土山北侧的徐州市中医院扩建，在土山西北侧又发现了土山三号墓，但这座墓破坏惨重。从现场所遗情况看，破坏并非盗墓者所致，应为建墓者所为。这两座墓及原来发掘的一号墓，形制完全一致，体量大小也相当，唯方向相悖，我认为这座墓的建设不符合当时礼制，故把二墓的建材拆掉，用它来建造了一号墓，因而一号墓与二号墓所用建材质地一样。这样土山所发现的三座墓实为两座墓。这两座墓，在其封土堆下的二号墓为彭城王墓，位于封土堆西北角的墓为一号墓，实为王后墓。在 1970 年发掘时，误把王后墓错定为彭城王墓，王后的玉衣也错修成彭城王玉衣。王墓先建后墓后建，二墓不在一个层面上。

2003 年国家批准发掘土山二号墓，但直到 2004 年 10 月 19 日才正式动工。

我于 1977 年来徐，是年发现土山二号墓，至今已近三十余年。这三十多年来，我一直魂牵梦绕，希望能够圆满地发掘土山二号墓，圆我的“土山梦”。

（作者系徐州汉兵马俑博物馆原馆长）

西楚王朝钩校

郭海林

（徐州市广电新局）

【摘要】 我国史书都载西汉的起始年为公元前206年，但公元前206年刘邦尚未夺取天下，只是汉王，公元前207年秦朝灭亡，到公元前202年（项羽自尽）西汉王朝建立的五年空档究竟属于哪个朝代，成为历史悬案。本文以辩证唯物主义和历史唯物主义为指导，运用大量典籍和历史遗存，对公元前206年到公元前202年进行考证，得出结论：公元前206年到公元前203年应属于西楚王朝。

【关键词】 西楚王朝；典籍记载；历史遗存；泯灭

距今所知，我国《字典》《词典》等工具书后多附有“我国历代纪元表”，一般记有“秦公元前221年—公元前207年”“汉（公元前206－公元220年）”即西汉的起始年为公元前206年。但是史实灼灼，公元前206年刘邦尚未夺取天下，只不过是项羽分封的十八个诸侯王（汉王）之一，充其量是汉王元年，天下是由项羽实际掌控。而汉王元年绝不应等同于西汉起始年，因天下尚未归西汉所有。公元前202年项羽死后，刘邦登基开始建立西汉王朝。那么，公元前207年秦朝灭亡，到公元前202年西汉王朝建立的五年空档究竟属于哪个朝代，成为历史悬案。我们应该尊重历史，实事求是，从历史唯物主义出发，还历史本来面目。笔者认为西楚王朝的建立，大致经过从公元前209年到公元前207年兴灭国、继绝世、举逸民立国阶段；从公元前207年到公元前206年灭秦朝、行分封、立国都阶段和从公元前206年到公元前202年诛义帝、击汉军、守西楚三个历史阶段。况且有国都彭城（公元前209年9月楚国国都由盱眙迁至彭城，徐州一度形成既有楚怀王，又有西楚霸王的局面）、有帝名义帝、（公元前206年项羽将楚怀王改称为义帝）有地域并实施政权（分封天下，封十八个王，刘邦是被封的汉王）。公元前206年项羽诛义帝由诸侯军事盟主而自立为西楚霸王，帝王更换，政权更迭。因此，公元前206年到公元前203年理应属于西楚王朝。所以对西楚王朝建立及灭亡的研究，对现在西汉王朝起始年的匡正，乃至对秦汉之际改朝换代起讫年的纠谬，都具有十分重要的历史意义。

一、西楚王朝存在的客观依据

西楚王朝的存在依据主要有典籍记载和历史遗存两方面。

1. 典籍史料记载

首先，正史《史记》《汉书》《资治通鉴》均有记载。距离西楚王朝兴亡最近的当数西汉，司马迁在《史记》中对西楚王朝及义帝、项羽有三方面记载。

其一，体例方面。众所周知《史记》的体例是十二本纪、十一年表、八书、三十世家、七十列传。本纪是记帝王，十二本纪为：一五帝、二夏、三殷、四周、五秦、六秦始皇及二世皇帝、七项羽、八刘邦。可以肯定地说司马迁是把项羽作帝王看待的。

其二，列表方面。《史记》卷一六年表①记载义帝元年，诸侯尊怀王为义帝，徙都江南郴，项籍为天下主，命立十八王，都彭城。年月表，开始用秦记月，“八月项籍杀子婴，九月为义帝元年”，月表在“义帝元年一月”，“楚项”栏中注有“西楚项籍自立为西楚霸王始”。“二月义帝徙都江南郴，西楚项籍自立为西楚霸王始为天下主，命立十八王，高祖及十八诸侯受封之。“义帝九月”栏目中记“项羽杀义帝”，接下来月表就是“楚十月”直到“五年正月诛籍为止”。可见由义帝纪年记月，到义帝纪年，楚记月的变化。

其三，记述方面。秦楚之际月表之四“太史公读秦楚之际曰，初作难，发于陈涉，虐戾灭秦，自项氏。率践帝祚，成于汉家，五年之间，号令三嬗”。由于历史纷乱，司马迁在秦楚之际的月表有注“秦楚之间惟不得尽以汉元纪年”之说。可见司马迁是从史实出发，尤其是秦三世子婴死后，天下无主，先立怀王为义帝，后自立为西楚霸王，分封十八个诸侯王，汉王仅是十八个诸侯王之一，刘邦并没有取得天下，怎能以汉纪年，于情于理都不通。《汉书·陈胜项籍传》有同样的记载。“怀王者，吾家武信君所立耳，非有功伐，何以得颛主约?”“然身披坚执锐首事，暴露于野三年，灭秦定天下者，皆将相诸君与籍力也。怀王亡功，固当分其地王之。诸将皆曰：‘善’”。可见义帝的傀儡身份很明确。

其四、刘、项两方面。《史记·高祖本纪》记载：楚汉相持，刘邦与项羽广武对话。刘邦指责项羽说：“使人阴弑义帝江南……夫为人臣而弑其主，杀已降，为政不平，主约不信，天下所不容，大逆无道!”对于刘邦的指责，项羽虽然大怒，但亦无言可对，只好“伏弩射中汉王”。可见刘邦所述亦为项羽所承认，即刘邦和项羽至少在名义上都曾臣服于楚义帝。刘邦和项羽都是人臣，楚义帝才是人主。在君即是国，国即是君的封建社会，义帝就代表了西楚王朝，而楚汉之际的主角都认可。

其次，正史以外其它典籍、史料记载。西楚王朝灭亡后从西汉直到现代，很多书籍对西楚王朝及项羽从不同角度都有记述。

第一，杂史《楚汉春秋》《史记会注考证·项羽本纪》《历阳典录》《历阳典录

① 《前四史》，天津古籍出版社1991年版，第130页。

补》等有记载；

第二，类书《太平御览》《太平寰宇记》《太平广记》等各有表述；

第三，野史有唐戴孚撰传奇集《广异记》，明朝冯梦龙《喻世名言》“闹阴司司马貌断狱”，清袁枚《子不语》卷一《汉高祖弑义帝》，蔡东潘《前汉演义》，郭沫若《地下的笑声》等，都从不同角度对西楚王朝及项羽有所描写。

第四，历史名人有专著，如苏轼作《留侯论》，毛泽东读《二十四史》均有评论。

2. 历史遗迹佐证

(1) 西楚故宫霸王府

西楚故宫霸王府遗址在徐州市彭城路一号，历经两汉、魏晋南北朝、唐直到北宋。北宋元丰元年（公元1078年）二月即苏轼任徐州知府次年，拆除霸王殿，用其材料于汴泗交汇处的东北城角建黄楼。① 南宋侧殿尚存，文天祥诗《彭城行》“连山四围合，吕梁贯其中。河南大都会，故有项王宫”。② 侧殿在元代又毁于战火，明洪武七年（公元1374年），徐州知州高玉琳修复西楚故宫，沿中轴线向南200余米，修建鼓楼，上书“西楚鼓楼”，此街因称古楼街。成为西楚故宫的组成部分。明天顺元年（公元1457年），鼓楼损坏，知州宋诚在原址上改建，高度增加。明神宗万历年间，知州刘顺之再次重修。天启四年（公元1624年）鼓楼毁于洪水。

图1 霸王楼

图2 徐州鼓楼，匾额“江北第一楼”

清道光二十八年（公元1819年），在霸王厅旧址又重修三层霸王楼，设有项羽与虞姬牌位。1952年夏天，徐州暴雨，鼓楼因年久失修发生塌方，被拆除。2001年

① 苏轼：《答范纯甫诗》“重瞳遗迹已尘埃，唯有黄楼临泗水”。苏轼自注：郡有厅事，俗谓之霸王厅，相传不可坐，仆拆之以盖黄楼。

② ［宋］文天祥：《彭城行》，《文山先生文集》。

建金地商厦挖基坑，在地下10米左右发现楚汉时期石板路、粟仓、柱础等建筑遗址。2002年，徐州市彭城广场发现明代鼓楼遗址。

（2）项羽戏马台

公元前206年，西楚霸王项羽建都徐州后。他意识到守卫西楚王朝国都徐州城的战略意义。徐州城最近的制高点是徐州城南3里海拔69.6米的南山，楚时徐州城内海拔约20米，站在南山顶北望徐州城内一览无余。因此，项羽就在南山上构筑高台，操练军马。项羽在演武阅兵之余，时常在南山的高台上欣赏、训练自己的乌骓马。因而，后人称此高台为戏马台。

北宋苏东坡任徐州知州，他指出徐州“其城三面阻水，楼堞之下，以汴、泗为池，独其南可通车马，而戏马台在焉，其高十仞，广袤百步，若用武之世，屯千人其上，聚櫑木炮石，凡战守之具，以与城相表里，而积三年粮于城中，虽用十万人，不易取也”①。可见戏马台对于镇守徐州军事价值之一斑。

（3）美人巷

公元前208年，项羽随楚怀王迁楚都于徐州。项羽初到徐州，与爱妾虞姬择宅而居，当时就选城中离西楚王宫很近的一巷中院落。公元前206年，项羽自立西楚霸王，霸王府即在虞姬住处东北约1500米的现彭城路1号。公元前202年，楚汉之战，项羽中韩信的十面埋伏，项羽困于垓下，夜闻四面楚歌，以为楚地尽失，“项王则夜起，帐中乃悲歌慷慨，自为诗曰：‘力拔山兮气盖世，时不利兮骓不逝。骓不逝兮可奈何，虞兮虞兮奈若何’歌数阕，美人和之。项王泣数行下，左右皆泣，莫能仰视”②。虞姬为楚霸王起舞，含泪和《垓下歌》唱道：“汉兵已掠地，四方楚歌声。大王意气尽，贱妾何聊生。”③ 歌罢，拔剑自刎，死后葬于垓下。由此，因项羽《垓下歌》而称虞姬为虞美人。沈括曾指出：“‘虞美人’一名，皆由项王虞兮之歌而得名也。”④ 徐州人为表达虞美人对项羽爱情的忠贞，为项羽西楚王朝事业献身精神的赞誉，彰显后人对虞姬的敬悼和怀念，将虞姬住过的巷子称作美人巷。

（4）九里山古战场

舜帝征服异族部落之战、周公东征之战、晋楚争夺彭城之战、刘邦项羽彭城决战、韩信十面埋伏之战、南北朝彭城拉锯之战、朱棣九里山伏击战，都发生在九里山一带。元末明初，施耐庵《水浒传》十四回中的民谣也描写了九里山古战场：“九里山前作战场，牧童拾得旧刀枪。顺风吹动乌江水，好似虞姬别霸王。”清初，历史地理著作《读史方舆纪要》记载九里山为刘邦败项羽处。清代诗人邱松月《过九里

---

① 《宋史·苏轼·上神宗皇帝书》。

② 《史记·项羽本纪》。

③ 《楚汉春秋》。

④ 沈括：《梦溪笔谈》。

山》诗："伤心楚汉无王气，满眼山河有战场。"毛泽东1952年10月29日视察徐州时指出"韩信在九里山下起兵'十面埋伏'，给项羽致命一击"。现存张爱萍将军题写"九里山古战场遗址"摩崖石刻。

二、西楚王朝泯灭的原因

西楚王朝的泯灭主要有两方面原因，一是历史朝代的灭亡；二是西汉以后从史册剔除。

1. 西楚王朝灭亡的原因

（1）西楚王朝没有巩固的政权统治

从公元前206年项羽建立西楚王朝到公元前202年五年军事割据，西楚王朝基本上属于军事人物主政的军事政权。西楚王朝建立在项羽立义帝、废义帝的过程中，西楚王朝与各诸侯王尤其是汉王攻伐不断，特别是义帝被杀后，西楚王朝的号召力和凝聚力大减，人心与制度的统一、国都、国号与疆域的统一、西楚王朝名与实的统一都存在一定的差距。西楚王朝在没有巩固的政权统治的前提下，人心各有向背，加之刘邦的武力进攻，这是西楚王朝灭亡的重要原因。

（2）西楚霸王项羽的性格缺失

司马迁在《项羽本纪·赞》中作了精辟的分析："及羽背关怀楚，放逐义帝而自立，怨王侯叛已，难矣。自矜功伐，奋其私智而不师古，谓霸王之业，欲以力征经营天下。"司马迁认为项羽失败的原因有三点：其一是背关怀楚，即是说放弃了关中这一战略要地；其二是放逐并杀害义帝，因而在政治上陷于被动；其三是迷信自己气力而不学古代圣君以德感人。由于项羽秉承楚文化的精神，代表的是楚文化的思想传统，即英雄时代的传统，尚武不尚德，因此，在国家动荡之际，他可以凭借武力"马上得天下"，但得天下后，却不可能"马下治天下"，于是失败也就成了必然的逻辑。因此，项羽之败不在鸿门宴放走刘邦，即使刘邦命丧鸿门，也会有"李邦""王邦"的出现。项羽的军事才能，指挥得当，身先士卒，作战勇猛及为人豪爽直率等表现在钜鹿之战、鸿门宴、垓下之围等战役和事件中。至于他性格的弱点，政治短见，妇人之仁等则见于《高祖本纪》《淮阴侯列传》等作品中。总之，项羽性格有严重的缺失：他高志却目光短浅；爱慕虚荣，自满自得；凡事勇在先、智在后，缺乏从谏如流、宽宏大量的国君气质和一代帝王的政治家胸怀。

（3）西楚王朝不是先进生产方式的代表

历史规律注定西楚王朝建立也是不会长久的。因为实体式的分封制已不再是历史的潮流，在封建专制主义中央集权制已经确立的历史条件下，在大一统已经成为社会发展趋势的时候，硬要造出一个列国分立的局面，显然违背当时中国的政治、经济发展的要求，统一的封建制才是当时的大趋势。正如孙中山先生所讲："世界潮流浩浩荡荡，顺之者昌，逆之者亡。"逆历史潮流总是短命的。当然西楚王朝的灭亡，其重要原因在于性格缺失的项羽，一方面他身上有明显的楚国贵族遗民印记，西楚王朝的政权带有复辟性；另一方面西楚王朝的国体具有战国时期封疆裂土的承袭性。有学者指出："项羽出身贵族，他所代表的是旧的贵族阶级，他所怀抱的理想，是恢复战国时期诸侯分立的局面。"① 其根本原因在于，项羽受社会历史条件的制约，不是先进生产方式的代表。因此"定居下来的征服者所采纳的社会制度形式，应当适应于他们面临的生产力发展水平，如果起初没有这种适应，那么社会制度形式就应当按照生产力而发生变化"②。因此，西汉王朝的取而代之是历史的必然。

2. 西楚王朝在史册中被剔除的原因

（1）西楚王朝立国短暂

鲁迅先生曾指出"现在我们再看历史，在历史上的记载和论断有时也是极靠不住的，不能相信的地方很多，因为通常我们晓得，某朝的年代长一点，其中必定好人多；某朝的年代短一点，其中差不多没有好人。为什么呢？因为年代长了，做史的是本朝人，当然恭维本朝的人物了，年代短了，做史的是别朝的人，便很自由地贬斥其异朝的人物，所以在秦朝，差不多在史的记载上半个好人也没有"③。西楚王朝立国不足五年，汉王朝立国四百余年，正所谓"成则王侯败则寇"。历数史官除司马迁以外，几乎没有史官认同西楚王朝的存在。

（2）汉王对宿敌蓄意抹煞

公元前202年项羽乌江自刎后，"诸项氏枝属，汉王皆不诛。乃封项伯为射阳侯、项襄为桃侯、项佗为平皋侯、玄武侯。皆项氏赐姓刘"④。宿敌姓已改皇族刘姓，被皇帝同化，西楚王朝不仅彻底不复存在，而且在彭城设楚国，刘邦把弟弟刘交封为楚王，使项氏复国无望。《史记·汲郑列传》记载郑是汉武帝时一位正直的大臣，其父亲郑君曾是项羽的将军。项羽死后，郑君归降了刘邦。后来，刘邦下令，要求原属项羽部下奏章中提到项羽时，要称他为"项籍"。既不许叫"项羽"，更不许称"项王"。汉时习俗，直呼其名是非常不恭敬的。可是，郑君提及项羽，从不称"项籍"，而称"项王"或"项羽"，不忘昔日君臣之礼。于是刘邦下令，凡是称项羽为"项籍"的原项羽部下都升为大夫，而把坚持称"项羽"或"项王"的郑君一个人赶出朝堂。郑君为此断了仕途，病死家中。但是，他始终不愿以蔑称项羽作为个人的进身之阶。这说明刘邦对项羽的忌恨和对宿敌的蓄意抹煞。

（3）西楚王朝缺少完整的政治制度。

西楚王朝是战乱中立国，连年征战，项羽无暇顾及政治制度的确立，而完善的

① 何兹全：《秦汉史略》，上海人民出版社1955年版，第31页。

② 《马克思恩格斯选集》第一卷，人民出版社2012年版，第81页。

③ 鲁迅：《魏晋风度及文章与药及酒之关系》，《北新》半月刊第2卷第2号，1927年11月16日。

④ 《史记·项羽本纪》。

政治制度的确立是一代王朝巩固和延续的根本保障。西楚王朝基本上是延续周朝的“分封制”，经过春秋五霸、战国七雄、合纵连横数百年战争，到秦朝的大一统，人心思定。“分封制”作为一种政治手段，权宜之计还可用，但是把“分封制”这一导致战乱根源的过弃的制度，作为一种政治制度已经不再合时宜。所以即使项羽性格完美，建立的西楚王朝也不会长命。一方面西楚王朝的政权带有楚国贵族遗民印记的复辟性；另一方面西楚王朝的国体具有战国时期封疆裂土的承袭性。其根本原因在于，项羽受社会历史条件的制约，不是先进生产方式的代表。所以刘邦为打败项羽，从政治谋略出发搞分封，建立汉王朝后，仅用七年（公元前202—公元前195年）时间，就剪灭异性王。在分封同姓王后，又采取收回兵权，缩小封地、中央委派官员等手段加强中央集权，形成大一统的封建帝国。对此，柳宗元曾评判“汉有天下，矫秦之枉，徇周之制，剖海内而立宗子，封功臣。数年之间，奔命扶伤之不暇，困平城，病流矢，陵迟不救者三代。后乃谋臣献画，而离削自守矣。然而封建之始，郡国居半，时则有叛国而无叛郡，秦制之得亦以明矣。继汉而帝者，虽百代可知也。”①

总之，西楚王朝的存在是客观实在，司马迁认为“秦失其政，陈涉首难，豪杰蜂起，相与并争，不可胜数。然羽非有尺寸，乘势起陇亩之中，三年遂将五诸侯灭秦，分裂天下，而封王侯，政由羽出，号为霸王，位虽不终，近古以来未尝有也。”②西楚王朝历时虽短，但是不容抹煞的历史事实，公元前202年项羽自刎乌江后，公元前202年2月28日刘邦在汜水之阳定陶（今山东曹县附近）称帝，国号“汉”。因此公元前206年到公元前203年应属于西楚王朝，而不应属于西汉王朝。

---

① 柳宗元：《封建论》，《唐宋八大家文》中华书局1995年版，第191-194页。

② 《史记·项羽本纪》。

汉代的道教、佛教与民间信仰

武利华

（徐州汉画像石艺术馆）

【摘要】 宗教（religion）是人类社会发展到一定历史阶段出现的一种文化现象，属于社会意识形态。主要特点为相信现实世界之外存在着超自然的神秘力量或实体，该神秘力量统摄万物而拥有绝对权威、主宰自然进化、决定人世命运，从而使人对这一神秘产生敬畏及崇拜，并引申出信仰认知及仪式活动。宗教有三个基本元素：一是宗教的思想观念及感情体验（教义），二是要有宗教的创始人，以及膜拜对象（教主），三是有宗教的教职制度及社会组织（教团）。

【关键词】 汉代；道教；佛教；民间信仰

汉代的宗教有国家宗教、民间宗教和外来宗教三种形式。所谓国家宗教是统治者用以确立、宣扬官方意识形态的重要工具，汉代的国家宗教就是儒教，民间宗教是道教，外来宗教是佛教，此外还有信奉众多神灵的民间信仰。根据当代的宗教分类，将以儒家为特色的思想统治方式称作社会伦理性宗教，以与神性崇拜的宗教相区别。

一、道教的产生与发展

道教与道家是完全不同的概念。道家是一个思想派别，重养生，主张清静无为，以长生不死作为人生的目标。道教是一个宗教组织，道教产生的理论基础是战国时期的老庄思想，它的基本信仰是“道”，教义思想是神仙方术，道教是有完整系统的宗教组织。

道教的形成有一个缓慢的发展过程，可以分为原始道教和早期道教两个阶段。原始道教主要是燕、齐的“方仙道”和荆楚的“太乙神道”。早期道教是指东汉中期以后形成的“太平道”和“天师道”。

“方仙道”产生于春秋、战国时期的燕、齐两地。齐地濒临大海，各种海外奇闻流传不绝，加之海上常有蜃景出现，因而盛行“海上神山”和“不死之民”的传说。为了求到神山上的仙人和不死之药，齐威王、齐宣王都曾派人入海求取。《史记·封禅书》记载：“自威、宣、燕昭使人入海求蓬莱、方丈、瀛洲。此三神山者，其传在渤海中，去人不远，患且至，则船风引而去。盖尝有至者，诸仙人及不死之药皆在焉。”齐国不仅有“海上仙山”，也是黄老之学的主要流传地域，《史记·曹相国世家》记载："闻胶西有盖公，善治黄老言，使人厚币请之。既见盖公，盖公为言治道贵清静而民自定，推此类具言之。参于是避正堂，舍盖公焉。其治要用黄老术，故相齐九年，齐国安集，大称贤相。"黄老之术正是由于在齐国的巨大成功，才得到了汉文帝、景帝、窦太后等人的尊崇，被奉为治理全国的最高指导思想。

"方仙道"一词最早见于《史记·封禅书》："自齐威、宣之时，邹子之徒，论著终始五德之运，及秦帝而齐人奏之，故始皇采用之。而宋毋忌、正伯侨、充尚、羡门高最后皆燕人，为方仙道，形解销化，依于鬼神之事。邹衍以阴阳之运于诸侯，而燕齐海上之方士传其术不能通，然则怪迂阿谀苟合之徒自此兴，不可胜数也。"

"方仙道"是方士们将其神仙学说及方术与邹衍的阴阳五行说糅和起来的，阴阳五行说的核心是宇宙及人类社会都是由阴阳和五行架构起来的，按照阴阳消长和五行生克的流转规律运动的。阴阳五行学说在哲学上的最大贡献，就是提出了一个无所不包的宇宙图式，用来解释整个物质世界的本质、构成和运动规律。道教作为中国土生土长的宗教，同样也离不开阴阳五行的思想框架。阴阳五行学说成为了道教的哲学基础。同阴阳五行学说有密切关系的是谶纬神学，成为了道教的一个重要理论来源。阴阳五行加上形解销化，依于鬼神，方仙道形成了一个完整的体系。

秦始皇时期，"方仙道"达到了一个高潮，"燕齐之士释耒锄，争言神仙，方士于是趣咸阳者以千数"①。《史记·秦始皇本纪》记载，秦始皇二十八年，登琅琊立石刻颂秦德，"既已，齐人徐市等上书，言海中有三神山，名曰蓬莱、方丈、瀛洲，仙人居之。请得斋戒，与童男女求之。于是遣徐市发童男女数千人，入海求仙人"。

秦始皇的求仙活动极大地刺激了方仙道的发展，西汉时期，神仙方士之说甚为流行，弥漫于朝野上下。在燕齐滨海一带，方仙道的信徒往往数以万计，可谓极盛②。武帝晚年，酷好神仙方士之术，有过于秦始皇的作风。齐人李少君"以祠灶、谷道、却老方"见汉武帝，并向汉武帝进言："祠灶则致物，致物而丹砂可化为黄金。黄金成，以为饮食器则益寿，益寿而海中蓬莱仙者乃可见，见之以封禅则不死，黄帝是也。"武帝受到他的鼓动祠灶炼丹、遣人入海求仙人。元光二年，尊方士李少君为文成将军。后来少君得病而死，武帝犹信其为化去而未死③。胶东人栾大称其师言曰："黄金可成，而河决可塞，不死之药可得，仙人可致也，"以其能修丹砂炼金，役使鬼神等法术，武帝拜栾大为五利将军，封为乐通侯，甚至还把卫长公主许配给他，富贵比埒王侯。武帝因酷好神仙方士之术，曾立五祠，建甘泉宫，筑承露盘，修造蓬莱、方丈、瀛洲、壶梁等海中神仙的假想建筑；又因崇信方士之术，致使女巫可以随便进出宫廷，终至淫乱秽闻传达不堪，造成武帝时代有名的"巫蛊"大案，

① 《盐铁论·散不足》。

② 《史记·孝武本纪》载，汉武帝"东巡海上，行礼祠八神，齐人之上疏言神怪奇方者以万数"。

③ 《汉禁中起居注》，见《抱朴子·论仙》引。

太子因此被迫自杀。直到征和四年，也就是武帝去世的前两年，还临幸东莱，“欲浮海求神山”，遇上了大风才作罢。也就是这一年，他才从神仙方术的迷恋中醒悟过来，“悉罢诸方士候神人者”，对群臣自叹曰：“向时愚惑，为方士所欺，天下岂有仙人？尽妖妄耳！节食服药，差可少病而已。”方仙道所信仰的神仙说有却老术、不死药、祠灶炼丹术、辟谷术、尸解术、使物见鬼术等法术成为以后道教最基本的信仰。

先秦时期楚国的“太一”神也是原始道教的信神之一。楚地有着历史悠久的巫文化传统，据《汉书·地理志》记载：“楚人信巫鬼，重淫祀。”东皇太一是楚国信奉的主神。东皇太一实际上是两个神，东皇为日神，太一为星神。《易纬乾凿度》郑玄注云：“太一者，北辰之神名也。居其所，曰太一。”《楚辞·九歌·东皇太一》王逸注曰：“太一，星名，天之尊神，祠在楚东，以配东帝，故云东皇。”汉代承楚风，以太一为最高神。《史记·封禅书》：“天神贵者太一，太一佐曰五帝。”《天官书》说：“中宫天极星，其一明者，太一常居也。”正义：“泰一，天帝之别名也，……泰一，天神之最尊贵者也。”汉武帝时期太一神的神格得到提升，被奉为最尊神。元光二年（公元前133年）方士谬忌首先奏请祭祀太一神，说：“天神贵者太一，太一佐曰五帝。古者天子以春秋祭太一东南郊，用太牢。”汉武帝采纳这个建议，命令太祝在长安东南郊立了太一坛，按谬忌的方案祭祀。元鼎五年（公元前112年），汉武帝正式在甘泉建立太一祭坛，同年十一月，汉武帝举行隆重的郊祀，亲自祭拜太一神，“太一”作为汉王朝至高至尊的“国神”，终于被塑造成功，正式钦命“太一”为汉家至尊的上帝神。

1973年长沙马王堆三号汉墓出土“太一将行图”，或称“社神图”“神只图”“辟兵图”“太一避兵图”“太一出行图”“符禁图”等①，这是马王堆三号墓棺室东壁帛画的残片。上部正中绘一个头戴鹿角的神只，据其左侧题记推断，可能为“太一”神；如据其腋下的“社”字推断，则又可能是社神。边上文字（已残缺）有“禁”“祝曰”“莫敢我向”“我有百兵毋动”，在这位神只的下方，每边有两个神只随从。此外还有一黄首青龙为座骑，青、黄二龙为左右护翼，雷公雨师为左右前驱。关于此帛画的性质，虽命名不一，但总体看来，还是属于避凶求吉、避灾求福的。

① 李零：《马王堆汉墓“神只图”应属辟兵图》，《考古》1991年第10期。

图1　马王堆三号汉墓出土帛画《太一将行图》

在经历了鬼神崇拜、黄老之学、神仙思想、阴阳术后，到了东汉中、后期，原始道教最终演变成有组织、有纲领的早期道教。

东汉桓、灵时期，最早的道教教派建立。汉桓帝建初元年，“冬十月，长平陈景自号‘黄帝子’，署置官属，又南顿管伯亦称‘真人’，并图举兵，悉伏诛。”① 汉桓帝时期，社会上又出现了三个势力强大的教派，《三国志·魏书·张鲁传》注引《典略》说：“熹平中，妖贼大起，三辅有骆曜。光和中，东方有张角，汉中有张修。骆曜教民缅匿法，角为太平道，修为五斗米道。”骆曜的“缅匿法”就是隐身术，其事迹史书没有更多的介绍，而张角创立的太平道、张修创立的五斗米道却有着重大的影响。

太平道的创始人是巨鹿人张角。大约创立于东汉灵帝熹平年间（公元172年—公元178年），主要活动于河北一带，因信奉《太平经》而得名。《太平经》又称为《太平清领书》，是道教创立时期最主要的一部经典。张角自称大贤良师，广收弟子，以符水咒语为民治病。徒众达数十万，遍及青、徐、幽、冀、荆、扬、兖、豫八州，以“方”为组织单位，各设渠帅总领其事。据《后汉书·黄甫嵩传》记载：

初，钜鹿张角自称“大贤良师”，奉事黄老道，畜养弟子，跪拜道过，符水咒说以疗病，病者颇愈，百姓信向之。角因遣弟子八人使于四方，以善道教化天下，转相诳惑。十余年间，众徒数十万，连结郡国，自青、徐、幽、冀、荆、扬、兖、豫八州之人，莫不毕应。

---

① 《后汉书·桓帝传》。

《三国志·张鲁传》注引《典略》对太平道的情况也有相近的记载：

太平道者，师持九节杖为符祝，教病人叩头思过，因以符水饮之。得病或日浅而愈者，则云此人信道；其或不愈，则为不信道。

太平道在公元184年以“苍天已死，黄天当立，岁在甲子，天下大吉”为口号发动黄巾起义，坚持斗争二十余年。后在东汉朝廷重兵围剿下终告失败。从此，太平道销声匿迹。

五斗米教（天师道）① 是道教早期的重要流派。关于它的起源，学术界有两种观点：传统观点认为，五斗米教是张道陵于公元126—144年（东汉顺帝时）在四川鹤鸣山创立的；但当代学者则认为，五斗米教实际上由张修在公元184年（东汉灵帝中平元年）之前创立于汉中②。

五斗米道主要以《老子五千文》为经典，教人奉道悔过，用符水咒法治病，广收徒众，宣称人得道义，便得长生。五斗米道最大的特征是入道者要交米五斗，或病者请医也要出米五斗。入道后称鬼卒，久者为奸令，能讲授《老子五千文》者为祭酒。五斗米道以“治”为宗教组织，虽没有严格的清规戒条，但也规定“不得淫盗”“不得饮酒”“春夏禁杀”。对犯忌的也有处罚的规定：隐瞒小过，罚修路一百步；犯了法，说服教育三次后，不改再犯者，然后施刑。仪式有三类：一是经常仪式，静室思过；二是请祷仪式，称“三官手书”；三是祭神仪式。《三国志·张鲁传》注引《典略》说：

汉中有张修……修为五斗米道……修法略与角同，加施静室，使病者处其中思过。又使人为奸令祭酒，祭酒主以《老子》五千文，使都习，号为奸令。为鬼吏，主为病者请祷。请祷之法，书病人姓名，说服罪之意。作三通：其一上之天，著山上；其一埋之地；其一沉之水——谓之三官手书。使病者家出米五斗以为常，故号曰五斗米师。

后来，张鲁吞并了张修的势力，张鲁占据汉中，设义舍，“因其民信行修业，遂增饰之”，在汉中地区继续奉行五斗米道。《三国志·张鲁传》说：

鲁遂据汉中，以鬼道教民，自号“师君”。其来学道者，初皆名“鬼卒”，受本道已信，号“祭酒”。各领部众，多者为治头大祭酒。皆教以诚信不欺诈，有病自首其过，大都与黄巾相似。诸祭酒皆作义舍，如今之亭传。又置义米肉，县（悬）于义舍，行路者量腹取足。若过多，鬼道辄病之。犯法者三原，然后乃行刑。

---

① 《后汉书·刘焉传》《三国志·张鲁传》等记述，因为“从受道者，出五斗米”，所以人们称其为“五斗米道”。又“五斗米道”的名称，可能与崇拜五方星斗有关。“斗米”乃“斗姆”之音转（见卿希泰著《中国道教思想史纲》第一卷）。

② 任继愈主编：《中国道教史》，中国社会科学出版社2001年版。

道教理论与教派的建立，标志着早期道教的正式形成。随着原始道教体系的建立和影响的扩大，东汉中期以后，在图像艺术中，除保留黄帝、西王母、北斗、太一等原始道教神仙以外，直接反应道教内容的文字、图像、符箓被大量刻绘到汉画像石（砖）之中。如在安徽亳县东汉谯郡曹操宗族墓中发现的一批桓帝延熹年间烧造，刻有“祭酒”“仓天乃死”等道教钤记字砖的同时，还在该地区的其他一些同期墓葬中发掘出土了大量道教仙真画像和带有“黄帝”“天帝”“天帝使者”“天帝神师”“黄神越章”等道教印信的砖石。特别是东汉后期的“道符”，由字的篆体和多字重叠而成，在画符的时候，多仿篆体及虫书鸟迹的古文，笔画曲折盘纡如云气缭绕，是一种内容与形式高度统一、完美结合的神秘莫测的精神产品。曲折、风诡云谲、朦胧隐约的外观形式给符蒙上一层神秘奇诡的审美观照，显示了神灵仙真的无比威力。这样，道符所包蕴的奇特的文学效果也就跃然“纸”上。道符的这种由内容与形式的统一表现出特殊的创作风格和艺术效果。

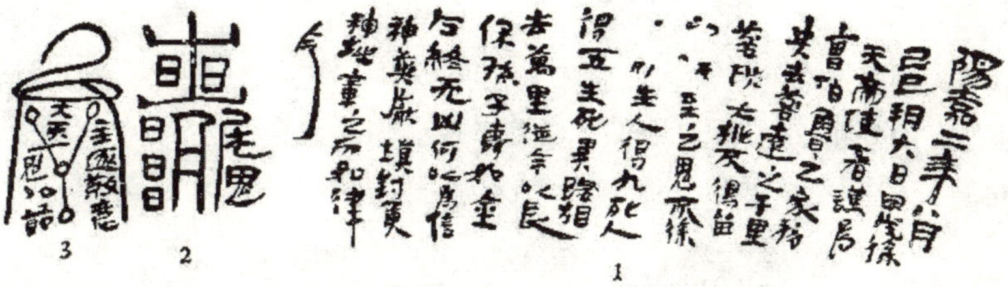

1. 解除文　　2. 第一符　　3. 第二符

图2　户县曹氏瓶朱书解除文、画符摹本①

在早期道教图像中，龙虎是重要的象征物。龙虎和五斗米道有特殊关系。《神仙传》等书记载张陵得道时见天人“忽闻天人下降，千乘马骑，金车羽盖，骖龙驾虎，不可胜数”②。“龙虎”是道教文献中的重要术语。天师道后来在龙虎山立“正一玄坛”，此山也是因传说张陵在此修炼成功后龙虎出现而得名。在五斗米道流行的四川及其周边地区，广泛流传着西王母图像的龙虎座，四川地区的汉代石棺画像上，也经常看到西王母“胜”的图像和龙虎图像。另外，东汉晚期在四川地区流行的摇钱树，上面的图像内容都能在早期道教的神话、仙话、传说中找到其踪影。而摇钱树的寓意是天下人可以共取钱财，与《太平经》“少内之钱财，本非独给一人也，其有不足者，悉当从其取也”的主张一致，因此有学者认为摇钱树是早期道教的重要法器。③

① 《考古学报》1991年01期。

② 《太平广记·神仙传》。

③ 鲜明：《论早期道教遗物摇钱树》，《中国道教》1995年04期。

图3　四川射洪龙虎座西王母画像砖

二、佛教的传入

两汉之际，佛教传入中国。佛教文化的传入，是中国文化发展史上的一件大事。自此以后，源远流长的中国传统思想文化又融入了新的内容与养料，从而变得更加丰富和灿烂。

佛教传入中国的时间有许多说法，如“孔子知有佛”①，武帝“始闻浮屠之教”②等，影响最大的是东汉明帝永平年间“感梦求法”的说法，关于这一传说，历来有许多不同的记载，最早的见于《四十二章经序》和牟子《理惑论》。《理惑论》中说：

昔孝明皇帝梦见神人，身有日光，飞在殿前，欣然悦之。明日，博问群臣，此为何神？有通人傅毅曰：“臣闻天竺有得道者，号之曰佛，飞行虚空，身有日光，殆将其神也。”于是上悟，遣使者张骞、羽林郎中秦景、博士弟子王遵等十二人，于大月氏写佛经四十二章，藏在兰台石室第十四间。时于洛阳城西雍门外起佛寺，于其壁画千乘万骑，绕塔三匝。又于南宫清凉台及开阳城门上作佛像。

明帝感梦求法没有说明时间，一般认为是永平七年出使，永平十年（公元67年）归来，也有人对此表示过怀疑。不过对光武帝之子楚王刘英奉佛的事情，是无可争辩的事实。据《后汉书·楚王英传》中记载：

英少时好游侠，交通宾客，晚节更喜黄老，学为浮屠，斋戒祭祀。（永平）八年（公元65年），诏令天下死罪皆入缣赎。英遣郎中令奉黄缣、白纨三十匹诣国相曰：“托在藩辅，过恶累积，欢喜大恩，奉送缣帛，以赎愆罪。”国相以闻。诏报曰：“楚王诵黄老之微言，尚浮屠之仁祠，洁斋三月，与神为誓，何嫌何疑，当有悔吝？其还赎，以助伊蒲塞、桑门之盛馔。”因以班示诸国中傅。

① 道宣《归正篇》引《列子·仲尼篇》，《广弘明集》卷一。

② 《魏书·释老志》说，汉武帝时，张窑出使大夏，已知“其旁有身毒国，一名天竺，始闻浮屠之教”。

刘英信佛只是把佛教视为黄老神仙方术的一种，这时佛教的经典还没有完全译出，佛与黄老同时被祭祀，佛寺被称为“仁祠”，犯罪的人可以用缣帛赎罪，所赞助的缣帛用以寺庙的施粥，并且已经净洁身心、诚敬斋戒的“洁斋”活动，佛被作为异域的神明供奉。“伊蒲塞”“桑门”为印度佛教徒的音译①，说明楚王英宫中聚集着一批来自外邦的僧侣。这时的佛教只是在皇室及贵族上层中间流传，一般百姓很少接触。佛教初入中国在相当长一个时期内，发展极其缓慢。

东汉中期以后，佛教开始在皇室中广为流传，汉桓帝时候，在皇宫中有“黄老浮屠之祠”，襄楷于延熹九年（公元166年）上书桓帝时说：“又闻宫中立黄老浮屠之祠堂。此道清虚，贵尚无为，好生恶杀，省欲去奢。”东汉晚期佛教的传布，除洛阳之外，已经在民间流传开来，《三国志·刘繇传》曰：

笮融者，丹阳人。初聚众数百，往依徐州牧陶谦。谦使督广陵、丹阳运漕。遂放纵擅杀，坐断三郡委输以自入，乃大起浮图祠，以铜为人，黄金涂身，衣以锦采，垂铜盘九重，下为重楼，阁道可容三千余人。悉读佛经，令界内及旁郡人有好佛者听受道，复其它役，以招致之。由此远近前后至者，五千余人户。每浴佛，多设酒饭，布席于路，经数十里。民人来观及就食，且万人，费以巨亿计。

笮融死于献帝兴平二年（公元195年），陶谦约于灵帝中平五年（公元188年）为徐州刺史，笮融之起佛寺当在此时。笮融奉佛出现了以多层塔为中心，四周围以走廊的真正寺院，以及鎏金铜佛像，浴佛法会和斋会的原形已经形成，并且“课诵念经”等，真正把佛教与黄老祠祀分割开来，结束了黄老与浮屠同祀的历史，使佛教走向独立发展的轨道，

佛教开始传入中国时，依附着黄老神仙方术，往往是与黄老并祠，楚王刘英就是“诵黄老之微言，尚浮屠之仁祠”。佛教的“清虚无为”“省欲恶杀”与黄老“清静无为”的思想基本一致，甚至当时有人提出了佛教为“老子化胡说”②，当时的佛经翻译家为了迎合中土的需要，在译经时往往吸收了传统的宗教观念并采用一些道家神仙家的名词术语，例如用道家的“守一”来翻译佛教的“禅定”，把通过禅定达到的境界描绘为犹如中国的所谓成仙得道。

佛教的传入改变了中国人传统的生死观。儒家是中国传统文化的主流，对中国文化的影响最大。儒家的生死观是重视生的价值，回避死亡以后的事情。儒家对现世现生的重视，在孔子“未知生，焉知死”“未能事人，焉能事鬼”（《论语·先进》）的话语中就已得到了清楚的表达。道家的生死观是生道相合，养身全生、得道

---

① “伊蒲塞”（梵语优婆塞 Upāsaka）、“桑门”（梵语沙门 Samana）。

② 据现有记载，“老子化胡说”在东汉末年已在社会上流传，襄楷在延熹九年上桓帝疏中就有“或言老子入夷狄为浮屠”的说法。

成仙的永生观，早期道教的生死观来源于先秦道家思想，道教经典著作《太平经》中没有生死轮回的观念，主张“人人各一生，不得再生也”“夫人死者乃尽灭，尽成灰土，将不复见”。无论是儒家，还是道家，重生恶死是他们的基本生死观。佛教的生死观是生死轮回，生命是在轮回中进行的，人生在世如同苦海，死后有来世的解脱。佛教在传入中国的开始，就把道家思想的灵魂不死观念与佛教的轮回报应说结合在一起，认为人死以后“魂神”会根据人生前的善恶而判升天或下地狱，“精灵起灭，因报相寻”等，曾成为汉代佛教最重要的信条。外来的僧侣在从事佛典翻译过程中在阐述教义时往往带有“人死精神不灭，随复受形”的轮回观念，使得轮回报应成为社会上影响比较大的佛教教义。袁宏的《后汉纪》卷十中说：

又以人死精神不灭，随复受形，生时所行善恶，皆有报应，故所贵行善修道，以炼精神不已，以至无为，而得为佛也……世俗之人以为虚诞，然归于玄微深远，难得而测。故王公大人观死生报应之际，莫不瞿然自失。

“因果报应”“生死轮回转生”说，以其对人的生死问题的独特关怀与见解，拓展了中国传统文化的人生哲学，在当时产生了较大的影响。

中国最早的佛典是《四十二章经》，相传是东汉明帝时代从天竺来的两位高僧迦什摩腾和竺法兰在洛阳白马寺译出。后来安息国的王太子安世高①和月氏人支娄迦谶②于汉桓帝时来到洛阳，他们分别开启了秦汉时期的两大佛学流派：一是以安世高为首的早期禅学，着重于精神的修炼；一派是以支娄迦谶为首的般若学，比较重视抽象的思辨。早期佛学专著《牟子理惑论》相传为东汉末年牟子（公元 170 年—?）著。《牟子理惑论》是中国较早的阐述佛教原理的书，全书正文三十七章，正文前有牟子的传记作为“序”，书末有“跋”。作者自设宾主，以问者和牟子各为一方，采用对话问答的形式展开论说。问者对佛教提出种种疑问和责难，牟子引经据典，逐一加以解释或辩驳。在一问一答之间阐述了佛教的义理。问者提出的问题代表了当时的人对佛教的困惑，牟子的答辩则代表了信徒对佛教的理解。《牟子理惑论》是了解佛教初传中国的情况，研究中国佛教形成和发展的一部重要文献。

佛教在中国早期传播的同时也伴随着佛教图像艺术的传入。佛教又有像教之称，佛教图像始终是与佛教的教义和佛教艺术融为一体的。佛教图像艺术主要发现在两个重要的区域，一是四川成都平原地区，二是以徐州为中心的鲁南、苏北一带。发现与佛教图像有关题材的内容是：佛塔、佛本生故事、舍身饲虎图、涅槃图、六牙白象、僧人骑象、莲花、菩提树、飞天、力士、双头鸟、佛像等，而这些图像往往

① 安世高是西域安息国的王太子，约在汉桓帝（公元 147–公元 167 年）初年到洛阳，安世高所译经典共三十五种，四十一卷；现存二十二种，二十六卷。

② 支娄迦谶，简称支谶，大月氏国人。东汉桓帝末年到洛阳，于汉灵帝时翻译《道行般若经》《兜沙经》等。

与西王母、东王公共同相处，表现出外来宗教与本土宗教和睦相处的情形。

图4　连云港孔望山摩崖石刻的佛教内容画像

三、两汉的民间信仰

民间信仰又称为民间宗教或“民俗宗教”（folklore religion），是指民众自发地对具有超自然力的精神体的信奉与尊重，对应于官方宗教或制度宗教。从意识形态上讲，它是非官方的文化；从文化形态上讲，它重在实践，较少利用文本，并以地方的方言形式传承；从社会力量上讲，它受社会群体中多数人的支撑并与民间的生活密不可分，具有多教合一，多神崇拜的特点。信仰的对象是流行在民众间的祖先、圣贤、鬼神、图腾以及地方神灵等，祭拜的方法主要以民间的祭祀和巫术活动为主。汉代的民间信仰是汉代人思想信仰中不可分割的组成部分。

汉代是一个多神信仰的时代，在天空中的日月星辰，有日神、月神、太一神；对自然力量风雨雷电，有风伯、雨师、雷公诸神；对山川河流有山神、河神、土地神；对东西南北方向，有青龙、白虎、朱雀、玄武方位神；对于日常生活，有火神、灶神、财神、门神；对于灾害的避除有宗布神；除原始诸神外，还有许多是新出现的地方之神，如高祖所立梁晋秦荆各地之巫所信奉之神，武帝时所立越巫信仰之神及西南夷的金马碧鸡之神等，不可胜数。《史记·封禅书》：“而雍有日、月、参、辰、南北斗、荧惑、太白、岁星、填星、［辰星］、二十八宿、风伯、雨师、四海、九臣、十四臣、诸布、诸严、诸逐之属，百有余庙。”据《汉书·郊祀志》记载，成帝时，由国家派专官祠祀的诸神之庙有683所，民间的神庙不在其内；到王莽时，国家奉祠的神庙达1700多所；到东汉光武帝时，仅就郊祀五帝神坛守卫的神灵庙就有1514所之多。

在汉代众多的神中，西王母是人们崇奉的最重要的一位。西王母本是位于西方的一个原始部族的名称。《尔雅·释地》曰：“觚竹、北户、西王母、日下，谓之四荒。”郭璞注：“觚竹在北，北户在南，西王母在西，日下在东，皆四方昏荒之国次四极者。”《汉书·地理志》云“西北至塞外，有西王母石室”。可见西王母本指西方的一处原始部落首领。

西王母的原始形象是蓬发、戴胜、虎齿、豹尾，并且善啸。如《山海经·西次三经》描绘西王母是：“其状如人，豹尾虎齿而善啸，蓬发戴胜。”《山海经·海内北经》说：“西王母梯几而戴胜，其南有三青鸟为西王母取食。”《山海经·大荒西经》则说她：“戴胜虎齿，有豹尾，穴处。”汉代，西王母的形象发生了变化，汉代司马相如刻画西王母：“低徊阴山翔以纡曲兮，吾乃今日睹西王母，皓然白首戴胜而穴处兮，亦幸有三足乌为之使。”

汉代人信仰西王母是因为她掌管灾疫和刑罚，手里藏有不死之药，《淮南子》里有“羿请不死之药于西王母”。事实上在汉代西王母已经成为掌管生死，无所不能的大神，无论是上层贵族还是黎民百姓，无不信仰着西王母。西王母信仰已经成为一个完整的宗教形态。到了西汉末年，西王母信仰得到民间的广泛拥护，《汉书·五行志》记载：

> 哀帝建平四年正月，民惊走，持稾或棷一枚，传相付与，曰“行诏筹”。道中相过逢多至千数，或被发徒践，或夜折关，或逾墙入，或乘车骑奔驰，以置驿传行，经历郡国二十六，至京师。其夏，京师郡国民聚会里巷仟佰，设张博具，歌舞祠西王母。又传书曰：“母告百姓，佩此书者不死。不信我言，视门枢下，当有白发。”至秋止。

这次大规模的传教活动，以“祠西王母”为鼓动口号，以“传行西王母筹”为组织形式，以“设张博具，歌舞祠西王母”为活动内容，表现为千万民众“会聚”“奔走”，传书所谓的“母告百姓，佩此书者不死”的诏筹，反映当时西王母崇拜与信仰已经达到了近乎疯狂的程度。

在这种全民信仰的影响下，汉代图像中表现西王母的画面比比皆是。在汉代画像祠堂和墓室壁画上，西王母居于天国的位置，头戴“胜”饰，凭几而坐，西王母周围伴随着一些珍禽异兽和半人半兽的神灵。这些神灵的形象有凤凰、三足鸟、九尾狐、玉兔、蟾蜍、飞天、羽人、开明兽、双头兽、四头首、鸟头兽身像、鸟首人身像、鸡首人身像、龙首兽身像、牛首人身像、马首人身像等，除了这些神灵之外，还有西王母的侍女虑妃、玉女等。这些居住在昆仑山上的众神和西王母一起，构成昆仑神话的完整体系。

图5　河南偃师壁画墓中的玉兔与西王母

除了墓室壁画以外，生活中的铜镜纹饰也多见西王母画面，又往往明确题铭“西王母”。汉镜以祈祝内容为主的吉语铭文中，也多见“西王母”字样。例如，河南南阳市博物馆藏东汉灵帝建宁元年镜铭文：“建宁元年九月九日丙午，造作尚方明镜，幽湅三商，上有东王公、西王母，生如山石，长宜子孙，八千万里，富且昌，乐未央，宜侯王，师命长，买者太吉羊，宜古市，君宜高官，位至三公，长乐央□。”

在汉代阴阳五行思想的影响下，人们又给西王母配上了对偶“东王公”。东王公又称为“木公”“东君”，其原型来自楚地信仰的“东皇太一”神，即为神化了的太阳神。“东王公”在汉代以前的文献没有记载，在托名托汉东方朔撰的《神异经》中能见到东王公的事迹。《东荒经》云：“东荒山中有大石室，东王公居焉。长一丈，头发皓白，人形鸟面而虎尾，载一黑熊，左右顾望。恒与一玉女投壶，每投千二百矫，设有入不出者，天为之？嘘；矫出而脱悟（误）不接者，天为之笑。”《中荒经》云：“昆仑之山，有铜柱焉，其高入天，所谓天柱也。围三千里，周围如削。下有石室，方百丈，仙人九府治之。上有大鸟，名曰希有，南向，张左翼覆东王公，右翼覆西王母。背上小处无羽，一万九千里。西王母岁登翼，上之东王公也。”一般学者认为汉代图像中的“东王公”出现在东汉中期以后，但从考古新发现的材料来看，至迟在东汉初年，东王公已经出现在汉画像石的图像中了。

伏羲、女娲也是汉代民间信仰中的重要偶像。关于伏羲女娲的形象，史书早有记载。战国时期屈原在《楚辞·天问》中就有“女娲有体，孰制匠之”；东汉人王逸注说：“传言女娲人头蛇身，一日七十化”；《帝王世纪》：“庖牺氏……蛇身人首”“女娲氏……亦蛇身人首”；《鲁灵光殿赋》云：“遂古之初，五龙比翼，人皇九头，伏羲鳞身，女娲蛇躯”；《艺文类聚》卷一一引曹植《女娲赞》云：“二皇人首蛇形”。文献记载和图像资料都证明了汉代伏羲、女娲的形象。汉代文献中伏羲、女娲的事迹很少介绍，但汉画像石提供了非常丰富的图像。

汉画像石中的伏羲、女娲的形象多刻画在墓葬中，其意义是把伏羲、女娲看作人类的始祖神。《太平御览》卷七八引《风俗通义》：“俗说天地开辟，未有人民，女娲抟黄土作人。剧务力不暇供，乃引绳于泥中，举以为人。故富贵者，黄土人；贫贱者，引绳者。”很显然，汉代人是把伏羲、女娲看做人类的始祖神和死后的保护神来进行崇拜的。

图6　山东嘉祥武氏祠中的伏羲女娲像

论史学三书对《史记》的评论

杨绪敏

（江苏师范大学　历史文化与旅游学院）

【摘要】 刘知几《史通》、郑樵《通志总序》和章学诚《文史通义》三书在我国古代史学批评史上占有重要的地位。三书对司马迁创立的纪传体通史都给予充分的肯定，同时也就其撰写体例、史料取舍、语言表述等方面提出批评。这些批评或正确、或错误、或偏颇。刘、章两人还对《史记》创设的纪传体史书体例提出了改造或革新的主张。

【关键词】《史通》；《通志总序》；《文史通义》；《史记》；评论

梁启超曾指出："千年以来研治史家义法能心知其意者，唐刘子玄、宋郑渔仲与清章实斋（学诚）三人而已。"① 又称他们是"中国史学史的成立与发展最有关系"② 的三个人。可见刘知几《史通》、郑樵《通志总序》和章学诚《文史通义》三书在我国古代史学批评史上的重要地位。司马迁的《史记》首开纪传体史书的先河，是一部享誉古今的史学巨著，因此自然而然地成为刘、郑、章三氏评论的重点。

一

刘知几对《史记》评论的着眼点是将其作为史学界一个流派的始祖来加以剖析并评论其得失的。在《史通》首篇《六家》中，刘知几把唐以前的史书分为六大流派，即《尚书》家（记言）、《春秋》家（记事）、《左传》家（编年史）、《国语》家（国别史）、《史记》家（纪传体通史）、《汉书》家（纪传体断代史）。在《史通·二体篇》中，他又把唐以前的史体归结为编年、纪传二体。认为："丘明传《春秋》、子长著《史记》，载笔之体，于斯备矣。后来继作，相与因循，假有更张，变其名目，区域有限，孰能逾此。"③ 由于这两种史体中，纪传体一直处于独尊的地位，而编年体居其次，因此刘知几把讨论的重点放在纪传体史书上，而作为纪传体史书祖鼻的《史记》首当其冲的成为评论的重点。

---

① 梁启超：《中国近三百年学术史》十五"清代学者整理旧学之总成绩（三）"，东方出版社 1996 年版。

② 梁启超：《中国历史研究法补编》，中华书局 2010 年。

③ 刘知几：《史通·二体》，以下引文均见浦起龙：《史通通释》，上海古籍出版社 1978 年版。

后人在分析《史通》对《史记》《汉书》的评论时，往往指责刘知几带着某种偏见故意褒扬、推崇班固的《汉书》，而歪曲和贬抑司马迁的《史记》。如郑樵说："刘知几之徒尊班而抑马。"① 明朝郭延年称《史通》是："诃马迁而没其长。"② 近人金毓黻认为："刘知几持论，每抑《史记》而扬《汉书》。"③ 诸如此类，不一而足。实际上，这是在尚未明了刘知几作《史通》主旨的情况下，仅凭表面现象而得出的结论。

由于刘知几力图对唐以前的史学作一系统的总结和批评，分析各种史书的优劣得失，为"当时载笔之士"及后代作史者提供一个鉴戒，因此他一改"谈经者，恶闻服、杜之嗤，论史者，憎言班马之失"④ 的旧习，以"不掩恶，不虚美"⑤ 的科学态度，对各种史书作了认真的分析和直言不讳的批评。他自称："夫其为义也，有与夺焉，有褒贬焉，有鉴戒焉，有讽刺焉。"⑥

他首先肯定司马迁的《史记》是"君子之史"⑦。称："古之国史，皆出自一家，如鲁、汉之丘明、子长，晋、齐之董狐、南史，咸能立言不朽，藏之名山。"⑧ 又称："彰善贬恶，不避强御，若晋之董狐、齐之南史，此其上也。编次勒成，郁为不朽，若鲁之丘明，汉之子长，此其次也。"⑨ 赞扬《史记》"夫载笔立言，名流今古，……能成一家"⑩。但他认为："盖明月之珠不能无瑕，夜光之璧不能无颣，故作者著书，或有病累。"⑪ 因此他在对《史记》的评论时，能做到"爱而知其丑，憎而知其善"⑫。

在《史通·二体》篇中，他充分肯定司马迁创立的本纪、表、书、世家、列传五种体裁在《史记》中能互为补充，很好地发挥了立言记事的功用，称："《史记》者，纪以包举大端，传以委曲细事，表以谱列年爵，志以总括遗漏，逮于天文、地理，国典朝章，显隐必该，洪纤靡失。"但同时也指出："寻《史记》疆宇辽阔，年月遐长，而分以纪传，散于书表，每论家国一政，而胡越相悬；叙君臣一事，而参

---

① 郑樵：《通志·总序》，浙江书局刊本，光绪丙申（1896 年版）。
② 郭延年：《史通评释序》，引自《史通通释》"别本序三首"。
③ 金毓黻：《中国史学史》第三章"司马迁与班固之史学"，商务印书馆 1957 年版。
④ 《史通·自叙》。
⑤ 《史通·杂说下》。
⑥ 《史通·自叙》。
⑦ 《史通·杂说下》。
⑧ 《史通·忤时》。
⑨ 《史通·辨职》。
⑩ 《史通·杂说下》。
⑪ 《史通·探赜》。
⑫ 《史通·惑经》。

商是隔，此其为体之失也。”[①] 又批评《史记》记事“同为一事，分在数篇，断续相离，前后屡出”[②] 等弊病。应该说这种批评是实事求是的。纪传体通史和编年体史书同样都存在着自身无法克服的弊病，正如后人所总结的那样：“自汉以来不过纪传、编年两法，乘除互用。然纪传之法，或一事而复见数篇，宾主莫辨。编年之法，或一事而隔越数卷，首尾难稽。”[③] 由于《史记》首开纪传体史书的先河，弊端由此而来，故刘知几专就《史记》而论，并无贬抑之意。清浦起龙是深明刘氏此用意的，他说：“凡此诸病，皆由世代悬隔，载记庞杂所致。盖是诚辞，非贬辞也。”[④] 后代仿效《史记》作史者，如梁武帝时主编《通史》的吴均、北魏撰写《科录》的元晖，由于无司马迁那样的史才、史识，又贪其博远，故使其著作“芜累尤深”“撰次无几，而残缺遽多”，所以刘知几称其“可谓劳而无功，述者所以深诫也”[⑤]。针对这种情况，刘知几认为像《汉书》这样“包举一代”的断代史，“学者寻讨，易为其功。”[⑥] 这里所说的“易”是对撰写“疆宇辽阔，年月遐长”的通史著作之“难”而言，也无贬马褒班之意。浦起龙说：“《史通》盖为《通史》《科录》芜编纷出，滥觞实由司马，故重诫之。其别家于班，正复为此。评者不察，认是诋諆迁史，误矣。”[⑦] 又说：“刘氏以时近者易为功，代远者难为力，有鉴于《通史》《科录》之芜累，故特标举‘断限’，借《史》《汉》二家以示适从云尔。夹漈（指郑樵）持论，有意矫枉，其言既悖，至评者认此为乙马甲班，直不晓文义矣。”[⑧] 浦起龙的这种理解是很有道理的。

刘知几还重点批评了《史记》体例不纯等问题。他认为：“史之有例，犹国之有法，国无法，则上下靡定，史无例，则是非莫准。”[⑨] 于是他在总结前人史学成就的同时，从中抽绎出一些史法，又以这种史法去衡量前人史书的得失。比如他以《汉书》为标准，抽绎出“本纪唯叙帝王”的理论，批评《史记·周本纪》不仅记载了武王以后历朝“天子”的事迹，而且追记周之始祖后稷至西伯的事迹。批评《秦本纪》专记秦之先祖伯翳至庄襄王等先秦诸王的事迹是“疆理不分”，认为周从西伯、秦从庄襄王以上诸王“爵乃诸侯，而名隶本纪”[⑩]，名不副实。他主张将西伯、庄襄王以上诸王别作《周世家》和《秦世家》，“持殷纣以对武王，拔秦始以承周赧，使

---

① 《史通·六家》。

② 刘知几：《史通·二体》，以下引文均见浦起龙：《史通通释》，上海古籍出版社 1978 年版。

③ 《四库全书总目提要》卷四九，纪事本末类“《通鉴纪事本末》提要”，海南出版社 1999 年版。

④ 《史通·六家》。

⑤ 《史通·六家》。

⑥ 《史通·六家》。

⑦ 《史通·六家》。

⑧ 浦起龙：《史通通释·六家》。

⑨ 《史通·序例》。

⑩ 《史通·本纪》。

帝王传授，昭然有别。"① 出于这样的认识，他不赞成《史记》把项羽列入本纪，认为项羽号称西楚霸王，实为当时诸侯，"诸侯而称本纪，求名责实，再三乖谬"②。同时他认为世家含有"开国承家，世代相续"之义，而陈涉"称王六月而死，子孙不嗣，社稷靡闻，无世可传，无家可宅"，而编入世家，是"名实无准"③。从政治角度来看，刘知几无疑是站在维护封建正统的立场上来说话的。他认为本纪必记正统帝王，世家定载世宦之家，方算名副其实。而司马迁《史记》的进步性恰恰体现在他敢于厘革传统观念，敢于"尊革命之首功，不以成败论人"④。司马迁认为"秦失其政，陈涉首难，豪杰蜂起，相与并争，不可胜数，然羽非有尺寸，乘势起陇亩之中，三年遂将五诸侯灭秦，分裂天下，而封王侯，政由羽出，号为霸王，位虽不终，近古以来，未尝有也"⑤。又说："陈涉虽已死，其所置遣侯王将相，竟亡秦，由涉首事也。"⑥ 司马迁这种进步的历史观，是刘知几所不理解和不赞成的。由此，刘知几颇为赞赏班固"厘革前非"，将项羽、陈涉放入列传，取消世家的做法。他认为这样做才能使体例不杂，名实相符。此处也并无褒班抑马之意，刘知几只是认为《史记》"朴略犹存，区分未尽"⑦，《汉书》的改革是"事势当然，非矫枉也"⑧。

刘知几在批评《史记》的过程中，也出现了一些自相矛盾的说法。比如，在《史通·二体》篇中，他批评《史记》"编次同类，不求年月，后生擢居首帙，先辈而抑归末章，遂使汉之贾谊将楚屈原同列，鲁之曹沫与燕荆轲并编，此其所以为短也。"在此，他认为司马迁在作合传时应按历史人物所处的时代先后来分类而不应当把不同时代的人合入同一传中。然而《品藻》篇却说："盖闻方以类聚，物以群分，薰莸不同器，枭鸾不比翼，若乃商臣（楚成王太子，逼成王自缢而死后自立）、冒顿（匈奴头曼太子，后杀头曼而自立），南蛮、北狄，万里之殊也；伊尹、霍光，殷年汉日，千载之隔也，而世之称悖逆则云商、冒，论忠顺则曰伊、霍者，何哉？盖厥迹相符，则虽隔越为隅，奚必差肩接武，方称连类者乎？"在此，他认为只要事迹相同，虽年月隔越，国籍有别，也可并列一传。前后显然是自相矛盾的。刘知几又说："史氏自迁、固作传，始以品汇相从。然其中或以年世迫促，或以人物寡鲜，求其具体必同，不可多得。是以韩非、老子，共在一篇，董卓、袁绍，无闻二录。岂非韩、

① 《史通·本纪》。

② 《史通·本纪》。

③ 《史通·世家》。

④ 梁启超：《饮冰室文集》卷1"中国学术思想变迁之大势"第四章"儒学统一时代"，大连图书供应社1935年版。

⑤ 《史记·项羽本纪》。

⑥ 《史记·陈涉世家》。

⑦ 《史通·列传》。

⑧ 《史通·世家》。

老俱称述者，书有子名，袁、董并曰英雄，生当汉末，用此为断，粗得其伦。”① 在此，刘知几又完全否定了《二体》篇的批评和指责。又如《表历》篇在批评《史记》表体时说：“天子有本纪，诸侯有世家，公卿以下有列传，至于祖孙昭穆，年月职官，各在其篇，具有其说，用相考核，居然可知。而重列之以表，成其烦费，岂不谬乎？且表次在篇第，编诸卷轴，得之不为益，失之不为损。”在此刘知几把“表”看作是《史记》中多余的赘物，大有删去表体之势。然《杂说上篇》却说：“观太史公之创表也，于帝王则叙其子孙，于公侯则记其年月，……虽燕越万里，而于径寸之内，犬牙可接，虽昭穆九代，而于方尺之中，雁行有叙，使其读者因文便覩，举目可详。此其所以为快也。”在此又大赞表体之优越，显而易见，前后两说是自相矛盾的。再如关于《伯夷列传》放在列传之首，刘知几也有两种互相矛盾的说法。《人物》篇说：“至如皋陶、伊尹、傅说、仲山甫之流，并列经诰，名存子史，功烈犹显，事迹居多。盍各采而编之，以为列传之始，而断以夷、齐居首，何龌龊之甚乎？”而《探赜》篇却说：“案史之于书也，有其事则记，无其事则阙。寻迁之驰骛今古，上下数千载，春秋已往，得其遗事者，盖惟首阳之二子而已。……今者考其先后，随而编次，斯则理之恒也，乌可怪乎？”

造成这种前后自相矛盾的原因何在呢？学术界较为普遍的意见认为：《史通》外篇成书在前，是刘知几的读书札记，是随触随书的，而内篇则是在外篇的基础上“撷其精华而成”② 既然内外篇非成书于一时，那么作者的史学观点就有可能存在前后不一的现象。实际上这个观点是站不住脚的。因为没有任何证据说明外篇成书在先，内篇成书在后。事实上内外篇成书是互有先后的。比如《六家》篇说：“自古帝王编述文籍，外篇言之备矣。”所谓外篇，实指外篇的《史官建置》与《古今正史》两篇而言，说明这两篇成书于内篇的首篇《六家》之前。又《史官建置》篇论及陈寿所云“蜀不置史官”时，称：“别有《曲笔篇》，言之详矣。”可知排在内篇第二十五的《曲笔》篇又成书于排在外篇第一的《史官建置》之前。因此，武断地说先有外篇，后撷其精华以成内篇是失当的。依笔者之见，出现自相矛盾的原因首先在于刘知几论述问题的角度不同，篇与篇之间缺乏必要的照应，以至于出现顾此失彼的现象；其次是他对问题的认识在不同时期内存在着差异，在编次成书时，没有以新的认识去取代以前的观点。

二

郑樵的《通志总序》是一篇著名的史学评论文献。在这篇文章中，郑樵集中阐述了史学的“会通”之义，他认为：“百川异趋，必会于海，然后九州无浸淫之患；

① 《史通·品藻》。
② 《四库全书总目提要》卷八八，史评类“《史通》提要”。

万国殊途，必通诸夏，然后八荒无壅滞之忧，会通之义大矣哉!”由此出发，他力主编写通史，竭力反对断代为书，认为历史犹如长江、黄河延绵不断，如果断代为史，将造成“周秦不相因，古今成间隔”。因此他对纪传体通史的祖鼻《史记》推崇备至，称：“使百代而下，史官不能易其法，学者不能舍其书。六经之后，惟有此作。”又称：“自《春秋》之后，惟《史记》擅制作之规模。”①

然而郑樵同时也对《史记》提出了批评。一是批评《史记》取材不广。他说：“当迁之时，挟书之律初除，得书之路未广，亘三千年之史籍，而跼蹐于七八种书，所可为迁恨者，博不足也。”二是批评《史记》多聚旧记、语言不雅。他说：“今迁书全用旧文，间以俚语，良由采摭未备，笔削不遑。……刘知几亦讥其多聚旧记，时插杂言，所可为迁恨者，雅不足也。”② 据实而论，这两条批评都失之轻率。

郑樵批评《史记》“博不足”，显然是依据了班彪之说。班彪说：“孝武之世，太史令司马迁采《左氏》《国语》，删《世本》《战国策〉，据楚汉列国时事，上自黄帝，下讫获麟，作本纪、世家、列传、书、表凡百三十篇。”③ 在此班彪只是粗略地列举了几部司马迁作《史记》的参考书，决不能据此断言司马迁之时参考了这几本书，否则对班彪所说：“迁之著作，采获古今，贯彻经传，至广博也。”④ 又作何理解呢？事实上，司马迁作《史记》的史料来源远远不止七八种书。今见于《史记》记载的尚有《牒记》《历术》《甲子篇》《禹本纪》《秦纪》之类。据金建德先生《司马迁所见书考》（上海人民出版社 1962 年版）云，司马迁参考书目多达八十余种。又据张大可先生《史记文献研究》（民族出版社 1999 年版）称，《史记》取材达 104 种。早在惠帝四年（公元前 191 年）就明令废除“挟书律”，至武帝初年已经历时五十余年，其间散失于民间的典籍相继出现。武帝又“广开献书之路”，乃至“百年之间，出积如山”⑤ 司马迁也自称：“天下遗闻古事，靡不毕集太史公。”⑥ 决不像郑樵想当然地认为：“当迁之时，挟书之律初除，得书之路未广。”除依据大量先秦典籍外，司马迁还充分利用了皇家收藏的文献档案，《太史公自序》所云：“紬史记石室金匮之书”就包含着一类的史料。此外司马迁还依据大量实地采访、调查得来的材料。今见于司马迁自述的，如“吾适楚，观春申君故城宫室，盛矣哉!”⑦ “吾如淮阴，淮阴人为余言。”⑧“吾适丰、沛，问其遗老，观故萧、曹、樊哙、滕公之家，及

① 郑樵:《通志·总序》，浙江书局刊本，光绪丙申（1896 年版）。
② 郑樵:《通志·总序》，浙江书局刊本，光绪丙申（1896 年版）。
③《后汉书·班彪传》。
④《后汉书·班彪传》。
⑤《文选》注引《七略》文。
⑥《史记·太史公自序》。
⑦《史记·春申君列传》。
⑧《史记·淮阴侯列传》。

其素，异哉所闻。"①《魏世家》："吾适故大梁之墟，墟中人言曰"，《郦生陆贾列传》："平原君子与余善，是以得具论之。"诸如此类，不胜枚举。由此可见郑樵批评《史记》"博不足"是站不住脚的。

至于郑樵所批评的"雅不足"，要具体分析。司马迁"罔罗"的"天下放失旧闻"及"天下遗闻古事"，其中包括很大一部分稗官野史的成分在内。因此《史记》中记载的诸如秦始皇使者逢山鬼、刘邦泽中斩蛇、李广射石没羽、李少翁为汉武帝致李夫人魂魄等事明显含有虚构、夸饰的成分，自然应该算在"不雅"的范围。但是我们不能据此来否定司马迁在处理史料过程中，做了大量甄别、剔除糟粕的工作。事实上司马迁是以极其审慎的眼光来看待和分析史料的。比如他说："学者多称五帝，尚矣。然《尚书》独载尧以来；而《百家》言黄帝，其文不雅训，荐绅先生难言之。"② 这里所说的《百家》似指春秋战国时代的一部小说汇编。《汉书·艺文志》诸子略小说家中录有《百家》三九卷。其中关于黄帝传闻的记载，司马迁认为不尽可信，连学者也很难说清楚，因此摒弃不用。它主要依据的是《尚书》《左传》《国语》《世本》等典籍，从中"择其言尤雅者"编辑成书。对那些奇异不雅的传说，他持非常审慎的态度。比如针对《风俗通》等书所载：燕太子丹为质于秦，向秦王请求归国，秦王称待乌鸦头变白，天上降下粟米，马头上生角，才准许你回国。燕太子丹仰天长叹而得如愿，秦王不得已，只好让其回国。对此，司马迁指出："世言荆轲，其称太子丹之命，'天雨粟''马生角'也，太过。"③《史记·刺客列传》故弃而不用。又如《刺客列传》记豫让刺杀赵襄子之事，基本采用《战国策·赵策》的成文。《战国策·赵策》在豫让刺杀赵襄子未遂反被兵包围后有这样的记载："豫让曰：'……今日之事，臣故伏诛，然愿请君之衣而击之，虽死不恨。非所敢望也，敢布腹心！'于是襄子义之，乃使使者持衣与豫让。豫收拔剑三跃呼天击之，衣尽出血；襄子回车，车轮未周而亡。"其中"衣尽出血"三句为旧本《战国策》语，司马迁在引用时将三句荒诞不经的传说断然删除。（今本《战国策》无此三句。）

郑樵认为《史记》的"雅不足"还表现在文字语言的表述上。他批评《史记》"全用旧文，间以俚语。"实际上《史记》在采用《尚书》《左传》《礼记》《论语》等典籍时，无不进行了剪裁熔铸，并将其翻译成浅显易懂的文字。正如张舜徽先生所言："莫不伐奇辞以浅语，易古文为今字""使来自不同时间与空间之材料，一变而为汉代语言文字撰成的新书。"④ 至于《史记》采用"俚语"（即方言、俗语、谚语、民谣等），正说明司马迁善于运用民间口头语言来反映时代特点，增强人物形象和历史事件的真实感，这恰恰是《史记》语言表达的一个特色。如《魏其武安侯列

① 《史记·樊哙灌婴列传》。
② 《史记·五帝本纪》。
③ 《史记·刺客列传》。
④ 张舜徽：《史学三书平议·通志总序平议》，中华书局1983年版。

传》引儿歌“颍水清，灌氏宁；颍水浊，灌氏族”来反映老百姓对于横行乡里的豪族的极端愤恨；《李将军列传》中引谚语“桃李不言，下自成蹊”来反映人民群众对李广的敬仰之情；《佞幸列传》引谚语“力田不如逢年，善仕不如遇合”来表现人民群众对佞幸“柔媚取宠”的憎恶；《陈涉世家》记陈涉故人进入宫内，见殿屋帷帐，称：“夥颐！涉之为王沈沈者！”用楚人口语来表示古人的震惊和赞叹，较之用文饰过的语言来表述显得更形象、更生动。

三

与《史通》不同的是，《文史通义》在对《史记》评论时，更多的是着眼于从宏观上去分析和评论司马迁作《史记》的旨意。章学诚认为，自司马迁创立纪传体史书体例后，“行之千有余年，学者相承，殆如夏葛冬裘，渴饮饥食，无更易也。”① 然而后人习惯袭用成法而不知变通，对此他批评说：“然无别识心裁，可以传世行远之具，而守科举之程式，不敢稍变，如治胥吏之簿书，繁不可删。以云方智，则冗复疏舛，难为典据；以云圆神，则芜滥浩瀚，不可通识。盖族史但求全于纪、表、志、传之成规，而书为体例所拘。”② 比如司马迁创立的《史记》“太史公曰”这种论赞形式原本是“变化不拘，或综本篇大纲，或出遗闻轶事，或自标其义理，或杂引《诗》《书》，其文利钝杂陈，华朴互见，所以尽文章之能事，为著述之标准也”③。而章学诚认为后世作史者违背了司马迁的旨意。他说：“自班固作赞，范史撰论，亦已少靡。南朝诸史，则于传志之末，散文作论，又用韵语，仿孟坚自叙体作赞，以缀论文之后，屋下架屋，斯为多文。”④ 因此他主张不要僵化地去套用古代的史体，应当效法司马迁“圆而神”的作史旨意。所谓“圆而神”，就是要做到融会贯通，富有创见，体例上要灵活变化，能充分反映史家的历史意识。例如针对刘知几“本纪唯叙帝王”的观点，他认为：“纪之与传，古人所以分别经纬，初非区辨崇卑。是以迁史中有无年之纪，刘知几首以为讥；班书自叙，称十二纪为春秋考纪，意可知矣。自班马而后，列史相仍，皆以纪为尊称，而传乃专属臣下，则无以解于《穆天子传》与《高祖》《孝文》诸传也。”⑤ 他认为本纪只不过是按时间顺序编排国家大事的一种史体，是“一史之纲维”⑥ 它与列传等体例没有区分尊卑之意，因而指出

---

① 《文史通义新编》内篇1“书教下”，以下引文均见仓修良：《文史通义新编新注》，浙江古籍出版社2005年版。

② 《文史通义新编》内篇1“书教下”，以下引文均见仓修良：《文史通义新编新注》，浙江古籍出版社2005年版。

③ 《文史通义新编》外篇1“论课蒙学文法”。

④ 《文史通义新编》外篇4“答甄秀才论修志第二书”。

⑤ 《文史通义新编》外篇5“永清县志恩泽纪序例”。

⑥ 《文史通义新编》外篇1“淮南予洪保辨”。

“史部要义，本纪为经，而诸体为纬”①。再如他针对刘知几所云：“寻子长之列传也，其所编者唯人而已矣。至于龟策异物，不类肖形，而辄与黔首同科，俱谓之传，不其怪乎？”② 而认为《史记》的篇名标题“往往不拘义例”，如“《仓公》录其医案，《货殖》兼书物产，《龟策》但言卜筮，亦有因事明篇之意，初不沾沾为一人具始末也”③。他批评刘知几是“不知古人著书之旨，而转以后世拘守之成法，反訾古人之变通”④。他认为“绳墨之所不可得而拘，类例之所不可得而泥，而后微茫杪忽之际，有以独断于一心。及其书之成也，自然可以参天地而质鬼神，契前修而俟后圣”⑤。

章学诚对司马迁创立的纪传体通史是给予充分肯定的，他说：“司马迁著百三十篇，自语绍名世而继《春秋》，信哉三代以后之绝作矣。”⑥ 并认为通史之修有“免重复”“均类例”“便铨配”“平是非”“去抵牾”“详邻事”凡六便；有“具剪裁”“立家法”二长。⑦ 但他认为司马迁“创始之初，不能无失”⑧。比如，关于《史记》的篇目名称，他认为“或爵（淮阴侯之类）或官（李将军之类），或直书其名，虽非左氏之错出，究为义例不纯也”⑨。但这必定瑕不掩瑜。同时他认为司马迁创造的纪传体史书尚有需要改造和完善的地方。因此他建议仿效《史记》《汉书》《儒林传》的作法，增设《史官传》，“以六艺为纲，师儒传授，绳贯珠联，自成经纬，所以明师法之相承，溯渊源于不替者也”⑩。他认为《史官传》的具体内容应该包括：一是所谓的“先借之资”，即撰写史书所依据前史的情况，如司马迁据《左传》《国语》《世本》《战国策》《楚汉春秋》等以作《史记》。借此以明“史学渊源，作述家法”⑪；二是所谓的“后衍其传”，即该书传布的情况。如杨恽传播《史记》等，借此以明该书流传的线索；三是所谓“别治疏注”，即后人为之注疏的情况。如徐广作《史记音义》、裴骃作《史记集解》等。他还针对司马迁在《史记》中创设的“互见法”指出：“一篇之中，文辞自相委属，其体乃清，忽著事详某传，忽标互见某篇，于事虽曰求全，于文实为隔阂。”又说：“一朝大事，不过数端，纪传名篇，

---

① 《文史通义新编》外篇5“永清县志舆地图序例”。

② 《史通·编次》。

③ 章学诚：《文史通义新编》内篇1“书教下”，以下引文均见仓修良：《文史通义新编新注》，浙江古籍出版社2005年版。

④ 章学诚：《文史通义新编》内篇1“书教下”，以下引文均见仓修良：《文史通义新编新注》，浙江古籍出版社2005年版。

⑤ 《文史通义新编》内篇4“答客问上”。

⑥ 《文史通义新编》内篇3“匡谬”。

⑦ 《文史通义新编》内篇4“释通”。

⑧ 《文史通义新编》内篇3“繁称”。

⑨ 《文史通义新编》内篇3“繁称”。

⑩ 《文史通义新编》外篇4“和州志前志列传序例上”。

⑪ 《文史通义新编》外篇4“和州志前志列传序例上”。

动逾百十，不特传文互涉，抑且表志载记，无不牵连，逐篇散注，不过便人随事依检，至于大纲要领，观者茫然。盖史至纪传，而义例愈精，文章愈富，而于事之宗要，愈难追求，观者久已患之。”因此他建议在纪传体史书中仿效刘向《别录》的书名，设立“别录”以“标举事目，大书为纲，而于纪表志传，与事连者，各于其类附注篇目于下，……冠于全书之首，俾览者如振衣之得领，张纲之挈纲。”① 即在全书之首，标出一个时代最主要的事件，在每一事件之下将有关的纪表志传篇目注明。这样做“详略可以互纠，而繁复可以检省”②。更便于读者检索。此外，他还主张在史书中增设《阙访列传》，以便对那些姓名可知而事迹难详或众说难断的人物保留一定的材料，以待后人进一步去考察。

为了克服纪传体史书自身存在的弊病，他还以《史记》为例，提出了改造纪传体史书的具体建议和主张：“以《尚书》之义为史迁之传，则八书三十世家不必分类，皆可仿左氏而统名曰传。或考典章制度，或叙人事终始，或究一人之行，（即纪传本体）。或合同类之事，或录一时之言（训诰之类），或著一代之文，因事名篇，以纬本纪。……至于人名事类，合于本末之中，难于稽检，则别编为表，以经纬之；天象地形，舆服仪器，非可本末该之，且亦难以文字著者，别绘为图，以表明之。盖通《尚书》《春秋》之本原，而拯马史、班书之流弊，其道莫过于此。”③ 由此可见，他所拟建的新史体保留了纪传体史书中“本纪”的体例，以编年体的形式记载国家大事，保留“表”的形式以记载“难以稽检”的“人名事类”，以“文省于纪传，事豁于编年”的纪事本末体的形式来改造纪传体史书中原有的世家、列传、书志。不管是记典章制度、历史事件，还是记一人生平的事迹、一时之训诰，均“因事命篇”，写成专题，仿《左传》统一叫传。由此他把两种不同的史体融合在一部书中，既保留了纪传体的特点，又兼备了纪事本末体记事线索清楚、起讫自如的特点。此外他还建议增加“图”这种史体，以记载难以用文字说明的天象、地形、舆服、仪器等。他批评司马迁作《史记》“但知本周谱而作表，不知溯夏鼎而为图，遂使古人之世次年月，可以推求，而前世之形势名象，无能踪迹。”④ 他认为：“史不立图，而形状名象，必不可旁求于文字”，“图象之学又非口耳之所能授者，贵其目击而道存也”，“虽有好学深思之士，读史而不见其图，未免冥行而擿埴”⑤。章学诚认为这种新史体的优点是“较之左氏翼经，可无局于年月后先之累，较之迁史之分列，可

---

① 《文史通义新编》外篇1“史篇别录例议”。

② 《文史通义新编》外篇1“史篇别录例议”。

③ 章学诚：《文史通义新编》内篇1“书教下”，以下引文均见仓修良：《文史通义新编新注》，浙江古籍出版社2005年版。

④ 《文史通义新编》外篇5“永清县志舆地图序例”。

⑤ 《文史通义新编》外篇5“永清县志舆地图序例”。

无歧出互见之烦，文省而事益加明，例简而义益加精”①。

总而言之，史学三书在充分肯定司马迁首创纪传体通史之功的同时，都主张撰写通史，反对断代为书。都本着“爱而知其丑”的精神，从《史记》的撰写体例、史料取舍、语言表述等方面提出批评。刘知儿和章学诚还对纪传体史书体例提出了改造或革新的主张，对史书的编纂产生重要影响。

---

① 章学诚：《文史通义新编》内篇1“书教下”，以下引文均见仓修良：《文史通义新编新注》，浙江古籍出版社2005年版。

南匈奴内迁与东汉北边边防新论

薛海波

（江苏师范大学　历史文化与旅游学院）

【摘要】 南匈奴内迁的主要目的是为获取北边塞内的生产、生活物资，借助东汉与北匈奴对抗。而东汉接受其内迁的根本原因，则是其自身北边军力的严重不足。东汉为管理南匈奴而采取的徙民实边、增派驻军、向其提供经济援助等措施，耗费巨大，成为东汉国家和民众沉重的经济负担，不但难以维系且成效不大。以保存实力为主的南匈奴，在东汉与北匈奴的战争中仅起到出兵助攻的作用，根本谈不上替东汉守卫北边。东汉后期的西羌暴动，消耗了东汉大量国力，使东汉没有充足的兵力驻守北边，也没有足够的财力供养南匈奴。这使南匈奴在北边协助东汉抗击鲜卑的同时，不断掀起暴乱，对东汉北边边防乃至北方内地的安全构成了严重威胁，从而成为东汉北边边防的一大边患。

【关键词】 南匈奴内迁；东汉；北边；边患；西羌

建武二十四年（公元48年），南匈奴数万部众主动归附东汉，随即被东汉安置在五原、云中、定襄、朔方、雁门、上谷、代、北地等北边八郡。① 上述地域是两汉防御匈奴南下内地的最主要防线。因此，内迁后的南匈奴直接关系东汉北边边防的安危。学界通常认为南匈奴内迁起到了帮助东汉抵御北匈奴南下侵掠，弥补东汉北边兵力不足，巩固北边边防的作用。如果将南匈奴内迁放置在东汉北边边防形势演变的过程中考察，翻检《后汉书》关于南匈奴内迁后对北边形势的记载，就不难发现南匈奴内迁既没有改变北匈奴频繁南侵的态势，也没有在东汉后期抵御鲜卑南侵的战事中发挥多大作用，而且南匈奴在内迁后就叛服无常，成为影响东汉北边边防安全的一大边患。因此，南匈奴内迁与东汉北边边防确有加以考察的必要。

一、南匈奴内迁与东汉国家的处置措施

据《后汉书》卷八九《南匈奴传》记载，匈奴右薁鞬日逐王比由于在匈奴统治

---

① 廖伯源：《论汉代徙置边疆民族于塞内之政策》，《“1-6世纪中国北方边疆·民族·社会国际学术研讨会”论文集》，科学出版社2008年版。

集团争夺单于位的斗争中失败，加之“匈奴中连年旱蝗，赤地数千里，草木尽枯，人畜饥疫，死耗太半，遂敛所主南边八部众四五万人，于建武二十四年以‘愿永为蕃蔽，捍御北虏’的堂皇说辞，款五原塞归降东汉”。《后汉书》卷一九《耿弇传附耿国传》载：“（耿）国独曰：‘臣以为宜如孝宣故事受之，令东扞鲜卑，北拒匈奴，率厉四夷，完复边郡，使塞下无晏开之警，万世有安宁之策也。’帝从其议。”可知，东汉接受南匈奴内附，是想利用南匈奴替自己守卫北边。而促成东汉迅速做出这项关乎整个北边安危重大决策的主要原因，并不是南匈奴的“可怜相”和为东汉守边的说辞，而是东汉建武时北边严峻的军事形势。匈奴趁西汉末年中原战乱之机，扶植汉人卢芳割据五原、朔方、云中、定襄、雁门五郡。[①] 在卢芳的配合下，匈奴连年侵掠北边。而此时东汉政府正忙于削平隗嚣、公孙述等割据势力无暇顾及北边，连年战乱也使东汉无力经营北边。因此，东汉只能采取内徙边民的收缩政策。建武九年（公元33年），徙雁门吏人于太原，建武十年（公元34年）省定襄郡，徙其民于西河。建武十五年（公元39年）徙雁门、代郡、上谷三郡吏民六万余口，置常关、居庸关以东。建武二十年（公元44年），省五原郡，徙其吏人置河东，[②] 这反而加剧了匈奴南侵的范围和频次。《后汉书》卷八九《南匈奴传》：“（匈奴）入寇尤深。二十年，遂至上党、扶风、天水。二十一年冬，复寇上谷、中山，杀略钞掠甚众，北边无复宁岁。”扶风、天水距离东汉都城洛阳的直线距离分别约为400公里、715公里，[③] 骑马仅需三五天就可到达。可见，匈奴已对刚建立的东汉构成了巨大威胁。而东汉永和五年（公元140年）西河、朔方、五原、云中、定襄、雁门、代、上谷北边八郡的人口数分别为西汉元始二年（公元2年）的4.13%、5.74%、9.92%、15.25%、8.32%、84.85%、45.27%、43.48%。[④] 那么，东汉初年在刚刚经历西汉末年战乱和内迁后，北边八郡的人口数则要远远少于永和五年。因此，在东汉初年，人口极少的北边八郡根本无法依靠自身的力量组成强大的边郡兵抵御匈奴，而仅靠临时性的派驻少量中央军驻守当地又远远不够。因此，南匈奴之所以能够顺利内迁，其根本原因在于东汉北边军力的严重不足。南匈奴单于率部内迁的主要目的是为了获得长城塞内的自然资源、生活物资和借助东汉的力量与北匈奴对抗，而东汉政府接受南匈奴的内迁则是要南匈奴“东扞鲜卑，北拒匈奴，率厉四夷，完复边郡”，两者之间相距甚远。这就决定内迁后的南匈奴是否能替东汉“捍御北虏”，完全取决于是否有利于其自身的经济和政治利益。

---

① 《后汉书》卷一二《卢芳传》。

② 《后汉书》卷一下《光武帝纪下》、卷一八《吴汉传》。

③ 本文所涉及的具体地点地理距离的测定，主要是参照谭其骧主编：《中国历史地图集》（秦西汉东汉时期），中国地图出版社1982年版。

④ 廖伯源：《论汉代徙置边疆民族于塞内之政策》，《“1-6世纪中国北方边疆·民族·社会国际学术研讨会”论文集》，科学出版社2008年版，第70页。

相对于西汉宣帝与呼韩邪单于所订立的羁縻关系而言，为将内迁的南匈奴“改造”为一支完全受其控制、听从调遣、捍卫北边的军事力量，东汉将与南匈奴的关系确立为严格的君臣关系。《后汉书》卷八九《南匈奴传》记载，南单于要定期纳贡、送侍子入朝为质、献国珍宝、求使者监护。不仅如此，东汉国家虽不干涉南单于位的传承，但南单于位要经过东汉国家的封授，颁发印信，才算最终取得。而据《汉书》卷九四下《匈奴传》记载：西汉确立与呼韩邪单于之间稳定的羁縻关系，是以一个比较完整的北边边防体系、驻扎大批边军和每年向匈奴输送大量的粮食、金钱、布匹和丝绸等经济物资为支撑的。以此推论东汉要确立和维系对南单于严格的君臣关系，就需要有比西汉宣帝时更为强大的边防力量和投入更多的财力。那么，东汉能否达到上述要求呢？下分述之。

建武二十六年（公元50年），东汉将南单于廷设在西河郡美稷县，其他诸部如韩氏骨都侯屯北地，右贤王屯朔方，当于骨都侯屯五原，呼衍骨都侯屯云中，郎氏骨都侯屯定襄，左南将军屯雁门，栗籍骨都侯屯代郡。① 《后汉书》卷一下《光武帝纪下》：“建武二十二年，乌桓击破匈奴，匈奴北徙，幕南地空。诏罢诸边郡亭候吏卒。”可知，此时东汉在北边八郡几乎不存在戍守的边军和防御工程，根本谈不上控制分布在近千公里边防线上的数万南匈奴部众。为牵制内迁的南匈奴，东汉于同年将云中、五原、朔方、北地、定襄、雁门、上谷、代八郡内迁的数万边民迁还本土，又派谒者分将施刑补理城郭。② 对于八郡边民而言，重新迁回北边形同投身死地。为此东汉国家规定所经诸县赐边民以装钱，转输给食。③ 明帝时规定迁居中原的北边边民遣返时，一人赐二万装钱。依此计算，仅在建武十五年内迁的雁门、代郡、上谷三郡六万口边民所赐的装钱就需要钱十二亿。④ 据《续汉书·郡国志》记载，东汉光武帝中元二年（公元57年），全国民共4270634户，31007820人。以一家五口，一夫妇三子为标准计算，该年东汉的算赋为2/5×31007820×120钱=1488375360钱，口赋为3/5×31007820×23钱=427907916钱，更赋为1/5×31007820×300钱=1860469200钱，三项常赋总收入为3776752476亿钱，⑤ 而所要遣返的北边八郡边民的口数要远超过六万口，因此，东汉国家所赐的装钱应超过东汉全年三项常赋总额的32.4%，而转输给食、修缮城郭的费用也是一笔巨大开支。可知，建武二十六年的徙民充实北边之举严重消耗了东汉国家财政。基于此，以后东汉政府再也没有实施过如此大规模的徙民实边活动。那么，建武二十六年花费了巨额财政的大徙民，是否收到了增

① 《后汉书》卷八九《南匈奴传》。

② 《后汉书》卷一下《光武帝纪（下）》。

③ 《后汉书》卷一下《光武帝纪（下）》。

④ 邢义田：《从安土重迁论秦汉时代的徙民与迁刑徒》，《中央研究院历史语言研究所集刊》，1986年第57本第2分册，第329页。

⑤ 黄今言：《秦汉军事史论》，江西人民出版社1993年版，第332-337页。

加北边八郡人口，牵制南匈奴的政治目的呢？据《续汉书·郡国志》记载，东汉永和五年（公元140年）云中、五原、朔方、北地、定襄、雁门、上谷、代八郡编户汉民共75963户，479893口。而据《后汉书》卷八九《南匈奴传》记载，在永元二年（公元91年）南匈奴由建武二十六年的四五万口迅速增至237300口。从建武二十六年之后至永和五年先后诣北边八郡降服的北匈奴至少239000口，两者共计476300口。可知，北边八郡的匈奴人口与当地的汉人大体相当，有可能还多于汉人。出于保持南匈奴骑兵战斗力及便于管理的考虑，东汉国家保持了其部落组织。因此，虽然北边八郡的汉人与匈奴人口相差无几，但汉人分散的五口小农之家显然无法牵制聚族而居、具有较强攻击力的南匈奴部落。

那么，北边八郡的汉人是否能为北边防御提供经济和兵源上的支持呢？南匈奴内迁后，依旧保持着其游牧的生活方式，游牧经济是一种单位土地产值相当低的生产方式，在同样面积土地上，从事游牧所能养活的人口不到从事农耕养活人口的1/10。[①] 因此，与汉人人口相近的匈奴人需要的牧场要远远多于汉人。内迁的匈奴人必然借助其部落组织不断夺取、蚕食汉族小农的土地。加之沉重的赋役，生活在北边八郡的汉人只有破产流亡一途。为此，东汉国家只好不断地赈贷汉族边民。永元十二年至十四年（公元100—公元102年）东汉赈贷五原、朔方贫民及孤、寡、羸弱不能自存者。[②] 至永初元年、二年（公元107—公元108年）东汉国家则将赈贷扩大至包括北边八郡大部在内的并州、凉州。[③] 然而单纯的赈贷根本无法缓解边民的生活困境，永初三年（公元109年）并、凉二州大饥，人相食。[④] 在边役、饥荒、破产重压下的汉族边民根本无心戍守边郡。《后汉书》卷四《安帝纪》记载，（永初元年，公元107年）敕司隶校尉、冀、并二州刺史："民讹言相惊，弃捐旧居，老弱相携，穷困道路。其各敕所部长吏，躬亲晓喻。若欲归本郡，在所为封长檄；不欲，勿强。"由此可见，至东汉后期，东汉初年的徙民实边牵制南匈奴的措施基本上丧失了作用。

建武二十六年（公元50年），东汉国家在南单于庭所在地西河郡美稷县设置使匈奴中郎将，又"置安集掾吏将弛刑五十人，持兵弩随单于所处，参辞讼，察动静"，西河长史"岁将骑二千，弛刑五百人，助中郎将卫护单于，冬屯夏罢"，[⑤] 以此监护南单于。永平八年（公元65年），为防止南单于与北匈奴交通叛乱，又在距离西河郡美稷县西北37公里的五原郡曼柏县设置度辽将军，领度辽营、黎阳虎牙营

① 王利华：《中古时期北方地区畜牧业的变动》，《历史研究》，2001年第4期，第43页。
② 《后汉书》卷四《和帝纪》。
③ 《后汉书》卷五《安帝纪》。
④ 《后汉书》卷五《安帝纪》
⑤ 《后汉书》卷八九《南匈奴传》。

及朔方、五原等郡边县屯兵。① 其中，黎阳营是骑兵一千人。② 朔方、五原屯兵大多是永平八年、九年（公元65—公元66年）徙边的刑徒。③ 东汉前期每年徙边的刑徒人数在1万人以上，④ 可知朔方、五原两郡边县的屯兵可能在两万人之上。因此，度辽将军所领的兵力应为两万数千。加上护匈奴中郎将、西河长史所领的兵力，东汉在南单于庭及其周边部署的直辖兵力可能在两万五千上下。如果按照每户一人服兵役计算，北边八郡最多可以编练郡兵75963人。据《后汉书》卷八九《南匈奴传》记载，在永元二年（公元91年）南匈奴各部总共胜兵者为50170人。可知，东汉在北边八郡的兵力近十万人，是南匈奴的两倍，表面上可以震慑住南匈奴。然而南匈奴大体均为骑兵，而东汉军队大多为步兵，机动和战斗力远逊于南匈奴，而且由无心戍边、缺乏训练、战力由边民组成的边郡兵占大多数。可知，虽然南匈奴兵少，但实际上南匈奴要强于东汉国家部署在北边八郡的军事力量。因此，一旦东汉北边军事形势出现重大变动或者国内其他地区爆发动乱，就难保南匈奴不伺机而动。

北边八郡属于半农半牧地区，南匈奴内迁后仍然以游牧经济为主业。游牧经济属于不能自给自足的经济模式，它不能够生产足量的粮食、铁器、盐等生活必需品，它离不开贸易、掠夺、狩猎等辅助性经济活动。而贸易关系是建立在游牧经济一方稳定的“盈余”之上。因此对于南匈奴而言，一次狂风、一场暴风雪、一股寒流霜降或持续的干旱都有可能把牧民看作是“命根子”的羊、马等牲畜瞬间化为乌有，通常南匈奴自己都很难估计自己能够有多少可以与汉人交换的盈余。⑤ 因此，要获得粮食、盐、铁等生活必需品，只能经常掠夺汉人或发动大规模的武力入侵。为了防止出现上述灾难性的政治后果，东汉国家每年要输出给南匈奴大量的资财，用于填补南匈奴的经济缺口，至永元三年（公元91年）达到一亿九十余万钱。而同时期东汉经营西域的财政开支为七千四百八十万钱⑥，仅此就已令东汉不堪重负，朝野要求放弃西域的呼声不断。那么，每年输送给南匈奴的过亿金钱，无疑成为东汉国家一项沉重的财政负担，一旦东汉国家经济出现危机无法承担，南匈奴必然要掀起暴乱。

二、内迁后的南匈奴与东汉北边边患

受南匈奴内迁影响，建武二十五年（公元49年），侵扰东汉北边的鲜卑、乌桓

---

① 廖伯源：《东汉将军制度之演变》，《中央研究院历史语言研究所集刊》，1990年，第60本第1分册，第138-141页。

② 《后汉书》卷八九《南匈奴传》注引《汉官仪》。

③ 《后汉书》卷二《明帝纪》。

④ 邢义田：《从安土重迁论秦汉时代的徙民与迁刑徒》，《中央研究院历史语言研究所集刊》，1986年第57本第2分册，第336-337页。

⑤ 王明珂：《游牧者的抉择——面对汉帝国的北亚游牧部族》，广西师范大学出版社2008年版，第10、12页。

⑥ 《后汉书》卷四五《袁安传》。

先后通使归附东汉。据《后汉书》卷八九《南匈奴传》记载，此时北匈奴也频频向东汉请求和亲、朝贡、互市，以求不用武力达到获得所需经济、生活物资的目的。东汉考虑到如果与北匈奴改善关系，就会使“南单于将有二心，北虏降者且不复来”①。因此，东汉虽然没有断绝与北匈奴的联系，但在战略上却只能对北匈奴采取敌对政策。由于东汉暂时没有力量消灭北匈奴，这就使东汉北边仍然面临着北匈奴南下侵掠的威胁。

那么，南匈奴是否能够替东汉抗击北匈奴的进攻呢？永平五年（公元62年）十一月，北匈奴六千骑由五原入塞，十二月东进至云中，直至原阳县，行程185公里，停留至少近30天。②《后汉书》卷八九《南匈奴传》仅记载南匈奴在西河长史马襄的救援下，在原阳将北匈奴赶出塞外，且没有记载战果如何。五原、云中两郡都有南匈奴部落，在两地之间骑马动员诸部与北匈奴作战仅需1～2天的时间。而北匈奴却可以在塞内休整数十天。因此，这次战事实际上应是南匈奴在北匈奴入寇五原后，采取了保存实力的策略，并没有征调部落阻击北匈奴，使饱掠之后的北匈奴得以从容撤退，从而使南匈奴和汉军毫无战果。永平七年（公元64年），北匈奴“犹盛，数寇边，朝廷以为忧”。次年（公元65年），北匈奴“复数寇钞边郡，焚烧城邑，杀略甚众，河西城门昼闭”③。可知，南匈奴承担不起抵御北匈奴的重任，相反，东汉抗击北匈奴寇边的主要力量仍是边郡兵。如“其年（公元73年），北匈奴入云中，遂至渔阳，太守廉范击却之。诏遣使者高弘发三郡兵追之，无所得”④。章和二年（公元88年），南单于上书东汉朝廷主动要求率骑兵三万讨伐北匈奴，但声称需要东汉出兵并担任主攻：“臣素愚浅，又兵众单少，不足以防内外。愿遣执金吾耿秉、度辽将军邓鸿及西河、云中、五原、朔方、上郡太守并力而北，令北地、安定太守各屯要害，冀因圣帝威神，一举平定。”⑤ 此时北匈奴在鲜卑的打击下已国中大乱，“屈兰、储卑、胡都须等五十八部，口二十万，胜兵八千人，诣云中、五原、朔方、北地降”⑥。加上蝗灾的袭击下，北匈奴已接近崩溃边缘。南单于在北匈奴如此孱弱的情况下，在拥有三万骑兵的前提下，仍请求以东汉边军为主力，其原因在于南单于希望在保存自身实力的前提下，获得消灭北匈奴最大的政治利益，带有极强的政治投机性。总之，以保存实力为主的南匈奴，在东汉与北匈奴的战争中至多仅能起到出兵助攻的作用，根本谈不上替东汉守卫北边。

永元三年（公元91年），东汉击溃北匈奴迫使其西迁后，鲜卑入主匈奴故地，

---

① 《后汉书》卷八九《南匈奴传》。
② 《后汉书》卷八九《南匈奴传》。
③ 《后汉书》卷八九《南匈奴传》。
④ 《后汉书》卷八九《南匈奴传》。
⑤ 《后汉书》卷八九《南匈奴传》。
⑥ 《后汉书》卷八九《南匈奴传》。

兼并北匈奴残众十余万落，“称兵十万，才力劲健，……兵利马疾，过于匈奴”①，成为比北匈奴还难对付的新边患。由于东汉官吏镇抚失当，与北边安危息息相关的凉州西羌部落先后在永初元年（公元107年）至永宁元年（公元120年）、永和元年（公元136年）至永嘉元年（公元145年）、延熹二年（公元159年）至建宁二年（公元169年）掀起三次大规模暴动，“陆梁于三辅；建号称制，恣睢于北地。东犯赵、魏之郊，南入汉、蜀之鄙，塞湟中，断陇道，烧陵园”②，遍及西北，延至关东。羌乱不仅使并、凉两州“壮悍则委身于兵场，女妇则徽纆而为虏，发冢露胔，死生涂炭”，也使东汉军队“兵连师老，不暂宁息”③。东汉为镇压西羌暴动所付出的军费、转运委输等费用在360亿钱之上，而东汉桓帝时一年的租税收入仅为60亿钱，这使东汉“府帑空竭”。此时北方地震、洪、旱等大规模自然灾害频发，以至京师洛阳都出现了人相食的惨剧。这些因素使东汉在北边仍然有巨大边患的形势下，没有能力再向北边驻屯重兵，没有大量的财物再与鲜卑及乌桓互市。

就分布在北边的南匈奴而言，在消灭北匈奴的战争中“连克获纳降，党众最盛，领户三万四千，口二十三万七千三百，胜兵五万一百七十”④，与建武时内附的四五部众相比，实力大增。根据台湾学者王明珂先生的研究：“游牧民族要靠不停的移动来寻找变化无常的水、草资源，及时逃避各种风险，因此各个小单位人群（家庭或牧团）都需拥有行动的‘决策权’。这使游牧社会的各层次社会认同与人群亲缘关系也经常‘移动’。这种‘移动’表现在大小、聚散无常的部落形态上，表现在相当有限或多变的领袖威权上。”⑤这在南单于与南匈奴各部的关系中表现得相当明显。如建武二十六年（公元50年），内附的南部五骨都侯两万多人叛归北庭，几乎占南匈奴人口的一半。又如东汉灵帝诏发南匈奴出兵配合东汉幽州刺史讨伐鲜卑，“单于遣左贤王将骑诣幽州。国人恐单于发兵无已，五年（公元188年），右部落与休著各胡白马铜等十余万人反，攻杀单于”⑥。那么，南单于对其所收纳的、与其有长期战争仇恨的数万北匈奴降众就更没法统领了，由此北匈奴降众不断在塞内掀起暴乱。据《后汉书》卷八九《南匈奴传》记载，永元六年（公元94年）多次讨伐北匈奴的左谷蠡王师子被东汉立为南单于后，“降胡五六百人夜袭师子，安集掾王恬将卫护士与战，破之。于是新降胡遂相惊动。十五部二十余万人皆反叛，胁立前单于屯屠何子薁鞬日逐王逢侯为单于，遂杀略吏人，燔烧邮亭庐帐，将车重向朔方，欲度漠北。

① 《后汉书》卷九〇《乌桓鲜卑列传》。

② 《后汉书》卷八七《西羌传》。

③ 《后汉书》卷八七《西羌传》。

④ 《后汉书》卷八九《南匈奴传》。

⑤ 王明珂：《游牧者的抉择——面对汉帝国的北亚游牧部族》，广西师范大学出版社2008年版，第10、26页。

⑥ 《后汉书》卷八九《南匈奴传》。

于是遣行车骑将军邓鸿、越骑校尉冯柱、行度辽将军朱徽将左右羽林、北军五校士及郡国积射、缘边兵，乌桓校尉任尚将乌桓、鲜卑，合四万人讨之。”逢侯领导的这次北匈奴降众叛乱，直到元初四年（公元117年）才镇压下去，持续了13年，遍及北边。此后北匈奴降众也经常反叛，成为东汉后期北边的边患之一。

与反叛出塞转而以入塞侵掠为目的的北匈奴降户相比，由于南匈奴对于东汉还有一定的经济依赖，对于东汉在北边的军力还有一定顾忌，与鲜卑在牧场等经济资源上还有争夺，因此，南匈奴仍然站在东汉一边。据《后汉书》卷九〇《乌桓鲜卑列传》：“（元初）五年（公元118年）秋，代郡鲜卑万余骑遂穿塞入寇，……乃发缘边甲卒、黎阳营兵，屯上谷以备之。冬，鲜卑入上谷，攻居庸关，复发缘边诸郡、黎阳营兵、积射士步骑二万人，屯列冲要。六年（公元119年）秋，鲜卑入马城（代郡）塞……建光元年秋（公元121年），（辽西鲜卑大人）其至鞬复叛，寇居庸，云中太守成严击之，兵败……鲜卑于是围乌桓校尉徐常于马城……延光元年（公元122年）冬，复寇雁门、定襄，遂攻太原……二年（公元123年）冬，其至鞬自将万余骑入东领候，分为数道，攻南匈奴于曼柏（五原），薁鞬日逐王战死，杀千余人。三年（公元124年）秋，复寇高柳（代郡），击破南匈奴，杀渐将王。”从中可见，鲜卑连年入塞侵掠的地点不仅遍及南匈奴部落分布的代郡、上谷、云中、五原、雁门、定襄等北边边郡，而且深入到北方的战略要地太原。抗击鲜卑入寇的主要是东汉的边郡兵，南匈奴非但没有任何战果，反而一败涂地。《后汉书》卷八九《南匈奴传》：“（永建元年，公元126年）先是朔方以西障塞多不修复，鲜卑因此数寇南部……单于忧恐，上言求复障塞，顺帝从之。乃遣黎阳营兵出屯中山北界，增置缘边诸郡兵，列屯塞下，教习战射。”又据《后汉书》卷九〇《乌桓鲜卑列传》统计，从鲜卑占据北匈奴故地至东汉灵帝光和中近90年，期间鲜卑入寇北边18次，南匈奴仅跟随东汉边军抗击鲜卑5次。由此可见，南匈奴根本无力抵御鲜卑对其部落的侵掠，其自身尚离不开东汉边军的保护，在北边协助东汉抗击鲜卑的作用更无从谈起。

对于分布在北边第一线的南匈奴来讲，它是鲜卑入塞寇边首要的侵掠对象。鲜卑入寇的次数越多，南匈奴的损失就越大。而此时东汉国力基本上都消耗在西北羌乱中，对鲜卑频繁内侵只能疲于应付，无法向南匈奴提供足够的军事保护，无力继续向其提供充足的物资。因此，南匈奴在与东汉共同抵御鲜卑的同时，出于维持自身生存的经济需求，常趁东汉内地动荡或北边军力消弱的时机起兵反叛。《后汉书》卷八九《南匈奴传》载：“永初三年夏，汉人韩琮随南单于入朝，既还，说南单于（檀）云：‘关东水潦，人民饥饿死尽，可击也。’单于信其言，遂起兵反叛，攻中郎将耿种于美稷……四年春，檀遣千余骑寇常山、中山。以西域校尉梁慬行度辽将军，与辽东太守耿夔击破之。”南单于庭美稷县距离常山约为905公里，常山到中山约120公里，可知南单于叛军深入关东1千余公里。以掠夺粮食等物资为目的的南匈奴骑兵，无疑会将沿途数十万关东饥民推向绝境。据《后汉书》卷四七《梁慬传》及唐李贤注记载，东汉镇压这次叛乱所调遣的军队，既有驻扎在京师洛阳的中央军羽林五校营士，又有北边五原、云中、定襄、雁门、朔方、代郡、上谷、渔阳、辽西、右北平十郡兵二万余人，还有辽东太守耿夔率将鲜卑种众。从调遣兵力的范围上看，几乎囊括了东汉在北边能够调动的所有军力。可见，自从西羌暴动后，处于北边塞内的南匈奴一旦发动叛乱，就会危及东汉北边的军事安全。

由于南匈奴北接鲜卑、东邻乌桓、西临羌胡，因此，在东汉后期南匈奴为了对付东汉北边边军，还常联合鲜卑、乌桓、羌胡一同发动叛乱。如安帝永初三年（公元109年）秋，“雁门乌桓率众王无何允与鲜卑大人丘伦等，及南匈奴骨都侯，合七千骑寇五原，与太守战于九原高渠谷，汉兵大败，杀郡长吏”①。永和五年（公元140年），西羌攻金城、大寇关中，东汉集中十万大军屯驻汉阳。南匈奴句龙吾斯等趁机“立句龙王车纽为单于。东引乌桓，西收羌戎及诸胡等数万人，攻破京兆虎牙营，杀上郡都尉及军司马，遂寇掠并、凉、幽、冀四州。乃徙西河治离石，上郡治夏阳，朔方治五原”②。可知，南匈奴这次大叛乱不仅沉重打击了东汉北边边军，沿边诸州也深受其害。东汉的北边防线也遭受重创，不得不向南、向东收缩，西河郡治由平定县南徙至210公里的离石县，上郡治由肤施县南徙至约300公里关中的夏阳县，朔方郡则东徙到175公里的五原郡。而迁徙郡治往往意味着要彻底放弃原地的边防工事，其郡所辖的编户也要变成田宅尽失的流民。因此，与北匈奴降户、南匈奴部落单独叛乱相比，南匈奴联合其周边的乌桓、羌胡掀起的暴动规模大、范围广、破坏力强，往往会给东汉整个北边边防乃至北方的稳定造成灾难性的影响。

就东汉国家而言，此时已经没有能力在西北和北边两个战场同时作战，加之还需要南匈奴为其提供兵源。因此，对于南匈奴叛乱，东汉常是招抚或者以镇压促其归降了事。这就使南匈奴保存了伺机暴动的实力。由于南匈奴部落遍及北边的地理位置，东汉后期军力和财力的渐趋枯竭，加之南匈奴、羌胡、鲜卑、乌桓都有入塞、进入内地抢夺生产、生活物资的共同需要，因此，东汉后期南匈奴与西北的羌胡、北边的鲜卑、东北的乌桓等北方胡族，在入塞侵掠或发动暴乱的行动上，形成了战略上相互呼应，战术上相互配合的默契关系，从而对东汉北边和北方形成巨大军事威胁。如永寿元年（公元155年），“南匈奴左薁鞬、台耆、且渠伯德等反，寇美稷；东羌复举种应之”③。延熹元年（公元158年），“南单于诸部并叛，遂与乌桓、鲜卑寇缘边九郡”④。延熹九年（公元166年）夏，“（鲜卑）遂招结南匈奴、乌桓数道入塞，或五六千骑，或三四千骑，寇掠缘边九郡，杀略百姓。秋，鲜卑复率八九千骑

---

① 《后汉书》卷九〇《乌桓鲜卑列传》。
② 《后汉书》卷八九《南匈奴传》。
③ 《后汉书》卷八九《南匈奴传》。
④ 《后汉书》卷八九《南匈奴传》。

入塞，诱引东羌与共盟诅。于是上郡沈氏、安定先零诸种共寇武威、张掖，缘边大被其毒。朝廷以为忧”①。由上所论，北匈奴被击溃后，特别是西羌暴动后，南匈奴虽然为东汉守卫北边提供了一定数量的兵源，没有与东汉彻底决裂，但其频繁掀起的叛乱，却给以东汉北边边防军及边防体系以沉重打击，从而成为东汉后期鲜卑、乌桓能够轻易频繁入塞侵掠的重要原因。而北边军事形势的严重，又迫使东汉经常从西北战场调兵平叛，进而成为西羌暴动久讨不平的原因之一。因此，东汉后期，特别是西羌暴动后，内迁的南匈奴本身就是影响东汉北边边防乃至北方稳定的巨大边患。

综上所述，南匈奴内迁主要是出于自身政治和经济利益的考虑，为东汉守卫北边并不是其主要目的。东汉国家为将南匈奴变成完全受其控制调遣的军事力量，采取了大规模徙民实边、派驻大量军队、每年向南匈奴输送大量资财等措施。由于每项措施都要消耗大量资财，从而大大加重了东汉国家和民众的经济负担，不仅难以维系，而且也使东汉无法真正控制住南匈奴各部。南匈奴虽然时常派兵协助东汉抗击北匈奴，但其以保存实力为主，没有承担起替东汉守卫北边的重任。西羌暴动后，由于东汉将军力、财力主要用于西北平羌，无力继续经营北边，缺乏东汉武力牵制、经济供给的南匈奴，为了自身的政治和经济利益，一方面在与东汉共守北边的同时，另一方面不仅自身经常发动叛乱，而且还与北边的鲜卑、乌桓、西北的羌胡遥相呼应，联合内寇，给东汉北边边防以沉重打击，使北方内地深受其害，也使东汉军队在西北和北边两个战场疲于奔命，成为羌乱久讨不平的原因。因此，南匈奴内迁后并没有在东汉解决北边边患的战争中发挥多大作用，而且在东汉后期，南匈奴本身就是东汉北边的一大边患。

---

① 《后汉书》卷六五《张奂传》。

郑玄“转纬为说”考

刘德州

（江苏师范大学　历史文化与旅游学院）

【摘要】郑玄在注释群经时，往往称引谶纬，且常有转“纬”为“说”的现象。后人因误读《礼记正义》所引《郑志》，多信从汉末禁绝谶纬之说，并将其归因为党锢之祸，实则此乃孔颖达、贾公彦等人所创，并无实据。郑玄在遭党锢之祸时未曾噤口不言谶纬之名，在党锢之祸后，也没有停用“说”这一称呼。据此可证所谓转“纬”为“说”与党锢之祸无关。郑玄十分重视以谶纬解经，将其视为经注之一种，加之汉儒行文过程中称呼经注十分随意，故常以“说”代称谶纬。

【关键词】郑玄；转纬为说；谶纬；党锢之祸

一

《礼记·檀弓下》孔颖达疏云：“凡郑云‘说’者，皆纬候也。时禁纬候，故转‘纬’为‘说’也。故《郑志》张逸问：‘《礼注》曰《书说》，《书说》何书也？’答曰：‘《尚书纬》也。当为注时在文网中，嫌引秘书，故诸所牵图谶皆谓之说云。’”① 此处所谓文网，即指党锢之祸。根据这段引文，郑玄因身遭党锢，不敢明引图谶，所以转换名称，以“说”代之。这种转“纬”为“说”的现象在郑注中十分常见，“郑康成注二《礼》，引《易说》《诗说》《乐说》《春秋说》《礼家说》《孝经说》，皆纬候也”②。另有《周礼·春官·大司乐》贾公彦疏云：“云《孝经说》者，说即纬也，时禁纬，故云说。”③ 贾氏所言，与孔颖达大致相同。④ 孔、贾二氏之说，在后世引起了很大的争议，信从者虽众，批评者亦有之，更有曲为调和者。今欲深入探讨此一问题，当先梳理众家之说并予点评。

清儒王鸣盛对孔、贾二氏十分信服，他说：“然禁纬不始于宋，汉末已禁之，故郑康成笺《诗》注《礼》多称说，《正义》以为即纬也，时禁纬，故云说。又引

---

① 《十三经注疏》，中华书局1980年版，第1313页。

② 王应麟撰，孙通海校点：《困学纪闻》，辽宁教育出版社1998年版，第189页。

③ 《十三经注疏》，中华书局1980年版，第788页。

④ 贾公彦曾参与撰著《礼记正义》，故《礼记正义》与《周礼注疏》之间或有前后相承之关系，又或者此处所引两段话皆系贾公彦所言亦不无可能。以其无关宏旨，本文姑且称之为孔、贾之说。

《郑志》答张逸问为证。”[①] 按《隋书·经籍志》云：“至宋大明中，始禁图谶。”[②] 王氏对此大不以为然，而信汉末禁纬之说，不过他并没有详论禁纬的原因所在。

台湾学者翁丽雪则对汉末禁纬之原因进行了推测：“可见汉家历运将衰之说，已为当时所认可，而纬书中亦出现新预言，如《春秋纬佐助期》：‘汉以许昌失天下。’《春秋纬汉合孳》：‘汉以魏，魏以征。’……朝廷此时之备受威胁，可以想见。然戚、宦专政，欲久其政以专其威，岂容此说扩延，故唯禁谶以援国祚。张衡之上书禁谶，并无光武时桓谭之几罹罪戮，可见谶纬已趋转变。”[③] 翁氏认为谶纬妨害政权故朝廷禁之，并未过多涉及党锢之祸，此说亦殊为牵强。汉末确有以谶纬妄言世变者，鱼豢《魏略》云：“桓、灵之间，诸明图纬者，皆言‘汉行气尽，黄家当兴’。”[④] 但并无实据表明朝廷对此大肆禁毁，相反汉末士人上书对策多有援引谶纬之例，如蔡邕、杨赐等[⑤]，这已足可证明当时朝廷并未视谶纬为仇敌。相较而言，洪适所谓“汉末专尚谶纬”[⑥] 似乎更符合当时的实际。

在反对汉末禁纬之说的意见中，声音最响亮的当属阮元。他在《七纬叙》中批评贾公彦之说为“不稽之言”，并援引朱彝尊所列众多例证证明东汉研习图纬之盛，所谓“使其有禁，奚习者之多乎？”[⑦] 阮氏以此反驳汉末禁纬之说，最为有力，不似朱彝尊一方面承认研习之盛，一方面则赞同禁绝之说，首鼠两端，自相抵牾。[⑧]

当然也有学者故作调停之说，全祖望认为：“康成因已党锢之故，有所忌而不言耳，非汉世禁纬之明文也。”[⑨] 这是说朝廷虽无明确禁令，但郑玄因身罹党锢之祸，所以不敢明言谶纬。但其时被禁锢者众多，何以只有郑玄一人转“纬”为“说”？且正如笔者下文将要提到的，郑玄在党锢之祸后，仍有转“纬”为“说”的现象，这又当如何解释？近人夏曾佑则认为：“桓、灵之际，党锢诸公，致命遂志，固无一毫谶纬之余习也。”[⑩]夏氏此说颇新，认为党锢诸人鄙弃谶纬，但显然与郑玄尊信谶纬之态度相矛盾，且党人魏朗与备受太学生推重的郭太等人皆学究图纬[⑪]，亦可证明此说之不成立。

---

① 王鸣盛：《蛾术编》，商务印书馆 1958 年版，第 47 页。

② 《隋书》，中华书局 1973 年版，第 941 页。

③ 翁丽雪：《东汉经术与士风》，台湾花木兰文化出版社 2008 年版，第 73 页。

④ 《三国志·魏书·武帝纪》裴松之注引，中华书局 1982 年版，第 53 页。

⑤ 姜忠奎著，黄曙辉、印晓峰点校《纬史论微》，上海书店出版社 2005 年版，第 219-220 页。

⑥ 洪适：《隶释》卷一，中华书局 1985 年版，第 24 页。

⑦ 阮元：《七纬叙》，载赵在翰辑《七纬》，齐鲁书社 1997 年版，第 986-987 页。

⑧ 《曝书亭集》卷六〇《说纬》，世界书局 1937 年版，第 704 页。

⑨ 全祖望：《鲒埼亭集外编》卷四八《原纬》，四部丛刊本。

⑩ 夏曾佑：《中国古代史》，河北教育出版社 2000 年版，第 364 页。

⑪ 《后汉书·党锢列传》载魏朗“从博士郤仲信学《春秋图纬》”。蔡邕《郭有道林宗碑》谓郭太“考览六籍，探综群纬”（见邓安生：《蔡邕集编年校注》，河北教育出版社 2002 年版，第 142 页）。

总之，对于汉末是否禁绝谶纬、郑玄为何转“纬”为“说”等问题，长久以来，众说纷纭，诸家之解释皆有不足以服人之处。这一问题不仅事关对郑玄经注的理解，而且与整个汉末学风联系甚为密切，因此很有研究之必要，故笔者撰此小文，略抒管见，以就教于学界。

二

汉末禁纬说之所以影响学界，其根源当推至前揭《礼记·檀弓下》孔颖达疏。但细考孔颖达所引《郑志》之言，尚有疑问，即“《尚书纬》也。当为注时在文网中，嫌引秘书，故诸所牵图谶皆谓之说云”这一段话究竟是不是全是郑玄所说？

管见所及，前人基本上都认为这是郑玄的原话，如王鸣盛、全祖望等，而后世辑《郑志》者，如皮锡瑞等，皆将整句全部辑入，直至近人王利器先生作《郑康成年谱》仍主此看法①。但鄙意以为，此处只有“《尚书纬》也”四字属郑玄所言，而“当为注时”云云则是孔颖达自己的疏语。观阮元《七纬叙》云“贾公彦《周官疏》造为汉时禁纬之说”②，阮氏认为禁纬之说乃贾公彦而非郑玄所造，或许他对《郑志》的看法与笔者一致。当然，仅靠《礼记正义》无法证明孰是孰非，还应从郑玄自身之实际着手。

《礼记·王制》正义引郑玄《起谷梁废疾》云：

孔子虽有盛德，不敢显然改先王之法，以教授于世。若其所欲改，其阴书于纬，藏之以传后王。《谷梁》四时田者，近孔子故也。《公羊》正当六国之亡谶纬见读，而传为三时田。作传有先后，虽异，不足以断《谷梁》也。③

又《礼记·祭法》正义引郑玄《针左氏膏肓》云：

用牲者，不宜用《春秋》之通例，此谶说正阳、朱丝、鸣鼓，岂说用牲之义也。谶用牲于社者，取经死句耳。④

《礼记·月令》正义引《起谷梁废疾》云：

《春秋》凡书二十四旱，《考异邮》说云：“分为四部，各有义焉。”⑤

以上三段材料，或显标谶纬，或明引《考异邮》，郑玄于此毫无禁忌。关于《发谷梁废疾》与《针膏肓》二书著成之年代，清儒郑珍曾有考证，其言曰：“按何邵公少康成三岁，光和五年，在大赦党人之前二年，康成《发》《针》《起》三书，盖皆

① 王利器：《郑康成年谱》，齐鲁书社1983年版，第84-85页。
② 阮元：《七纬叙》，载赵在翰辑《七纬》，第986页。
③ 《十三经注疏》，中华书局1980年版，第1333页。
④ 《十三经注疏》，中华书局1980年版，第1588页。
⑤ 《十三经注疏》，中华书局1980年版，第1369页。

在禁锢时以注《礼》余力为之也。”① 据此可知此二书皆在党锢之时成书。由是观之，郑玄并未因自己身罹党锢之祸，而闭口不提谶纬之名。

更有可得而论者，若如孔、贾所言，郑玄因党锢之祸而不敢明引谶纬，则党锢既解之后，不应继续受此限制。但实际情形并非如此。郑玄自言：“党锢事解，注《古文尚书》《毛诗》《论语》。”② 可见郑玄为这三部经典做注皆在党锢之祸解除之后，但这其中仍有转“纬”为“说”之现象。《毛诗·思文》郑笺所引《书说》，包括该条正义中保存的《尚书·太誓》郑注所引《书说》《礼说》③，皆系纬书，但郑玄仍称之为“说”。据此也可以证明，郑玄转“纬”为“说”与党锢之祸无关。

总之，郑玄在遭党锢之祸时未曾噤口不言谶纬之名，在党锢之祸后，也没有停用“说”这一称呼。郑玄自身之实际既已如此，他怎么会说出“时在文网中，嫌引秘书，故诸所牵图谶皆谓之说”之类的话？反过来说，如果郑玄确曾说过此话，那么贾公彦为何在《周礼注疏》中不加以引用以证成己说？毕竟只靠贾氏自己反复强调汉时禁纬说服力不足，这也与事理相违。所以笔者认为，《礼记·檀弓下》孔疏所引《郑志》只有“《尚书纬》也”四字，其余皆系孔颖达之语。笔者今揭出此一问题，望与辑考《郑志》者共探究之。

三

郑玄转“纬”为“说”并非因为党锢之祸，既如上述，则其原因究竟何在？鄙意以为，“说”其实是郑玄对谶纬的一种称呼而已，乃是视之为经注之一种，并无他意。

汉儒诸经，体裁多样，或称之为传，或称之为章句，或称之为笺、诂、解等等，“说”即是其中之一种，如丁将军作《易说》，江公著《孝经说》，景鸾作《易说》等。郑玄将谶纬称之为“说”，其实就是以经注视之。将谶纬视作经注的例证在东汉并不鲜见。郎顗上书引《易内传》“凡灾异所生，各以其政。变之则除，消之亦除”④，周举答策问引《易传》“阳感天，不旋日”⑤，据李贤注，所谓“易内传”与“易传”皆是《易稽览图》。可见郎顗、周举二人亦视纬书为经注，其意与郑玄并无差异，只不过一则以“内传”称之，一则以“传”称之，一则以“说”称之，相互比照观之，可借此窥见汉儒谶纬观之一斑。

郑玄对谶纬极为重视，所以常引谶纬解释诸经⑥，王应麟批评他说：“郑康成释

---

① 郑珍：《郑学录》卷一，清同治刻本。

② 《十三经注疏》，中华书局1980年版，第2539页。

③ 《十三经注疏》，中华书局1980年版，第590页。

④ 《后汉书》，中华书局1965年版，第1054页。

⑤ 《后汉书》，中华书局1980年版，第2026页。

⑥ 参看吕凯《郑玄之谶纬学》第二章第四节“郑玄之引纬注经”，台湾商务印书馆2011年版。

经，以纬书乱之。”① 其实，在东汉这样一个谶纬盛行的年代，以谶纬解经者，远非郑玄一人，如东汉沛献王刘辅，“集纬以通经”②，亦视谶纬为经注，何休著《春秋公羊解诂》同样多引谶纬，类似例证举不胜举。在这样的学术风气之下，加之个人喜好，郑玄将谶纬视为经注就很容易理解了。

汉儒在行文过程中牵涉经注时，称呼十分随意，远不如后世严格，有时甚至可以直接以本经之名称之，前人对此多已注意及之，如王利器先生举例，《史记》《汉书》《说苑》所引“失之毫厘，差以千里”而称“《易》曰”，《说文》所引“予乘四载”而称《虞书》，其实皆是经注而非本经。③ 郑玄既然视谶纬为经注，则其称呼也是十分灵活的，故有时以本名称之，有时则以“说”称之。所谓“说”，其实就是说解之意，郑玄所谓《书说》《孝经说》等就是《尚书》之说解、《孝经》之说解。前引郑玄《针左氏膏肓》《起谷梁废疾》中所谓“谶说”“《考异邮》说”就是以谶、《考异邮》来说解。

近来有学者提出，在郑玄之前的许慎在引用谶纬注经时就已经转“纬”为“说”，并举许氏《五经异义》所引《孝经说》与《尚书欧阳说》为证。④ 应该说，该文所列例证确属称“纬”为“说”，但作者以之证明东汉禁毁谶纬则属不妥。暂且不论许慎生活之年代并无禁绝谶纬之事⑤，假令有之，许、郑等人仅靠改换名称、阳奉阴违难道就可以逃避禁令？其实，此类例证正足以说明笔者的观点，即汉儒往往视谶纬为经注，王葆玹先生在《今古文经学之争及其意义》一文中认为许氏所称之“说”实为经说、传说之意，可谓的论。⑥

综上所述，关于汉末是否禁纬的问题，长久以来讨论很多，其中的一个关键点就是所谓郑玄转“纬”为“说”的现象。笔者通过梳理郑玄经注，发现郑玄在遭党锢之祸时未曾噤口不言谶纬之名，在党锢之祸后，也没有停用“说”这一称呼。据此可证所谓转“纬”为“说”与党锢之祸无关。这就否定了孔颖达、贾公彦之说。郑玄十分重视以谶纬解经，将其视为经注之一种，加之汉儒行文过程中称呼经注十分随意，故常以“说”代称谶纬。其实，若对汉末谶纬盛行之风气有所了解，皆应对禁纬之说心存疑惑。后世之所以多有信从者，实因误读《礼记正义》所引《郑志》，将《正义》之语误解为郑玄所言。

---

① 王应麟撰，孙通海校点：《困学纪闻》，辽宁教育出版社 1998 年版，第 79 页。

② 黄叔琳注，李详补注，杨明照校注拾遗：《增订文心雕龙校注》卷 1《正纬》，中华书局 2000 年版，第 41 页。

③ 应劭撰，王利器校注：《风俗通义校注 · 正失》，中华书局 1981 年版，第 61 页。

④ 俞林波：《论谶纬在东汉的禁毁》，《福州大学学报（哲学社会科学版）》2012 年第 1 期。

⑤ 许慎生当汉章帝至汉质帝时，即使我们承认因为党锢之祸朝廷禁绝谶纬，亦与许氏无涉。

⑥《中国哲学》编辑部、国际儒联学术委员会：《经学今诠初编》，辽宁教育出版社 2000 年版，第 323 页。

论汉代地方政府对礼制的推行

张爽

（江苏师范大学　历史文化与旅游学院）

【摘要】汉代郡县官僚系统中基本上不存在专门的礼官系统，郡守、县令及其佐官和主要属吏均有与其职位高低相对应的行礼职能，汉代郡县学校系统是礼制推行的重要途径，但其作用的大小与郡守、县令个人对学校的重视程度有很大关系。汉代地方官吏主要是郡守，他们将自己对儒家礼制的理解与认识，通过自身的言行和行政权力，将礼制推行于各地。

【关键词】汉代；地方政府；礼制

礼制是在专制政体的塑造下形成的、具有较强政治和社会功能的意识形态。礼制由中央推行到地方，由京师推行到全国，由国家礼典进入个体家庭，变成所信奉的道德行为规范，除了皇帝、中央官僚机构的高度重视和践行外，主要依靠的是各地的地方政府及其附属机构。本文将以汉代地方政府的官僚系统、官学系统和官吏为对象，考察汉代礼制是如何由国家意识形态变成百姓所遵守和奉行的行为规范。

一、地方政府官僚系统对礼制的推行①

1．汉代地方政府官僚系统的礼制职能

汉代地方政府官僚系统主要由郡县官僚系统、乡官系统构成，与中央政府官僚系统对礼仪职能的分工细密、职责明确等特点相比，由于地方政府官僚系统的行政级别、内部人员构成等因素的影响，从郡到乡都把推行礼制、执掌礼仪作为地方各级官吏日常行政职能的一部分。就郡级官僚系统而言，郡守对一郡政务无所不统，执掌礼仪、推行礼制自然是其职能的一部分。

郡守以下各级官吏的礼制职能在汉碑中有较多记载。《桐柏淮源庙碑》记春秋祭祀时官属的排列次第："延熹六年正月八日乙酉，南阳太守中山卢奴□君正好礼尊神

① 地方监察官僚系统对礼制的推行，刺史制度的演变关系到汉代地方行政权的消长。本文不就此加以探讨，只就其推行礼仪的官吏加以分析。汉代刺史主要是以郡国两千石及豪强为督察对象和主要职责，不得干预郡国行政，但是其属吏仍具有推行礼制的职责。据《续汉书·百官志》载，"假佐二十五人。本注曰：月令师立时节祠祀。"

敬祀……春，侍祠官属：五官掾章陵刘䜣，功曹史安众刘瑗，主薄蔡阳乐茂，户曹史宛任巽秋，五官椽新口梁懿，公曹史郦周谦，主薄安众邓嶷，主记史宛赵□，户曹史宛谢综”①。

《史晨飨孔庙后碑》：“相河南史君讳晨……建宁元年四月十一日戊子到官……日拜谒孔子，望见阙观，式路虔跽，既至升堂，屏气拜手……时长史卢江舒李谦敬让，五官掾鲁孔畅、功曹史孔淮、户曹掾薛东门荣、史文阳马琮，守庙百石孔赞、副掾孔纲”②。

《西岳华山亭碑》：“光和元年……弘农太守河南河南樊君讳毅，字仲德，下车之初，恭肃神祀西岳至尊。诏书奉祠，躬亲自往省后……郡县官属渡斋　处尊卑错……府丞渤海刘固叔长，长功曹史杨儒寻先，主簿湖馗伯冯、工曹掾杨基伯载、史陕许礼文化，县丞陇西彭和伯怡，左尉陇西……寻临典者门下掾骆瑗伯先，主记史柏览文进，户曹掾魏尝威，长史田胳文祖，将作掾曹鉴孔明任就幼成史吴武丙昌。”③

以上碑文中所记载的官职除郡守外，还有郡守的佐官、丞、长史，属吏有五官掾、功曹史、主簿、户曹史（掾）、主记史，县有县丞、长史、主记史、户曹掾，从中可知，郡县官僚系统中基本上不存在专门的礼官系统，郡守、县令及其佐官和主要属吏均有与其职位高低相对应的行礼职能，但从上述汉碑记载祭祀时官职的排列顺序看，五官掾均在功曹史之前，可知，五官掾虽在郡守属吏中地位次于功曹，但在祭祀行礼时则为郡吏之首。同时，在郡守、县令的属吏中，户曹的礼制职能相对多一些。据《续汉书·百官志五》本注曰：“（郡守）诸曹略如公府曹，无东西曹。”而汉代公府“户曹主民户、祠祀、农桑”，因而郡守属吏中的户曹亦应有礼俗和祠祀的礼仪职能。④ 关于户曹礼庆之职，据《后汉书·李郃传》云：“太守奇其（李郃）隐德，召署户曹史。时，大将军窦宪纳妻，天下郡国皆有礼庆，郡亦遣使。”祠祀之职则多见于汉碑。如蔡邕《伯夷叔齐碑》：“熹平五年，天下大旱，祷请名山……三府请雨使者与郡县户曹掾史登山升祠”⑤ 又如《史晨飨孔庙后碑》载，“主飨官除五官功曹，以及专事孔庙之正副掾外，即为户曹”。此外，郡国境内有先圣先贤的庙宇和名山大川，设立专吏守祠之。如沛之高祖庙置啬夫祝宰等。颍川有监庙掾及庙佐，

① 〔宋〕洪适：《隶释·隶续》卷二，中华书局1986年版，第31页。

② 〔宋〕洪适：《隶释·隶续》卷一，中华书局1986年版，第24页。

③ 〔宋〕洪适：《隶释·隶续》卷二，中华书局1986年版，第27页。

④ 时曹，据翼奉《五行大义》引《洪范五行传》：“时曹共政教”。又据《宋书·百官志》载，“汉制，州有月令师一人，主时节祠祀。”严耕望先生依碑传不见记载认为，时曹为户曹兼职。安作璋、熊铁基先生在《秦汉官制史稿》中论述也较为含糊，因而在新史料（考古）出现之前只能存疑。

⑤ 《续汉书·五行一》注引蔡邕作《伯夷叔齐碑》，中华书局1965年版，第3280页。

供奉少室神庙和开母庙，宏农有供曹掾史各一人。①

2. **就乡官系统而言，三老在乡官系统中最具推行礼制的职能**

《汉书·百官公卿表》云："乡有三老、有秩、啬夫、游徼。三老掌教化。"《续汉书·百官志五》云："乡置有秩、三老、游徼。【本注曰：三老掌教化。】凡有孝子顺孙，贞女义妇，让财救患，及学士为民法式者，皆扁表其门，以兴善行。"三老的特点是有位无禄，选任的标准是能帅众为善，自身的垂范作用十分关键。《汉书·高帝纪》云："举民年五十以上，有修行，能帅众为善，置以为三老，乡一人。择乡三老一人为县三老，与县令、丞、尉以事相教，复勿徭戍。"《汉书·文帝纪》亦云："三老众民之师……令各率其意以道民焉。"《汉书·武帝记》云："今遣博士大等六人分循行天下，存问鳏、寡、废、疾，无以自振业者贷与之。谕三老、孝弟以为民师，"由于三老的自身表率作用使得三老也要负担教化不善之责，武帝时遣司马相如以檄书晓谕巴蜀民，"让三老孝悌以下教诲不过"②。

二、地方郡县学校系统对礼制的推行

汉初郡国本无学校，创立郡学推行教化始于景帝末年的蜀郡太守文翁。据《汉书·循吏·文翁传》载，"景帝末，为蜀郡守，仁爱好教化。……修起学官于成都市中，招下县子弟以为学官弟子，……县邑吏民见而荣之，数年，争欲为学官弟子，富人至出钱以求之。由是大化"。汉武帝对于文翁的做法十分欣赏，乃令天下郡国皆立学校，至西汉末年郡国已普遍建立学校。据《汉书·平帝纪》载，"（元始三年）立官稷及学官：郡国曰学，县、道、邑、侯国曰校，校、学置经师一人"。太学对礼制的推行主要是在于礼学的传授和礼制人才的培养。而对于礼制在全国各地的教授及具体礼仪的传授与演示，主要靠各地郡县学校系统来加以完成。

首先，礼学的传授与普及是郡县学校系统的重要组成部分。就执教者而言，东汉郡国学校已经有了专门教授礼的经师，就《蜀学师宋恩等题名碑》记载来看，除文学掾外，又有易掾二人、尚书掾三人、诗掾二人、礼掾二人、春秋掾一人、文学孝掾一人、孝义掾一人。就教学科目而言，礼学也是主要的教学科目。《汉书·儒林传》云："元帝好儒，能通一经者皆复。数年，以用度不足，更为设员千人，郡国置《五经》百石卒史。"可知，礼学自然居于其中。此外，汉代极重《孝经》，《孝经》很可能是教学科目之一，州刺史的属吏中就有孝经师一职，王莽在西汉平帝元始三年在庠序中置孝经师各一人。③

---

① 《济水注东观记》《少室后铭神道石阙铭》《开母庙阙铭》《华山亭碑》转引自严耕望《汉代地方行政制度》，《中央研究院历史语言所集刊》第25本，第163页。

② 《汉书·司马相如传》，中华书局1962年版，第2580页。

③ 《汉书·平帝纪》，中华书局1962年版，第355页。

其次，郡县学校是礼仪传授、演示、推行教化的重要途径。西汉宣帝时，韩延寿刚任颍川太守时民多怨仇，他“令学校官诸生皮弁执俎，为吏民行丧嫁娶礼。百姓尊用其教，买偶车马下里伪教者，弃之市道”①。东汉丹阳太守李忠“以丹阳越俗不好学，嫁娶礼仪，衰于中国，乃为起学校，习礼容，春秋乡饮，选用明经，郡中向慕之”②。南阳太守鲍德“时郡学久废，德乃修起横舍，备行礼奏乐，又尊乡三老，宴会诸儒，百姓欢者莫不劝服”③。

综上所述，汉代郡县学校系统是礼制推行的重要途径，在一定程度上确实起到了化民导俗、教化大行的积极效果，但其作用的大小与郡守、县令个人对学校的重视程度有很大关系，这也是地方郡县学校系统对礼制推行的一个重要特点。

三、汉代地方官吏对礼制的推行

汉代皇帝作为最高权力的所有者，主要通过自身的示范对礼制加以推行。与之相比，对于各地总揽一切政务的郡守、县令等地方长官而言，他们不仅需要将礼制融入自身的所作所为中加以示范推行，而且受所辖各地民风、民情等诸多因素的影响，往往把礼制的推行变成治理地方的一个重要手段。

1. 边远蛮荒之地礼制的推行成为各地官吏移风易俗的主要手段

卫飒在建武时为桂阳太守，“郡与交州接境，颇染其俗，不知礼则。飒下车，修庠序之教，设婚姻之礼。期年间，邦俗从化”④。和帝时许荆为桂阳太守，“郡滨南州，风俗脆薄，不识学义。荆为设丧纪婚姻制度，使知礼禁。尝行春到耒阳县，人有蒋均者，兄弟争财，互相言讼。荆对之叹曰：‘吾荷国重任，而教化不行，咎在太守。’乃顾使吏上书陈状，乞诣廷尉。均兄弟感悔，各求受罪。在事十二年，父老称歌”⑤。顺帝时栾巴为桂阳太守，以“郡处南垂，不闲典训，为吏人定婚姻丧纪之礼”⑥。东汉建武初，任延为九真太守，“又骆越之民无嫁娶礼法，各因淫好，无适对匹，不识父子之性、夫妇之道。延乃移书属县，各使男年二十至五十，女年十五至四十，皆以年齿相配。其贫无礼娉，令长吏以下各省奉禄以赈助之。同时相娶者二千余人。是岁风雨顺节，谷稼丰衍”⑦。从以上史实可知，边远蛮荒地区的郡守推行礼制，确实收到了移风易俗的效果，这无疑有利于促进当地社会的开化进步，加强与中原王朝的精神联系和文化认同。但另一方面，在推行礼制的过程中，郡守的行

---

① 《汉书·韩延寿传》，中华书局1962年版，第3210页。
② 《汉书·韩延寿传》，中华书局1962年版，第3210页。
③ 《后汉书·鲍德列传》，中华书局1965年版，第1023页。
④ 《后汉书·卫飒列传》，中华书局1965年版，第2459页。
⑤ 《后汉书·许荆列传》，中华书局1962年版，第2472页。
⑥ 《后汉书·栾巴列传》，中华书局1962年版，第1841页。
⑦ 《后汉书·任延列传》，中华书局1962年版，第2462页。

政干预和自身的示范作用程度不一，因而在区域文化差别较大，特别是边远蛮荒之地，往往需要几任地方官吏相继努力，经历漫长的过程。

2. 对于豪强纵横、较为难治之地，礼制的推行成为地方郡守在刑罚之外，维护社会秩序稳定的一项重要统治手段

西汉时期颍川郡多豪强，以难治著称。宣帝时先是赵广汉为太守，采取挑拨离间、令其相互告讦的手段，妄图达到大治，结果造成颍川郡“民多怨仇”的严重后果。韩延寿继任之后，借助当地长老、学校，推行礼让教化的方式，使得颍川一郡大治，据《汉书·韩延寿传》载，“延寿欲更改之，教以礼让，恐百姓不从，乃历召郡中长老为乡里所信向者数十人，设酒具食，亲与相对，接以礼意，人人问以谣俗，民所疾苦，为陈和睦亲爱、销除怨咎之路。长老皆以为便，可施行，因与议定嫁娶、丧祭仪品，略依古礼，不得过法”。处于卫地的东郡，《汉书·地理志下·风俗篇》云：“故其俗刚武，上气力。汉兴，二千石治者亦以杀戮为威。”宣帝时韩延寿为东郡太守，采取推行礼教的方式，承圣恩，崇礼义，尊谏争，使其风俗大改。再如东汉时期南阳郡为帝乡，多功臣、贵戚，极难治理，和帝时王畅为太守，他先是采取刚猛、严刑的手段加以治理，效果并不理想。熟悉本地民情的功曹张敞奏记谏曰：“郡为旧都侯甸之国，园庙出于章陵，三后生自新野，士女沾教化，黔首仰风流，自中兴以来，功臣将相，继世而隆。愚以为恳恳用刑，不如行恩；孳孳求奸，未若礼贤。舜举皋陶，不仁者远。随会为政，晋盗奔秦。虞、芮入境，让心自生。化人在德，不在用刑”①。王畅由此更崇宽政，慎刑减罚，以推行礼制为主，使得南阳教化遂行。由此可见，在刑罚不能起到维护社会秩序稳定的地方，推行礼制则成为地方官吏改弦易辙的首选，地方官吏对礼制的推行又有着明显的因地因时的特点。

3. 某些地方官吏将礼制的推行作为治理地方的指导原则和最主要手段

如秦彭在建初元年，迁山阳太守，其为政原则“以礼训人、不任刑罚”，将礼制的推行融于日常的行政之中。据《后汉书·循吏传·秦彭传》载，秦彭在建初元年迁山阳太守，他“以礼训人，不任刑罚。崇好儒雅，敦明庠序。每春秋飨射，辄修升降揖让之仪。乃为人设四诫，以定六亲长幼之礼。有遵奉教化者，擢为乡三老，常以八月致酒肉以劝勉之。吏有过咎，罢遣而已，不加耻辱。百姓怀爱，莫有欺犯”。汝南太守何敞专用儒吏为礼官，以礼制治理汝南，“敞疾文俗吏以苛刻求当时名誉，故在职以宽和为政。立春日，常召督邮还府，分遣儒术大吏案行属县，显孝悌有义行者。及举冤狱，以《春秋》义断之。是以郡中无怨声，百姓化其恩礼。其出居者，皆归养其父母，追行丧服，推财相让者二百许人”②。收到了教化大行的效

① 《后汉书·王畅列传》，中华书局1965年版，第1824页。
② 《后汉书·何敞列传》，中华书局1965年版，第1487页。

果。上述史实说明，秦彭、何敞推行礼制治理地方，一方面由两人的吏道观特征所决定，另一方面，山阳、汝南两郡在东汉时期是经学程度较为普及的地区，这也为两人推行礼制提供了客观条件，从而带有浓厚的个人色彩和地域特征。

4. 地方官吏将礼制的推行作为化解吏民之间矛盾的重要途径

刘矩为雍丘令，治民以礼让化之，其无孝义者，皆感悟自革，在处理小民的争讼中发挥了重要的作用。循吏童恢为不其令，对于“吏人有犯违禁法者，辙随方晓示，若吏称其职，人行善事者，皆赐以酒肴之礼，以劝励之”①。这些举措收到了一境清静、牢狱连年无囚的大化结果。仇览为亭长用教化方式解决了母子的孝养纠纷，将孝道推行十乡里。“人有陈元者，独与母居，而母诣览告元不孝。览惊曰：‘吾近日过舍，庐落整顿，耕耘以时。此非恶人，当是教化未及至耻。母守寡养孤，苦身投老，奈何肆忿于一朝，欲致子以不义乎？’母闻感悔，涕泣而去。览乃亲到元家，与其母子饮，因为节人伦孝行，譬以祸福之言。元卒成孝子。乡邑为之谚曰：“父母何在在我庭，化我鳲枭哺所生。”② 据《后汉书 · 刘宽传》载，“刘宽典历三郡，温仁多恕，虽在仓卒，未尝疾言遽色。常以为‘齐之以刑，民免而无耻。’吏人有过，但用蒲鞭罚之，示辱而已，……见父老慰以农里之言，少年勉以孝悌之训。人感德兴行，日有所化”。可知，地方官吏以自身的表率及礼制教化的手段，化解吏民纠纷，确有刑罚不能起到的效果。但此类做法是多以地方官吏对礼制的认识和自觉反省、遵守为基础，因此这种做法不具备普遍性。

5. 地方官吏用行政手段对礼制的伦理性和社会性加以维护

如孔融为北海郡守，“郡人甄子然、临孝存知名早卒，融恨不及之，乃命配食县社”③。又如陈纪因为父服丧“积毁消瘠，殆将灭性。豫州刺史嘉其至行，表上尚书，图象百城，以厉风俗”④。对违礼背伦的人予以严厉惩处。美阳女子向王尊“告假子不孝，曰：‘儿常以我为妻，妒笞我。’尊闻之，遣吏收捕验问，辞服。尊于是命人取不孝子悬磔著树，使骑吏五人张弓射杀之”⑤。陈番为乐安太守时，“民有赵宣葬亲而不闭埏隧，因居其中，行服二十余年，乡邑称孝，州郡数礼请之。郡内以荐蕃，蕃与相见，问其妻子，而宣五子皆服中所生。蕃大怒曰：‘圣人制礼，贤者俯就，不肖企及。且祭不欲数，以其易黩故也。况及寝宿冢藏，而孕育其中，诳时惑众，诬污鬼神乎？’遂致其罪”⑥。

---

① 《后汉书 · 童恢列传》，中华书局 1965 年版，第 2482 页。
② 《后汉书 · 仇览列传》，中华书局 1965 年版，第 2480 页。
③ 《后汉书 · 孔融列传》，中华书局 1965 年版，第 2263 页。
④ 《后汉书 · 陈纪列传》，中华书局 1965 年版，第 2068 页。
⑤ 《汉书 · 王尊传》，中华书局 1962 年版，第 3227 页。
⑥ 《后汉书 · 陈蕃列传》，中华书局 1965 年版，第 2159–2160 页。

综上所述，郡县官僚系统中基本上不存在专门的礼官系统，郡守、县令及其佐官和主要属吏均有与其职位高低相对应的行礼职能，在郡守、县令的属吏中，户曹的礼制职能相对多一些。汉代郡县学校系统是礼制推行的重要途径，在一定程度上起到了化民导俗、教化大行的积极效果，但其作用的大小与郡守、县令个人对学校的重视程度有很大关系，这也是郡县学校系统对礼制推行的一个重要特点。汉代地方官吏主要是郡守，他们把自己对儒家礼制的理解与认识通过自身的言行和行政权力推行于各地，不仅起到稳定社会秩序、教化大行的社会效果，而且起到了导民以礼、移风易俗、促进文化传播、加强各地与中央政府之间的文化联系和精神认同的作用。这也反映出汉代各地官吏对礼制的推行带有明显因地、因时、因人而易的特点。礼制的推行是地方官吏治理各地的一种手段和途径，具有一定的普遍性和适用性。

反秦战争时期南郡地区的政治动态与文化特征
——再论所谓“亡秦必楚”形势的具体层面

琴载元

（中国人民大学　历史学院）

【摘要】 反秦战争时期，故楚地区的反秦政治力量最大且最主动，所谓“亡秦必楚”的说法有一定的实际意义。不过，也可以说是局限很明确的说法，因为在战国结束的五十余年前故楚的中心就已沦丧，并且再也没能为楚国所收复，而被秦设置为南郡。说实话，秦末的反秦活动不在故楚中心进行，而在其周边地区活跃起来，尤其楚汉战争时西楚的项羽定都在彭城，而不在江陵一带。当时“楚地”的这些特征反映出其历史的实际趋向。特别是南郡，同时反映出“亡秦必楚”的局限性和“汉承秦制”的动因，具有很重要的象征意义。

【关键词】 南郡；反秦战争；楚地；楚文化

一、问题的所在

秦始皇驾崩后，反秦战争从陈胜、吴广起义开始，那时候故楚地区的反秦政治力量最大且最积极主动。据陈苏镇教授的研究，当时参与反秦起义的楚人有以下特点：第一，楚人的反秦有很明显的自发性；第二，楚地的百姓也积极支持并主动参与反秦；第三，楚军与其他地区起义军不一样，他们的目标一直是“亡秦”，其矛头总指向咸阳。这样的特点在齐、赵、燕、韩、魏等地区是没有的，与其他地区的反秦特点有明显的区别。因此，反秦战争以楚人为主导，可以说当时秦的主要威胁不是整个故六国，而是楚。①

对陈教授的意见，笔者大致同意，但感觉尚存有需要具体分析的余地。首先，当时楚地区的概念或地理范围很模糊。战国时期楚国不但占据长江中流一带，而且其势力已扩展到中国南部的大部分地区。不过，那是经过战国时期的征服战争而获得的领土，不能将其全部看作共同的楚文化圈。当时楚国占领的地区当中，被统治时

---

① 陈苏镇：《〈春秋〉与“汉道”》，中华书局2011年版，第15-28页。

间有短有长，其“楚化”的程度有所不同。所以，笔者怀疑可否把这么广大的地区称为“楚地”，把那里的百姓称为“楚民”。当时秦国与楚国类似，在统一六国以前，秦的势力已经扩展到函谷关以东地区，有的地区秦的统治已有近半个世纪，尤以南郡为代表。该地区是故楚的中心，从秦昭王二十九年（公元前278年）“大良造白起攻楚，取郢为南郡”① 到秦灭亡，大约七十年间都属于秦郡县制的管辖内。假如可以把战国末期楚占领的地区都认为是“楚地”，那么为何不能把当时的南郡地区当作为“秦地”？而且，从文献和考古资料来看，秦对南郡统治的史实比楚对占领地统治还明确得多。但是，大家都不敢完全把那时候的南郡确定为“秦地”。

其次，笔者对按照政治势力来一概区分各地区文化的做法有所怀疑。据陈苏镇教授的研究，秦帝国为了统治的最终确立，实施了所谓的“移风易俗”的文化统一政策，可是在关东地区出现了严重的文化冲突，结果导致秦帝国的灭亡。特别是，在关东地区楚文化的影响力最强，对秦统治的反抗也最强烈，于是“天下苦秦”的政治口号主要在楚地区出现。相反，在传世文献中并未记录关中地区的反秦口号，也没能找到对于起义军的任何记录。因此，秦灭亡的主要原因并不在于秦的暴政，而在于关中文化和关东文化之间，尤其是与楚文化的冲突。② 这种主张很有说服力，但是我们还不能完全确定战国时期的“楚地”是一个广大的共同文化圈。特别是，南郡的情况与其他的楚地有着明显的差异。

南郡是一个非常特殊的地区。秦、楚文化冲突和矛盾的史实表征与秦进行“移风易俗”的统治过程，均在此地得以反映。在传世文献当中我们找不到当时关中的秦民参与反秦起义的史实，也找不到南郡人民参与反秦起义的记录，因为当时参与反秦战争的“楚军”都在南郡以外的楚地。作为故楚都的所在地，南郡在楚国历史上有着很重要的地位，那为什么在南郡地区没发生，或者没有发生过引起史学家关注的反秦起义呢？碰到这种问题，我们很难确定此地区到底属于哪种文化，因为不能以一刀切的方法来区分其文化的特点。换句话说，当时的南郡地区所反映出的战国末期政治动态与文化变动的关系，可以作为战国统一前后文化流变的说明。对这些问题笔者觉得需要具体分析。

二、南郡的特殊地位：从“楚故都”到“秦属郡”

秦对南郡的统治不是一蹴而就，而是长期持续努力的结果。《史记》卷四十《楚世家》曰：“（宣王）三十年，秦封卫鞅于商，南侵楚”（第1720页）；“（怀王）十七年春，与秦战丹阳，秦大败我军，斩甲士八万，虏我大将军屈匄、裨将军逢侯丑

① 《史记》卷六《秦本纪》，中华书局1959年版，第213页。

② 陈苏镇：前引书，第28–37页。

等七十余人，遂取汉中之郡”（第1724页）；“二十八年，秦乃与齐、韩、魏共攻楚，杀楚将唐昧，取我重丘而去”（第1727页）；“三十年，秦复伐楚，取八城”。（第1727页）可见，秦从进行富国强兵的变法以来，一直对楚占上风，逐渐占领楚地。特别是，楚怀王三十年秦昭王在武关挟持怀王，最终怀王没有归楚而卒于秦。① 这是对楚国的严重打击，可以说其威胁已经上升为国家存亡的问题了。

以后，秦对楚的威胁越来越大，结果楚都“郢”在秦昭王二十九年（公元前278年）的时候被秦国占领，同年秦在此地区置南郡。其记录见于《史记》卷五《秦本纪》、《史记》卷四〇《楚世家》、《史记》卷一五《六国年表》：“（秦昭王）二十九年，大良造白起攻楚，取郢为南郡，楚王走”（第213页）；“（楚顷襄王）二十一年，秦将白起遂拔我郢，烧先王墓夷陵。”（第1735页）；“（秦昭王二十九年）白起击楚，拔郢更东至竟陵，以为南郡”“（楚顷襄王二十一年）秦拔我郢，烧夷陵，王亡走陈。”（第742页）所记载年代都一致，其事实是毋庸置疑的。南郡从这时候开始，经过秦的六国统一（公元前221年）到秦灭亡，作为秦属郡一直被秦统治了大约七十年。跟当时的其他楚地相比，这是非常独特的情况。战国时期楚的领土大约包括韩国南部的南阳地区、长沙及黔中地区、吴越地区，还包括山东的鲁国。但是，其中的南阳和南郡地区早先被秦国占领，而长沙和黔中地区按照《史记》卷五《秦本纪》说：“三十年，蜀守若伐楚，取巫郡，及江南为黔中郡。三十一年，……楚人反我江南。”（第213页）可以看到，楚人失去这些地区后随即收复，可能保卫到楚灭亡的时候。最近公布的《里耶秦简》第八层755+756+757+758+759木牍说：“卅四年六月甲午朔乙卯……今迁陵廿五年为县……及苍梧为郡九岁。”② 就证明了洞庭郡所属的迁陵县及苍梧郡是到秦王政二十五年（公元前222年）才被设置的，意味着当时的湘江和湘西一带的“楚地”在楚灭亡以后才正式属于秦的领域内。其他的楚地也差不多在秦王政二十四年楚国最终灭亡前后才属于秦，如果我们界定秦对这些地区的统治实际上到陈胜起义时结束的话，秦的统治时间只不过十五年。因此，笔者质疑反秦战争时期南郡的立场等同于其他楚地，应该区分说明这些不同地区的特殊情况。

当然，在南郡地区有可能发生过由秦统治所导致的文化冲突现象。《睡虎地秦简·语书》说：

今法律令已具矣，而吏民莫用，乡俗淫失（泆）之民不止，是即法（废）主之明法殹法治（也），而长邪避（僻）淫失（泆）之民，甚害于邦，不便于民……今

---

① 《史记》卷四〇《楚世家》，中华书局1959年版，第1727-1729页。

② 陈伟主编，何有祖、鲁家亮、凡国栋撰著，《里耶秦简牍校释》（第一卷），武汉大学出版社2012年版，第217页。

法律令已布，闻吏民犯法为间私者不止，私好、乡俗之心不变，自从令、丞以下智（知）而弗举论，是即明避主之明法殹（也），而养匿邪避（僻）之民……①

如此，可以知道南郡的地方风俗和法律之间存在着冲突的矛盾。日本学者工藤元男对此进一步研究，提出《语书》的颁布和当时的历史背景有关系。按照他的主张，《语书》在秦王政二十年（公元前227年）颁布，反映了秦国法治主义的转变。他说，“秦走向一元化统治、向法治主义转换的当初，还不得不采取比较宽容的统治，其后渐渐强化一元化统治，最后到了像《语书》所表明的地步。”②

对这些观点，笔者觉得尚需补充说明。一般来说，秦在战国末期强硬地施行一元化的统治毋庸置疑，但是我们光看《语书》的话，应该首先考虑其史料的特点和限制。《语书》不是秦王下达命令的诏书，而是南郡守所发布的，其适用对象只限定为南郡的官吏，可能是按南郡的特殊情况发布的临时令。我们可以通过《编年记》找出秦王政二十年前后的一些情况。秦王政十九年，说“南郡备敬（警）”③，可以知道当时在南郡发生过一次紧急情况。还有，在颁布《语书》的第二年，即秦王政二十一年“韩王死，昌平君居其处，有死□属”、二十三年“兴，攻荆，□□守阳□死。四月，昌文君死。”④ 这一系列的事情可能与秦王政二十三、二十四年进行的攻楚战争有关。《语书》的颁布时期是楚灭亡的四年前，当时的南郡就是与楚国邻接的地方，所以，秦政府需要在伐楚之前加强控制南郡。而且，秦法律继承自商鞅变法，秦王政二十年以前已经严密施行。南郡守腾也在《语书》里说，“今法律令已具矣……”“今法律令已布……”⑤，意思是秦的法律令在南郡早就施行了。他在《语书》里没有提到新政策，只是强调官吏们遵守原来的法律，并警告违法行为的蔓延。

我们可以从《语书》看到秦、楚文化之间的冲突情况。不过，我们同时不应忽略《语书》是由南郡守腾所发布的一种政府文书。虽然《语书》有些部分反映出文化冲突的情况，但该文书发布的主要目的在于秦政府想要控制这些问题，就要强调国家制度比地方风俗更优越，要坚决维护原有法律令的不变。而且，从《语书》发布的秦王政二十年这一时期来看，秦统治进行得很顺利，可以说是秦的威势最强盛的时期。所以，对当时秦政府来说，《语书》里说的地方风俗不是当时在南郡存在的严重矛盾，而是可以克服、控制的小问题，其中包含秦政府对南郡统治的自信。

---

① 睡虎地秦墓竹简整理小组：《睡虎地秦墓竹简》，文物出版社1990年版，第13页。

② ［日］工藤元男著，［日］广濑薰雄、曹峰译：《睡虎地秦简所见秦代国家与社会》，上海古籍出版社2010年版，第366页。

③ 睡虎地秦墓竹简整理小组：前引书，第7页。

④ 睡虎地秦墓竹简整理小组：前引书，第7页。

⑤ 睡虎地秦墓竹简整理小组：前引书，第13页。

因此，南郡地区在反秦战争末期可能还存有故楚风俗，但是由于此地从战国末期即被秦统治，其影响也应该不少。当时南阳地区的情况跟南郡比较类似，可以互相补充。南阳是宛一带的地区，《史记》卷六七《苏秦列传》说，“（韩）东有宛、穰、洧水”。（第2250页）即属于韩的领域。但是，这一带由于在战国末期经常被秦和楚攻略，遂成为了韩、楚、秦文化的交叉地，在秦占领它之前属于楚。秦昭王十五年“攻楚，取宛”①，然后秦昭王35年“初置南阳郡”②。与南郡相比，被秦占领的时间早一些，而置郡的时间有点晚，不妨看作这两郡几乎同时被经营。然而，《汉书》卷一《高帝纪》里说，“七月南阳守齮降，封为殷侯，封陈恢千户。引兵西，无不下者。……所过毋得卤掠，秦民喜”。（第20页）③ 把南阳一带的人们看作“秦民”，这种认识间接反映了经过秦的长期统治，这些地区的“秦化”程度已经很深。那么，当时的南郡地区也可能发生类似的情况，即使具体情况与南阳地区不同，其“秦化”的程度也一定比其他楚地有明显的效果。

当时秦对南郡实行比较有效统治的根据可以从《睡虎地秦简》找到。1975年发现睡虎地秦墓11号，墓主“喜”是在南郡属县担任过令史的地方官吏。在他的墓里随葬有大批竹简，包括《秦律十八钟》《效律》《法律杂抄》《法律答问》《封诊式》等法律文书，可以推测此地区法治实行严格。而且，按照《编年记》可以知道当时南郡严密施行秦法律所规定的国家人口管理制度。比如，“今元年，喜傅”“十六年……自占年”④，“喜”按照秦的法律登录名籍，给国家报告自己的年龄。还有，墓主“喜”“六年，四月，为安陆令史”“七年，正月甲寅，鄢令史”⑤，秦统一前已作为南郡属县的令史。而且，从“十三年，从军”“十五年，从平阳军”⑥，可以知道南郡官吏兵役的情况，这也反映出秦对南郡统治的彻底性。

秦的法律体系已深入根植于南郡地区，还持续到反秦、楚汉战争时期。《龙岗秦牍》和《周家台秦简》等资料补充说明了这样的史实，比如，《龙岗秦牍》说：“●鞫之：辟死，论不当为城旦。吏论：失者，已坐以论。九月丙申，沙羡丞甲、史丙，

---

① 《史记》卷五《秦本纪》，中华书局1959年版，第212页。

② 同上，第213页。

③ 《汉书》卷一《高帝纪》，中华书局1962年版。对这句的分析、纠正参见，陈苏镇，《〈春秋〉与“汉道”》，中华书局2011年版，第26–27页。在《史记》卷八《高祖本纪》里也有类似的记载，说“诸所过毋得掠卤，秦人喜”（第361页）。但是，在《史记》里的这句在刘邦入武关后才出现了，其上下的文意不合。陈苏镇认为《史记》此处有错简，而班固所见尚不错。这些的记录都反映了司马迁和班固都将南阳之民视为“秦民”。

④ 睡虎地秦墓竹简整理小组：前引书，第6–7页。

⑤ 睡虎地秦墓竹简整理小组：前引书，第6页。

⑥ 睡虎地秦墓竹简整理小组：前引书，第7页。

免辟死为庶人。令自尚也。”① 整理者认为“九月丙申”是“秦二世二年（公元前208年）九月甲午朔，丙申为三日”或“汉高祖三年（公元前204年）九月庚午朔，丙申为二十七日”的可能性很大，其中汉高祖三年的可能性更大。② 如果这样的推测没错，这片木牍就证明秦末楚、汉交锋时期秦法律还在南郡得以延续。《周家台秦简》里有“秦二世元年历日”，也反映同样的事情。在其背面记载，“以十二月戊戌嘉平，月不尽四日。十二［月］己卯□到。廷赋所，一籍［艹+度］（席）廿”③。里面涉及“廷赋所”和“席”等，其内容可能与“赋税”有关。不管它是实际公文书还是个人的记录，可以明确看到秦统治的影响到秦二世元年还在继续。秦的郡县制从“白起取郢”以来贯彻施行，其影响渐渐扩大，到反秦战争时期已经成为了根深蒂固的传统。

总的来说，南郡的情况与其他楚地不一样，所以反秦战争的进行状况也应有所不同。南郡在严格的法律体系治下七十余年，这期间地方社会秩序和文化会不可避免地变化。在文献史料当中没明确记载这一地区发生的反秦活动，可能与上面所说的情况有关。相反，其他楚地被秦统治十五年左右，与秦的政治和文化融合的程度不太深。而且，由于楚国政治中心东移，楚文化进入长江下游直至今山东省境内，④ 因此该地区对秦的抵抗很强烈，非常积极参与反秦活动。反过来说，随着秦的东进，在南郡地区楚人口大量流出此地的同时，秦人口大量流入，此地的楚文化被迫衰退，逐渐被淘汰，对秦的抵抗可能比不上其他的楚地。

三、在秦统治的影响下南郡的文化变质

在南郡设置以前，秦在征伐楚地的同时，曾大规模进行秦人的迁徙。《史记》卷五《秦本纪》说：“二十七年，错攻楚。赦罪人迁之南阳……二十八年，大良造白起攻楚，取鄢、邓，赦罪人迁之。”（第213页）可以看到在“白起取郢”之前进行迁徙，其目的在于通过强化对“郢”周围地区的控制而奠定攻“郢”的基础。“白起取郢”以后，秦怎样进行迁徙，文献中没有明确记载，可是根据近年来的考古发掘成果，不难推测大量的秦人在此时期流入到南郡。

其中，1975—1976年发掘的云梦睡虎地M9号和M11号秦墓给我们提供可以区分江汉地区秦墓特点的标准。学术界评价为“不但有确切的纪年墓存在，而且提供了战国至秦代墓葬文化演进的细微变化过程，对领近地区的楚墓、秦墓乃至西汉初

① 中国文物研究所、湖北省文物考古研究所编：《龙岗秦简》，中华书局2001年版，第144页。

② 中国文物研究所、湖北省文物考古研究所编：前引书，第8、145页。

③ 湖北省荆州市周梁玉桥遗址博物馆编：《关沮秦汉墓竹牍》，中华书局年版，第103页。

④ 李学勤：《东周与秦代文明》，文物出版社1991年版，第12页。

期墓的研究都有标尺性的参考价值”①。首先，通过M11号墓里随葬的纪年竹简与法律文书，知道墓的年代和墓主的身份，可以确定这是秦墓。然后，与其他形制类似的墓葬进行比较，可以区分墓葬的年代。比如，1990年在江陵扬家山发现的135号墓，可以确定它是“白起取郢”以后的秦墓，因为铜鼎、铜钫、陶小口瓮等随葬品与云梦11号墓的相同，漆器的造型及烙印文与云梦秦墓出土类似。还有，1993年发掘王家台15号墓，它的随葬器物是秦式和楚式混合，出土有与睡虎地秦简相同的《效律》和《日书》。因此，墓葬的年代上限不会超过南郡设置以前。②

不仅如此，可以通过在关中地区墓葬出土的随葬品来确定南郡地区墓葬的上限年代。比如，1976年在湖北宜城雷家坡、魏岗发掘的11座墓葬中，在LM3号出土了1件弦纹镜，它与在关中地区上焦村出土的铜镜很类似。而且LM3号和LM9号里都出土了半两钱，其形制不同于汉代。③ 这些墓葬的上限年代根据《史记》卷五《秦本纪》的记载，可以确定为秦昭王二十八年。

因此，在南郡地区大量秦式墓葬的存在反映了秦人口流入的实际情况。当时江汉地区墓葬既有楚墓的特点，又有秦墓的特点。因为“秦对江汉地区统一，伴随着人口的迁徙、流动和融合，表现于葬俗上，自然会出现混合的特点”④。这样的现象就与其他楚地不一样。其代表的例子是长沙地区的墓葬，其地区的墓葬与南郡地区的不同，在秦代、西汉墓里楚墓的特点不仅鲜明而且长期持续。⑤ 长沙地区秦王政25年（公元前222年）被秦占领，按照在战国末期墓葬仍旧继承楚墓的形制，可以了解当时这一地区的历史背景。就这样，在南郡地区的墓葬中秦式比楚式强，而在长沙地区的墓葬中楚式比秦式鲜明，是依据其历史背景而产生的必然现象。

在南郡地区出土的一些简牍资料比较明确地反映出当时这一地方文化的性质。其中，《日书》与当时人们的日常生活密切相关，可以通过它观察基层文化的变动状况。《日书》不仅有《睡虎地日书》，而且《放马滩日书》《九店日书》《孔家坡日书》等陆续被发现，提供了不同地区与不同时代的对比资料。这些《日书》都包含有相同系列的择日术，可以通过互相比较找出楚、秦择日方式的异同，看到当时在南郡发生的择日乃至历法的变化情况。

按照刘乐贤教授的研究，在《九店日书》与《睡虎地日书》里共同记载着“建

① 中国社会科学院考古研究所主编：《中国考古学》（秦汉卷），中国社会科学出版社2010年版，第133页。

② 中国社会科学院考古研究所主编：前引书，第133页。

③ 中国社会科学院考古研究所主编：前引书，第131页。

④ 中国社会科学院考古研究所主编：前引书，第136页。

⑤ 湖南省博物馆、湖南省文物考古研究所、长沙市博物馆、长沙市文物考古研究所：《从长沙秦和西汉早期墓看楚文化的延续和影响》，《长沙楚墓》，文物出版社2000年版，第552-558页。

除”“丛辰”“咸池”等择日术，大致可以区分为秦系列和楚系列，这两种系列的择日术在细节的运用方式上有关键性差异。随着时间推移，秦系列的择日术逐渐占优势，最终统合为以秦系列为主体。① 虽然这些问题尚需进一步分析，但是现有的资料也充分反映了当时南郡文化流动的特殊情况。再者，通过分析当时南郡中下级官吏乃至平民使用的择日术，可以观察到在秦文化的影响力逐渐扩大的情况下楚文化被淘汰的过程。

	建	除	满	平	定	执	破	危	成	收	开	闭
正月	寅	卯	辰	巳	午	未	申	酉	戌	亥	子	丑
二月	卯	辰	巳	午	未	申	酉	戌	亥	子	丑	寅
三月	辰	巳	午	未	申	酉	戌	亥	子	丑	寅	卯
四月	巳	午	未	申	酉	戌	亥	子	丑	寅	卯	辰
五月	午	未	申	酉	戌	亥	子	丑	寅	卯	辰	巳
六月	未	申	酉	戌	亥	子	丑	寅	卯	辰	巳	午
七月	申	酉	戌	亥	子	丑	寅	卯	辰	巳	午	未
八月	酉	戌	亥	子	丑	寅	卯	辰	巳	午	未	申
九月	戌	亥	子	丑	寅	卯	辰	巳	午	未	申	酉
十月	亥	子	丑	寅	卯	辰	巳	午	未	申	酉	戌
十一月	子	丑	寅	卯	辰	巳	午	未	申	酉	戌	亥
十二月	丑	寅	卯	辰	巳	午	未	申	酉	戌	亥	子

表 1

其中“建除”的变化过程就是最典型的例子。建除的运用方式以夏历（即“建寅”的历）来配合 12 地支当作“月建”，然后以每月的“建”为基准，“除”“满”“平”“定”“执”“破”“危”“成”“收”“开”“闭”顺次跟每日的地支配合，以上可以整理为表 1。总之，“建除”的基本原则是“正月—建—寅”，根据《放马滩日书》甲、乙种的“建除”②，这种运用方式可能来自于秦所在的关中地区，确定为秦系列的建除。

然而，在“白起取郢”以前，江汉地区的人们使用另外一种建除。《九店日书》

① 刘乐贤：《楚秦选择术的异同及影响——以出土文献为中心》，《历史研究》，2006 年 第 6 期。

② 甘肃省文物考古研究所编：《天水放马滩秦简》，中华书局 2009 年版，第 83-84 页、第 87-88 页。

里记载的建除①可以整理如表2。即其运用方式为“正月-建-辰”，与秦系列的建除不同。秦置南郡以后，在郡县官吏乃至秦民大量迁徙到南郡的情况下，这两种系列的建除被迫发生冲突，结果楚系列的建除逐渐淘汰。

	建	竷	皮攵	坪	寍	工	坐	盍	城	復	□	散
正月	辰	巳	午	未	申	酉	戌	亥	子	丑	寅	卯
二月	巳	午	未	申	酉	戌	亥	子	丑	寅	卯	辰
三月	午	未	申	酉	戌	亥	子	丑	寅	卯	辰	巳
四月	未	申	酉	戌	亥	子	丑	寅	卯	辰	巳	午
五月	申	酉	戌	亥	子	丑	寅	卯	辰	巳	午	未
六月	酉	戌	亥	子	丑	寅	卯	辰	巳	午	未	申
七月	戌	亥	子	丑	寅	卯	辰	巳	午	未	申	酉
八月	亥	子	丑	寅	卯	辰	巳	午	未	申	酉	戌
九月	子	丑	寅	卯	辰	巳	午	未	申	酉	戌	亥
十月	丑	寅	卯	辰	巳	午	未	申	酉	戌	亥	子
十一月	寅	卯	辰	巳	午	未	申	酉	戌	亥	子	丑
十二月	卯	辰	巳	午	未	申	酉	戌	亥	子	丑	寅

表2

《睡虎地日书》就反映出两种系列建除混合的情况。甲种的“秦除”是“正月—建—寅”方式的秦系列建除②，而甲、乙种前面记载的两个“除”都是“正月—建—辰”方式的楚系列建除。③ 但是，楚系列建除的结构似乎是不完整的，它是《九店日书》“建除”与“丛辰”相混淆的形式。然后，到使用《孔家坡日书》的汉景帝后元二年（公元前142年）时期，楚系列建除可能完全被淘汰了。在《孔家坡日书》只有一种建除，就是“正月—建—寅”方式的秦系列建除。④ 而且，武帝时期淮南王刘安编撰的《淮南子》卷三《天文训》里说：“寅为建，卯为除，辰为满，巳为平，主生；午为定，未为执，主陷；申为破，主衡；酉为危，主杓；戌为成，主少德；亥为收，主大德；子为开，主太岁；丑为闭，主太阴。”⑤ 它也是“正月—建

① 湖北省文物考古研究所、北京大学中文系：《九店楚简》，中华书局2000年版，第46-47页。
② 睡虎地秦墓竹简整理小组：前引书，第182-183页。
③ 睡虎地秦墓竹简整理小组：前引书，第180-181页、第231-232页。
④ 湖北省文物考古研究所、随州市考古队：《随州孔家坡汉墓竹简》，文物出版社2006年版，第129-130页。
⑤ 何宁：《淮南子集释》上，中华书局2006年版，第207页。

—寅”的方式。不仅是秦汉时期，还可以通过后代的历日及各种择日资料看到“建除”的发展过程，但是，其运用方式都是“正月—建—寅”，再没有关于“正月—建—辰”式建除的任何记录。

月序数	楚月名		
	（睡虎地）秦简	包山楚简	九店楚简
10	中夕	冬栾	冬栾
11	屈夕	屈栾	屈栾
12	援夕	远栾	远栾
1	刑夷	刐尿	刐尿
2	夏夷	頣尿	夏尿
3	纺月	享月	享月
4	七月	頣栾	頣（夏）栾
5	八月	八月	（八月）
6	九月	九月	九月
7	十月	十月	十月
8	爨月	奂月	奂月
9	献马	献马	献马

表3

因此，可以说《睡虎地日书》中的“除”是目前所见时间最晚的楚系列建除。最重要的是它反映了楚系列建除在秦文化的影响下逐渐萎缩，直至被淘汰，这样的现象应该跟战国末期南郡的特殊情况有密切关系。因为南郡以外的楚地到秦王政二十四年前后时期才被占领，其统治时间只有十五年左右，建除系统的统合现象可能较晚开始。按《淮南子·天文训》的记录，建除可能在武帝在位的时候只有一个系统通行全国，但具体的变化过程还不能确定。尽管如此，通过《睡虎地日书》可以肯定这样的变化在南郡地区很早就出现了。

通过《日书》里的择日术，也可以看到当时南郡地区历法的变动情况。《史记》卷六《秦始皇本纪》里记载秦始皇统一天下后，“推终始五德之传，以为周得火德，秦代周德，从所不胜。方今水德之始，改年始，朝贺皆自十月朔”（第237页），即全国施行同一的历法。其实，秦在战国统一前已使用以夏历十月为岁首的颛顼历，统一后推广到全国，到汉武帝制定太初历一直没有改变。南郡地区在战国统一以前已被秦统治了半个世纪，所以颛顼历代替已有的历法应该比其他关东地区还早半个世纪，其根据是《睡虎地日书》里记载的楚历，它是现有的楚历记录中最晚的。除

《睡虎地日书》楚历外，还有《包山楚简》①《九店日书》楚历②，可以互相比较，整理如表3。

楚历的特点，首先是以夏历十月为正月，而且各个月都有固有的名称，而“八月”“九月”“十月”是例外的。《九店日书》楚历的“建除”记载中，其月名都是楚历固有的名称，但是《睡虎地日书》甲乙种“除”与它不同，《睡虎地日书》“除”的月名不是楚历，而是用序数的夏历。③为择日使用的月历应该是使用者最常用的，在楚“建除”已不使用楚历月名或许是历法变动的一个标志。

《睡虎地日书》甲种“岁”下面有“秦楚月名对照表”，它留有战国统一后南郡有些人还在继续使用楚历的痕迹。当时人有可能颛顼历和楚历并用。其内容如下：

十月楚冬夕，日六夕七〈十〉。十一月楚屈夕，日五夕十一。十二月楚援夕，日六夕十。正月楚刑夷，日七夕九。二月楚夏尿，日八夕八。三月楚纺月，日九夕七。四月楚七月，日十夕六。五月楚八月，日十一夕五。六月楚九月，日十夕六。七月楚十月，日九夕七，八月楚爨月，日八夕八。九月楚鬳（献）马，日七夕九。④

“秦楚月名对照表”的用途，可以从两个方向进行考虑。首先，南郡所属的秦官吏要参考使用楚历，其次还有可能是原住民对颛顼历尚不太熟悉，所以要参考对照表。不管出于什么理由，战国末期在南郡已使用颛顼历是肯定的，历法的统合也随之进行。现在我们能看到的楚历只存在于出土简牍中，在传世文献当中没有记载。其原因可能是经过历法的统一，楚历在历史上完全被淘汰了。出土简牍里的楚月名让我们知道六国历法在战国统一前后时期逐渐被淘汰的初步史实，其意义不可忽视。特别是南郡地区的历法统合进行得比其他关东地区还要早，反映出南郡地区本身的特殊历史，而且应当与其他楚地有明显的区分。

四、余　论

综上所述，南郡地区在秦昭王二十九年（公元前278年）“白起取郢”以后作为秦的属郡，大约有七十年的时间被秦统治。其他楚地被秦统治的时间大概是十五年，与南郡的情况有明显差异。因此，在南郡地区秦楚文化冲突、融合过程发生比较早，而且进行时间比较长，所以到反秦战争时期这一地区人们的政治或文化立场应该与其他楚地不同。

南郡地区的特殊性可能影响到西汉初的分封政策。南郡在楚汉战争时被项羽分封为诸侯国，但随后被汉占领，再设为郡。《史记》卷七《项羽本纪》：“义帝柱国

---

① 湖北省荆沙铁路考古队：《包山楚简》，文物出版社1991年版。

② 湖北省文物考古研究所北京大学中文系：前引书，第47-49页。

③ 睡虎地秦墓竹简整理小组：前引书，第180-181页、第231-232页。

④ 睡虎地秦墓竹简整理小组：前引书，第190-191页。

共敖将兵击南郡，功多，因立敖为临江王，都江陵。”① 汉高祖五年“故临江王欢为项羽叛汉，令卢绾、刘贾围之，不下。数月而降，杀之雒阳。”② 以后，南郡在西汉初郡国并行制的情况下一直处于郡县的编制内。这样的事实也反映了刘邦乃至西汉初的统治集团认为南郡与别的故楚地有所不同。特别是，刘邦封韩信为楚王时说：“齐王韩信习楚风俗，徙为楚王，都下邳。”③ 韩信封为楚王虽然有特殊的政治背景，但是就当时一般的政治情况而言，“随俗”可能是当诸侯王的基本资格，所以在名义上说韩信对楚风俗很熟悉，符合当楚王的条件。然而，南郡地区明明是楚故都的所在地，但西汉政府却以郡县制来统治它。这就反映出“白起拔郢”以前的“楚”与西汉初的“楚”在含义上已发生了很大的变化，它意味着所谓“楚俗”在这地区已经所剩无几，统治者已不需考虑“随俗”问题了。《张家山汉简》里的《二年律令》《奏谳书》等资料在这样的背景下被使用，其基本内容与《睡虎地秦简》中的法律文书有明显的继承关系。④ 在这一地区出土的不同时代的法律文书，不但反映出“汉承秦制”的历史事实，还反映了在郡县制下被统治、融合的一面。

根据以上分析，在反秦战争时楚军提出的“继承故楚”的政治口号实际上是不全面的。在战国结束的五十余年前，故楚的中心就已沦丧，并且再也没能为楚国所收复，而是被秦国顺利、有效地统治。因此，秦末的反秦活动不在故楚中心进行，而在其周边地区活跃起来，尤其楚汉战争时作为楚代表的项羽定都在彭城，而不在江陵一带。再者，当时作为楚故都的江陵，不管在实际作用还是象征意义上，并不那么重要，因为时过境迁，经过五十年的秦统治，秦政治和文化的扩张、渗透已成为了不可避免的潮流。虽然如“亡秦必楚”的预言所说，秦最终被楚军灭亡，但是以后楚军的局限性也是很明显的。换言之，楚最终没能获得统一全国的力量，因为秦国在统一之前比较成功地削弱了楚国的力量，并在局面上占据优势。刘邦集团的“汉承秦制”在这样的背景下形成，成为他能一统天下的主要力量。南郡的特殊性反映出其历史的实际趋向，具有很重要的象征意义。

---

① 《汉书》卷二八上《地理志》说：“高祖元年更为临江郡，五年复故。”（第1566页）这里的“临江郡”好像是“临江国”的错误。

② 《史记》卷八《高祖本纪》，中华书局1959年版，第380页。

③ 同②。

④ 张家山二四七号汉墓竹简整理小组：《张家山汉墓竹简（二四七号墓）》（释文修订本），文物出版社2006年版。

建都洛阳与东汉防范重心之偏内

梁万斌

(复旦大学　历史系)

【摘要】东汉改都洛阳，由于洛阳本身的地理因素与帝国内部豪族势力的潜在威胁，最终使朝廷的防范重心偏内。而此种变化，不但促使光武帝进行了官制和兵制改革，而且也深刻影响了帝国的边疆政策与边疆经略。原意为防范功臣、豪族而致力于君主集权的官制改革在幼主即位的情况下却导致了外戚、宦官挟主专权；为防范地方豪族而进行的兵制改革，则不仅导致了"王旅不振"，甚至直接影响了帝国命运。另外，随国都的东迁，帝国的核心区亦东移，西北边郡乃至关中的地位降低。上述种种因素的交互作用，则又导致了"羌祸"转剧、边塞内移。

【关键词】东汉；建都洛阳；政策调整；影响

刘秀在击破王朗和铜马等诸部，拥有了河北以后，于建武元年（公元25年）六月即皇帝位于鄗南，是年十月定都洛阳。但"国家亦不忘乎西都"，[①] 根据《后汉书》卷一《光武帝纪》的记载，刘秀曾多次亲幸长安，特别是在建武十八年（公元42年）"幸长安"的同时，还仔细勘察了关中的地理形势[②]："升舆洛邑，巡于西岳。推天时，顺斗极，排阊阖，入函谷，观阸于崤、黾，图险于陇、蜀……遂天旋云游，造舟于渭，北航泾流。千乘方毂，万骑骈罗，衍陈于岐、梁，东横乎大河。"[③]

---

① 《后汉书》卷八〇上《文苑列传上·杜笃》，中华书局1965年标点本，第2609页。

② 此处之关中，是指司马迁在《史记》卷一二九《货殖列传》中所谓"故关中之地，于天下三分之一，而人众不过什三；然量其富，什居其六。"（中华书局1959年标点本，第3262页）之包括了陇、蜀地区的广义的关中。参见王子今：《秦汉区域地理学的"大关中"概念》，《人文杂志》，2003年第1期。

③ 《后汉书》卷八〇上《文苑列传上·杜笃》，中华书局1965年标点本，第2596–2597页。

并于次年作出了“复置函谷关都尉，修西京宫室”① 的重要举措，这在关东大族中引起了“翕然狐疑，意圣朝之西都，惧关门之反拒”② 的震动。在这种情况下，对圣意有所体察的杜笃以“关中表里山河，先帝旧京，不宜改营洛邑”③ 为由，向光武帝上奏了主张迁都旧京长安的《论都赋》。杜笃上奏此赋之后，“耆老闻者，皆动怀土之心，莫不眷然伫立西望”④。但朝廷并未就此迁都关中，东汉最终还是将国都定于关东的洛阳。

历代学者对东汉建都洛阳多有论述，概括地说，这些研究主要集中在作为都城之洛阳的建制规模与布局，⑤就东汉建都洛阳的具体原因来说，虽各有不同，但大都认为是关中残破，不宜为都，洛阳地接帝国东部大平原关键经济区，建都洛阳主要

---

① 《后汉书》卷一下《光武帝纪下》：“复置函谷关都尉，修西京宫室。”李贤注：“九年省，今复置。”（第72页）汉武帝时，曾“徙函谷关于新安，以故关为弘农县。”（《汉书》卷六《武帝纪》，北京：中华书局，1962年，第183页）至东汉光武帝时，函谷关可能又自新安恢复到弘农。（关于此事的详细论述，请参看辛德勇：《汉武帝“广关”与西汉前期地域控制的变迁》，《中国历史地理论丛》，2008年第2期；邢义田：《试释汉代的关东、关西与山东、山西》及其补正，《秦汉史论稿》，台北东大图书股份有限公司，1987年，第85-170页。《试释汉代的关东、关西与山东、山西》原刊于《食货月刊》复刊第13卷第1、2期合刊，1983年；《“试释汉代的关东、关西与山东、山西”补遗》，原刊于《食货月刊》复刊第13卷第3、4期合刊，1983年）《元和郡县图志》卷六《河南道二》：“函谷故城……秦函谷关城，汉弘农县也……路在谷中，深险如函，故以为名。……东自崤山，西至潼津，通名函谷，号曰天险。”（〔唐〕李吉甫撰，贺次君点校：《元和郡县图志》，北京：中华书局，1983年，第158-159页）函谷关处于关中通往关东的咽喉地带，既是屏蔽关中的要塞，亦是西汉立都关中，实行“以关中制关东”这一地域控制战略的关键地理凭借要素之一，其战略地位极其重要。《后汉书》卷一三《隗嚣公孙述列传》载隗嚣将王元说隗嚣曰：“今天水完富，士马最强，北收西河、上郡，东收三辅之地，案秦旧迹，表里河山。元请以一丸泥为大王东封函谷关，此万世一时也。若计不及此，且畜养士马，据隘自守，旷日持久，以待四方之变，图王不成，其弊犹足以霸。”（第525页）函谷雄关对于立都关中的重要作用，于此亦可见一斑。这就不难理解，为什么刘秀于建武十九年“复置函谷关都尉”的举措，在关东大族中引起了“翕然狐疑，意圣朝之西都，惧关门之反拒”的震动，两相发明，刘秀迁都关中的意图也隐然可见。

② 《后汉书》卷八〇上《文苑列传上·杜笃》中华书局1965年标点本，第2598页。

③ 《后汉书》卷八〇上《文苑列传上·杜笃》，中华书局1965年标点本，第2595页。

④ 《后汉书》卷七六《循吏列传·王景》，中华书局1965年标点本，第2466页。

⑤ 〔清〕顾炎武著，于杰点校：《历代宅京记》，中华书局1984年版；陈桥驿主编：《中国七大古都》，中国青年出版社2005年版；杨宽：《中国古代都城制度史》，上海人民出版社，2006年版。

是由于迁就经济中心的原因。① 而依据我的研究，刘秀是在比较匆忙的情况下称帝的，当时刘永专踞东方，李宪擅命东南，秦丰、田戎跋扈于荆州，彭宠、卢芳与匈奴相结抗命于北方，公孙述称帝于巴、蜀、汉中，隗嚣据天水首鼠两端，窦融拥精骑雄踞河西“观时变动”②，在这种形势下，对于以河北为根据地的刘秀而言，不可能放弃洛阳，远离自己的根据地而改都长安，置身家性命于强敌四伏的关中。因此，东汉建都洛阳既有河北是其深根固本赖以争夺天下的基地这一原因，也是特定时期之形势使然，并非像西汉定都关中，是天下一统后，经帝国君臣在洛阳、长安两京之间深思熟虑选择的结果。洛阳固然有建都的独特优势，但其客观存在的地理缺陷也决定了它并非是定都的首善之选。③ 在此情况之下，刘秀一系列令“山东翕然狐疑，意圣朝之西都，惧关门之反拒”④ 的举措，则进一步清楚地表明，朝廷确有迁都关中的打算，但关东大族豪强势力的强大，最终使朝廷迁都长安的愿望无法实现。

---

① 史念海先生认为：“东汉以洛阳为都，显示出当时有迁就经济地区的企图。光武帝没有遵循旧规，再以长安为都，分明是由于长安已经残破不堪，不易恢复经营。”（史念海：《中国古代都城建立的地理因素》，《中国古都和文化》，中华书局 1998 年版，第 233 页。）Hans Bielenstein 先生认为：“… he entered this city and made it his capital. He had undoubtedly learned from the fates of Wang Mang and the Keng-shih emperor that Ch'ang-an should be avoided in times of civil war. Another motive must have been that Lo-yang could be supplied more easily from the key economic area in the Great Plain.”（John King Fairbank and Denis C. Twichett，The Cambridge Historyof China，Volume 1：The Ch'in and Han Empires，221 B. C. – A. D. 220，Cambridge：Cambridge University Press，1987，p. 251.）钱穆先生亦认为：“光武中兴，关中残破（因王莽末年乃至更始、赤眉的大骚扰）改都洛阳。”（钱穆：《国史大纲》，商务印书馆 1996 年版，第 193 页。）葛剑雄先生认为：“政治、军事与经济布局的不一致，使经济发展不平衡的矛盾大大加剧了，其中政治中心对经济中心的依赖作用尤其明显。秦、西汉的政治中心在关中的咸阳（今陕西咸阳市东北）或长安（今西安市西北），但经济中心和人口的重心在关东。……东汉迁都洛阳，一方面固然是由于关中的残破和少数民族的压力，更主要的还是为了就近控制关东。”（葛剑雄：《统一与分裂：中国历史的启示》（增订版），中华书局，2008 年版，第 114-115 页）邹逸麟先生认为：“刘秀起兵南阳，是在平定河北基础上建立后汉政权的，同时自西汉后期以来，河北地区已发展成为全国经济最发达的地区，欲控制黄河流域，就必须控制河北地区，所以他不可能再以残破的长安为首都，而建都洛阳，以其‘天下之中’的地理位置，以控制河北地区。”（邹逸麟主编：《中国历史人文地理》，科学出版社，2001 年版，第 116 页）而傅乐成先生则认为：“因长安遭赤眉破坏，而其地接近外族，他的部下又都是山东人，因而定都洛阳。”（傅乐成：《汉代的山西与山东》，原刊于《食货复刊》第六卷第 9 期，1976 年，后收入作者论文集《汉唐史论集》，台北：联经出版事业公司 1977 年版，第 74 页）

② 《后汉书》卷二三《窦融列传》：“及更始败，融与梁统等计议曰：‘今天下扰乱，未知所归。河西斗绝在羌胡中，不同心勠力，则不能自守；权钧力齐，复无以相率。当推一人为大将军，共全五郡，观时变动。’”（第 797 页）

③ 例如，顾祖禹就认为：“河南，古所称四战之地也。当取天下之日，河南有所必争；及天下既定，而守在河南，则岌岌焉有必亡之势矣。”（〔清〕顾祖禹撰，贺次君、施和金点校：《读史方舆纪要》，中华书局 2005 年版，第 2083 页）另外，本文之第二部分对洛阳的地理形势亦有详细的分析，也可说明这一问题。

④ 《后汉书》卷八〇上《文苑列传上》，第 2598 页。

因此，东汉最终定都洛阳，在很大程度上是朝廷向关东大族豪强势力妥协的结果。①

顾祖禹、钱穆、吕思勉、谭其骧和傅乐成都以其敏锐的史识在不同场合附带论及过建都洛阳对东汉帝国之影响，②但从未就此问题作全面、深入、系统的专题研究。另外，考察上述前贤的研究，在对帝国命运产生影响之原因这一问题上，吕思勉和谭其骧先生的见解基本一致，他们认为，首都建在远离边境的洛阳，对西北两面的控制有鞭长莫及之势，不如前汉方便，这是导致东汉衰落的一个重要原因。③而钱穆先生则认为，东汉“改都洛阳，从此东方的经济、文化不免停滞，不再向西移动；而西方武力失其营卫，亦不免于转弱”④。傅乐成先生大体也持相似的观点，认为

---

① 关于东汉最终定都洛阳的始末原因，因不是本文讨论之重点，容另文详论。但本文的论述与之有关，势不得不在此有所交代。

② 顾祖禹认为：“汉之东也，以河南而弱。”（〔清〕顾祖禹撰，贺次君、施和金点校：《读史方舆纪要》，中华书局2005年版，第2083页）吕思勉先生认为：“其（东汉）运祚略与前汉相等，然其国力的充实，则远不如前汉了。这是因为后汉移都洛阳，对于西北两面的控制，不如前汉之便；又承大乱之后，海内凋敝已极，休养未几，而羌乱即起，其富力亦不如前汉之盛之故。”（吕思勉：《吕著中国通史》，上海古籍出版社2009年版，第352页）钱穆先生认为：“两汉是中国史上第一次因统一而臻国力全盛之时期，但因种种关系，东汉国力已不如西汉。先就建都而论。中国古史活动场面，大体上主要的在黄河流域。其西部上游武力较优，东部下流则文化、经济较胜。此种形势，自虞、夏、殷、周直到秦并六国皆然。西汉承秦而都关中，长安为全国之头目，东方的文化、经济不断向西输送，使与西方武力相凝合，而接着再从长安向西北伸展。（驱逐匈奴，开通西域）西汉的立国姿态，常是协调的、动的、进取的。光武中兴，关中残破，（因王莽末年乃至更始、赤眉的大骚扰）改都洛阳，从此东方的经济、文化不免停滞，不再向西移动；（中国国力以政治推动，则长向西北发展，由外寇强敌所在也；此如西汉与唐皆是。若社会自由进展，则长向东南，以气候较佳，土壤较肥，又无强敌临前；如东汉、宋、明皆是。）而西方武力失其营卫，亦不免于转弱。（因而虽小小的西羌，竟成东汉西边之大患）东、西两方人口密度不调节，社会经济易生动摇，正如在一端极热、一端极冷的不调和空气下激起了大旋风，东汉国运遂于东方的饥荒。（黄巾）与西方的变叛（凉州兵与董卓）两种势力冲荡下断送。东汉的立国姿态，可以说常是偏枯的、静的、退守的。此乃两汉国力盛衰一总关键。”（钱穆：商务印书馆1996年版，第192-193页）谭其骧先生认为：“东汉一代无论对内对外，武功都远不及西汉。特别是对西北边界，大有鞭长莫及之势。西域三绝三通，合计设有都护、长史的时间不过二十余年。安帝后历次羌乱，兵连师老，费用至数百亿，并凉为之虚耗，三辅亦遭残破。当然，东汉国力之不竞是由多种原因造成的，但首都建在远离边境的洛阳，以致对经营边境有所忽略，不能不是原因之一。”（谭其骧：《中国历史上的七大古都》，《长水集续编》，人民出版社1994年版，第33-34页）傅乐成先生认为：“东汉定都洛阳后，山东变成军事、政治、经济合一的地区，而山西则沦为军事地区。东西的界限，日益分明。渐成为两个极其不同的文化区，而致发生偏枯的现象。最后汉室对山西逐渐放弃，而胡族乃日益进迫。东汉所以亡于山西军阀，以及后来五胡之乱的发生，都与此有关。所以西汉之强，在于以山东的财富开发山西；东汉之衰，在于全力专保山东。”（傅乐成：《汉代的山西与山东》，原刊于《食货复刊》第六卷第9期，1976年，后收入作者论文集《汉唐史论集》，台北：联经出版事业公司，1977年，第75页。）

③ 吕思勉：《吕著中国通史》，上海古籍出版社2009年版，第352页；谭其骧：《中国历史上的七大古都》，《长水集续编》，人民出版社1994年版，第33-34页。

④ 钱穆：《国史大纲》，商务印书馆1996年版，第192页。

“西汉之强，在于以山东的财富开发山西；东汉之衰，在于全力专保山东。”①综观钱、傅两位先生的观点，实际上是将东汉衰落的原因主要归之于东汉建都洛阳后帝国的重心移至关东，结果不能以关东之财富养西北之甲兵，由此导致了帝国的衰落。前贤的这些见解对于这一问题的认识显然是极具启发、极有见识。但依据我的研究，对东汉帝国命运产生深远影响的原因也不尽如此，对其深层原因以及究竟是通过何种途径影响了帝国的命运这一关键问题的较为圆满之解决，仍须有进一步深入探讨之必要。基于此，本文以笔者对东汉最终定都洛阳之原因的观点为进一步分析之基础，并根据顾祖禹、钱穆、吕思勉、谭其骧和傅乐成就东汉建都洛阳一事之相关观点所启示的线索，从政治地理的角度，勾稽史实，意在深入探讨、揭示东汉建都洛阳对帝国命运产生影响之深层原因及其途径。一管之见，聊以补方家所未及，亦可借此对东汉前期之官制与兵制改革、朝廷与豪族势力之复杂关系、帝国之边疆政策与边疆经略诸问题有一通贯性之解释，由此而及于对两汉政治、社会变迁的认识。

一

《后汉书》卷二二《朱景王杜马刘傅坚马列传》说：

永平中，显宗追感前世功臣，乃图画二十八将于南宫云台，其外又有王常、李通、窦融、卓茂，合三十二人。②

这三十二人是协助刘秀建立东汉的最主要功臣，从其所属的社会阶层来看，他们差不多全是豪族出身。③ 可见，刘秀最终胜利的原因很多，而得到豪族强宗的支持则是其中一个很重要的原因。④ 但是，东汉建国以后，地方豪族势力的存在同样也对朝廷构成了严重的威胁。这在建国初期，表现得尤为明显。《后汉书》卷一八《吴盖陈臧列传·吴汉》：

时鬲县五姓共逐守长，据城而反。李贤注：五姓，盖当土强宗豪右也。⑤

又《后汉书》卷七七《酷吏列传·李章》：

时赵、魏豪右往往屯聚，清河大姓赵纲遂于县界起坞壁，缮甲兵，为在所害。⑥

① 参见傅乐成：《汉代的山东与山西》，原刊于《食货复刊》第六卷第9期，1976年，后收入作者论文集《汉唐史论集》，台湾联经出版事业公司1977年版，第75页。

② 《后汉书》卷二二《朱景王杜马刘傅坚马列传》，第789–790页。

③ 杨联升先生在《东汉的豪族》中指出，云台二十八将差不多全为豪族出身。参见杨联升《东汉的豪族》，《清华学报》第11卷4期，1936年。

④ 对此，余英时先生有详细的考论。参见余英时《东汉政权之建立与士族大姓之关系》，《士与中国文化》，上海人民出版社2003年版。

⑤ 《后汉书》卷一八《吴盖陈臧列传·吴汉》，第680页。

⑥ 《后汉书》卷七七《酷吏列传·李章》，第2492页。

时北海安丘大姓夏长思等反，遂囚太守处兴，而据营陵城。[①]

统一战争完成以后，随着社会秩序的渐趋恢复，这些豪强虽有所收敛，但在利益受到国家损害时，仍旧以武力公然对抗朝廷。例如，鉴于“是时，天下垦田多不以实，又户口年纪互有增减。”[②] 为此，朝廷实行“度田”。《后汉书》卷一下《光武帝纪下》：

诏下州郡检核垦田顷亩及户口年纪。又考实二千石长吏阿枉不平者。[③]

度田对拥有大量土地及依附人口的豪族强宗是不利的，因此他们趁势起来反对。《后汉书》卷一下《光武帝纪下》接着记载：

郡国大姓及兵长、群盗处处并起，攻劫在所，害杀长吏。郡县追讨，到则解散，去复屯结。青、徐、幽、冀四州尤甚。冬十月，遣使者下郡国，听群盗自相纠擿，五人共斩一人者，除其罪。吏虽逗留回避故纵者，皆勿问，听以禽讨为效。其牧守令长坐界内盗贼而不收捕者，又以畏愞捐城委守者，皆不以为负，但取获贼多少为殿最，唯蔽匿者乃罪之。于是更相追捕，贼并解散。徙其魁帅于它郡，赋田受禀，使安生业。[④]

上计是秦汉时期的一项重要制度。[⑤] 在《后汉书》志二八《百官五》中有“秋冬集课，上计于所属郡国”[⑥] 的记载，注引胡广曰：“秋冬岁尽，各计县户口垦田，钱谷入出，盗贼多少，上其集簿。”[⑦] 而为了上计，“州郡检核垦田顷亩及户口年纪”自然是两汉地方政府最主要的日常工作之一。但建武十五年（公元39年），为了严格核实垦田顷亩及户口、年纪的政府度田，却激起地方“郡国大姓及兵长、群盗处处并起，攻劫在所，害杀长吏。郡县追讨，到则解散，去复屯结。青、徐、幽、冀四州尤甚”的严重局面，这正反映了东汉建国以后，地方大族豪强势力之强大与跋扈不法，以及当时主要由于地方豪强大族隐瞒实际占有之土地与依附人口而造成的“天下垦田多不以实，又户口年纪互有增减”的实际情况。朝廷虽然以镇压与怀柔相结合的方式“徙其魁帅于它郡，赋田受禀，使安生业”平息了事态，但也不得不向

---

① 《后汉书》卷七七《酷吏列传·李章》，第2493页。

② 《后汉书》卷二二《朱景王杜马刘傅坚马列传》，第780页。

③ 《后汉书》卷一下《光武帝纪下》，第66页。

④ 《后汉书》卷一下《光武帝纪下》，第67页。

⑤ 关于秦汉时期上计制度的具体情况，可参看白寿彝主编：《中国通史》第四卷《中古时代·秦汉时期上册》，上海人民出版社1995年版，第九章。另外，在1993年，江苏省尹湾汉墓出土的简牍中，发现了作为东海郡上计原本的“计簿”。参见连云港市博物馆等编：《尹湾汉墓简牍》，中华书局1997年版。

⑥ 《后汉书》志第二八《百官志五》，第3622-3623页。

⑦ 《后汉书》志第二八《百官志五》，第3623页。

大族豪强妥协，不再认真检查其垦田与户口的实数。①朝廷的度田，并没有遏制住大族豪强势力的发展，这从东汉田庄的发达便可窥其一斑。大的田庄不但“连栋数百，膏田满野，奴婢千群，徒附万计”②，而且，还拥有私家武装，“缮五兵，习战射，以备寒冬穷厄之寇”③。就在平息了度田事件以后的第二年即建武十七年（公元41年），刘秀总结自己的统治经验时说：“吾理天下，亦欲以柔道行之。”④似乎说出了问题的真相：即奉行与事实上已经崛起且强大难治的大族豪强在一定的底线内采取妥协、让步、姑息的政策。这恰如吕思勉先生所说：“光武平定天下之后，自然只好暂顾目前，说不上什么远大的计划了。而自王莽举行这样的大改革而失败后，政治家的眼光，亦为之一变。根本之计，再也没有人敢提及。社会渐被视为不可以人力控制之物，只能听其迁流所至。‘治天下不如安天下，安天下不如与天下安’，遂被视为政治上的金科玉律了。”⑤吕思勉先生这番话准确地说出了自西汉末年以来地方大族势力崛起后时代政治形势的变迁。

在豪族当中，那些根基深厚、社会关系错综复杂的大豪族对朝廷的威胁则更为严重。《后汉书》卷七七《酷吏列传·周纡》：

周纡字文通，下邳徐人也……征拜洛阳令。下车，先问大姓主名，吏数闾里豪强以对，纡厉声怒曰：“本问贵戚若马、窦等辈，岂能知此卖菜佣乎？”⑥

所谓大豪族，就是周纡所说的“若马、窦等辈”。因为，这些大豪族势力一经成长，他们的成长欲望就没有止境，就会有更高的政治要求。⑦ 在此情况下，诸侯王往往成为这些豪族依附或利用的对象。同样，诸侯王的力量也不仅仅在于封地的大小、

---

① 范文澜先生认为：“在解决土地问题上，汉光武帝完全失败了。…… 从此以后，东汉朝廷向豪强势力完全屈服，不再检查垦田与户口的实数。”（范文澜：《中国通史简编》（修订本）第2编，人民出版社1965年版，第138-139页）田余庆先生认为：“东汉田庄发达，是度田事件以后国家与豪强妥协的标志。”（田余庆《秦汉魏晋南北朝人身依附关系的发展》，《秦汉魏晋史探微》（重订本），中华书局2004年版，第77页）Mark Edward Lewis 先生甚至认为：“the Han revival marked the triumph of locally powerful families over the central court and the consequent shift of authority from the capital toward the regions.”（Mark Edward Lewis，The Early Chinese Empires：Qin and Han，Cambridge，Massachusetts，London，England：The Belknap Press of Harvard University Press，2007，p24.）

② 《后汉书》卷四九《王充王符仲长统列传·仲长统》，第1648页。

③ ［汉］崔寔著，石声汉校注：《四民月令校注》，中华书局1965年版，第65页。

④ 《后汉书》卷一下《光武帝纪下》，第68-69页。

⑤ 吕思勉：《吕著中国通史》，上海古籍出版社2009年版，第351页。

⑥ 《后汉书》卷七七《酷吏列传·周纡》，第2493-2394页。

⑦ 例如，在王莽末天下大乱之时，作为豪族的耿纯就曾坦言：“天下士大夫捐亲戚，弃土壤，从大王于矢石之间者，其计固望其攀龙鳞，附凤翼，以成其所志耳。”（《后汉书》卷一上《光武帝纪》上，第21页）

人口的多少，更重要的是，他们一旦得到这些豪族势力的支持就会有谋反的实力。① 《资治通鉴》卷四四“光武帝建武二十七年”条：

上问赵熹以久长之计，熹请遣诸王就国。冬，上始遣鲁王兴、齐王石就国。②

从光武君臣的问答，也可以清楚地看出这些大豪族和诸侯王对朝廷构成的严重威胁。光武帝“诏有司申明旧制阿附蕃王法”③ 其用意也正在于此。总之，豪族对朝廷构成了严重的威胁。因此，东汉初期打击诸侯王，实际上也是通过大狱勾连的方式打击豪族。这在楚王英狱的始末中有极其清楚的体现。《后汉书》卷四二《光武十王列传·楚王英》：

英少时好游侠，交通宾客，晚节更喜黄老，学为浮屠斋戒祭祀。……十三年，男子燕广告英与渔阳王平、颜忠等造作图书，有逆谋，事下案验。有司奏英招聚奸猾，造作图谶，擅相官秩，置诸侯王公将军二千石，大逆不道，请诛之。……明年，英至丹阳，自杀。立三十三年，国除。……于是封燕广为折奸侯。楚狱遂至累年，其辞语相连，自京师亲戚诸侯州郡豪杰及考案吏，阿附相陷，坐死徙者以千数。”④

正如时人寒朗所言：

是以考一连十，考十连百。又公卿朝会，陛下问以得失，皆长跪言，旧制大罪祸及九族，陛下大恩，裁止于身，天下幸甚。及其归舍，口虽不言，而仰屋窃叹，

---

① 例如，虽经西汉朝廷一系列的打击，“连城数十，地方千里”的诸侯王国辖地已不过数县，但淮南王安和衡山王赐仍旧图谋造反，武帝下令捕其党羽，牵连致死者数万人，为此，朝廷颁布“左官律”和“附益法”禁止诸王交通郡国豪杰。又，“武帝崩，昭帝即位，而齐孝王孙刘泽交结郡国豪杰谋反，欲先杀青州刺史。”（《汉书》卷七一《隽疏于薛平彭传·隽不疑》，中华书局1962年标点本，第3036页）凡此，皆说明：诸侯王的力量不仅仅在于封地的大小，人口的多少，更重要的是，他们一旦得到豪族势力的支持就会有谋反的实力。

② 《资治通鉴》卷四四“光武帝建武二十七年”条，中华书局，1956年标点本，第1418页。另外，《后汉书》卷二六《伏侯宋蔡冯赵牟韦列传·赵熹》：“大姓李子春先为琅邪相，豪猾并兼，为人所患。憙下车，闻其二孙杀人事未发觉，即穷诘其奸，收考子春，二孙自杀。京师为请者数十，终不听。时赵王良疾病将终，车驾亲临王，问所欲言。王曰：‘素与李子春厚，今犯罪，怀令赵憙欲杀之，愿乞其命。’帝曰：‘吏奉法，律不可枉也，更道它所欲。’王无复言。既薨，帝追感赵王，乃贳出子春。”（第913-914页）可见地方大姓与诸侯王交通，乃至于能令诸侯王为其乞命。由此，更可见“上问赵熹以久长之计，熹请遣诸王就国。冬，上始遣鲁王兴、齐王石就国。”一事之本末缘由，而赵熹之建言，并非凭空而发。

③ 《后汉书》卷一下《光武帝纪下》，第76页。又《后汉书》卷二四《马援列传》：“援谓司马吕种曰：‘……自今以往，海内日当安耳。但忧国家诸子并壮，而旧防未立，若多通宾客，则大狱起矣。卿曹戒慎之！’及郭后薨，有上书者，以为肃等受诛之家，客因事生乱，虑致贯高、任章之变。帝怒，乃下郡县收捕诸王宾客，更相牵引，死者以千数。”李贤注：“旧防，诸侯王子不许交通宾客。”（第851页）

④ 《后汉书》卷四二《光武十王列传·楚王英》，第1428-1430页。

莫不知其多冤，无敢牾陛下者。①

楚王英案，虽“莫不知其多冤”，而前后牵连入狱者上万人，直至章帝建初二年(公元77年)，②此事才算真正了结。

根据《后汉书》的记载，在光武帝和明帝时期，先后以各种原因遭到打击的大豪族有：马氏③、窦氏④、阴氏⑤、梁氏⑥；诸侯王有：沛王刘辅、山阳王刘荆、楚王刘英、济南王刘康、淮阳王刘延。⑦诚然，光武帝和明帝打击豪族、摧折诸王各有其具体的原因乃至借口，但通而观之，这些事件正反映了豪族、诸侯王与朝廷之间的矛盾以及他们对朝廷所构成的威胁。

总之，刘秀虽然利用豪族取得了天下，但经济实力雄厚、宗族势力强大且拥有大量宾客、徒附等依附人口乃至私家武装的豪族势力，⑧同样也是朝廷最为严重的威胁。东汉在建国后打击豪族、诸侯王这些事件便是东汉豪族势力强大对朝廷构成严重威胁的反映。

二

东汉改都洛阳，与西汉之都城长安相比，洛阳位于“九州腹地”“天下之中”，其西面为凉州刺史部与三辅，且有崤函之固；北面为并州、冀州、幽州刺史部，而

① 《后汉书》卷四一《第五钟离宋寒列传·寒朗》，第1417页。

② 《后汉书》卷三《肃宗孝章帝纪》：“夏四月戊子，诏还坐楚、淮阳事徙者四百余家，令归本郡。”（第135页）

③ 《后汉书》卷二四《马援列传》：“帝乃使虎贲中郎将梁松乘驿责问援，因代监军。会援病卒，松宿怀不平，遂因事陷之。帝大怒，追收援新息侯印绶。……及卒后，有上书谮之者……帝益怒。援妻孥惶惧，不敢以丧还旧茔，裁买城西数亩地槀葬而已。宾客故人莫敢吊会。严与援妻子草索相连，诣阙请罪。”（第844-846页）

④ 《后汉书》卷二三《窦融列传》：“永平二年，林以罪诛……帝由是数下诏切责融，戒以窦婴、田蚡祸败之事。融惶恐乞骸骨，诏令归第养病……融在宿卫十余年，年老，子孙纵诞，多不法。穆等遂交通轻薄，属托郡县，干乱政事……帝大怒，乃尽免穆等官，诸窦为郎吏者皆将家属归故郡，独留融京师。”（第808页）

⑤ 《后汉书》卷三二《樊宏阴识列传》：“就子丰尚郦邑公主。公主娇妒，丰亦狷急。永平二年，遂杀主，被诛，父母当坐，皆自杀，国除。帝以舅氏故，不极其刑。”（第1132页）

⑥ 《后汉书》卷三四《梁统列传》：“松数为私书请托郡县，二年，发觉免官，遂怀怨望。四年冬，乃县飞书诽谤，下狱死，国除。”（第1170页）

⑦ 明帝摧折诸王始末详见《后汉书》卷四二《光武十王列传》。

⑧ 田余庆先生认为：度田事件以后，“豪强地主仍然保持着自己的依附农民，保持着自己的私家武装，当时分别称之为佃客和部曲。不过部曲在那时不再以公开的形式而是以隐蔽的形式存在。”（田余庆：《秦汉魏晋南北朝人身依附关系的发展》，《秦汉魏晋史探微》（重订本），中华书局2004年版，第81页。）另外，据何兹全先生的研究，“在东汉豪族的羽翼下，已汇集了成千上万的人。他们的名称有宗族、宾客、部曲、门生、故吏、徒附等等。他们和主人构成一个集团，祸福与共。”（何兹全：《两汉豪族发展的三个时期》，《秦汉史论丛》第3辑，陕西人民出版社1986年版，第115-116页）

兼有黄河天堑；东面为豫州、兖州、徐州、青州刺史部与东郡齐国间诸郡；南面为益州、荆州和扬州刺史部。[①] 洛阳的此种地理形势，对外而言，一方面，使东汉朝廷远离西羌、匈奴、乌桓、鲜卑的驻地，另一方面，崤山、函谷关和黄河则在洛阳的西面和北面构筑了天然的地理屏障，这就使帝国所受西、北方边疆游牧民族的威胁大为减轻。其时史书中之“先是朔方以西障塞多不修复”[②]“诏罢诸边郡亭候吏卒”[③]等记载便部分地反映了这种情况。诚然，洛阳“东有成皋，西有殽黾，倍河，向伊雒”[④]，但“其中小，不过数百里，田地薄，四面受敌”[⑤]，并非用武之国。西汉建国后，刘邦君臣之所以最终弃洛阳而都长安，其原因很大程度上就在于此。[⑥]公元184年，黄巾起义爆发，朝廷仓促之间首先加强洛阳的防守力量，环洛阳增设八关都尉[⑦]；公元190年，关东兵起，董卓惧，挟持献帝迁都长安以避其难[⑧]，就清楚地暴露了洛阳的这种局限性。如前分析，刘秀虽然利用豪族取得了天下，但豪族势力的强大，却是朝廷潜在的严重威胁。如果这种威胁是来自帝国内部之荆州、扬州、豫州、兖州、徐州、青州刺史部与东郡齐国间诸郡，则西面之崤函之固与北面之黄河天堑均起不到屏蔽京师的作用。因此，就对内而言，东汉建都洛阳则处于经济实力雄厚、宗族势力强大又拥有大量宾客、徒附等依附民甚至私家武装的豪族势力，尤其是关东地方大族势力的严重威胁之下。[⑨] 对此，周振鹤先生曾有精辟的分析：

---

① 谭其骧主编：《中国历史地图集》第二册（秦·西汉·东汉时期），中国地图出版社1982年版，第40–41页。

② 《后汉书》卷八九《南匈奴列传》，第2959页。

③ 《后汉书》卷一下《光武帝纪下》，第75页。

④ 《史记》卷五五《留侯世家》，中华书局1959年标点本，第2043页。

⑤ 《史记》卷五五《留侯世家》，第2044页。

⑥ 《史记》卷九九《刘敬叔孙通列传》中刘敬说：“且夫秦地被山带河，四塞以为固，卒然有急，百万之众可具也。因秦之故，资甚美膏腴之地，此所谓天府者也。陛下入关而都之，山东虽乱，秦之故地可全有也。夫与人斗，不搤其亢，拊其背，未能全其胜也。今陛下入关而都，案秦之故地，此亦搤天下之亢而拊其背也。”（第2716页）又，《史记》卷五五《留侯世家》亦详载此事：“刘敬说高帝曰：‘都关中。’上疑之。左右大臣皆山东人，多劝上都洛阳：‘洛阳东有成皋，西有殽黾，倍河，向伊洛，其固亦足恃。’留侯曰：‘洛阳虽有此固，其中小，不过数百里，田地薄，四面受敌，此非用武之国也。夫关中左殽函，右陇蜀，沃野千里，南有巴蜀之饶，北有胡苑之利，阻三面而守，独以一面东制诸侯。诸侯安定，河渭漕挽天下，西给京师；诸侯有变，顺流而下，足以委输。此所谓金城千里，天府之国也，刘敬说是也。’于是高帝即日驾，西都关中。”（第2043–2044页）

⑦ 《后汉书》卷八《孝灵帝纪》：“中平元年春二月，钜鹿人张角自称‘黄天’，其部帅有三十六方，皆著黄巾，同日反叛。安平、甘陵人各执其王以应之。三月戊申，以河南尹何进为大将军，将兵屯都亭。置八关都尉官。”李贤注：都亭在洛阳。八关谓函谷、广城、伊阙、大谷、轘辕、旋门、小平津、孟津也。（第348页）

⑧ 《后汉书》卷五四《杨震列传》：“明年，关东兵起，董卓惧，欲迁都以违其难。”（第1786页）

⑨ 此种形势与西汉建国后，朝廷初都洛阳，与异姓诸王共处关东的局面可谓具有一定的相似性。但是，东汉在完成统一以后，虽有改都关中的打算，但关东大族豪强势力的强大，最终使朝廷迁都长安的愿望无法实现。为此，朝廷唯有在既成的现实状况下，另谋出路，而其防范重心的变化实与此有关。

洛阳处天下之中，不但对全国行政管理十分有利，而且各地贡赋的调集，商贸上的往来也处于道里均衡的有利地位。但缺点是防守困难，中州平原是四战之地，伊洛小平原更无险可守。所谓东据成皋，西阻崤、渑，背倚大河，面向伊洛的形胜，只是主张建都洛阳的人的说词，真正打起仗来，就如张良所说："虽有此固，其中小，不过数百里，田地薄，四面受敌，此非用武之国也。"如果王朝内部有敌对势力的叛乱，则洛阳的安全性不如西安。①

综合上述之事实，可以看出，正是豪族对朝廷所构成之严重威胁这一客观现实与首都洛阳在帝国疆域中所处之位置及洛阳本身的地理形势这些因素的交互作用，致使朝廷的防范重心偏向帝国内部之功臣、外戚、豪族和诸侯王。② 这在以下的史实中也有清楚的反映。《后汉书》卷八九《南匈奴列传》：

二十二年，单于舆死，子左贤王乌达鞮侯立为单于。复死，弟左贤王蒲奴立为单于。比不得立，既怀愤恨。而匈奴中连年旱蝗，赤地数千里，草木尽枯，人畜饥疫，死耗太半。③

所以，在建武二十七年（公元51年），朗陵侯臧宫乃与杨虚侯马武向光武帝上书说：

匈奴贪利，无有礼信，穷则稽首，安则侵盗，缘边被其毒痛，中国忧其抵突。虏今人畜疫死，旱蝗赤地，疫困之力，不当中国一郡。万里死命，县在陛下。福不再来，时或易失，岂宜固守文德而堕武事乎？今命将临塞，厚县购赏，喻告高句骊、乌桓、鲜卑攻其左，发河西四郡、天水、陇西羌胡击其右。如此，北虏之灭，不过数年。臣恐陛下仁恩不忍，谋臣狐疑，令万世刻石之功不立于圣世。④

但是光武帝的回答却让他们大失所望：

诏报曰："《黄石公记》曰，'柔能制刚，弱能制强'。柔者德也，刚者贼也，弱者仁之助也，强者怨之归也。故曰有德之君，以所乐乐人；无德之君，以所乐乐身。乐人者其乐长，乐身者不久而亡。舍近谋远者，劳而无功；舍远谋近者，逸而有终。逸政多忠臣，劳政多乱人。故曰务广地者荒，务广德者强。有其有者安，贪人有者残。残灭之政，虽成必败。今国无善政，灾变不息，百姓惊惶，人不自保，而复欲远事边外乎？孔子曰：'吾恐季孙之忧，不在颛臾。'且北狄尚强，而屯田警备传闻之事，恒多失实。诚能举天下之半以灭大寇，岂非至愿；苟非其时，不如息人。"自

---

① 周振鹤：《东西徘徊与南北往复——中国历史上五大都城定位的政治地理因素》，《华东师范大学学报》（哲学社会科学版），2009年第1期。

② 实际上，如前分析，东汉之功臣、外戚也都属豪族阶层，但因为他们的特殊身份，故与一般之豪族还是有所区别。

③ 《后汉书》卷八九《南匈奴列传》，第2942页。

④ 《后汉书》卷一八《吴盖陈臧列传·臧宫》，第695页。

是诸将莫敢复言兵事者。[①]

在面对“虏今人畜疫死，旱蝗赤地，疫困之力，不当中国一郡……如此，北虏之灭，不过数年”的讨灭匈奴如此绝好的机会时，刘秀仍然坚持“舍近谋远者，劳而无功”“吾恐季孙之忧，不在颛臾”。可见，朝廷的防范重心在内不在外。另外，从上述大段引文亦可见，对于臧宫、马武趁“匈奴中连年旱蝗，赤地数千里，草木尽枯，人畜饥疫，死耗太半”之时，讨灭匈奴的建议，刘秀的回答极尽婉转，甚至在借孔子的话表达自己的真正意思时也仅说了半句：“吾恐季孙之忧，不在颛臾”，而没有将意思更为直白地说出“而在萧墙之内也”[②]，显然是事有不便明言者。而在三十八年以后的和帝永元元年（公元 89 年），窦宪还是乘“北虏大乱，加以饥蝗”[③]的机会，大破北匈奴，出塞三千里，刻石勒功而还。可见，光武帝所谓的“且北狄尚强，而屯田警备传闻之事，恒多失实。诚能举天下之半以灭大寇，岂非至愿。苟非其时，不如息人”也不过是明显的借口而已。试想，在“匈奴中连年旱蝗，赤地数千里，草木尽枯，人畜饥疫，死耗太半”的情况下，怎么能“北狄尚强”？屯田警备乃军国大事，又岂能“恒多失实”？凡此都说明：建都洛阳后，朝廷的真正防范对象恰是帝国内部如臧宫、马武等人这些功臣、豪族和诸侯王。

三

朝廷防范重心的变化，直接影响了东汉前期帝国的内外政策调整。[④] 首先，为保证中央对地方的居重驭轻，也为了减少州郡大族豪强掌握本地军队的机会，光武帝进行了兵制改革。[⑤]《后汉书》志第二八《百官五》：

---

① 《后汉书》卷一八《吴盖陈臧列传·臧宫》，第 695-696 页。

② 程树德撰，程俊英、蒋见元点校《论语集释》（新编诸子集成本）卷三三《季氏》，中华书局 1990 年版，第四册，第 1139 页。

③ 《后汉书》卷八九《南匈奴列传》，第 2952 页。

④ 事实上，朝廷的这些政策调整也一再反映了东汉建都洛阳后，朝廷的防范重心偏向了帝国内部，尤其是帝国内部的各类豪族势力。

⑤ 田余庆先生认为，光武帝之所以进行这样的兵制改革，是因为“废除地方兵后，国家军队常常招募农民或征发刑徒组成，指挥权完全集中在中央和皇帝之手。这样就有可能加强皇帝镇压叛乱、控制全国的力量，减少州郡豪强掌握本地军队的机会。”（翦伯赞主编：《中国史纲要》（增订本）上，北京大学出版社 2006 年版，第 123 页）宋人陈傅良在其《历代兵制》中说：“自西都之季，都试或以为患。韩延寿始以试士潜拟不道诛，而翟义之反王莽，隗嚣之劫更始，李通之劝光武，皆以秋试，因勒车骑，诛守长，号令起事。光武惩之，遂罢不讲。”（王晓卫、刘昭祥：《历代兵制浅说》所附〔宋〕陈傅良：《历代兵制》，解放军出版社 1986 年版，第 242-243 页），可见，光武帝进行兵制改革，其主要的意图，还是在于防范帝国内部之怀有野心者，尤其是地方上的大族豪强。另外，我认为，光武帝的兵制改革发生在平定关东以后，接下来要专力解决西部的割据势力之时，显然更有防范关东豪强，巩固、稳定关东局势，确保国都洛阳无虞的用心。而在一统天下后，兵制改革的弊端也已开始显现时，朝廷依旧不恢复内郡地方兵和“都试之役”，则进一步清楚地反映了朝廷兵制改革一以贯之的根本用心在于保证中央对地方的居重驭轻，消弭州郡大族豪强掌握本地军队的机会。

中兴建武六年，省诸郡都尉，并职太守，无都试之役。①

又《后汉书》卷一下《光武帝纪下》：

三月丁酉，诏曰："今国有众军，并多精勇，宜且罢轻车、骑士、材官、楼船士及军假吏，令还复民伍。"②

尽管在"每有剧贼"时，会出现"郡临时置都尉"的情况，但"事讫罢之"。③而且，终东汉之世，由于"无都试之役"，士兵缺乏经常的训练，所以，其战斗力大为下降。《后汉书》志第二八《百官五》注引应劭《汉官》说：

自郡国罢材官骑士之后，官无警备，实启寇心。一方有难，三面救之……不及讲其射御，用其戒誓，一旦驱之以即强敌，犹鸠雀捕鹰鹯，豚羊弋豺虎，是以每战常负，王旅不振。"④

可见，为强本弱末，而采取的兵制改革，却顾此失彼，导致了东汉"王旅不振"。因是之故，"方之匈奴，颇为衰寡"⑤ 的羌人，竟成了东汉最为严重的边患：

中兴以后，边难渐大……永初之间，群种蜂起 ……毂马扬埃，陆梁于三辅；建号称制，恣睢于北地。东犯赵、魏之郊，南入汉、蜀之鄙，塞湟中，断陇道，烧陵园，剽城市，伤败踵系，羽书日闻。并、凉之士，特冲残毙……自西戎作逆，未有陵斥上国若斯其炽也。"⑥

于是朝廷先后任命邓骘、任尚、马贤、皇甫规、张奂、段颎等人进行征讨，但"羌寇转盛，兵费日广"⑦ 最终使东汉元气大伤。《后汉书》卷八七《西羌传》说：

自羌叛十余年间，兵连师老，不暂宁息。军旅之费，转运委输，用二百四十余亿，府帑空竭。延及内郡，边民死者不可胜数，并凉二州遂至虚耗。⑧

又：

自永和羌叛，至乎是岁，十余年间，费用八十余亿。诸将多断盗牢禀，私自润入，皆以珍宝货赂左右，上下放纵，不恤军事，士卒不得其死者，白骨相望于野。⑨

---

① 《后汉书》志第二八《百官五》，第 3621 页。
② 《后汉书》卷一下《光武帝纪下》，第 51 页。
③ 《后汉书》志第二八《百官五》注引应劭曰："每有剧贼，郡临时置都尉，事讫罢之。"（第 3622 页）
④ 《后汉书》志第二八《百官五》，注引应劭《汉官》，第 3622 页。
⑤ 《后汉书》卷八七《西羌传》，第 2899 页。
⑥ 《后汉书》卷八七《西羌传》，第 2899-2900 页。
⑦ 《后汉书》卷五一《李陈庞陈桥列传・庞参》，第 1688 页。
⑧ 《后汉书》卷八七《西羌传》，第 2891 页。
⑨ 《后汉书》卷八七《西羌传》，第 2897 页。

对羌战争使朝廷“府帑空竭”，而且，长期战争的结果，也使“并凉二州遂至虚耗”。例如，仅就凉州人口而言，按照何兹全先生的统计，“凉州西汉时有人口一百五十多万，东汉只有十余万，所存仅十五分之一。人口消耗原因就是羌战”①。

羌战的结局，正如范晔所总结：“羌虽外患，实深内疾，若攻之不根，是养疾疴于心腹也。惜哉寇敌略定矣，而汉祚亦衰焉。”②

事实上，光武帝兵制改革的影响还并不仅仅在于造成了“王旅不振”，实则更为深远，对此，宋人陈傅良在其《历代兵制》中已有阐述：

自中兴郡兵不练，而南北二军交惊于境。安、顺以来，窦宪（永元元年）、邓鸿（永元六年）、何熙（永初三年）三将以击，刘尚（永元九年）、邓骘（永初元年）、任尚、朱宠（永初五年）、马贤（永和五年）、张侨（永和六年）六七将以讨羌，而鲜卑之寇（永和二年），南单于之变（永和八年），亦数移屯，连年暴露。由是王旅无复镇卫之职，而奔命四方之不暇。又方募为陷阵（《西羌传》），征为积射，召为义从。大抵创立名号，皇甫规所为。列屯坐食之兵众矣。卒于中官之诛，结援外将。故夫汉之祸，光武之销兵为之也。③

宋元之际的马端临亦云：

自光武罢都试，而外兵不练。虽疆埸之间广屯增戍，列营置坞，而国有征伐，终借京师之兵以出。盖自建武迄于汉衰，匈奴之寇，鲜卑之寇，岁岁有之。或遣将出击，或移兵留屯（如永平中伐匈奴，留兵伊吾庐城，至肃宗二年罢之之类是也），连年暴露，奔命四方，而禁旅无复镇卫之职矣。……外之士兵不练，而内之卫兵不精，设若盗起一方，则羽檄被于三边，兴发甲卒，取办临时；战非素具，每出辄北，于是羌寇转盛，移兵赴远，民不堪命。……而中平元年，黄巾遂作，所在盗贼，不可胜数，于是置八都尉。黄巾既殄，而萧墙之祸作。……袁绍惩其事，故欲借外兵以除之，于是内置园校，阳尊阉宦，外重州牧，实召边将（董卓以并州牧将兵）。阉宦虽除，而董卓之祸已成。义兵四起，郡牧争政，汉遂三分。原汉盛衰，皆兵之由，而光武实为之。”④

其次，刘秀在建国以后一反汉高祖刘邦以功臣任丞相执政的办法，不给功臣实权实职，并剥夺了他们的兵权。《后汉书》卷一七《冯岑贾列传·贾复》：

---

① 何兹全：《中国古代社会》，北京师范大学出版社2007年版，第375页。

② 《后汉书》卷八七《西羌传》，第2901页。

③ 王晓卫、刘昭祥：《历代兵制浅说》所附〔宋〕陈傅良：《历代兵制》，解放军出版社1986年版，第243-244页。

④ 〔宋〕马端临撰：《文献通考》卷一五〇《兵考二》，中华书局，1986年据万有文库十通本重新影印本，第1316页。

复知帝欲偃干戈，修文德，不欲功臣拥众京师，乃与高密侯邓禹并剽甲兵，敦儒学。帝深然之，遂罢左右将军。复以列侯就第，加位特进。复为人刚毅方直，多大节。既还私第，阖门养威重。朱祐等荐复宜为宰相，帝方以吏事责三公，故功臣并不用。是时列侯唯高密、固始、胶东三侯与公卿参议国家大事，恩遇甚厚。①

在中央政府中，号称三公的太尉、司徒、司空只是名义上的首脑，实际权力在中朝的尚书台。《后汉书》卷四六《郭陈列传·陈宠传附子忠传》：

时三府任轻，机事专委尚书，而灾眚变咎，辄切免公台。忠以为非国旧体，上疏谏曰："……汉典旧事，丞相所请，靡有不听。今之三公，虽当其名而无其实，选举诛赏，一由尚书，尚书见任，重于三公，陵迟以来，其渐久矣。"②

尚书虽是皇帝的近臣，权势很大，"选举诛赏，一由尚书，尚书见任，重于三公"，但品级不高，且"类无大能"，多从低级官吏中选拔。《后汉书》卷二六《伏侯宋蔡冯赵牟韦列传·韦彪》中韦彪说：

天下枢要，在于尚书。尚书之选，岂可不重？而间者多从郎官超升此位，虽晓习文法，长于应对，然察察小慧，类无大能。③

事实上，尚书的品级越低，越是"类无大能"，就越不敢和皇帝对抗，皇帝就越指挥自如。正如《后汉书》卷二九《申屠刚鲍永郅恽列传·申屠刚》所说："时内外群官，多帝自选举，加以法理严察，职事过苦，尚书近臣，至乃捶扑牵曳于前，群臣莫敢正言。"④而之所以这样，显然是为了加强皇帝集权，而最终之真正目的还是为了防范功臣、豪族。⑤但是，随着这种皇帝个人权力的过度加强，外朝官僚机构的作用则受到削弱，尤其是能够制衡皇权的相权受到严重削弱。结果，在自和帝以后，幼主相继嗣位的情况下，外戚、宦官利用其特殊身份所提供之机会挟主专权。外戚、宦官的交替专权与他们之间的血腥斗争（以"清流"自居的官僚士大夫亦参与其中）遂使帝国政治的腐败日甚一日。正如汉末仲长统所评论：

光武皇帝愠数世之失权，忿强臣之窃命，矫枉过直，政不任下，虽置三公，事归台阁。自此以来，三公之职，备员而已……而权移外戚之家，宠被近习之竖，亲其党类，用其私人，内充京师，外布列郡，颠倒贤愚，贸易选举，疲驽守境，贪残

---

① 《后汉书》卷一七《冯岑贾列传·贾复》，第667页。

② 《后汉书》卷四六《郭陈列传·陈宠传附子忠传》，第1565页。

③ 《后汉书》卷二六《伏侯宋蔡冯赵牟韦列传·韦彪》，第918页。

④ 《后汉书》卷二九《申屠刚鲍永郅恽列传·申屠刚》，第1017页。

⑤ 对此，何兹全先生已有较详细的论证，参见何兹全：《中国古代社会》之《东汉的政治》，北京师范大学出版社2007年版，第310-316页。

牧民，挠扰百姓，忿怒四夷，招致乖叛，乱离斯瘼……此皆戚宦之臣所致然也。①

另外，朝廷防范重心的偏内，也影响了帝国的边疆政策，致使朝廷疏于对帝国边疆地带的经略。《后汉书》卷八八《西域传》：

王莽篡位，贬易侯王，由是西域怨叛，与中国遂绝……建武中，皆遣使求内属，愿请都护。光武以天下初定，未遑外事，竟不许之……章帝不欲疲敝中国以事夷狄，乃迎还戊己校尉，不复遣都护。……安帝永初元年，频攻围都护任尚、段禧等，朝廷以其险远，难相应赴，诏罢都护。自此遂弃西域……复欲进取西域。邓太后不许，但令置护西域副校尉，居敦煌，复部营兵三百人，羁縻而已。其后北虏连与车师入寇河西，朝廷不能禁，议者因欲闭玉门、阳关，以绝其患。②

又《后汉书》卷五八《虞傅盖臧列传·虞诩》：

永初四年，羌胡反乱，残破并、凉，大将军邓骘以军役方费，事不相赡，欲弃凉州，并力北边。③

又《后汉书》卷八七《西羌传》：

羌既转盛，而二千石、令、长多内郡人，并无守战意，皆争上徙郡县以避寇难。朝廷从之，遂移陇西徙襄武，安定徙美阳，北地徙池阳，上郡徙衙。百姓恋土，不乐去旧，遂乃刈其禾稼，发彻室屋，夷营壁，破积聚。④

又《后汉书》卷八九《南匈奴列传》：

先是朔方以西障塞多不修复，鲜卑因此数寇南部，杀渐将王。单于忧恐，上言求复障塞，顺帝从之。⑤

从上面所列举的数段史实可以看出，东汉不但几度放弃了西域，而且，“欲弃凉州”，甚至在“百姓恋土，不乐去旧，遂乃刈其禾稼，发彻室屋，夷营壁，破积聚”的情况下，把“陇西徙襄武，安定徙美阳，北地徙池阳，上郡徙衙”“以避寇难”，而且还出现过“朔方以西障塞多不修复”的情况。据廖伯源先生的考证，至东汉末，“金城、陇西、安定、北地、上郡、西河、朔方、五原、云中、定襄诸郡大多省废，或失其大半属县”⑥。“政策虽不弃凉州，实际仅维持凉州诸郡之行政组织，羌祸较严

---

① 《后汉书》卷四九《王充王符仲长统列传·仲长统》，第1657页。

② 《后汉书》卷八八《西域传》，第2909–2911页。

③ 《后汉书》卷五八《虞傅盖臧列传·虞诩》，第1866页。

④ 《后汉书》卷八七《西羌传》第2887–2888页。

⑤ 《后汉书》卷八九《南匈奴列传》，第2959页。

⑥ 廖伯源：《东汉西北边界之内移》，《白沙历史地理学报》，2007年第3期（历史地理理论、秦汉历史地理专号），第119页。

重之郡县，仍是弃土而徙其吏民以避难”①。结果，边塞内徙，内郡成为前线。安帝、顺帝时，朝廷不得不在内郡构筑新的防御线。“北起中山国，向南经常山国、赵郡，至魏郡凡六百一十所坞候，形成一条南北走向之防御线。此防御线到河内郡转为自东北向西南筑三十三所坞堡，往西接筑左冯翊‘北界候坞五百所’，再西接筑于右扶风、汉阳郡之‘陇道坞三百所’。并州、凉州位于此防御线外，盖此二州匈奴、羌、氐等民族之人口多于汉人，汉廷难于防守，乃向东向南后退，筑此新防御线”②。同时，更多的匈奴、西羌、鲜卑等边疆民族趁机入居塞内，则为后来之所谓“五胡乱华”业已导其先路了。

综上所论，正是豪族对东汉朝廷所构成之严重威胁这一客观现实与首都洛阳在帝国疆域中所处之位置及洛阳本身的地理形势这些因素的交互作用，致使朝廷的防范重心偏向帝国内部之功臣、外戚、豪族和诸侯王。而此种变化，则直接影响了东汉前期朝廷的政策调整。为防范功臣、豪族，光武帝不但不任功臣，“退功臣而进文吏”，就是朝廷三公也不委以重任，“虽置三公，事归台阁”。这类原本为了防范功臣、豪族而致力于皇帝集权的官制改革，却矫枉过正，随着皇帝个人权力的过度加强，外朝官僚机构的作用随之受到削弱，尤其是能够制衡皇权的相权受到严重削弱。结果，在自和帝以来，幼主相继嗣位的情况下，最终酿成了外戚、宦官利用其特殊身份挟主专权的后果。其次，为保证朝廷对地方的居重驭轻，同时，也为了减少州郡大族豪强掌握本地军队的机会，光武帝陆续采取了一系列罢省地方郡国兵、废除“都试之役”的兵制改革措施。结果，却顾此失彼，导致了东汉“王旅不振”。因是之故，“方之匈奴，颇为衰寡”的羌人，竟成了东汉最为严重的边患，终因羌乱而使帝国元气大伤。而事实上，光武帝兵制改革的影响还不仅在于造成了东汉军队战斗力的下降，甚至直接影响了帝国的命运，所以正如识者所说：“故夫汉之祸，光武销兵为之也”③。“原汉盛衰，皆兵之由，而光武实为之”④。再则，朝廷防范重心的偏内，也影响了帝国的边疆政策，致使朝廷疏于对边疆地带的经略。“西域三绝三通，合计设有都护、长史的时间不过二十余年。安帝后历次羌乱，兵连师老，费用至数百亿，并凉为之虚耗，三辅亦遭残破”⑤。至东汉末，“金城、陇西、安定、北地、上郡、西河、朔方、五原、云中、定襄诸郡大多省废，或失其大半属县”⑥。“政策虽不

---

① 廖伯源：《东汉西北边界之内移》，《白沙历史地理学报》，第 109 页。

② 廖伯源：《东汉西北边界之内移》，《白沙历史地理学报》，第 109-110 页。

③ 王晓卫、刘昭祥：《历代兵制浅说》所附〔宋〕陈傅良：《历代兵制》，解放军出版社，1986 年版，第 244 页。

④ 〔宋〕马端临撰：《文献通考》卷一五〇《兵考二》，第 1316 页。

⑤ 谭其骧：《中国历史上的七大古都》，《长水集续编》，人民出版社 1994 年版，第 34 页。

⑥ 廖伯源：《东汉西北边界之内移》，《白沙历史地理学报》，第 119 页。

弃凉州，实际仅维持凉州诸郡之行政组织，羌祸较严重之郡县，仍是弃土而徙其吏民以避难"①。结果，边塞内徙，内郡成为前线，朝廷不得不在内郡构筑新的防御堡垒线，屏蔽京师洛阳。同时，更多的匈奴、羌、鲜卑等边疆民族趁机入居塞内，则为后来之"五胡乱华"业已导其先路。清朝的徐元文在为其舅氏顾炎武《历代宅京记》所作序中说："自古帝王维系天下，以人和不以地理，而卜都定鼎，计及万世，必相天下之势而厚集之。"② 东汉改都洛阳一事，似可作为这一论断的一个注解。

① 廖伯源：《东汉西北边界之内移》，《白沙历史地理学报》，第109页。

② 〔清〕顾炎武著，于杰点校：《历代宅京记》，"徐元文序"，中华书局1984年版，第3页。

《太平经》与《圣经》财富伦理思想比较研究[①]

张喆

（南京师范大学　社会发展学院）

【摘要】《太平经》是道教重要的早期经典，在道教发展史上具有承前启后的重要地位，其经济伦理思想的理论体系博大精深。《圣经》是犹太教、天主教与基督教的根本经典，在信徒中亦有“群书之冠”“力量泉源”的地位。《圣经》中有大量关于经济问题的讨论，其财富思想亦相当丰富。二者的财富伦理思想既有趋同性又有差异性，呈现出中西方社会经济发展的不同轨迹。[②]

【关键词】《太平经》；《圣经》；财富伦理；比较

恩格斯对“财富”的认识在很大程度上揭示了人类文明与历史发展的本质，从一个侧面强调了贪欲是文明时代的动力：“卑劣的贪欲是文明时代从它存在的第一日起直至今日的动力。”[③] 社会生活中经常遇到因个体的贪欲而引发的利益冲突与斗争，如果没有包括道德约束、法律限制等社会制度的规范，社会的发展将会走向混乱与无序。[④]

宗教作为社会的上层建筑，它建立在经济基础之上，又反作用于经济基础。在阶级社会中，宗教往往被统治阶级用来维护其生产关系、经济制度，起着巩固社会经济基础的作用。《太平经》是道教重要的早期经典，在道教发展史上具有承前启后的重要地位，其经济思想的理论体系博大精深，吕锡琛先生认为道教倡导俭啬寡欲、淡泊名利的人生态度，主张超越世俗的物质欲望，……认为人生的真正幸福或快乐

---

① 本文为江苏省普通高校研究生科研创新计划立项项目、南京师范大学研究生科研创新计划资助项目（编号 CXLX11_ 0860）“原始道教与汉晋社会经济研究”阶段成果之一。

② 关于《太平经》与《圣经》财富伦理思想的比较，学术界已有一些探讨。其中最具有代表性的成果，是胡寄窗的《中国经济思想史》中册（上海人民出版社 1963 年版）、张坤的《汉晋道教财富伦理思想研究》（山东大学 2006 年博士学位论文）、王芃的《基督教的财富观》（《中国宗教》2001 年第 5 期）、林中泽的《基督教的安贫乐道与早期耶稣会的财富观》（《华南师范大学学报（社会科学版）》2000 年第 2 期）、褚汉雨的《天主教的财富观》（《中国宗教》2001 年第 5 期）等。但以往研究大多没有展开，本文则将《太平经》与《圣经》财富伦理思想进行系统比较，谨请方家指正。

③ 恩格斯：《家庭、私有制和国家的起源》，载《马克斯恩克斯选集》第 4 卷，人民出版社 1972 年版，第 233 页。

④ 张坤：《汉晋道教财富伦理思想研究》，山东大学博士学位论文，2006 年，第 1 页。

在于精神的充实和身心的安和，在于顺应自然本性地生活，在于与大道的相通相合，而不在于外在的感官享乐或地位的荣华、物质的丰裕。[①]《圣经》是犹太教、天主教与基督教的根本经典，在信徒中有“群书之冠”“力量泉源”的地位，其经济思想相当丰富。本文仅就两部经典中的一些财富伦理思想做初步的比较分析。

一、主张财富平等、平均

在财富的源头上，《太平经》与《圣经》具有相近之处，也有明显区别。平等与平均的思想反映了《太平经》对财富使用与分配的深刻认识。人们对不平等的批评，对平等、平均的呼唤与渴望反映了对社会不平等制度的不满和批判。

《太平经合校》卷五六至六四云：“天乃无不覆，无不生，无大无小，皆受命生焉，故为天。天者，至道之真也，不欺人也，万物所当亲爱，其用心意，当积诚且信，但常欲利不害，不负一物，故为天也。”[②] 宣扬万物皆受天命而生，无所谓大小。卷九八又云：“夫太平之君治，乃当象天为法，不可若小国，但长于一界也。是故天之为象法也，乃尊无上，反卑无下，大无外，反小无内，包养万二千物，善恶大小，皆利佑之，授以元气而生之，终之不害伤也。故能为天，最称神也，最名无上之君也。今上皇气至，德君治，当象此为法。”[③] 意谓庇养万物的天，对万物一视同仁，无论善恶大小，都庇佑之。卷一一二《有过死谪作河梁诫》云：“常言人无贵无贱，皆天所生，但录籍相命不存耳。”[④]

这几条道经材料表明，《太平经》强调万物平等，具有同等的生存权利，不论大小、尊卑都蒙受上天的公平对待。除强调生存权利的平等之外，还主张生活资料分配方面的平等、平均。《太平经》提出“太者，大也”，“平者，言治太平均，凡事悉治，无复不平。”[⑤] 意思是说，处理事务没有奸邪偏私就是公平。公平，也可以说是公正。“平者，正也”，既然公平公正，自然“无复不平”，不会令人感到冤枉不平，所以说“平之为言考，乃平平无冤者，故为平也。”只要对人公正，平等待人，那就没有什么争讼的事情，故说“天地施化得均，尊卑大小皆如一，乃无争讼者。”[⑥]《太平经合校》卷一一二《有过死谪作河梁诫》云：

各自有师，不可无本末，不成，皆食天仓，衣司农，寒温易服，亦阳尊阴卑，

---

① 吕锡琛：《道教的伦理道德规范及其现代意义》，载郭武主编：《道教教义与现代社会》，上海古籍出版社2003年版，第353、354页。

② 王明：《太平经合校》，中华书局1960年版，第219页。

③ 王明：《太平经合校》，中华书局1960年版，第445页。

④ 王明：《太平经合校》，中华书局1960年版，第576页。

⑤ 王明：《太平经合校》，中华书局1960年版，第149页。

⑥ 王明：《太平经合校》，中华书局1960年版，第683页。

粗细靡物金银彩帛珠玉之宝，各令平均，无有横赐，但为有功者耳。①

上述材料表明道教主张万物平等，倡导财富均衡，反对财物集中。幻想将天下财物无论粗细靡物、金银彩帛、珠玉之宝，尽量平均分配，避免纷争怨讼。《太平经合校》卷一一四《大寿诫》云：

众万二千物皆生中和地中，滋生长大，……当入口者，皆令民食之。用其温饱，长大形容，子孙相承。……是天使奉职之神，调和平均，使各从其愿，不夺其所安。②

有澳大利亚学者认为《太平经》中提出的各种贫困的等级中，缺乏珍宝奇物是最轻的、最不严重的贫困等级。因此珍宝奇物并不是衡量贫富的唯一条件，而是额外财产。《太平经》中让九个社会阶层的最底层照管奇物珍宝这一事实也说明了奇物珍宝的不重要性。③ 强调天使应奉上天之神的命令，调和平均，使每个人得到他想得到的，而不应夺取他安身立命的基础。

《太平经合校》卷六七云：

此财物乃天地中和所有，以共养人也。此家但遇得其聚处，比若仓中之鼠，常独足食，此大仓之粟，本非独鼠有也；少内之钱财，本非独以给一人也；其有不足者，悉当从其取也。愚人无知，以为终古独当有之，不知乃万户之委输，皆当得衣食于是也。④

从上述材料我们可以明确看出《太平经》主张平均财产，反对统治阶级大肆聚敛财富、垄断财物。在这一思想基础之上，痛斥那些积财亿万、丑陋贪婪的富人权贵为“无知小人”“愚人”“天地之间大不仁人”，指责他们“雍塞天地中和之财……使国家贫，少财用，不能救全其民命”⑤。把食禄阶层比作粮仓里的老鼠，终日饱食，把整个粮仓视为己有，不愿意与穷苦大众分享食粮，他们集聚财富，宁愿让财富烂掉也不愿意让财富流通。倡导天下财物应为全民共有，不应成为特权阶级的专利，鲜明表达反对财物集聚，痛恨贫富悬殊的社会不公现象，反映了一种原始的共有、共享主义追求。⑥

在《圣经·新约》中，也多有涉及平均财富的论述，上帝要求信徒不要把财宝

---

① 王明：《太平经合校》，中华书局1960年版，第579页。

② 王明：《太平经合校》，中华书局1960年版，第615、616页。

③ ［澳］芭芭拉：《〈太平经〉中财富与贫困的概念》，载陈鼓应主编：《道家文化研究》第16辑，三联书店1999年版，第111页。

④ 王明：《太平经合校》，中华书局1960年版，第247页。

⑤ 王明：《太平经合校》，中华书局1960年版，第246、247页。

⑥ 钟玉英：《汉末魏晋南北朝道教与社会分层关系研究》，四川大学出版社2008年版，第210页。

积聚于地上，因为在地上会被窃贼偷挖、被锈菌腐蚀和蛀虫咬食，因此财宝应积聚于天上。① 耶稣的使徒保罗认为“爱财是万恶之源”②，号召世人效仿耶稣为了他人舍富为贫的行为。保罗的财富观世俗气息浓厚，一种经济平均主义的理想开始在宗教平等主义的框架之内明确构筑起来。保罗倡导财富有余的人帮扶财富不足的人，因为将来帮助他人者会得到回馈，这样符合公平原则。保罗强调自己并非要通过加重一些人的负担去减轻另一些人的负担，而是“这样就可使双方都获得均等的对待”③。

在早期教会中，贫富悬殊成为严重的教会和社会问题。因此，教会中的重要事项便是帮助贫穷者、寡妇与残障者。耶稣“施比受更为有福”的教导广受早期教会的遵循。基于“分享”原则的施予神学，激励教徒效法基督，鼓励人们创造财富的同时，心甘情愿地过简朴的生活。创造财富的目的不是挥霍在没有用的事物上，去过奢华的生活，满足自己的虚荣心，也不是以积累财富、做守财奴为目的，应该以实际需要为准，摒弃一切的浮华虚饰，将富余的财物拿去与需要的人分享。④

《圣经》呼吁富人拿出余财来救济穷人，理由如下：一是财富的此多彼寡不符合公平原则，均富体现正义；二是财富是不断流动的，只有懂得及时行施的人才能在自己需要时及时获施，因为今天拥有的财富并不能保证明天不会失去。由此看来，早期基督教认为，世俗社会里需要人们通过对他人的关爱来实现对财富的自我节制，去实现财富均等的目标希望渺茫，因此必须通过宗教途径，把罪恶与财富联系在一起、使美德和得救与贫穷结缘，去人为地疏远世人对世财的过份依恋。⑤

二、主张劳动致富，反对侵占剥削

《太平经》主张劳动致富，痛斥强占别人劳动果实的现象。《太平经合校》卷六七云：“天生人，幸使其人人自有筋力，可以自衣食者。而不肯力为之，反致饥寒，负其先人之体。而轻休其力不为力可得衣食，反常自言愁苦饥寒。但常仰多财家，须而后生，罪不除也。或身即坐，或流后生。所以然者，天地乃生凡财物可以养人者，各当随力聚之，取足而不穷。反休力而不作之自轻，或所求索不和，皆为强取人物，与中和为仇，其罪当死明矣。”⑥ 天赋予人筋力，肯努力劳作便可获得衣食，聚积财富；如果怠惰，休力而不作，便会遭饥寒。如果不仅不力作，还仗着有

---

① 《新旧约全书·马太福音》，中国基督教协会 1994 年版，6：19-20。

② 《新旧约全书·提摩太前书》，中国基督教协会 1994 年版，6：10。

③ 《新旧约全书·哥林多后书》，中国基督教协会 1994 年版，8：13-15。

④ 王芃：《基督教的财富观》，《中国宗教》2001 年第 5 期。

⑤ 林中泽：《基督教的安贫乐道与早期耶稣会的财富观》，《华南师范大学学报（社会科学版）》2000 年第 2 期。

⑥ 王明：《太平经合校》，中华书局 1960 年版，第 242、243 页。

力去做盗贼，强夺人物，便是与天地为仇，罪当死。

劳动人民通过长期的社会生产，总结出“夫地尚不欺人，种禾得禾，种麦得麦，其用功力多者，其稼善。何况天哉”① 的宝贵经验，深刻体会到耕耘与收获的因果关系，即只有耕耘，才有收获。所谓“贫而不耕，安能收耶?”反之“耕辄有收”。劳动人民密切关注自己庄稼生长与收成的动态，祈望“春物悉生，无一伤者”“夏物悉长，无一伤者”“秋物悉成实收，无一伤者”“冬物悉藏，无一伤者”②，即庄稼种得好、生长得好、收成得好、贮藏得好、风调雨顺的年景。

《太平经合校》卷四七中说：“或有大冤结，而畏之不敢言者，比若寇盗贼夺人衣服也，人明知其非而不敢言，反善名字为将军上君，此之谓也。或有力弱而不能自理，亦不敢言，皆名为闭绝不通，使阴阳天气不和。天之命人君也，本以治强助劣弱为职，而寇吏反以此严畏之威之也，乃以智诈惊骇之，使平气到，德君治，恐以是乱其正气，故以此示真人也。”③ 长吏的职责本来是治强助弱，如果反凭借其权力敲诈老百姓，等太平之世到来时，德君会处罚他们这些寇吏的。

《太平经合校》卷一一四云：“父母之年，不可豫知。为作储待，减省小费，岁岁有余，藏不见之处，勿使长吏及小吏闻知。因缘征发，尽人财产，为孝心未尽，更无所有。”④ 为了对老年的父母尽孝，必须省吃俭用，把存下来的财物藏好，以免被长吏、小吏得知而搜刮走。这两条实际是对盗贼的揭露，是对经常敲诈勒索老百姓的长吏、小吏的揭露，他们都是一丘之貉，都是仗己之力而强夺人物的寇贼。

《太平经合校》卷一一二《有过死谪作河梁诫》中警告到：“爱之慎之念之，慎勿加所不当为而枉人，侵克非有。是天所不报，地所不养，凶神随之，不得久生乐生。”⑤ 如果侵可非有，天地会惩罚他，凶神会跟随他，使其不得久生，更无法享受快乐生活。

以上诸条皆在申明：人人都应自食其力，不得剥削侵占他人劳动成果。这种思想是对封建社会中社会上层统治者依靠强权和土地所有权残酷掠夺农民现象的有力批评，也是对平等、无阶级剥削的理想社会的呼唤。《太平经》认为：“夫财者，天地之间盈余物也。”⑥ 提倡对待财富应该点滴积累，爱之于微，成之于著，不倚财骄横。劝诫实行苛政的统治者要自然而为，顺应财富之性，无为而能守财、有财、生财，而不可强取属于民众的财富，应还利于民。⑦

---

① 王明：《太平经合校》，中华书局 1960 年版，第 56 页。

② 王明：《太平经合校》，中华书局 1960 年版，第 399 页。

③ 王明：《太平经合校》，中华书局 1960 年版，第 144、145 页。

④ 王明：《太平经合校》，中华书局 1960 年版，第 592 页。

⑤ 王明：《太平经合校》，中华书局 1960 年版，第 576 页。

⑥ 王明：《太平经合校》，中华书局 1960 年版，第 695 页。

⑦ 张坤：《汉晋道教财富伦理思想研究》，山东大学博士学位论文，2006 年，第 82 页。

而《圣经》也认为人有权管理、开发和享用人类创造的财富。《圣经》上记载："天主将人安置在伊甸乐园内，叫他耕种，看守乐园。"① 上帝要求人们要生育繁衍，治理大地，管理各种在地上爬行的生物、天空的飞鸟和海中的鱼。全地面上果内含有种子的各种果树和结种子的各种疏菜都给人们做食物。② 从"治理""管理""耕种""看守"等词汇可以看出，《圣经》倡导人们应通过正当、合法的劳动取得报酬。《圣经》认为通过勤劳的双手劳动致富，这样的财富便是上帝的恩赐。上帝对亚伯拉罕的应许是"流奶与蜜之地"，亚伯拉罕用正当的途径赚取财富，能够负责任地使用财富，使之用在正道上，奶与蜜成为上帝对亚伯拉罕的祝福。③

《圣经》鼓励人们勤劳致富，不给社会和他人增加负担，在养活自己的同时还可以通过财富帮助有需要的人。倡导信徒通过正当的营生过活，热心慈善事业。

《圣经》主张人们对财富应取之有道，采取不贪婪的节俭态度，反对不劳而获或通过剥削榨取他人的劳动成果致富，并深刻批判人们内心深处的贪婪欲求。耶稣认为人的生命不在乎家道丰富，要求人们要免去一切的贪心，谨慎自守。④ 耶稣将贪婪行为视作罪恶，是因为他们误以为借助于不断增加的物质财富就能获得无限的幸福。贪婪行为的不断蔓延，使人不再将积累的财富用于正当的社会公益事业中，彻底丧失社会责任感，对整个社会产生无可估量的消极影响，甚而还会让人屈服于各种各样的邪恶势力，丧尽天良，不惜采取坑蒙拐骗、谋财害命等各种阴暗不光彩的非法手段去谋取高额利润。

三、批判为富不仁，主张救穷周急

《太平经》揭露当时封建地主阶级剥削的程度是十分严重的。有如下几个例子："时以行客，赁作富家，为其奴使。一岁数千，衣出其中，余少可视，积十余岁，可得自用还故乡。"⑤ 长途跋涉到富裕门户做工，一年只能得到数千钱报酬，服装费用还要从薪酬中支出，须要积蓄十多年才能凑些路费还故乡。封建剥削苛重，雇工生活困苦，工钱仅"一岁数千"。崔寔《政论》所述桓帝时"假令无奴，当复取客，客庸月千"，每年可以有一万二千钱的报酬。这样残酷剥削只是无数事实中的一例。王符指摘当时豪富人家贪残鄙吝的情况说："宁见朽贯千万，而不忍赐人一钱；宁积粟腐仓，而不忍贷人一斗。"⑥《太平经》以其朴素的文字揭露富豪的罪恶：他们把

---

① 《新旧约全书·创世纪》，中国基督教协会 1994 年版，3：15。

② 《新旧约全书·创世纪》，中国基督教协会 1994 年版，1：28-29。

③ 《新旧约全书·出埃及纪》，中国基督教协会 1994 年版，3：7-8。

④ 《新旧约全书·路加福音》，中国基督教协会 1994 年版，12：15。

⑤ 《太平经合校》，中华书局 1996 年版，第 618 页。

⑥ 〔东汉〕王符撰，〔清〕汪继培笺，彭铎校正：《潜夫论笺校正》卷一一《忠贵》，中华书局 1985 年版，第 113 页。

占有的大量财货埋藏在地下，都霉烂了；贫穷人家惨受高利贷的盘剥，而致饥寒而死：

并得天地中和之财，积之乃亿亿万种，珍物金银亿万，反封藏逃匿于幽室，令皆腐涂。见人穷困往求，詈骂不予；既予不即许，必求取增倍也；而或但一增，或四五乃止。赐予富人，绝去贫子，令使其饥寒而死，不以道理，反就笑之。与天为怨，与地为咎，与人为大仇，百神憎之。①

试看这样拥有亿万财产的富翁，即使把金银财物等都窖藏烂了，也不肯分给穷人一点儿；即使勉强答应借贷，必定苛求加倍的利息，竟至于高达四五倍之多。穷人无力忍受这种高利贷的敲剥，而致饥寒而死。这是一幅描绘富豪贪残剥削的绝妙图画。《太平经》认为“无故理逃此财物，使国家贫，少财用，不能救全其民命”。谴责这种无论于国于民都有害的行为。《中国古代大同思想研究》认为：“《太平经》作者在拟定解决贫富不均的具体办法时，虽然只限于分配领域，毕竟模糊地提出了财产公有问题，而且谴责了高利贷资本在农民身上敲骨吸髓。”②

《太平经》认为“天之有道，乐与人共之；地有德，乐与人同之；中和有财，乐以养人”。把财物的所有权，撇开特定的人，归之于天地中和，意味着对于人们私有权的否定。中和的财物，只许人们流通取足，共同养活大家的生命，不许少数人聚敛独占。③ 鞭挞富裕阶层的贪婪，批判私有独占现象的不合理：

愚人无知，以为终古独当有之，……不肯力以周穷救急，令使万家之绝，春无以种，秋无以收，……不助君子周穷救急，为天地之间大不仁人。人可求以祭祀，尚不给与，百神恶之，欲使无世；乡里祝固，欲使其死；盗贼闻之，举兵往趋，攻击其门户，家困且死而尽，固固不肯施予，反深埋地中，使人不睹。④

《太平经》的作者针对当时贫富悬殊、民不聊生的局面，提出“周穷救急”，取民有度的主张。认为天“好生不伤”，君主应“像天道”，对百姓博施仁爱，行“仁政之道”。要求统治者平衡财富，均匀分配。《太平经合校》卷六七中说：“积财亿万，不肯救穷周急，使人饥寒而死，罪不除也。或身即坐，或流后生。所以然者，乃此中和之财物也，天地所以行仁也，以相推通周足，令人不穷。今反聚而断绝之，使不得遍也，与天地和气为仇。”⑤ 豪族、富户家财万贯，粮食亿万，与其任它腐烂，不如“周穷救急”，这样上可取悦天地，下得百姓赞誉，既得仁义之名，又可望官居

---

① 王明：《太平经合校》，中华书局1960年版，第246、247页。
② 杨宽：《论〈太平经〉》，《学术月刊》1959年第9期。
③ 王明：《道家和道教思想研究》，中国社会科学出版社1984年版，第122页。
④ 王明：《太平经合校》，中华书局1960年版，第247页。
⑤ 王明：《太平经合校》中华书局1960年版，第242页。

鼎辅。现实中“今愚人甚不仁，罪若此，宁当死不耶？中尚有忽然不知足者，争讼自冤，反夺少弱小家财物，殊不知止”①。即主张钱财是流通之物，富有者应当用其周穷救急，可是富有者反把钱财封藏起来，任其腐烂都不给予穷人，这样为富不仁的富人，必将受到天、地、人的唾弃，百神憎之。这种对以帝王为首的富贵者的愤怒与仇恨，流露出下层民众对剥削者巧取豪夺、为富不仁的反抗，对社会等级分层的批判。

“周穷救急”反映了原始道教对于财富使用与分配的理念，可以从五斗米道与太平道对于中下层人民的周济施舍中得到证明。杨宽先生评价道：“他们虽然提出的只是‘周穷救急’的办法，但是大胆地否定了当时的私有制，提出了财产公有的看法。这是当时农民处于私有制的残酷压榨下，对私有制强烈的抗议。”②《古代乌托邦与近代社会主义思潮》一书认为：“《太平经》主张，对于已经聚集起来的财富，应该拿出来周穷救急，‘见人穷厄，假贷与之，不责费息’，不应高利贷盘剥。这种主张反映了《太平经》‘人有财亦当相通往来’的思想，它是建立在社会财富‘乃天地中和所有，以共养人’的基础上的，代表了一种主张平等的财富观。”③

《圣经》认为财富是一个中性之物，就财富本身而言，无所谓善恶。但如何取得和使用财富是一个重要的伦理问题。《圣经》说：“我向你们保证：富人要想进入天国是非常难的。我再重复一遍：富人进天国比骆驼穿过针眼要难得多。”④ 这不是警告人们不能致富、不能成为富人，而是把矛头对准那些为富不仁的人，是对那部分富人所进行的无情批判。《圣经》认为人应当把自己的财富与他人分享，力所能及地向穷人捐献他们所需要的。《圣经》曰：“以谎言伪语骗得的财宝，是浮云轻烟，死亡之罗网。”⑤

《圣经》明确告诫人们不可永久地占有财富：“土地不可出卖而无收回权，……对你们所占的各地，应承认地有赎回权。”⑥ 人不是财富的真正主人，只是暂时的拥有者，人不能也不可能永久地占有财富，即便有人企图让子孙继承财产，但财富本身并不可靠，且子孙也有穷尽的时候，因此人永久占有财富的愿望难以实现。教徒们信奉：上主赏赐的，上主收回。赤身出离母胎，也要赤身归去。⑦

物质财富无论怎样诱人，人们对它的享受数量都是有限的。《圣经》认为拥有大量财产的富人应当承担起使穷人摆脱贫困的神圣责任，以各种方式帮助陷入极度贫

---

① 王明：《太平经合校》，中华书局1960年版，第248页。

② 陈正炎等：《中国古代大同思想研究》，上海人民出版社1986年版，第145页。

③ 吴雁南等主编：《古代乌托邦与近代社会主义思潮》，成都出版社1995年版，第71页。

④ 《新旧约全书·马太福音》，中国基督教协会1994年版，19：23-24。

⑤ 《新旧约全书·箴言》，中国基督教协会1994年版，21：6。

⑥ 《新旧约全书·肋未纪》，中国基督教协会1994年版，25：23-24。

⑦ 《新旧约全书·约翰福音》，中国基督教协会1994年版，1：21。

困的不幸之人，尽量将其多余的财产应用于社会福利和各项慈善事业中。《圣经》中说："穷人少的布施，多过富人多的布施，因为富人布施的是他的有余，穷人布施的是他的不足，是尽其所有。"对富人的慈善行为明显怀有更高的期待。①

《圣经》许诺布施者为自己在天国备下了取之不尽的宝藏，为自己预备永不坏的钱囊，心在哪里，财宝就在哪里，贼不能近、虫不能蛀。② 与此同时，反对布施者对自己的善行大肆张扬，对布施者提出了严格的道德要求，建议他们对自己的施舍行为要低调处理。"你施舍的时候，不要叫左手知道右手所作的；要叫你施舍的事行在暗中，你父在暗中察看，必然报答你"③。

"每一个社会经济关系首先是作为利益表现出来的"④，恩格斯这样教导我们，"正确理解的利益是道德的基础"⑤。《太平经》与《圣经》财富思想的相似相通之处不胜枚举，如财富相对均平与肯定贫富差距思想、合理消费思想、财产权的归一与承认现实的财产私有思想等。⑥ 正是由于这些相通之处的存在，才使《圣经》作为异国的一种宗教文化传入中国后，与中国主流文化兼容并蓄，实现自身的再造，使之获得在中国存在和发展的根基和条件，成为中华民族大文化的组成部分。

---

① 褚汉雨：《天主教的财富观》，《中国宗教》2001 年第 5 期。

② 《新旧约全书·路加福音》，中国基督教协会 1994 年版，12：33–34。

③ 《新旧约全书·马太福音》，中国基督教协会 1994 年版，6：1–4。

④ 《马克思恩格斯选集》第 2 卷，人民出版社 1972 年版，第 537 页。

⑤ 《马克思恩格斯选集》第 2 卷，人民出版社 1972 年版，第 167 页。

⑥ 靳凤林：《耶稣经济伦理思想的生死学诠释》，《江西师范大学学报》2006 年第 3 期。

从《太平经》看汉代社会
——兼论《太平经》的史学价值

曹亚平

（江苏师范大学　历史文化与旅游学院）

【摘要】《太平经》作为中国早期道教的经典著作，在东汉吏治腐败、土地兼并严重、地方割据形成、统治思想衰败等社会背景下应运而生。书中内容体现出对汉代社会现实的折射，如针对当时社会的腐败黑暗，提出了“以道治国”和“以民为本”的进步社会政治思想，对社会向妇女提出的不合理的要求及对其地位的打压等也都有自己朴素的进步见解。《太平经》的问世对汉代社会的发展产生了极其重大的影响，对于后世研究汉代社会有着非常重要的史学价值和意义。

【关键词】《太平经》；成书背景；汉代；社会现实；影响

关于《太平经》的研究，学术界一般认为“《太平经》是现存最早的道经”①。目前学术界也普遍将道家早期经典著作《太平经》（即《太平清领书》）作为黄巾大起义的指导思想，为此许多学者对《太平经》所蕴含的思想进行过多方面的研究，提出了许多有价值的观点，然而却未从宏观角度对其与汉代社会的联系有较为全面的论述。本文以《太平经》提出的朴素进步思想为中心，结合当时的社会背景展开论述，重点探察《太平经》思想与汉代社会现实的互动，以期对《太平经》及汉代社会形成一个更为深入的认识。

一、《太平经》成书的社会背景

道教作为中国本土宗教，其文化源远流长，博大精深，对中国社会发展产生了极其深远的影响。顺帝时，琅琊人宫崇以其师于吉在东海曲阳泉水上所得“神书”即《太平清领书》呈献给朝廷，今存残本《太平经》即从《太平清领书》演化而来，被称作中国道教的开山之作。《太平经》虽以“太平”命名，却产生于社会并不太平的汉代，而且《太平经》的出现是借“天神”的权威来诉说凡人的苦难与祈求。要探察《太平经》与汉代社会的关系，首先应当考查它产生的历史背景。

---

① 丁培仁：《道教典籍百问》，今日中国出版社. 1996年版，第4页。

1．吏治腐败，外戚宦官争权

东汉初年，统治者吸取西汉外戚王莽篡位的教训，以“防慎舅氏，不令在枢机之位”①为指导思想，在政治上对外戚严加防范，但在经济上特别优待，使得其经济势力极度膨胀。章帝时，豪强地主在政治上的限制被放宽，外戚势力急剧膨胀，豪族开始与刘氏分享政权，并进而威胁到皇权。章帝以后的很多皇帝开始依靠宦官诛杀外戚夺回权力，于是造成宦官因功受封，逐渐地开始干涉朝政。外戚宦官的交替擅权，对东汉中后期的吏治造成不可估量的恶果，尤以两次“党锢之祸”为甚。当时，贪赃枉法之风盛极一时，朝廷与地方官员都有不同程度的贪污腐败，下层民众苦不堪言，纷纷起义民变，农民起义可谓此起彼伏。公元168年，汉灵帝为维持统治，从整饬吏治出发实行改革，然数代问题积累，改革收效甚微。

2．土地兼并严重

西汉末年，贵族官僚“行虽犬彘，家富势足”，农民则“暴露中野，不避寒暑，捽草杷土，手足胼胝，已奉谷租，又出槁税，乡部私求，不可胜供”。② 东汉初期，统治者有鉴于西汉覆亡的历史教训，通过释放奴婢等种种措施，使得政治上有所改进，封建经济有所发展，但由于贵族豪强势力的扩张，外戚宦官相互倾轧与交替擅权，包括土地在内的社会财富大多集中到豪强私家手中。

东汉中后期，政局腐败黑暗，土地兼并愈演愈烈，小农大量破产。为躲避沉重的赋役，小农或依附豪强，或成为流民。据《后汉书·桓帝纪》记载，永兴元年，流亡饥民达数十万户。大批农民脱离户籍，动摇了国家赋役制度的基础。时地震、蝗虫等灾害频仍，社会动荡，“百姓饥荒，更相啖食”“灾异蜂起，寇贼纵横，夷狄猾夏，戎事不息，百姓匮乏，疫于微发，重以蝗虫兹生，害及戌麦，秋稼方收，甚可悼也”。③

3．地方割据形成

东汉王朝统治急剧衰落的同时，军阀豪强势力得到迅速发展。东汉中后期，各种社会矛盾尖锐，其统治亦日趋衰败，而之前大地主田庄经济的兴起，为豪强地方割据提供了有力的经济条件。东汉统治者号召豪族以私家武装助剿农民起义军，从而使豪族拥有并扩充武力合法化。与此同时，东汉王朝进一步扩大地方重镇刺史的权力。中平五年，太常刘焉向灵帝提出“改刺史为州牧”的建议，他认为：天下大乱，刺史威轻，不能有效止乱；刺史、太守贿赂为官，盘剥百姓，导致民众反叛，因此应当以清廉的重臣为州牧，作为集军政权力于一身的地方最高长官。④ 此条建议

---

① 范晔：《后汉书》，中华书局1965年版，第411页。

② 班固：《汉书·贡禹传》，中华书局1962年版。

③ 范晔：《后汉书·安帝纪》，中华书局1965年版。

④ 常璩：《华阳国志》，上海古籍出版社1987年版。

无疑是变相地承认了地方割据势力。到灵帝逝世时，地方军阀割据局面已经形成。因董卓擅权乱政所引发的关东兵起已然成为军阀割据混战的导火索，东汉王朝名存实亡，中国历史进入了一个长期混战的时代。

4. 统治思想崩溃

在政治经济腐败的同时，长期以来作为统治思想的天人感应神学也开始崩溃。东汉中后期，皇帝沦为外戚与宦官争权夺利的工具。他们把持朝政，又将士大夫进入仕途的通道——察举征辟制演变为结党营私的工具。时谚说："举秀才，不知书，察孝廉，父别居，寒素清白浊如泥，高第良将怯如鸡。"① 察举制的混乱，官路的堵塞，天人感应神学支柱被侵蚀，如此种种引起士大夫们的强烈不满。东汉末期统治的黑暗腐朽，不仅使士大夫们遭受沉重打击，也使得社会底层百姓苦不堪言。灵帝卖官允许"先到官而后倍输"②，使为官者上任后大肆搜刮，人民生机全无。公元184年，黄巾大起义爆发，东汉王朝开始分裂，天人感应神学也随之崩溃。

东汉末年，社会问题已经积重难返，下层百姓面对黑暗的社会现实和自然灾害无能为力，只好寄希望于神灵，希望天神能帮助自己实现"太平"理想，加之此时的儒学已成为压迫众生的工具，不复为个体生命提供精神信仰。在这种背景下，《太平经》应运而生。

二、《太平经》对汉代社会现实的折射及影响

在东汉末年政治混乱、社会动荡的大背景下，百姓只好将希望寄托于宗教，《太平经》应运而生。《太平经》汲取传统的阴阳五行学说以及黄老、神仙、谶纬、方技等思想，内容极其庞杂。《后汉书·襄楷传》把它概括为"以阴阳五行为主，而多巫觋杂语"，然而在这庞杂的内容中我们仍然可以窥见当时汉代社会的一些现实问题，以及《太平经》对当时上到统治者下至百姓的一些劝诫，这也对后世研究汉代社会提供了一些参考资料。

首先，《太平经》提出大量问题，揭露当时社会的黑暗："风雨不调，行气转易，当寒反温，当温反寒""阴气蔽日，令使无光，人民恐惧，谷少滋息，水旱无常，民复流客有谷之乡"，而"未及贱谷之乡，饥饿道旁，头眩目冥，步行猖狂，不食有日，饿死不见葬，家无大无小，皆被灾殃。"据此我们可以推断出东汉末年社会的惨况，这其中包含着被压迫阶级的无限悲痛以及对当时黑暗现实的控诉。广大农民追求的是"太平世界"，"太者，大也，言其积大如天，无有大于天者。平者，言治太平均，凡事悉治，无复不平，"③ 这指的是"平均"而又"安定"的小康生活。

---

① 常球：《华阳国志》，上海古籍出版社1987年版。

② 范晔：《后汉书·崔因传》，中华书局1965年版。

③ 王明：《太平经合校》，中华书局1960年版，第122-133页。

针对这些问题，太平经提出了两个重要的社会政治思想："以道治国"和"以民为本"。《太平经》作为一部政治性很强的早期道教经典，有着参与社会政治生活的强烈愿望。在经书所保留的思想资料中，占篇幅最多、论述最详细的即是其社会政治思想。

《太平经》从当时东汉社会所面临的尖锐社会矛盾、阶级矛盾着眼，关注东汉末年的治国立政问题，把"道治"视作统治的最佳方案。经文指出："故天使元气治，使风气养物。地以自然治，故顺善得善，顺恶得恶也。人者，顺承天地中和，以道治，主动道。"① 该文阐发了"道治"的内容和地位，主张治国安邦必须实行"道治"。具体来讲，就是主张"无为而治"。《太平经》说，"天地之性，独贵自然，各顺其事，毋敢逆焉。"② 这反映到治国上，即以"无事"治理大事，是天地之常法，是自然之术。

在主张实行"无为而治"的同时，《太平经》又提出要"以民为本"。《太平经》认为，民为国本。首先，君民相辅相成。君以民为基础，"无民以何自名为君也"③，"无民，君与臣无可治，无可理也"④。百姓为君主之本、国家之根，君与民相须而立，互相依存，君民只有"并力同心，共为一家"⑤ 才能"立致太平"⑥。其次，国家、君主及官员都需要民众奉养。《太平经》指出：国之财政取之于民，民众是君主与官员的供养者。"民者，职当主为国家王侯治生"⑦，"今父母君臣，尚但共持其大纲纪耳。……君少民，乃衣食不足，令常用心愁苦"⑧。百姓是财富之源，是君主赖以生存和发展的基础。因此，君主必须以民为本。当然，臣民事君也必须尽忠尽孝，"人生之时，为子当孝，为臣当忠，为弟子当顺"，这是《太平经》对良臣顺民的基本要求。⑨ 总而言之，《太平经》强调君、臣、民三者和谐，认为君明、臣良、民顺是太平长治的根本条件。"君、臣、民三者相得，上下相通共成一国。还以阴、阳、和比拟君、臣、民，君阳臣阴，应依阳尊阴卑之则，各居其位。阳盛而阴衰，君盛则臣服。阴、阳、和三者相通，道乃可成，太平盛世即可实现。"⑩

其次，《太平经》论及了颇为丰富的妇女思想内容，针对当时盛行的"男尊女卑"思想及一些对妇女提出的不合理的要求做出了批判。主要包括：提倡男女同处

---

① 王明：《太平经合校》，中华书局 1960 年版，第 254 页。
② 王明：《太平经合校》，中华书局 1960 年版，第 472 页。
③ 王明：《太平经合校》，中华书局 1960 年版，第 150 页。
④ 王明：《太平经合校》，中华书局 1960 年版，第 150 页。
⑤ 王明：《太平经合校》，中华书局 1960 年版，第 150 页。
⑥ 王明：《太平经合校》，中华书局 1960 年版，第 19 页。
⑦ 王明：《太平经合校》，中华书局 1960 年版，第 264 页。
⑧ 王明：《太平经合校》，中华书局 1960 年版，第 150 页。
⑨ 唐大潮：《中国道教简史》，宗教文化出版社 2001 年版，第 31 页。
⑩ 卿希泰：《中国道教·第二卷》，东方出版中心 1996 年版，第 57 页。

相合，和谐平等；肯定妇女的重要社会作用，反对虐杀妇女，反对“贞女”观念；主张男女两性相悦，养育子女等等。① 这些进步思想的提出，正如李养正在《道教与中国社会》一书中评价说：《太平经》对妇女是“较为人道和平等的”②。

《太平经》提出了世俗社会中的“男”“女”问题，认为人无论男女，皆本元气所始起。“念女之头目面耳肢体俱与男等耳”③，并不存在贵贱之分。在《太平经》看来，男女两性缺一不可，男女同等重要：“有阳无阴，不能独生，治亦绝灭；有阴无阳，亦不能独生，治亦绝灭。”④《太平经》把人的繁衍及人类生命的延续看作是人类世界之生生不息的源泉。“天阳，主生也；地阴，主养也”⑤；“阴阳者，传天地统，使无穷极也”⑥。天地之精神要永恒不灭，必须靠阴阳男女传承其统，于是，“男者乃承天统，女者承地统”⑦“男不能独生，女不能独养”⑧“男女夫妇者，主传统天地阴阳之两手也”⑨。主张男女完全平等，女性在阴阳自然环境中的重要作用以及在世俗社会中的重要地位显而易见。《太平经》认为贼杀女子违背天意，将使天地“大怒不悦”，从而引起各种灾变。经文还直接抨击统治阶级所提倡的“贞男”“贞女”不过是“虚伪之名”，认为贪此虚名实乃“天下之大害”。《太平经》认为“既相爱，即生子”“不乐，则不肯相与欢合也”⑩，从中可见道教对妇女情感的重视和对女性价值的认同。

综上所述，《太平经》作为早期的道教经典，是东汉社会矛盾的产物。它的内涵博大精深，其中包含对汉代黑暗社会现实的揭露，它提出的一些朴素的进步思想更是难能可贵。此外，《太平经》的问世对东汉末年黄巾大起义的爆发有着思想指导作用，灵帝也曾利用《太平经》进行政治改革，道教的形成也与《太平经》有着密不可分的关系，此处不再存赘述。总之，《太平经》对东汉末期的社会产成了极其重要的影响，对于后世研究汉代社会有着非常重要的价值和意义。

---

① 黄修明：《试论<太平经>所蕴含的妇女思想》，北京化工大学学报（社会科学版），2003 年第 1 期。

② 李养正：《道教与中国社会》，中国华侨出版社 1989 年版，第 93 页。

③ 王先谦：《后汉书集解》，上海古籍出版社 1993 年版，第 387 页。

④ 王明：《太平经合校》，中华书局 1960 年版，第 149 页。

⑤ 王明：《太平经合校》，中华书局 1960 年版，第 220 页。

⑥ 王明：《太平经合校》，中华书局 1960 年版，第 44 页。

⑦ 王明：《太平经合校》，中华书局 1960 年版，第 36 页。

⑧ 王明：《太平经合校》，中华书局 1960 年版，第 149 页。

⑨ 王明：《太平经合校》，中华书局 1960 年版，第 518 页。

⑩ 王明：《太平经合校》，中华书局 1960 年版，第 648 页。

试论两汉扬州刺史部的风俗文化变迁

王静

（江苏师范大学　历史文化与旅游学院）

【摘要】 两汉是扬州刺史部地区初步发展时期，该区域的风俗文化在政治、经济等诸多因素的作用下在两汉时期也发生了巨大的变迁，对扬州地区乃至整个汉王朝都产生了深刻的影响。本文试图从风俗变迁的原因、内容及影响等角度对两汉扬州刺史部风俗进行较全面的研究。

【关键词】 两汉；扬州；风俗文化

区域风俗是某一地区的人们在一定的自然环境和社会环境中相沿积就而形成的生活方式。它具体表现在该地区人们的生产、婚姻、丧葬、祭祀信仰等各个方面，在不同程度上反映了该地区的经济生活、自然环境、历史传统、心理感情、道德标准、宗教观念等，是一个地区的重要特征，区域风俗对该区域内人们的生产生活都有重要的影响。

西汉元封五年（公元前106年），为加强对全国官吏的督察，汉武帝将除京畿七郡以外的一百多个郡国分为十三部，扬州部是十三部之一。扬州部在两汉时期发展迅速，为后来成为全国经济重心做了铺垫。在经济发展的同时，两汉扬州刺史部区域内的风俗也发生了巨大的变迁，这些变化反过来又对扬州刺史部区域乃至整个汉王朝产生了深刻的影响。

一、两汉扬州刺史部地理方位及辖地

据《汉书·地理志》载，扬州包括五郡一国，分别为庐江郡、九江郡、会稽郡、丹阳郡、豫章郡、六安国。至东汉，据《后汉书·郡国志》载，扬州包括六郡，除原来的五郡外又从会稽郡分出了吴郡。扬州东到大海，西与荆州相邻，北据淮水，南与交趾相接。管辖范围相当于今天的淮水和安徽大部、江苏长江以南及江西、浙江、福建三省；湖北英山黄梅、广济；河南固始、离城等地①。

---

① 谭其骧主编：《中国历史地图册》第二册，中国地图出版社1982年版，西汉扬州刺史部图24-25页，东汉扬州刺史部图51-52页。

司马迁在《史记·货殖列传》中将全国划分为若干区域，分别描述这些区域的经济状况和风土人情。扬州刺史部大体属于楚越区域中的东楚和南楚两个经济区。《汉书·地理志》记录了当时的郡国行政区划、历史沿革、户口数字以及各地物产、经济状况、民情风俗。班固在此志中对不同区域的风俗文化做了详细的记述。扬州刺史部基本处在吴地风俗区。

二、两汉扬州刺史部的传统风俗及其变革

（一）汉代扬州刺史部的整体概况及传统风俗

区域风俗受到区域内自然、经济、政治等多种因素的制约和影响，同时也是地区整体面貌的反映。所以要了解扬州的传统风俗首先要了解扬州刺史部所辖区域的政治、经济等基本概况。

西汉的政治、经济重心都在北方，南方不被重视。“江南卑湿”的气候和多沼泽、丘陵地带对于生产技术要求较高，在生产力低下的情况下难以开发，发展远远落后于黄河中下游的华夏文化中心区域。而政治重心在北方等原因也造成了扬州刺史部地区生产力低下。司马迁在《史记·货殖列传》中写道：“楚越之地，地广人希，饭稻羹鱼，或火耕而水耨，果隋蠃蛤，不待贾而足，地执饶食，无饥谨之患，以故呰窳偷生，无积聚而多贫。是故江淮以南，无冻饿之人，亦无千金之家。”① 西汉武帝时淮南王刘安也曾上书说吴越地区是“不居之地”②。《汉书·地理志》也作了如此描述：“江南地广，或火耕而水耨。民食鱼稻，以渔猎山伐为业，果蠃蛤，食物常足。”王莽时期，费兴为荆州牧，“荆、扬之民率依阻山泽，以渔采为业”③，可以看出当时扬州刺史部地区仍是以渔猎采集山伐为基本生活方式的。

扬州地区有很多独特的传统风俗。

首先是断发文身。“身体肤发受之父母，不敢毁伤，孝之始也”，这是《孝经》提倡的中原华夏族的传统伦理道德观，而断发文身与这种观念截然相悖，史书对之记载颇多。《战国策·赵策》云：“被发文身，错臂左衽，瓯越之民也。”④《史记·吴太伯世家》言太伯、仲雍二人奔荆蛮，“文身断发，示不可用”。应劭注曰：“常在水中，故断其发，文其身，以像龙子，故不见伤害。”⑤ 直到西汉初期淮南王刘安上书汉武帝时还说“越，方外之地，劗发文身之民也。不可以冠带之国法度理也”⑥。

---

① 司马迁：《史记·货殖列传》，中华书局1959年版。

② 范晔《后汉书·安帝纪》，中华书局1965年版。

③ 班固《汉书·地理志》，中华书局1962年版。

④ 刘向：《战国策》卷一九，上海古籍出版社1978年版，第657页。

⑤ 司马迁：《史记·吴太伯世家》中华书局1959年版。

⑥ 班固《汉书·严助传》中华书局1962年版。

探其断发文身的原因是受到多水卑湿的自然环境，人们常在水里，认为断发文身可以避害。

其次是蛮勇好争斗。该区域居民的蛮勇好斗尚武有其上行下效的历史继承性。春秋后期，吴越两国之间互相攻伐数十年，“吴粤之君皆好勇，故其民至今好用剑，轻死易发”① “越人相攻击，其常事” “吴越人相攻击者不可胜数”②。左思在《吴都赋》中也说“士有陷坚之锐，俗有节概之风。睚眦则挺剑。喑呜则弯弓”③，这些文献记载都说明了吴越地区尚武好斗的风气。

再次是信巫鬼、重淫祀。多水多山的卑湿环境本来就是巫鬼之术繁衍的温床，再加上落后的生产力和文化更是加剧了巫鬼淫祀在此地的盛行。王逸记载“昔楚国南郢之邑，沅湘之间，其俗信鬼而好祀，其祠必作歌乐鼓舞，以乐诸神”④。由此可以看出即使是经济文化较发达的吴会地区，淫祀之风仍很普遍，其他较为落后的地方就可想而知了。吴越地区的巫术盛行，甚至可以为统治者出谋划策。在西汉灭两越后，人勇之对武帝进言说“人俗鬼，而其祠皆见鬼，数有效。昔东瓯王敬鬼，寿百六十岁。后世谩怠，故衰耗。乃命粤巫立粤祝祠，安台无坛，亦祠天神帝百鬼，而以鸡卜。上信之，粤祠鸡卜自此始用”⑤。粤人勇之的说辞竟能被汉武帝采用，足以说明吴越地区巫祀的盛行。

（二）两汉时期扬州刺史部风俗文化的革旧立新

扬州这些落后的风俗在西汉有了初步的改观，由于汉王朝的统一和中央集权的逐步强化，中央对地方的控制加强，促进了各区域之间的经济文化交流，加速了边缘地区的封建化进程。特别是汉武帝罢黜百家、独尊儒术后，儒学逐渐成为统治思想和学术正统，“移风易俗”和教育本来就是儒学所提倡的，儒学化的官吏们在地方上积极运用行政手段革除旧俗，倡导树立符合中央王朝统治利益的文化习俗，促进了扬州地区的风俗朝着中央王朝倡导的方向发展。

随着经济文化的发展，两汉时期吴越之人的断发文身已渐渐不见于史书记载。但蛮勇好斗的民族性格和淫祀之风仍旧存在，这也在一定程度上阻碍了经济的进一步发展，因此两汉时期的官吏对扬州刺史部的巫鬼淫祀之风进行了大力的变革。

宋均担任九江太守时，郡内“浚遒县有唐、后二山，民共祠之，众巫遂取百姓男女以为公妪，岁岁改易，既而不敢嫁娶，前后守令莫敢禁。均乃书曰：‘自今以

---

① 班固《汉书·地理志》，中华书局1962年版。

② 班固《汉书·严助传》，中华书局1962年版。

③ 萧统《文选》，中华书局1977年版，第94页。

④ 王逸：楚辞章句文渊阁四库全书·楚辞章句，台湾商务印书馆1982年版，第16–17页。

⑤ 班固：《汉书·郊祀志》，中华书局1962年版。

后，为山娶者皆娶巫家，勿扰良民。’于是遂绝”①。

东汉初会稽郡俗多淫祀，牛常常被作为祭品而不是耕作的畜力，影响了农业生产。第五伦为会稽太守时，“移书属县，晓告百姓。其巫祝有依托鬼神诈怖愚民，皆案论之。有妄屠牛者，吏辄行刑。民初颇恐惧，或祝诅妄言，伦案之愈急，后遂断绝，百姓以安”②。

这些落后风俗产生的根本原因是生产力的低下，通过地方官的行政手段可以暂时改变这些地区的巫鬼淫祀之风，但要有效防止这些落后风俗反复，就必须从根源出发，发展地方经济，努力提高生产力，发展教育，用先进的中原王朝礼制文化取代落后的文化。

官吏的提倡和大量北方移民的涌入，先进的中原文化在扬州地区得到传播，先进的生产方式和生产技术在扬州地区得以运用，促进了扬州地区的经济、文化的迅速发展，从根本上促进了该地区风俗文化的变迁。

建武初樊晔担任扬州牧之时，“教民耕田种树理家之术”③。庐江太守王景到任时，“百姓不知牛耕，致地力有余而食常不足”，于是王景“驱率吏民，修起芜废，教用犁耕”“又训令蚕织，为作法制，皆著于乡亭”④。地方官吏还积极地兴修水利，马臻为会稽太守，“创立镜湖……溉田九千余顷”⑤，这样当地人民由火耕水耨的生产方式逐渐进入到了牛耕铁器的封建农业生产方式中，这种生产方式的转变和水利的兴修大大促进了扬州经济的发展。

东汉末年，北方人民大量南迁，扬州地区是重要的迁入地。汉安帝永初元年(107年)，连年水旱灾异，郡国多被饥困，樊准上疏建议灾民“尤困乏者，徙置荆、扬孰郡，既省转运之费，且令百姓各安其所”，上疏后“太后从之”⑥。《三国志·吴书·张昭传》：“汉末大乱，徐方士民多避难扬土。”官方的、自发的大量移民的涌入，不仅带来了先进的生产技术和生产方式，而且带来了先进的中原文化，促进了扬州地区经济文化的发展，也促成了该地区落后习俗的革除和新风俗的产生。

两汉扬州官吏持之以恒地普及中原文化，兴建学校，培养文化人才，推广儒学，重用儒生，逐步形成了一种尊重知识、尊重文化的社会风气，加速了扬州风俗的封建化进程。如西汉成帝时何武为刺史，“行部必先即学官见诸生，试其诵论，问以得失，然后入传舍……以为常”⑦。建武初李忠为丹阳太守，“忠以丹阳越俗不好学，婚

① 范晔：《后汉书·宋均传》，中华书局1965年版。
② 范晔《后汉书·第五伦传》，中华书局1965年版。
③ 范晔《后汉书·酷吏列传》，中华书局1965年版。
④ 范晔：《后汉书·循例列传》，中华书局1965年版。
⑤ 杜佑：《通典·州郡》，商务印书馆1937年版，第966页。
⑥ 范晔：《后汉书·樊准传》，中华书局1965年版。
⑦ 班固：《汉书·何武传》，中华书局1962年版。

娶礼仪，衰于中国，乃为起学校，习礼容，春秋乡饮，选用明经，郡中向慕之”①。

受这种尊师重教的官方文化影响，一些避难到扬州的儒生也以弘扬儒风为己任，积极普及教育。两汉之际，桓荣“抱其经书与弟子逃匿山谷，虽常饥困而讲论不辍，后复客授江淮间”②。

在政府官吏的移风易俗、移民运动和区域风俗文化的传播等诸多因素的影响下，到东汉时期，扬州刺史部风俗已经发生了巨大的变迁，独立性显著削弱，渐趋于中原王朝的风俗。周振鹤认为：“经过两百年的移风易俗过程，使西汉后期原有的八方殊俗的异采纷呈渐渐地趋于六合同风的单一化形态，因此密集的、多元的风俗文化区已经消失。”③

三、扬州刺史部风俗文化形成和变迁的影响因素

中国古代书籍中很早就有关于不同区域风俗文化的记载。《诗经·国风》在按照不同地域汇编的“国风”诗中，体现了很多不同地域的风俗习尚，反映了各地域的独特风俗文化。《管子·水地篇》中也有关于地域风俗差异性的描述：“夫齐之水道躁而复，故其民贪粗而好勇。楚之水淖弱而清，故其民轻果尔贼。越之水浊重而洎，故其民愚疾而垢。……宋之水轻劲而清，故其民闲易而好正。”这则材料反映了自然环境中水的因素对各地民众性格的影响。

班固在《汉书·地理志》分述风俗区域之前说：“凡民函五常之性，而其刚柔缓急，音声不同，系水土之风气，故谓之风；好恶取舍，动静亡常，随君上之情欲，故谓之俗。”④ 可以看出班固认为风俗的形成既受到“水土之风气”的自然地理环境的影响，又受到“好恶取舍，……随君上之情欲”的人为因素的影响。

扬州刺史部的风俗作为一个区域风俗自然也不例外，其形成和变迁既受到地理环境等自然条件的制约，也受到人为因素的影响。

1. 自然环境的影响

“信巫鬼，重淫祀”是汉代扬州刺史部一个极富特色的风俗。“信巫鬼，重淫祀”在很大程度上受到此地自然环境的影响，扬州刺史部区域多山川河流，云梦浩瀚，地势多变，江山光怪陆离，是巫鬼淫祀风俗文化形成的自然温床。

自然环境对汉代扬州区域的影响还突出表现在气候对其风俗变迁的影响。两汉之际，我国天气有趋于寒冷的趋势。王子今在《秦汉时期气候变迁的历史学考察》一文中依据文献和考古材料对秦汉时期气候的变迁进行了系统的考察，指出“许多

---

① 范晔：《后汉书·李忠传》，中华书局 1965 年版。

② 范晔：《后汉书·桓荣传》，中华书局 1965 年版。

③ 周振鹤：《从“九州异俗”到“六合同风”—两汉风俗区划的变迁》，中国文化研究，1997 年第 18 期。

④ 班固：《汉书·地理志》，中华书局 1962 年版。

资料可以表明，秦汉气候确实曾经发生相当显著的变迁。大致在两汉之际，经历了由暖而寒的历史转变”。秦汉时期的气候变化对两汉移民有重要的影响，“秦汉时期气候由暖而寒的转变，正与移民运动的方向由西北而东南的转变表现出大体一致的趋势”①。气候由暖变寒，北方灾害增多，农耕区缩小，扬州地区出现了中原人南下的移民浪潮，移民带来先进的生产方式和生产技术的同时，带来了先进的中原封建文化，以巨大的优势对扬州地区的风俗文化产生深刻的影响。

生产力的高低也制约着自然对人类风俗产生影响的程度。生产力越低下，自然对人类的风俗文化影响程度越高，所以在考察两汉扬州刺史部的风俗文化变迁时要注重对当时自然条件的分析。

2. 历史传统文化的影响

《汉书·地理志》在叙述风俗区域时，常会提到历史传统对某一区域文化的影响，这是风俗文化传承性的体现。《汉书·地理志》中记述道：“吴粤之君皆好勇，故其民至今好用剑，轻死易发。”春秋争霸时期，吴王阖闾、夫差与越王勾践争斗的残酷激烈程度充分体现了吴越之人的好勇争斗，这种传统风俗对扬州地区有重要的影响，导致“民至今好用剑，轻死易发”的风俗。

淮南国、吴国地，是西汉时期学术文化最发达的五个地区之一。② 这与这一带都是诸侯国的封地，诸侯王采用各种手段召集文人学者、谋士辩才的特殊情况有关。随着诸侯王国势力的衰弱，学术文化也发生了变化。但曾经繁荣的王国文化，王国招引士人和士人的大量聚集对当地的风俗还是产生了重要的影响，如吴王刘濞辖地的“其失巧而少信”；汉初淮南王刘安优待国中有女儿的百姓，用这些女孩来招待游士并嫁给他们为妻子，这种风气一直到淮南王以后百年仍然存在，导致“至今多女而少男”，虽然“多女少男”与此地的卑湿自然环境有关系，但淮南王的政策无疑加剧了这一风俗特点。

3. 政治因素的影响

政治因素对扬州刺史部风俗形成和变迁有重要的影响，具体体现在以下三个方面：

一是政区的变化。汉初扬州地区主要是吴国、淮南国的封国之地。诸侯王出于巩固壮大自己的实力或出于与中央相抗衡的目的，广纳贤才，积极发展经济，促进王国的经济文化繁荣。经过吴王刘濞、淮南王刘安等人的治理，吴越地区成为西汉学术文化繁荣的五大区域之一，但与中央王朝的经济、文化交流较少，扬州地区的风俗有浓厚的地方色彩，表现在学术以诗赋为长、信巫鬼等等。随着中央集权的加强，特别是汉武帝采

---

① 王子今：《秦汉时期气候变迁的历史学考察》，《历史研究》，1995 年第 2 期。

② 卢云：《汉晋文化地理》，陕西人民出版社 1991 年版。

取一系列削弱诸侯王国的政策后，王国势力衰弱，中央对地方控制加强，设十三刺史部之后，使原来相对独立的区域之间的交流增多，中央的政策和思想在地方上得到有效地贯彻和传播，导致区域的相对独立性、区域风俗特殊性减弱。

二是统治阶级采取的政策，特别是对官吏的选择和设置以及有意识的移民活动对地方风俗的变迁有重要的影响。扬州刺史部设置后，中央对扬州实行了有效的管理，扬州的中央官吏大都以推广中原封建文化为己任，积极对地方移风易俗，大大推动了扬州地区风俗的变迁。由于自然灾害等多种原因，官方进行有意识的移民活动，扬州地区成为重要的移民目的地。大量北方移民进入此地，带来先进的文化，在文化冲突与融合中，扬州地区的风俗发生了重大的变化。

三是官吏的教化对扬州地区风俗变化起到的作用不容忽视。扬州官吏积极推动先进的生产技术、生产方式，积极发展地方经济，同时推崇教育，推动中央统治思想文化在地区的传播，积极地进行移风易俗的活动。

4. 经济因素的影响

经济对汉代扬州刺史部风俗的影响直接体现在司马迁的《史记·货殖列传》中："楚越之地，地广人稀，饭稻羹鱼，或火耕而水耨，果隋蠃蛤，不待贾而足，地执饶食，无饥馑之患，以故呰窳偷生，无积聚而多贫。是故江、淮以南，无冻饿之人，亦无千金之家。"这一材料直接反映了楚越之地"饭稻羹鱼，或火耕而水耨"的经济生活对该地偷生懒惰的民俗形成的影响。

吴王刘濞凭借巨大的经济实力，"招致天下娱游子弟"，这里有"枚乘、邹阳、严夫子之徒兴于文、景之际"，又有"严助、朱买臣贵显汉朝，文辞并发"，学术文化相当发达。这里的风俗是"巧而少信"①。随着王国势力衰弱，中央王朝对扬州部地区的有效控制，官吏、移民推动扬州地区生产技术和生产方式的转变，在促进经济发展的同时，也推动扬州风俗文化的变迁。

一些落后的传统风俗，如"信巫鬼"主要是由于生产力低下，人们改造自然的能力极弱，对自然或天产生敬畏才使巫鬼盛行。随着经济的发展，牛更多是用于耕作而不再是为了祭祀，人们不再对巫鬼那么虔诚，巫鬼之风有所减弱。

这些因素并不是截然分开的，扬州刺史部风俗的形成和变迁是几种因素共同作用的结果，只有多个角度展开研究，才能对扬州的风俗有更全面、深刻的认识。

四、两汉扬州刺史部风俗变迁的意义

1. 促进扬州刺史部政局安定、经济、文化的繁荣发展

政治和经济是风俗形成和变迁的重要因素，反过来，风俗一旦形成就会对该区

① 司马迁：《货殖列传》，中华书局1959年版。

域的政局、经济产生反作用，先进文化的确立有利于保证区域政局的安定、促进区域经济的发展。汉代扬州刺史部风俗的革旧立新，封建化、儒学化加深，促进了扬州地区的政局安定、经济发展。兴办教育，推广儒学，统治思想官方学术在扬州快速传播，形成了尊儒崇礼的良好社会风气，蛮勇好斗的风气得到很好的改善，地方的思想文化逐渐趋向中央的统治思想，这极大地促进了扬州刺史部的政局安定。

巫鬼文化的衰落，官吏及移民带来的生产技术、生产方式的提高，民众文化水平的提高，都为扬州经济的发展打下了基础。傅筑夫先生指出，两汉人口大量南流，致使"经济重心开始南移，江南经济区的重要性亦即从这时开始以日益加快的步伐迅速增长起来，而关中和华北平原两个古老的经济区则在相反地日益走向衰退和没落"，并认为"这是中国历史上一个影响深远的巨大变化"①。

政局安定、经济发展，本来就是文化繁荣的基础。大量迁移人口带来了先进的文化，区域文化的交流加强也促进先进文化对落后文化的涵化。官吏和儒生在南方推广普及中原文化，促使扬州刺史部文化的繁荣。一个突出的表现就是史书所载的扬州士人数量的增多。在西汉前期，由于诸侯王厚招游学，扬州的文士中出了严助、朱买臣，但西汉中后期扬州部几乎没有什么知名的文士。《汉书》所载扬州籍的士人 19 人而到了《后汉书》，所载的扬州籍士人则达到 52 人②。扬州士人也得到了一些傲岸一世的大儒的推崇，如"(虞) 翻与少府孔融书，并示以所著《易注》，融答书曰：'闻延陵之理乐，睹吾子之治《易》，乃知东南之美者，非徒会稽之竹箭也。'"③

2. 有利于中央集权的加强，促进汉王朝的统一

古人认为风俗往往关系到国家的兴衰，"为政之要，辩风正俗最其上也"，认为"若不修其风俗，而纵之淫辟，乃随之以刑，绳之以法，虽残贱无下弗能禁也"④，因而，"广教化，美风俗"⑤ 是统治者施政的重要内容，以达到"风行俗成，万世之基定"⑥ 的施政目的。两汉扬州刺史部逐渐形成了儒学化、封建化的风俗，趋于中央的中原文化，区域文化特色逐渐衰弱。促使思想文化的趋于一致，这正是中央加强对地方控制、巩固统一、维护封建统治的一个重要的手段，统一天下思想文化自古为统治者所重视。孔子曰："'移风易俗，莫善于乐'言圣王在上，统理人伦，必移其木，而易其末，此混同天下一之乎中和，然后王教成也"。⑦ 可以看出移风易俗，"中和"各区域文化，使之混同为一，是实现"王教"的重要手段。

---

① 傅筑夫：《中国封建社会经济史》，第二卷，人民出版社 1982 年版，第 25 页。
② 卢云：《汉晋文化地理》，陕西人民出版社 1991 年版。
③ 卢云：《汉晋文化地理》，陕西人民出版社 1991 年版。
④ 刘安等：《淮南子·泰族》，燕山出版社 1996 年版。
⑤ 王先谦：《荀子集解》，上海书店 1986 年版，第 108 页。
⑥ 班固《汉书·贾山传》，中华书局 1962 年版。
⑦ 班固：《汉书·地理志》，中华书局 1962 年版。

后　记

呈现在读者面前的这本书，是由江苏师大学者编纂的一部秦汉历史文化研究论文集。

江苏师范大学的历史学科，奠基于20世纪50年代始建的江苏师专史地科，迄今已走过60余年的岁月。改革开放后，1978年开始举办历史学本科教育，目前已建有历史学三个一级学科硕士点，中国史、世界史均建成江苏省重点学科。

我校长期立足苏北徐州地域办学，自古彭城为东方文化重镇，这里曾经先后为彭祖故国、项羽故都和刘邦故里，汉文化积淀异常深厚。因此，70年代末历史系在举办之初，便将秦汉史作为中国古代史研究的一个重点方向，80年代开始招收和培养秦汉史方向研究生。经过臧云浦教授、王云度教授等几代学人的辛勤耕耘，秦汉史研究已成为我校人文社会科学研究的一个重点方向，取得了丰硕的学术成果。

多年来，我校秦汉史学科的长期建设和发展，得到国内外秦汉史学界同行的大力支持。该学科与国家秦汉史研究会密切合作，举办了多次重要的学术活动，为推动国内秦汉史研究起到了积极作用。

2012年11月在我校召开的中国秦汉史高层论坛，是我校举办的又一次秦汉史研究的盛会。此次会议收到了海内外专家学者提交的近40篇高水平学术论文，研究范围涉及秦汉政治、经济、文化和民族关系等领域，反映了国内秦汉史学的前沿动态和重要收获。为了及时反映学术动态，让广大读者能够先睹为快，我们从中精选了30篇论文结集出版。希望论文集的问世，能够进一步活跃和繁荣国内的秦汉史研究。

在这里，要特别感谢与会的王子今教授、卜宪群教授等一批著名学者的不吝赐文！感谢知识产权出版社的支持合作和该书编辑的辛勤工作！

王　健

2013年8月